M a c r o e c o n o m i c s

거시경제학

김상봉 | 김정렬 | 임병준 | 조경준 | 김시언 지음

JIPHIL MEDIA
(주)지필미디어

| 저자소개 |

- **김 상 봉** 한성대학교 경제학과 교수
- **김 정 렬** 한성대학교 경제학과 교수
- **임 병 준** 한성대학교 부동산학과 교수
- **조 경 준** 크레딧 데이터 대표이사
- **김 시 언** 한성대학교 경제부동산학 박사

거시경제학

Macroeconomics

발 행 일 2019년 2월 28일 초판 인쇄
저 자 김상봉·김정렬·임병준·조경준·김시언
발 행 인 김성남
발 행 처 (주)지필미디어
주 소 경기도 파주시 문발로 132 조에아울렛 402호
전 화 031-957-4504
팩 스 031-957-4503
이 메 일 book@jiphil.co.kr
홈페이지 www.jiphil.co.kr
등록번호 제 312-1997-000043호 (1997년 07월 16일)
I S B N 979-11-8667-434-5
가 격 26,000원

대한민국의 지속가능한 성장과

공정한 사회를 바라며 …

목/차

PART 1 생산물시장

Chapter 08 화폐시장과 총수요-총공급모형 255

Chapter 09 거시경제 안정화정책에 관한 쟁점 303

Chapter 10 실업과 인플레이션 319

PART 3 거시경제학 학파간 비교

Chapter 11 학파간 비교 349

PART 6 생산물 시장

PART 1

생산물시장

CHAPTER 01

거시경제학에의 초대

1. 미시경제학과 거시경제학

경제학을 한 문장으로 정의하기는 어려우나 분석대상을 기준으로 경제학은 미시경제학과 거시경제학으로 대변된다. 미시경제학은 개별 경제주체와 개별 시장을 연구대상으로 하는 한편, 거시경제학은 국민경제 전체를 하나의 분석단위로 취급한다.

거시경제학에서는 다수의 개별시장을 한 개의 산출량시장(the market for output)으로 총합(aggregation)하여 가격과 수량의 결정형태를 분석한다. 이렇게 정의된 추상적인 단일 재화의 산출량을 국민총생산(Gross National Product, GNP) 혹은 국내총생산(Gross Domestic Product, GDP)이라고 하며, 그 가격을 물가수준이라고 부른다. 거시경제 분석은 국민소득과 물가뿐만 아니라 고용수준과 이자율 및 환율과 같이 경제전체의 상황과 관련된 변수들과 이들 사이의 상호연관성에 초점을 맞추고 있다.

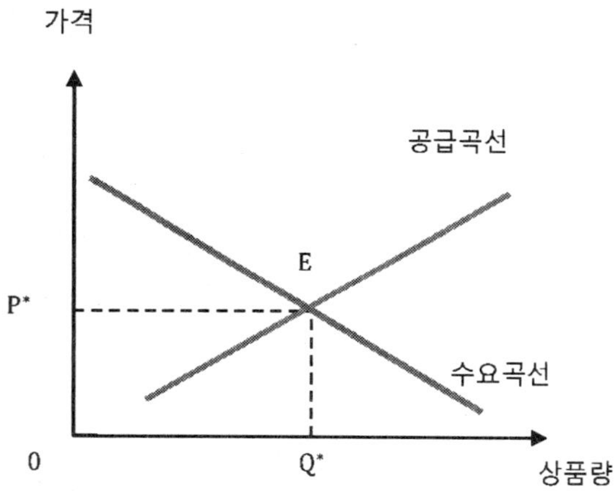

개별 시장에서의 균형은 수요곡선과 공급곡선이 교차하는 점E에서 발생한다.

그림 1.1 미시경제학에서의 수요와 공급

미시경제학과 거시경제학의 분석대상은 다르지만, 경제학의 기본적인 분석도구인 수요-공급모형은 두 분야에서 공통적으로 이용된다. <그림 1.1>은 개별 상품시장에서 가격과 거래량이 결정되는 과정을 보여주고 있다. 위 그림에서 균형(equilibrium)은 수요곡선과 공급곡선이 교차하는 점E이다. 즉, 가격이 P*일 때 수요량과 공급량이 Q*로 서로 같아 균형을 이루게 된다. 미시경제학에서는 이와 같이 개별 상품시장을 분석대상으로 하여, 어떤 상황에서 이 시장이 균형을 이루며 그 때의 가격과 거래량은 얼마가 되는 지에 관심을 둔다.

시장에서의 수요와 공급의 상호작용에 의해 상품의 가격과 거래량이 결정된다는 기본 골격은 거시경제학에도 그대로 적용된다. 거시경제학에서 사용되는 수요-공급곡선은 총수요(Aggregate Demand, AD)곡선과 총공급(Aggregate Supply, AS)곡선이라고 불린다. <그림 1.2>는 이를 나타내고 있다.

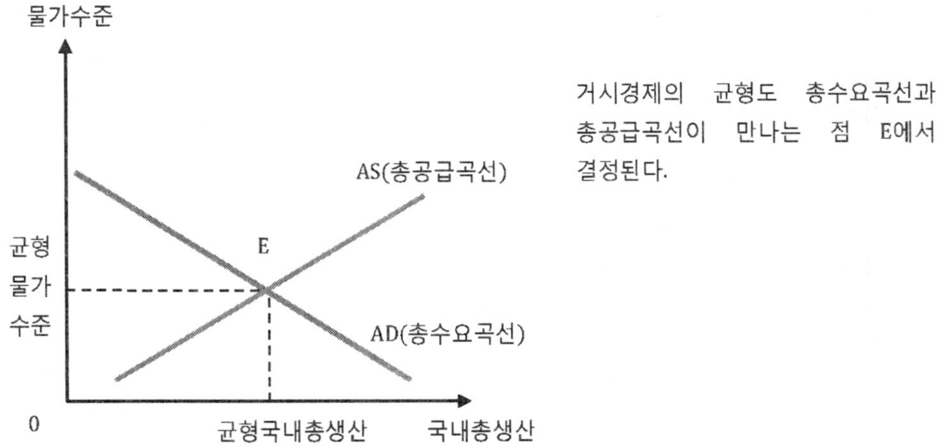

그림 1.2 거시경제학에서의 수요와 공급

개별 시장의 균형과 마찬가지로 거시경제의 균형도 AD곡선과 AS곡선이 만나는 점 E에서 결정된다. 그런데, 앞에서 설명한 바와 같이 거시경제학에서 말하는 가격은 한 재화의 상대가격이 아닌 일반 물가수준이며 수량은 특정 재화의 산출량이 아닌 경제전체의 산출량을 뜻한다는 점에서 미시경제학과 다르다. <그림 1.2>에서 AD 또는 AS가 이동하여 물가수준이 지속적으로 상승하는 현상을 인플레이션(inflation)이라고 하며, 국내총생산 수준의 증감을 경기변동(business cycle)이라고 부른다. 정부는 다양한 재정정책 혹은 금융정책 수단들을 사용하여 AD곡선을 이동시킬 수 있다. 이는 곧 균형물가수준과 국내총생산 수준의 변화를 의미하므로 재정정책과 금융정책을 총수요관리정책이라고도 한다.

정부정책의 결과 혹은 다른 어떤 이유로 국민경제의 총수요가 증가했다고 하자. 이러한 변화는 국내총생산과 물가수준에 어떠한 영향을 미치는가? 위의 총수요-총공급모형을 이용하면 총수요 증가의 효과를 쉽게 이해할 수 있다. <그림 1.3>에서와 같이 총수요의 증가는 총수요곡선이 AD에서 AD'으로 이동하는 현상으로 나타난다. 이와 같은 AD곡선의 오른쪽 이동으로 균형은 점E에서 점E'으로 변경된다. 이에 따라, 균형국내총생산은 Y*에서 Y'으로 증가하는 한편, 균형물가수준도 P*에서 P'으로 상승한다. 즉, AD－AS모형을 이용하면 총수요가 증가한 결과 생산이 활발해지고 물가가 상승한다는 사실을 간단하게 알 수 있다.

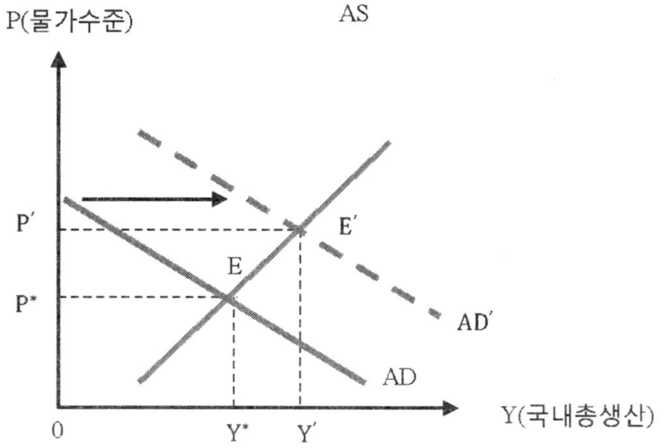

총수요의 증가는 국내총생산의 규모를 늘리고 물가수준도 상승시킨다.

그림 1.3 총수요의 증가

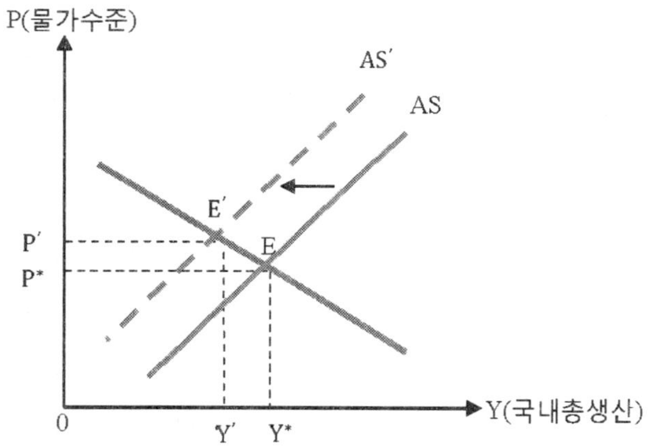

총공급의 감소는 스태그플레이션 현상을 야기한다.

그림 1.4 총공급의 감소

만약 총공급이 감소하여 <그림 1.4>에서처럼 AS가 왼쪽으로 이동해 AS'이 된다면, 균형이 점E에서 점E'으로 바뀌어 물가수준은 P*에서 P'으로 상승하지만 국내총생산은 Y*에서 Y'으로 감소하는 현상이 나타난다. 이와 같이 불황과 인플레이션이 동시에 나타나는 스태그플레이션(stagflation＝stagnation＋inflation)은 1970년대 여러 나라에서 빈번하게 발생한 현상 중의 하나이다.

2. 주요 거시경제 변수

2.1 _ 국내총생산(GDP)

주요 거시경제 변수는 주입과 누출로 구분이 된다. 주입은 경제순환 외부로부터 유입되어 새로운 소득을 창출하는 지출이며 누출은 경제순환에서 빠져나가는 부분으로 소득의 처분과정에서 그 크기가 결정된다. 따라서 주입은 국민소득의 순환규모를 커지게 하는 요인이며 투자, 정부지출, 수출 등이 포함된다. 누출은 국민소득의 순환규모를 작아지게 하는 요인이며 저축, 조세, 수입 등이 포함된다.

국내총생산(GDP)이란 "국민소득이란 한 나라 안에 있는 가계, 기업, 정부 등 모든 경제주체가 일정기간 동안 새로이 생산한 재화와 서비스의 가치를 시장가격으로 평가하여 합산한 것"을 뜻한다. 위의 정의에서 알 수 있듯이 국내총생산은 일정한 기간을 기준으로 하여 그 양을 측정하는 경제변수이다.

국내총생산은 생산자가 내국인이든 외국인이든 국적에 상관없이 한 나라의 국경 내에서 생산된 재화와 서비스의 가치를 포함하는 개념이다. 즉, 한국영토에서 미국사람이 생산한 재화는 한국의 GDP에 포함된다. 이와는 대조적으로, 국민총생산은 영토에 관계없이 한 나라의 국민에 의해 생산된 것을 고려한 개념이다. 즉, 위의 미국사람이 생산한 것은 미국의 GNP와 한국의 GDP에 포함된다. GNP와 GDP의 차이를 대외순수취 요소소득(net factor income from the rest of the world)이라고 한다.

다음으로 여기서 말하는 「일정기간」이란 통상 1년 또는 1분기를 말하며 일정 시점과는 다르다. 예를 들어, 재산이 1억원인 한 근로자가 2009년 1년 동안에 2,000 만원을 벌어 1,500만원을 소비하고 500만원을 저축하였다면 이 근로자의 2009년중(일정기간) 소득은 2,000만원이고 2009년말 현재(일정시점) 재산은 본래의 재산 1억원에 저축액 500만원을 더한 1억 500만원이 된다. 이와 같이 일정기간 벌어들인 소득과 같은 변수를 경제학에서는 유량(flow)변수라고 한다. 이와는 대조적으로, 통화량이나 자본량과 같이 주어진 특정한 시점을 기준으로 그 양을 재는 변수는 저량(stock)변수라고 불린다.

또한, 「새로이 생산한 가치」는 각 생산단계에서 추가된 가치로 공장에서 만든 물건을 판매하였을 때의 수입액과는 차이가 있다. 공장에서 물건을 만들기 위해서는 원재료가 있어야 할 것이다. 그런데 원재료는 이미 다른 데서 생산해 낸 것으로서 이 공장에서 만들어 낸 새로운 가치는 아니므로 물건의 값에서 이 원재료 투입비를 뺀 나머지만이 이 공장에서 새로이 생산한

가치라 볼 수 있다. 국민계정 체계의 용어로 표시하면, 이 때 물건의 판매수입을 산출액(Output)이라 하고 원재료비를 중간투입액(Intermediate Input)이라 하며 새로이 생산한 가치를 부가가치(Value Added)라고 한다. 국민소득통계에서의 생산액은 이와 같이 산출액에서 중간투입액을 공제한 부가가치를 뜻한다. 즉, GDP나 GNP는 최종단계의 재화와 서비스(final goods and services)만의 가치를 포함하는데, 이는 이중계산을 피하기 위한 것이다. 최종생산물의 가치는 각 단계에서 창출되는 부가가치의 합과 같다. <그림 1.5>에서 보는 것처럼 최종생산물인 빵의 가치 1000은 각 단계의 부가가치의 합과 동일하다.

부가가치(생산액)=산출액−중간투입액

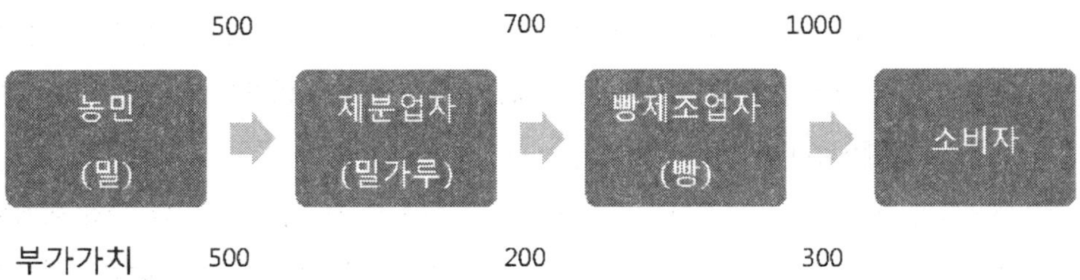

그림 1.5 각 생산단계에서의 부가가치

「재화와 서비스」란 사람이 살아가는 데 필요한 의식주 등의 생존적 욕망과 정신적 및 문화적 욕망을 충족시키기 위하여 생산되는 것으로 재화는 쌀, 의복, 자동차, 건물처럼 물질적 형태를 가진 것을 말하며 통상 용역이라고 불리는 서비스는 운송, 숙박, 금융, 의료, 교육, 문화활동 등과 같이 형태가 없는 사람의 노력을 의미한다.

또한, 「시장가격으로 평가하여 합산한 것」 이란 각 생산물에 해당 시장가격을 곱해서 화폐가치액으로 환산한 다음 이들 생산액을 합계한다는 의미이다. 이렇게 하는 이유는 국민경제 내에서 산출되는 생산물의 종류가 다양하고 각각의 물리적 단위 또한 달라 단순 합계가 불가능하기 때문이다. 예를 들어 쌀 10가마와 옷 10벌을 단순히 합산할 수는 없다. 그러나 쌀 1가마 값이 15만원이고 옷 1벌이 10만원이라 한다면 쌀 10가마와 옷 10벌의 가치합계는 150만원과 100만원을 더한 250만원이라고 할 수 있다.

GDP는 화폐가치이므로 해당연도의 가격을 기준으로 계산할 수도 있고 정해진 기준연도의 가치로 표시할 수도 있는데, 전자를 경상(명목)GDP(nominal GDP)라고 하며 후자를 실질GDP(real GDP)라고 부른다. 실질GDP는 물가상승을 고려한 산출량을 나타내며 실질 GDP의 증가율을 경제성장률이라고 한다. 앞으로의 논의에서는 실질GDP를 Y로 나타내기로 한다.

2.2 _ 국민소득 삼면등가의 법칙

위에서 우리는 한 국민경제가 일정한 기간 동안 생산해낸 상품의 총량이라는 의미에 초점을 두어 국내총생산(GDP)를 정의하였다. 그런데 한 나라 국민이 일정한 가치의 상품을 생산했다면, 바로 그 만큼의 소득이 국민에게 돌아가게 되고 나아가 바로 그 만큼의 지출이 발생하게 된다. 즉, GDP는 보는 관점에 따라 총생산과 같고 총지출과도 같으며 또한 총소득과도 같다. 이와 같은 항등관계를 국민소득 삼면등가의 법칙이라고 한다. 이를 보다 자세히 살펴보자.

국민소득은 생산, 분배, 지출 세가지 측면에서 포착할 수 있는데 이를 각각 생산국민소득, 분배국민소득, 지출국민소득이라 부르고 있다. 그리고 이러한 세가지 국민소득은 기본적으로 그 크기가 똑같다. 그것은 국민소득이 생산→분배→지출의 과정을 거쳐 순환하기 때문이다. 먼저 생산주체인 기업이나 정부가 노동, 자본, 토지 및 경영 등의 생산요소를 투입하여 생산활동을 수행한 결과로 부가가치, 즉 생산국민소득이 발생한다. 여기에서 생산에 참여한 근로자는 급료와 임금, 돈을 빌려준 사람은 이자, 토지를 빌려준 사람은 임료를 받게 되고 정부는 다른 경제주체에 의해 생산된 재화와 서비스의 거래와 관련하여 세금, 즉 생산 및 수입세를 부과하게 된다.

그리고 이들 소득을 공제한 나머지가 이윤으로서 기업에게 돌아가게 되는데 이와 같은 소득을 모두 합하면 분배국민소득이 된다. 따라서 생산국민소득과 분배국민소득은 원칙적으로 같아진다. 또한, 분배된 소득은 개인이 물건을 구입하는 데 사용(소비)하거나 기업이 차기의 생산을 위하여 공장을 짓거나 기계를 사들이는 데 지출(투자)함으로써 최종생산물에 대한 수요로 나타나며 이를 지출국민소득이라 한다. 이와 같이 국민소득은 만들어서(생산) 나누어 갖고(분배) 쓰는(지출) 양이 모두 같게 되는데 이를 가리켜 국민소득 삼면 등가의 원칙이라 한다. 그러면 우리나라의 국민소득 통계작성과 관련하여 국민소득 3면 등가의 원칙이 어떻게 적용되는지 알아보자. 편의상 국내총생산(=국내총소득)을 이용하여 삼면등가의 원칙을 살펴보기로 한다. 우리나라의 경우에는 센서스 등 각종 기초통계가 지출활동이나 분배활동보다는 생산활동을 측정하기에 더 적합하도록 작성되고 있어 먼저 생산활동을 중심으로 국내총생산을 편제하게 된다.

생산측면에서의 국내총생산(시장가격)은 기초가격으로 평가된 경제활동별 부가가치와 순생산물세(생산물세-생산물보조금)로 구성되어 있다. 기초가격은 구매자가격에서 순생산물세와 운송마진을 뺀 가격으로 1993 SNA에서는 경제활동별 부가가치를 기초가격으로 평가토록 권고하고 있다. 이는 세금이나 보조금이 부가가치에 미치는 영향을 배제하는 것이 각 산업부문의 국민경제에서 차지하는 비중, 기여도 등을 정확히 파악하고 경제분석 및 정책수립에 보다 유용하다고 보기 때문이다. 생산측면에서 파악한 2014년중 당해년 가격 기준 국내총생산액은 1,485조 780억원으로 제조업이 410조 2,142억원으로 높게 나타나고 있다.

국내총생산(시장가격)=경제활동별
부가가치(기초가격)+순생산물세(생산물세−생산물보조금)

2014년중 분배소득 측면에서 파악한 국내총생산을 보면 노동을 제공한 대가로 가계에 분배되는 임금과 급료 등 피용자보수 663조 1,772억원, 생산활동을 주관한 생산주체의 몫인 영업잉여 383조 7,285억원, 생산활동에 사용되는 고정자본(시설)의 가치감소분인 고정자본소모 290조 6,034억원, 정부가 다른 경제주체에 의해 생산된 재화와 서비스의 거래와 관련하여 부과하는 세금에서 정부의 보조금을 제외한 순생산 및 수입세 151조 9,819억원으로 구성된다.

국내총생산 = 피용자보수+영업잉여+고정자본소모+순생산 및 수입세

2014년중 지출 측면의 국내총생산은 국내총생산에 대한 지출내역을 통하여 파악할 수 있는데 민간최종소비지출 748조 9,065억원, 정부최종소비지출 224조 452억원, 총고정자본형성 432조 2,471억원, 재고증감 8,218억원, 재화와 서비스의 수출 752조 618억원과 공제항목인 재화와 서비스의 수입 672조 8,211억원 등으로 구성되어 있다. 여기에서 생산측면에서 파악한 국내총생산과 지출 항목의 합간 차이는 통계상 불일치로 표시된다.

국내총생산=민간최종소비지출+정부최종소비지출+총고정자본형성+재고증감
+수출−수입+통계상 불일치

표 1.1 2014년 우리나라의 국내총생산(당해년 가격, 잠정치)

단위 : 10억원

생산 국내총생산		분배 국내총생산		지출 국내총생산	
농업임업및어업	31,710.3	피용자보수	663,177.2	민간최종소비지출	748,906.5
광업	2,518.3	영업잉여	383,728.5	정부최종소비지출	224,045.2
제조업	410,214.2	고정자본소모	290,603.4	총고정자본형성	432,247.1
전기가스및수도사업	38,114.8	생산 및 수입세	151,981.9	재고증감 및 귀중품 순취득	821.8
건설업	66,954.8	(공제) 보조금	4,413.0	재화와 서비스의 수출	752,061.8
도소매및음식숙박업	152,118.1			(공제)재화와 서비스의 수입	672,822.1
운수및보관업	50,190.1			통계상불일치	−182.4
금융보험업	75,557.6				

생산 국내총생산		분배 국내총생산		지출 국내총생산	
부동산및임대업	108,004.5				
정보통신업	52,079.0				
사업서비스	99,799.3				
공공행정및국방	98,279.6				
교육서비스업	74,294.1				
보건및사회복지서비스업	57,178.3				
문화및기타서비스업	37,273.5				
총부가가치(기초가격)	1,354,286.4				
순생산물세	130,791.5				
국내총생산(시장가격)	1,485,078.0	국내총생산	1,485,078.0	국내총생산	1,485,078.0

국민경제를 구성하는 경제주체로는 가계, 기업, 정부 그리고 해외부문을 생각할 수 있다. 실현된 총지출은 가계의 지출인 소비지출(C)과 기업의 지출인 투자지출(I) 그리고 정부지출(G)에 해외부문의 지출인 순수출(수출−수입=Net Export, NX)을 모두 합한 것과 같다. 따라서, 국민소득(GDP) 삼면등가의 법칙은 다음과 같이 표현될 수 있다.

$$Y=C+I+G+NX$$

또한, 총소득의 용도는 결국 소비(C)와 저축(S) 및 조세(T)임을 감안하면 GDP 삼면등가의 법칙은 다음과도 같다.

$$Y=C+I+G+NX=C+S+T$$

2.3 _ 국내총생산의 문제점

국내총생산은 국민생활의 질이나 복지수준을 나타내는 지표로서 기본적인 한계를 드러내는 개념이다. GDP는 원칙적으로 시장을 통해 수행되는 경제활동의 가치만을 포함하므로 현실을 적절히 반영하지 못하며, 시장가격의 왜곡 때문에 상품들의 진정한 가치가 반영되지 못하는 경우도 있고, 생산활동의 증가와 더불어 일어나는 환경오염과 같은 부작용을 전혀 고려하지 않는다는 문제점을 갖고 있다. 일부 학자들은 이를 보완하기 위한 지표로 MEW(Measure of Economic Welfare)의 사용을 제안하고 있다. 또한 다음과 같은 문제점을 가지고 있다. 먼저 여가를 고려하지 않는다. 또한 재화의 질적 변화를 반영하지 않고 앞에서 언급한 바와 같이 자연파괴, 공해 등을 고려하지 않는다. 지하경제 규모를 반영하지 않고 측정에 있어 일관성이 결여되어 있으나 여전히 지표로서 많이 사용되고 있다.

2.4 _ 국민소득과 부

국민소득은 유량 개념이다. 그러나 저량인 국부(National Wealth)는 저량 개념이다. 국민소득이 일정기간 동안에 생산 및 소비되는 재화와 서비스의 총량임을 나타내는 것에 반해 국부는 일정시점에 있어서 한 나라 전체의 토지와 자본의 총량을 나타낸다. 또한 국민소득은 소비, 저축, 투자의 기반이 되지만 국부는 국민소득 창출의 기반이 된다.

3. 주요 국민소득 지수

국민소득은 생산의 포괄범위나 가격의 평가방법 등에 따라 국내총생산(GDP)과 국민총소득(GNI), 국민총소득(GNI)과 국민순소득(NNI), 시장가격 국민소득과 요소비용 국민소득, 실질 국민소득과 명목국민소득 등 여러 가지 개념으로 나누어 볼 수 있다.

3.1 _ 국내총생산과 국민총소득

국민소득은 생산지표인 국내총생산(GDP)과 소득지표인 국민총소득(Gross National Income, GNI)으로 구분할 수 있다. 현대 국가들은 국가 간에 자동차와 같은 상품을 팔고 사는 것은 물론 노동이나 자본과 같은 생산요소도 활발하게 거래하고 있다. 즉, 자국의 생산자가 외국인을 고용하여 생산을 하기도 하고 반대로 자국인이 다른 나라에 나가 생산에 참여하기도 한다. 이렇듯 생산요소의 국가간 이동에 따라서 국민경제의 소득규모는「영토」개념을 기준으로 하여 측정한 국내총생산과「거주성」개념을 기준으로 측정한 국민총소득의 두 가지로 파악할 수 있다.

국내총생산(GDP)은 한나라의 영역 내에서 가계, 기업, 정부 등의 모든 경제주체가 일정기간 동안 생산활동에 참여한 결과 창출된 부가가치를 시장가격으로 평가해서 합계한 것으로서 국내에 거주하는 생산자가 자국의 생산요소와 외국의 생산요소를 결합하여 발생시킨 부가가치를 말한다. 한편 국민총소득(GNI)은 한나라의 국민이 국내외 생산활동에 참여한 대가로 받은 소득의 합계로서 이 지표에는 자국민(거주자)이 국외로부터 받은 소득(국외수취요소소득)은 포함되는 반면에 국내총생산 중에서 외국인(비거주자)에게 지급한 소득(국외지급요소소득)은 제외된다.

다시 말하면 GNI란 일정기간 동안 한 나라 국민이 소유하고 있는 생산요소를 국내외에 제공한 대가로 벌어들인 소득을 말한다. 1인당 소득은 1인당 GNI로 계산된다. 현재 국내에서 GNP지표는 폐기되고 GNI로 계산되고 있다. GDP와 GNI는 다음의 관계를 가진다.

GNI=GDP+교역조건변화에 따른 실질무역손익+국외순수취
요소소득=GDI(국내총소득)+국외순수취요소소득

따라서 GDI=GDP+교역조건변화에 따른 실질무역손익이 된다. 2014년중, GNI는 GDP 1485조 780억원에 국외순수취요소소득 11조 5,154억원을 더한 1,496조 5,934억원이 된다.

3.2 _ 국내총생산, 국민순소득, 국민처분가능소득

국민총소득(GNI)에서 고정자본소모를 제외하면 국민순소득(Net National Income, NNI)이 된다. 생산활동에는 공장, 기계설비 등 고정자본(시설)이 필요한데 이들은 생산활동 과정에서 마모되기 마련이다. 이와 같이 생산에 이용된 기계 등 자산의 가치 감소분을 고정자본소모라고 한다. 따라서 일정기간 중에 생산된 생산물의 순수한 가치를 평가하기 위해서는 현재의 생산능력이 저하되지 않고 그대로 유지된 상태에서 생산이 이루어지는 것으로 하여야 한다. 즉, 고정자본소모만큼 조정을 하여야 한다.

자동차공장을 예로 들어보면 먼저 자동차를 만들기 위해서는 차체 등 각종 부품이 있어야 하며 또 각종 부품을 조립하는 기계가 있어야 한다. 자동차를 만들게 되면 부품도 소비되지만 조립기계도 닳게 된다. 여기에서 총생산액은 산출액에서 부품구입액 등 중간투입액을 차감한 총부가가치를 말하고 순생산액은 총부가가치에서 고정자본소모를 뺀 순부가가치이다. 그런데 고정자본소모는 현수준의 생산활동을 지속하기 위하여 언젠가는 지출될 부분이므로 이 공장의 입장에서 보면 총생산보다는 본래의 기계가치를 그대로 유지하면서 새로이 생산해 낸 부가가치, 즉 순생산이 더욱 의미가 있을 것이다.

NNI(국민순소득)=GNI−고정자본소모

2014년 중 우리나라의 국민총소득(GNI) 1,496조 5,934억원 중에는 생산과정에서 닳아 없어진 기계 등의 가치, 즉 고정자본소모액이 290조 6,034억원이 포함되어 있다. 고정자본소모는 생산에 사용된 고정자산이 물리적인 마모 등으로 가치가 감소한 부분을 화폐금액으로

평가한 것으로서 새로운 고정자산으로 대체하기 위해 부가가치의 일부를 비축해 두는 것이므로 엄밀한 의미에서 새로이 생산해 낸 부가가치는 아니다. 따라서 새로이 생산해 낸 총 부가가치에서 고정자산의 가치를 원래대로 유지하기 위하여 고정자본소모액을 차감한 국민순소득(NNI)은 1,205조 9,899억원이 된다.

국민총처분가능소득(Gross National Disposable Income, GNDI)은 소비율, 투자율, 저축률 등의 산정에 이용되는 지표로서 소비나 저축으로 자유로이 처분할 수 있는 총소득으로 GNI에 국외순수취경상이전을 더하여 산출하며 일반적으로 명목지표만으로 편제된다.

GNDI(국민총처분가능소득) = GNI + 국외순수취경상이전

2014년 중 국민총처분가능소득(1,490.8조원)중 65.3%(973.0조원)가 소비로 지출(민간 748.9조원, 정부 224.0조원)되고 나머지 34.7%(517.8조원)는 저축으로 남아 투자재원으로 활용된다.

가계총처분가능소득(Personal Gross Disposable Income, PGDI)은 가계 및 가계에 봉사하는 민간비영리단체가 임의로 처분할 수 있는 소득으로 제한적이나마 가계의 구매력을 나타내는 지표를 나타낸다. 따라서 가계소득에서 세금과 연금 등을 빼고 임의로 처분할 수 있는 소득을 말한다. 2014년 중 가계총처분가능소득은 838.3조원을 나타낸다.

표 1.2 국민총처분가능소득과 처분 내역(당해년 가격 기준)

단위 : 조원, %

	2013		2014p		증 감 률	
	금 액	구성비	금 액	구성비	2013	2014p
< 원 천 >						
피용자보수	629.4	43.9	663.2	44.5	5.0	5.4
영 업 잉 여	379.1	26.4	383.7	25.7	2.6	1.2
국외 순수취 요소소득	10.2	0.7	11.5	0.8	−	−
순 생 산 및 수 입 세	141.9	9.9	147.6	9.9	0.5	4.0
국외 순수취 경상이전	−4.5	−0.3	−5.8	−0.4	−	−
고 정 자 본 소 모	279.1	19.4	290.6	19.5	4.4	4.1
국민총처분가능소득(GNDI)	1,435.1	100.0	1,490.8	100.0	3.6	3.9
< 처 분 >						
최종소비지출	942.3	65.7	973.0	65.3	3.3	3.3
민간	727.8	50.7	748.9	50.2	2.9	2.9
정부	214.5	14.9	224.0	15.0	5.0	4.5
총저축	492.8	34.3	517.8	34.7	4.1	5.1
노동소득분배율		61.7		62.6	−	−

앞에서 「순액」 개념보다 「총액」 개념의 국민소득지표를 주로 사용하고 있는데 그 이유는 무엇일까? 이는 고정자본소모의 정확한 추계가 현실적으로 어려울 뿐만 아니라 단기적으로 총부가가치에서 고정자본소모가 차지하는 비중이 대체로 안정적이어서 단기간의 시계열을 비교하는 데는 별로 문제가 되지 않기 때문이다. 그러나 장기적으로는 기술혁신 등으로 생산구조가 변하여 고정자본소모가 크게 변동할 가능성이 높기 때문에 장기간의 시계열 분석에는 「순액」개념이 필요하게 된다.

3.3 _ 시장가격 국민소득과 요소비용 국민소득

시장가격(market prices)으로 평가한 국민소득과 요소비용(factor cost)으로 평가한 국민소득(National Income, NI)이 있다. 시장가격 국민소득(NI at market prices)은 개념상 위에서 설명한 국민순소득(NNI)과 같으며 여기에서 순생산 및 수입세를 차감해 주면 요소비용 국민소득(NI at factor cost)이 된다.

국민소득을 평가하는 데는 2가지 방법이 있는데 하나는 시장가격에 의한 평가이고 다른 하나는 요소비용에 의한 평가이다. 시장가격이란 상품이 시장에서 실제로 거래되고 있는 가격을 말하는 것으로서 여기에는 순생산 및 수입세(생산 및 수입세-보조금)가 포함되어 있다. 생산 및 수입세란 부가가치세나 특별소비세 등과 같이 우리가 상품을 살 때 상품가격에 포함되어 있는 세금을 말하며 보조금이란 기업이 상품을 만들 때 정부가 그 상품의 생산을 장려하기 위하여 생산비용 중의 일부를 무상으로 보전해 주는 것을 말한다. 요소비용이란 시장가격에서 이와 같은 순생산 및 수입세를 공제한 것으로서 결국 그 상품을 만드는 데 들어간 생산요소에 대한 대가인 피용자보수와 영업잉여의 합계와 같아지는 것이다.

지금 정부가 국민의 건강증진을 위하여 우유 한 병에 50원의 보조금을 주는 한편 우유에 70원의 생산세가 붙어 병당 300원에 거래된다고 하자. 이 때 우유의 병당 원재료비가 100원이 든다면 우유 한병의 시장가격에 의한 부가가치는 200원(300원−100원)이 되나 요소비용에 의한 부가가치는 시장가격에 의한 부가가치(200원)에 생산세(70원)를 빼고 보조금(50원)을 더하여 180원이 된다. 즉 요소비용에 의한 국민소득은 시장가격에 의한 국민소득보다 순생산세(20원)만큼 적다.

그런데 우리가 시장가격으로 평가한 국민소득지표를 주로 사용하는 것은 시장가격이 각 생산물의 한계효용과 한계비용을 잘 반영하고 있어 이를 통해 국민경제의 복지수준을 비교적 정확하게 파악할 수 있기 때문이다. 또한 국민소득추계의 기초자료로 이용되는 생산관련자료가 대부분 시장가격을 기초로 조사된 것이어서 생산관련자료로부터 요소비용 국민소득을 직접 구해내기가 곤란하기 때문이다. 요소비용 국민소득은 주로 투입된 생산요소의 내역이나 각 산업의 생산성을 알아보는 데 이용하고 있다.

NNI=시장가격 국민소득(국민순소득)−순생산 및 수입세(생산 및 수입세−보조금)

2014년중 우리나라의 시장가격으로 평가한 국민소득은 1,205조 9,899억원으로 국민순소득(NNI)과 규모가 같다. 국민총소득(GNI)이나 국민순소득(NNI)은 모두 시장가격으로 평가되며 양자의 차이인 고정자본소모가 국민순소득에서는 생산비용으로 간주되어 부가가치에 포함되지 않는다. 한편 요소비용으로 평가한 국민소득은 시장가격 국민소득에서 생산 및 수입세를 차감하고 보조금은 가산한 1,058조 4,210억원이 된다.

표 1.3 2014년중 우리나라의 주요 국민소득지표(잠정치)

단위 : 10억원

국내총생산(GDP)과 국민총소득(GNI)		국민총소득(GNI)과 국민순소득(NNI)		시장가격 국민소득과 요소비용 국민소득(NI)	
국내총생산(GDP)	1,485,078.0	국민총소득(GNI)	1,496,593.4	시장가격 국민소득	1,205,989.9
국외순수취요소소득		(−)고정자본소모	290,603.4		
국외수취요소소득	37,703.7			(−)생산및수입세	151,981.9
(−)국외지급요소소득	26,188.3			보조금	4,413.0
국민총소득(GNI)	1,496,593.4	국민순소득(NNI)	1,205,989.9	요소비용 국민소득(NI)	1,058,421.0

3.4 _ 명목 GDP과 실질 GDP

먼저 물가를 어떻게 반영하느냐에 따라 명목GDP, 실질GDP로 나눌 수 있다. 일종의 물가지수를 두 GDP로 구할 수 있는 GDP디플레이터가 있다. 명목GDP란 그 해의 생산물에 당해연도 가격을 곱해 계산된다. 즉, 명목GDP=$P_t \times Q_t$가 된다. 명목국민소득은 그 해의 생산물에 그 해의 가격(당해년 가격)을 곱하여 산출되기 때문에 명목국민소득의 변동에는 생산물의 수량과 가격 변동분이 혼재되어 나타난다.

실질GDP는 그 해의 생산물에 기준연도 가격을 곱해 계산된다. 즉, 실질GDP=$P_0 \times Q_t$가 된다. GDP디플레이터란 명목GDP를 실질GDP로 나눈 값이다. 즉, GDP디플레이터=(명목GDP/실질GDP)×100이며 일종의 물가지수로서 파쉐 방식으로 계산된다. 실질GDP은 생산수량으로 나타낸 소득을 말하는데 각 생산물마다 거래단위가 서로 달라 이를 합산하여 나타내는 데 어려움이 있으므로 실제로는 각 상품이나 항목별로 지수기준년의 명목금액에 그 해까지의 연쇄물량지수를 곱하여 산출한다. 따라서 실질국민소득의 변동액은 가격 즉 물가 변동에 의한 증감액이 제거된 생산물 수량의 변동만을 나타내 준다. 이러한 의미에서 실질GDP를 물량측정치라고 부른다. 결국 수량이 늘어나지 않더라도 물가가 오르면 명목GDP는 그만큼 커지나 실질국민소득은 물가상승분이 반영되지 않기 때문에 커지지 않는다.

3.5 _ 명목지수와 실질지수

국민소득을 그때 그때의 가격 대신 연쇄물량지수를 이용하여 측정하는 것은 생산물의 가격이 변동하는 한 당해년의 가격으로 평가한 국민소득계열만으로는 진정한 국민생활수준의 변동을 파악할 수 없기 때문이다. 예를 들어, 2008년에 생산된 재화의 수량과 같은 양의 재화가 2009년에도 생산되었다고 하자. 이 경우 2009년의 물가가 25% 상승하였다고 한다면 당해년도의 가격으로 평가한 국민소득은 2009년에 25% 증가한 것으로 나타날 것이다. 그러나 이러한 25%의 국민소득 증가는 생산량이 25% 늘어나고 물가는 변동이 없는 경우와 그 의미가 전혀 다르다. 생산량이 25% 증가한 경우에는 그 결과로서 국민경제에서 사용될 수 있는 재화의 양이 실질적으로 늘어났기 때문에 국민의 생활수준이 그만큼 향상되었다고 볼 수 있겠으나 단순히 가격만 25% 증가한 경우에는 국민의 생활수준이 그 만큼 향상되었다고 보기 어렵다.

이와 같이 국민소득을 명목과 실질로 구분하여 추계하는 것은 두 가지의 국민소득이 각각 그 용도가 다르기 때문이다. 국민경제의 전체적인 규모나 구조변동 등을 분석하고자 할 때에는 명목계열을 사용하며 경제성장, 경기변동 등 국민경제의 실질적인 생산활동 동향 등을 알아보기 위해서는 실질계열을 이용한다.

한국은행은 기준년 개편(2000년 → 2005년 → 2010년) 작업이 완료되는 2009년 3월부터 실질 국내총생산(GDP) 추계방법을 국제기준(1993 SNA)에 맞춰 현재의 고정가중법에서 연쇄가중법으로 변경하였다. 실질 GDP는 당해년의 생산량(국내에서 생산된 최종 생산물의 수량)에 기준년(예: 2010년)의 가격을 곱해 산출하며, 주로 경제성장률을 측정하는데 사용한다. 추계방법은 기준년의 고정 여부에 따라 고정가중법과 연쇄가중법으로 구분한다. 고정가중법(fixed weighted method)은 우리나라가 지금까지 사용해 왔던 방식으로 차기 기준년 개편이 있기 전까지 매년 동일한 기준년(현재 2010년)을 사용했다. 새로 도입되는 연쇄가중법(chained weighted method)은 최근 경제상황과 밀접한 직전 년도의 상대가격과 가중치를 기준으로 경제성장률을 측정해 산업구조 생산기술의 변화, 상품의 등장 퇴장 등을 즉각 반영하여 경제현실의 반영도가 높다. 예를 들어, 2009년의 전년 대비 물량증가율(연환지수)은 직전 년도인 2008년 가격을 기준으로 구하고, 2008년 연환지수는 직전 년도인 2007년 가격을 기준으로 산출한다. 경제협력개발기구(OECD) 회원국 30개 중 우리나라와 멕시코를 제외한 28개국이 연쇄가중법을 이미 도입했으며 기준년은 매년 직전 년도로 변경된다. 선진국들은 GDP 통계 이외에 물가지수, 무역지수, 산업활동지수 등의 편제 시에도 연쇄방식 도입을 확대하는 추세이다. 우리나라는 한국은행에서 무역지수(연쇄 파쉐지수)를 연쇄방식으로 편제하고 있으며 통계청 연간 연쇄가중 CPI(연쇄 라스파이레스지수)도 지난 2003년부터 참고지표로 발표하고 있다. 2013년과 2014년 실질 GDP는 다음의 표와 같다.

표 1.4 경제활동별 및 지출항목별 증감률(2010년 연쇄가격 기준) 단위 : %

	연 간		2013^p (전기대비)				2014^p (전년동기대비)			
	2013	2014p	1분기	2분기	3분기	4분기	1분기	2분기	3분기	4분기
국내총생산(G D P)	2.9	3.3	1.1	0.5	0.8	0.3	3.9	3.4	3.3	2.7
농 림 어 업	3.1	2.6	−2.2	−2.0	2.0	2.8	5.6	3.3	1.4	1.3
제 조 업	3.6	4.0	2.2	1.1	−0.9	0.0	5.1	5.1	3.3	2.4
건 설 업	3.0	0.6	1.4	0.1	0.9	−3.0	2.1	0.4	1.5	−1.0
서 비 스 업	2.9	3.1	0.9	0.3	1.2	0.6	3.5	2.7	3.2	3.1
민 간 소 비	1.9	1.8	0.4	−0.4	0.8	0.5	2.6	1.7	1.5	1.4
정 부 소 비	3.3	2.8	0.1	0.6	2.1	0.2	3.0	1.6	3.6	3.1
설 비 투 자	5.5	1.0	5.3	0.5	0.9	−7.8	4.1	0.2	2.3	−1.5
지식재산생산물투자	−0.8	5.8	−1.4	1.3	0.2	4.0	7.2	7.7	4.2	4.2
건 설 투 자	4.4	4.6	2.0	−0.1	−0.3	−0.5	7.2	5.6	4.9	1.1
수 출	4.3	2.8	1.4	1.3	−1.7	0.4	4.2	3.4	2.2	1.4
수 입	1.7	2.1	−1.1	1.2	−0.7	0.7	3.2	2.9	2.3	0.1
국민총소득(G N I)	3.7	3.8	1.0	1.0	0.2	1.6	4.8	3.5	3.2	3.7

주 : 증감률은 계절조정계열 기준, 전년동기대비 증감률은 원계열 기준

3.6 _ 실제GDP와 잠재GDP

다음으로 실제GDP와 잠재GDP로 나눌 수 있다. 실제GDP란 한 나라 국경 안에서 실제로 생산된 모든 최종 생산물의 시장가치의 합을 말한다. 잠재GDP란 한 나라에 존재하는 노동과 자본 등의 모든 생산요소를 정상적으로 고용할 경우, 달성할 수 있는 최대 GDP을 말한다.

다시말하면, 잠재GDP(Potential GDP)란 실제GDP(Actual GDP)에 대응되는 개념으로서 노동과 자본 등의 생산요소를 완전히 고용하여 달성할 수 있는 최대GDP 또는 자연실업률 상태하에서의 GDP, 즉 추가적인 인플레이션 압력을 유발하지 않고 달성할 수 있는 GDP라고 정의된다.

GDP갭은 실제GDP와 잠재GDP의 차이를 말한다. 만일 GDP갭이 0보다 작으면 한 경제가 최대한 생산할 수 있는 수준 이하에서 조업하고 있으므로 인플레이션을 가속화시키지 않으면서 유효수요를 증가시켜 실업률을 낮출 수 있다. 즉, 잠재GDP가 실제GDP보다 크기 때문에 현재 경기가 좋지 않은 상태이고 실업이 존재한다. 이러한 경우, 확대정책이 필요하다.

반대로 GDP갭이 0보다 크면 경기과열 상태이므로 긴축정책이 필요하다. 즉, 정(+)이면 실제GDP가 잠재GDP를 초과한 것이므로 경기가 과열되어 인플레이션을 가속화할 수 있으므로 총수요를 억제할 필요가 있으며 긴축정책을 사용하기도 한다.

단기적으로 달성되어야 할 최적의 GDP라기 보다는 그때 그때의 경제상황에 따라 실제GDP를 조정할 때 기준이 되는 지표로서 의미가 크다고 할 수 있다. 우리나라의 경우 잠재GDP를 공식적으로 추계하지는 않고 있으나 한국은행 및 학계 등 일부에서는 연구목적으로 잠재GDP를 발표하기도 한다.

3.7 _ 경제성장률

각 경제활동부문이 만들어낸 부가가치 또는 나라 전체적으로 국민경제수준이 일정기간동안 얼마나 향상되었는가를 보기 위해서는 경제성장률을 이용하는데 일정기간 동안에 한 나라 경제가 이룩한 성과를 측정하는 중요한 척도의 하나로서 물가, 실업률, 국제수지 등과 함께 경제정책의 수립이나 평가과정에서 매우 중요한 개념으로 사용되고 있다. 이는 국민경제가 성장하면 새로운 일자리가 창출되고 소득이 증대되는 등 국민의 후생이 증진되어 개인과 국가의 복리와 안정을 동시에 이룩할 수 있기 때문이다.

일반적으로 경제성장률이라 하면 물가요인을 제거한 실질GDP의 증가율을 의미하는데 1년 동안의 증가율을 측정하는 연간 GDP성장률과 1분기 동안의 증가율을 측정하는 분기 GDP성장률로 구분되며 연간 GDP 성장률의 경우 아래와 같이 계산된다.

$$\text{GDP 성장률 (\%)} = \frac{\text{금년도 실질GDP} - \text{전년도 실질GDP}}{\text{전년도 실질 GDP}} \times 100$$

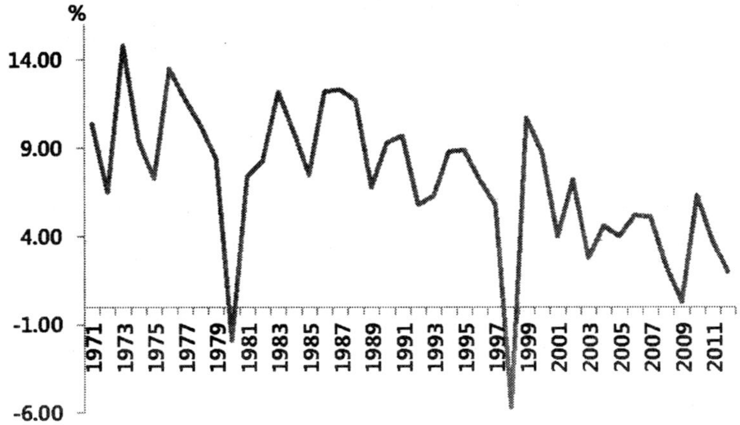

그림 1.6　연간 GDP성장률

마찬가지로 특정 경제활동부문, 예컨대 건설업 부문의 성장률은 아래 산식으로 구할 수 있다.

$$\text{건설업 성장률 (\%)} = \frac{\text{금년도 건설업 실질 부가가치} - \text{전년도 건설업 실질 부가가치}}{\text{전년도 건설업 실질 부가가치}} \times 100$$

한편, 분기성장률의 경우 계절변동조정 전기대비 분기성장률과 원통계의 전년동기대비 분기성장률 두 가지 방법으로 계산한 결과를 공표하고 있는데 어느 지표를 중심으로 하느냐에 따라 중심이 되는 성장률을 주지표, 부수적으로 제공하는 성장률을 보조지표라고 한다. 우리나라의 경우 2005년 4분기까지는 전년동기대비 분기성장률을 주지표로 사용하였으나 2006년 1분기부터는 계절변동조정 전기대비 분기성장률을 주지표로 사용하고 있다. 전년동기대비 성장률은 1년간의 성장을 보여주는 지표로서 국민들이 이해하기 쉽고 익숙한 지표이지만, 1년전의 시점과 비교하기 때문에 단기적인 경기변동파악이 용이하지 않은 단점이 있다.

반면, 전기대비 성장률은 경기흐름을 신속하게 포착할 수 있는 장점이 있으며 미국, 일본, 영국, 독일, 프랑스, 캐나다 등 주요 선진국은 전기대비 성장률을 주요지표로 발표하고 있고 OECD도 경제지표 보도 시 전기대비 성장률을 중심으로 발표토록 권장하고 있다.

또한, 특정 경제활동부문이 전체 경제성장에 어느 정도 기여했는가를 나타내는 것이 성장기여도와 성장기여율인데, 어느 경제활동부문이 경제성장을 주도했는가를 보는 데 유용하다. 예를 들어, 건설업 부문의 연간 성장기여도와 성장기여율은 다음과 같이 계산된다.

$$\text{건설업 성장기여도(\%)} = \text{건설업성장률} \times \frac{\text{금년도 건설업 명목 부가가치}}{\text{전년도 명목 GDP}}$$

$$\text{건설업의 성장기여율(\%)} = \frac{\text{건설업 성장기여도}}{\text{전체경제성장률}} \times 100$$

이렇게 구한 각 경제활동 부문별 성장기여도를 합하면 전체 GDP성장률이 되며, 경제성장에 대한 각 부문의 비중을 나타내는 성장기여율을 합하면 100%가 된다.

표 1.5 경제활동별 및 지출항목별 성장기여도(2010년 연쇄가격 기준, 전년동기 대비) 단위 : %p

							2014p				
		1분기	2분기	3분기	4분기	연간	1분기	2분기	3분기	4분기	연간
생산	농림어업	0.0	0.0	0.1	0.2	0.1	0.1	0.1	0.0	0.0	0.1
	광공업	0.8	1.0	1.1	1.2	1.0	1.4	1.5	0.9	0.7	1.1
	제조업	0.8	1.0	1.1	1.2	1.0	1.4	1.5	0.9	0.7	1.1
	전기가스 및 수도사업	0.1	−0.1	0.0	0.0	0.0	0.1	0.0	0.0	0.1	0.0
	건설업	0.1	0.2	0.2	0.1	0.1	0.0	0.0	0.1	0.0	0.0
	서비스업	1.2	1.5	1.7	1.7	1.5	1.9	1.5	1.7	1.6	1.7
	순생산물세	0.0	0.0	0.2	0.3	0.1	0.3	0.4	0.5	0.3	0.4
국내총생산		2.1	2.7	3.2	3.5	2.9	3.9	3.4	3.3	2.7	3.3
지출	내수	−1.3	0.0	2.3	4.3	1.4	2.9	2.9	3.3	2.1	2.8
	최종소비지출	1.1	1.4	1.6	1.7	1.5	1.9	1.1	1.3	1.1	1.3
	민간	0.9	0.9	1.0	1.1	1.0	1.4	0.8	0.8	0.7	0.9
	정부	0.2	0.5	0.6	0.6	0.5	0.5	0.2	0.5	0.5	0.4
	총자본형성	−2.3	−1.4	0.7	2.6	0.0	1.1	1.9	2.0	0.9	1.5
	총고정자본형성	−0.9	1.3	1.4	1.9	1.0	1.6	1.0	1.0	0.2	0.9
	건설투자	0.1	1.4	1.1	0.6	0.8	0.5	0.0	0.3	−0.2	0.2
	설비투자	−1.3	−0.3	0.2	1.0	−0.1	0.6	0.7	0.4	0.4	0.5
	지식재산생산물투자	0.2	0.2	0.1	0.4	0.2	0.4	0.3	0.3	0.1	0.3
	민간	−0.5	1.0	1.0	1.9	0.9	1.6	1.5	1.0	0.5	1.1
	정부	−0.4	0.3	0.4	0.0	0.1	−0.1	−0.5	0.0	−0.3	−0.2
	재고증감	−1.4	−2.7	−0.8	0.7	−1.0	−0.5	0.9	1.0	0.7	0.5
	재화와 서비스의 수출	3.1	3.4	1.4	1.7	2.4	2.3	1.8	1.2	0.8	1.5
	(공제)재화와 서비스의 수입	−0.2	0.6	0.5	2.6	0.9	1.5	1.4	1.2	0.1	1.0
	통계상불일치	0.0	−0.1	0.0	0.0	0.0	0.2	0.1	−0.1	0.0	0.0

주 : 서비스업은 도소매 및 음식숙박업, 운수 및 보관업, 금융보험업, 부동산 및 임대업, 정보통신업, 사업서비스업, 공공행정 및 국방, 교육서비스업, 보건 및 사회복지서비스업, 문화 및 오락서비스업, 기타서비스업을 포함

3.8 _ 국민계정체계와 5대 국민경제통계

국민경제의 흐름은 국민소득 통계만을 통하여 파악할 수 있는 것은 아니다. 즉 재화와 서비스의 공급과 처분내역은 산업연관표를 통하여, 경제부문간 자금의 흐름은 자금순환표를 통하여 국외와의 거래는 국제수지표를 통하여, 그리고 일정 시점에서의 국민경제의 자산 및 부채상황은 국민대차대조표를 통하여 파악할 수 있다. 그러나 이와 같은 통계들은 이론과 작성방법 면에서 각각 독자적으로 발전되어 왔고 작성기준과 체계도 서로 다르기 때문에 국민경제를 종합적이고 체계적으로 파악하기 위해서는 이들 통계를 일정한 기준에 의하여 서로 연결시킬 필요성이 대두되었다. UN은 이러한 필요성을 배경으로 <그림 1.7>과 같이 이들 각 통계를 체계적으로 연결하여 국민계정이라는 하나의 체계로 묶고 있다.

즉, 산업연관표는 국민계정의 생산계정에, 국민소득통계는 국민계정의 생산계정·소득계정·자본계정에, 자금순환표는 국민계정의 자본계정 및 금융계정에, 국제수지표는 국민계정의 국외거래계정에, 그리고 국민대차대조표는 국민계정의 대차대조표계정에 각각 연결된다. 이와 같이 국민계정은 국민소득통계를 중심으로 하여 산업연관표, 자금순환표, 국제수지표, 국민대차대조표 등 5개 통계를 체계적으로 연결하여 국민경제 전체의 재화와 서비스의 거래 및 자금의 흐름을 일정한 계정형식에 따라 기록한 것이다. 따라서 국민계정은 일정기간 중의 국민경제의 활동결과와 일정시점에서의 국민경제의 자산 및 부채상황을 나타낸 것으로서 국민경제의 종합재무제표라고 할 수 있다.

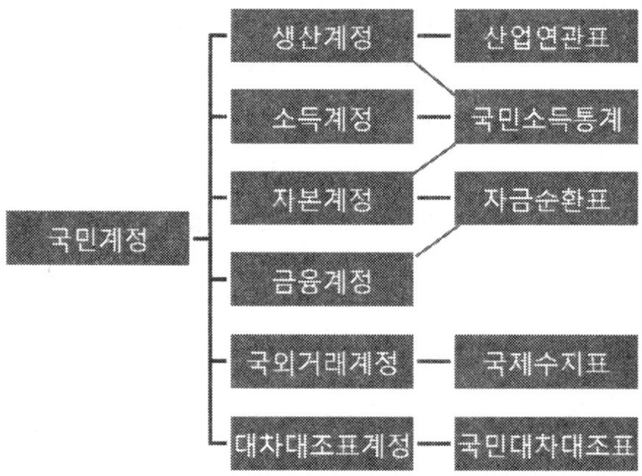

그림 1.7 국민계정의 체계와 5대 국민경제통계와의 관계

4. 물가지수

우리는 매일매일 생활에 필요한 상품과 서비스의 대부분을 구입하여 쓰고 있는데 이 때 지급하는 돈의 액수를 가격이라고 한다. 그런데 시장에서 거래되는 상품은 매우 다양하여 같은 시간에도 어떤 것은 가격이 오르고 어떤 것은 내리는 현상이 발생하며 그 정도 또한 각각 다른 것이 보통이다. 우리는 개별상품의 가격변화보다 전반적인 상품가격의 변화를 알아야 할 필요성이 종종 발생하는데 이러한 필요에 의해서 만들어진 개념이 '물가'와 '물가지수'이다. 즉, 물가란 시장에서 거래되는 개별 상품의 가격을 경제생활에서 차지하는 중요도 등을 고려하여 평균한 종합적인 가격수준을 말하며 물가지수는 이러한 물가의 움직임을 알기 쉽게 지수화한 경제지표를 일컫는다. 지수란 통상 시계열자료에 대하여 기준이 되는 시점의 수치를 100으로 해서 비교시점의 수치를 나타내는데, 이를테면 어느 특정시점의 물가지수가 115라면 이는 기준시점보다 물가수준이 15% 높다는 것을 의미한다.

4.1 _ 지수 산정 방식

지수란 시간의 흐름에 따라 수량이나 가격 등이 어떻게 변화되었는지를 쉽게 파악할 수 있게 만든 통계로서 통상 비교의 기준이 되는 시점의 수치를 100으로 하여 산출하고 있다. 예를 들어 과일의 물가지수가 105라는 의미는 기준시점에 비해 과일이라는 상품집합의 가격이 5% 상승하였음을 나타낸다. 지수는 금융 및 실물 등 경제현상의 측정에 널리 사용되고 있는데 이를 위해 다양한 가격지수와 물량지수가 편제되어 공표되고 있다. 가격지수(price index)는 생산자물가지수, 소비자물가지수, 수출입물가지수 등과 같이 두 시점 간에 특정 집합의 재화 및 서비스 가격의 비례적 변동을 평균한 것이고, 물량지수(volume index)는 광공업 생산·출하·재고지수 및 서비스업생산지수 등과 같이 두 시점 간에 특정 집합의 재화와 서비스 수량의 비례적 변동을 평균한 것이다. 지수를 계산하기 위해서는 기준시점, 가중치, 그리고 지수산식이 필요한데 이를 지수의 3요소라고 한다.

첫째, 기준시점이 필요하다. 지수의 기준시점은 코스피지수(KOSPI)처럼(1980년 1월 4일=100) 단일시점을 선택하는 경우도 있지만, 산업생산지수, 물가지수 등 대부분 지수는 1년간의 기간을 기준시점(2010년=100)으로 설정하고 있다. 따라서 2010년 1월~12월중 월별 물가지수를 산술평균하면 100이 된다.

둘째, 가중치가 필요하다. 종합지수를 계산할 때에 개별 구성항목이 차지하는 상대적 중요도를 의미하며 서로 다른 개별 항목의 가격 또는 물량변화를 가중평균하는 데 사용한다. 예컨대 물가지수의 경우에는 상품거래금액 또는 소비지출금액을, 산업생산지수의 경우에는 부가가치액을 가중치로 하고 있다.

셋째, 지수산식이 필요하다. 지수를 산출하기 위한 지수산식으로는 라스파이레스식(Laspeyres), 파쉐식(Paasche) 및 피셔식(Fisher) 등이 있다. 기준시점에 고정된 가중치를 사용하여 두 기간의 물량변동을 측정하는 고정가중법에서의 물량지수를 예로 설명해 보기로 한다.

라스파이레스식은 기준시점(0기)의 금액비중을 가중치로 사용한 수량비율(q_t/q_0)의 가중산술평균으로 정의된다. 기준시점의 상품 i에 대한 구입수량을 q_{0i}, 가격을 p_{0i}, 비교시점(t기)의 상품의 구입수량을 q_{ti}라고 할 때 고정 라스파이레스식에 의한 물량지수는 다음과 같이 산출된다.

$$\text{고정 라스파이레스식} = \frac{\sum p_{0i}q_{ti}}{\sum p_{0i}q_{oi}} = \sum w_{0i}\frac{q_{ti}}{q_{0i}} \quad \text{단, } w_{0i} = \frac{p_{0i}q_{0i}}{\sum p_{0i}q_{0i}}$$

파쉐식은 라스파이레스식과는 대조적으로 기준시점이 아닌 비교시점의 금액비중을 가중치로 사용한 수량비율 $\left(\frac{q_t}{q_0}\right)$의 가중조화평균으로 정의된다. 파쉐식은 비교시점마다 대상품목과 가중치를 조사해야 하는 번거로움이 따르나 가중치가 매 시점 바뀌어 현실을 보다 정확히 반영할 수 있는 장점이 있다. 따라서 소비자 기호 및 산업구조의 변화 등이 시간의 변화에 따라 크게 달라지고 있을 경우에는 매우 유용한 방식이다.

$$\text{고정 파쉐식} = \frac{\sum p_{ti}q_{ti}}{\sum p_{ti}q_{0i}} = \frac{1}{\sum w_{0i}\frac{q_{0i}}{q_{ti}}} \quad \text{단, } w_{0i} = \frac{p_{ti}q_{ti}}{\sum p_{ti}q_{ti}}$$

피셔식은 라스파이레스식과 파쉐식을 기하평균한 것이다. 피셔식은 이론적으로는 가장 완벽한 지수이므로 이상적 지수(ideal index)라고도 불리운다.

$$\text{고정 피셔식} = \sqrt{\text{라스파이레스식} \times \text{파쉐식}}$$

로우식(Lowe formula)는 과거(1~3년전)의 소비지출 바스켓을 이용한다는 점에서 라스파이레스식과 유사하다. 그러나 라스파이레스식과 같이 1~3년전의 소비지출액을 그대로 사용하지 않고 1~3년전의 소비량에 전년도 말월 등의 가격을 곱하여 소비지출액을 재산출한다.

지금까지의 설명은 특정시점의 가중치 구조를 전체 시계열에 동일하게 적용하는 고정지수에 대해서만 언급하였는데 이와는 달리 매 시점 가중치를 다르게 적용하는 연쇄지수도 있다. 연쇄지수도 고정지수와 같이 연쇄라스파이레스지수, 연쇄파쉐지수 및 연쇄피셔 지수의 세 가지 형태로 구할 수 있는데, 우선 매기마다 다른 가중치를 적용한 지수(연환지수)를 구한 후 기준시점부터 해당시점까지의 연환지수를 연결(연쇄)하여 산출한다. 즉, 연쇄라스파이레스 지수를 구하기 위해서는 먼저 t기의 연환 라스파이레스지수를 다음과 같이 산출한다.

t기의 연환라스파이레스식 : $Q^{L(t-1,t)} = \frac{\sum p_{t-1i}q_{ti}}{\sum p_{t-1i}q_{t-1i}} = \sum w_{t-1i}\frac{q_{ti}}{q_{t-1i}}$

단, $w_{t-1i} = \frac{p_{t-1i}q_{t-1i}}{\sum p_{t-1i}q_{t-1i}}$

t기의 연환파쉐식 : $Q^{P(t-1,t)} = \frac{\sum p_{ti}q_{ti}}{\sum p_{ti}q_{t-1i}}$

기준시점(0)을 100으로 설정한 후, t시점까지 매기의 연환지수를 다음과 같이 누적으로 곱하여 t기의 연쇄라스파이레스식을 산출한다.

t기의 연쇄라스파이레스지수 : $Q^{LC}_{(0,t)} = Q^{L}_{(0,1)} \times Q^{L}_{(1,2)} \times L \times Q^{L}_{(t-1,t)}$

t기의 연쇄파쉐지수 : $Q^{PC}_{(0,t)} = Q^{P}_{(0,1)} \times Q^{P}_{(1,2)} \times L \times Q^{P}_{(t-1,t)}$

한편, 연쇄지수를 작성하는 과정을 살펴보면 가중치가 서로 다른 연환지수를 누적하는 과정에서 매년 가중치가 변경되기 때문에 고정가중법과는 달리 연쇄가중법은 총량과 구성항목 간의 가법성이 성립하지 않는 점에 유의할 필요가 있다. 예컨대 연쇄가중법에 의해 산출하는 우리나라 실질 국내총생산(GDP)은 산업별 실질 부가가치의 합계가 실질 GDP 총액과 일치하지 않는다.

고정지수와 연쇄지수 예시는 다음과 같다. 상품 A와 B의 2010년부터 2012년까지 3년간 가격과 수량이 다음과 같이 주어졌을 때 고정가중법과 연쇄가중법에 의한 라스파이레스 물량지수를 작성해 보자.

표 1.6 고정지수와 연쇄지수 예시

	2010년			2011년			2012년		
	p_0	q_0	$p_0\ q_0$	p_1	q_1	p_1q_1	p_2	q_2	p_2q_2
상품A	3	5	15	2	9	18	1	9	9
상품B	4	7	28	5	7	35	6	11	66
합계			43			53			75

먼저, 고정 라스파이레스 물량지수를 구해보자. 상품 A와 상품B의 기준년인 2010년의 가격(A: 3원, B: 4원)을 이용하여 비교년 가액(2010년: 43원, 2011년: 55원=3×9+4×7, 2012년: 71원=3×9+4×11)을 계산한다. 이후, 지수기준년(2010=100) 대비 비교년의 물량지수를 구한다.

2011년: 127.9=55/43×100

2012년: 165.1=71/43×100

표 1.7 고정 라스파이레스 물량지수 산출

	2010년			2011년			2012년		
	p_0	q_0	$p_0\ q_0$	p_0	q_1	p_0q_1	p_0	q_2	p_0q_2
상품A	**3**	5	15	**3**	9	27	**3**	9	27
상품B	**4**	7	28	**4**	7	28	**4**	11	44
합계			43			55			71
물량지수			100.0			127.9			165.1

연쇄 라스파이레스 물량지수는 다음과 같이 구할 수 있다. 먼저 전년도 가격으로 평가한 비교년 연환지수는 다음과 같다.

2011년: 127.9=55/43×100

2012년: 137.7=73/53×100

이 연환지수를 누적하여 2007년 연쇄지수를 구한다.

2012년: 176.1=100×1.279×1.377

표 1.8 연쇄 라스파이레스 연쇄지수 산출

	2010년			2011년				2012년		
	p_0	q_0	$p_0\ q_0$	p_0	q_1	p_1q_1	p_0q_1	p_1	q_2	p_1q_2
상품A	3	5	15	3	9	18	27	2	9	18
상품B	4	7	28	4	7	35	28	5	11	55
합계			43			53	55			73
연환지수			100.0				127.9			137.7
연쇄지수			100.0				127.9			176.1

물가지수는 가격들의 평균적인 동향을 보여주는 지표이다. 거시경제학에서 사용되는 물가지수로는 GDP디플레이터(GDP deflator 또는 implicit price deflator)와 소비자 물가지수(Consumer Price Index, CPI) 및 생산자물가지수 (Producer Price Index, PPI) 등이 있다.

4.2 _ 물가지수의 구조

국제기구 권고안은 크게 세 가지로 나누어진다. 먼저 연쇄지수(Chain index)를 도입하는 것이다. 물가 조사대상 품목 및 가중치 조정주기를 5년에서 1년으로 단축함으로써 경제구조 변화를 매년 반영한다. 둘째, 조사가격을 생산자가격에서 기초가격으로 변경하는 것이다. 기초가격이란 생산자가 실질적으로 수취하는 가격으로, 생산자가격에서 주세, 담배소비세 등 기타 생산물세를 차감한 후 생산물 보조금을 합산한 가격이다. 2010년 현재 기초가격 기준으로 편제되고 있는 국민소득, 산업연관표 등 국민계정 통계와의 정합성 제고하는데 목적이 있다. 또한, 품목지수 산정 시 기하평균방식을 도입하고 있다. 품목지수 작성 시 산술평균 방식에서 국제기준에 부합하는 기하평균 방식으로 전환한다.

물가지수의 유용성을 제고하기 위하여 다음과 같이 체계를 구축한다. 물가지수 포괄범위를 확충한다. 생산자물가지수가 국내에서 생산되어 국내에서 출하되는 모든 재화 및 서비스의 가격변동을 최대한 포괄할 수 있도록 생산자물가지수 모집단에 개인서비스를 추가한다. 또한, 종합물가지수 체계를 구축한다. 총산출물가지수 및 국내공급물가지수를 새로이 작성·공표하게 됨에 따라 재화 및 서비스의 가격동향을 종합적으로 파악이 가능하다.

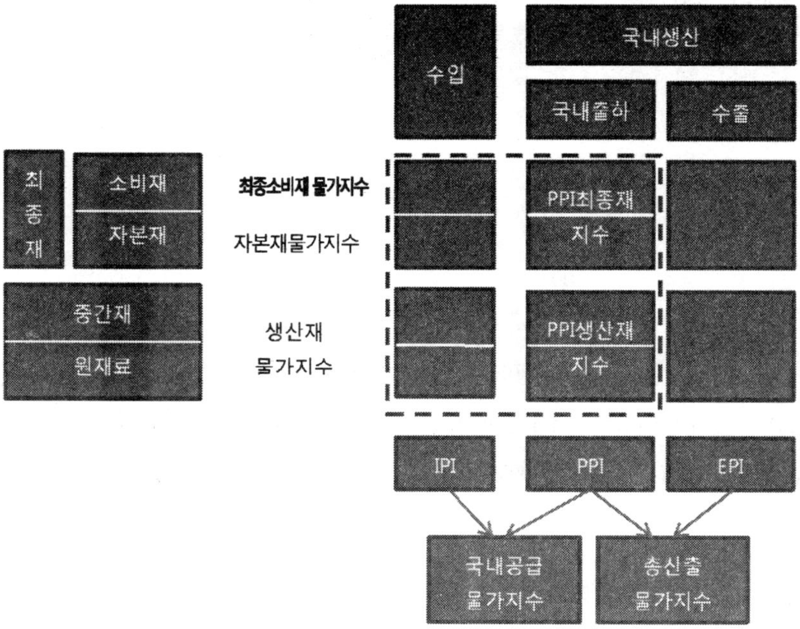

그림 1.8 2010년 개편후 우리나라 물가지수 체계

4.3 GDP디플레이터

명목GDP를 실질GDP로 나누어 사후적으로 얻어지는 값을 GDP디플레이터라 한다. 그런데 GDP추계시에는 생산자물가지수(PPI)나 소비자물가지수(CPI)뿐만 아니라 수출입물가지수, 임금, 환율 등 각종 가격지수가 종합적으로 이용되고 있기 때문에 GDP디플레이터는 국민소득에 영향을 주는 모든 물가요인을 포괄하는 종합적인 물가지수로서 GDP라는 상품의 가격수준을 나타낸다고 할 수 있다. 따라서 GDP디플레이터는 생산자물가지수나 소비자물가지수와 함께 국민경제 전체의 물가수준을 나타내는 지표로 사용되기도 한다. 그러나 GDP디플레이터는 부가가치의 합인 국내총생산을 이용하여 산출되므로 기술구조의 변화나 생산성의 변화에 의해서도 실제 영향을 받고 있다.

예를 들어, 2014년 GDP 디플레이터 104.10은 명목 GDP인 1,485조 780억원을 실질 GDP인 1,426조 5,403억원으로 나누어 100을 곱한 값이 된다. 2014년의 GDP 디플레이터는 2013년 대비 0.6%, 지수기준년인 2010년 대비 4.1% 상승하였다.

GDP디플레이터는 명목GDP를 실질GDP로 나눈 값에 100을 곱한 것으로 계산된다.

$$\text{GDP디스플레이터} = \frac{\text{명목 GDP}}{\text{실질 GDP}} \times 100$$

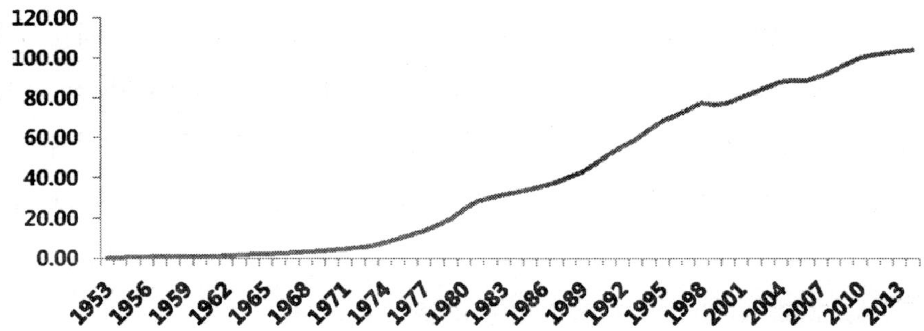

그림 1.9 연간 GDP디플레이터 추이(2010년=100)

4.4 _ 소비자물가지수

소비자물가지수(Consumer Price Index, CPI)는 해당연도에 주어진 품목의 소비재와 서비스를 구입하는데 드는 비용이 기준연도에 비해 얼마나 증가했는가를 나타내는 물가지수이다. 예를 들어, 2010년을 기준연도로 했을 때 2014년의 소비자물가지수는 다음과 같다. 앞에서 언급한 바와 같이 소비자 물가지수는 물량지수이다. 따라서 다음이 성립한다.

$$CPI_{2014} = \frac{P_{2014} \times Q_{2010}}{P_{2010} \times Q_{2010}} \times 100$$

품목의 소비재와 서비스를 구입하는데 드는 비용이 기준연도에 비해 얼마나 증가했는가를 나타내는 물가지수이다. 여기서 P_i와 Q_i는 각각 i년도의 가격과 구매량을 뜻한다.

소비자물가지수(CPI)는 대표적인 인플레이션지표로서 소비자가 일상 소비생활에서 구입하는 상품과 서비스의 가격 변동을 조사함으로써 도시가계의 평균적인 생계비나 화폐의 구매력 변동을 측정하는 물가지수이다.

조사대상지역은 현재(2010년 기준지수) 서울을 비롯한 37개 주요 도시이며 조사대상품목은 가계소비지출 중에서 차지하는 비중이 1/10,000 이상인 481개 품목이며 상품이 323개, 서비스가 158개 품목으로 구성되어 있다. 한편, 1995년 기준지수부터는 소비자물가지수의 보조지수로서 생활물가지수가 작성되고 있는데 소비자물가 조사대상품목 중에서 일반 소비자들이 자주 구입하는 기본 생필품 152개를 선정하여 이들 품목의 평균적인 가격변동을 나타낸다.

이는 소비자가 피부로 느끼는 장바구니 물가에 보다 근접한 물가지수이다. 소비자물가지수는 소비지출목적별 분류를 기본분류로 채택하고 있으며 그밖에 상품성질별지수, 신선식품 및 신선식품제외지수, 생활물가지수, 농산물 및 석유류제외지수, 자가주거비용 포함지수, 지역별 지수 등이 작성되고 있다. 이중 농산물 및 석유류제외지수는 일시적 외부충격에 의한 물가변동을 제외한 장기적이며 기조적인 물가변동을 나타내는 근원인플레이션(Underlying inflation, core inflation) 지표로 이용되고 있으며 자가주거비용 포함지수는 주택 비소유자의 주거비용은 물론 주택 소유자의 주거비용 변동까지 포함된 소비자물가지수 동향을 나타내고 있다.

표 1.10 2005년과 2010년 소비자물가지수 품목변화

	구지수(2005=100)		신지수(2010=100)		차이(신-구)	
	품목수	증감률	품목수	증감률	품목수	증감률
총지수	489	4.4	481	4.0	−8	−0.4
상품성질별지수	489	4.4	481	4.0	−8	−0.4
농축수산물	71	9.7	71	10.1	−	0.4
공업제품	258	6.2	252	4.8	−6	−1.4
전기·수도·가스	−	−	4	4.2	4	−
집세	2	3.8	2	3.7	−	−0.1
공공서비스	32	1.1	29	−0.3	−3	−1.4
개인서비스	126	3.2	123	3.7	−3	0.5
생활물가지수	152	4.4	142	4.3	−10	−0.1
신선식품지수	51	7.7	51	8.4	−	0.7
농산물 및 석유류제외지수	436	3.5	429	3.1	−7	−0.4
식료품 및 에너지제외지수	−	−	337	2.5	−	−

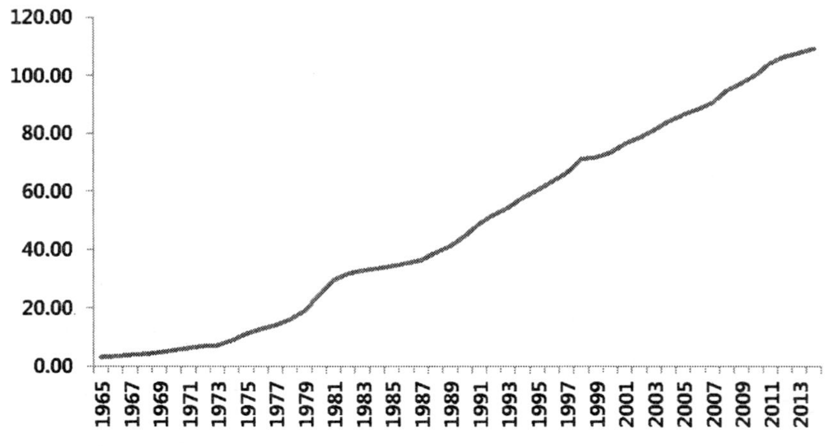

그림 1.10 소비자물가지수 추이(2010년=100)

4.5 _ 생산자물가지수

생산자물가지수(Producer Price Index, PPI)는 생산비용의 증가를 나타내는 물가지수인데, 서비스가격을 포함하지 않는다는 점에서 CPI에 비해 덜 포괄적인 물가지수이다. 생산자물가지수는 국내에서 생산된 상품과 기업서비스가 국내시장에 출하되어 1차 거래단계에서 기업 상호간에 이루어진 가격의 변동을 측정하는 물가지수이다. 1910년부터 편제하고 있는 우리나라에서 가장 오래된 통계중 하나로서 작성 초기부터 1991년까지 「도매물가지수」란 이름으로 발표되었으나 1990년 기준지수(1992년~현재)부터는 그 명칭을 가격조사단계(생산자출하단계)에 부합하도록 「생산자물가지수」로 변경되었다. 경제의 서비스화 진전에 부응하여 1995년 기준지수부터는 운수, 통신, 금융, 부동산 등 기업용 서비스품목도 조사대상에 포함하고 있다. 생산자물가지수는 소비자물가지수보다 포괄범위가 넓어 전반적인 상품의 수급동향을 반영하고 있다.

생산자물가지수의 조사기준가격은 생산자출하가격 즉, 부가가치세를 제외한 생산자판매가격(공장도가격)을 원칙으로 하고 있으며, 조사대상품목은 대표성을 고려하여 선정하는데 현행 2005년 기준지수에서는 거래액이 국내시장에서 거래되는 상품거래 총액의 1/10,000 이상이 되는 품목(서비스의 경우 전체 거래액의 1/2,000 이상인 품목)으로서 소속상품군의 가격변동을 대표할 수 있고 가격시계열의 유지가 가능한 884개(상품 801개, 서비스 83개) 품목을 조사대상으로 하고 있다. 이와 같이 선정된 품목들은 한국표준산업분류(KSIC)체계에 따라 기본분류지수가 작성되며, 그밖에 특수한 이용 목적에 맞추어 특수분류로 재분류되는데 현재 식료품과 식료품이외, 신선식품과 신선식품이외, 에너지와 에너지이외, IT와 IT이외, 신선식품 및 에너지이외 등이 특수분류 지수로 작성되고 있다.

2010년 기준 지수부터는 음식점, 교육, 문화·오락 등 일부 개인서비스도 추가하였다. 생산자물가지수의 조사대상 품목은 상품의 경우 모집단거래액(내수출하액)의 1/10,000 이상, 서비스의 경우 1/2,000 이상으로 소속 상품군의 가격변동을 대표할 수 있고 가격 시계열의 유지가 가능한 896개(상품 794개, 서비스 102개)이다.

표 1.11 생산자물가지수 가중치 변동 내용

	2005년 기준(A)	2010년 기준(B)	증감(B−A)
총 지 수	1000.0	1000.0	–
상 품	723.6	687.2	−36.4
농 림 수 산 품	43.6	38.8	−4.8
광 산 품	2.6	3.1	0.4
공 산 품	632.9	594.7	−38.2
전력, 가스, 수도	44.5	50.6	6.1
서 비 스	276.4	312.8	36.4
음식점및숙박	4.1	43.6	39.5
운 수	61.6	51.9	−9.7
통 신	42.1	30.5	−11.6
정보,출판및영상	36.7	19.9	−16.8
금 융 및 보 험	27.4	29.4	2.0
부 동 산	42.3	48.6	6.3
사 업 서 비 스	54.9	41.1	−13.8
위생및자원재활용	7.3	6.9	−0.4
교 육	–	15.6	15.6
문 화 및 오 락	–	8.3	8.3
기타개인서비스	–	17.0	17.0

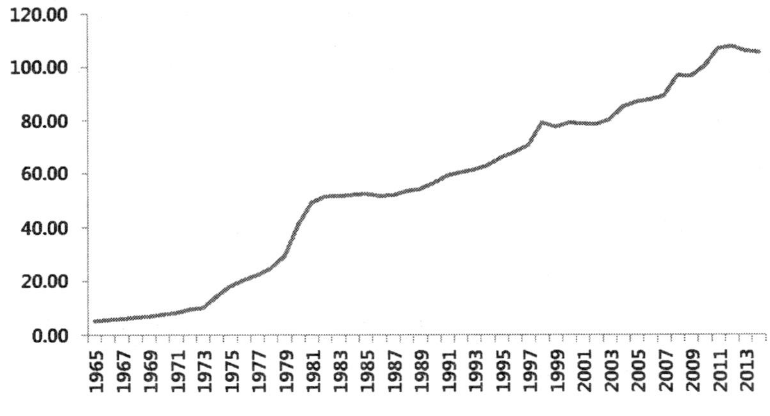

그림 1.11 생산자물가지수 추이(2010년=100)

4.6 _ 수출입물가지수

수출입물가지수는 수출입상품의 가격변동을 조사함으로써 국내물가에 미치는 영향을 측정하기 위하여 작성되는 물가지수이다. 이 지표는 수출입 관련업체들의 수출채산성 변동이나 수입원가부담 등을 파악하는 한편, 수출입물가지수의 상호비교를 통하여 가격측면에서의 대외교역 조건 등을 측정하는 데에도 이용된다. 가격조사 품목으로는 현재(2005년 기준지수) 수출 211개, 수입 234개가 선정되어 있는데 이 품목들은 2005년 통관기준 수출 또는 수입 총액 중에서 차지하는 비중이 1/2,000 이상인 품목들로서 선박, 항공기, 예술품, 귀금속, 무기류 등 가격조사가 곤란하거나 가격시계열 유지가 어려운 품목들은 제외되고 있다. 2010년 기준으로 수출물가지수 및 수입물가지수의 조사대상 품목은 각각 213개 및 239개로 통관기준 총수출액 및 총수입액에서 차지하는 비중이 1/2,000 이상인 품목들이다.

조사가격은 원칙적으로 수출은 FOB(Free On Board, 본선인도조건으로 수출자는 화물을 수출항까지의 비용만 부담하는 조건인데 부산항에서 수출이 나갈 경우, 수출자는 부산항까지의 운송료 및 부산항에서 발생하는 비용만 부담)가격, 수입은 CIF(반면 CIF는 수출자가 수입항까지의 비용을 부담하는 조건이다. 즉, 부산항까지의 운송료, 부산항에서 발생하는 비용, 수입항까지의 해상운임, 보험까지 부담하는 조건)가격을 기준으로 하되 일부 품목에 대해서는 조사대상

표 1.12 수출입물가지수 가중치 변동내역

분류별	수출			수입		
	2005년	2010년	증감	2005년	2010년	증감
총 지 수	1000.0	1000.0	–	1000.0	1000.0	–
농 림 수 산 품	4.4	6.8	2.4	38.2	35.5	−2.7
광 산 품	0.0	0.0	0.0	246.8	348.3	101.5
공 산 품	995.6	993.2	−2.4	715.0	616.2	−98.8
음식료품	8.5	13.6	5.1	18.3	23.4	5.1
섬유및가죽제품	48.1	49.5	1.4	27.7	28.9	1.2
목재및종이제품	8.6	8.7	0.1	15.4	11.5	−3.9
석탄및석유제품	59.4	135.6	76.2	39.1	79.4	40.3
화학제품	133.7	181.4	47.7	109.8	107.9	−1.9
비금속광물제품	5.6	4.7	−0.9	14.1	9.6	−4.5
제1차금속제품	74.4	107.3	32.9	112.8	105.4	−7.4
금속제품	17.6	40.4	22.8	8.9	6.4	−2.5
일반기계	66.6	80.0	13.4	89.6	69.5	−20.1
전기및전자기기	416.1	267.3	−148.8	219.2	129.3	−89.9
정밀기기	6.4	11.2	4.8	22.1	21.7	−0.4
수송장비	144.4	86.2	−58.2	29.0	15.6	−13.4
기타제조업제품	6.2	7.3	1.1	9.0	7.6	−1.4

처의 거래관행에 따르고 있으며, 조사시점은 국내물가에 대한 선행성과 국제시장가격을 제대로 반영하기 위해 수출입계약시점을 기준으로 하고 있다.

또한, 수출입물가지수는 국내물가에 미치는 영향을 쉽게 파악할 수 있도록 수출입가격을 원화로 환산하여 작성되는데 보조지수로서 계약통화를 기준으로 산출되는 계약통화기준지수와 미달러화로 환산된 달러기준지수도 함께 작성하고 있다. 수출입물가지수는 한국표준산업분류에 의한 산업별분류를 기본분류로 하고 특수분류로는 용도별분류, 무역분류별분류, 산업형태별분류 등이 있다.

4.7 _ 총산출물가지수

국내기업이 재화와 서비스의 제공대가로 지급받는 총산출가격을 파악하도록 해주는 총산출물가지수를 신규로 2010년부터 작성하고 있다. 생산자물가지수를 국내출하기준이 아닌 총산출기준으로 작성하고 있는 국가와의 비교가능성을 제고하며 생산자의 채산성 변동 측정에 이용가능하다. 총산출물가지수(생산자 + 수출 물가지수)도 2011년 5.4%에서 2012년 0.1%로 상승률이 크게 둔화되었다. 이는 생산자물가(국내출하)의 상승폭이 크게 축소된 데다 수출물가가 하락으로 돌아선 데 기인한다.

표 1.13 총산출물가지수 등락률 추이

	2011년	2012년
총산출	5.4	0.1
국내출하	6.7	0.7
수출	0.3	−2.0

표 1.14 우리나라 주요 물가지수 비교

구분	소비자물가지수	생산자물가지수	수출입물가지수
작성기관	통계청	한국은행	한국은행
작성목적	가계가 소비하는 상품 및 서비스의 가격수준 측정	국내생산자가 국내시장에 출하하는 상품 및 서비스의 가격수준 측정	수출 및 수입 상품의 가격수준 측정
대상품목	가계소비지출 비중이 큰 소비재와 개인서비스 481개 품목	국내 거래규모가 큰 상품 및 서비스 896개 품목	수출 및 수입 규모가 큰 수출 213개, 수입 239개 품목
대상품목 선정기준	가계동향조사 소비지출액이 총소비지출액의 1/10,000	국내출하액의 1/10,000이상인 상품 및 1/2,000 이상인	전체 수출액 및 수입액의 1/2,000 이상인 품목

구분	소비자물가지수	생산자물가지수	수출입물가지수
	이상인 품목	서비스 품목	
지수 기준연도	2010년	2010년	2010년
조사가격	소비자구입가격	기초가격	수출입계약가격
지수산식	연쇄가중 라스파이레스식	연쇄가중 로우식	연쇄가중 로우식
이용범위	생계비 또는 화폐가치 비교, 국민연금 수령액 및 노·사간 임금조정 등을 위한 기초자료 등	상품 및 서비스의 전반적인 수급파악, 실질국내총생산 산출 등	수출 채산성 및 수입원가 변동측정, 교역조건 계산, 실질 국내총생산 산출 등

4.7 _ 변동률

변동률이란 어느 통계의 기준시점에 대한 비교시점에서의 증감률을 의미한다. 변동률은 경제지표를 해석하는 데 사용되는 중요한 도구로서 기준시점에 따라 전기(월)비, 전년동기(월)비, 전년대비 증감률 등으로 분류된다.

전기(월)비 증감률은 1분기(월) 전을 기준시점으로 계산한 변동률이며 주로 원계열 통계에서 계절변동을 제거한 계절변동조정통계에 적용된다. 전기(월)비는 불규칙하게 발생하는 경제적 특이현상에 크게 영향을 받아 변동성이 큰 특징을 보인다. 예를 들어 전 분기에 자동차 파업으로 생산이 급격히 줄었다면 조업이 정상화된 다음 분기에는 통상적으로 전 분기보다 생산이 늘어나 전기비 성장률이 크게 높아진다. 이와 같은 변동성 때문에 한 분기(월)의 전기(월)비 성장률만으로 경기흐름을 판단하는 데는 어려움이 따른다. 따라서 전기(월)비 증감률은 현재 분기(월)가 전 분기(월)보다 나아졌는지 또는 나빠졌는지를 판단하는 데 주로 이용한다.

전년 동기(월)비 증감률은 현재 분기(월)의 경제지표가 지난해 같은 기간에 비해 얼마나 증가하였는가를 나타내는 변동률이며 주로 원계열 통계에 적용된다. 전년동기(월)비는 전년의 같은 분기(월)와 비교하기 때문에 연간변동률과 상대적 비교가 용이하다는 장점이 있다.

전년동기비와 전기비 변동률의 관계를 수리적으로 살펴보면 $Y_{t,i}$ $(i=1,2,3,4)$를 t년 i분기 자료라고 할 때 전년동기비는 다음과 같이 직전 4개 전기비의 누적곱으로 나타낼 수 있다. 따라서 전년 동기비는 해당 분기만의 성장을 나타내기 보다는 지난 1년(4개 분기) 동안의 누적성장의 의미를 가지고 있다.

$$\left(\frac{Y_{t,4}}{Y_{t-1,4}}-1\right)\times 100=\left(\frac{Y_{t,1}}{Y_{t-1,4}}\times\frac{Y_{t,2}}{Y_{t,1}}\times\frac{Y_{t,3}}{Y_{t,2}}\times\frac{Y_{t,4}}{Y_{t,3}}-1\right)\times 100$$

예를 들어, 2014년 4분기 GDP(원계열 통계 기준)의 전년동기대비 증감률은 3.4%이며 이전 4개 분기의 전기대비 증감률을 누적으로 곱하여 계산(0.948×1.046×1.018×1.025−1 =0.035) 한 3.5%와 비슷하다. 두 값이 정확하게 일치하지 않는 이유는 전기대비 증가율은 계절변동조정계열 통계를 사용하고, 전년 동기대비 증가율은 원계열 통계를 사용하여 계산하였기 때문이다.

표 1.15 국내총생산과 변동률

단위 : 조원, %

	2013년	2014년				
	4분기	1분기	2분기	3분기	4분기	연간
GDP(계절조정계열 전기대비)	361.5	369.5	369.0	372.7	373.9	1,485.1
	4.1	5.1	3.7	3.3	3.4	
GDP(원계열 전년 동기대비)	373.0	353.5	369.6	376.3	385.7	1,485.1
	4.0	5.2	3.6	3.4	3.4	3.9
GDP(원계열 전기대비)	373.0	353.5	369.6	376.3	385.7	1,485.1
	2.5	−5.2	4.6	1.8	2.5	

또한, 전년 동기(월)비 외에 전기(월)비 증감률을 연간 개념으로 환산한 변동률을 사용하기도 하는데 이를 연율이라고 한다. 연율은 해당 분기(월)의 증가추세가 향후 1년 동안 지속된다는 가정 하에 사용된다. 예를 들어, 2014년 1분기 GDP의 전기대비 성장률은 −5.2%이므로 연율은 −10.8%가 된다. 2014년 연간성장률은 3.9%였으나 연율은 낮게 성장하는 것으로 나타나는 등 연율과 연간성장률간에 차이가 크게 발생할 수 있다. 따라서 연율을 이용하여 연간성장률을 가늠하는 데는 무리가 있다.

한편 변동률 자체 변화의 크기를 비교할 때 흔히 쓰이는 개념으로 포인트 변동률이 있는데 이는 두 시점에서의 변동률의 차이라고 할 수 있다. 예를 들어, 두 시점에서의 물가상승률이 각각 1.5%, 2.7%라고 할 때 물가상승률은 1.2% 포인트(=2.7%−1.5%) 높아졌다고 말한다. 포인트 변동률은 변동률의 추이를 장기간에 걸쳐 분석할 때 매우 유용한 개념이다.

이와 같은 변동률을 물가에 적용하면 다음과 같다. t년도의 물가지수를 P_t, (t−1)년도의 물가지수를 P_{t-1}이라고 하면 이 기간 동안의 물가상승률(인플레이션)은 다음과 같다.

$$\frac{P_t - P_{t-1}}{P_{t-1}} \times 100$$

5. 실업률

사람들은 각자의 직장에서 노동력을 제공한 대가로 임금을 받아 자기와 가족들의 생계를 유지하고 여가활동 등을 위해 사용한다. 그러므로 노동력과 노동의사를 지닌 사람들이 안정된 일자리를 갖게 하는 것은 한 나라의 경제운용상 중요한 정책과제 중의 하나이다. 중세에는 대부분의 사람들이 농업에 종사하였기 때문에 전체인구 중 임금근로자의 비중이 매우 낮았고 임금근로자의 성격도 대가족제도 내 가족의 일원으로서 품앗이 정도의 고용수준을 넘어서지 않았기 때문에 실업문제가 그리 심각하지 않았다. 그러나 산업혁명 이후 자본주의가 발달하면서 전체인구에서 공장근로자 등 임금근로자가 차지하는 비중이 커지게 되고 자신과 가족의 생활에 필요한 소득을 임금에 의존하는 사람들이 늘어남에 따라 완전고용의 달성은 경제성장, 물가안정 및 국제수지균형 등과 함께 국가경제의 주요 정책목표가 되었다.

고용통계는 한 나라의 노동력 규모와 취업자 및 실업자 실태를 파악하기 위해 이용된다. 한 나라의 고용상황을 파악하고자 할 경우 경제적으로 생산활동이 가능한 인구를 측정하는 것이 전체인구를 측정하는 것보다 더욱 중요한 의미를 갖는다. 따라서 고용통계는 노동력을 제공할 수 있는 일정 연령 이상의 인구를 대상으로 하고 있으며 이는 다시 노동력 제공 등을 통해 경제활동에 참가할 의사가 있는 경제활동인구와 경제활동에 참가할 의사가 없는 비경제활동인구로 나뉜다. 경제활동인구는 취업자와 실업자로 구분되는데, 실업자가 경제활동인구에 포함되는 이유는 비록 조사시점 당시에는 일시적인 이유로 직장이 없어 실업상태에 있으나 일자리가 주어지면 경제활동을 할 수 있는 인구로 분류되기 때문이다. 이러한 경제활동인구 조사를 통해 노동가능인구, 경제활동인구, 취업자 및 실업자 등과 같이 노동력과 유휴노동력의 규모가 파악되면 경제활동참가율, 고용률, 실업률 등의 지표를 산출하여 노동시장 변화를 판단하게 된다.

5.1 _ 조사방법

경제활동인구의 조사방법은 크게 노동력조사방식(labor force sample survey)과 직업안정기관 통계방식(employment office statistics)의 2가지로 구분된다. 노동력조사방식은 국제노동기구(International Labor Organization, ILO) 권고방식으로서 가계조사를 통하여 일정 연령 이상의 인구를 취업자, 실업자, 비경제활동인구로 구분하여 조사하며 우리나라, 미국, 일본, 캐나다, 프랑스 등에서 채택하고 있다. 이에 비하여 직업안정기관 통계방식은 직업안정기관에서 실업자로 등록된 자료에 의하여 실업자를 파악하는 방법으로서 독일, 스위스, 스웨덴, 오스트리아 등 사회보장제도나 직업안정기관이 발달된 국가에서 채택하고 있다.

5.2 _ 우리나라의 고용통계 조사방법

우리나라의 대표적 고용통계로는 경제활동인구조사가 있다. 경제활동인구조사는 국민의 취업 및 실업 등과 같은 경제적 특성을 조사하여 거시경제분석과 정부의 고용정책 입안 및 평가에 필요한 노동공급, 고용구조, 가용노동시간 및 인력자원 활용 정도에 대한 기초자료를 제공하기 위해 통계청에 의해 매월 작성 발표되고 있다. 경제활동인구조사는 1957년부터 구 내무부 통계국의 노동력조사라는 명칭으로 시작된 이후 1962년부터 구 경제기획원 조사통계국(현 통계청)에 의해 경제활동인구조사라는 현재의 명칭으로 변경되었다. 그리고 동 조사는 1963년부터 분기별로 실시되다가 1982년 7월부터 고용구조의 변화 추이를 신속히 파악하기 위해 매월 이루어지고 있다.

경제활동인구조사의 범위는 매월 15일 현재 대한민국에 상주하는 만 15세 이상 인구(현역군인, 공익근무요원, 상근예비역, 전투 또는 의무경찰, 형이 확정된 교도소 수감자, 소년원 및 치료감호소 수감자, 경비교도대 등은 제외)이다. 조사표본은 인구주택총조사 결과를 기초로 추출된 32,000가구(2010년 기준)이며 조사대상 기간은 매월 15일이 포함된 일요일부터 토요일까지의 일주일이고 실제 조사는 그 다음 주간에 실시된다.

경제활동인구조사에서 경제적으로 노동이 가능한 인구를 만 15세 이상으로 보고 이 중에서 수입이 있는 일에 종사하고 있거나 취업을 하기 위하여 구직활동 중에 있는 사람은 경제활동인구로 분류된다. 그리고 집안에서 가사 또는 육아를 전담하는 주부, 학교에 다니는 학생, 일을 할 수 없는 연로자 및 심신장애자, 자발적으로 자선사업이나 종교 단체에 관여하는 사람, 그리고 구직단념자 등은 비경제활동인구로 분류된다. 구직단념자는 비경제활동인구중 취업의사와 일할 능력은 있으나 ① 적당한 일거리가 없을 것 같아서(전공, 경력, 임금수준, 근로조건, 주변), ② 지난 4주간 이전에 구직하여 보았지만 일거리를 찾을 수 없어서, ③ 자격이 부족하여(교육, 기술 경험 부족, 나이가 너무 어리거나 많다고 고용주가 생각할 것 같아서) 등의 노동시장적 사유로 인해 지난 4주간에 구직활동을 하지 않은 자 중에서 지난 1년내 구직경험이 있었던 인구인데, 향후 노동시장에 유입될 가능성이 있는 잠재인력이라는 점에서 중요한 의미를 가진다.

경제활동인구는 현재 취업하고 있는가를 기준으로 다시 취업자와 실업자로 구분된다. 취업자는 조사대상주간에 수입을 목적으로 1시간 이상 일한 사람이 포함되는데, 여기에는 동일가구

내 가구원이 운영하는 농장이나 사업체의 수입을 위하여 주당 18시간 이상 일한 무급가족종사자 그리고 직업 또는 사업체를 가지고 있으나 일시적인 병 또는 사고, 연가, 교육, 노사분규 등의 사유로 일하지 못한 일시 휴직한 사람도 해당된다. 취업자는 종사상 지위에 따라 자영업자 및 무급가족종사자와 임금근로자로 구분된다. 그리고 실업자에는 조사대상주간을 포함한 지난 4주간 수입이 있는 일을 하지 않았고 적극적으로 구직활동을 하였으며 일이 주어지면 즉시 일할 수 있었던 사람이 포함된다.

여기서 주의할 사항은 실업자란 15세 이상의 남녀로서 일할 의사를 갖고 있으면서도 직장을 찾지 못한 사람이라는 점이다. 실업률을 측정하기 위한 표본조사에서는 다음과 같은 전형적인 두 가지의 질문을 한다. "당신은 조사대상 기간 동안 1주일에 1시간 넘게 수입을 얻기 위해 일한 적이 있습니까?" 만약, 이 질문에 대해 "있었다."라고 대답하면 그 사람은 취업자로 분류된다. 그리고 "없었다."라고 대답한 사람에게는 "지난 1주일 동안 직장을 구해 본 적이 있습니까?"라는 질문을 다시 던진다. 이에 대해 "구해 보았다/"라고 답한 사람은 실업자로 분류되는 반면에, "구해보지 않았다."라고 답한 이는 비경제활동인구로 분류된다. 즉, 1주일 동안 1시간조차 일하지 않은 사람이라도 일할 의도가 없어서 그런 경우에는 실업자로 분류되지 않는 것이다. 실질적으로는 실업자나 다름없지만 단지 구직활동을 포기했다는 이유만으로 통계상 비경제활동인구로 분류되는 사람들을 실망 실업자(discouraged worker) 또는 구직단념자가 된다.

경제활동인구조사의 주요 용어와 통계 지표의 내용은 다음과 같다. 임금근로자는 자신의 근로에 대해 임금 봉급 일당 등 어떠한 형태로든 일한 대가를 지급받는 근로자로 상용, 임시 및 일용으로 구분된다. 상용근로자에는 고용계약기간이 1년 이상인 경우, 임시근로자에는 고용계약기간이 1개월 이상 1년 미만인 경우, 그리고 일용근로자에는 고용계약기간이 1개월 미만 또는 매일매일 고용되어 일당제 급여를 받는 사람이 각각 포함된다. 가구는 거주와 생계를 같이 하는 사람의 모임이며 한 사람이라도 별도로 거주하고 독립적인 가계를 이루는 경우에는 하나의 가구로 간주한다. 경제활동참가율은 15세 이상 인구 중에서 경제활동인구가 차지하는 비율을 나타낸다. 그리고 실업률은 경제활동인구 중에서 실업자가 차지하는 비율을 나타내는 것인데 경제활동인구조사 결과 중에 가장 관심이 높은 지표이다. 고용률은 만 15세 이상 인구 중에서 취업자가 차지하는 비율을 나타낸다.

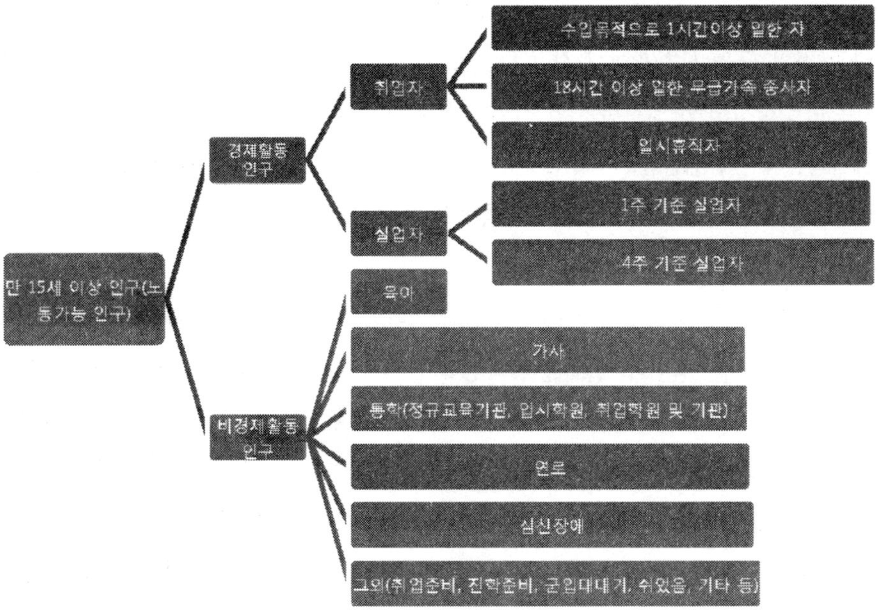

그림 1.12 경제활동인구 상태별 분류

취업준비자 및 구직단념자의 경우 실질적인 의미의 실업자이나 조사대상 기간동안 구직활동을 하지 않았으므로 실업자가 아닌 비경제활동인구로 분류되고 있다. 따라서 취업준비자 및 구직단념자의 증가는 실업률에 영향을 미치지 않거나 오히려 실업률을 낮아지게 한다. 즉 구직활동을 열심히 하던 자가 구직이 잘 되지 않아 구직활동을 포기하거나 또는 취업학원을 통해 취업준비를 하게 되는 경우 실업자에서 비경제활동인구로 이동하게 되므로 실업자수가 감소하게 되어 실업률이 낮아지게 된다는 것이다. 따라서 국민이 실제 피부로 느끼는 체감실업률과 정부가 발표하는 실업률 간에는 괴리가 발생할 수 있다.

최근에는 이와 같은 실업률의 문제점을 해소할 수 있는 지표로 고용률이 보조지표로 이용되기도 한다. 고용률은 실업률과 달리 실업자와 비경제활동인구간의 잦은 이동 등으로 인한 경제활동인구수 변동의 영향을 받지 않는다. 즉 적극적인 구직활동을 하던 실업자가 조사대상 기간중 구직활동을 하지 않고 구직단념자가 되는 경우 실업자에서 비경제활동인구로 이동함에 따라 실업률은 떨어지나 취업자수와 15세 이상 인구수는 변하지 않으므로 고용률은 영향을 받지 않게 된다. 다만, 주당 근로시간이 18시간 미만인 단시간근로자 및 일시휴직자 등 불완전 취업자가 증가하는 경우에는 국민이 느끼는 체감상황은 크게 개선되지 않았음에도 고용률은 높게 나타나므로 고용률 통계도 노동시장 상황을 나타내는 데는 한계가 있다.

한편, 실업자 분류시 적용되는 구직활동기간은 ILO에서도 특별히 정하고 있지 않고 각 나라의 실정에 따라 결정하도록 하고 있다. OECD 국가중 상당수가 실업자의 구직활동기간을 4주간으로 하고 있는 점을 고려하여 OECD 회원국인 우리나라도 국가간 실업률 비교를 위하여 1999년 6월부터 구직활동기간이 4주간 기준인 실업자 통계도 보조지표로 작성 공표하다가 2005년 6월부터는 구직활동기간이 4주간 기준인 실업자 통계를 주지표로 발표하고 있다.

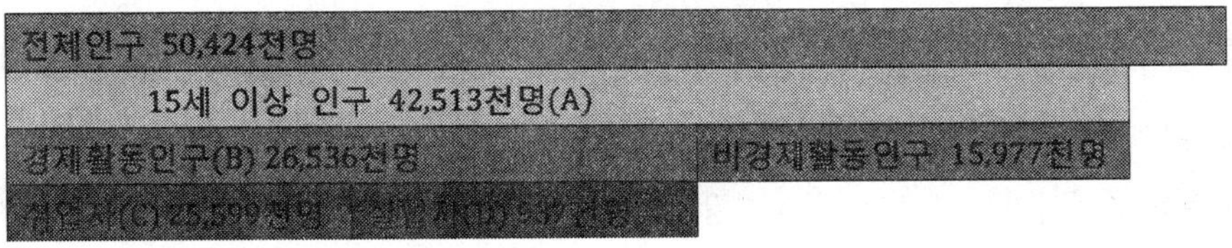

경제활동참가율=B/A x 100=62.4%

고용률=C/A x 100=60.2%

실업률= D/B x 100=3.5%

그림 1.13 우리나라의 경제활동인구 현황(2014년중)

표 1.16 주요 고용관련 통계

통계명	작성기관	작성주기	조사대상	조사내용
경제활동인구조사	통계청	월간	2010년 인구총조사를 모집단으로 한 32,000개 표본가구	15세이상인구, 경제활동인구, 취업자, 실업자
전국사업체조사	통계청	연간	1인이상 모든 사업체(농어가 및 국방, 가사서비스, 국제기구 등 제외)	소재지별, 조직형태별, 업종별 종사자수 등
사업체노동력조사	고용노동부	월간	종사자 1인 이상 사업체 25,000개	산업별 종사자수, 빈일자리수, 입·이직자수, 임금 및 근로시간에 관한 사항 등
고용형태별 근로실태조사	고용노동부	연간	임금근로자 1인 이상 사업체 약 32,000개	산업별 고용형태별 근로일수, 근로시간 및 임금 등
직종별사업체 노동력조사	고용노동부	반기	상용근로자 5인 이상 32,000개 사업체(농림어업, 공공행정, 국방, 국제 및 외국기관 제외)	산업별 상용·임시/일용 및 외국인 근로자의 현재 인원과 부족인원, 채용계획인원 등
사업체기간제 근로자현황조사	고용노동부	월간	상시근로자(상용+임시일용) 5인 이상 10,000개 사업체	근로자 및 기간제근로자 수, 계약기간 만료자 조치사항 등
고용보험통계	한국고용정보원	월간	고용보험가입 182만5천개 사업장 피보험자 11,641천명(2014.3월 기준)	산업별, 규모별, 지역별 피보험자 현황 및 실업급여신청자수, 고용안정사업, 직업능력개발사업
워크넷 구인·구직 및 취업동향	한국고용정보원	월간	고용안정정보망(Work-Net)에 등록된 구인 및 구직자	구인배수, 취업률 등

6. 이자율(금리)

6.1 _ 자금융통의 대가

일상생활을 하다 보면 여유자금이 생길 때가 있는가 하면 돈이 부족할 때도 있다. 대부분의 사람들은 여유자금이 생기면 자금을 맡길 만한 곳을 찾게 되고 자금이 부족할 때면 빌려올 곳을 찾는다. 이렇게 돈 맡길 곳을 찾는 자금공급자와 빌려올 곳을 찾는 자금수요자가 모여 금융거래를 형성시키는 시장을 금융시장이라고 한다. 여기서 말하는 금융시장은 은행이나 증권거래소와 같이 거래를 행하는 특정한 장소와 건물을 의미하는 것이 아니라 많은 사람이나 금융기관 등이 당사자가 되어 조직적이고 규칙적으로 참여한 가운데 형성되는 금융거래 자체를 가리키는 추상적인 개념이다.

금리란 이와 같이 자금이 거래되는 금융시장에서 자금수요자가 자금공급자에게 자금을 빌린 데에 대한 대가로 지급하는 이자금액 또는 이자율을 뜻하는데 오늘날에는 이자율의 의미로 더 널리 쓰이고 있다. 금리부담이 크다 작다라고 할 경우 금리는 이자금액의 뜻으로, 금리가 높다 낮다라고 할 경우의 금리는 이자율을 의미하게 된다.

그러면 금리는 무엇에 의하여 결정되는가? 여기에는 여러 가지 의견이 있으나 기본적으로는 자금에 대한 수요와 공급의 시장원리에 따라 결정된다. 즉 과일시장에서 과일이 풍작이면 과일 값이 떨어지고 흉작이면 오르듯이 시중에 빌려줄 돈의 양이 상대적으로 많아져서 시중 자금사정이 좋아지면 금리는 떨어지고 반대로 상대적으로 줄어들면 금리는 오르게 된다.

6.2 _ 자본배분과 경기변동

금리는 자금배분기능, 즉 자금을 필요한 부문에 적절히 배분해 주는 역할을 수행한다. 이를 테면 금리가 오를 경우 자금의 공급은 늘어나는 한편 돈을 잘 이용하여 높은 금리를 부담하고서도 더 많은 이익을 낼 수 있는 산업부문에 더 많은 자금이 흘러가도록 함으로써 나라 전체적으로 자금의 효율성을 높이는 기능을 한다.

또한, 금리는 경기조절기능도 갖고 있다. 금리의 움직임은 가계의 저축, 기업가의 투자활동, 물가수준, 국가간의 자금흐름, 경기변동 등 국민경제전반에 광범위한 영향을 미치므로 정책당국에서는 그 움직임을 예의주시하면서 바람직한 수준으로 유도하고자 하는 것이 일반적이다. 사실 한 나라의 금리 결정을 금융시장에서의 자유로운 수급관계에 완전히 맡겨두게 되면 때때로 금리가 지나치게 높게 결정된다든지 또는 금리가 너무 급격히 변동하는 등 국민경제에 바람직하지 못한 결과가 초래될 수도 있다.

다시 말해 경기가 침체되어 있을 때 금리수준이 너무 높게 형성되면 투자나 소비수요가 억제되어 경기회복에 걸림돌이 되고 반대로 경기가 과열되어 있는 데도 금리가 낮은 수준을 유지하면 경기를 진정시키기 어렵다. 따라서 금리는 과열된 경기를 진정시키거나 침체된 경기를 부양시킬 수 있는 정책수단으로 이용되고 있다. 각국의 중앙은행은 그 나라의 경기동향이나 경제실정에 맞추어 금리 수준 결정에 직접 또는 간접으로 영향력을 행사하여 금융시장의 금리를 변동시킴으로써 전체적인 자금의 수요와 공급 그리고 자금의 배분을 조절하고 있다.

중앙은행이 금리를 변동시키는 방식은 나라마다 금융경제여건에 따라 다양한 모습을 보이고 있다. 금융시장이 잘 발달한 선진국의 경우에는 중앙은행의 공정 할인률과 공개시장조작을 중심으로 하는 간접적인 조절방식을 통해 금리에 영향을 주는 반면 자본축적의 정도가 낮고 금융시장이 충분히 발달하지 못한 개발도상국의 경우에는 중앙은행이 금융기관의 예금 및 대출금리를 직접 규제하는 경우가 많다. 이처럼 중앙은행이 직접 또는 간접적으로 금리를 조절하는 제반 정책을 금리정책이라 하는데 이는 경제성장, 물가, 국제수지, 고용 등 국민경제상 여러 가지 목표달성을 위한 중요한 정책수단 중의 하나로 간주되고 있다.

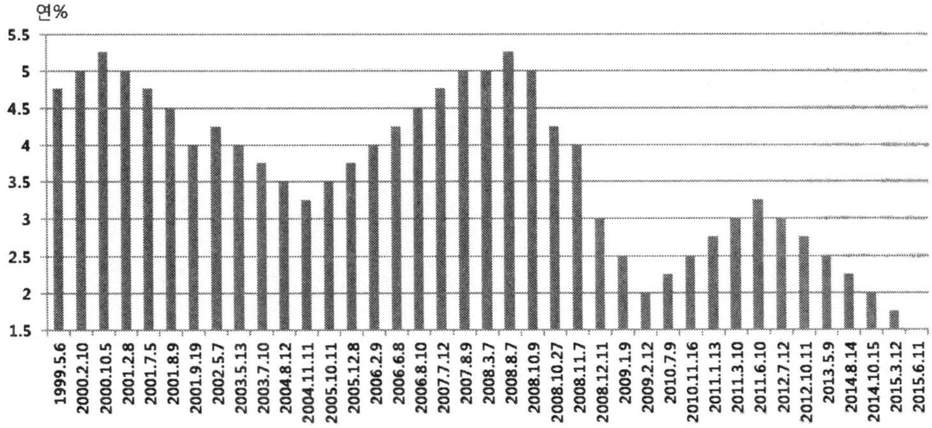

그림 1.14 한국은행 기준금리 목표 변동 추이

7. 교재 개관

총수요곡선과 총공급곡선을 이용하면 거시경제학의 주요 관심대상을 체계적으로 이해할 수 있다. 총수요곡선을 도출하기 위해서는 민간부문의 소비나 투자행위는 물론 정부의 지출까지 고려하여야 한다. 본 교재의 제2장에서 제4장까지 우리는 국민소득의 결정모형을 공부하면서 총수요곡선의 도출과정을 살펴본다. 이후, 제5장에서는 총공급곡선도 도출하여 총수요-총공급 모형을 구축한다.

제5장까지의 논의는 금융부문을 고려하지 않고, 실물시장에만 초점을 둔 것이다. 그러나, 현실경제에서는 화폐시장에서 결정된 이자율은 투자지출 등을 통해 실물시장에 영향을 미치는 한편, 실물시장에서 발생한 변화는 화폐의 수요에 영향을 끼쳐 화폐시장에 파급효과를 가져온다. 본 교재의 제6장부터 제9장까지 이와 같은 금융부문과 실물부문 사이의 상호연관성을 다룬다.

한 나라가 직면하는 거시경제문제 중 대표적인 것은 물가와 고용의 안정이다. 실업과 인플레이션에 관한 경제학자들의 의견대립은 경제학의 탄생과 더불어 지금껏 계속되고 있다고 해도 과언이 아니다. 10장에서 실업문제와 인플레이션에 관한 기본적인 개념도 파악하고, 11장과 12장에서는 학파간 비교와 학파간 견해를 살펴본다.

13장과 14장에서는 경제성장과 경기변동이론을 다룬다. 15장에서는 개방경제 하에서의 총수요와 총공급을 다루며 16장과 17장에서 경제전망에 거시경제학이 어떻게 이용되는 지 살펴보고 최근의 이론인 행동경제학에서의 거시경제학을 다룬다.

CHAPTER 02

총지출

총수요–총공급모형을 이용하면 국민소득과 물가수준의 결정과정을 쉽게 분석할 수 있다. 균형국민소득의 결정과정을 분석하고 총수요곡선을 도출하기 전에, 본 장에서 계획된 총지출의 구성요소들의 성격을 파악하고, 결정되는 방법을 알아본다.

1. 소비지출

1.1 _ 절대소득가설

소비지출은 총지출에서 가장 큰 비중을 차지한다. 그렇다면 소비에 가장 큰 영향을 미치는 경제변수는 무엇인가? 상식적으로 생각하면, 이에 대한 대답이 소득이라는 사실은 쉽게 이해될 수 있다. 보다 정확히 말하면, 조세를 납부한 후의 소득인 가처분소득(disposable income, $Y-T=Y_d$)이 증가할수록, 소비수준은 커진다. 즉, 소비는 가처분소득에 의해 결정된다. 이러한 사실을 가장 먼저 이론화 한 사람은 케인즈(J. Keynes)이다. 소비의 주요 결정요인으로 가처분소득의 절대적 크기를 꼽았기 때문에 케인즈의 소비이론을 절대소득가설(absolute income hypothesis)이라고 한다. 케인즈는 저서 「고용, 이자 및 화폐에 관한 일반이론(The General Theory of Employment, Interest Rate and Money)」에서 자신의 이론의 핵심으로 삼았고, 소비함수(consumption function)는 거시경제학의 핵심 개념 가운데 하나로 자리하고 있다. 사실 현재소득 중에 얼마만큼을 소비하고 또 얼마만큼을 저축할 것인가 하는 결정은 가계가 직면한 가장 중요한 의사결정이라고 할 수 있다. 이와 같은 가계의 의사결정은 가계의 최적화(optimization)를 바탕으로 한 미시경제학적인 문제이다. 또한, 각각의 가계의 의사결정을 집계하여 나타나는 총소비(aggregate consumption)는 가장 중요한 거시경제 변수가운데 하나이다.

거시경제학에서 소비는 다음과 같은 이유 때문에 중요하다. 첫째, 소비는 국민소득의 구성요소 가운데 가장 큰 지출이다. 1986년 이후, 우리나라의 경우 소비는 평균적으로 국내총생산의 약 52%이고 미국의 경우에는 국내총생산의 약 70% 정도를 차지한다. 이와 같이 국내총생산에서 차지하는 소비의 비중이 크기 때문에 소비의 변동이 경기변동에서 차지하는 비중이 그만큼 클 수밖에 없다. 또한, 이후의 케인즈의 교차점 모형에서 볼 수 있는 바와 같이 한계소비성향은 정부지출이나 독립투자의 승수효과의 크기를 결정한다. 즉, 거시경제학의 단기균형에 있어 소비는 중요한 역할을 한다. 둘째, 솔로(Solow)의 성장모형에 있어 핵심이 되는 파라미터(paramenter) 가운데 하나가 저축률이다. 그런데 저축은 소득에서 소비를 차감한 것이므로, 결국 소비와 함께 결정된다. 이와 같이 결정되는 저축률이 중요한 것은 솔로의 성장모형에서 정상상태(steady state)의 자본량과 소득이 저축률에 의하여 결정되고 최종적으로 장기에는 경제적 후생수준이 이에 따라 결정되기 때문이다.

현대적 의미에서 소비함수론을 처음 도입한 케인즈의 소비함수론은 다음과 같은 세 가지의 가설로 이루어져 있다.[1] 첫째, 케인즈는 현재소비는 현재소득의 안정적인(dependable and stable) 함수라고 보았다. 그리고 이자율은 소비에 큰 영향을 미치지 못한다고 보았다. 이와 같은 견해는 케인즈 이전의 고전학파의 견해와는 크게 다르다. 즉, 고전학파 경제학자들은 높은 이자율은 저축을 증대시키고 소비를 감소시킨다고 주장하였다. 그러나 케인즈는 이론적인 관점에서 볼 때, 이자율이 소비에 영향을 미칠 수 있으나 경험적으로 볼 때 단기에 있어 이자율이 소비에 미치는 영향은 이차적일(secondary) 뿐만 아니라 상대적으로 중요하지 않다고 주장하였다. 둘째, 케인즈는 한계소비성향(Marginal Propensity to Consume, MPC)이 0과 1 사이의 값이라고 보았다. 케인즈는 소득이 증가하였을 때 사람들이 소비를 증가시키지만 증가한 소득만큼 소비를 증가시키지 않는다고 보았으며 이를 기본적인 심리 법칙(fundamental psychological law)이라고 불렀다. 다시 말해, 소득이 추가적으로 한 단위 증가하였을 때 사람들은 그 가운데 일부는 소비하고 나머지는 저축한다는 것이다. 이와 같이 한계소비성향이 0과 1 사이의 값을 갖기 때문에 케인즈의 교차점 모형에서 정부지출승수가 1보다 크게 나타나고 그와 같은 결과에 바탕을 두고 대공황에 대처하기 위한 케인즈의 정책처방 곧 확장적인 재정정책이라는 정책제안이 나오게 되었다. 셋째, 케인즈는 소득이 증가함에 따라 평균소비성향(Average Propensity to Consume, APC) 곧 소비를 소득으로 나눈 비율이 감소한다고 보았다. 다시 말해 보다 부유한 사람들의 저축률이 가난한 사람들의 저축률보다 높다고 보았다.

또한, 가정으로 현재와 미래의 소비는 독립적으로 이루어진다는 소비의 독립성이 존재하며 소비의 가역성이 있다. 소비자의 소비는 과거의 최고 소비수준에 영향을 받는데, 최고 소비수준에 도달한 뒤에는 소득이 감소해도 소비를 감소시킬 수 있다는 것이다.

케인즈의 소비이론을 이해하기 위하여 평균소비성향(Average Propensity to Consume, APC)과 한계소비성향(Marginal Propensity to Consume, MPC)이라는 개념을 이해하는 것이 필수적이다. 평균소비성향(APC)이란 가처분소득(Y_d)에서 소비(C)가 차지하는 비중을

1 Keynes, J. M. (1936), The General Theory of Employment, Interest Rate and Money, Harcourt, Brace and Co.: London.

말한다. 한편, 한계소비성향(MPC)이란 가처분소득이 조금 증가할 경우 추가적으로 소비가 얼마나 증가하는가를 나타내는 개념이다. 이 두 가지 소비성향은 다음과 같이 표현된다.

$$평균소비성향(APC) = \frac{C}{Y_d}$$

$$한계소비성향(MPC) = \frac{\Delta C}{\Delta Y_d}$$

예를 들어, 가처분소득의 크기가 100이고 소비지출은 70이라면 APC는 0.7(=70/100)이 된다. 가처분소득이 100에서 110으로 10만큼 증가할 경우 소비가 70에서 76으로 증가했다면 MPC는 0.6(=6/10)이 된다.

케인즈의 절대소득가설에 의하면, 소비(C)는 가처분소득(Y_d)에 비례하지만, 소비의 증가폭은 소득의 증가분보다 작다. 이는 곧 소득이 증가하는 경우, 늘어난 소득을 전부 소비하기보다는 일부를 저축한다는 것을 의미한다. 환언하면, 케인즈는 한계소비성향(MPC)이 0보다는 크지만 1보다 작다고 가정한 셈이다($0 < MPC < 1$).

다음으로, 케인즈는 가처분소득(Y_d)가 증가함에 따라 평균소비성향(APC)이 감소한다는 가설을 설정하였다. 케인즈의 이러한 가설을 가장 단순한 1차함수의 형태로 표현하면 다음과 같은 케인즈의 소비함수(Keynesian consumption function)를 얻을 수 있다.

$$C = a + bY_d, \qquad a > 0, \qquad 0 < b < 1$$

위의 소비함수에서 $a>0$인 것은 소득이 전혀 없더라도 생존을 위해 최소한의 소비가 있어야 함을 반영한다. 즉, a는 기초소비를 나타낸다. 케인즈는 현재소비는 현재소득의 안정적인(dependable and stable) 함수라고 보았다. 또한, 이자율은 소비에 큰 영향을 미치지 못한다고 보았다.

둘째, 가처분소득(Y_d)이 증가함에 따라 소비(C)가 커진다는 케인즈의 첫 번째 가설은 0보다 큰 기울기 b가 나타내고 있다. 위의 선형소비함수에 의하면, MPC는 기울기 b와 같다. $0<b<1$이므로, 한계소비성향(MPC)이 1보다 작다는 케인즈의 가설도 충족된다. 마지막으로, 위의 소비함수에 따르면 $APC=\frac{C}{Y_d}=\frac{a}{Y_d}+b$이므로 Y_d가 증가함에 따라 APC가 감소한다는 케인즈의 마지막 가설도 만족된다. <그림 2.1>은 케인즈의 소비함수를 나타내고 있다.

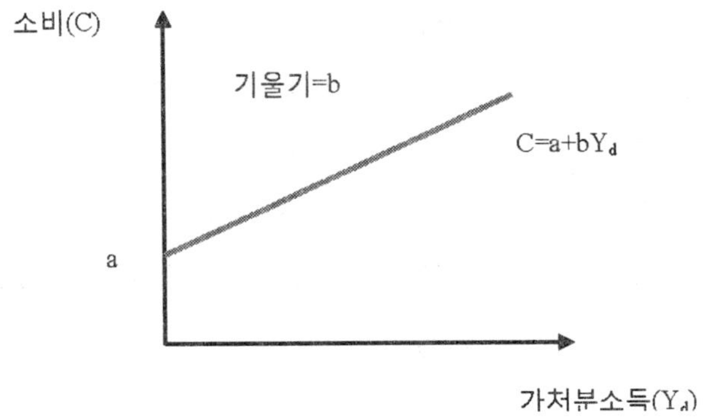

케인즈의 소비함수는 소비(C)와 가처분소득(Y_d) 사이의 정비례 관계를 나타낸다.

그림 2.1 케인즈의 소비함수

가처분소득(Y_d)이 증가함에 따라 평균소비성향(APC)이 감소한다는 케인즈의 소비함수의 특성은 그래프를 통해서도 확인할 수 있다. <그림 2.2>에서 소비함수와 원점을 지나는 직선(1)과의 교차점인 점 F를 생각해보자. 점 F에서 직선(1)의 기울기는 바로 가처분소득이 Y_1일 때의 APC($=C_1/Y_1$)이다. 마찬가지로, 점 G에서 직선(2)의 기울기는 가처분소득이 Y_2일 때의 APC($=C_2/Y_2$)이다. 직선(2)의 기울기는 직선(1)의 기울기보다 작으므로, 소득이 증가함에 따라 APC가 줄어든다는 점을 확인할 수 있다. 또한, 기울기 측면에서 보면 원점을 통과하는 APC는 소비함수와 만나는 점에서 보면 항상 APC>MPC가 되며 소득수준이 매우 높으면 역전현상이 발생한다. 여기서 현재와 미래의 소비는 모두 독립적이고 소비의 가역성이 존재하므로 일시적인 조세정책도 효과적이다. 즉, 일시적인 세율 인하 시에 소비가 크게 증가하게 된다.

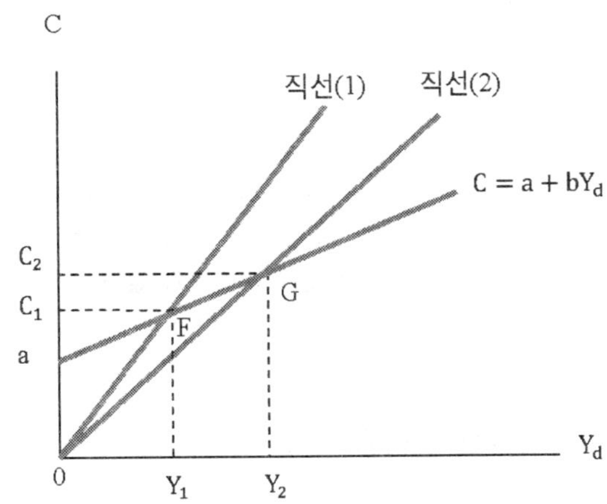

케인즈의 소비함수에 의하면, 가처분소득이 증가함에 따라 평균소비성향은 감소한다.

그림 2.2 평균소비성향과 가처분소득

이에 대응하는 저축함수를 쉽게 도출할 수 있다. 즉, $Y_d=C+S$이므로 $S=Y_d-C=-a+(1-b)Y_d$가 된다. <그림 2.3>은 이러한 관계를 나타내고 있다.

그림에서 원점을 지나는 45°직선이 소비함수와 만나는 점 H에 주목해보자. 점 H는 45°직선 위에 있으므로, 이 점에서의 가처분소득(Y_0)은 소비수준(C_0)와 동일하다. 즉, 가처분소득이 Y_0일 때 가계의 저축수준은 0이다. 소비함수와 마찬가지로 저축함수의 기울기인 $(1-b)$는 가처분소득이 조금 증가할 경우 저축이 얼마나 증가하는지를 뜻하는 한계저축성향(Marginal Propensity to Save, MPS $=\frac{\Delta S}{\Delta Y_d}$)이다. 물론, MPC와 MPS의 합은 1과 같다. 가처분소득 중 저축이 차지하는 비중을 평균저축성향(Average Propensity to Save, APS$=\frac{S}{Y_d}$)이라고 하는데, $APS+APC=1$이다. $APC=\frac{C}{Y_d}=\frac{a}{Y_d}+b$인 점을 앞에서 보았는데 평균저축성향 APS는 다음과 같이 쓸 수 있다.

$$\frac{S}{Y_d}=\frac{Y_d-C}{Y_d}=(1-b)-\frac{a}{Y_d}$$

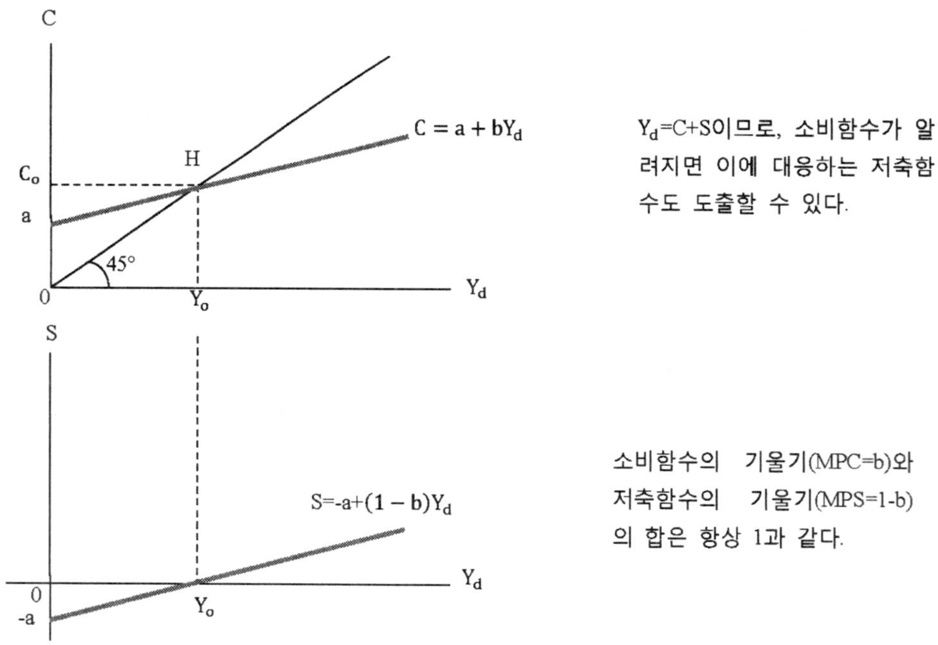

그림 2.3 소비함수와 저축함수

케인즈의 단순한 소비함수의 문제점은 장기에 있어서 소득과 소비의 관계를 제대로 설명 못한다는 점이다. 쿠즈네츠(Kuznets)의 실증분석에 따르면, 단기에는 APC > MPC이고 가처분소득 Y_d가 증가하면 APC가 감소하지만 장기에는 APC = MPC이며 가처분소득 Y_d가 증가하더라도 APC는 일정한 것을 보였다.

지금까지 살펴본 소비함수는 가처분소득과 소비지출 사이의 관계에만 초점을 둔 케인즈의 소비함수였다. 따라서, 가처분소득이 증가하면 소비지출은 주어진 소비함수를 따라 어느 한 점에서 다른 한 점으로의 이동으로 나타난다(movement along a given consumption function). 그러나 소비는 가처분소득 이외의 변수에 의해서도 영향을 받으며 이들 변수의 값이 변하면 소비함수 자체가 이동(shift)한다. 이와 같이 소비함수를 이동시키는 대표적인 변수로는 자산의 실질가치(real wealth)와 미래의 예상소득(expected future income)등을 생각할 수 있다.

자산의 실질가치나 소비자들이 보유한 금융자산 및 부동산의 명목가치를 물가수준으로 나눈 자산의 구매력을 뜻한다. 자산의 명목가치가 증가하거나 물가수준이 하락하면 자산의 실질가치는 증가하게 된다. 이 경우, 소비자들은 가처분소득에 변화가 없더라도 소비지출을 증가시킬 수 있다. 특히, 자산을 담보로 하는 차입을 통해 자산가치의 증가분을 현금화할 수 있는 경우 소비 증가의 가능성은 더욱 커진다. 자산의 실질가치가 높아져 소비가 증가하는 변화는 소비함수의 평행이동으로 나타난다. <그림 2.4>는 이러한 소비함수의 이동을 보여주고 있다.

여기서 문제점은 소비의 독립성이라는 가정에 있다. <그림 2.4>에서 가처분 소득은 Y_1으로 변화가 없더라도, 자산의 실질가치가 증가하여 소비지출이 늘어나면 소비는 점 F에서 점 F'으로 커진다. 즉, 이러한 변화는 소비함수를 위쪽으로 평행이동시키게 된다. 또한, 올해의 가처분소득이 불변이더라도 미래 소득의 증가가 예상된다면 현재의 소비가 증가할 수 있다. 물론, 이와 같은 행위가 가능하려면 예상되는 소득의 증가분을 현금화할 수 있는 완전한 자본시장이 존재하여야 한다. 그러나, 여기서 중요한 사실은 현재의 소비가 케인즈의 단순한 소비함수가 시사하듯이 현재의 가처분소득에 의해서만 결정되는 것이 아니라 미래의 예상소득에 의해서도 영향을 받을 수 있다는 점이다.

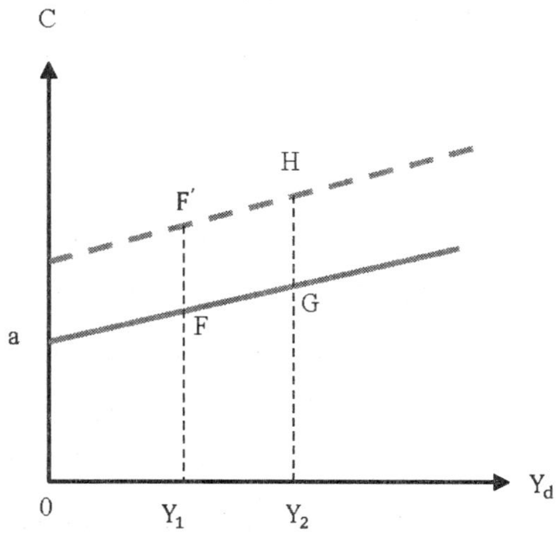

자산의 실질가치가 상승하거나 미래의 소득이 증가할 것으로 예상되면, 소비함수는 위로 평행이동 한다.

그림 2.4 소비함수의 이동

이러한 전제에 입각한 소비이론으로는 모딜리아니(F. Modigliani)의 생애주기가설(life-cycle hypothesis)과 프리드먼(M. Friedman)의 항상소득가설(permanent income hypothesis) 등이 있다. 이들에 의하면, 소득세율의 변동이 소비에 미치는 효과는 정책변화가 일시적인가 아니면 항구적인가에 따라 크게 달라질 수 있다. <그림 2.4>에서 최초의 가처분소득이 Y_1일 때 소득세가 올해 한 해 동안에만 감면된다면 가처분소득은 Y_2로 증가하고 올해의 소비는 원래의 소비함수를 따라 점 F에서 점 G로 증가한다. 그러나, 소득세의 감면이 항구적이라면 올해의 가처분소득뿐 만 아니라 내년 이후의 소득도 증가하므로 소비함수는 위로 이동하게 된다. 이에 따라 올해의 소비는 점 F에서 점 H로 더욱 큰 폭으로 증가한다.

소비를 결정하는 또 하나의 요인으로 (실질)이자율을 생각할 수 있다. 이자율에 따라 저축이 결정된다는 사실과 저축이란 가처분소득에서 소비되지 않은 부분이라는 사실을 되새기면, 이자율이 저축에 영향을 준다는 것은 곧 이자율이 소비에 영향을 미친다는 것과 마찬가지임을 쉽게 알 수 있다.

실질이자율의 상승은 대체효과(substitution effect)를 통해 저축을 증가시키는 반면, 소득효과(income effect)를 통해서는 저축을 감소시킨다. 즉, 이자율의 변화가 소비에 미치는 영향은 두 효과 중 어느 것이 더 큰가에 의존한다. 각 나라의 자료를 이용한 실증분석 결과에 의하면, 이자율이 저축과 소비에 미치는 영향은 대부분의 경우 미미한 것으로 나타난다. 이론상으로는 이자율이 소비의 결정요인 중 하나가 될 수 있지만 실제 경제에서 이자율이 소비에 미치는 영향은 그리 크지 않다고 말할 수 있다.

1.2 _ 소비에 관한 정형화된 사실들(stylized facts)

케인즈의 소비함수에 대한 추측이 출간된 이후 여러 경제학자들이 데이터를 수집하여 그와 같은 추측을 검증하였다. 처음 학자들이 수집하여 이용한 데이터는 두 가지 종류였다.[2] 먼저 제 1차 세계대전과 제 2차 세계대전 사이에 소비, 저축, 소득, 물가 등의 단기 경기변동을 담고 있는 시계열 데이터(time series data)를 사용한 분석은 케인즈의 추측을 지지하는 것으로 나타났다. 즉, 현재의 소비는 현재의 소득과 높은 상관관계(correlation)를 갖기 때문에 다른 변수들은 소비를 설명하는데 크게 기여를 하지 못하는 것으로 나타났다. 이는 곧 케인즈의 첫 번째 추측을 뒷받침하는 결과였다. 다음으로 대공황에 있어서와 같이 소득이 낮은 경우에는 소비와 저축 모두 낮게 나타났다. 따라서 한계소비성향이 0과 1 사이의 값일 것이라는 케인즈의 두 번째 추측을 뒷받침하는 것으로 나타났다. 마지막으로 소득이 낮은 기간에 있어서는 소득에 대한 소비의 비율이 높고 소득이 높은 기간에는 소득에 대한 소비의 비율이 낮게 나타났으며 이는 케인즈의 세 번째 추측을 뒷받침하는 결과였다.

다음으로 학자들은 가계조사를 통하여 한 시점에서 여러 가계의 소득과 소비 및 저축에 관한 가계예산에 관한 자료를 수집하여 분석하였다. 이와 같은 자료는 한 시점에서 여러 경제주체에 관한 자료라는 의미에서 횡단면 자료(cross sectional data)라고 하는데 횡단면 자료의 분석 결과도 케인즈의 추측을 지지하는 것으로 나타났다. 먼저 현재의 소비는 현재의 소득과 높은 상관관계를 갖는 것으로 나타났다. 다음으로 높은 소득의 가계는 소비 또한 높다는 것으로 나타났는데 이는 한계소비성향이 0보다 크다는 사실을 말해준다. 그리고 높은 소득의 가계는 저축 또한 높은데 이는 한계소비성향이 1보다 작다는 사실을 말해준다. 다시 말해 케인즈의 두 번째 추측과 같이 한계소비성향은 0과 1 사이의 값으로 나타났다. 마지막으로 소득 수준이 높을수록 평균저축성향(곧 저축률) 이 높은 것으로 나타났다. 다시 말해 소득이 높은 가계일수록 평균소비성향이 낮은 것으로 나타났으며 이는 케인즈의 세 번째 추측을 뒷받침하는 결과를 나타낸다.

지금까지 설명한 분석은 한 시점 혹은 단기에 있어서의 소비함수이다. 따라서 케인즈의 소비함수론, 즉 절대소득가설은 단기에 있어서는 소비와 소득의 관계를 잘 설명하는 이론이라고 할 수 있다. 그러나 케인즈의 소비함수는 두 가지 점에서 문제를 안고 있었다고 할 수 있다. 먼저 케인즈의 경제이론은 산업혁명 이후 나타난 경제문제 가운데에서도 그 무엇보다도

2 Friedman, Milton (1957), A Theory of the Consumption Function, Princeton University Press: Princeton, N.J.

심각한 대공황이라는 경제현상을 치유할 목적으로 등장한 것이다. 따라서 케인즈의 분석은 단기적인 분석에 초점을 둘 수밖에 없었으며 장기적인 분석에 있어서는 약점이 있을 수 밖에 없었다. 다음으로 케인즈는 현재의 소비를 설명하는데 현재의 소득에 너무 큰 비중을 둠으로써 다른 변수들의 역할을 지나치게 간과한 측면이 있다. 결국 케인즈의 소비함수론은 이와 같은 두 가지 측면에서 문제에 직면하게 된다.

먼저, 케인즈의 추측 곧 절대소득가설은 장기에 있어서의 소득과 소비의 관계를 설명하지 못하고 있다. 즉, 세계 2차 대전 이후 쿠즈네츠(Simon Kuznets)는 1869년까지 거슬러 올라가는 장기에 있어 소비와 소득에 관한 집계자료(aggregate data)를 구축하였다.[3] 그리고 쿠즈네츠는 자신이 분석한 기간 동안에 소득이 크게 증가하였음에도 불구하고 소득과 소비의 비율이 매우 안정적으로 유지됨을 발견하였다. 그런데 이는 소득이 증가함에 따라 평균소비성향이 감소할 것이라는 케인즈의 추측 곧 절대소득가설에 위배되는 실증적 현상이다. 다시 말해 소득이 증가하면 평균소비성향이 감소한다는 케인즈의 추측은 장기에 있어 성립하지 않으며 장기의 소비함수는 절편이 없이 원점을 지나는 것으로 나타난다.

다음으로 케인즈의 추측을 바탕으로 케인즈와 그를 따르는 많은 학자들은 1930년대 후반과 1940년대 초반에 걸쳐 세계 2차 대전 이후의 경제 상황에 대하여 매우 비관적인 예측을 하였다. 즉, 케인즈의 소비함수에 입각하여 볼 때 소득이 증가함에 따라 사람들은 소득 가운데 점점 더 작은 비율을 소비한다. 그런데 소득과 함께 증가하는 저축을 흡수할 수 있을 만큼 높은 이윤이 발생하는 투자의 기회가 충분히 존재한다면 문제가 되지 않지만 그와 같은 투자의 기회가 부족할 가능성이 많다는 것이다. 더군다나 세계 2차 대전이 끝나면 전시의 정부지출이 평상시 수준으로 감소하기 때문에 불황이 초래될 것이라는 것이다. 다시 말해, 이들 케인즈 학파 학자들은 세계 2차 대전이 끝난 이후 총수요를 증가시키기 위하여 정부가 팽창적인 재정정책을 사용하지 않으면 장기 침체가 일어날 것이라고 예측하였다. 이와 같은 가설을 장기침체가설(secular stagnation thesis)이라고 한다.

이와 같은 케인즈학파 경제학자들의 예측은 세계 2차 대전 이후 미국의 경제에 있어 들어맞지 않았다. 즉, 세계 2차 대전 이후 소득은 그 이전보다 훨씬 높았으나 저축률은 그다지 증가하지 않았다. 다시 말해 세계 1차 대전과 세계 2차 대전 사이의 자료를 가지고 추정한

---

3 Kuznets, Simon (1946), National Income: A Summary of Findings, NBER, Arno Press: New York.
Kuznets, Simon (1952), "Proportion of Capital Formation to National Product," American Economic Review, 42, 507-526.

소비함수를 가지고 예측한 세계 2차 대전 이후의 소비는 실제로 일어난 소비보다 훨씬 낮았다. 따라서 소득이 증가하면 평균소비성향(평균저축성향)이 감소(증가)할 것이라는 케인즈의 추측은 이 경우에도 역시 들어맞지 않았다. 그렇다면 이들의 예측이 왜 이와 같이 빗나간 것일까? 세계 2차 대전 이후 학자들의 연구에 따르면 전쟁 중에 전쟁 비용을 마련하기 위하여 미국 정부가 막대한 공채를 발행하였는데 그와 같은 정부공채가 가계의 자산(asset)으로 축적되었기 때문에 전쟁 이후 가계의 자산이 전쟁 이전과 비교하여 크게 증가하였다. 그리고 그와 같은 자산의 축적이 소비에 영향을 미친 것으로 나타났다. 지금까지 본 바와 같이 소비함수에 관한 실증적 분석의 결과 발견된 정형화된 사실(stylized facts)로서 소비함수론이 설명하여야만 하는 것들은 다음과 같은 네 가지이다.

(1) 횡단면 자료를 이용하여 구한 소비함수는 케인즈가 추측한 바와 같이 절편이 존재하고 기울기가 0과 1 사이의 값을 갖는 함수로 나타난다.
(2) 단기의 경기변동을 보여주는 시계열 자료를 이용하여 구한 소비함수 또한 케인즈의 소비함수와 같은 모양으로 나타난다. 따라서 단기 시계열 자료를 이용한 소비함수는 케인즈의 추측을 뒷받침한다.
(3) 장기 시계열 자료를 이용하여 구한 소비함수는 케인즈의 소비함수에서 원점을 지나는 함수의 형태로 나타나며 그 기울기는 1보다 작다. 따라서 장기 시계열을 이용하여 구한 소비함수는 케인즈의 추측을 지지하지 않는다.
(4) 소비함수는 소득뿐만 아니라 가계의 자산에 영향을 받는다. 따라서 케인즈가 추측한 바와 같이 소득이 소비의 절대적인 결정요인은 아니다. 이와 같은 사실들은 일견 서로 상충하는 것처럼 보인다. 그런데 현대 거시경제이론에 있어 이론적인 면에 있어서나 실증적인 면에서 가장 풍부한 연구가 이루어진 것이 바로 소비함수론이라고 할 수 있는데, 이는 위와 같이 일견 상충적인 것처럼 보이는 소비에 관한 사실들을 일관성 있게 설명하려는 노력의 결과였다.

1.3 _ 상대소득가설(J. S. Duesenberry)

정형화된 사실에 관하여 처음 설명을 시도한 사람은 듀젠베리(J. S. Duesenberry)이다.[4] 듀젠베리의 상대소득가설(relative income hypothesis)은 소비의 심리적 측면에 바탕을 두고 있다.

4 Duesenberry, James S. (1949), Income, Saving, and the Theory of Consumer Behavior, Harvard University Press: Cambridge, M.A.

즉, 듀젠베리에 따르면 케인즈의 절대소득가설은 한 사람의 소비가 자신의 과거 소비 및 다른 사람들의 소비와 독립적으로 이루어진다고 암묵적으로 가정함으로써 사람들의 소비가 심리적으로 과거의 소비 및 다른 사람들의 소비에 의존한다는 사실을 무시하고 있다고 보았다.

다시 말해 상대소득가설의 핵심은 다음과 같은 두 가지 가설이다. 첫째, 한 소비자의 소비는 자신의 소득뿐만 아니라 다른 사람들의 평균 소비의 증가함수이다. 이와 같은 가설은 한 사람의 소비가 다른 사람들의 소비에 외부효과를 가짐을 의미하는데 이를 전시효과(demonstration effect)라고 부른다. 즉, 전시효과에 따르면 소비의 절대적인 수준보다 상대적인 수준이 중요하며 소비는 한 경제의 소득분포에 있어 소비자가 어느 위치에 있느냐에 따라 결정되므로 소비는 상호의존성을 가진다. 즉, 한 소비자의 소비는 자신의 소득뿐 아니라 다른 사람들의 평균 소비의 증가함수로서 절대적인 소비수준보다 상대적인 소비수준이 중요하다고 보았다.

과시적 효용이론자인 베블런 효과에 의해, 상품은 과시하고자 하는 욕망에 의해 소비되고 보급된다. 즉, 소비 수준이 상승하는 것은 과시적 소비의 결과라는 것이다. 그렇지만 소비자 행동은 상호 독립적이라는 게 정설이었는데, 이에 대한 비판이 경제학적 이론 가설로서 정립된 것은 듀젠베리의 상대소득 가설로부터이다. 전시효과(demonstration effect)는 '사회에는 하급재로부터 고급재에 이르는 여러 상품이 있는데 사람들은 보다 고급을 구한다. 그 욕구는 사회적으로 보다 높은 지위에 있는 사람들과 접촉이 많은 사람일수록 크다'라는 내용이다. 따라서 전시효과는 단순히 부차적 요소에 불과하다. 예를 들어, 소득수준이 높은 도시지역과 소득수준이 낮은 농촌지역이 접촉하게 되면 농촌지역의 사람들은 어느 정도 소득이 상승하는 과정에서 도시지역의 생활양식을 본받아 소비성향이 높아지게 된다. 이런 현상은 도시와 농촌 간뿐 아니라 국제적으로 선진국과 개발도상국 간에도 일어난다. 이것은 신문, 영화, TV 등 광고의 영향이 크며, 전시효과에 의한 소비성향의 상승이 저축률의 저하를 가져오므로 개발도상국에서 문제시되고 있다. 따라서 전시효과에 의해 저소득국의 높은 소비성향이 설명가능하다. 따라서 소비함수 $C_i = f(Y_i, \overline{C})$로 쓸 수 있다. C_i와 Y_i는 각각 i번째 소비자의 소비와 소득이며, $\overline{C}$는 다른 소비자들의 평균소비이고 함수 $f(\cdot, \cdot)$는 소득과 다른 사람들의 평균 소비에 대하여 증가함수이다.

둘째, 한 소비자의 소비는 과거의 최고 소득 수준에 영향을 받는다. 즉, 한 번 최고의 소비 수준에 도달한 다음에는 소득이 감소하여 소비를 감소시켜야만 하는 경우에도 소비를 감소시키는 것이 쉽지 않다. 이와 같은 현상을 듀젠베리는 소비의 비가역성(irreversibility)이라고 불렀는데 소비의 비가역성 때문에 최고수준의 소비를 지속시키고자 하는 성향이 존재하며 소득이 감소하는 경우에도 소비가 소득의 감소에 비례하여 감소하지는 않는다. 다시 말해 소득에 대한 소비의 비율 곧 평균소비성향은 과거의 최고수준의 소비의 증가함수이다.

또한, 톱니효과(ratchet effect)란 소비는 현재소득의 함수일 뿐만 아니라 과거의 소득에도 영향을 받고 있기 때문에, 소비자의 소비지출수준은 소득처럼 변동하는 것이 아니라 상당히 안정성을 가지고 있어서 경기가 후퇴하여도 쉽사리 감소되지 않는다. 이와 같은 소비의 상대적 안정성으로 인해 경기후퇴로 소득이 줄어든다 하더라도 소비와 같은 속도로 줄어들지 않기 때문에 경기후퇴속도는 그렇지 않은 경우보다 상당히 완화되는 것이다. 이처럼 소비가 경기후퇴를 억제하는 일종의 톱니작용을 하는 현상이다.

따라서 과거의 최고수준의 소비는 소득수준이 최고일 때 달성된다. 이러한 비가역성에 의해 소비함수는 $\frac{C_i}{Y_i} = g\left(\frac{Y_i}{Y_i^H}\right)$이다. 여기서 Y_i^H는 i번째 소비자의 과거 최고소득이고 $g(\cdot)$에 대해 역관계이다. 즉, 현재의 소득이 주어져 있을 때 과거 최고수준의 소득이 높을수록 평균소비성향이 높고, 과거의 최고수준의 소득이 주어져 있을 때 현재의 소득 Y_i가 높을수록 평균소비성향은 낮다.

이와 같은 두 가지의 가설을 가지고 우리는 단기 소비함수와 장기 소비함수 사이의 괴리를 설명할 수가 있다. 첫째, 횡단면 자료를 이용한 소비함수와 장기 소비함수 사이의 괴리는 전시효과를 이용하여 설명할 수 있다. 이를 위하여 $C_i = f(Y_i, \overline{C})$를 간단한 선형함수로 나타내 보자.

$$C_i = a\overline{C} + bY_i, \quad 0 < b < 1$$

이와 같은 소비함수는 <그림 2.5>와 같이 나타낼 수 있다. 즉, 식으로 나타나는 소비함수는 절편이 $a\overline{C}$이고 기울기가 b인 횡단면 분석에 있어서의 소비함수이다. 따라서 상대소득가설의 전시효과에 따르면 횡단면 분석으로부터의 소비함수의 평균소비성향이 소득이 증가함에 따라 감소한다.

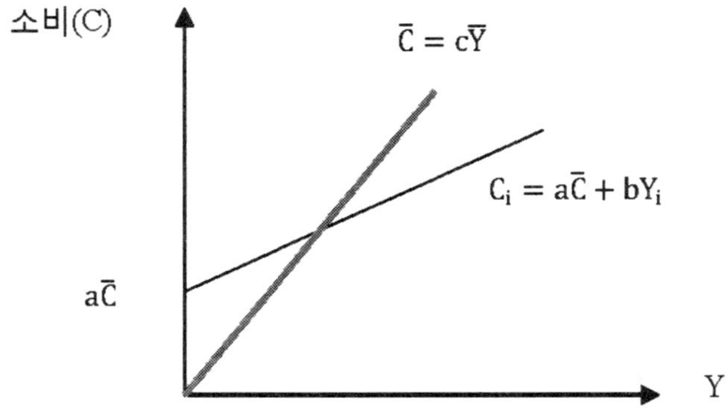

그림 2.5 전시효과에 의한 소비함수

그렇다면 이와 같은 횡단면 분석의 소비함수로부터 원점을 지나는 (장기 시계열 자료를 이용하여 구한) 장기 소비함수는 어떻게 도출할 수 있을까? 이는 $C_i = a\bar{C} + bY_i$, $0<b<1$를 집계(aggregate)함으로써 쉽게 구할 수 있다. 즉, 소득의 분포는 변화하지 않고 모든 사람들의 소득이 증가하는 경우 평균 소득과 평균 소비의 관계를 식 $C_i = a\bar{C} + bY_i$, $0<b<1$ 사실로부터 다음과 같이 구할 수 있다.

$$\frac{1}{N}\sum_{i=1}^{N} C_i = a\bar{C} + b\left(\frac{1}{N}\sum_{i=1}^{N} Y_i\right)$$

그런데 $\bar{C} = \frac{1}{N}\sum_{i=1}^{N} C_i$ 이고 $\bar{Y} = \frac{1}{N}\sum_{i=1}^{N} Y_i$ 이므로 이를 대입하면

$$\bar{C} = \frac{b}{1-a}\bar{Y}$$

따라서 전시효과에 따르면 평균소비는 평균소득만의 함수이고 절편이 없이 원점을 지나는 선형함수로 나타나므로 한계소비성향과 평균소비성향이 동일한 (경제전체의) 장기 소비함수가 나타난다. 이 때 전시효과의 크기가 충분히 작으면(곧 a의 값이 충분히 작으면 한계소비성향은 0과 1 사이의 값을 갖는다. 다시 말해 경제의 소득분포는 일정한 가운데 모든 사람들의 소득이 함께 증가하는 경우의 장기 소비함수는 위 그림과 같이 원점을 지난다.

소득이 증가함에 따라 평균소비성향이 감소하는 단기 소비함수와 장기 소비함수의 관계는

식 $\frac{C_i}{Y_i} = g\left(\frac{Y_i}{Y_{i-1}}\right)$의 두 번째 가설을 이용하여 설명할 수 있다. 먼저 장기적으로 소득이 일정한 성장률 r로 증가하는 경우에 과거의 최고수준의 소득은 지난 기의 소득이다. 따라서 식 $\frac{C_i}{Y_i} = g\left(\frac{Y_i}{Y_{i-1}}\right)$에서 $\left(\frac{Y_i}{Y_{i-1}}\right)$는 $1+r$로 일정하다. 따라서

$$\frac{C_i}{Y_i} = g(1+r)$$

따라서 장기소비함수는 <그림 2.6>에서 보는 바와 같이 원점을 지나는 직선이고 이때 한계소비성향과 평균소비성향은 $g(1+r)$로 같다.

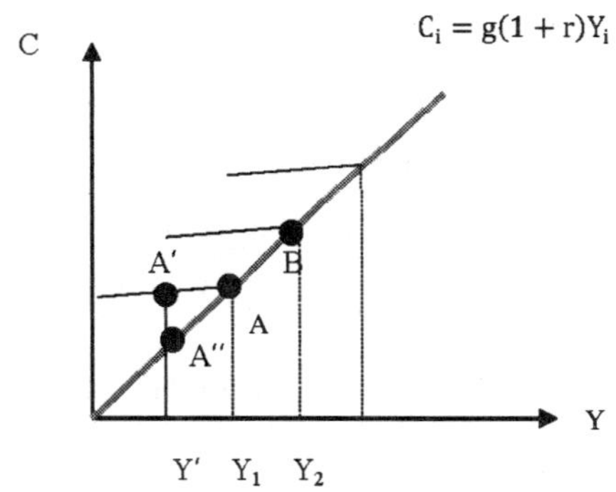

그림 2.6 톱니효과와 소비함수

소비가 장기 소비함수 위의 한 점 A에서 이루어지고 있다고 하여 보자. 이 때, 소득이 하락하면 소비도 하락하는데 소비의 비가역성 때문에 소득과 비례하여 A"으로 하락하는 것이 아니라 소득보다는 낮은 비율로 하락한다. 즉, 소비는 A'으로 하락한다. 따라서 단기적으로 소득이 하락하는 경우의 소비함수는 AA'와 같이 한계소비성향이 평균소비성향보다 작은 단기 소비함수가 나타난다.

또한, 다시 소득이 Y'에서 Y_1으로 증가하면 단기 소비함수를 따라 소비가 A'에서 A로 증가한다. 이어서 소득이 Y_1에서 Y_2로 증가하면 현재의 소득이 (곧 소비가) 과거의 소득(소비)보다 크기 때문에 소비는 장기 소비함수를 따라 A에서 B로 증가한다. 이와 같이 경기가 후퇴할 때 과거의 최고수준의 소비는 소비의 비가역성에 따라 소비의 감소를 억제하는 기능을 하는데 이를 톱니효과(ratchet effect)라고 한다.

이와 같이 상대소득가설은 두 가지의 가설 곧 전시효과와 소비의 불가역성 곧 톱니효과를 이용하여 단기 소비함수와 장기 소비함수의 괴리를 일관성 있게 설명한 최초의 이론이다. 그러나 상대소득가설은 소비의 외부효과와 시간적 의존성이라는 다분히 심리적인 측면에 기초하고 있다. 따라서 상대소득가설을 직접 자료를 이용하여 검정하는 것이 쉽지 않다는 단점이 있다.

1.4 _ 항상소득가설(M.Friedman)

피셔(Fisher)의 소비선택 이론의 핵심은 소비자의 현재 소비는 현재 소득의 함수가 아니라 소비자가 한평생 기대하는 소득의 현재가치 곧 부(wealth)의 함수라는 것이다. 밀튼 프리드먼(Milton Friedman)의 항상소득가설(permanent income hypothesis)은 이와 같은 피셔의 분석에 기초하고 있다.

프리드먼은 각각의 기간에 있어 소비자의 실제소득(measured income, Y)은 능력(ability), 교육수준, 일의 경험(experience), 연령, 성격(personality), 직종(occupation), 성별(gender), 지역 및 비인적 부(nonhuman wealth) 등 소비자의 항구적인 특성에 의하여 결정되는 항상소득(Y_p)과 경기변동, 측정오차(measurement error), 날씨, 질병 등과 같은 확률적(random)이면서도 일시적인 요인 때문에 변동하는 임시 소득(temporary income, Y_t)의 합으로 이루어져 있다고 보았다. 즉, 다음이 성립한다.

$$Y = Y_p + Y_t$$

이를 양변 무한 합을 가정하면 임시소득항은 0이 된다. 따라서 소득은 평생의 항상소득의 합이 되고, 항상소득의 합은 부(wealth)로부터 발생하는 이자소득이라고 볼 수 있다. 또한, 항상소득가설에서 개인은 눈앞의 현재소득만 고려하여 소비하는 근시안적인 소비결정을 하지 않고 현재뿐 아니라 미래까지도 고려하여 생애전체 소득에 근거하여 생애 전체 소비를 결정한다.

프리드먼의 항상소득가설은 위의 식 $Y = Y_p + Y_t$와 다음 두 식으로 구성되어 있다.

$$C = C_p + C_t$$

실제소비를 항상소비와 임시소비의 합으로 정의하고 있다. 이때 임시소비는 한편으로 통상적이지 않은 질병 등과 같이 개인적인 요인에 의한 소비가 포함되고 다른 한편으로는 한 개인이 속한 집단에 영향을 미치는 요인에 따른 소비가 포함된다. 예를 들어 이상 한파는 모든 소비자들의 유류 소비를 증가시키고 농산물의 풍작은 농민들의 소비를 증가시킨다. 그런데 임시소비 가운데 개인적인 요인에 의한 소비의 변동은 (한 기간 안에서 또는 단기적으로) 모든 소비자에 대하여 평균을 구하면 영이 되지만 집단에 영향을 미치는 요인의 변동에 따른 소비의 변동은 모든 소비자에 대하여 평균을 구한다 하여도 0이 되지 않을 수 있다.

$$C_P = kY_p,\ \text{여기서}\ 0<k<1\text{이다.}$$

현재소비는 평생소득의 현재가치인 부(wealth)에 비례한다. 여기서는 항상소비가 항상소득에 비례하는데 항상소득은 다시 부에 비례하기 때문에 결국 항상소비가 부에 비례한다. 프리드먼은 다음과 같은 가정을 더 첨가하였다.

$$\mathrm{Cov}(Y_p,\ Y_t)=0$$
$$\mathrm{Cov}(C_t,\ C_t)=0$$
$$\mathrm{Cov}(Y_t,\ C_p)=0$$

즉, 항상소득과 임시소득 사이에는 아무런 관계가 없다. 항상소득이 많은 사람이 복권에 당첨되어 임시소득이 많다고 말할 수 없다. 마찬가지로 매기 항상 소득이 적다고 복권에 당첨되지 않거나 자주 당첨되는 것은 아니다. 따라서 항상소득과 임시소득은 서로 상관관계가 없다는 것이다. 소비는 항상소득에 의해서만 결정되고 임시소득은 대부분 소비되지 않고 저축된다. 따라서 항상소득 APC>임시소득 APC가 된다. 또한 임시소득과 임시소비, 임시소득과 항상소득과는 상관관계가 없다. 임시소득과 임시소비의 상관계수가 영이라는 마지막 가정은 상당히 강하다고 생각할 수도 있다. $\mathrm{Cov}(Y_t,\ C_t)=0$의 가정이 강한 것은 사실이지만 다음과 같은 이유 때문에 처음 생각한 만큼 강한 것은 아니다. 첫째, 저축은 소비하고 남은 잔차(residual)이다. 따라서 뜻하지 않은 소득이 발생하면 소비보다는 저축한다고 볼 수 있다. 둘째, 뜻하지 않은 소득(windfall income)이 발생하면 내구재 등을 구입하는 경향이 있다. 그러나 이 경우에는 소비(consumption)와 소비지출(consumption expenditure)을 구분하여야 한다. 예를 들어 가구를 구입하였을 때 지급하는 비용은 소비지출이다. 그러나 구입한 가구는 짧게는 몇 년 길게는 수 십 년을 쓰기 때문에 가구로부터 얻는 서비스 곧 소비는 수 십 년을 두고 지속된다. 따라서 가구를 구입하는 경우 소비보다는 대부분이 미래의 소비를 위한 저축이라 고 볼 수 있다. 셋째, 이미 기대된 소득은 항상소득에 포함되어 항상소비에 이미 반영되어 있다. 예를 들어 시일은 알 수 없지만 유산을 상속받기로 되어 있다면 이는 이미 항상소득에 반영되어 있다. 넷째, 뜻밖의 소득을 얻는 경우에 반하여 뜻밖의 손실을 보는 경우도 있으며 이들 가능성이 서로 상쇄된다.

$C_p=kY_p$에 의해 장기에 있어 경제가 성장하여 항상소득이 증가하면 원점을 지나는 소비함수이면서 소비함수를 따라 증가한다. 따라서 일시적인 조세정책은 효과가 없다. 환언하면 일시적인 세율인하 시 소비는 거의 증가하지 않게 된다. 그러나 영구적인 세율인하 시, 소비가 상당히 크게 증가하게 된다. 문제점으로는 실제소득을 항상소득과 임시소득으로 구분하기 어렵다는 것에 있다.

1.5 _ 생애주기가설(Modigliani, Ando)

1985년 노벨 경제학상을 수상한 바 있는 프랑코 모딜리아니(Franco Modigliani)는 1950년대와 1960년대에 걸쳐 리처드 브럼버그(Richard Brumberg) 및 알버트 안도(Albert Ando)와 함께 쓴 논문에서 피셔의 기간 간 소비선택 모형을 이용하여 소비함수론을 전개하였다.[5] 즉, 피셔의 모형을 이용하여 모딜리아니는 소비에 관한 정형화된 사실들을 일관성 있게 설명하고자 하였다. 그런데 모딜리아니 모형의 핵심은 소비자가 태어나서 교육을 받고 노동시장에 나가 소득을 벌어 저축하고 은퇴하여 연금이나 저축에 의존하여 생활하기까지 소득의 평생 흐름에 규칙성이 존재한다는데 있다. 이와 같은 이유 때문에 모딜리아니의 모형을 생애주기가설(life-cycle hypothesis)이라고 부른다. 가정은 다음과 같다. 소비는 일생 동안의 총소득에 의해 결정된다. 즉, 소득=노동소득+자산소득이 되며 소비함수는 다음과 같다.

$$C_t=aY_t+bA_t$$

개인의 장기 소비가 평생소득에 근거하여 이루어진다는 측면에서 항상소득가설과 동일하다. 그러나 항상소득가설이 불확실한 미래소득에 기반하여 평균소비와 소득 사이의 관계를 중심으로 분석한 반면 생애주기가설은 생애 주기에 따라 소득흐름과 소비흐름의 차이에 착안한 이론이다. 즉, 한 사람의 생애주기에 따른 소득흐름은 매우 불안정하지만 소비흐름은 상대적으로 안정적이라고 보았다. 따라서 다기간에 걸친 소비자선택 모형이 된다. 또한 소득을 관찰이

5 Modigliani, Franco and Richard Brumberg (1954), "Utility Analysis and the Consumption Function: An Interpretation of Cross-Section Data," in, Kenneth K. Kurihara (ed.), Post-Keynesian Economics, Rutgers University Press: New Brunswick, NJ.
Ando, Albert and Franco Modigliani (1963), "The Life-Cycle Hypothesis of Saving: Aggregate Implications and Tests," American Economic Review, 53, 55-84.
Modigliani, Franco (1986), "Life Cycle, Individual Thrift, and the Wealth of Nations," American Economic Review, 76, 297-313.

용이한 노동소득과 자산소득으로 구분되며 항상소득의 모호한 개념을 극복한다는 점에 있다. 생애주기가설에서는 일시적인 조세정책은 별로 효과가 없다. 사람들은 소비를 일정하게 유지함으로써 더 높은 효용을 누릴 수 있다.

1.6 _ 유동자산가설

가정으로는 소비는 절대소득수준과 유동자산에 의해 결정된다는 점이다.

$$\text{소비함수 } C = C_0 + cY + kM$$

케인즈의 절대소득가설을 보완하여 장단기의 소비함수를 설명한다. 그리고 위 식에서 유동자산 보유의 증대가 평균소비성향을 상승시키는 작용을 하게 된다. 따라서 자산증가는 소비증가로 이어진다(피구효과).

1.7 _ 랜덤워크가설(Hall)

이전의 분석들은 미래의 소득에 대한 불확실성이 없다고 가정하였다. 그러나 미래의 소득을 정확하게 안다는 것은 불가능하다. 항상소득가설이나 생애주기가설은 소비의 기간 간 선택에 그 바탕을 두고 있으나 우리는 지금까지 마치 미래의 소득에 불확실성이 없는 것처럼 가정하고 설명을 진행하였다. 불확실성이 존재하는 경우, 소비자들은 현재의 소득뿐만 아니라 미래에 기대되는 소득(expected income)에 기초하여 소비를 결정한다. 그리고 미래 소득에 대한 기대를 형성함에 있어서는 소비자들이 미래지향적(forward-looking)이라고 가정한다.

이 때 소비자들이 미래지향적이라는 것은 다양한 의미를 가지고 있으나 그 핵심에는 합리적 기대가설(rational expectations hypothesis)이 있다. 기대가 합리적이라는 것은 이용 가능한 정보를 모두 효율적으로 사용한다는 것이고 이를 수학적으로 표현하면 이용가능한 모든 정보를 바탕으로 조건부 기대(conditional expectations)의 원리를 이용하여 기대를 형성한다는 것이다. 그런데 합리적 기대의 경우, 이용 가능한 정보는 여러 변수나 정책에 관한 과거의 자료뿐만 아니라 미래에 관한 정보 또한 포함한다. 예를 들어 한국은행이 미래의 통화증가율을 공표하였다면 이는 미래에 관한 정보이다. 합리적 기대의 경우 미래지향적이라고 하는 것은 이와 같은 미래에 관한 정보 또한 모두 이용한다는 의미이다. 가정은 합리적 기대를 적용하면 소비함수는 다음과 같이 나타낼 수 있다.

$$C_t = C_{t-1} + \varepsilon_t$$

전기의 소비만이 미래소비 예측에 도움이 된다. 즉 위 식에서 오차는 당기에 예측하지 못하여 발생하는 부분으로 만일 이렇게 현재 예상하지 못했던 요인, 예를 들어 갑작스런 영구적 감세 등이 생기면 미래소비는 현재소비와 달라지게 된다. 그러나 이러한 예측오차는 평균적으로 0이 되기 때문에 미래소비의 가장 좋은 예측치는 현재소비가 된다. 따라서 예상치 못한 변화가 발생하면 이번 기 소비는 전기 소비와 달라지게 되므로 정확한 소비 예측 불가능하다. 또한 예상된 정책은 소비를 변화시킬 수 없다.

tip 연구자를 위한 소비관련 미국통계

◑ Chain Store Sales 연쇄점 매출 통계

정의: 월간 연쇄점(백화점, 연쇄점, 할인점) 매출은 전체 소매판매량의 약 10%정도를 차지한다. 그래서 연쇄점 소매판매 지수나 소비자들의 소비 동향에 관한 정보를 제공해 준다. 대부분의 연쇄점 고객들이 직장 급여로 생계를 유지하거나 에너지 가격에 민감한 중산층 또는 서민들이므로 경기에 영향을 많이 받기 때문에 연쇄점 매출로도 경기 동향을 평가할 수 있다. 한편, 백화점, 연쇄점, 할인점의 주간(Weekly) 매출 통계는 레드북(Red Book)을 통해 공개되고, 연쇄점만 별도로 집계한 주간 매출 통계는 ICSC-UBS Store Sales로 공개된다.

심층 분석: 소비자들의 소비 비중은 미국 GDP의 2/3를 자치한다. 그래서 소비자들의 소비성향을 알 수 있다면, 경제 동향에 관한 예측이 가능해지는데 소비 패턴은 주식 시장과 채권시장에 영향을 미치는 가장 큰 원인이 된다. 실제로 대형 연쇄점들의 매출이 부진하였던 2000년과 2001년, 2003년 미국의 주식시장은 약세를 면치 못했다. 한편, 연쇄점 매출은 개별 소매업자들의 업황에 대한 최신 정보도 제공해 준다. 최근 동향을 보면, 티파니(Tiffany)같은 고급 백화점들은 매출 증가세가 급격하게 꺽이는 반면에 타깃(Target)이나 월마트(WallMart)같은 대형 할인점이나 중저가 의류 판매업체들의 매출도 놀라울 정도로 성장하고 있다. 구딩 연말결산 보고서가 없더라도 연쇄점 매출 통계를 보고서도 소매업체들의 업황을 충분히 파악할 수 있다. 한편, 주간(Weekly) 단위로 연쇄점 매출액을 집계하는 통계는 ICSC-UBS Store Sales라는 지표가 있다. 연쇄점 매출의 발표일시는 매월 첫째 날 목요일 미국 동부시간 11시이며, 레드북 리서치가 1개월 전 자료로 발표한다.

전략 분석: 연쇄점 매출 통계는 통화에 거의 영향을 미치지 않는다. 그럼에도 이 통계가 관심을 받는 것은 매출이 전체 소매판매량의 10%를 차지하고 있다는 점과 소비자들의 소비패턴에 대한 동향을 파악할 수 있는 정보를 제공해 주기 때문이다. 그러므로 연쇄점 매출이 증가하였다는 것은 물가나 경기에 상당히 민감한 중산층 또는 서민층이 소비를 왕성하게 하고 있다는 것이므로 경기가 회복되고 있다는 풀이에 따라 달러의 강세를 예상할 수 있다. 그러나, 1년 매출의 절반 이상이 팔린다는 추수감사절부터 크리스마스에 이르는 홀리데이 시즌에 매출이 부진한 것으로 나타난다면 경기 침체 문제가

심각해지고 있으며, 따라서 소비 위축이 장기화 될 것이라는 뜻이 되므로 약세를 예상할 수 있다. 그래서 12월의 연쇄점 매출 실적이 발표되는 1월 연쇄점 매출 통계의 경우는 예외적으로 시장의 큰 관심을 받는다.

◑ Consumer Credit **소비자 신용**

Released by the Federal Reserve Board.

Measure of money loaned to individuals, usually on an unsecured basis, requiring monthly repayment. Bank loans, credit cards and installment credit are examples of consumer credit.

무담보 은행대출, 카드대출 등 소비자 신용액을 보여주는 지표. 경기상황에 따라 소비자들의 대출이 증감하는지 여부를 보여주며 은행들의 여신도 체크할 수 있다.

정의: 소비자 신용은 개인이 신용으로 상품이나 서비스를 구입한 후 결제하지 않은 모든 미결제 금액의 달러화 가치이다. 그래서 소비자 신용 변동은 소비자들의 부채와 미래 소비패턴의 변화를 예고해 준다.

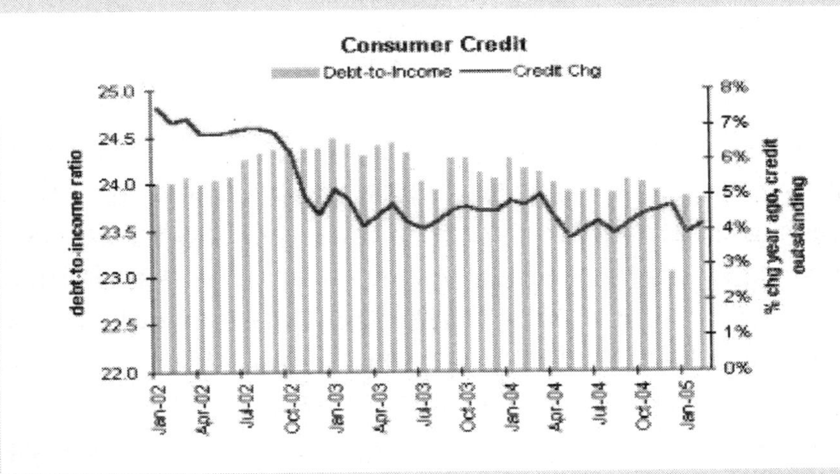

심층 분석: 소비자 신용 증가가 경제에 미치는 영향은 긍정적인 면도 있지만 부정적인 면도 있다. 소비자 신용 즉 빚이 증가한다는 것은 미래에 대한 확신이나 자신감이 있을 경우에 나타나는 현상이다. 자신감이 있다면 소비자들은 신용으로 차량을 구입하거나 여러 물품들을 구입하게 된다. 비록 부채지만 소비자 신용이 증가한다는 것은 그만큼 소비가 왕성하다는 의미이므로 경기 회복에 대한 가능성이나 경제성장에 대해 긍정적인 평가가 이루어질 수 있다. 그러나 만약 소비자들이 자신의 능력을 초과하여 과소비를 한다면 단기적으로는 소비 증가라는 긍정적인 면도 있지만 장기적으로는 채무를 상환하지 않고는 추가 소비를 못하게 되므로 결국 소비중단 또는 소비위축을 초래할 수 있다. 더욱이 미국의

신용카드가 대부분 회전결제(리볼빙)시스템이라서 최저 금액만 상환할 경우 신용한도가 더욱 늘어 소비를 부추기는 구조이다 보니, 월간 최저 상환액이 적다고 소비에 열중하다 나중에 감당을 못해 발생되는 가계부도가 점점 증가하고 있는 실정이다. 이런 가계부도가 결국 경제성장을 가로막는 최대 원인이 되는 것이다. 소비자 신용의 증가는 금리와 밀접한 관계가 있다. 만일 신용을 이용하려는 수요가 공급을 초과한다면 금리는 올라갈 것이고, 반대로 공급이 수요를 초과하면 금리는 낮아질 것이다. 발표일시는 매월 5번째 영업일에 미국 동부시간 오후 3시이며, 연방준비은행이 2개월 전 수치로 발표한다.

전략 분석: 월간 소비자 신용은 가변적이며 수치가 큰 폭으로 등락하는 경향이 있으므로 그리 신뢰할 만한 데이터는 아니다. 또한, 주간 연쇄점 매출, 자동차 판매, 소비자 신뢰지수, 소매판매, 개인소비 지출을 포함한 다른 소비 관련 지표들이 나온 후에 발표되기 때문에 소비자 신용에 대한 시장의 관심은 냉담한 편이다. 소비자 신용은 자동차 할부, 리볼빙, 그리고 기타 항목으로 세분화되어 집계된다. 그러나 총 소비자 지출 규모가 먼저 발표되므로 어느 소비 항목이 신용으로 지출되었는지 알아보는 것에 큰 의미가 없다. 또한, 상대적으로 낮은 소비자 신용 증가율 후에 강력한 소비가 발생되고, 반대로 강력한 소비 증가 뒤에 소비자 신용이 감소하는 현상이 보편적이므로 소비자 신용은 후행성 또는 동행성 지표로도 인정 받지 못하고 있다. 따라서 소비자 신용은 달러에 미치는 영향이 거의 없는 것으로 판단한다. 단, 장기 투자가들은 소비자들의 소비능력을 이해하는데 소비자 신용이 도움이 되므로 다른 투자대안을 찾는데 본 통계를 이용하기도 한다.

◑ Consumer Confidence 소비자 신뢰

정의: 민간 연구 단체인 컨퍼런스 보드(Conference Board)는 매월 5,000세대에게 현 경제에 대한 소비자들의 평가와 미래에 대한 기대치를 측정하는 선행지표다. 소비자들의 경제에 대한 신뢰 수준은 소비와 직결되며, 소비자들의 급격한 소비 형태의 변화를 예측하는데 도움이 된다. 소비자신뢰지수는 NAPM 지수와 마찬가지로 설문을 통해 소비심리를 파악하는 지표이다. 1982년을 100(미시간大는 66년)으로 하여 만들어진 지표로 기본적으로 소비자들이 어떻게 경기를 생각하는 지 파악하기 위해 작성된 것이다. 구체적인 세부항목은 현재상황, 그리고 기대, 경기상황, 고용여건, 향후 6개월 내의 내구소비재 구매 계획 등으로 구성되며, 매월 말에 그 달의 통계를 발표한다.

따라서 소비자신뢰지수를 제대로 활용할 경우 미국 국민들의 주머니 사정과 소비심리를 파악할 수 있기 때문에 매우 귀중한 지표라고 할 수 있다. 이런 비슷한 부류의 통계로는 미시간 대학에서 발표하는 소비자신뢰지수, 그리고 필라델피아 연방은행 지수 등이 있으나 보조적인 성격이 강하다.

한편, 매월 조사 발표되나 발표시기는 다르다. Conference Board지수는 해당월 마지막 화요일에, 미시간大 지수는 해당월 2~3주째 금요일(잠정치) 및 해당월 마지막 금요일(확정치)에 발표하며 www.tcb-indicators.org 에서 볼 수 있다.

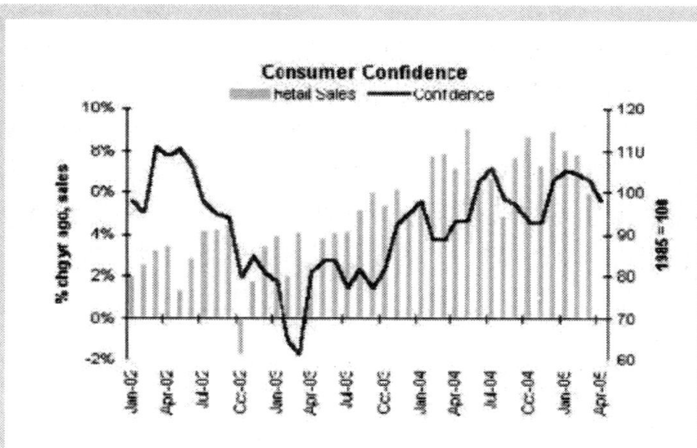

심층분석: 소비자 신뢰지수는 소비자들의 경제여건 평가를 보여 주는 소비자 평가지수(Current Conditions)와 미래에 대한 기대치를 조사하는 소비자 기대지수(Future Expectations)로 구성된다. 소비자 신뢰지수에서 평가지수가 차지하는 비중은 40%이고, 기대지수가 차지하는 비중은 60%이다. 소비자 기대지수는 경기 선행지수로서의 의미를 가지고 때문에 소비자 평가지수보다 중요한 의미를 갖는다. 소비자 신뢰지수는 경기선행지수 중의 하나로 1985년 평균치를 100으로 하여 산출한다. 소비자 신뢰지수는 5포인트 이상이 변화할 경우에만 중대한 의미를 갖는다. 소비는 미국 GDP의 2/3를 자리할 정도로 큰 비중을 갖는다. 그러므로 시장은 항상 소비자들의 소비 동향과 가까운 미래에 나타날 그들의 태도에 관심을 갖기 마련이다. 소비자들은 향후 경기와 미래에 대한 확신을 가질 경우에만 대출이나 신용카드 등을 포함하여 다양한 방법으로 자금을 마련하여 소비에 나서게 된다. 그래서 신뢰지수는 경제의 방향을 알아볼 수 있는 척도가 될 수 있는 것이다. 소비자 신뢰지수 발표일시는 매월 마지막 화요일이며, 미국 동부시간 오전 10시에 컨퍼런스 보드가 전망치를 발표한다.

전략분석: 소비자들의 신뢰지수와 소매판매는 서로 불가분의 관계에 있다. 소비자들이 현재와 미래의 경제 여건에 대해 확실을 가질 수 없는 상황에서 무조건 소비에 나설 수는 없기 때문이다. 소매판매는 소비자들의 신뢰지수가 개선되는 조짐이 보여야 증가한다. 개인 소비가 경제성장률(GDP)에서 자치하는 비중은 약 67%이다. 따라서, 소비자 신뢰지수가 전달보다 상승하거나 예상치를 상회하는 결과가 나올 경우, 소비 증가와 경제성장을 예상할 수 있게 된다. 소비자 신뢰지수의 상승에 따른 시장의 반응은 언제나 달러의 강세를 예상하게 된다. 가끔 신뢰지수가 큰 폭으로 증가한 것으로 나타났지만 전문가들의 전망치를 하회한 결과가 나올 경우에는 실망감으로 인한 달러의 하락세가 나타날 수 있다.

◑ Consumer Sentiment **소비자 동향지수**

정의: 미시간 대학 동향지수는 컨퍼런스 보드에서 발표하는 소비자 신뢰지수와 내용과 형식면에서 비슷한 선행지표다. 미시간 대학은 매월 500명의 소비자들의 경제 여건에 대한 평가와 기대치를 조사하여 소비자들의 소비 동향에 대한 전망치를 발표한다.

심층분석: 미시간 대학의 소비자 동향지수는 Michigan Sentiment 또는 Michigan Index로 불린다.

미시간 대학 동향지수는 컨퍼런스 보드의 소비자 신뢰지수와 상당 부분 유사한 성격을 갖고 있는데, 한가지 차이점은 조사 결과가 매월 추청치(Preliminary)와 최종치(Final)로 2차례 발표된다는 점이다. 미시간 대학의 동향지수 역시 소비자 평가지수 (Current Conditions)와 소비자 기대지수(Future Expectations)로 구성된다. 소비자들의 소비동향은 소비 강도와 직접적인 관련이 있다. 발표일시는 추정치가 매월 두 번째 금요일 미국 동부시간 오전 10시에 발표되고, 최종치가 매월 네 번째 금요일 오전 10시에 발표된다. 미시간 대학 소비자 동향지수는 당월 전망치로 발표된다.

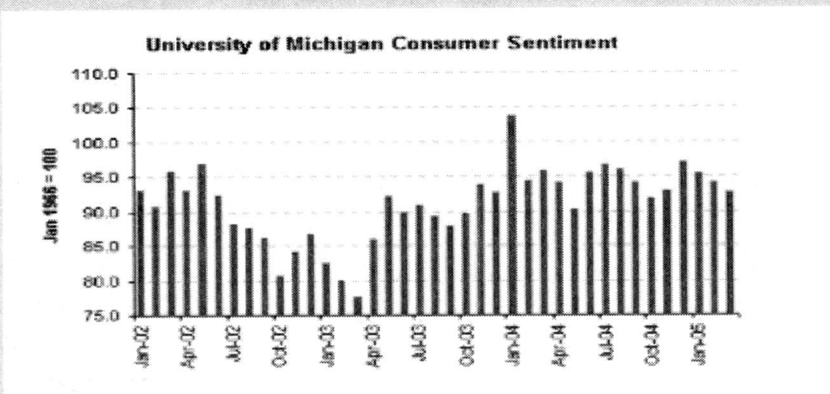

전략분석: 미시간 대학이 소비자 동향지수 역시 컨퍼런스 보드와 마찬가지로 소비자들의 경제에 관한 신뢰도 상승이 소비와 직접적으로 연결이 된다는 점에서 중요한 의미를 가진다. 다만 미시간 대학의 소비자 동향지수는 한 달에 2차례 발표되는 만큼 추정치가 최종치보다 시장에 더 큰 영향을 미친다. 비록 추정치라고 해도 소비자들의 경제에 관한 신뢰를 측정한 것인 만큼 큰 의미를 가진다. 또한, 발표일시 역시 컨퍼런스 보드보다 2주 먼저 발표되므로 소비자 동향지수의 결과가 시장에 미치는 영향은 상당히 크다고 볼 수 있다. 물론 조사 샘플의 차이 때문에 500명을 조사한 것보다 5,000명을 조사한 것의 결과가 서로 다를 수도 있지만, 그렇다고 일반적인 소비자들의 경제에 대한 평가나 미래에 대한 기대치가 조사기관마다 서로 상반된 결과를 만들어 내지는 않으므로 어떤 의미에서는 소비자 동향 지수가 소비자 신뢰지수보다 더 큰 영향을 시장에 미치기도 한다. 소비자 동향지수 개정치(Final)는 처음 나오는 추정치(Preliminary)와 큰 차이가 없을 수도 있고, 컨퍼런스 보드의 소비자 신뢰 지수가 나온 직후 며칠 만에 나오는 것이므로 시장에 별 다른 영향을 주지 않는다. 소비자 동향지수가 전 달보다 상승하거나, 예상치를 상회한 결과가 나올 경우 경제 전망이 밝아 보인다는 점에서 달러는 강세를 보이게 된다. 전문가들의 예상치를 하회할 경우에는 아무리 수치가 상승하였다고 해도 시장에 부정적인 영향을 미친다.

2. 투자지출

총지출에서 차지하는 소비지출의 비중이 약 60%(p.46에서 우리나라 52%, 미국 70%) 정도로 크다는 사실에 반해 투자지출의 비중은 30%에 못 미치고 있다. 그럼에도 불구하고 총수요 구성요소로서 기업의 투자지출이 갖는 중요성은 가계의 소비지출 못지 않게 크다. 투자지출은 경기변동에 따라 큰 폭으로 변화하는 특성을 갖고 있기 때문이다. 이런 이유로 힉스(J. Hicks)는 투자를 "flighty bird"라고 비유한 바 있다. 또한, 장기적인 관점에서 볼 때 투자는 자본축적으로 이어져 국민경제의 성장 잠재력에 큰 영향을 주기 때문에 매우 중요하다.

거시경제학에서 투자는 생산설비의 확충과 같은 실물자산의 증가를 의미한다. 일반적으로 개인들이 자산거래를 통해 수익을 얻는 경제적 행위(주식 또는 채권거래) 역시 투자라고 하지만 거시경제학적 관점에서 보면 저축의 여러 방법 중 하나일 뿐이다. 따라서 주식 구매 및 채권 보유와 같은 금융거래는 저축일 뿐이며 투자가 아니다. 오직 새로운 생산을 위해 실물 자본을 투입하는 것만 투자라고 한다.

시장 거래적 측면에서 투자는 두 단계를 거쳐 이루어진다. 첫째 단계에서는 투자 자본을 조달하는 과정이고 두 번째 단계는 조달된 자본을 이용하여 투자재인 중간재를 구매하여 생산설비로 만드는 과정이다. 첫째 단계의 거래가 이루어지는 시장을 자본시장이라고 하고 두 번째 단계의 거래가 이루어지는 시장이 생산물 시장이다. 그러나 시장이 균형이면 적정 투자 규모에 해당하는 자본을 조달하여 자본재를 구매하므로 자본시장에서 분석한 투자 규모와 생산물 시장에서 분석한 투자 규모는 다르지 않다. 결국, 자본시장에서의 투자와 생산물시장에서의 투자가 동일하므로 분석의 편의상, 두 단계를 통합하여 자본재를 임대하고 임대료를 지불하는 것처럼 가정하기로 한다.

기본적으로 기업가는 자본재의 구입비용이 이 자본재에서 기대되는 예상수익의 현재가치보다 낮을 경우, 투자지출을 행한다. 즉, 투자지출의 결정요인으로는 이자율 및 예상수익률과 자본재의 가격 그리고 자금조달의 용이성 등을 꼽을 수 있다. 이들 요인 중 이자율이 투자수준을 결정하는데 가장 큰 영향을 미친다고 할 수 있다. 한편, 케인즈는 투자지출의 결정요인으로 미래의 수요에 대한 기업가의 전망 또는 동물적 감각(케인즈는 이를 "animal spirits"라고 표현했음)을 강조한 바 있다.

다른 조건이 동일하다면 (실질)이자율 r이 높을수록 자본재에서 예상되는 수익의 현재가치가 작아지기 때문에 투자는 위축된다. 투자지출I과 실질이자율 r 사이의 이와 같은 반비례

관계는 <그림 2.7>에 나타나 있다.

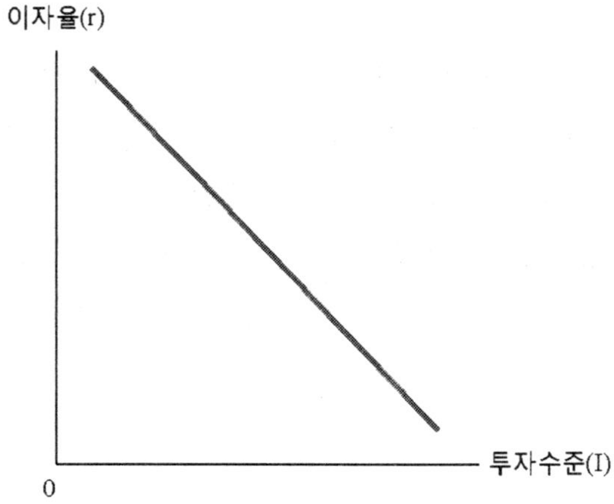

실질이자율이 상승하면 투자의 예상수익률이 감소하므로, 투자지출과 이자율은 반비례한다.

그림 2.7 **투자함수**

이렇게 기업이 투자를 결정하면 기업의 생산에 직접적으로 기여하는 생산요소는 고정자본이다. 기업이 신규투자를 할 경우, 고정자본의 증가가 발생하게 된다. 따라서 현재의 고정자본량은 전기 고정자본량에서 감가상각에 의한 자본량을 제외하고, 신규투자에 의해 증가된 자본량을 더한 것과 같다. 따라서 고정자본이 축적되는 과정은 다음과 같다.

$$K_{t+1} = K_t - \delta K_t + I_t = (1-\delta)K_t + I_t$$

여기서 δ는 감가상각률이고 I_t는 신규투자를 의미한다. 만약 감가상각률이 0이라면 자본증가는 순전히 신규투자에 의해 결정된다.

$$\Delta K_{t+1} = K_{t+1} - K_t = I_t$$

따라서 자본증가는 신규투자를 의미하므로 자본증가와 투자를 동일하게 취급할 것이다. <표 2.1>에서 총저축률은 34.7%로 전년(34.3%)보다 0.4%p 상승하였다. 이는 국민총처분가능소득(GNDI)이 전년에 비해 3.9% 늘어난 반면 최종소비지출은 이보다 낮은 3.3% 증가한데 기인한다. 민간총저축률은 전년(27.0%)보다 0.8%p 상승한 27.8%를 기록하였으나 정부총저축률은 6.9%로 전년(7.3%)에 비해 0.4%p 하락하였다.

가계(가계에 봉사하는 비영리단체 포함, 이하 동일) 순저축률은 6.1%로 전년(4.9%)에 비해 1.2%p 상승하였다. 가계 순저축은 56.1조원으로 전년보다 13.0조원 증가하였다.

표 2.1 총저축률 및 투자율 추이

단위 : %

	2011	2012	2013	2014p
총 저 축 률	34.6	34.2	34.3	34.7
민 간	26.6	26.6	27.0	27.8
(가계 및 비영리단체)	5.3	5.4	6.3	7.1
(기 업)	21.2	21.2	20.7	20.8
정 부	8.0	7.6	7.3	6.9
가 계 순 저 축 률	3.4	3.4	4.9	6.1
국 내 총 투 자 율	32.9	30.8	29.0	29.0
민 간	28.0	26.1	24.3	24.7
정 부	4.9	4.7	4.7	4.3

자료 : 한국은행

총고정자본형성은 전년대비 3.1% 증가하였다. 건설투자는 전년대비 1.0% 증가하였는데, 건물건설투자는 주거용 건물건설이 늘어 전년대비 4.4% 증가하였고, 토목건설투자는 도시토목, 철도 등이 줄어 전년대비 4.4% 감소하였다. 설비투자는 전년대비 5.8% 증가하였다. 기계류투자는 반도체 제조용 기계, 통신 및 방송장비 등을 중심으로 전년대비 5.0% 증가하였고 운송장비투자는 자동차, 항공기 등에 대한 투자가 늘어 전년대비 7.7% 증가하였다. 지식재산생산물투자는 전년대비 4.6% 증가하였는데 연구개발(R&D), 소프트웨어 등에 대한 투자가 증가하였기 때문이다.

표 2.2 총고정자본형성의 증감률 추이(전년동기 대비)

단위 : %

		2012	2013	2014p				
				연간	1분기	2분기	3분기	4분기
총고정자본형성		−0.5	3.3	3.1	2.6	0.6	0.5	−2.9
자본재형태별	건 설 투 자	−3.9	5.5	1.0	5.3	0.5	0.9	−7.8
	건 물 건 설	−1.6	11.2	4.4	3.2	3.1	2.4	−7.3
	토 목 건 설	−7.1	−2.5	−4.4	8.9	−3.8	−1.8	−8.8
	설 비 투 자	0.1	−0.8	5.8	−1.4	1.3	0.2	4.0
	기 계 류	0.3	−2.3	5.0	−3.4	0.4	2.0	5.6
	운송장비	−0.4	3.1	7.7	3.7	3.6	−3.8	0.4
	지식재산생산물투자	8.6	4.4	4.6	2.0	−0.1	−0.3	−0.5
투자주체별	민간	−0.1	3.6	4.7	4.8	−0.2	−1.3	−1.2
	건설투자	−3.8	6.7	3.5	9.9	0.1	−3.0	−5.4
	설비투자	−0.3	−1.5	6.3	−−0.6	−0.5	1.0	4.3
	지식재산생산물투자	9.6	5.0	4.8	2.5	−0.3	−0.7	−0.3
	정부	-2.2	1.8	−4.8	−9.4	5.4	10.6	−11.5
	건설투자	−4.5	1.3	−7.8	−11.0	2.3	17.6	−16.4
	설비투자	5.0	6.2	1.0	−9.1	21.1	−7.4	1.5
	지식재산생산물투자	1.3	−1.1	3.1	−2.0	1.0	3.8	−2.1

자료: 한국은행

2.1 _ 현재가치법(고전학파)

일반적으로 한 기업은 다양한 투자계획(investment project)을 가지고 있다. 기업은 다양한 투자계획을 이용하여 자신의 이윤을 극대화하려고 한다. 특정 투자계획의 이윤은 해당 투자계획을 통해 얻는 수익과 비용의 차와 같다. 특정 투자계획의 이윤이 0보다 크다면 해당 투자계획을 실행할 유인이 존재하지만 이윤이 0보다 작다면 투자계획을 실행하지 않은 것이다. 다양한 투자계획 중, 이윤이 0보다 큰 투자계획에 대해 모두 투자한다면 기업 전체의 이윤은 극대화될 것이다.

좀 더 구체적인 가정을 통해 기업의 이윤을 극대화하는 투자규모를 결정하는 과정과 투자를 결정하는 요인에 대해 살펴보자. 기업이 직면하는 기본 가정은 다음과 같다.

(1) 기업은 다양한 투자계획을 갖는다.

(2) 각 투자계획의 투자비용은 초기에만 발생한다. 초기 투자비용은 C_0라고 하자. 실제 기업의 투자비용은 초기뿐 아니라 지속적으로 발생하는 것이 일반적이다. 그러나 초기에 설비 및 건설 투자가 선행하여야 하므로 다른 기에 비해 초기 투자비용이 차지하는 비중이 상대적으로 크다. 이러한 특징을 단순화하여 편의상, 비용은 초기에만 발생한다고 가정한다.

(3) 투자수익은 미래의 여러 기간에 걸쳐 발생한다. n기 동안 투자수익이 발생하고 i기의 투자수익을 R_i라고 하면 투자수익은 $(R_1, R_2, \cdots R_n)$로 나타낼 수 있다.

(4) 기업은 시장이자율 r로 무한히 차입이 가능하다.

(5) 자본시장은 완전경쟁시장이다.

투자비용이 초기인 0기에만 발생한다고 가정하였지만 투자수익은 여러 기간에 걸쳐 발생한다. 서로 다른 기간에 발생하는 비용과 수익을 비교하기 위하여 모든 시점의 비용과 수익을 현재 시점의 가치(현재가치, Present Value)로 환산하여야 한다.

j라는 투자계획을 실행하는 현재시점이 0기이고, 투자비용이 C_0이면 투자비용의 현재가치 역시 C_0이다. 이 투자계획의 i기 후에 발생하는 투자수익을 R_i라고 하면 이자율 r으로 할인함으로써 투자수익의 현재가치는 $\frac{R_i}{(1+r)^i}$ 이다. 따라서 해당 투자계획의 1기부터 n기 동안 발생하는 투자가치의 총합은 다음과 같다.

$$PV_j = \frac{R_1}{(1+r)} + \frac{R_2}{(1+r)^2} + L + \frac{R_n}{(1+r)^n}$$

여러 기간에 걸쳐 투자수익이 발생하는 이 투자계획의 이윤은 수익의 현재가치와 비용의 현재가치의 차로 나타낼 수 있고, 이를 순수익의 현재가치(Present Value of Net Revenue, NPV)라 한다. 따라서 0기에 투자하는 j라는 투자계획의 순수익의 현재가치, 즉 순현재가치는 다음과 같다.

$$NPV_j = \frac{R_1}{(1+r)} + \frac{R_2}{(1+r)^2} + L + \frac{R_n}{(1+r)^n} - C_0$$

순현재가치가 0보다 크거나 같다면 정상이윤 이상의 이윤을 얻을 수 있으므로 해당 투자계획을 실행한다. 그러나 0보다 작다면 손실이 발생하므로 투자계획을 실행하지 않는다.

기업은 다양한 투자계획을 가지고 있으므로 다양한 투자계획 중, 순현재가치가 큰 프로젝트부터 투자를 실행하여 순현재가치가 0보다 큰 모든 투자계획을 실행하려고 할 것이다. 가정 (4)에서 주어진 시장이자율 r으로 무한히 차입이 가능하므로 기업의 이윤이 극대화되는 투자규모는 순현재가치가 0보다 큰 투자계획을 실행할 때 투입되는 투자규모와 같다.

기업이 어느 정도를 투자하는 것이 가장 이윤을 극대화하는 수준인지는 아래의 그림을 통해 알아보자. 기업이 준비한 여러 투자계획의 순현재가치를 구한 후, 순현재가치가 큰 순서로 배열하면 <그림 2.8>과 같다. 수직축은 주어진 이자율 r에서 투자계획을 실행하였을 때 얻을 수 있는 순현재가치의 크기, 수평축은 해당 투자계획의 투자규모인 투자비용을 의미한다. 다양한 투자계획 중, NPV가 0보다 크거나 같은 투자계획은 A, B, C, D이고 E는 음(-)의 NPV를 가진다. 이윤을 극대화하려는 기업은 투자계획 가운데 A, B, C, D를 모두 투자할 때 이윤이 극대화된다. 따라서 기업의 적정 투자규모는 A, B, C, D를 모두 합한 것과 같다. 순현재가치를 순서대로 배열한 투자계획 중, NPV=0이 되는 수준인 I*에서 투자규모를 결정하면 기업의 이윤이 극대화된다.

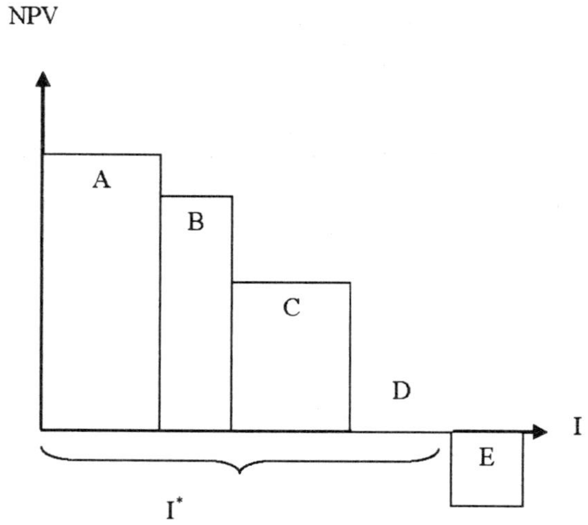

그림 2.8 순현재가치와 적정투자

주어진 이자율 수준에서 기업의 적정 투자규모를 결정하는 과정에 대해 살펴보았다. 이제 이자율이 상승하거나 하락하는 경우, 기업의 적정투자가 어떻게 변하는 지 살펴봄으로써 이자율이 투자에 미치는 효과를 알아보자.

위의 그림과 같이 투자계획이 무한히 많이 존재할 때 투자계획을 배열했을 때 얻을 수 있는 순현재가치는 직선으로 나타낼 수 있다. 이 직선을 순현재가치 곡선이라고 부르기로 하자. NPV(r_0)는 이자율이 r_0일 때 투자규모에 따른 순현재가치를 나타내는 곡선이다. 이미 살펴보았듯이 순현재가치가 0이 되는 투자규모까지 투자할 때 기업의 이윤은 극대화되므로 이자율이 r_0일 때 적정투자는 NPV(r_0)=0이 되는 투자수준인 I_0이다.

수익과 비용이 변하지 않은 상태에서 이자율만 상승하였다고 하자. 이자율이 상승하면 미래 투자수익을 더 높은 할인율로 할인하게 되므로 투자수익의 현재가치(PV)가 감소한다. 비용은 일정한데 비해 수익의 현재가치가 감소하므로 각 투자계획의 순현재가치가 감소하게 된다. 이자율이 r_0에서 r_1으로 상승하면 각 투자수준에서 순현재가치가 감소하므로 순현재가치 곡선은 하향이동하게 된다. 이자율이 r_1일 때 NPV(r_1)=0이 되는 투자수준인 I_1에서 적정 투자규모가 결정된다. 만약 이자율이 하락한다면 낮은 할인율로 미래수익을 할인하므로 각 투자수준에서 순현재가치가 증가하므로 적정 투자규모 역시 증가한다.

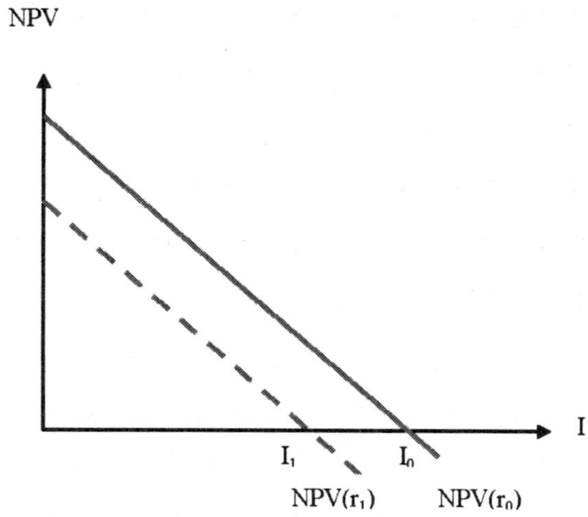

그림 2.9 이자율상승과 순현재가치

이상에서 살펴보았듯이 이자율이 상승하면 순수익의 현재가치가 감소하므로 적정 투자규모 역시 감소하고 반대로 이자율이 하락하면 적정 투자는 증가한다.

개별 기업의 투자에 대한 의사결정을 시장 전체로 확대함으로써 국민경제 전체의 투자를 구할 수 있다. 즉, 각 이자율 수준에서 개별 기업의 투자규모를 모두 합하면 이자율에 대한 국민경제 전체의 투자를 찾을 수 있다. 개별 기업의 투자가 이자율과 역의 관계가 존재하므로 국민경제 전체의 투자 역시 이자율과 역의 관계가 존재한다. 즉, 투자는 이자율의 감소함수이므로 다음과 같이 나타낼 수 있다.

$$I = I(r), \quad \frac{\partial I}{\partial r} < 0$$

단, 이자율과 투자사이의 역의 관계가 존재한다는 것은 투자에 영향을 미치는 많은 요인들 가운데 이자율을 제외한 다른 요인들은 모두 고정되어 있다는 가정 하에서 나온 결과이다. 이자율을 제외한 다른 요인의 변화에 의해 순현재가치가 변하면 이자율이 불변이라해도 투자가 증가하거나 감소할 수 있다.

2.2 _ 내부수익률법(Keynes): 투자의 한계효율이론

투자의 한계효율(Marginal Efficiency of Investment, MEI) 이론은 케인즈가 제시한 이론이다. 투자의 한계효율(Marginal Efficiency of Investment, MEI)이란 투자의 한계수익률을

말한다. 이제 투자의 한계효율을 도출하여 개별 기업이 어떻게 적정 투자규모를 결정하는지 살펴보자. 투자와 관련된 기본적인 상황은 현재가치법과 동일하다.

특정 투자 계획의 투자수익이 R이라고 할 때 해당 수익률 m을 할인율(discount rate)로 사용하여 순현재가치를 계산하면 항상 0의 값을 갖게 된다. 할인율은 미래의 값이나 과거의 값을 현재의 가치로 환산할 때 사용된다. 특정 자산에 적용하는 할인율은 자산의 수익률에 의해 결정된다. 일반적으로 이자율을 할인율로 사용하는 이유는 이자율이 가장 일반적인 사회적 수익률이기 때문이다. 따라서 할인율과 수익률은 동일한 것의 다른 표현이다. 투자의 한계효율과 투자계획의 수익률임을 알아보기 위해 간단한 모형을 사용해 보자. 현재비용 C만큼 투자하는 투자계획의 수익이 다음기 R만큼 발생한다고 하자. 이 투자계획의 수익률이 m이라면 현재수익은 R=C(1+m)이다. 투자수익률을 할인율로 하는 투자계획의 순현재가치는 다음과 같이 항상 0의 값을 가지게 된다.

$$NPV = \frac{R}{1+m} - C = \frac{C(1+m)}{1+m} - C = 0$$

자신의 수익률을 할인율로 사용할 경우, 항상 비용과 수익의 현재가치가 일치하여 순현재가치는 0이 된다. 반대로 순현재가치가 0이 되는 할인율을 구하면 수익률과 같은 할인율인 투자의 한계효율을 계산할 수 있다. 또한, 이 m을 투자의 한계효율 MEI라고 하고 내부수익률(Internal Return Rate, IRR)이 한다. 따라서 내부수익률은 다음과 같이 순수익의 현재가치가 0이 되는 할인율을 계산함으로써 도출할 수 있다.

$$NPV_j = \frac{R_1}{(1+m)} + \frac{R_2}{(1+m)^2} + \cdots + \frac{R_n}{(1+m)^n} - C_0 = 0$$

이는 해당 투자계획을 실행할 때 얻을 수 있는 수익률을 의미한다. 즉, 새로운 투자계획을 실행할 때 추가로 실행할 투자계획의 수익률이 투자의 한계효율이므로 투자의 한계수익률이라고 할 수 있다.

각 투자계획을 실행하여 얻을 수 있는 수익률인 투자의 한계효율에 대해 살펴보았다. 이제 각 투자계획의 내부수익률이 도출되었을 때 적정 투자규모는 얼마나 되는 지 살펴보자. 기업들은 다양한 투자계획들 다운데 수익률이 높은 투자계획부터 투자를 실행하려고 할 것이다. 다양한 투자계획을 투자의 한계효율 m값이 큰 투자계획부터 순서대로 배열하면 MEI곡선이 도출된다. <그림 2.10>에서 투자계획 A, B, C 가운데 A의 수익률이 가장 높고 B와 C

순서로 낮아진다. C이후의 투자계획들은 모두 C보다 수익률이 낮은 투자계획을 나타내고 있다. 투자계획의 투자규모를 무한히 작은 값으로 분해할 수 있다면 MEI곡선이 도출된다.

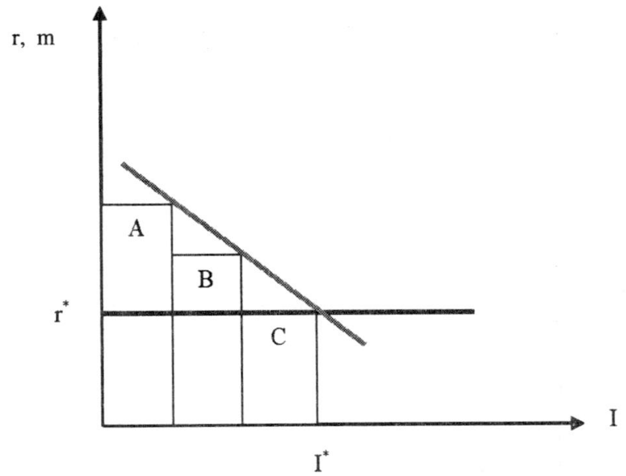

그림 2.10 투자의 한계효율과 적정투자

기업은 각 투자계획 중, 내부수익률이 자본시장의 자본 조달비용인 이자율 r보다 크거나 같은 투자계획에 투자를 실행하고 ($m \geq r$), $m<r$인 투자계획에는 투자를 실행하지 않을 것이다. 투자계획 중, A와 B의 MEI는 이자율보다 크고 투자계획 C는 MEI와 이자율이 같은 수준이다. 따라서 기업은 투자계획 가운데 A, B, C는 투자를 실행하고 그 외의 투자계획은 투자를 실행하지 않을 때 기업의 이윤은 극대화된다. 따라서 기업의 적정 투자규모는 투자의 한계효율이 이자율보다 높은 모든 투자 계획의 투자를 모두 실행하였을 때의 투자 규모와 같다. 따라서 기업의 적정투자는 MEI곡선에서 $m=r$인 I*수준에서 결정된다.

이제, 이자율 변화와 투자함수에 대해 살펴보자. 주어진 이자율에 대해 기업은 투자의 한계효율과 이자율이 일치하는 수준까지 투자할 때 이윤이 극대화되었다. 이제 이자율의 변화에 대해 적정투자가 어떻게 변하는지 살펴봄으로써 투자 자본의 수요에 대해 살펴보자. 투자의 한계효율곡선이 <그림 2.11>에 나타나 있다. 이자율이 r_0인 경우, 기업의 적정투자는 $MEI=r_0$인 I_0 수준에서 결정된다. 만일 이자율이 r_1으로 하락한다면 $m \geq r_0$의 조건을 만족하지 못해 투자대상에서 제외되었던 투자계획 중 일부가 $m \geq r$ 조건을 만족하게 되므로 투자대상에 포함된다. 따라서 이자율이 하락할 경우, 기업의 적정투자는 $MEI=r_1$인 I_1으로 증가한다. 이상에서 알 수 있듯이 개별 기업들은 이자율이 변하면 MEI곡선을 따라 자신의 투자를 변경한다. 이자율이 상승하면 MEI곡선을 따라 투자를 감소시키고 반대로 이자율이 하락하면 MEI곡선을 따라 투자를 증가시킨다. 이는 MEI곡선이 개별 기업의 투자자본의 수요곡선이라는 것을 의미한다. 즉, 투자는 이자율의 감소함수이다.

개별 기업의 MEI곡선을 수평합하면 국민경제 전체에 대한 투자자본의 수요곡선을 구할 수 있다. 이를 투자함수로 표현하면 다음과 같이 나타낼 수있다.

$$I = I(r), \qquad \frac{\partial I}{\partial r} < 0$$

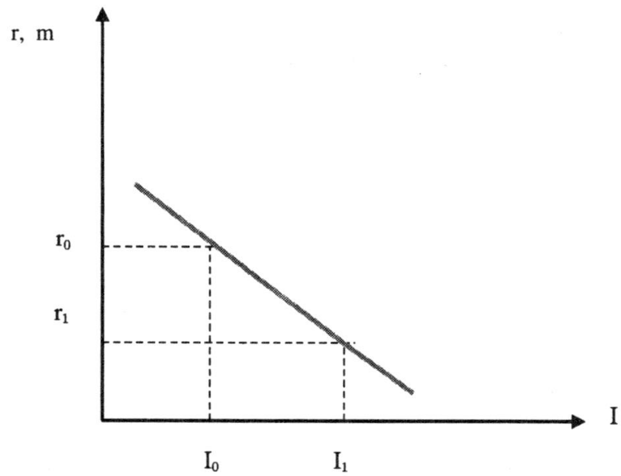

그림 2.11 자본의 수요: 이자율과 적정투자

기업이 얼마만큼 투자하는 것이 적정한지를 정확하게 결정하려면 사전에 투자비용과 투자수익을 알아야 한다. 투자비용은 비교적 정확하게 추산할 수 있으나 미래수익을 사전에 안다는 것은 현실적으로 불가능하다. 따라서 기업은 미래소득이 많을지 적을지에 대해 정확하지 않은 불확실한 상태에서 투자를 결정해야 한다. 케인즈는 현실적으로 존재하는 미래수익의 불확실성과 그로 인한 리스크(risk)가 존재하는 상황에서 투자를 결정해야 하므로 투자는 매우 불안정한 특징을 갖는다고 보았다. 이제 케인즈가 주장했던 투자의 불안정성에 대해 알아보자.

미래수익을 정확히 알 수 없는 기업은 사전에 예측한 예상수익 또는 기대수익을 이용하여 적정한 투자수준을 결정할 것이다. 기업이 높은 미래수익을 예상하면 투자계획의 예상수익률, 즉 MEI 역시 상승하고 낮은 미래수익을 예상하면 MEI도 낮아질 것이다.

그렇다면 기업들은 투자계획의 미래 기대수익이 높을지 아니면 낮을지를 어떻게 판단하는가? 케인즈는 미래의 예상수익을 최종적으로 판단하는 경제주체는 경영자라고 보았다. 경영자는 자신이 접한 다양한 정보를 이용하여 미래 상황을 전망하고 이를 통해 미래 예상수익을 판단하게 된다. 만일, 경영자가 미래 경기전망을 낙관적으로 평가하면 높은 수익을 예상하므로 투자의 한계효율 역시 상승한다. 그러나 경영자가 미래 경기를 비관적으로 평가하면 미래수익이 낮을 것으로 전망하므로 투자의 한계효율 역시 낮아진다. 케인즈는 투자의 한계효율이 이처럼 경영자의 미래경기 상황에 대한 전망에 의존한다고 보았다.

특히, 20세기 들어 가속화된 소유와 경영의 분리로 전문경영인에 의한 기업경영이 일반화되었다. 고용자인 전문경영인은 단기적인 성과를 통해 자신의 능력을 보임으로써 높은 보수와 명예를 얻고자 한다. 기업의 단기 성과를 나타내주는 지표 중 하나가 주식가격인데, 단기 성과를 높이고자 하는 전문경영인은 주가에 민감하게 반응하는 성향을 갖는다. 주가가 오르면 경영자는 미래전망을 낙관하고 주가가 하락하면 경영자는 미래전망을 비관한다. 또한, 주가는 기업의 기초가치(fundamental value)뿐 아니라 시장 동향, 특히 유동성의 흐름에 민감하게 반응하여 매우 불안정한 특징을 갖는다. 케인즈는 경영자가 불안정한 주가를 보고 미래전망을 평가하여 투자를 결정하므로 투자 역시 불안정하다고 주장하였다.

그림을 이용하여 좀 더 구체적으로 경영자의 전망에 따른 투자 변동에 대해 알아보자. <그림 2.12>에서 이자율은 r_0이고 투자의 한계효율을 나타내는 MEI곡선이 MEI_0라고 하자. 기업의 투자는 $MEI_0=r_0$인 상태인 점 E_0에서 결정되므로 적정투자는 I_0이다. 이 때 경영자가 미래 경제상황을 비관적으로 전망한다고 하자. 기업의 미래 예상수익이 매우 낮을 것으로 경영자가 전망하므로 각 투자계획의 투자수익률을 나타내는 MEI가 하락할 것이다. 따라서 MEI곡선은 MEI_1으로 하향 이동하게 된다. 이자율이 r_0로 불변인 상태라면 MEI가 하락함에 따라 투자는 $MEI_1=r_0$ 상태인 점 E_1으로 이동하므로 적정투자는 I_1으로 감소한다. 즉, 이자율이 불변임에도 불구하고 기업의 전망이 변함에 따라 투자가 감소하였다. 케인즈가 투자는 경영자의 동물적 감각(animal spirits)에 의존한다고 생각한 점도 이러한 배경에 근거하고 있다.

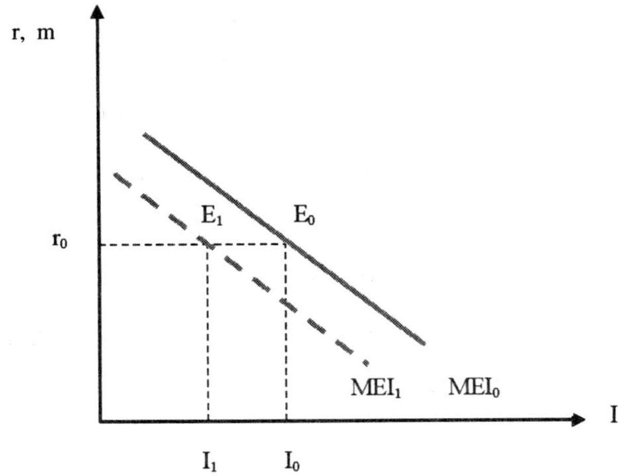

그림 2.12 기업가의 전망과 적정투자

이와 같이 투자에 대한 케인즈의 견해를 따른다면 이자율이 하락해도 반드시 투자가 증가한다는 보장을 할 수 없다. 이자율이 하락할 때 투자가 증가하고 이자율이 상승할 때 투자자 감소한다는 것은 투자에 영향을 주는 다른 요인이 불변이라는 전제 하에서만 보장된다. 또한, 이자율이 하락할 때 주가가 하락하여 경영자가 미래를 비관적으로 전망한다면 투자가 증가할지 감소할 지 불명확하다. 경기변동의 정형화된 사실에 따르면 경기침체기에 일반적으로 이자율이 하락하고 주가도 낮아진다. 따라서 경기침체기에 의해 이자율이 낮아져도 투자 증가를 기대할 수 없다.

이자율이 하락하더라도 <그림 2.13>에서와 같이 이자율 하락에 의한 투자증가 요인보다 경영자의 비관적 전망에 의한 투자의 한계효율이 더 큰 폭으로 하락한다면 오히려 투자가 감소할 수 있다. 케인즈는 이러한 투자의 불확실성이 총수요를 변화시켜 경기변동을 야기한다고 주장하였다. <그림 2.13>에서 이자율이 r_0이고 경영자의 전망에 따른 투자의 한계효율이 MEI_0라면 기업의 적정투자는 $MEI_0=r_0$인 점 E_0에서 결정되고 투자수준은 I_0이다. 이자율만 r_1으로 하락하면 투자는 $MEI_0=r_1$인 점 E_1에서 결정되고 투자는 I_1으로 증가할 것이다. 그러나 이자율 하락과 더불어 경영자가 미래 경제상황을 비관적으로 전망하여 투자의 한계효율이 MEI_0에서 MEI_1으로 낮아진다면 적정투자는 점 E_2에서 결정되므로 투자수준은 I_0보다 작은 I_2로 감소하게 된다. 이와 같은 투자의 변동이 발생할 때 이자율의 변화에 의한 I_0에서 I_1으로 증가하는 투자변동을 유발투자(induced investment)라 하고 경영자의 전방에 따른 MEI의 하락과 같은 이자율 외의 요인에 의한 투자의 감소 I_1에서 I_2로의 감소를 독립투자(autonomous investment)라고 한다.

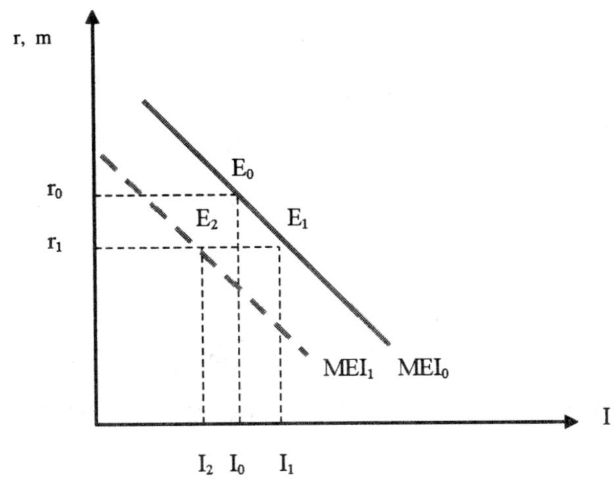

그림 2.13 이자율과 경영자의 전망이 동시에 변한 경우

<그림 2.13>과 같은 사례는 나타날 수 있는 사례 중 하나이다. 케인즈가 이를 통해 이야기하고자 한 것은 다음과 같다. 첫째, 투자가 불안정하다는 사실이다. 둘째, 이자율이 투자에 미치는 효과인 투자의 이자율 탄력성이 비탄력적이라는 것이다.

케인즈의 기업의 전망에 따른 투자결정론은 현대 사회에서도 경기전망 또는 투자전망에 대한 중요한 결정요인으로 이용되고 있다. 매월 발표하는 기업실사지수 BSI(Business Survey Index)와 이를 이용하여 미래 경기전망과 투자전망을 제시하는 것이 그 증거이다. BSI란 경영자를 대상으로 기업활동의 미래 실적 및 미래계획, 기업이 느끼는 체감경기에 대한 설문조사를 통해 파악한 미래전망을 수치화한 지수이다. 실제 경영자가 느끼는 경기전망을 파악할 수 있으므로 주요한 경기선행지표로 활용된다. 특히, 기업의 행동을 결정하는 중요한 단서를 제공하므로 단기적인 경기변동 자료로 유용하다. BSI>100이면 미래경기가 현재에 비해 나아질 것이라고 낙관적으로 전망하는 것이고, BSI<100이면 미래경기가 현재보다 나빠질 것이라고 비관적으로 전망하는 것이다. 우리나라에서는 한국은행, 산업은행, 기업은행, 전국경제인연합회 등 여러 기관에서 BSI를 작성하여 발표하고 있다.

2.3 _ 자금조달의 한계비용이론

현재가치법과 투자의 한계효율이론에서 기업은 투자에 필요한 자본을 무한히 조달할 수 있다고 가정한다. 즉, 완전한 자본시장을 가정하고 있다. 그러나 기업이 주어진 이자율 수준에서 무한히 자본을 조달한다는 것은 현실적으로 불가능하다. 현실 경제에서는 기업에 따라 신용도가 다르므로 기업의 신용에 따라 조달규모와 이자율 수준이 차이가 날 수 있다. 신용이 낮은 기업은 상대적으로 높은 조달비용을 지불하고도 원하는 만큼 자금을 조달하지 못하는 경우가 많다.

이제, 자본조달이 자유롭다는 비현실적 가정을 완화하여 조달규모에 따른 조달비용이 달라지는 현실을 반영한 이론으로 쿠(E. Kuh), 마이어(R. Meyer), 듀젠베리(J. Duesenberry)에 의해 제시된 자금조달의 한계비용이론(Marginal Cost of Fund, MCF)에 대해 살펴보자.

투자자금의 조달방법에 따른 한계비용이 상이하고 자금조달의 한계비용(Marginal Cost of Fund)을 MCF라고 하자. 기업이 자본을 조달하는 대표적인 방법으로 기업의 이윤을 배당하지 않고 투자자본으로 사용하는 사내유보이윤, 금융중개기관으로부터 차입하는 금융기관의 대부자금, 주식발행과 채권발행 등이 있다. 자본조달에 따른 한계비용이 사내유보이윤, 대부자금, 채권, 주식 순으로 높아진다고 하자.

기업은 자본을 조달할 때 가능한 낮은 비용으로 자본을 조달하려 할 것이다. 따라서 투자규모가 작은 경우에는 가장 낮은 비용으로 조달할 수 있는 사내유보이윤을 이용하여 투자를 실행할 것이다. 사내유보이윤으로 자금을 조달할 때 한계비용이 r_0라면 r_0의 비용으로 투자할 수 있는 투자규모는 I_0까지이다. 만약, 기업의 투자규모가 사내유보이윤으로 조달가능한 I_0 수준을 넘어선다면 새로운 방법으로 자본을 조달해야 한다. 남은 조달 가능한 자본 가운데 비용이 가장 낮은 자본은 금융기관으로부터 차입하는 대부자본이다. 대부자본의 이자율이 r_1이라면 기업은 I_0를 초과하는 자본에 대해서는 대부자본을 조달하여 투자할 것이다. 대부자본 역시 무한히 차입할 수 없다. 신용도에 따라 차입할 수 있는 한도가 달라질 것이다. 대부자본으로 차입할 수 있는 자본의 크기가 I_0-I_1이라고 하자. 사내유보이윤과 대부자본으로 조달할 수 있는 투자자본의 규모 I_1을 초과하여 투자하려고 한다면 I_1을 초과하는 자본은 나머지 조달방법 중 비용이 낮은 조달방식을 이용하여 조달할 것이다.

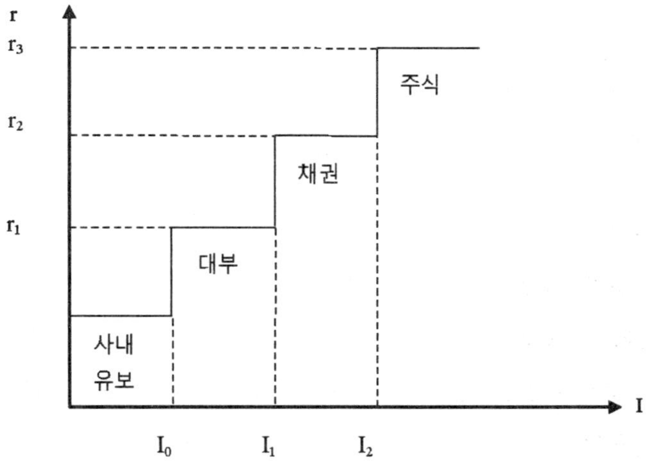

그림 2.14 자본조달의 한계비용

이처럼 기업의 투자규모가 증가하면 투자자본을 조달하는데 필요한 단위비용 즉, 투자자본의 한계비용이 상승하게 된다. 따라서 기업이 직면하는 자본의 공급곡선이 케인즈의 주장처럼 주어진 이자율 수준에서 수평이 아닌 MCF곡선과 같이 우상향한다. <그림 2.14>의 MCF곡선을 완만하게 그리면 <그림 2.15>와 같이 투자에 대한 우상향하는 곡선으로 표시할 수 있다. 개별 기업의 수요는 MEI를 따라 이루어지므로 기업이 직면하는 자본의 공급곡선이 MCF와 같다면 기업의 적정투자는 MEI=MCF인 I^*에서 결정된다.

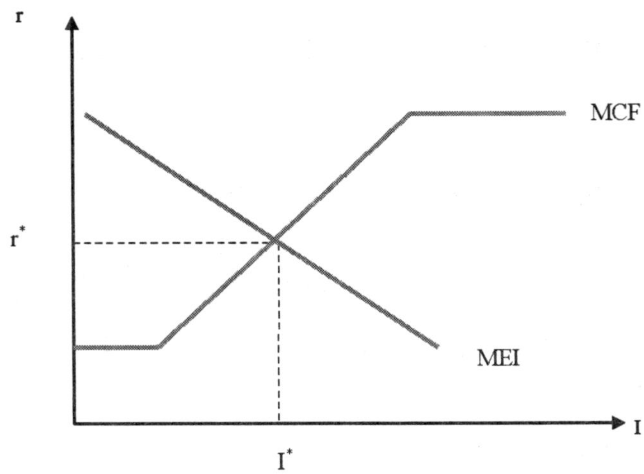

그림 2.15 MEI와 MCF

2.4 _ 가속도 이론

가속도이론(acceleration principle)은 크게 고전적 가속도이론과 신축적 가속도이론(자본스톡 조정이론)으로 나누어진다.

(1) 고전적 가속도이론

1960년대 초반 신고전학파의 투자이론이 발표되기 이전의 주된 투자이론을 가속도이론(acceleration principle)이라 부른다. 가속도 원리는 처음 미국의 경제학자 클라크(J. Maurice Clark)가 주장하고 체너리(Hollis B. Chenery) 등이 발전시킨 이론으로 기업의 고정투자를 소득의 변화로 설명하고자 하는 이론이다.[6] 그런데 가속도원리는 어떤 특별한 이론에 바탕을 두고 있기 보다는 현재와 과거 산출량의 변동과 투자 사이에 존재하는 경험적인 관계에 바탕을 두고 있다.

가속도이론의 가장 중요한 가정은 t기의 최적 자본량(desired capital stock) K_t^*가 다음과 같이 t-1기에 기대한 t기의 산출량 Y_t^e에 비례한다는 것이다.

$$K_t^* = \beta Y_t^e$$

이 때 K_t^*는 기업이 t-1기에 기대하기를 t기에 사용하였으면 좋겠다고 생각하는 최적인 자본의 크기이다. 또한, K_t^*는 자본의 가격변동을 일으키지 않고 자본량이 즉각적으로 조정가능하다고 할 때 기업이 선택하는 자본량이다. β는 비례상수이다. 이제, 자본량의 즉각적인 조정이 실제로 가능하다고 하면 t기의 순투자(net investment)는 다음과 같이 결정된다.

$$I_t = K_{t+1} - K_t = K_{t+1}^* - K_t^* = \beta(Y_{t+1}^e - Y_t^e)$$

이 때, 자본의 즉각적인 조정이 가능하기 때문에 $K_t = K_t^*$가 성립한다. 위의 식은 순투자가 기대되는 산출량(곧 판매량)의 변화량에 비례한다고 가정하고 있다. 이는 최적 자본량의 크기가 기대되는 산출량에 비례한다는 가정으로부터 도출된 것으로 기업의 투자 또는 보다 넓은 의미에서 기업의 경영이 미래에 대한 기대에 바탕을 두고 있음에 착안하고 있다. 이제, 위의

6 Clark, J. Maurice (1917), "Business Acceleration and the Law of Demand: A Technical Factor in Economic Cycles," Journal of Political Economy, 25, 217-235.
Chenery, Hollis B. (1952), "Overcapacity and Acceleration Principle," Econometrica, 20, 1-28.

식에서 기대 산출량이 기대를 형성하는 기간의 산출량과 같다고 하면 $Y_t^e = Y_{t-1}$ 가 성립하고 이를 대입하면 다음과 같은 순투자함수를 얻을 수 있다.

$$I_t = \beta(Y_t - Y_{t-1}) = \beta\Delta Y_t$$

따라서 순투자는 산출량의 변화량에 비례한다. 즉, 순투자는 산출량의 변화량이 양이면 따라서 양이 되고 반대로 음이면 역시 따라서 음이 된다. 이와 같은 순투자의 변동은 실제에 있어 순투자가 경기순응적(procyclical)이라는 사실을 잘 설명 해주고 있다.

그러나 단순한 형태의 기속도원리인 순투자함수는 여러 가지의 문제를 가지고 있다. 첫째, 순투자는 산출량의 변화량에 비례하고 그때의 비례상수는 일정하게 주어져 있다. 그러나 실제에 있어 순투자를 산출량의 변화량으로 나눈 비율은 경기변동의 국면에 따라 다르게 나타난다. 그리고 그와 같은 비율은 투자를 결정하는 다른 변수들이 있을 수 있다. 예를 들어, 이자율, 노동 고용량이나 자본재의 실질가격 그리고 자본의 사용자비용이 변동하면 따라서 변동한다. 따라서 β가 고정되어 있다는 것은 지나친 가정이라고 할 수 있다.

둘째, 위의 식을 도출함에 있어서 실제 자본량이 최적 자본량과 항상 일치한다고 가정하였다. 그러나 이와 같은 가정 또한 지나친 것이다. 먼저 최적 자본량과 현재의 자본량에 큰 차이가 있다면 한 기간 안에 최적 자본량을 달성하는 것이 불가능하다. 만일, 이들 두 자본량의 차이가 작을 경우에도 투자에 조정비용(adjustment cost)이 존재한다면 최적 자본량을 한 기간 안에 즉각적으로 달성하는 것은 불가능하다.

셋째, 최적 자본량이 실제 자본량보다 큰 경우와 반대로 작은 경우에 투자는 다르게 반응한다. 즉, 최적 자본량이 실제 자본량보다 큰 경우에는 순투자를 통해 자본량의 조정이 일어나기 때문에 가속도이론이 비교적 잘 맞는다고 할 수 있다. 그러나 최적 자본량이 실제 자본량보다 작은 경우에는 (투자의 비가역성 때문에) 감가상각을 통해 자본량의 조정이 일어난다. 그런데 감가상각, 곧 대체투자의 원리는 순투자의 원리와는 다르기 때문에 최적 자본량이 실제 자본량보다 작은 경우에는 순투자에 적용되는 가속도원리와는 전혀 다른 원리에 의하여 자본량의 조정이 일어난다.

넷째, $I_t = K_{t+1} - K_t = K_{t+1}^* - K_t^* = \beta(Y_{t+1}^e - Y_t^e)$ 에 나타나 있는 산출량과 순투자의 관계는 이들 두 변수의 관계가 지나치게 가까운 것으로 묘사하고 있다. 먼저, $I_t = \beta(Y_t - Y_{t-1}) = \beta\Delta Y_t$에 따르면 산출량의 변동과 순투자가 정확하게 비례한다. 이는 산출량의 변화량과 순투자의 상관관계가 100%라는 것인데 실제에 있어서 이들 두 변수 사이에 그와 같은 완전한 상관관계가 존재하지 않는다. 즉, 실제에 있어 산출량이 변화할 때 투자는 한 번에 조정되는 것이 아니라 시간을 가지고 조정되기 때문에 산출량 변화량과 투자의 상관관계는 식 $I_t = \beta(Y_t - Y_{t-1}) = \beta\Delta Y_t$에 나타나 있는 것보다 낮다.

다섯째, β의 값을 간단히 추정하여 보기 위하여 앞의 식은 다음과 같이 다시 쓸 수 있다.

$$\beta = \left(\frac{I}{Y}\right)\left(\frac{Y}{\Delta Y}\right)$$

이 때, 산출량에 대한 순투자의 비율 $\left(\frac{I}{Y}\right)$은 우리나라의 경우 30% 정도이다. 그리고 산출량의 성장률 $\left(\frac{\Delta Y}{Y}\right)$은 4.5% 정도이다. 따라서 이들 숫자를 이용하여 $\left(\frac{I}{Y}\right)\left(\frac{Y}{\Delta Y}\right)$으로부터 추정한 β의 값은 약 6.7이다. 다시 말해 $I_t = \beta(Y_t - Y_{t-1}) = \beta\Delta Y_t$에서 산출량이 한 단위 증가하면 투자는 6.7단위 증가한다. 그러나 국민소득의 구성요소 가운데 투자가 가장 변동이 심한 항목이지만 산출량의 변화에 대한 이와 같은 투자의 반응은 지나치다고 할 수 있다. 다시 말해 가속도이론에 따르면 투자의 변동이 실제에 비하여 지나치게 크게 나타난다.

여섯째, 소득의 미세한 변화에 따라 투자가 급변하는 현상을 잘 설명하나 유휴설비 존재 시 부적절한 측면도 있다. 다시 말해 생산시설이 완전가동상태에 있어야 한다. 가속도이론에 따르면 생산량이 증가했을 때 반드시 투자로 이어져야 한다. 그러나 현실적으로 유휴설비가 있다면 생산량이 증가했을 때 가동이 안되고 있는 설비부터 먼저 사용하면 되므로 반드시 투자, 즉 자본투입이 이루어질 필요가 없다.

(2) 신축적 가속도이론(자본스톡 조정모형)

위에서 본 여러 가지 문제점 때문에 가속도원리를 실제로 이용하는 경우에는 단순한 가속도이론을 이용하는 것이 아니라 이를 보다 현실성 있게 변형한 신축적 가속도이론(flexible acceleration principle)를 이용한다. 먼저, 신축적 가속도이론은 다음과과 같은 점에서 단순한 가속도원리와 다르다. 단순한 가속도원리의 경우에는 최적 자본량과 실제 자본량에 차이가 있을 때 즉각적으로 그 차이만큼 투자가 이루어진다고 가정하였다. 그러나 신축적 가속도이론의 경우에는 최적 자본량과 실제 자본량에 차이가 존재하는 경우 투자에 의하여 즉각적으로 그 차이를 해소되는 것이 아니라 시간을 두고 여러 기간에 걸쳐 차이를 줄여나간다고 가정한다. 즉, 다음이 성립한다고 가정한다.

$$K_t = \sum_{s=0}^{\infty} \gamma_s K_{t-s}^*$$

여기서 $0<\gamma_s<1$은 비례상수이고 $\sum_{s=0}^{\infty} \gamma_s = 1$ 이라고 가정한다. 또한 K_{t-s}^*는 과거부터 현재까지의 최적 자본량이다. 즉, 현재의 자본량은 먼 과거로부터 현재까지 최적 자본량의 가중평균값이다. 따라서 현재의 최적 자본량이 ΔK_t^*만큼 증가하면 현재 자본량은 $\gamma_0 \Delta K_t^* < \Delta K_t^*$ 만큼 증가한다. 다시 말해 현재의 최적 자본량이 변화한다 하여도 현재 자본량은 그보다 적게 변화한다. 이제 이와 같은 가정을 이용하여 다음과 같이 순투자를 구할 수 있다.

$$I_t = K_{t+1} - K_t = \sum_{s=0}^{\infty} \gamma_s (K_{t-s+1}^* - K_{t-s}^*) = \beta \sum_{s=0}^{\infty} \gamma_s \Delta Y_{t-s}$$

여기서 우리는 $K_t^* = \beta Y_t^e$을 이용하였으며 앞에서와 마찬가지로 $Y_t^e = Y_{t-1}$라고 가정하였다. 따라서 현재 산출량이 변화하면 이는 현재의 투자뿐만 아니라 미래의 투자에도 영향을 미친다. 예를 들어, 현재의 산출량이 한 단위 증가하면 현재와 미래의 투자가 다음과 같이 증가한다.

$$\{\Delta I_t,\ \Delta I_{t+1},\ \cdots\} = \{\beta\gamma_0,\ \beta\gamma_1,\ \cdots\}$$

따라서 신축적인 가속도원리에 있어서는 현재의 산출량의 변화가 현재의 투자뿐만 아니라 미래의 투자의 흐름에도 영향을 미친다. 그리고 투자와 산출량 사이의 상관관계도 단순한 가속도이론의 경우보다 약화된다. 여기 이제 자본의 감가상각률을 δ라고 하면 총투자는 다음과 같이 쓸 수 있다.

$$I_t = \beta \sum_{s=0}^{\infty} \gamma_s \Delta Y_{t-s} + \delta K_t$$

즉, 신축적인 가속도원리의 경우 투자함수는 현재의 자본량과 먼 과거로부터 현재까지의 산출량의 변화량의 함수이다. 이와 같은 투자함수는 과거 널리 이용되었으며 실제 투자를 잘 설명하는 것으로 알려져 있다.

이와 같이 신축적인 가속도원리는 최적 자본량이 변화할 때 이를 달성하기 위한 투자가 시간을 두고 지속적으로 일어난다고 가정함으로써 현실성을 더하고 있다. 그러나 신축적인 가속도원리가 이와 같은 변형을 통해 현실성을 더하고 있음에도 불구하고 다음과 같은 두 가지 점 때문에 가속도원리 자체가 가지고 있는 한계를 극복하였다고 말할 수 없다. 첫째, 신축적 가속도원리는 최적 자본량의 결정을 위한 미시경제적인 이론이 없이 실제 자본량과 최적 자본량 그리고 최적 자본량과 산출량 사이의 관계를 자의적으로(ad hoc) 가정하고 있다. 이는 현실적인 설명력에도 불구하고 매우 큰 결함이라 할 수 있다. 둘째, 지금까지 살펴본 가속도원리에 있어서는 미래의 기대 산출량이 현재의 산출량과 같다고 가정하고 있다. 즉, 적응적 기대(adaptive expectations)를 가정하였다. 그러나 현대에 있어 광범위하게 이용되는 경제통계학(econometrics)을 이용하면 위에서 가정한 적응적 기대의 경우보다 기대오차를 크게 줄일 수 있다. 다시 말해 현대 거시경제학에 있어서는 합리적 기대(rational expectations)를 가정하는 것이 보통이며 합리적 기대를 가정하는 경우 소득의 변화량과 투자 사이의 관계가 $I_t = \beta\sum_{s=0}^{\infty}\gamma_s \Delta Y_{t-s} + \delta K_t$ 와 같이 명확하게 정의될 수 없을 가능성이 크다.

2.5 _ 토빈의 q이론: 기업의 고정투자

토빈(Tobin)은 경영자의 주관적 전망에 의해 판단되었던 미래 예상수익을 보다 객관적으로 측정할 수 있는 방법을 모색하였다. 이를 위해 토빈은 예상 수익을 예측함에 있어 경영자의 주관적 전망을 다수의 관련자들에 의해 이루어지는 주식시장에서의 전망으로 대체하였다.

투자는 무엇보다도 기업의 수익성과 밀접한 관계가 있다. 수익성이 높은 기업은 투자를 많이 할 것이고 그렇지 못한 기업은 투자에 적극적일 수가 없으리라는 것은 쉽게 이해할 수 있다. 이때 기업의 수익성에 영향을 미치는 요인에는 여러 가지가 있으나 그 가운데에서도 (특히 투자의 결정에 있어서는) 기업이 이미 설치하여 사용하고 있는 자본으로부터 발생하는 수익의 흐름의 현재가치가 중요하다. 그와 같은 수익의 흐름의 현재가치는 곧 기업이 이미 설치하여 생산에 사용하고 있는 자본의 시장가치(market value of installed capital)이다.

그렇다면 그와 같은 자본을 새로 설치하는 비용은 얼마일까? 이와 같이 자본을 새로 설치하는 비용을 설치되어 있는 자본의 대체비용(replacement cost of installed capital)이라고 하는데, 지금의 질문은 (가상적인 것으로) 현재 기업이 사용하고 있는 자본과 똑같은 자본을 새로 구입하고 설치하여 생산에 이용할 수 있게 되기까지 소요되는 비용을 묻고 있다. 이미 설치되어 있는 자본의 대체비용은 새로 생산된 자본재를 구입하는 가격과 구입한 자본재를 설치하는 비용의 합으로 구할 수 있다. 그리고 설치비용은 시간 비용과 물질적 비용의 합이다. 즉, 자본재가 실제로 생산에 사용되기까지는 앞에서 설명한 바와 같이 상당한 설치기간(time to build)이 소요됨으로 그 기간 동안의 관리 및 이자 비용이 발생한다. 그리고 자본을 설치하기 위해서는 인력과 도구가 필요하다. 다시 말해 이미 설치되어 생산에 사용되고 있는 자본의 시장가치와 그와 같은 자본의 대체비용은 서로 다르다. 전자는 자본으로부터 발생하는 수익의 흐름의 기대값에 의하여 결정되고 후자는 새로 생산된 자본재의 가격과 설치비용의 합으로 나타난다.

그런데 이때 새로 생산된 자본재를 시간 비용이나 물질적 비용 없이 즉각적으로 설치하여 사용할 수 있다면 어떻게 될까? 이와 같은 경우에는 기업이 설치하여 보유하고 있는 자본의 시장가치와 그 대체비용 곧 새로 생산된 자본재의 가격은 항상 일치하게 된다. 즉, 설치되어 있는 자본의 시장가치(곧, 설치된 자본으로부터의 발생하는 수익의 흐름의 현재가치)가 새로 생산된 자본재의 가격보다 높다면 기업은 자본재를 구입하여 즉시 사용할 수 있으므로 새로운 자본재에 대한 수요가 증가한다. 따라서 새로운 자본재의 가격이 이미 설치된 자본재의 시장가치와 같아질 때까지 즉시 상승한다. 반대로 새로 생산된 자본재의 가격이 이미 설치되어 있는 자본재의 시장가치보다 높다면 새로운 자본재에 대한 수요가 감소한다. 따라서 새로 생산되는 자본재의 가격은 설치되어 있는 자본재의 시장가치와 같아질 때까지 즉시 하락한다. 이와 같이 자본의 대체비용에 설치비용이 없다면 설치되어 있는 자본의 시장가치와 새로 생산된 자본재의 가격(곧 대체비용)은 항상 일치한다.

그러나 실제에 있어서는 (설치되어 있는 자본의) 대체비용에 설치비용이 포함되어 있다. 이와 같은 경우에 새로 자본을 설치하기 위해서는 시간과 물질적인 비용이 소요되기 때문에 설치되어 있는 자본과 새로 생산된 자본재의 성격이 다르다. 즉, 이미 설치되어 있는 자본은 생산에(곧 수익의 창출에) 즉시 사용될 수 있지만 새로 생산된 자본재를 생산에 이용할 수 있기 위해서는 설치하는 기간만큼 기다려야 하고 설치하는 비용을 지급하여야만 한다. 따라서 설치되어 있는 자본의 시장가치와 그 대체비용은 서로 일치하지 않는 경우가 대부분이다. 그리고 외부적인 충격이 주어지는 경우에도 그 반응의 정도가 다르다. 예를 들어, 해외에서 우리나라 반도체에 대한 수요가 증가하여 반도체 가격이 상승하였다고 가정하여 보자. 이 경우 이미 설치되어 생산에 사용되고 있는 생산설비(곧 자본)의 수익성은 곧 바로 증가하고 이는 다시 설치되어 있는 반도체 생산설비의 시장가치를 상승시킨다. 그러나 새로 생산된 반도체 생산설비를 실제로 반도체 생산에 사용할 수 있기까지는 상당한 시간과 비용이 소요된다. 따라서 새로 생산된 반도체 생산설비의 가격은 이미 설치되어 있는 생산설비의 시장가치만큼 상승하지는 않는다. 다시 말해 이미 설치되어 있는 자본의 시장가치는 자본의 수익의 흐름에 대한 기대가 바뀌면 즉시 변동하지만 새로 생산되는 자본재의 가격은 시간적 및 물질적 설치비용 때문에 변동하지 않거나 변동한다고 하여도 같은 크기만큼 변동하지는 않는다. 이들 두 가지의 비율은 투자의 결정에 중요한 역할을 하는데, 이를 처음 투자 이론에 도입한 사람이 노벨상을 수상한 바 있는 제임스 토빈(James Tobin) 교수이다.[7] 먼저 토빈은 다음과 같은 변수인 토빈의 q(Tobin's q)를 정의하였다.

$$q = \frac{\text{설치되어 있는 자본의 시장가치}}{\text{설치되어 있는 자본의 대체지급}} = \frac{\text{설치되어 있는 자본의 시장가치}}{\text{새로 생산된 자본재의 가격}+\text{설치비용}}$$

$$= \frac{\text{주식의 시장가치}}{\text{자본재의 재생산 비용}} = \frac{\text{자본의 평균수익}}{\text{자본의 평균비용}}$$

토빈은 투자가 q의 값이 1보다 큰가 아니면 1보다 작은가에 따라 다르게 나타난다고 주장하였다. 즉, 만일 q가 1보다 크다면 설치되어 있는 자본의 시장가치(곧 자본의 수익의 흐름의 현재가치)가 자본을 새로이 설치하는 비용 곧 대체비용보다 크다. 즉, 자본을 새로이 설치하는 비용보다 그로부터 발생하는 수익의 흐름이 크기 때문에 투자(자본재 구입)를 증가시킨다. 또는 시장에서 평가한 예상 투자수익이 투자비용을 초과한다는 것을 의미하므로 투자를 했을 때 이윤이 발생할 것으로 예상된다. 반대로 q의 값이 1보다 작다면 자본을 새로이 설치하는 비용 곧 대체비용보다 그로부터 발생하는 수익의 흐름이 작기 때문에 기업은 투자를 하지 않을 것이고 이는 곧 감가상각을 통해 자본이 잠식됨을 의미한다. 또는 예상 투자비용에 비해 투자수익이 작을 것으로 평가하므로 신규투자를 시행할 경우, 순손실이 발생할 것으로 시장에서 예측하고 있는 것이다. 따라서 해당 사업을 하고자 하는 기업가가 있다면 신규투자보다 기존 기업을 인수하는 것이 더욱 유리하다.

그렇다면 자본의 시장가치는 어떻게 측정할 수 있을까? 자본의 시장가치를 측정하기 위해서는 앞에서 언급한 바와 같이 기업의 수익의 흐름을 알아야 한다. 특히 기업의 수익성을 측정하는데 있어서는 현재의 수익뿐만 아니라 미래에 기대되는 수익의 흐름이 중요한데 미래의 수익을 정확하게 안다는 것은 거의 불가능하다. 그런데 기업의 수익의 흐름에 대한 정보를 가장 많이 담고 있는 것이 주식가격이다. 시장 참가자들이 기업의 수익의 흐름의 현재가치가 클 것으로 기대하면 주식 가격은 높고 반대의 경우에는 주식가격이 낮다. 따라서 기업 수익흐름의 현재가치 곧 자본의 시장가격은 주식가격으로 측정할 수 있다. 따라서 위의 식에서 우변의 분자는 주식가격으로 대체할 수 있다.

---

7 Tobin, James (1969), "A General Equilibrium Approach to Monetary Theory," Journal of Money, Credit and Banking, 1, 15-29.

이와 같이 투자에 있어 주식시장의 역할을 분명히 한 것이 토빈의 q이론의 핵심이다. 즉, 토빈의 q의 분자는 주식가격지수로 대체할 수 있고 분모에서 설치비용은 단기적으로 많은 변동을 하지 않기 때문에 결국 토빈의 q는 새로 생산된 자본재의 가격에 대한 주식가격지수의 비율에 의하여 결정된다. 그런데 주식가격지수는 증권거래소로부터 쉽게 얻을 수 있는 정보이고 자본재의 가격은 국민계정(National Income and Product Account, NIPA)에서 쉽게 얻을 수 있다. 따라서 투자 환경에 대한 지표로서 토빈의 q는 쉽게 구하여 볼 수 있다. 그런데 토빈의 q와 이자율이나 자본의 임대비용과 같은 투자의 다른 지표들이 반드시 같이 변동하는 것은 아니다. 때로는 이자율과 토빈의 q가 함께 높은 경우도 있는데 이는 이들 두 변수가 투자에 대하여 서로 상반되는 정보를 담고 있음을 의미한다. 즉, 이자율이 높으면 투자가 위축되고 토빈의 q가 높으면 투자가 촉진된다. 이와 같이 이자율과 토빈의 q가 투자에 대한 상반된 정보를 담고 있는 경우에는 이자율보다는 자본의 가치에 대한 보다 포괄적인 정보를 담고 있는 토빈의 q가 투자 환경을 보다 잘 나타내는 것으로 알려져 있다.

지금까지 우리는 투자에 대한 토빈의 q이론에 관하여 알아보았다. 그런데 토빈의 q이론은 용어와 내용 면에서 신고전학파의 투자이론과 매우 다른 것으로 보인다. 그러나 토빈의 q이론은 신고전학파의 투자이론과 밀접하게 관련되어 있다.[8] 즉, 토빈의 q는 설치되어 있는 자본의 현재와 미래의 기대수익에 달려 있다. 그런데 만일 자본의 한계생산이 자본의 사용자비용보다 크다면 설치된 자본으로부터 이윤이 발생하고 이는 기업의 가치를 상승시키므로 주식가격이 상승한다. 따라서 토빈의 q가 상승한다. 반대로 자본의 한계생산이 자본의 사용자비용보다 낮다면 설치되어 있는 자본으로부터 손실이 발생하고 이는 주식가격과 토빈의 q를 하락시킨다. 따라서 자본의 한계생산과 사용자비용을 비교하는 신고전학파의 투자이론과 토빈의 q이론은 매우 밀접한 관계를 가지고 있다.

토빈의 이론의 장점은 다음과 같다. 먼저 토빈의 q이론의 장점은 투자의 결정요인으로서 현재의 수익성과 미래의 기대되는 수익성을 모두 잘 반영하고 있다는 것이다. 예를 들어 정부가 내년부터 기업소득세를 낮추는 입법을 하였다면 자본 소유주들의 소득이 증가함으로 주식가격이 상승한다. 이와 같이 미래의 기대되는 수익의 증가는 현재의 주식가격을 상승시킨다. 따라서 토빈의 q가 상승하고 현재의 투자가 증가한다. 따라서 토빈의 q이론에 따르면 현재의 투자는 현재뿐만 아니라 미래의 기대되는 정책의 변화에 영향을 받는다.

한편, 단점으로 토빈의 q이론에 있어 핵심은 주식가격이다. 그리고 지금까지 주식가격은

8 Hayashi, Humio (1982), "Tobin's Marginal q and Average q: A Neoclassical Interpretation," Econometrica, 50, 213-224.

설치되어 있는 자본으로부터의 수익의 흐름에 의하여 결정되는 것으로 설명하였다. 이와 같이 주식의 가격을 결정하는 기초가 되는 기대되는 수익의 흐름을 기초여건(fundamental)이라고 부른다. 그러나 많은 경우 주식의 가격은 기초여건에 의해서만 결정되는 것이 아니라 투기에 의한 거품(bubble)의 영향을 받는다. 따라서 주식가격이 기초여건을 충실히 반영하지 못하는 경우가 자주 있다. 즉, 주식시장에 거품이 있는 경우에는 주식가격이 자본의 수익성의 흐름을 잘 반영하고 있다고 볼 수 없으며 그와 같은 경우에는 토빈의 q가 투자 환경을 잘 설명하고 있다고 할 수 없다. 따라서 주식가격의 결정에 있어 기초여건이 주된 역할을 한다고 보는 사람들은 토빈의 이론을 신뢰하는 반면에 투기와 거품이 주된 역할을 한다고 보는 사람들은 토빈의 이론을 신뢰하지 않는 편이라고 말할 수 있다.

두 번째 문제점으로 현실적으로 주가의 변동성은 투자의 변동성에 비해 매우 큰 값을 갖는다. 즉, 투자에 비해 상대적으로 주가는 매우 불안정한 특성을 가지고 있다. 주가의 변동을 이용하여 투자의 변동을 설명하는데 부합도(conformity) 측면에서 한계가 존재한다.

마지막으로 투자결정시점에 주가가 상승하여 투자를 결정하였으나 투자결정과 투자시행까지 시간이 소요되므로 투자를 시행하는 시점에 이르러 주가가 하락할 수 있다. 이 경우, 토빈의 q에 따르면 투자 결정 시점에서는 투자할 유인이 있으나 투자시점에 이르러 투자가치가 사라질 수 있다.

2.6 _ 기업의 유동성 제약과 투자

기업이 새로운 공장을 짓거나 자본재를 구입하여 설치하는 경우 기업의 이윤 가운데 주주들에게 지급하지 않고 보유하고 있는 사내유보이윤(retained profit)에서 그 대금을 지급하거나 금융시장에서 자금을 빌려 지급한다. 금융시장에서 자금을 구하는 방법에는 은행에서 대출을 받거나 회사채를 발행하여 매각할 수 있다. 그리고 주식을 발행하여 매각할 수 있다. 이때 주식은 미래의 이윤에 대한 지분으로 기업의 경영 성과에 따라 다르게 나타나는, 수익률이 불확실한 소득이다. 그런데 지금까지 우리는 기업이 투자를 하고자 하는 경우에 그에 필요한 자금을 금융시장에서 아무런 문제없이 빌릴 수 있다고 암묵적으로 가정하였다.

그러나 금융시장에서 기업이 자금을 마련하는 경우 아무런 제한 없이 원하는 만큼 마련할 수 있는 것이 아니라 대부분의 경우에는 자금을 마련할 수 있는 한계 곧 기업의 유동성제약(financing constraint)이 존재한다. 그리고 때로는 유동성 제약 때문에 기업이 투자를 실행할 수 없는 경우도 존재한다. 즉, 가계의 유동성 제약이 소비에 영향을 미치는 것과 마찬가지로 기업의 유동성 제약은 투자에 영향을 미친다. 그리고 유동성 제약이 존재할 때 가계의 소비가 항상소득이 아니라 현재 소득에 의해 결정되는 것과 같은 이치로 유동성 제약이 존재할 때 기업의 투자는 기대되는 수익의 흐름에 의하여 결정되는 것이 아니라 현재의 수익에 의하여 결정된다. 기업의 유동성 제약에 관하여는 다음과 같은 두 가지 점에 주목하여야만 한다.

첫째, 기업의 유동성 제약은 불황의 경우에 심화된다. 즉, 기업이 금융시장에서 자금을 융통할 수 없는 경우 스스로의 현금의 흐름을 이용하여 투자를 실행하게 되는데 불황의 경우에는 이윤이 감소하고 현금의 흐름 또한 감소한다. 따라서 불황의 경우에 유동성 제약은 보다 심화된다. 그리고 기업의 유동성 제약이 존재하는 경우에는 불황이 짧다고 하여도 투자에 미치는 효과는 클 수 있다. 즉, 불황이 짧은 경우에는 자본의 전 생애의 수익에 의하여 결정되는 토빈의 q가 크게 변화하지 않는다. 따라서 유동성 제약이 존재하지 않는 경우에는 기업이 투자를 계속한다. 그러나 유동성 제약이 존재하는 경우에는 불황과 함께 이윤과 현금의 흐름이 감소함으로 투자를 계속할 수가 없다. 다시 말해 짧은 불황이라고 하여도 유동성 제약이 존재하면 투자는 크게 감소할 수가 있다.

둘째, 1997년 말에 시작된 외환위기에 우리나라의 여러 은행이 문을 닫거나 다른 은행에 합병되었다. 이와 같이 은행 위기(banking crisis)가 닥치면 은행은 본연의 기능을 제대로 하지 못하게 된다. 다시 말해 은행은 금융중개기관(financial intermediaries) 가운데 가장 중요한 기관으로서 금융자원을 배분하는 기능을 한다. 은행은 저축하고자 하는 사람들의 자금을 예금으로 받아서 수익이 남는 투자 기회를 가지고 있지만 자금이 부족한 투자자에게 대여한다. 그러나 은행이 파산의 위기에 몰리면 그와 같은 기능을 할 수가 없기 때문에 기업의 유동성 제약은 일반화될 뿐만 아니라 더욱 심화된다. 이와 같이 유동성 제약이 일반화되는 현상을 신용경색(credit crunch)이라고 한다. 신용경색은 투자의 감소를 초래할 뿐만 아니라 자금이 가장 효율성이 높은 투자 기회에 배분될 수 없도록 한다.

2.7 _ 신고전학파의 투자이론

거시경제학의 흐름 중, 신고전학파의 핵심원리는 세이의 법칙이다. 즉, 수요와 공급이 일치하는 균형은 항상 달성된다. 자본시장의 균형은 자본의 수요와 공급이 일치하는 수준에서 결정된다.

(1) 자본의 수요

자본의 수요 즉, 투자는 기업에 의해 이루어진다. 기업의 목적은 이윤을 극대화하는 것이다. 따라서 기업의 최적 투자는 이윤을 극대화하는 자본 투입규모에 의해 결정된다. 즉, 시장에서 결정된 자본임대료를 주어진 것으로 받아들여 이윤을 극대화하는 자본투입량을 결정해야 한다. 기업의 이윤극대화 조건을 살펴보자.

생산함수는 Y=F(L,K)이고 물가는 P, 명목임금과 자본의 사용자비용은 각각 W와 R이라고 하자. 재화시장과 생산요소 시장이 모두 완전경쟁일 경우, 개별 기업의 이윤함수는 다음과 같다.

$$\text{이윤} = P \cdot F(L,K) - [W \cdot L + R \cdot K]$$

이윤을 극대화하는 최적 자본량을 구하는 공식은 다음과 같다.

$$\frac{\partial \text{이윤}}{\partial K} = P \cdot MPK - R = 0$$

MP_K는 자본의 한계생산(Marginal Product), P · MPK=VMPK로 한계생산물가치(Value of Marginal Product)를 의미한다. 따라서 이윤을 극대화하는 최적 자본량은 VMPK=R을 만족하는 수준에서 결정된다.

기업이 생산을 위해 자본을 투입하는데는 비용이 수반된다. 기업이 자본재를 임대하여 생산한다면 매기 임대한 자본재에 대한 임대료만큼 비용이 발생할 것이다.

그러나 기업이 자본을 조달한 후, 자본재를 구입하여 생산에 투입한다면 자본조달에 따른 비용과 구매한 자본재의 유지비용이 발생할 것이다. 자본을 조달하고 자본재를 구매하여 생산에 투입한 후, 자본재를 유지하는 비용을 자본의 사용자비용이라고 한다. 자본의 사용자비용은 기회비용으로써 경제적 비용을 의미한다. 자본의 사용자비용에 대해 보다 자세히 살펴보자.

자본재의 가격이 P_K라면 자본 한 단위를 투자하기 위해 P_K만큼 투자자본이 소요된다. 따라서 자본 한 단위를 투자하기 위해서는 P_K만큼 자본을 조달해야 한다. 이 때 이자를 지불해야 하므로 이자비용이 발생한다. 명목이자율이 i라면 자본 한 단위에 대한 이자비용은 $i \cdot P_K$이다.

자본재를 설치할 경우, 시간이 지남에 따라 마모나 기술진보 등에 의해 자본재의 가치가 감소하고 이를 감가상각(value depreciation)이라 한다. 매기 δ의 비율로 감가상각이 이루어진다면 가격이 PK인 자본재 한 단위의 매기 감가상각비용은 $\delta \cdot P_K$와 같다.

시간이 지남에 따라 자본재의 가격변화(ΔP_K)에 따른 자본이득이 발생한다. 자본재의 가격이 상승할 경우, 양(+)의 자본이득이 발생하므로 기회비용이 감소하는 효과가 발생하고 가격이 하락할 경우, 음(−)의 자본이득이 발생하므로 기회비용이 증가하는 효과가 발생한다. 자본재의 가격변동은 가격변화율과 자본재 가격의 곱과 같다. 즉, $\Delta P_K = \frac{\Delta P}{P} \cdot P_K$이다. 여기서 $\frac{\Delta p}{p}$는 가격변화율로서 인플레이션 π와 같다.

이상의 결과, 자본의 사용자비용은 다음과 같이 세 가지 비용의 합으로 구성된다.

$$R=(i+\delta-\pi)P_K$$

기업의 이윤을 극대화하는 최적 자본의 투입은 VMPL=R을 만족하는 수준에서 결정된다. 자본 임대료 대신 자본의 사용비용을 이용하면 결국 이윤을 극대화하는 최적 자본의 투입은 한계생산물 가치와 자본의 사용자비용이 일치하는 수준에서 결정된다.

$$P \cdot MPK=(i+\delta-\pi)P_K$$

감가상각률 δ가 일정한 값을 갖는다고 가정하면 $i-\pi$는 피셔방정식에 의해 실질이자율 r과 같다. 따라서 자본의 사용자비용과 실질이자율 사이에 양(+)의 상관관계를 갖는다.

논의의 편의를 위해 감가상각률을 0이라고 하면 실질이자율과 자본의 한계생산성이 일치하는 수준에서 기업의 이윤을 극대화하는 최적자본이 결정된다.

$$r=MPK$$

물론, $P_K=P$가 먼저 만족되어야 하는데 가격의 신축성과 고전적 이분성이 성립하면 된다.

자본의 한계생산성은 체감하는 특징을 가지므로 자본의 수요곡선은 <그림 2.16>의 MPK곡

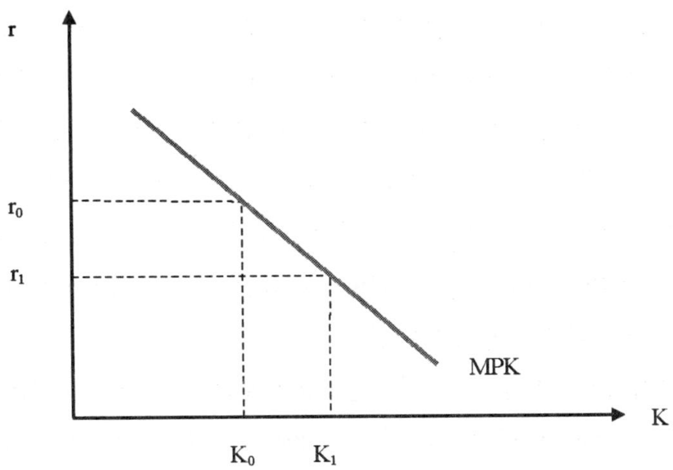

그림 2.16 자본의 수요곡선과 최적투자

선과 같이 우하향한다. 자본시장에서 실질이자율이 r_0라면 기업의 최적 자본량은 $r_0=MPK$ 수준인 K_0에서 결정된다.

시장균형 이자율이 r_1으로 하락한다면 기업의 최적자본량은 $r_1=MPK$인 K_1수준에서 결정된다. 즉, 이자율이 하락할 경우 투자가 증가하여 자본량이 증가한다. 일반적으로 자본축적은 다음과 같이 이루어진다.

$$K_t=K_{t-1}-\delta K_{t-1}+I_t$$

즉, 새로운 자본증가 $\Delta K_t=-\delta K_t+I_t$와 같다. 여기서 감가상각률 $\delta=0$이라 가정하면 새로운 자본증가는 신규투자 I에 의해 결정된다. 즉, 자본이 K_0에서 K_1으로 증가하였으므로 신규투자가 그 만큼 증가하였다는 것을 의미한다. 이상의 결과를 종합하면 이자율이 하락하면 투자는 증가하고 이자율이 상승하면 투자는 감소한다. 즉, 기업의 투자는 이자율에 대한 감소함수이다.

$$I=I(r), \quad \frac{\partial I}{\partial r}<0$$

자본의 공급은 최종적으로 개인의 저축에 의해 이루어진다. 따라서 시장전체의 자본공급은 개인의 자본 공급곡선의 수평합이 된다. 개인이 합리적인 의사결정을 한다면 시점간 소비선택 모형에서 국민경제 전체의 저축은 시점간 대체효과에 의해 이자율의 증가함수이다. 따라서 자본의 공급곡선은 우상향한다. 자본수요는 실질이자율의 감소함수이고 자본공급은 실질이자율의 증가함수이다. 자본수요는 기업에 의해 이루어지며 자본공급은 개인에 의해 이루어진다.

자본시장의 균형은 기업의 자본수요와 개인의 자본공급이 일치하는 수준에서 결정된다. 따라서 최적 투자는 <그림 2.17>에서와 같이 우하향하는 자본의 수요곡선과 우상향하는 자본의 공급곡선이 일치하는 I*수준에서 결정되고 균형이자율은 r*수준에서 결정된다.

이자율이 균형이자율보다 높거나 낮은 경우, 자본시장에서 자본의 초과공급이나 초과수요가 발생한다. 즉, 자본시장이 불균형 상태에 있게 된다. 예를 들어 이자율이 균형이자율보다 높은 경우, 자본시장에서 자본의 초과공급이 발생한다. 자본시장의 초과공급이 발생하면 이자율이 신축적으로 하락하여 자본시장의 불균형이 해소된다. 신고전학파에 의하면 자본시장은 항상 균형상태인 세이의 법칙이 성립한다.

자본시장이 항상 균형을 달성하기 위하여 불균형이 발생할 때 이자율에 의한 신속한 조정이 이루어져야 한다. 그리고 이자율 이외의 다른 요인에 의한 자본시장 교란이 적게 발생하여야 한다. 또한 신고전학파의 논리에 따르면 자본의 수요 및 공급은 이자율에 대해 상대적으로

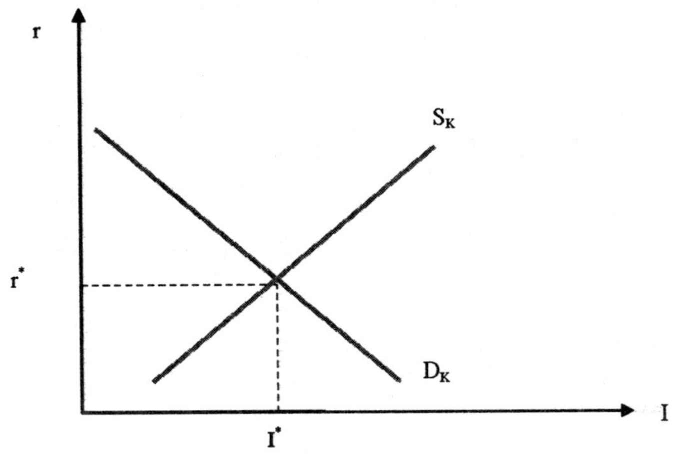

그림 2.17 자본시장의 균형: 최적투자의 결정

탄력적이어야 한다. 이런 특징에 의해 자본시장이 항상 균형을 달성한다는 점에서 투자의 불안정성을 강조하는 케인즈의 투자이론인 MEI이론과 다른 점이다.

2.8 _ 자본량 조정비용 모형

이제까지 투자이론은 정태적 상태에서 최적 투자량을 결정하는 문제를 분석하였다. 이제 투자를 통해 자본량을 조정할 때 조정비용(adjustment cost)이 존재하는 경우, 최적 투자량과 조정경로(adjustment path)에 대한 문제를 풀어보자.

(1) 자본량 조정비용과 최적 자본량

앞에서 살펴보았듯이 감가상각을 고려하지 않는다면 t기의 자본량은 다음과 같다.

$$K_t = K_{t-1} + I_t$$

앞의 신고전학파 모형에서는 t−1기의 자본량 K_{t-1}을 t기의 자본량 K_t로 바꾸는데 소요되는 어떤 비용도 고려하지 않았다. 그러나 현실적으로 자본량을 조정할 경우, 조정비용(adjustment cost)이 발생한다. 간단한 조정비용함수를 이용하여 조정비용이 존재할 경우, 투자에 어떤 영향을 미칠 수 있는 지 살펴보자. 조정비용함수는 설명의 편의를 위해 다음과 같이 2차함수라고 하자.

$$C_t = \frac{a}{2}(K_t - K_{t-1})^2$$

조정비용이 포함된 기업의 이윤함수는 다음과 같다.

$$\pi = P \cdot F(L_t, K_t) - [W \cdot L_t + R \cdot K_t] - [\frac{a}{2}(K_t - K_{t-1})^2]$$

이윤 (π)을 극대화하는 1차 조건은 다음과 같다.

$$\frac{\partial \pi}{\partial K} = P \cdot MPK - R - a(K_t - K_{t-1}) = 0$$

따라서 이윤극대화 조건을 정리하면 다음과 같다.

$$P \cdot MPK = R + a\Delta K_t$$

자본의 사용자비용이 R일 때 조정비용이 존재하지 않는다면 <그림 2.18>의 점 a에서와 같은 K_0에서 최적 자본량이 결정된다. 그러나 조정비용이 존재할 경우 최적 자본량 수준은 자본의 사용자비용뿐만 아니라 한계조정 비용 mc(marginal adjustment cost)만큼 비용이 추가되므로 P·MPK=R+MC인 점 b 즉, K_1 수준에서 최적 자본량이 결정된다. <그림 2.18>에서 mc는 한계조정비용을 의미한다.

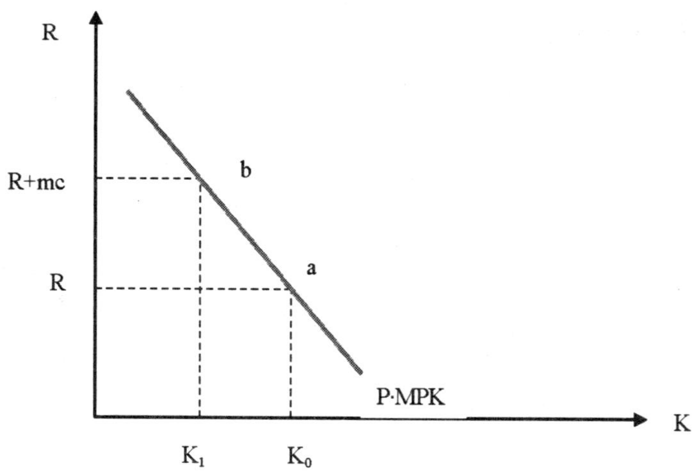

그림 2.18 조정비용과 최적 자본량

만약, 최적 자본량이 K^*이고 t-1기의 자본량이 K_{t-1}이라고 하자. 이 때 $K^* > K_{t-1}$이라 하자. 조정비용이 존재하지 않는다면 자본량은 다음 기인 t기에 바로 최적 자본량 K^*로 조정될 것이다. 그러나 조정비용이 존재할 경우, 다음 기인 t기에 K_t 까지 자본조정이 이루어져 최적자본량 K^*까지 즉각적인 자본조정이 이루어질 수 없게 된다.

마찬가지로 조정비용이 존재할 때 미래 예상이윤의 현재가치의 합을 극대화하는 동태적인 최적 자본경로 역시 조정비용이 존재하지 않는 경우와 달라진다. t-1기의 자본량이 K_{t-1}이고 미래 예상이윤의 현재가치의 합을 극대화하는 최적자본량이 K^*라고 하자. 조정비용이 존재하지 않는다면 다음 기 자본량은 최적자본량 수준인 K^*로 바로 조정이 이루어질 것이다.

그러나 조정비용이 존재하면 t기의 자본량은 최적자본량 K^*보다 적은 K_t수준에서 결정된다. 조정비용에 의해 적정 자본량 수준으로 단기에 조정되지 못하고 여러 기에 걸쳐 조정이 이루어지게 된다. <그림 2.19>의 경로 I은 조정비용이 존재하지 않는 단선적인 조정경로를 보여주고 경로II는 조정비용의 존재에 따른 다기간에 걸친 완만한 조정경로를 보여준다.

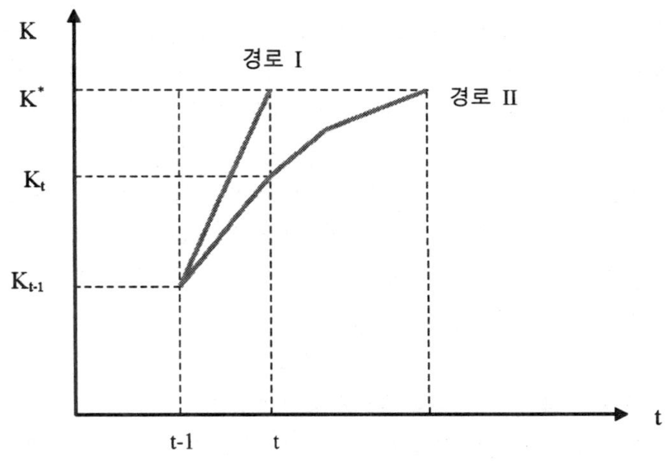

그림 2.19 자본량의 조정경로

tip

◑ Business Inventories **기업재고**

Released by the Commerce Department.

Measure of the stocks of unsold goods held by U.S. businesses.

상무성이 발표하며 미국 기업들이 갖고 있는 재고물량을 측정한다. 주로 매출과 비교해 몇개월치의 재고가 쌓여있는지를 보며 경기동행지수의 성격을 갖고 있다.

1) 기업재고 및 판매는 내구재 주문, 공장 수주, 소매 판매, 도매판매 재고 및 판매 보고서에 나온 자료에 구성된다.
2) 재고는 전체 GDP에서 총생산된 물건 중에서 판매되지 않은 물건으로 계산이 되므로 미래 경제에 대한 중요한 단서를 제공한다.
3) 그러나 기업들은 재고 전산화를 통해 재고를 소진하고 최소한의 재고만을 남겨놓으려 하기 때문에 재고의 증가는 수요의 감소와 잠재적인 경기 침체에 대한 징후로 해석되기도 한다.

기업 재고 및 판매 지수는 내구재 주문, 공장주문, 소매판매, 도매재고 및 판매자료 등의 다른 보고서의 자료로 구성된다. 재고목록은 총생산량(GDP)의 얼마만큼이 판매되지 않고 남아있나를 확인하는데 도움을 주기 때문에 GDP 보고서의 중요한 구성요소가 된다. 결과적으로 이 지수는 향후 경제의 향방을 예측하는데 중요한 실마리를 제공해 준다. 회사의 재고를 정리하고 재고량을 최소화하기 위해 컴퓨터를 사용하기 전까지 재고량은 줄어드는 수요와 잠재적인 불경기를 나타내 주는 지표였다. 제조업체, 도매업체, 소매업체가 보유하고 있는 재고의 달러량을 측정한 것이다. 매출과 관련된 재고 수준은 단기 생산활동의 방향을 보여주는 척도이다. 종종 큰폭으로 움직이는 소매업체의 재고는 전체 재고량에 변화를 주어 결과적으로 GDP에 큰 영향을 준다. 재고 대비 판매량 I/S ratio 를 통해 미래 생산량의 확장과 위축을 판단 할 수 있게 한다.
최근에 나타난 재고변화는 산업생산 전망에 영향을 주게 된다.
매월 15일 동부시간 8시30분 상무부 통계국에서 2개월전 수치로 발표된다.
기업재고를 분석할 때는 현재 경제 상황을 염두에 두고 달러를 평가한다.
각각 재고 증가도 평가가 다르다. 경제 여건 악화 상황에서 기업재고 증가는 - 경기악화로 인한 경우 - 달러 약세 경제 여건이 좋은 상황에서 기업재고 증가는 - 소비와 경기활성화가 예상 - 달러 강세를 각각 예측할 수 있다.

◑ Business Productivity and Costs **기업생산성과 비용**

Released by the Labor Department.

Measure of productivity -- defined as output per number of hours worked -- in the business and the nonfarm business sectors of the workplace.

기업생산성 향상이 지난 90년대의 증시호황의 원동력이 되었음은 주지의 사실이다. 단위시간당 생산량으로 정의되며 단위노동비용도 함께 사용된다. 하지만 함정이 있음을 잊어선 안된다. 고임금 제조업 종사자가 줄고 저임금 서비스업종 종사자가 늘고 있는게 현재 추세인데 이 역시 단위노동비용을 줄여 생산성 향상으로 비춰지기 때문이다. 이런 질적인 조사를 통해 보면 현재 기업생산성 향상이 큰 의미를 가질 수 없음을 알 수 있다.

1) 노동과 자본 투하(Input) 한 단위(One Unit)에 대해 상품과 서비스가 어느 정도가 출하(Output) 되는가를 분기별로 측정하는 지표이다.
2) 노동 요소의 단위 비용은 임금 압력과 밀접한 관련이 있는 유용한 지표이다.

◑ Durable-Goods Orders **내구재 주문**

Released by the Commerce Department.
New orders for manufactured durable goods and shipments of durable goods.
A durable good is a product that is expected to last more than three years.

내구재 제조 및 선적에 대한 신규주문액이다. 내구재란 3년 이상 연수가 기대되는 제품 등을 말하며 통상 자동차, 전자제품 등이 포함된다.

1) 내구재는 기계, 공장, 장비 같은 대형 재본재와 수송, 방위 산업의 주문 같은 것을 총괄한다.
2) 내구재 주문은 경기의 변화와 직접적인 관련이 있으므로 경기 예측에 절대적으로 중요한다.
3) 그러나 항공기와 민간기업은 주문은 주문 규모가 크기 때문에 이들의 조그만 변화가 크게 영향을 받을 수 있다.
4) 또한 기간에 따라 주문량이 다른 경우 변화가 너무 크게 나타날 수 있다.
5) 따라서 내구재 주문은 방위 산업과 수송분야에 주문을 빼고 계산하거나, 3개월 이동평균 주문량을 계산하거나, 연간 단위로 변화량을 측정하는 것이 더욱 정확하다.

내구재 주문지수는 자본재(기계류, 공장과 설비), 차량, 시설 주문 등과 같은 주요 목록을 포함한다. 이들은 생산의 변화와 그로 인한 경제변동의 전환신호를 예상하게 해주기 때문에 중요하다. 그러나 항공기나 정부발주와 같은 큰 수치는 경제에 그만큼 경제의 변동성을 매우 크게 한다. 이 지수는 발표되기 일주일 전에 완전한 자료가 되도록 하기 위해 수정을 한다. 내구재 주문 자료는 국방이나 운송물 주문을 빼고 3개월 이동평균과 연간 변화율을 계산할 때 더 유용하게 쓰일 수 있다.

정의: 내구재 주문은 기계, 공장, 설비 같은 대형 자본재 및 수송, 방위산업의 신규 주문량 규모를 측정하는 것으로, 완성된 수송 대기물량과 미완성 주문량을 합친 경제 지표이다.

심층분석: 내구재 주문은 다가오는 미래에 제조업체들이 주문량을 맞추기 위해 얼마나 분주하게 공장을 가동할지를 보여 주므로 경기의 변화와 직접적인 관련이 있다. 그래서 내구재 주문은 제조업 활동의 선행지표로 사용된다. 이 데이터는 냉장고나 승용차 같은 상품들에 대한 수요 예측뿐 아니라 향후 기업 투자가 어느 정도의 규모로 진행 될 지에 대한 분석을 가능하게 해 준다. 만일 기업들이 장비나

설비투자에 더 많은 투자를 한다면 이것은 기업이 향후 전망을 밝게 본다는 뜻이다. 그러나 항공기와 방위산업 주문은 출고까지 면 년씩 걸리고, 대부분 대량 주문이라 월별 통계를 큰 폭으로 움직여 정확한 측정이 불가능한 경우가 많다. 그래서 보통 내구재 주문 통계는 항공기와 방위산업 주문 건수를 제외하고 발표한다. 그러나, 시장은 내구재 주문 hdrP의 월별 상승치에 반응하는 경향이 있다.

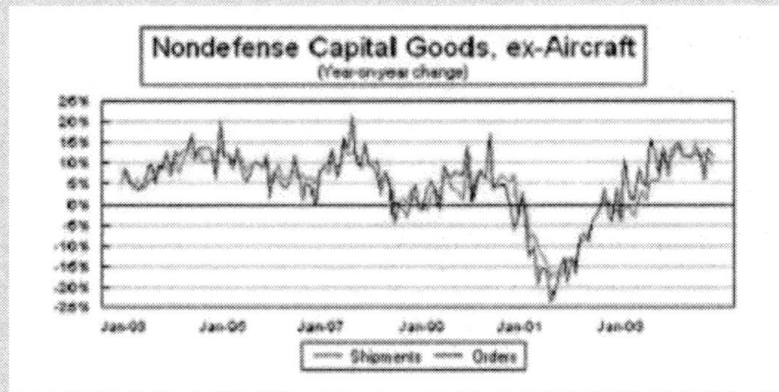

내구재 주문에서 가장 주목할 것은 비방위 자본재이다. 비방위 자본재는 GDP 항목 중 생산자의 내구재 설비 주문량(PDE: Producers'Durable Equipment)으로 반영된다. PDE는 기업 투자 중에서 가장 큰 비중을 차지하기 때무에 다음 분기에 발생할 생산자 내구재 설비 투자규모를 측정하는데 이용된다. 내구재 주문 통계의 발표일시는 매월 26일 즈음에 미국 동부시간 8시 30분이며, 상무부 통계국에서 1개월 전 수치로 발표한다.

전략분석: 내구재 주문이 증가한다면 공장은 수주량을 기한 내에 맞추기 위해 설비 투자를 늘리고 분주히 공장을 가동함으로써 제조업 가동률을 증가시킨다. 결국 내구재 주문 증가에 따른 제조업 가동률의 증가는 경기 회복과 관련이 있는 것이다. 기업들은 미래의 수요 증가가 설비 투자를 충분히 보상할 수 있어야 설비 투자에 나서게 된다. 이런 확신도 없이 기업들이 엄청난 이자를 지불해 가며 대규모 자금이 소요되는 설비 투자를 위해 금융권에서 대출을 받거나 회사채를 발행하지는 않기 때문이다. 즉, 투자가들은 내구재 주문 통계를 가지고 기업들이 어떤 생각으로 설비 투자를 늘리는지를 평가할 수 있다. 따라서 내구재 주문이 발표될 경우, 예상치를 상회하는 결과가 나오면 미래의 경기 회복이나 경제성장에 대한 기대감으로 달러가 강세를 보이게 된다.

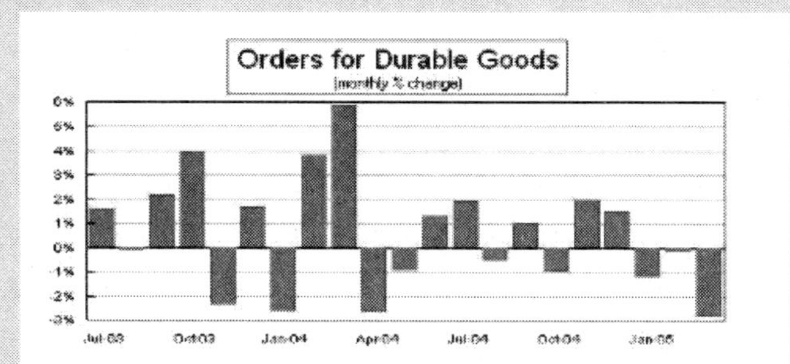

◑ Factory Orders 공장주문

Released by the Commerce Department.
Tally of U.S. manufacturers' shipments, inventories and orders for consumer goods. Includes revised report for durable goods.
제조업 전반의 선적, 재고, 신규주문액 파악하며 제조업의 경기와 추세파악에 사용된다. 이보다 1주일 전에 공개되는 내구재 주문지표와 흡사하다.

많은 면에서 이 지수는 1주일 전에 발표되는 내구재 주문지수의 재판이라 할 수 있다. 그러나 공장 주문 보고서는 비내구재의 주문과 선적량, 제조업 재고, 재고와 판매량의 비율에 과한 자료를 포함하고 있기 때문에 숙고해 볼 가치가 있다. 주문에 관한 자료는 앞으로 다가올 몇 개월의 생산의 추세에 관해 정보를 제공해 주기 때문에 유용하다. 이 지수는 매우 불안정하고 특정월의 예상치와 실제가 3~4 포인트 정도 바뀔 수 있다. 즉 이 지수들은 크게 수정될 수 있으며 예상하기도 매우 어렵다.

정의: 공장 수주 통계는 내구재와 비내구재 상품의 신규 주문으로 구성된다. 비내구재가 매월 거의 변동이 없는 의류와 담배제품 같은 항목으로 구성되어 있기 때문에 내구재 주문통계만 있어도 충분히 공장 수주가 어느 정도 될지를 예측할 수 있다.

심층분석: 공장 수주 통계는 제조업체들이 주문량을 맞추기 위해 향후 얼마나 바쁘게 움직일지를 보여 주는 지표이다. 무엇보다도 이 데이터는 제조업에 관한 총체적인 정보를 제공한다는 점에서 시장의 주목을 받는 정보인데 냉장고나 승용차 같은 내구재뿐 아니라 담배나 의류 같은 비내구재에 대한 수요도 예측할 수 있게 해준다. 내구재 주문건수는 전체 공장 수주량의 54% 정도를 차지하고 있다. 분석가들은 신규 수주와 더불어 출하량과 공장 재고량에 대해서도 관심을 가진다.

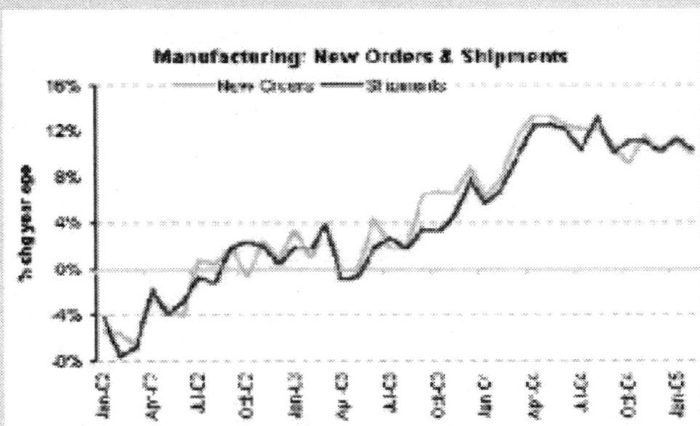

출하량은 현재의 판매량에 대한 예측을 간접적으로 추정할 수 있는 정보를 제공한다. 공장 재고량은 매월 재고에 관한 대략의 윤곽을 파악할 수 있는 자료이다(도매재고 지표는 공장 수주 통계 발표 수 1주일 뒤에 발표가 되고, 소매재고는 도매재고가 발표된 지 며칠 내로 발표가 된다.) 비록 이런 공장 재고량이 시장을 움직일 만한 중요한 데이터는 아니지만 재고는 현재와 미래의 생산 강도를 추정할 수 있게 해 주기 때문에 이코노미스트들이 이 자료를 가지고 분기별 GDP를 추정한다.

공장 수주 데이터의 발표일시는 매월 첫째 날 영업일 즈음에 미국 동부시간 오전 10시이며, 상무부 통계국에서 2개월 전 자료로 발표한다.

전략분석: 공장 수주량이 증가한다는 것은 제조업 활동의 강세를 의한다. 제조업의 강세는 경제의 맥박을 손으로 직접 느껴 본다는 의미가 있으므로 투자가들의 깊은 관심을 받게 된다. 제조업의 강세는 미국 경제의 성장을 의미하므로 달러의 강세를 초래한다.

◑ Industrial Production and Capacity Utilization **산업생산지수/가동률**

Released by the Federal Reserve Board.

Output at U.S. factories, utilities and mines. Capacity utilization is a measure of U.S. industrial production as a percentage of total production capacity.

공장, 유틸리티 및 광산 등의 산업생산량 추적. 보다 광범위한 1, 2차 산업 경기를 조사한다.

1) 산업생산지수는 미국의 공장, 탄광, 공공재 시설의 출하량의 월간 퍼센트 변화를 측정한다.
2) 제조업가동률 지수는 자본재가 생산으로 사용된 범위까지 측정한다.
3) 이 지수의 제공자인 연방준비은행 가동률은 다음과 같이 정의한다. "가동률이란 일반적인 노동자가 일상적인 노동 시간에 따라 기존의 설비를 이용하여 정상적인 보수와 세척을 하면서 민들 수 있는 최대의 생산량이다.
4) 이 가동률의 적정 수치는 81~83%이다. 그러나 너무 수치가 높다면 제조원가의 상승에 따라 인플레의 발생 소지가 있다.

정의: 산업생산지수는 전국의 공장, 광산, 공공시설에서 발생되는 출하량(output)의 월간 변화율을 측정한 것이다. 산업이 미국 경제에서 차지하는 비중은 20% 미만이지만 경기순환의 주기적 변동을 주도하는 대표적인 업종이며, 이중에서 가장 큰 비중을 차지하는 항목은 제조업 생산 분야이다. 제조업 가동률(Capacity Utilization)은 공장, 광산, 공공시설에서 이용 가능한 자원의 사용 정도를 측정하는 것이다. 제조업 가동률이 높거나 상승한다는 것은 제조업체들이 자신들의 생산능력을 최대한 이용하고 있다는 의미이다. 그러나 제조업 가동률은 물가 상승의 압력이 대두되고 있다는 경고로도 해석될 수 있다.

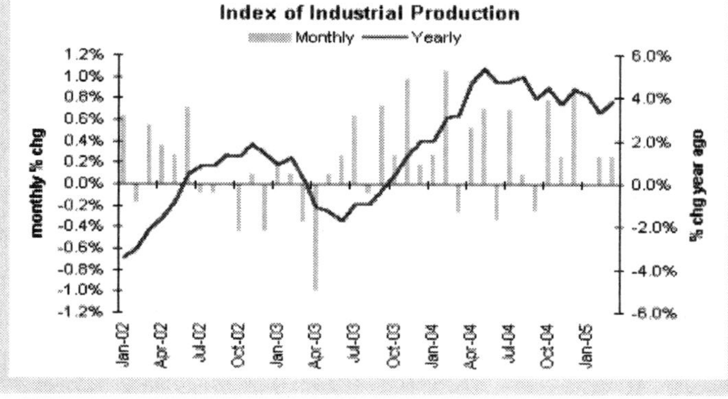

심층 분석: 산업이 경제에서 차지하는 비율은 20% 미만에 불과하나, 산업생산지수가 시장에 미치는 영향은 대단하다. 산업생산에서 가장 중요한 비중을 차지하는 분야는 제조업과 공공재 생산 분야이다. 제조업은 시장에서 차지하는 비중이 워낙 크고 또 제조업 회복이 곧 경기 회복이라는 등식이 형성되어 있기 때문에 제조업이 산업생산에 미치는 영향은 절대적이다. 공공재 분야는 주로 날씨에 의해 좌우되는 경우가 많은데 혹한이나 혹서가 발생하면 그것에 대한 복구 과정이 필요하므로 산업생산 수치 변화에 큰 영향을 미친다. 산업생산지수에서 주목해 보아야 할 다른 통계는 제조업 가동률이다. 연방준비은행은 제조업 가동률을 '일반적인 노동자가 일상적인 노동 시간 속에서 기존의 설비를 이용하여 정상적인 유지, 보수를 병행하면서 만들어 낼 수 있는 최대 생산량'이라고 정의하고 있다. 제조업 가동률의 적정 수치는 81-83%이며, 인플레가 발생하지 않을 최대 허용치는 85%이다. 만일 가동률이 최대 허용치를 초과한다면 제조원가 상승에 따른 물가 상승의 병목현상이 발생되므로 주의가 필요한 것으로 해석하게 된다. 연방준비은행은 제조업 가동률을 면밀하게 관찰하며 생산이 물가 상승의 압력의 위협이 되는가를 근거로 하여 금리 정책의 결정 자료로 이용한다. 이런 이유로 채권시장은 제조업 가동률의 변화에 상당히 민감한 반응을 보인다. 산업생산지수의 발표일시는 매월 15일 즈음에 미국 동부시간 오전 9시 15분이며, 연방준비은행이 1개월 전 자료로 발표한다.

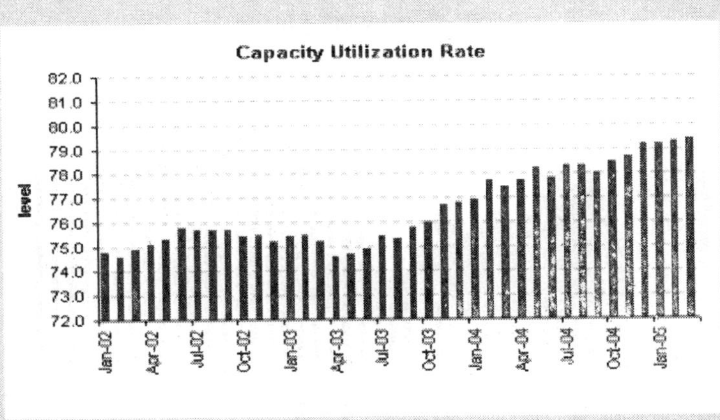

전략분석: 산업생산에서 가장 큰 비중을 차지하는 산업분야는 제조업이다. 제조업의 회복은 경기 회복의 신호탄으로도 받아들여질 정도로 중요성을 인정 받고 있다. 그러므로 산업생산의 증가는 경기가 회복되고 있다는 신호로 받아들여져 시장에서 절대적인 영향력을 행사하게 된다. 제조업 가동률 역시 연준리의 금리정책의 근거 자료로 이용되기 때문에 채권시장에서 미치는 영향이 상당히 크다. 이런 이유로 산업생산과 제조업 가동률의 지표가 발표되면 경기 회복과 금리정책의 가능성을 엿볼 수 있으므로 외환시장에서 달러의 방향을 결정하게 된다.

◑ Institute for Supply Management Index **제조업 공급관리자 지수**

Released by the Institute for Supply Management.

Report on the pace of manufacturing activity in the U.S. as a whole and in specific metropolitan areas. The report is based on data compiled from a survey of purchasing executives at more than 300 industrial companies.

300개 이상의 기업 구매자들의 서베이를 통해 제조업과 서비스업의 현재경기와 미래경기 예측하는 디퓨전 인덱스.

ISM Manufacturing Index 제조업 공급관리자 지수

정의: 공급관리자 협회(Institute for Supply Management)에서 발표하는 ISM(공급관리자) 지수는 8개 항목 즉 신규수주(New orders), 생산(Production), 재고(Inventories), 고용(Employment), 배송시간(Delivery Times), 지불가격(Price Paid), 수출주문(Export Orders), 수입주문(Import!! Orders)에 대해 전국 기업체의 구매 관리자들에게 실시한 조사 결과이다. 각 항목마다 조사된 확산지수(Diffusion Index) 결과가 50% 이상이면, 그 항목이 이번 달에는 전달에 비해 증가되었다는 것을 의미하고, 50% 미만이면 감소되었다는 것을 의미한다.

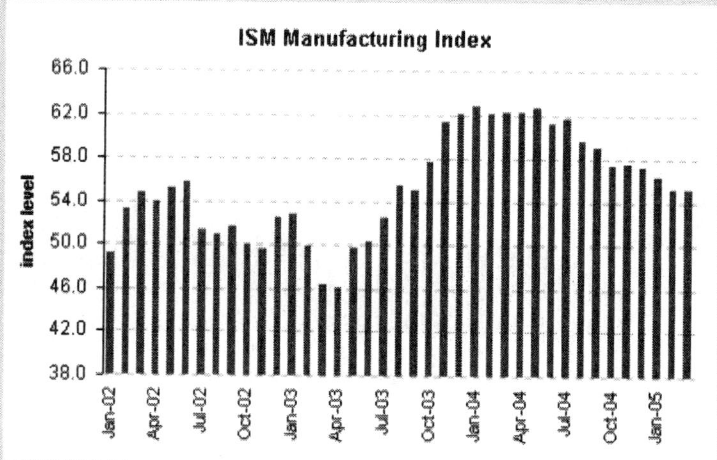

심층분석: ISM 제조업 지수는 매월 발표되는 지수로서 고용보고서보다 앞서서 발표되며, 포괄적이며 중요한 의미를 가지는 경제 지표 중 하나이다. ISM 지수는 8개의 항목 중에서 신규주문, 생산, 고용, 배송시간, 재고에 각각의 가중치를 달리 적용해 계산된다. 가중치는 신규주문에 30%, 생산에 25%, 고용에 20%, 배송시간에 15%, 그리고 재고에 15%이다. 비록 조사 범위가 제조업에 국한되어 있지만 시장은 공급관리자지수를 통해 아직 발표되지 않은 다른 주요 경제 지표들의 결과를 사전에 예측할 수 있게 된다. 예를 들어, 인플레이션(물가 상승) 발생 기간 중에는 가격지표와 배송지표 두 가지만으로도 채권시장의 반응을 미리 알아볼 수 있다. ISM 지수는 50개 주 전체에서 20개 산업에 있는 400개 기업을 대상으로 조사된다. 응답자는 지난 달보다 높다', '변동 없다', '보다 낮다'로 대답하면 된다. 배송시간에 대해서만 지난달보다 '빨라졌다', '늦어졌다'로 표시할 수 있다. 응답자의 반응에 따라, ISM은 확산지수를 각 항목마다 계산하는데 '변함없다'고 대답한 응답자 비율의 절반을 '높다(배송

의 경우는 늦다)'라고 대답한 사람들의 비율에 가산해서 계산한다. 이런 계산법은 같은 방향으로 추세를 보는 사람들이 많을수록 확산지수의 폭을 더욱 커지게 만들기 때문에 유용하게 이용된다. ISM지수의 이론적인 분기점은 50%이다. 50% 이상은 확장국면, 50% 아래는 수축국면으로 분류를 하는데, 수축 국면은 다시 2단계로 나누어서 42.7% ~ 50% 사이가 경기 둔화, 42.7% 아래는 경기 침체로 해석한다. 그러나 항목별 분기점은 다르다. 신규주문의 분기점은 50.3%이고, 생산은 49.4%, 고용은 47.5%, 재고는 41.3%이다. 미국 제조업계의 침체가 만연한 상태이므로 ISM 지수는 계속해서 하락할 수밖에 없다. 그럼에도 제조업은 전체 경기를 주도하는 중요한 산업이므로 비록 ISM이 제조업에 국한된 조사지만 산업전반의 업황을 평가할 수 있는 지표로서 손색이 없다.
ISM지수는 1931년부터 현재까지 계속 발표가 되고 있는 역사가 가장 오래된 지수라는 점(2차 세계대전 때 잠시 중단)과 아주 오랫동안 경기순환에 대해 가장 정확히 예측해 온 지수라는 점에서 대표성을 인정 받고 있다. ISM 수치의 바닥은 경기 전환점보다 평균 4개월 정도 선행하는 것으로 검증되었다. 단, ISM 지수의 바닥이 경기 저점과 같은 달에 발생할 경우에는 정확성이 떨어진다. ISM 제조업 지수의 발표일시는 매월 첫째 날 영업일에 미국 동부시간 10시이며, ISM에서 1개월 전 자료로 발표한다.

전략 분석: ISM지수는 미국 제조업계의 실정을 가장 정확하게 전달하는 대표적 지표다. 제조업계는 미국의 모든 산업 중에서도 가장 시장에 큰 영향을 미치는 분야로 제조업의 침체는 곧 경기 침체로 직결된다. 이미 여러 번 언급하였지만, 제조업이 경제에서 차지하는 비중은 20%에 불과하지만 그 영향력은 어떤 산업보다도 크다. 그래서 ISM지수 발표에 촉각이 모아지는데, ISM지수가 분기점을 넘어섰나 못 넘어섰나 하는 것만으로도 시장이 영향을 받는다. 그러나 오랫동안 경기 불황이나 침체가 이어진 경우에는 ISM이 몇 개월 연속 하락했다는 뉴스나, ISM이 몇 개월 만에 처음으로 분기점을 넘어섰다는 뉴스에 시장이 반응을 보인다. 특히, ISM지수가 50% 미만에 위치해 있어도 오랜만에 상승했다는 뉴스가 나오면, 투자가들은 미국 제조업의 부활이 경기 회복으로 이어져 세계 경제 회복에 견인차 역할을 할 것이라는 기대감에 따라 달러를 사들이므로 달러가 강세를 보인다. 투자가들이 가장 신경을 쓰는 부분은 미국 내 자신들의 보유 자산이 안정적으로 지켜질 수 있나이다. 만일 보유 자산의 안정성이 확인이 되면 투자가들은 기꺼이 추가 투자를 하기 때문에 그만큼 달러에 대한 수요가 커져 달러는 강세를 보이는 것이다. 반대로, ISM지수가 하락하면 미국 내 자산이 안정적으로 지켜질 수 없다는 회의감에 자산 매각에 나서게 되므로 달러가 약세를 보이게 된다.

3. 정부지출

소비지출 및 투자지출은 민간의 경제주체에 의해 결정되는 반면, 정부지출을 결정하는 주체는 정부이다. 정부지출이란 한 해에 생산된 최종 재화 및 서비스에 대해 정부가 지출한 것을 의미하는 것으로, 이전지출(transfer payment)은 포함되지 않는다. 실업수당과 각종 보조금 등으로 이루어지는 이전지출이란 정부가 단순히 민간부문의 어떤 경제주체에게 구매력을 이전한 것을 뜻한다.

편의상 거시경제학에서는 정부지출을 하나의 정책변수(policy variable)로 파악하곤 한다. 이는 정부가 재정정책(fiscal policy)의 일환으로 정부지출의 크기를 국민소득수준과는 상관없이 일정하게 유지할 수 있다고 가정하는 셈이다. <그림 2.20>은 이러한 가정을 도시하고 있다. 그림에서 정부지출은 일정한 G_0수준에서 수평선의 형태를 띠고 있다.

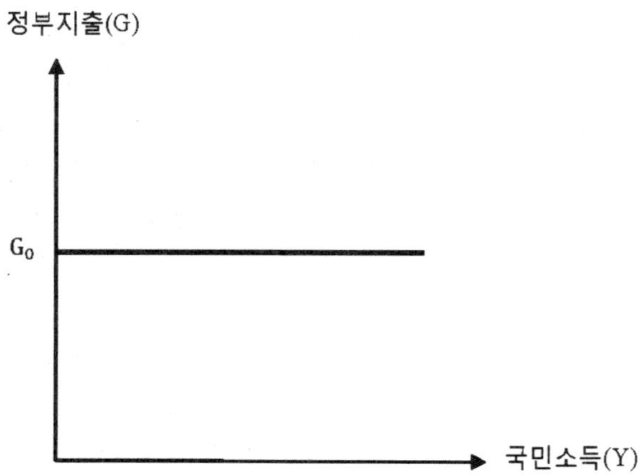

정부지출은 정부의 주요한 정책변수이므로, 정부지출의 크기가 Y와 무관하게 G_0로 일정하다고 가정할 수 있다.

그림 2.20 정부지출

4. 순수출

총수요의 마지막 구성요소인 순수출(NX)이란 수출에서 수입을 뺀 무역수지를 뜻한다. 관세와 수입할당 및 자국상품에 대한 애착심 등 여러 가지 요인들이 수출과 수입에 영향을 미치지만, 순수출의 가장 중요한 결정요인으로는 각 나라의 국민소득수준과 국내가격과 외국가격 사이의 상대가격을 들 수 있다.

우리 나라의 GDP가 증가하면 우리 나라의 수입은 증가한다. 그러나, 우리나라의 수출은 외국의 국민소득에 의해 결정되므로 우리나라의 GDP와는 큰 관련이 없다고 할 수 있다.

한편, 우리 나라의 물가수준이 외국의 그것에 비해 상대적으로 높아지면 수출은 줄고 수입은 늘게 되어 순수출은 감소한다. 예를 들어, 한국과 미국 모두가 동일한 품질의 축구공을 생산하며 아무런 거래비용 없이 양국간의 무역이 가능하다고 해보자. 우리나라에서 축구공의 가격이 1만5천원이고 미국에서의 가격은 10달러라면, 어떤 현상이 발생할까? 현재의 환율(exchange rate)이 1달러당 1,300원이라면, 미국산 축구공 가격은 원화로 1만3천원이다. 미국에서의 축구공 가격이 상대적으로 더 낮으므로, 우리나라는 미국으로부터 축구공을 수입하게 될 것이다.

국내외의 상대가격이 순수출에 미치는 영향을 좀 더 일반화시켜 보자. 축구공의 국내가격을 P라고 하고, 미국에서의 축구공가격을 P^f라고 하자. 두 나라 화폐의 교환비율인 (명목)환율이 1달러당 e원이라고 한다면, 미국에서 생산된 축구공의 원화표기 가격은 eP^f원이 된다. 따라서, 미국에서 생산된 상품과 국내상품 사이의 상대가격(실질환율=ε)을 다음과 같이 표현할 수 있다.

$$\varepsilon = \frac{eP^f}{P}$$

실질환율(ε)의 의미는 미국산 축구공을 한 단위 포기함으로써 얻을 수 있는 국산 축구공의 수량이다. 즉, 외국재화 1단위와 교환되는 국내재화의 단위 수를 나타낸다. 위의 예에서 사용한 수치를 대입하면 ε=0.87(=1만3천원/1만5천원)이 되는데, 이는 미국산 축구공 한 개를 살 수 있는 돈으로 한국산 축구공은 0.87개 밖에 살 수 없음을 뜻하는 것이다.

순수출(NX)의 크기는 실질환율(ε)과 비례한다. 즉, 국내물가(P)의 하락이나 외국물가 (Pf)의 상승 그리고 명목환율(e)의 상승은 국내의 순수출을 증가시킨다. e의 상승은 1달러와 교환되는 원화의 수량이 많아진다는 것으로, 원화의 구매력이 하락했음을 뜻하는 것이다. 따라서, 명목환율의 상승은 달러화 대비 원화가치의 하락(depreciation)과 동일하며 e의 하락은 원화가치의 상승(appreciation)과 같다. 또한 실질환율이 상승했다는 것은 국내재화의 상대가격이 하락했다는 의미인데 이는 곧 교역조건의 개선을 의미한다. 따라서 실질환율이 상승하면 수출이 증가하게 된다.

CHAPTER 03

국민소득 결정모형과 총수요곡선

대공황 이후, 고전학파의 경제학에 대한 의문이 제기 되었다. 이 때 등장한 경제학자가 케인즈(John M. Keynes)이다. 케인즈는 물가나 임금경직성이 존재하는 단기 또는 심각한 경기침체기에는 총수요가 국민소득(총생산)을 결정한다고 보았다. 대공황 이후, 총공급(Aggregate Supply, AS)과 함께 현대 거시경제학의 또 다른 축으로 총수요(Aggregate Demand, AD)의 중요성이 인식되기 시작하였다. 케인즈는 단기적으로 총생산이 재화와 서비스에 대한 소비수요와 투자수요에 의해 결정되는 유효수요(effective demand) 이론을 소개하였다. 본 장에서는 생산물의 총공급과 총지출 또는 총수요를 일치시키는 균형국민소득이 사전적으로 어떻게 결정되는 지에 대하여 살펴본다.

총수요는 일정기간 동안 경제주체가 구매하고자 계획하는 재화와 서비스의 총량을 나타낸다. 앞에서 살펴본 바와 같이 세가지 지출(구매)이 총수요를 구성한다. 소비지출(Consumption expenditure, C), 투자지출(Investment expenditure, I), 정부지출(Government expenditure, G)로 이루어진 폐쇄경제의 경우, 지출(총수요)은 재화시장과 금융시장의 여러 요인에 영향을 받는다. 따라서 재화시장과 금융시장의 시장원리를 통해 총수요곡선을 도출할 수 있다. 또한, 개방경제의 경우에는 순수출(Net eXport, NX)가 더 추가되어 총지출을 구성한다. 아래의 <표 3.1>은 2013년과 2014년의 국내총생산에 대한 지출을 나타낸다.

표 3.1 국내총생산에 대한 지출

단위 : 10억원

	2013					2014				
	1분기	2분기	3분기	4분기	연간	1분기	2분기	3분기	4분기	연간
최종소비지출	230,541.1	230,268.5	239,557.4	241,900.2	942,267.2	239,707.5	237,511.7	247,078.3	248,654.2	972,951.7
민간	181,052.6	176,580.7	183,310.4	186,856.3	727,799.9	187,895.6	181,965.7	187,950.2	191,095.1	748,906.5
가계	172,147.7	168,582.6	174,455.4	178,675.2	693,861.0	178,150.4	173,450.1	178,607.5	182,518.9	712,726.9
가계에 봉사하는 비영리단체	8,904.8	7,998.1	8,855.0	8,181.0	33,938.9	9,745.2	8,515.6	9,342.6	8,576.2	36,179.6
정부	49,488.5	53,687.8	56,247.0	55,044.0	214,467.3	51,812.0	55,546.0	59,128.2	57,559.0	224,045.2
총자본형성	98,160.9	104,352.1	102,233.9	111,253.3	416,000.3	100,831.4	109,939.5	110,148.3	112,149.7	433,068.9
총고정자본형성	89,569.5	108,915.6	106,229.8	113,573.7	418,288.6	95,035.5	112,528.9	109,664.4	115,018.3	432,247.1
건설투자	40,944.3	57,606.3	55,167.1	59,388.6	213,106.3	43,197.2	58,615.2	57,213.0	59,402.3	218,427.6
설비투자	28,879.7	31,691.4	30,398.6	32,029.5	122,999.2	30,446.0	33,002.6	30,635.0	32,870.4	126,954.0
지식재산생산물투자	19,745.4	19,618.0	20,664.0	22,155.7	82,183.1	21,392.4	20,911.1	21,816.4	22,745.6	86,865.5
재고증감 및 귀중품순취득	8,591.5	−4,563.5	−3,995.8	−2,320.4	−2,288.2	5,795.8	−2,589.4	483.9	−2,868.5	821.8
재화와 서비스의 수출	182,046.0	197,870.3	193,246.0	196,952.5	770,114.8	185,637.2	187,438.7	182,108.4	196,877.6	752,061.8
(재 화)	163,136.2	176,689.0	172,036.6	175,417.0	687,278.9	165,339.2	166,429.5	160,127.9	173,652.8	665,549.4
(공제)재화와 서비스의 수입	174,389.8	176,364.3	172,566.8	175,616.1	698,936.9	173,318.9	165,445.3	163,700.0	170,357.9	672,822.1

	2013					2014				
	1분기	2분기	3분기	4분기	연간	1분기	2분기	3분기	4분기	연간
(재 화)	146,669.6	150,060.8	144,853.8	146,826.4	588,410.5	144,709.8	137,906.1	136,197.8	140,621.4	559,435.0
통계상 불일치	−397.7	503.4	1,357.4	−1,463.0	0.0	606.5	151.6	696.2	−1,636.7	−182.4
국내총생산에 대한 지출	335,960.5	356,630.0	363,827.9	373,027.0	1,429,445.4	353,463.7	369,596.3	376,331.2	385,686.8	1,485,078.0

주 : 재화는 F.O.B. 기준

본 장에서는 총수요곡선을 도출하기 위해 먼저 물가수준이 고정되었다는 가정 하에서 균형국민소득의 결정과정을 분석한다. 이후, 물가수준이 변할 때 총수요의 각 구성요소에 어떠한 변화가 발생하는 지에 대해 파악해 보자.

1. 지출함수

물가가 고정되었다는 가정 하에 국민소득의 결정과정을 분석하는 것을 소득-지출분석(income-expenditure analysis)이라고 한다. 소득-지출분석에서는 물가의 변동을 고려하지 않는다는 것 이외에 분석의 편의를 위하여 이후에 몇 가지의 비현실적인 가정을 한다.

1.1 _ 소비

먼저, 소비에 영향을 미치는 변수는 가처분소득뿐이라는 케인즈의 단순한 소비함수를 그대로 받아들이고 있다. 소비(consumption)는 재화(비내구재, 내구재)와 서비스의 소비가 있다. 소매판매액통계에서는 판매상품을 사용년수 및 가격을 기준으로 4개 재별(내구재, 비내구재, 준내구재, 기타상품)로 먼저 구분하고 각각의 재별에 대해서 판매비중이 높은 13개 상품군으로 세분화한다. 먼저, 내구재란 1년이상 사용이 가능하고 주로 고가의 상품을 의미한다. 예를 들어, 승용차, 가전제품, 컴퓨터 및 통신기기, 가구 등이 포함된다. 준내구재란 1년이상 사용이 가능하나 주로 저가 상품이다. 예를 들어, 의복, 신발 및 가방, 운동 및 오락용품 등이 포함된다. 비내구재란 주로 1년미만 사용되는 상품이다. 음식료품, 의약품, 화장품, 서적 및 문구, 차량연료 등이 포함된다. 기타상품은 위의 3가지로 분류할 수 없는 경우이다. 2010년 우리나라 GDP중, 소비가 차지하는 비중은 52%정도를 나타낸다. 소비는 GDP에서 차지하는 비중이 높고 후생수준을 가장 직접적으로 결정하는 변수이기 때문에 소비의 결정요인에 관한 연구가 많이 이루어져 왔다. 가계는 소득에서 조세를 뺀 나머지(즉 가처분소득)을 소비와 저축으로 나누어 처분한다.

또한, 기업의 투자지출(I)과 정부의 조세수입(T) 및 정부지출(G) 그리고 순수출(NX)이 모두 외생적으로 주어졌다고 가정하고 있다. 어떤 변수가 외생적으로 주어졌다는 것은 이 변수의 값이 모형 내에서 결정되는 것이 아니라 이미 일정한 값으로 주어졌음을 뜻한다. 앞으로는 어떤 변수 X가 외생적으로 주어졌다는 점을 $X=X_0$로 표시하기로 한다. 위의 가정과 앞 장의 소비함수를 받아들이면 총지출의 구성요소 중, 소비지출은 다음과 같아진다.

$$C=f(Y_d)=a+bY_d=a+b(Y-T_0)$$

여기서 a는 기초소비로서 가처분소득 외에 소비에 영향을 미치는 부(wealth)와 이자율 등의 효과가 포함되어 있다. 기울기 b는 한계소비성향(MPC)를 나타낸다. 조세가 $T=T_0$의 형태를 띤다는 것은 소득수준과 무관하게 부여되는 정액세(lump-sum tax)만을 가정하는 셈이다. 정액세와는 대조적으로 소득이 증가함에 따라 조세 납부액이 증가하는 형태의 세금으로는 소득세(income tax)를 들 수 있다. 이러한 소득세를 도입하는 함수는 이후에 다루기로 한다. 따라서 조세 $T=T_0$로 증가하면 소비는 감소한다.

1.2 _ 투자

투자는 고정투자(기업고정투자와 주택투자)와 재고투자가 있다. 2010년 총투자는 국내 GDP의 27%정도이며 기업고정투자가 총투자의 많은 부분을 차지한다. 이자율은 투자의 결정요인 가운데 가장 중요한 요인이며 투자의 기회비용(opportunity cost)이다. 이자율이 상승하면 투자의 비용이 증가한 셈이므로 투자가 감소하게 된다. 즉, 이자율과 투자는 역의 관계에 있다. 여기서 이자율은 실질이자율과 명목이자율로 구분될 수 있다. 이를 살펴보면 다음과 같다.

위험이 높은 채권이나 만기가 긴 채권에는 높은 이자율이 적용되는데 이는 위험프리미엄(risk premium)과 유동성 프리미엄(liquidity premium) 때문이다. 따라서 기간에 따른 프리미엄을 고려해야 한다. 이자율은 명목이자율(nominal interest rate)과 실질이자율(real interest rate)로 구분되며 다음의 관계를 갖는다. 여기서 이자율은 이미 알려져 있는 사후적 이자율(ex post)이다.

$$i = r + \pi$$

여기서 i는 명목이자율, r은 실질이자율, π는 물가상승률을 나타낸다. 모든 경제적인 계약을 체결하는데 사용되는 이자율은 사전적인(ex ante) 이자율이어야 하므로 명목이자율과 실질이자율의 관계는 다음과 같다.

$$i = r + \pi^{e}$$

여기서 i는 명목이자율, r은 실질이자율, π^e는 기대(예상)물가상승률을 나타낸다. 예를 들어, 오늘 투자를 하기 위해 은행이 제시하는 명목이자율 5%로 1년간 자본을 빌렸다면 1년 후에는 물가상승률이 포함되는 실질이자율을 내야하는데 물가상승률은 알려져 있지 않으므로 사전적인 의미를 가지게 된다.

경제적인 의사결정에서는 대상에 따라 실질이자율을 사용하기도 하고 명목이자율을 사용하기도 한다. 먼저, 화폐보유의 기회비용은 명목이자율이다. 또한, 투자의 기회비용은 명목이자율에서 물가상승률은 뺀 실질이자율이다. 투자함수를 실질이자율의 함수라 할 수 있으며 투자와 실질이자율은 역(−)의 관계에 있다.

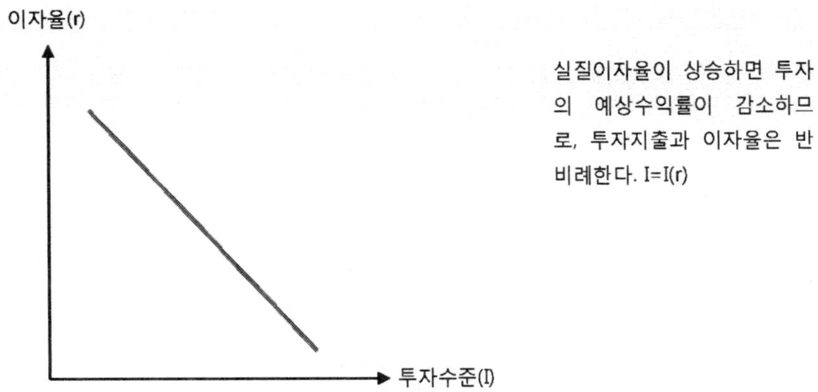

그림 3.1 투자함수

1.3 _ 정부지출

정부의 지출은 투자지출(사회간접자본 등에 대한 투자)과 소비지출로 구분한다. 거시경제 분석을 위해 정부의 투자지출은 투자에 포함시키고 나머지는 정부소비(government consumption)로 따로 정리한다. 정부지출(구매)이란 곧 정부소비를 위한 지출을 말한다. 정부가 저소득층에 지급하는 생활보조금과 같은 이전지출(transfer payment)는 정부지출에 포함되지 않는다. 2010년 우리나라의 정부지출은 국내 GDP의 15%정도를 나타낸다.

그러나 정부지출(G)와 조세(T)가 항상 일치하는 것은 아니다. 균형예산(balanced budget)에서는 G=T이지만 재정적자(budget deficit)라면 G>T가 된다. 재정적자의 경우, 적자 만큼 공채를 발행해서 충당해야 한다. 반대로 재정흑자(budget surplus)라면 G<T가 되고 부채상환 또는 정부저축으로 이어진다. 따라서 정부저축은 $S^G=T-G$가 된다. 민간이 소비하고 남은 저축(S^P)과 정부저축은 합하면 다음과 같은 총저축함수가 도출된다.

$$S=SG+SP=(T-G)+[(Y-T_0)-C]=Y-C-G=-(a-bT_0+G)+(1-b)Y$$

총저축함수의 기울기 (1−b)는 한계저축성향과 같다. 절편은 $-(a-bT_0+G)$가 된다. 정부지출이 증가하면 총저축의 크기는 감소한다. 또한, 조세가 증가하면 총저축의 크기는 증가한다. 1단위의 조세 증가는 1단위의 정부저축증가와 (1−b)단위의 민간저축감소를 동시에 가져오고 결국 총저축은 b단위만큼 증가한다. 정부지출의 결정은 한 경제의 제도와 정치구조에 달려있으며 여기서는 정부지출과 조세가 외생적으로 주어져 있다고 가정한다.

1.4 _ 가장 단순한 소득-지출 분석

소득-지출분석을 가장 단순화하면, 총지출의 나머지 구성요소들은 $I=I_0$, $G=G_0$, $NX=NX_0$와 같다. 투자가 $I=I_0$로 나타난다는 것은 독립투자(autonomous investment)만을 가정하는 것과 같다. 이와는 대조적으로 다른 경제변수가 변동함에 따라 변하는 투자를 유발투자(induced investment)라고 한다. 이제, 국민경제 전체의 총지출(E)을 다음과 같이 나타낼 수 있다.

$$E=C+I+G+NX=(a+I_0+G_0+NX_0-bT_0)+bY$$

즉, 총지출은 실질국민소득(Y)에 비례하는 1차함수가 된다. 지출함수(E(Y))의 기울기는 소비함수의 기울기인 MPC(=b)와 같으며 절편은 일정하게 주어진 독립지출들($=a+I_0+G_0+NX_0-bT_0$)이다. <그림 3.2>는 지출함수를 나타내고 있다.

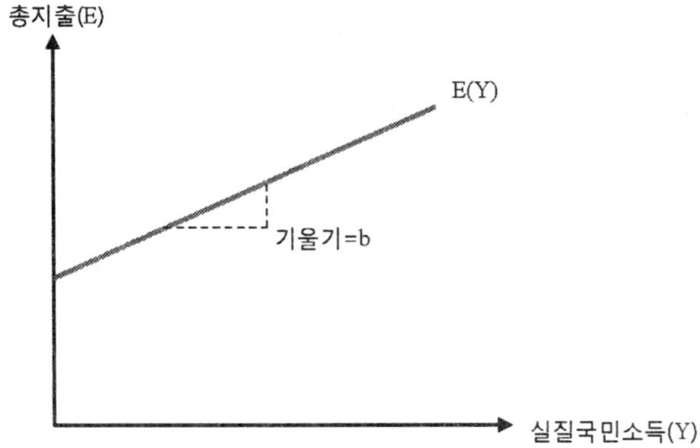

지출함수(E(Y))는 국민소득과 정비례하며, 기울기는 한계소비성향(b)과 같다.

그림 3.2 지출함수

2. 균형국민소득의 결정: 케인즈의 교차점 모형

케인즈의 교차점 모형(Keynesian cross)은 가장 간단한 국민소득 결정모형이다. 가장 중요한 가정은 재화의 가격이 일정하게 고정되어 있다는 것이다. 즉, 고정되어 있는 물가수준(P)에서 공급자는 수요에 따라 얼마든지 산출물 공급이 가능하다. 완전한 물가 경직성이 존재하는 경우, 국민소득의 결정은 전적으로 총수요의 크기에 달려있다고 본다. 또한, 케인즈의 교차점 모형에서 중요한 것은 실제지출과 계획한 지출을 구분하여 생각하고 투자는 외생적으로 주어져 있다고 가정한다.

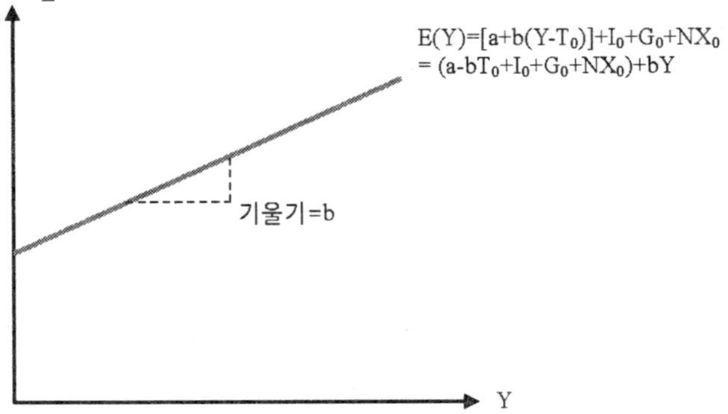

그림 3.3 계획한 총지출함수

계획한 총지출함수 E(Y)는 가처분소득의 함수인 소비와 외생적으로 주어진 투자 및 정부지출의 순수출의 합이 된다. 즉, 계획된 총지출함수는 다음과 같다.

$$E(Y)=C+I+G+NX=[a+b(Y-T_0)]+I_0+G_0+NX_0$$
$$=(a-bT_0+I_0+G_0+NX_0)+bY$$

여기서, 기울기는 한계소비성향(MPC=b)가 되고 절편은 독립지출(autonomous spending)로 독립지출이 증가하면 지출함수는 위로 이동한다.

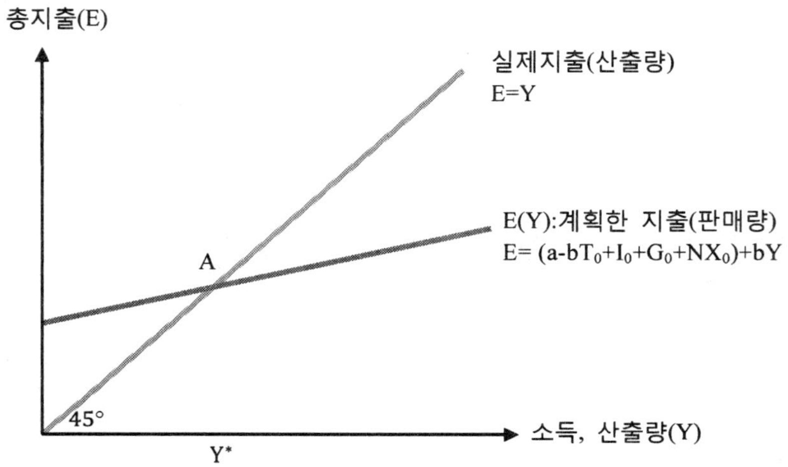

그림 3.4 실제지출과 계획한 총지출함수

실제지출은 기업의 기대 판매량과 같으며 총공급의 개념을 나타낸다. 또한, 계획한 지출은 기업의 실제 판매량으로 총수요의 개념을 나타낸다. 따라서 균형조건은 Y=E와 계획한 총지출함수가 만나는 A점에서 균형이 달성된다.

일정한 어떤 소득수준에서 계획된 총지출(E(Y))이 총산출량을 뜻하는 국민총생산(Y)과 같아질 때, 국민경제는 균형을 이루게 된다. 이 경우, 소득수준을 균형국민소득(Y^*)이라고 한다. 총산출량이 총지출보다 크면 생산초과로 인해 판매되지 않은 재고가 누적되므로 기업은 생산을 줄이며, 반대로 총산출량이 총지출에 못 미치면 재고가 감소하여 기업은 생산을 확대한다. 균형이란 경제주체들이 의사결정을 바꿀 이유가 없는 상태이므로 균형에서는 총지출과 총산출량이 같아야 한다. 그런데, 총산출량과 국민소득은 일치하므로 Y는 국민소득인 동시에 총산출량을 나타낸다. 따라서, 국민경제의 균형조건은 다음과 같다.

$$Y = E(Y)$$

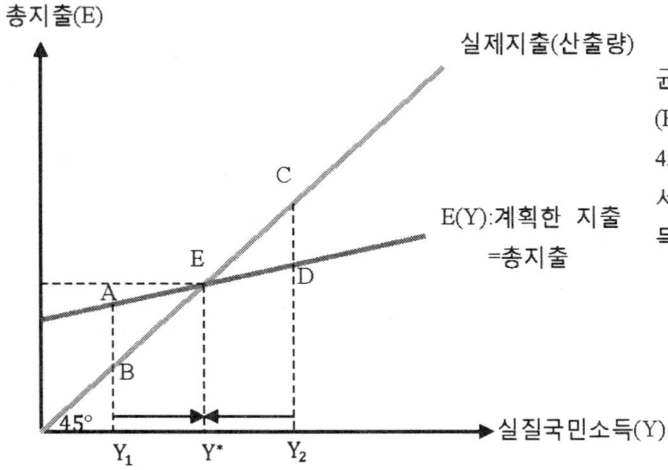

균형국민소득은 지출함수 (E(Y))와 원점을 지나는 45°직선이 교차하는 점E에서 결정된다. 균형국민소득(Y*)은 안정적이다.

그림 3.5 균형국민소득의 결정

<그림 3.5>는 균형국민소득의 결정과정을 나타내고 있다. 국민경제의 균형은 지출함수 (E(Y))와 원점을 통과하는 45°직선이 교차하는 점 E에서 달성된다. 이 점은 45°직선 위에 있으므로 실질국민소득과 총지출이 같아 균형조건을 만족한다. 균형에서 Y^*가 E^*와 같다.

국민경제가 균형에서 이탈했을 경우에 어떤 현상이 벌어질까? 예를 들어, 국민소득수준이 Y^*보다 낮은 Y_1이라고 해보자. 소득수준이 Y_1일 경우 총지출의 크기는 점A로 나타난다. 한편, 총산출량의 크기는 국민소득의 크기(Y_1)와 같고, 이것은 다시 45°직선 위에 있는 점B와 같다. 즉, 국민소득이 Y_1일 경우에는 총지출이 총산출량을 초과하고 있으므로 AB만큼의 초과수요가 존재한다. 이에 따라 재고가 줄어들고 생산이 늘어나는데, 이러한 조정과정은 국민소득이 균형수준(Y^*)에 도달할 때까지 계속된다.

이와는 반대로, 국민소득수준이 Y^*보다 큰 Y_2일 경우에는 CD만큼의 초과공급이 존재한다. 이 때는 재고가 쌓이고 생산이 줄어드는데, 이러한 조정과정은 국민소득이 균형수준을 Y^*까지 감소하여야 끝이 난다. 이와 같이 불균형 현상이 결국은 사라지게 된다는 관점에서 균형국민소득(Y^*)은 안정적(stable)이라고 한다. 따라서 케인즈의 교차점모형에서 경제가 균형에서 벗어나 있으며 재고의 변동을 통해 균형이 회복된다. 가격이 경직적이므로 순전히 수량의 조정만 일어난다

케인즈의 교차점모형을 조금 더 수식적으로 접근해 보자. 균형국민소득의 도출은 약간의

수식을 이용하면 더욱 쉽게 도출된다. 위의 균형조건에 앞에서 구한 지출함수를 대입하면 다음을 얻을 수 있다.

$$Y=E(Y)=C+I+G+NX=[a+b(Y-T_0)]+I_0+G_0+NX_0$$

위 식을 Y에 관하여 풀면 균형국민소득(Y^*)는 다음과 같다.

$$Y^*=\frac{1}{1-b}(a+I_0+G_0+NX_0-bT_0)$$

지금까지의 분석에서는 생산수준이 어떻게 결정되는 지를 고려하지 않고 총지출에 의해서만 균형국민소득이 결정되는 과정을 분석하였다. 이런 이유로 위에서 결정된 균형국민 소득을 수요측면의 균형국민소득이라고 부른다. 또 하나 유의할 점은 이 모형에서는 총지출과 총산출량 사이의 괴리가 가격조정(price adjustment)이 아닌 수량조정(quantity adjustment)에 의해서 해소된다는 사실이다.

3. 재화시장의 균형과 IS 곡선

케인즈의 교차점모형에서 투자는 외생적으로 일정하게 주어져 있다고 가정하였다. 그러나 피셔방정식과 2장의 투자지출에서 본 바와 같이 투자는 이자율의 감소함수이다. 즉, 이자율이 증가하면 투자비용이 증가하므로 투자가 감소하게 된다. 따라서 투자함수를 다음과 같이 나타낼 수 있다.

$$I=I(r)$$

선형 소비함수와 일반적인 투자함수 식을 이용한 재화시장의 균형조건은 다음과 같다.

$$Y=E(Y)=C+I(r)+G_0+NX=(a+G_0+NX_0-bT_0)+bY+I(r)$$

여기서 투자함수가 다음과 같이 1차함수의 형태로 나타난다고 가정하자.

$$I=I(r)=I_0-\alpha r,\ \ \alpha>0$$

여기서 I_0는 이자율의 영향을 받지 않는 독립투자이고 α는 투자의 이자율 변화에 대한 민감도(sensitivity)를 나타낸다. 즉 α가 크면 이자율이 변할 때 투자의 변화가 더 크고, α가 작으면 이자율이 변할 때 투자의 변화가 작다. 1차함수인 투자함수를 재화시장의 균형조건에 대입하면 다음과 같다.

$$Y = C + I + G + NX = (a + G_0 + NX_0 - bT_0) + bY + I_0 - \alpha r$$

IS곡선은 총소득과 이자율의 평면에 나타내므로 식을 r에 관해 정리하면 된다.

$$r = -\frac{1-b}{\alpha}Y + \frac{(a + I_0 + G_0 + NX_0 - bT_0)}{\alpha}$$

기울기가 음수이고 절편이 양수이므로 <그림 3.6>와 같은 우하향하는 형태를 가지게 된다.

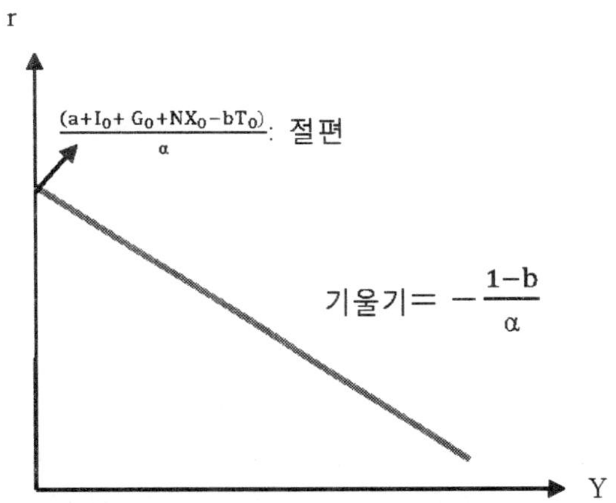

IS곡선은 재화시장의 균형을 이루는 소득과 이자율의 집합이다. IS곡선의 절편은 독립지출, 정부지출, 독립투자, 순수출의 증가함수이고 정액세의 감소함수이다. 기울기는 한계저축성향과 투자의 이자율 변화에 대한 민감도에 의존한다.

그림 3.6 소득–이자율 평면에서 IS 곡선

IS곡선의 특징은 다음과 같다. 첫째, 한계소비성향 b가 0과 1사이의 값을 가지고 $\alpha > 0$이므로 IS곡선은 우하향하는 기울기를 가진다. 이자율과 투자는 역(−)의 관계를 가지기 때문이다. 이러한 이유를 다음에서 살펴보자. IS곡선이 우하향하는 이유를 총지출함수와 연결해서 도출해 보자. 만일 이자율이 r_1에서 r_2로 상승하면, 투자는 이자율의 감소함수이므로 $I(r_1)$에서 $I(r_2)$로 감소하게 된다. 이러한 투자의 감소는 총지출함수 E의 절편을 $(a+G_0+NX_0-bT_0+I(r_1))$에서 $(a+G_0+NX_0-bT_0+I(r_2))$로 감소시키게 된다. 따라서 총지출함수는 아래로 이동을 하고 소득은 승수효과를 통해 Y_1에서 Y_2로 감소하게 된다. 따라서 이자율의 상승으로 인해 소득의 감소로 나타낸 결과를 소득과 이자율의 함수인 평면에 나타내면 우하향하는 IS곡선을 얻을 수 있다. 즉, IS곡선이 우하향하는 것은 투자함수에서 이자율과 투자의 역의 관계를 승수효과를 통해 소득과 이자율 평면에 옮겨 놓은 것이다.

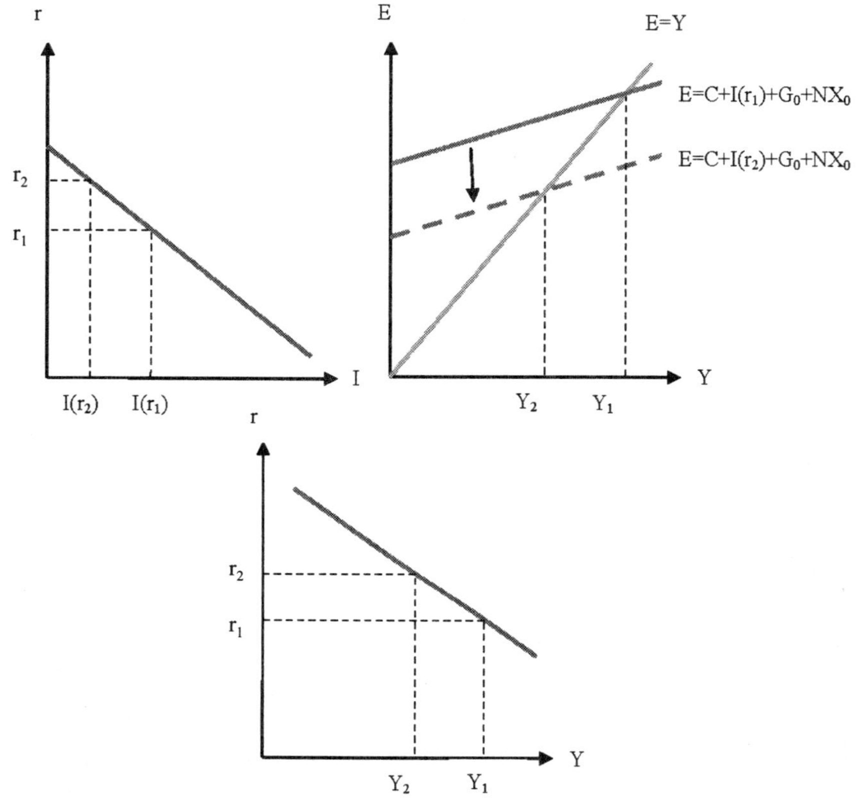

IS곡선은 이자율을 변동시켜 가면서 구할 수 있다. 이자율이 상승하면 투자가 감소하고 승수효과에 의해 소득이 감소한다. 따라서 (소득, 이자율)평면에서 역의 관계가 나타난다.

그림 3.7 IS곡선의 도출

두 번째 특징은 기울기의 완만한 정도이다. $r = -\frac{1-b}{\alpha}Y + \frac{(a + I_0 + G_0 + NX_0 - bT_0)}{\alpha}$에서와 같이 IS곡선의 기울기는 한계소비성향 b나 투자의 이자율에 대한 민감도 α가 크면 클수록 그 절대값이 작아져 소득과 이자율의 평면에서 완만하게 나타난다. 즉, 주어진 이자율의 변화에 대해 IS곡선을 따라 소득의 변화가 더 크게 나타난다. 이는 주어진 이자율의 변화에 대해 한계소비성향이 크면 클수록 투자승수가 크게 나타나 소득의 변화도 크기 때문이다. 그리고 투자의 이자율에 대한 민감도가 크면 클수록 주어진 이자율의 변화에 대해 투자의 변화가 크게 나타나고 투자승수를 통해 소득의 변화도 크게 나타난다. 즉, 이자율의 변화가 있을 때 한계소비성향은 투자승수를 통해서 나타나고 투자의 이자율에 대한 민감도는 투자의 크기의 변화를 통해 최종적으로 소득 변화의 크기에 영향을 미친다. <그림 3.7>에서 한계소비성향이 크면 총지출 곡선의 기울기가 더 완만해지기 때문에 주어진 투자의 변화에 대해 더 큰 승수효과와 더 큰 소득의 변화를 만들 수 있다. 또한, 투자의 이자율에 대한 민감도가 크면 투자함수에서 주어진 이자율의 변화가 더 큰 투자의 변화를 초래하고 이는 투자승수가 주어져 있을 때보다 더 큰 소득의 변화를 초래한다.

<그림 3.8>에서 한계소비성향 b나 투자의 이자율에 대한 민감도 α가 크면 클수록 그 절대값이 작아져 소득과 이자율의 평면에서 완만하게 나타난다. 즉, 이자율이 하락할 때, 기울기가 큰 경우보다 작은 경우에 소득의 변화가 훨씬 크게 나타난다.

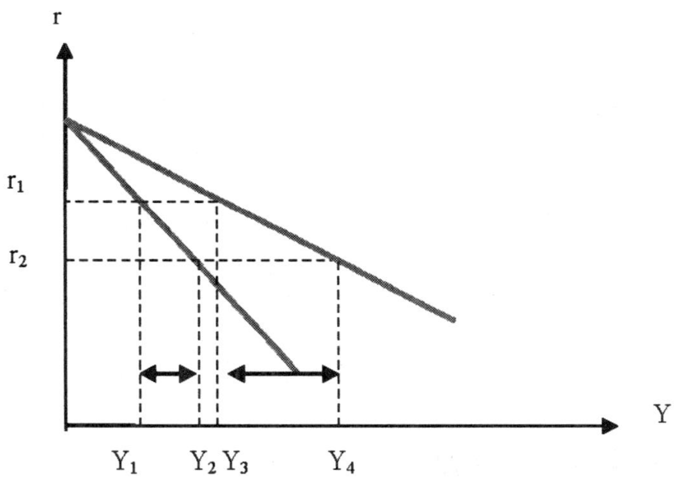

그림 3.8 한계소비성향 b와 이자율에 대한 민감도 α의 상승에 따른 IS곡선의 기울기

마지막은 특징은 이동이다. $r = -\frac{1-b}{\alpha}Y + \frac{(a+I_0+G_0+NX_0-bT_0)}{\alpha}$에서 독립지출 a, I_0, G_0, NX_0의 증가는 IS곡선의 절편을 증가시키므로 IS곡선이 위로 이동하고 조세 T_0의 증가는 IS곡선을 아래로 이동시킨다. <그림 3.9>에서 재화시장 (Y, r)평면에서 점 A를 지나는 IS_1이 주어져 있다고 하자. 이 때 상응되는 지출함수 위에서의 점은 A이다. 이제 정부지출이 ΔG만큼 증가하면 총지출이 같은 크기만큼 위로 이동하므로 국민소득의 균형은 점B가 되고 이 때 균형국민소득은 Y_2가 된다. 여기서 주목할 것은 이자율은 변화하지 않았다는 것이다.

따라서 정부지출이 변한 뒤의 새로운 IS곡선은 소득 Y_2와 r_1이 교차하는 점B를 지나는 IS2가 된다. 즉 정부지출의 증가는 주어진 이자율에서 승수효과를 통해 국민소득을 증가시키므로 IS곡선을 위로 이동시킨다. 또한, a, I_0, G_0, NX_0 중 어느 하나가 증가하더라도 같은 방법으로 IS 곡선을 이동시킬 수 있다.

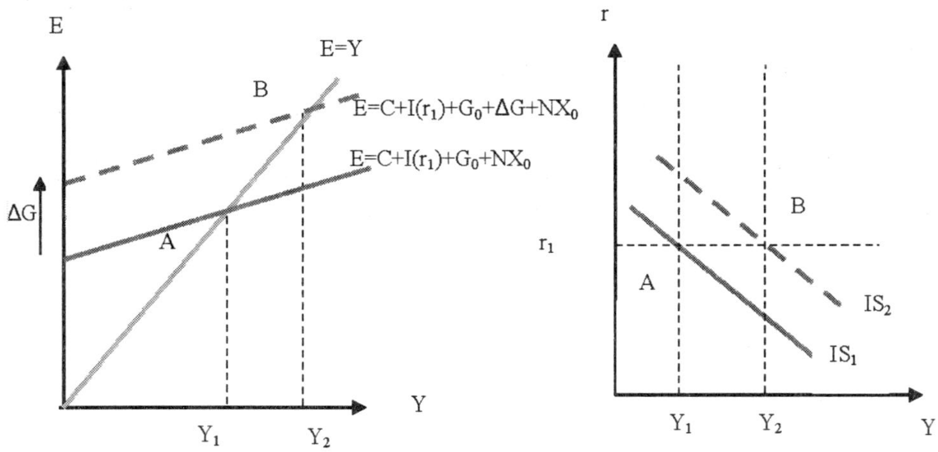

주어진 이자율에서 정부지출이 증가하면 소득이 증가한다. 따라서 IS곡선은 상방이동한다.

그림 3.9 정부지출 증가에 의한 IS곡선의 상방 이동

4. 대부자금설과 IS곡선

IS곡선은 대부자금설로부터 구할 수도 있다. 지금까지 이용한 순수출을 고려하기 않는 폐쇄경제의 국민소득의 균형식을 이용하고 소비는 가처분소득의 함수인 것을 고려하여 다음과 같이 쓸 수 있다.

$$Y = E(Y) = C + I(r) + G = [(Y - T) - S] + I(r) + G$$

이를 다시 쓰면 다음과 같다.

$$(T - G) + S = I(r)$$

그런데 S는 Y의 함수가 되므로 S(Y)로 쓸 수 있다. 따라서 대부자금시장의 균형조건은 다음과 같다.

$$S(Y)=I(r)$$

한계소비성향이 1보다 작으므로 소득이 증가하더라도 소비는 같은 폭만큼 증가하지 못하므로 저축이 증가한다. 따라서 저축은 소득의 함수가 된다.

여기서 좌변 S(Y)는 총저축이다. 앞에서 언급한 바와 같이 가계와 정부가 저축을 통해 자금을 축적하여 필요로 하는 차입자에게 대여해 줄 수 있는 자금의 크기이다. 따라서 저축은 자금의 차입과 대여가 일어나는 대부자금시장(loanable fund market)에서 공급이라 할 수 있다. 그리고 저축이 소득의 함수이므로 대부자금의 공급은 소득의 증가함수이다.

한편, 투자자들은 투자를 위해 대부자금시장에서 차입자로부터 직접적으로 차입하거나 은행 등의 금융기관을 통해 채권을 발행하고 간접적으로 자금을 빌린다. 따라서 우변 I(r)는 대부자금의 수요이다. 그리고 투자는 이자율의 감소함수이므로 대부자금에 대한 수요는 이자율의 감소함수이다.

S(Y)=I(r)를 대부자금시장의 균형식이라고 한다. 이 식을 이용하여 국민소득의 균형을 설명하는 이론을 대부자금설(loanable fund theory)이라고 한다. 먼저 소득이 Y_1일 때 대부자금시장의 균형을 이루어 주는 이자율이 r_1이라고 하자. 소득이 Y_1에서 Y_2로 증가하면 한계소비성향이 1보다 작으므로 대부자금시장의 공급인 저축은 $S(Y_1)=Y_1-C(Y_1-T_0)-G_0$에서 $S(Y_2)=Y_2-C(Y_2-T_0)-G_0$로 증가한다. 따라서 기존의 이자율 r_1에서 대부자금시장의 초과공급이 발생하고 이자율이 하락한다. 즉, 대부자금시장의 균형을 이루기 위해서 소득이 낮을 때 이자율이 높고 소득이 높을 때 이자율이 낮아야 한다. 따라서 대부자금시장의 균형을 이루어지는 소득과 이자율의 배합점들은 우하향하는 기울기를 가지며 그러한 배합점들의 집합이 IS곡선이 된다. 정리하면, 주어진 이자율에서 소득이 증가하면 저축이 증가한다. 저축의 증가로 대부자금의 초과공급이 발생하고 이자율이 하락하게 되므로 대부자금시장의 균형을 이루어주는 소득과 이자율의 배합점은 우하향하며 곧 IS곡선과 같다.

<그림 3.10>의 (a)에서 소득이 Y_1이면 저축은 $S(Y_1)$이고, 축을 바꾸기 위하여 이를 보조선인 45°선을 이용하여 (b)의 점A에 나타낼 수 있다. 따라서 대부자금시장의 균형은 (c)의 점A로 나타나고 이자율은 r_1이다. 즉, 처음 대부자금시장의 균형이 (c)의 점A로 나타난다. 또한, 이렇게 구한 점이 (소득, 이자율)의 배합인 (d)의 (Y_1, r_1)에 나타난다. 만일, 소득이 Y_2로 증가하면 저축이 증가함으로 (c)에서 대부자금시장의 균형이 점 B로 이동한다. 그리고

새로운 균형에서의 (소득, 이자율)의 배합은 (Y_2, r_2)이다. (a)의 두 점 A와 B에서의 (소득,

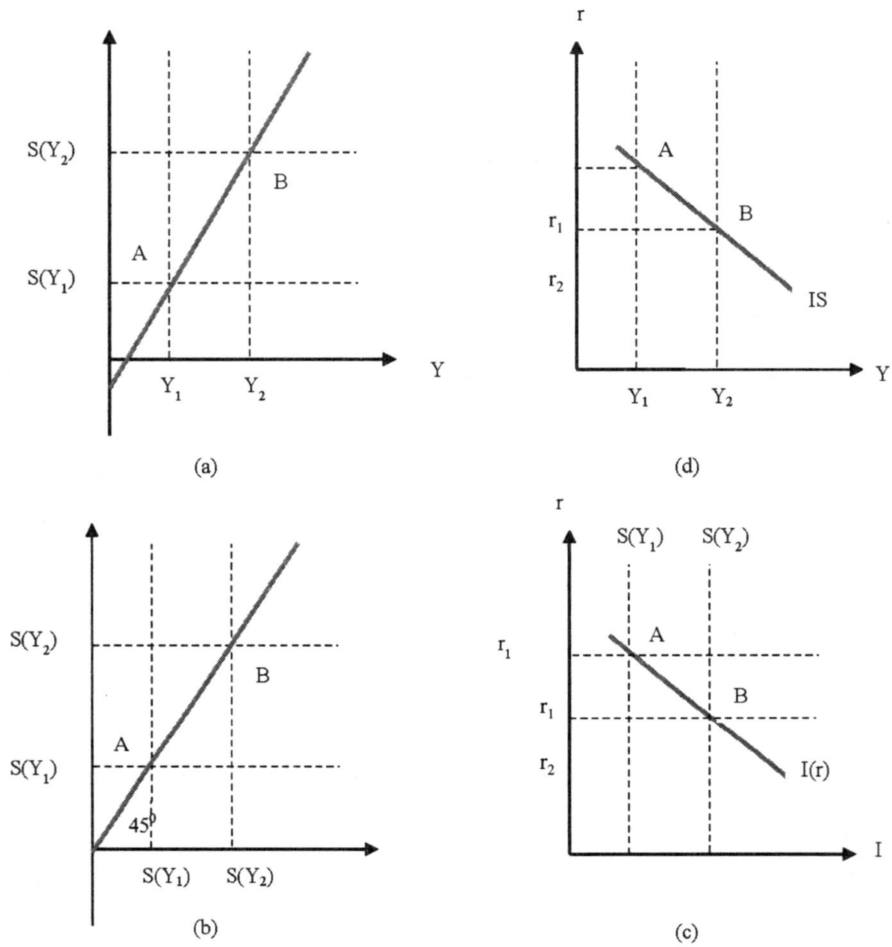

그림 3.10 대부자금시장과 IS곡선의 도출

이자율)의 배합을 연결하면 (d)에서와 같이 우하향하는 IS곡선을 얻을 수 있다.

대부자금시장의 균형을 이용하면 재화시장의 균형을 이용하는 경우와 마찬가지로 주어진 변수들이 변할 때 IS곡선의 이동을 설명할 수 있다. 정부지출(G_0)가 증가하면 저축(대부자금의 공급)은 $S(Y_1)-\Delta G$로 감소한다. 따라서 <그림 3.11>에서 저축은 좌측으로 이동하고 대부자금시장의 이자율은 상승한다. 소득은 고정인 상태로 이자율이 상승하였으므로 IS곡선은 상방이동한다. 이와 같이 주어진 소득수준에서 정부지출이 증가하면 대부자금시장의 공급인 저축이 감소하므로 균형이자율은 상승한다.

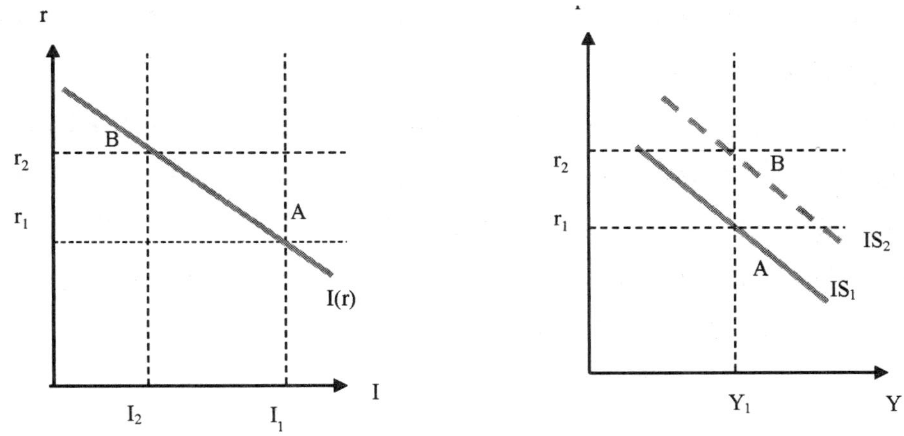

주어진 이자율에서 정부지출이 증가하면 저축이 감소하므로 이자율이 상승한다. 따라서 IS 곡선은 상방이동한다.

그림 3.11 정부지출 증가에 의한 IS곡선의 상방이동

여기서 주의해야 할 점은 정부지출이 증가하면 대부자금시장에서 초과수요가 발생하므로 이자율이 상승하는데 이는 곧 투자가 감소함을 의미한다. 정부지출이 증가할 때 나타나는 이자율 상승 때문에 투자가 감소하는 현상을 밀어내기효과(crowding out effect)라고 한다. 또한 IS곡선은 소득과 이자율의 배합점들의 집합으로 이 두 변수를 포함한 하나의 방정식으로 나타난다. 그런데 하나의 방정식인 IS곡선에 두 개의 미지수인 소득과 이자율이 존재하므로 IS곡선만으로는 소득과 이자율을 동시에 결정할 수 없다. 이는 근본적으로 투자가 재화시장이 아닌 다른 시장(금융시장)에서 결정되는 이자율의 영향을 받기 때문이다. 따라서 소득과 이자율이 동시에 결정할 수 있기 위해서는 다른 하나의 방정식이 더 필요한데, 이는 금융시장(화폐시장)의 균형에서 얻을 수 있다.

5. 재화시장만을 반영한 총수요곡선(AD)의 도출

이제는 물가수준이 고정되었다는 가정을 완화시키기로 하자. 물가가 변화하면 먼저 지출함수 자체가 이동하게 된다. 이에 따라 균형국민소득의 수준도 변화한다. 물가수준과 수요측면 균형국민소득 사이의 이와 같은 관계를 총수요(Aggregate Demand, AD)곡선이라고 한다.

총수요(AD)를 도출하려면 예를 들어, P의 하락이 지출함수 E(Y)를 어느 방향으로 이동시키는지를 알아보아야 한다.

2장의 소비지출을 공부하면서 물가수준이 하락하면 자산의 실질가치가 증가하여 소득수준에 변화가 없어도 소비지출이 늘어난다는 것을 보았다. 이러한 효과를 실질잔고효과(real balance effect)라고도 부른다. 따라서 물가(P)의 하락은 실질잔고효과(W/P)를 통하여 소비지출(C)을 증가시키고 이에 따라 지출함수는 위로 이동하게 된다. 이와는 반대로, 물가(P)의 상승은 E(Y)를 아래쪽으로 이동시킨다.

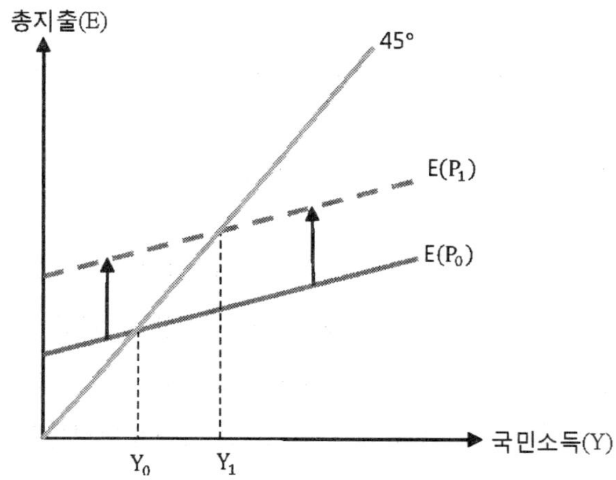

물가수준이 P_0에서 P_1으로 하락하면, 지출함수가 위로 이동하여 균형국민소득은 Y_0에서 Y_1으로 증가한다.

그림 3.12 물가수준의 하락이 지출함수에 미치는 효과

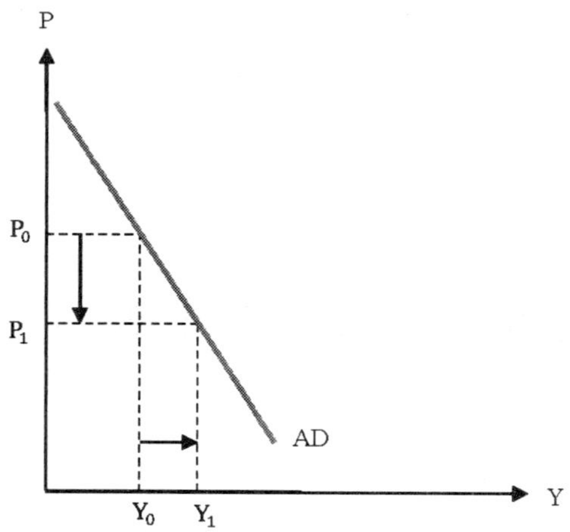

총수요곡선(AD)이란 물가수준(P)과 수요측면 균형국민소득수준(Y) 사이의 반비례관계를 나타낸다.

그림 3.13 총수요곡선

<그림 3.12>는 물가수준의 하락이 실질잔고효과에 의해 지출함수를 위로 이동시킨다는 사실을 보여주고 있다. 물가가 P_0에서 P_1으로 하락하면 소비지출이 늘어나 지출함수는 $E(P_0)$에서 $E(P_1)$으로 이동한다. 이에 따라 균형국민소득수준은 Y_0에서 Y_1으로 커진다. 이와는 반대로 물가(P)의 상승은 균형국민소득수준을 낮추게 된다. 이처럼 물가수준과 균형국민소득수준은 반비례하는데, <그림 3.13>은 우하향하는 총수요곡선(AD)을 도시하고 있다.

6. 재화시장만을 반영한 총수요곡선의 특성

우하향하는 총수요곡선을 도출하면서 우리는 물가수준의 변동이 실질잔고효과를 통해 소비지출을 변화시키는 가능성에만 초점을 맞추었다.

물가(P)의 하락은 앞에서 국내 수출품의 가격경쟁력을 높여 순수출(NX)을 증가시킨다. 물가(P)하락의 이러한 두 가지 효과를 동시에 고려하면 총수요(AD)곡선에는 어떠한 변화가 생길까? 물가(P)가 하락할 경우, 소비지출(C)이 증가할 뿐만 아니라 순수출(NX)도 증가한다면 <그림 3.12>에서 지출함수는 더욱 큰 폭으로 위로 이동한다. 이는 곧 균형국민소득도 더 큰 폭으로 증가함을 뜻한다. 즉, 이 경우 총수요곡선의 기울기는 완만해진다. <그림 3.14>는 이를 나타낸다. 만약 소비의 증가를 배제하면 물가가 하락하면 국내에서 생산된 재화가격이 외국에서 생산된 재화가격보다 상대적으로 낮아지므로 순수출이 증가하여 총수요가 증가하는 경상수지효과도 우하향하는 총수요곡선을 나타낼 수 있다.

물가수준이 P_0에서 P_1으로 하락할 경우, 소비지출(C)의 증가만을 고려하면 균형국민소득수준은 Y_0에서 Y_1으로 커진다. 이를 나타낸 총수요곡선은 <그림 3.14>에서 총수요(AD)이다. 한편, 물가(P)하락의 순수출(NX) 증가효과까지 감안하면 Y는 Y_1보다 큰 Y_2까지 증가한다. 즉, 이 경우의 총수요곡선 AD’은 AD보다 완만한 형태를 취한다.

또한, 실질잔고효과와 경상수지효과 외에도 물가가 하락하면 이자율이 하락하여 투자가 증가하므로 총수요가 증가되는 이자율 효과도 존재한다.

물가수준의 변동에 따른 총지출의 변화는 총수요곡선상의 움직임으로 나타나는 반면, 물가수준의 변화와는 무관한 총지출의 변화는 총수요곡선의 이동으로 표현된다. 물가수준이 고정되어 있는 상황에서 총지출을 증가시키는 변화는 AD곡선을 오른쪽으로 이동시키며, 총지출을 감소시키는 변화는 AD곡선의 좌측 이동으로 나타난다.

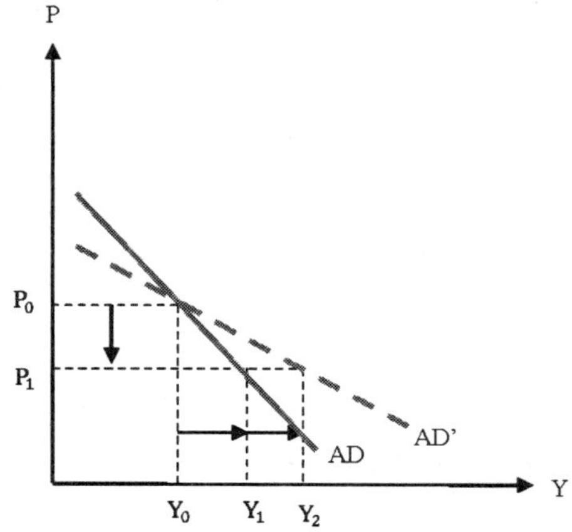

물가수준의 하락으로 C가 증가하는 사실만을 반영한 총수요곡선은 AD이다. 한편, P의 하락이 C의 증가는 물론 NX의 증가까지 유발한다는 사실을 나타내는 총수요곡선은 AD′ 이다. AD′은 AD에 비해 완만하다.

그림 3.14 물가수준 하락의 두 효과와 AD곡선

예를 들어, 외국의 물가수준이 상승하거나 원화의 가치가 하락한 경우, 물가(P)에는 변화가 없어도 순수출(NX)가 증가하여 균형국민소득은 커지며, 이에 따라 AD곡선은 오른쪽으로 이동하게 된다. 또한, 재정정책의 변경으로 정부지출이 G_0에서 G_1으로 감소한 경우 일정한 물가수준 P_0에서 총지출이 감소하여 균형국민소득은 Y_0에서 Y_1으로 줄어들게 된다. 물론, 이 경우에는 AD곡선이 왼쪽으로 이동하게 된다. <그림 3.15>는 정부지출의 감소로 AD곡선이 좌측으로 이동하는 경우를 보여주고 있다.

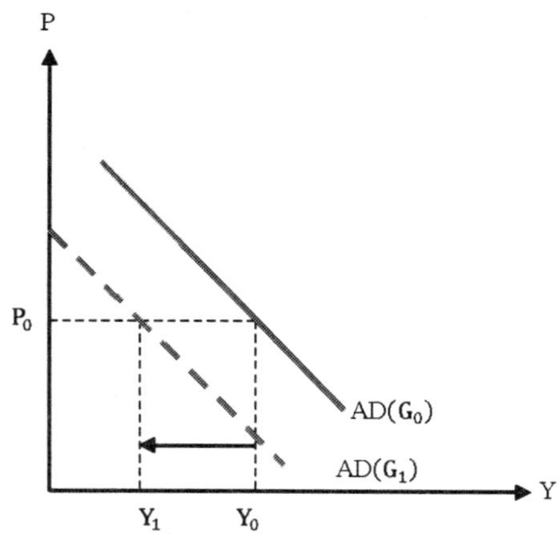

물가수준이 P_0로 일정할 때, 정부지출이 G_0 에서 G_0 으로 감소하면 균형국민소득은 Y_0 에서 Y_1 으로 줄어든다. 즉, AD곡선은 좌측으로 이동한다.

그림 3.15 총수요곡선의 이동

CHAPTER 04

승수효과와 재정정책

제3장에서는 소득-지출분석을 바탕으로 총수요곡선을 도출하였다. 사실, 소득-지출 분석은 케인즈의 유효수요이론이라는 이름으로 더 잘 알려져 있다. 본 장에서 우리는 거시경제의 단기적 움직임을 설명하는데 유용하다고 평가받고 있는 케인즈의 이론을 승수효과에 초점을 두어 살펴본다.

1. 경기침체갭 및 인플레이션갭

영국의 케인즈가 그의 유명한 저서 고용, 이자 및 화폐에 관한 일반이론(The General Theory of Employment, Interest, and Money)을 출간한 1936년 이전까지 경제학계를 이끌었던 경제학자들을 고전학파(classical school)라고 일컫는다.

국부론(The Wealth of Nations)의 저자인 아담 스미스(Adam Smith)를 비롯하여 리카르도(D. Ricardo)와 밀(J. S. Mill) 그리고 마샬(A. Marshall) 및 피구(A. Pigou) 등이 18세기의 고전학파를 대표하는 경제학자들이다. 이들은 물가와 임금 및 이자율과 같은 가격변수는 신축적이며 재화시장과 노동시장 등은 경쟁적이라는 믿음 하에 수요부족에 따른 실업사태가 지속될 수 없다고 주장했다. 노동시장의 초과공급(실업)은 임금의 신축적인 하락으로 곧 사라질 것으로 생각했기 때문이다. 그러나, 1930년대 초반 전세계를 침체의 늪에 빠뜨린 대공황(Great Depression)으로 대량 실업이 발생하고 높은 실업률이 지속되자 고전학파 경제학자들의 주장에 대한 회의론이 크게 제기되었다.

오늘날에는 수요부족으로 인해 경기침체가 발생할 수 있다는 사실은 상식수준에 가까운 것이지만, 대공황 당시의 고전학파 경제학자들은 세이의 법칙(Say's law: supply creates its own demand)이 상징하듯, 이러한 사실을 실현가능성이 요원한 것으로 받아들이고 있었다. 공급측면만을 중시하던 고전학파의 세상에서 대공황의 원인이 총수요의 부족이라는 가히 혁명적인 주장을 편 사람이 바로 케인즈이다. 수요부족에 따른 공황을 없애기 위해서는 정부가 인위적인 수단을 사용해서라도 총수요를 진작시켜야 한다는 처방이 케인즈 유효수요이론의 골자이다.

케인즈의 유효수요이론을 잘 파악하기 위해서는 완전고용 국민소득 혹은 잠재GDP(full employment GDP, potential GDP)의 개념을 알아야 한다. 잠재GDP란 어느 경제의 모든 자원이 완전 고용되었을 경우, 그 경제가 생산할 수 있는 재화와 서비스의 총량을 의미한다.

노동력의 완전고용이 0%의 실업률을 뜻하지는 않는다. 완전고용이란 마찰적 실업과 구조적 실업만 존재하는 상황이다. 마찰적 실업이란 이직 등을 하는 과정에서 일시적으로 발생하는 실업이고, 구조적 실업이란 전체 노동에 대한 수요가 부족해서 발생하는 것이 아니라 특정 부분의 노동수요가 부족해서 발생하는 실업이다. 예를 들어, 석탄산업에 종사하던 사람들이 산업의 사양화에 따라 일자리가 줄어드는 경우, 다른 업종에 일자리가 있다고 해도 전문기술이 없으면 업종을 옮길 수 없다. 따라서 잠재GDP가 한 국민경제가 생산할 수 있는 최대한의 산출량을 의미하지는 않는다. 즉, 실제로 실현된 GDP는 일시적으로 잠재GDP를 초과할 수도 있다.

실제로 실현된 균형국민소득(Y^*)이 잠재GDP(Y_p)보다 작은 경우 이 둘의 격차($Y_p - Y^*$)를 경기침체갭(recessionary gap)이라고 하는데, <그림 4.1>은 이를 나타낸다. 경기침체갭(디플레이션갭)은 디플레이션을 탈피하기 위해 증가시켜야 하는 유효수요의 크기를 나타낸다.

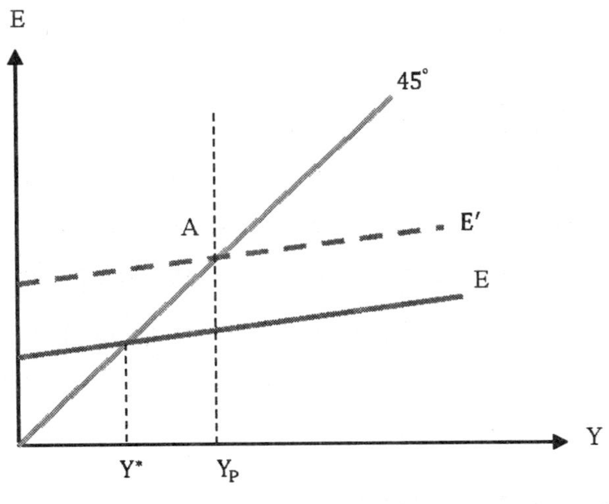

잠재GDP (Y_P) 와 균형국민소득 (Y^*) 사이의 격차를 경기침체 갭이라고 한다. 경기침체 갭은 총지출이 E에서 E′으로 증가할 경우 없어진다.

그림 4.1 경기침체 갭

위 그림에서 경기침체 갭은 총수요의 부족으로 원치 않는 실업이 존재함을 의미한다. 케인즈는 이를 비자발적 실업(involuntary unemployment) 이라고 불렀다.

경기침체갭을 어떻게 하면 없앨 수 있을까? 고전학파 경제학자들은 경기침체란 일시적인 현상에 지나지 않으므로 아무런 대책이 없어도 경기침체는 자동적으로 없어진다는 견해를 내놓고 있다. 경기가 침체되어 있을 때, 실업이 증가하고 재고가 쌓임에 따라 임금과 물가수준이 하락하게 된다. 앞에서 살펴보았듯이 물가수준의 하락은 지출함수 E(Y)를 위로 이동시키며,

이러한 조정과정은 지출함수가 <그림 4.1>의 점A를 지날 때까지 계속된다. 즉, 고전학파 경제학자들은 신축적인 가격조정을 통하여 경기침체는 결국 사라진다고 주장하고 있다.

이에 반하여, 케인즈는 단기에 있어 임금과 물가수준의 신축적인 조정은 있을 수 없다며 고전학파의 주장을 반박하고 있다. 케인즈가 가격변수의 경직성(rigidity)을 주장한 근거는 장기계약 또는 노동조합의 영향력 등 여러 가지의 제도적 요인에서 찾을 수 있다. 물론, 장기적으로는 가격변수가 신축적으로 조정되어 고전학파의 주장대로 경기침체는 저절로 없어질 것이다. 그러나, 케인즈는 "in the long-run, we are all dead."라는 유명한 말로 경기침체에 대응한 정부의 단기 경제정책의 역할을 중시하고 있다.

즉, 케인즈는 경기침체 갭을 없애려면 정부가 시장에 개입하여 인위적으로 총지출을 늘려야 한다고 주장한다. 예를 들어, 정부지출(G)의 알맞은 증가로 지출함수가 <그림 4.1>에서 점A를 지나는 E'이 되는 경우, 경기침체가 치유된다는 것이다. 경기침체가 심각할 때에는 물가수준의 상승압력 없이 수요증가는 곧바로 산출량의 증가로 이어질 수 있다. 케인즈의 이러한 생각은 제3장의 소득-지출분석에서 총지출과 산출량간의 괴리가 가격조정이 아닌 수량조정에 의해 해소된다는 사실과 궤를 같이하는 것이다.

경기침체갭과 대조를 이루는 개념을 인플레이션갭(inflationary gap)이라고 한다. 초과작업 등으로 Y^*는 일시적으로 Y_p을 초과할 수 있는데, 이 경우의 격차를 인플레이션 갭이라고 부른다. 인플레이션 갭이 존재하는 상황에서는 물가수준의 상승으로 인해 총지출이 감소하면서 균형이 회복된다. 이 인플레이션 갭은 인플레이션을 없애기 위해 감소시켜야 하는 유효수요의 크기를 말한다. 따라서 이 경우에는 경기침체 갭이 있는 경우와 대조적으로 가격변수의 신축성에 의해 경제가 자동적으로 균형을 찾는다는 고전학파의 주장이 케인즈의 주장보다 타당하다고 할 수 있다.

간혹 케인즈의 유효수요이론을 '불황의 경제학'이라고도 부른다. 위에서 보았듯이 케인즈의 주장은 인플레이션 갭이 있을 때보다 경기침체 갭이 존재할 경우 더욱 타당하기 때문이다. 사실, 케인즈도 임금의 경직성을 주장할 때 실업이 존재함에도 불구하고 임금이 하락하지 않는 임금의 하방경직성(downward rigidity)에 초점을 두었다. 1960년대 후반부터 경제학계에서는 케인즈 경제학의 현실 설명력이 많이 떨어졌다는 지적이 나오기 시작했다. 유효수요이론에 대한 이와 같은 회의는 이 시기 이후 세계경제가 침체에서 벗어나면서 실업보다는 오히려 인플레이션이 골칫거리로 등장한 사실과 무관하지 않다.

이상에서 우리는 균형국민소득과 잠재GDP가 일치하지 않는 경우를 살펴보았다. 그렇다면 Y^*가 Y_p와 다른 이유는 무엇인가? 그 답은 저축과 투자의 주체가 다르고 이들 사이의 조정이

행해지지 않을 수 있다는 데 있다. 폐쇄경제의 경우, 균형국민소득이 잠재GDP와 같으면 다음 식이 성립한다.

$$Y_p = C(Y_p) + I + G = C(Y_p) + S(Y_p) + T$$

위의 조건을 투자=저축의 형태로 다시 쓰면 다음과 같다.

$$I = S(Y_p) + (T - G)$$

위 식의 좌변은 기업이 결정하는 투자이고, 우변은 가계의 민간저축(S)과 정부저축(T−G)의 합인 총저축(Total Saving, TS)또는 국민저축(national saving)이다.

투자와 저축이 분리되지 않은 원시경제와는 달리 현대경제에서는 투자와 저축에 관한 의사결정이 자신의 이익만을 추구하는 상이한 경제주체들에 의해 독립적으로 이루어지므로, 이들의 의사결정의 결과로 완전고용 균형국민소득(Y_p)이 국민소득(Y^*)으로 실현되리라는 보장은 없다. 이에 대해 고전학파 경제학자들은 신축적인 이자율의 조정으로 소득이 Y_p일 때의 총저축은 투자와 같아진다고 주장한다. 물론 케인즈는 이자율의 신축적인 조정에 반기를 들고 있다. 케인즈에 의하면, 경제주체들간의 조정의 실패(coordination failure)로 인해 Y^*는 Y_p와 다를 수 밖에 없으며 이 격차는 정부의 개입을 통해 해소될 수 있다.

2. 승수효과

<그림 4.1>에서 지출함수를 E에서 E'으로 상향 이동시키려면 정부지출(G_0)을 얼마나 증가시켜야 하는가? 경기침체 갭($Y_p - Y^* = \Delta Y^*$)을 없애는데 필요한 정부지출 증가분의 크기(ΔG_0)는 ΔY^*보다 더 커야 하는가 아니면 작아도 되는가?

위의 질문과 관련된 개념을 경제학에서는 승수(multiplier)라고 한다. 승수란 외생적인 지출의 증감이 그 몇 배에 해당하는 만큼의 균형국민소득의 변화를 가져온다는 사실을 나타내는 개념이다. 승수는 다음과 같이 정의된다.

$$\frac{\Delta Y^*}{\Delta E_0}$$

즉, 독립지출 변화에 따라 국민소득이 얼마나 변화하는 지 나타내는 척도가 되고 승수=균형국민소득증가분/독립지출증가분으로 계산된다.

위의 정의에서 ΔY^*는 균형국민소득의 변화를 의미하며, ΔE_0는 외생적으로 주어진 독립지출 중 어느 하나가 변화한 것을 뜻한다. 3장에서 우리는 균형국민소득(Y*)이 $Y^* = \frac{1}{1-b}(a + I_0 + G_0 + NX_0 - bT_0)$과 같음을 공부한 바 있다.

이 식에 의하면, 정부지출(G_0)이 1원 증가할 때 Y^*는 $\frac{1}{1-b}$원 만큼 증가함을 알 수 있다. 한계소비성향(MPC=b)은 1보다 작으므로 균형국민소득의 증가분($\Delta Y^* = \frac{1}{1-b}$)은 1보다 크다. 여기서 $\frac{1}{1-b}\left(\frac{\Delta Y^*}{\Delta G_0}\right)$을 정부지출승수라고 한다. 위에서는 G_0의 증가를 예로 들고 있지만, 독립소비(a)나 독립투자(I_0) 또는 독립 순수출(NX_0)이 증가하는 경우 승수의 크기도 $\frac{1}{1-b}$로 동일하다.

예를 들어 보자. 정부지출승수는 정부지출 1원 증가 시 국민소득이 얼만큼 증가하는가를 나타낸다고 하였다. 정부지출이 ΔG만큼 증가하면 총지출함수가 ΔG만큼 위로 이동한다. 이때 국민소득은 Y_1에서 Y_2만큼 증가한다(A→B). 따라서 케인즈의 교차점 모형에서 정부지출승수는 1보다 크고 한계소비성향이 b일 때 정부지출승수는 1/(1−b)와 같다.

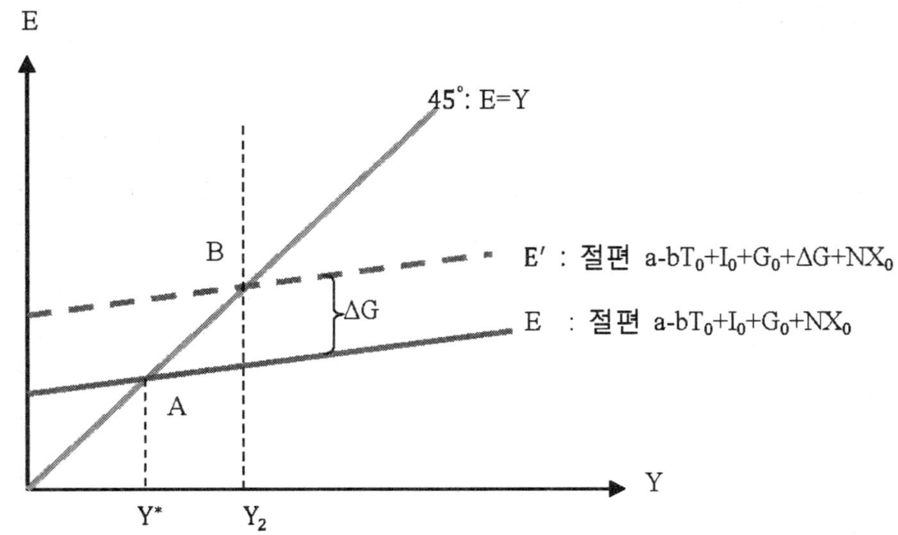

그림 4.2 정부지출승수

정부지출이 ΔG만큼 증가하면 소득(산출량)이 같은 크기만큼 증가하고, 소득의 증가는 소비지출을 b·ΔG만큼 증가시킨다. 이런 순환은 추가적인 지출이 소멸될 때까지 무한히 계속된다. 즉, 소득이 증가하면 소비 외에 일부는 저축으로 빠져나가는데 이런 누출(leakage)때문에 위와 같은 순환이 궁극적으로 멈추고 국민소득은 새로운 균형에 도달한다.

이와 같이 정부지출이 증가할 때 국민소득은 정부지출의 증가분보다 더 크게 증가하는데, 이를 승수효과(multiplier effect)라고 한다. 승수의 크기가 1보다 큰 이유를 조금 더 살펴보자. 정부가 공공사업에 새로이 동원된 공무원에게 월급을 지불하기 위해 정부지출을 1만큼 증가시켰다고 해보자. 이 증가분은 곧바로 이 공무원의 소득증가($Y_1=1$)로 나타난다. 소득이 증가한 이 공무원은 소득의 증가분 중, 한계소비성향(=b)만큼을 소비할 것이다. 예를 들어, 이 공무원이 계산기를 구입하는데 b를 사용한다면, 이 b는 계산기를 판 사람의 소득증가($Y_2=b$)를 뜻한다. 계산기를 판매한 사람도 MPC(=b)만큼 소비하므로 이는 또 다른 사람의 소득증가($Y_3=b^2$)로 나타난다. 이처럼 정부지출의 증가는 한 사람의 소비증가로 이어지고 이는 다른 사람의 소득 증가를 유발하며, 이는 또 다른 소비증가와 소득증가로 계속된다. 이러한 이유로 승수는 1보다 큰 것이다. 위의 예에서 $\Delta G_0=1$의 승수효과는 다음과 같다.

$$\Delta Y = Y_1 + Y_2 + Y_3 + L = 1 + b + b^2 + L = \frac{1}{1-b} > 1$$

예를 들어 b=0.5라면 승수는 2와 같으며, b=0.75라면 승수는 4이다. 즉, 한계소비성향이 커질수록 승수의 크기도 커진다. 위의 예를 일반적인 경우로 나타내보자. 만일, 정부지출이 ΔG만큼 증가한다면 증가한 소득과 소비 및 저축의 크기는 다음과 같다.

$$\Delta Y = Y_1 + Y_2 + Y_3 + L = (1 + b + b^2 + L)\Delta G = \frac{1}{1-b}\Delta G$$

$$\Delta C = (b + b^2 + L)\Delta G = \frac{b}{1-b}\Delta G$$

$$\Delta S = (1-b)(1 + b + b^2 + L)\Delta G = \Delta G$$

비슷하게 조세가 ΔT만큼 감소한다면 다음과 같은 조세승수가 발생한다.

$$\Delta Y = (b + b^2 + L)(-\Delta T) = -\frac{b}{1-b}\Delta T$$

조세가 ΔT만큼 감소 시, 가처분 소득은 ΔT만큼 증가한다. 따라서 소비지출은 $b\Delta T$만큼 증가하고 소득이 증가하면 소득에 한계소비성향을 곱한 $b^2\Delta T$만큼 소비가 다시 증가한다. 그리고 국민경제의 순환을 통해 소득은 다음과 같이 증가한다. 예를 들어, b=0.75이면 조세승수는 −3이 된다. 즉, 정부가 조세를 1원 삭감하면 국민소득은 3원 증가한다.

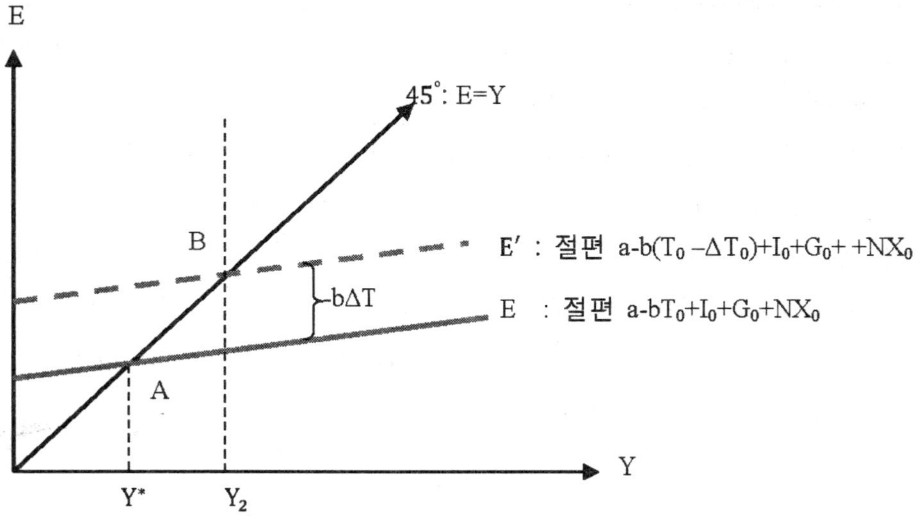

그림 4.3 조세승수

$$\frac{\Delta Y}{\Delta G}=\frac{1}{1-b},\quad \frac{\Delta Y}{\Delta T}=-\frac{b}{1-b}$$

조세와 정부지출의 내용을 정리하면 다음과 같다. 조세감면으로 가처분소득이 증가하면 일부는 누출(저축)되기 때문에 조세감면보다 정부지출 증가가 더욱 효과적이다.

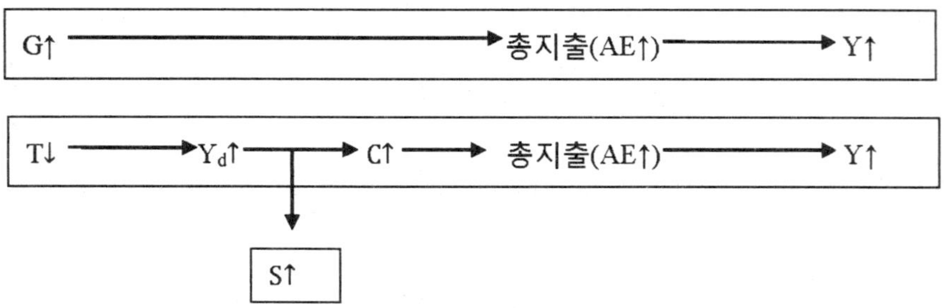

그림 4.4 조세승수와 정부지출 승수효과의 과정

승수분석에서 유의하여야 할 사항은 어떤 이유로 총지출이 감소하면 국민소득은 지출의 감소폭보다 훨씬 더 감소한다는 사실이다. 예를 들어, 우리의 주요 수출시장인 미국경기의 침체로 순수출이 100만큼 감소한다면 우리 나라 국민소득의 크기는 (승수×100)만큼이나 줄어들게 된다.

또 다른 예로 저축증대운동의 효과를 살펴보자. 구체적으로, 각 소득계층의 사람들이 모두 일정한 액수만큼 소비지출을 줄이기로 했다고 하자. 이는 제3장에서 살펴본 소비함수($C=a+bY_d=a+b(Y-T)$)에서 절편 a가 감소한 것과 같다. 이와 같이 독립소비가 감소하면 앞에서 살펴본 승수효과를 통해 국민소득은 더 큰 폭으로 감소한다. 저축은 소득의 증가함수이므로 국민소득의 이러한 감소는 저축의 감소를 가져올 것이다.

그렇다면 저축을 증가시키려는 노력의 결과로 저축은 증대될 수 있는가? 우리가 살펴보고 있는 소득-지출분석에서는 저축을 늘리려는 시도는 사후적으로 오히려 저축을 줄이거나 저축에 아무런 영향도 미치지 못한다. 국민소득의 감소로 최초의 저축증가가 상쇄되기 때문이다. 이러한 역설적인 현상을 가리켜 절약의 역설(paradox of thrift)이라고 한다. 다음의 <그림 4.5>는 이를 나타내고 있다.

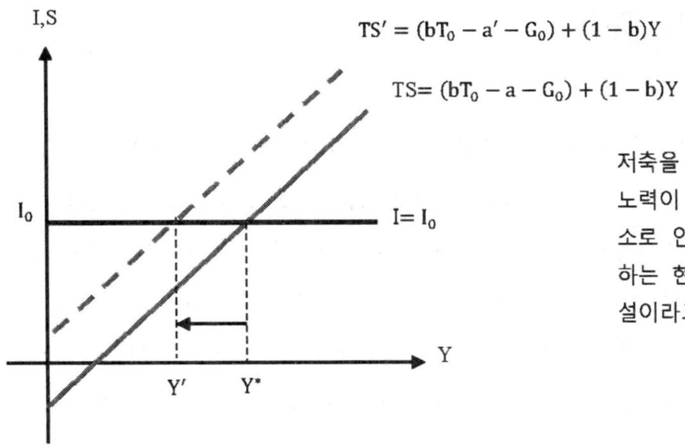

저축을 증가시키려는 노력이 국민소득의 감소로 인해 실현되지 못하는 현상을 절약의 역설이라고 한다.

그림 4.5 절약의 역설

균형국민소득수준(Y^*)에서는 투자=총저축이 만족된다. 총저축 함수를 구하기 위해서는 먼저 주어진 소비함수로부터 다음과 같은 민간저축함수를 도출하여야 한다.

제3장에서 $Y_d=C+S$이므로 $S=Y_d-C=-a+(1-b)\ Y_d$가 되므로 $S=-a+(1-b)(Y-T_0)$가 된다. 이제, 총저축(TS)은 위의 민간저축 S에 정부저축 (T_0-G_0)를 더한 것과 같다.

즉, $TS=(bT_0-a-G_0)+(1-b)Y$가 된다.

저축증대운동으로 독립소비가 a에서 a'으로 감소하면 민간저축이 늘어나 총저축은 <그림 4.5>에서처럼 TS에서 TS'으로 이동한다. 이에 따라, 균형국민소득은 Y^*에서 Y'으로 감소하는데, 소득의 감소폭은 승수에 (a−a')을 곱한 것과 같다. 소득감소는 저축의 감소로 이어지므로, 새로운 균형에서 총저축은 원래의 수준인 I_0로 원위치하고 만다. 즉, 저축을 늘리려는 시도는 결국 아무런 효과도 거두지 못한 것이다. 따라서 모든 개인이 저축을 증가시키면 경제 전체적으로 저축이 증가하지 않거나 오히려 감소하는 현상을 절약의 역설이라 한다. 그러나 이에 대한 반론으로, 투자기회의 부족으로 인해 저축이 투자로 연결되지 않는 선진국에서 주로 나타나고 있다. 또한, 구성의 오류의 한 예이다. 구성의 오류(the fallacy of composition)란 부분적 성립의 원리를 전체적 성립으로 확대 추론함에 따라 발생하는 오류이다. 예를 들어, 어느 한 제품의 가격을 올리면 그 제품을 만드는 기업은 이익을 얻는다. 이에 따라 모든 제품의 가격이 오르면 모든 기업이 이익을 얻는다고 추론하게 된다. 그러나 모든 제품의 가격을 올리면 물가가 상승, 오히려 악영향을 끼칠 수 있다.

3. 재정정책과 승수

재정정책의 주요한 정책수단으로는 정부지출뿐만 아니라 조세도 있다. 정부지출(G_0)의 증가가 승수효과를 통해 국민소득을 증가시키듯이, 정액세(T_0)의 감소도 승수효과를 통해 국민소득을 증가시킨다. 그렇다면, 1억원만큼의 G_0증가와 1억원만큼의 T_0감소 중 어느 것이 국민소득의 증가에 더 큰 기여를 할까? 조금만 생각해보면 G_0의 국민소득 증대효과가 더 크다는 것을 쉽게 알 수 있다. G_0의 증가는 총지출을 직접 늘리는 반면, T_0의 감소는 가처분 소득의 증가를 통해 소비지출을 늘림으로써 총지출을 간접적으로 증가시키기 때문이다. 즉, 조세감면으로 가처분소득이 증가하면 일부는 저축되기 때문에 조세감면보다 정부지출 증가가 더욱 효과적이게 된다.

이 사실은 균형국민소득(Y^*)이 $Y^*=\frac{1}{1-b}(a+I_0+G_0+NX_0-bT_0)$과 같음을 다시 한 번 상기해보면 분명해진다. 앞에서 설명한 바대로 정부지출 승수$(=\frac{\Delta Y^*}{\Delta G_0})$는 $\frac{1}{1-b}$. 또한, 위 식에 의하면 정액세승수의 절대값$(=\left|\frac{\Delta Y^*}{\Delta T_0}\right|)$은 $\frac{b}{1-b}$과 같다. 한계소비성향(=b)은 1보다

작으므로, 정부지출승수는 정액세승수보다 크다.

지금까지의 정부지출승수는 G_0을 제외하고는 아무 것도 변하지 않았을 경우의 승수이다. 그렇다면 이 정부지출의 재원은 무엇인가? 사실 지금까지의 정부지출승수는 국공채 등의 발행을 통해 재원을 조달한 재정적자(budget deficit)의 경우 적용되는 승수이다. 이와는 달리, 정부가 균형재정(balanced budget)을 유지하면서 정부지출을 늘리는 경우 국민소득은 증가할 수 있을까? 정부의 재정이 균형상태에 있고 정부지출의 증가분(ΔG_0)과 정액세의 증가분(ΔT_0)을 동일하게 유지하면서 정부지출을 늘리는 경우 승수를 균형재정승수(balanced budget multiplier)라고 한다. 균형재정승수의 크기를 구해보기로 하자.

정부지출의 증가는 균형국민소득을 $\frac{1}{1-b}\Delta G_0$ 만큼 증가시키며, 정액세의 증가는 균형국민소득을 $\frac{b}{1-b}\Delta T_0$ 만큼 감소시킨다. 균형재정에서는 ΔG_0와 ΔT_0가 같으므로, 이 두 효과를 합하면 균형국민소득의 변화는 $\Delta Y^* = \left(\frac{1}{1-b} - \frac{b}{1-b}\right)\Delta G_0 = \Delta G_0 = \Delta T_0$ 와 같다. 즉, 균형재정승수($= \frac{\Delta Y^*}{\Delta G_0}$)는 1이다. 정부지출과 조세징수액이 동일한 크기로 증가해도 국민소득은 그 폭만큼 증가한다는 의미를 가진다.

지금까지의 승수분석에서는 물가수준이 일정하다고 가정하였다. 이러한 가정 하에 독립지출이 증가하면, 수요측면의 균형국민소득이 승수 배만큼 증가하여 총수요곡선은 ΔY^*만큼 오른쪽으로 이동한다. <그림 4.6>은 이를 도시하고 있다.

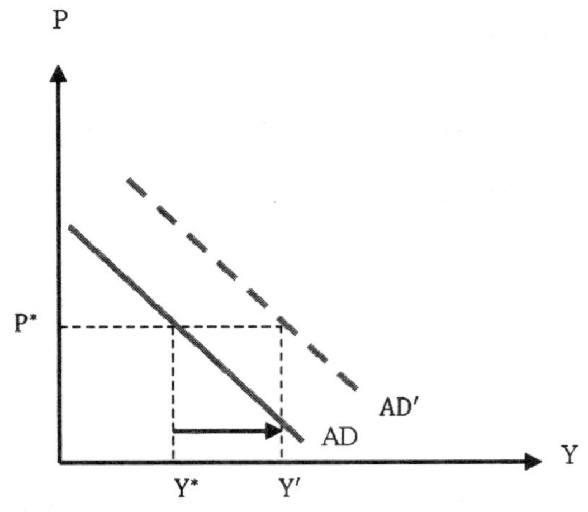

독립지출의 증가는 승수효과를 통해 총수요곡선을 오른쪽으로 이동시킨다.

그림 4.6 승수효과에 따른 총수요곡선의 이동

<그림 4.6>에서 T_0는 그대로 두고 G_0만 증가시키는 경우, $\Delta Y^* = (Y' - Y^*)$는 $\frac{1}{1-b}\Delta G_0$과 같다. 한편, T_0만 감소시키는 경우에는 $\Delta Y^* = \frac{-b}{1-b}\Delta T_0$이다. 마지막으로, 균형재정하에서는 $\Delta Y^* = \Delta G_0 = \Delta T_0$와 같다.

현실에서의 승수효과는 지금까지 살펴본 것보다 작다. 국민소득이 늘어나는 과정에서 물가수준과 이자율이 상승하여 승수효과를 작게 만들 수 있기 때문이다. 또한, 국민소득이 증가할 때 조세징수액이 증가하고 순수출이 감소하면 국민소득의 증가는 상쇄된다. 예를 들어, 앞의 가정과는 다르게 조세가 정액세뿐만 아니라 비례세의 형태를 띤다고 해보자. 즉, $T = T_0 + tY$가 된다. 여기서 t는 소득세율(income tax rate)을 뜻한다. 나머지 가정은 전과 동일할 경우, $Y^* = \frac{1}{1-b(1-t)}(a + I_0 + G_0 + NX_0 - bT_0)$이다. 이 식에 의하면 정부지출승수($= \frac{\Delta Y^*}{\Delta G_0}$)는 $\frac{1}{1-b(1-t)}$으로 정액세만을 가정한 앞의 승수 $\frac{1}{1-b}$보다 작아진다. 예를 들어, $b = 0.75$이고 $t = 0.2$일 경우 $\frac{1}{1-b} = 4$ 이지만 $\frac{1}{1-b(1-t)} = 2.5$밖에 되지 않는다. 이는 소득이 증가하면서 늘어난 소득세징수액이 소득증가의 일부분을 상쇄시키기 때문이다. 만일, 정액세만 존재하고 정부지출과 감세정책을 취하면 균형재정승수=1이 되지만 비례세가 존재할 때 균형재정승수 <1이 된다.

투자도 독립투자 외에 소득에 의존하는 유발투자(r)가 존재하고, 순수출도 수입에 의존하는 1차함수의 형태를 지닌다면 다음과 같은 승수가 나타나게 된다.

$$\frac{\Delta Y}{\Delta G} = \frac{1}{1-b(1-t)+m-r}$$

즉, 한계소비성향(b)이 클수록, 유발투자계수(r)가 클수록, 한계저축성향(s)이 작을수록, 세율(t)가 작을수록, 한계수입성향(m)이 작을수록 승수는 커진다.

4. 승수효과의 한계

독립지출의 변화에 의한 승수효과가 발생해야 독립지출의 변화가 균형국민소득에 영향을 미치고 동시에 승수효과의 크기에 따라 독립지출의 변화가 균형국민소득에 미치는 효과의 크기가 결정된다.

승수를 결정하는 요인 중 하나는 한계소비성향이다. 세율이 일정할 때, 한계소비성향이 클수록 승수는 커지고 한계소비성향이 작을수록 승수는 작아진다고 배웠다. 케인즈의 절대소득가설에 따르면 현재소비는 현재 가처분소득의 함수이다. 현재 가처분소득의 변화에 현재소비가 매우 민감하게 반응하므로 큰 값의 한계소비성향을 가정할 수 있다. 반면, 항상소득가설이나 시점간 소비선택에 따르면 현재소득은 증가하는 현재소비에 큰 영향을 미치지 못한다. 항상소득가설에 항상소득만이 항상소비를 결정하고 현재의 소득의 변화는 항상소득에 미미한 영향을 미친다고 하였다. 따라서 현재소득의 증가가 이루어져도 항상소득에 큰 변화가 없으므로 소비 역시 미미한 변화만 나타날 뿐이다. 이처럼 현재소득의 변화가 현재소비에 영향을 주지 못하므로 승수효과가 실현될 수 없다. 독립지출이 증가하여 수요가 창출되고 생산의 증가와 소득의 증가가 이루어져도 유발소비의 창출이 이루어지지 않으므로 승수는 거의 1에 가까워 진다. 이처럼 소비가 소득에 민감하게 반응하지 않는 경우, 승수효과를 이용한 거시 경제에 대한 분석은 유효성을 잃어버리게 된다.

또한 모수값, 즉 한계소비성향이 불안정할 경우, 승수효과에 의한 소득변화 정도를 정확히 측정할 수 없다. 조세를 고려하지 않을 경우, 독립지출이 증가하면 승수만큼 곱하여 균형국민소득이 증가한다. 이 때, 독립지출 증가에 대해 경제주체들이 이전과는 다른 반응을 하여 한계소비성향이 달라진다면 승수효과에 의한 소득증가의 정도를 얼마인 지 알 수 없다는 문제점이 나타난다. 모수 불안정의 문제는 Lucas의 계량경제학 비판(1976)에서 지적되었다.

생산측면에서도 승수효과의 문제점이 발생할 수 있다. 케인즈의 승수이론은 지출증가에 의한 수요가 발생하면 이에 대응하는 생산증가와 생산증가를 위한 생산요소의 고용증가를 전제로 하고 있다. 지출 증가에 의한 수요증가에도 불구하고 생산이 증가하지 않거나 생산이 증가했으나 고용이 발생하지 않을 경우, 승수효과가 나타나지 않게 된다. 예를 들어, 철강수요가 크게 증가할 것으로 예상한 A제철이 신규공장을 증설하는 투자지출을 증가한다고 하자. 그러나 철강 생산에 필요한 중간재를 생산하는 기업이 미래 철강 인프라 사업의 전망이 좋지 않을 것으로 판단하여 중간재에 대한 추가 생산을 하지 않는다면 승수효과에 의한 소득증가는 발생하지 않게 된다.

또한, 지출증가에 의한 수요증가에도 불구하고 고용 등의 요소 수요가 증가하지 않는다면 소득증가가 유발되지 못한다. 예를 들어, 경기침체기에 정부가 정부지출을 증가시키는 확장적인 재정정책을 시행하였더라도 미래 경제를 낙관하지 않는 기업이 정부의 구매에 대응하여 생산을 증가시키지 않고 기존의 재고를 이용하여 정부구매를 충당한다면 생산증가에 의해 소득증가가 발생하지 않게 된다. 비슷하게 경제에 이미 유휴설비가 존재한다면 추가적인 요소 투입 없이 생산을 증가시킬 수 있으므로 승수효과가 발생하지 않을 수도 있다.

이상에서 살펴보았듯이 승수효과가 발생하기 위해서는 한계소비성향이 안정적이고 큰 값을 가져야 하며, 승수효과의 과정이 원활히 진행되어야 한다. 한계소비성향이 불안정하면 승수효과의 크기를 확정할 수 없고 한계소비성향이 작은 값을 가지면 승수효과의 크기가 매우 미미하여 총수요 증가에 큰 영향을 미치지 못한다. 나아가 여러 요인에 의해 승수과정이 원활히 진행되지 못한다면 추가적인 소득증가가 유발되지 못하므로 총수요 증가가 이루어지지 않을 수도 있다. 보다 자세한 재정정책의 단기와 장기효과는 이후의 장에서 별도로 다루기로 한다.

5. 국내의 실증분석 결과

구조적 벡터자기회귀모형(Structural AutoRegressive Model, SVAR)과 2000년 1분기부터 2009년 2분기의 정부지출의 승수는 최대 1.24, 최소 0.62로 나타난다. 또한 조세의 경우, 최대 0.81, 최소 0.47로 나타나 정부지출의 승수가 보다 큰 것을 알 수 있다.[9]

표 4.1 재정승수 추정 결과

1인당 GDP 효과	조세(정부수입)	정부지출
평균	0.605	0.876
최소	0.465	0.615
최대	0.808	1.242

여기서 표본기간 동안 GDP의 정부수입 비중은 평균 23%, 최소 17.2%, 최대 29.9%이고 정부지출의 비중은 평균 21.1%, 최소 14.9%, 최대 31%이다.

정부 재정정책을 통한 총수요 확대는 균형 GDP를 증가시키는데 이 때 GDP 증가분을 정부지출 증가분(또는 정부수입 감소분)으로 나눈 것을 재정승수로 정의하였다. 재정승수는 일시적인 정부지출의 증가나 세금 감면이 향후 2-3년간 국내총생산을 얼마나 높이는가를 보여주는 지표로 활용될 수 있다. 재정승수가 1 보다 크다면 정부지출 또는 세금감면을 1조원

9 선형주세를 제거한 로그차분 및 4분기 시차를 적정시차로 적용하고 변수는 미국의 1인당 GDP, 한국의 1인당 정부수입, 1인장 정부지출, 1인당 GDP 사용

늘릴 때, 국내총생산은 1조원 이상 증가한다.

또한, 금융위기 이후 정부의 재정정책이 경기부양에 어느 정도 효과적인 지 알 수 있다. 해외의존도가 높은 소규모 개방경제의 특징을 반영하기 위하여 미국의 1인당 GDP를 포함하였다. 정부지출을 확대하여 경기를 부양할 때 해외 경제여건이 악화되어 국내 GDP가 하락한다면 정부지출의 상쇄효과를 가질 수 있으므로 이러한 상쇄효과를 보정하기 위해 미국 GDP를 포함시켰다. 이 때 정부지출의 평균승수(0.88)는 조세의 평균승수(0.61)보다 크게 나타나 정부지출의 경기부양 효과가 상대적으로 높게 나타난다.

그러나 추정된 재정승수가 1보다 크지 않아 중장기적으로 정부지출 규모 이상의 GDP 증가는 어려울 것으로 예상할 수 있다. 미국의 경우도 실업률이 12%보다 높았던 시기를 제외하면 정부지출의 승수효과는 1보다 작은 것으로 나타난다. 즉, 국민소득계정 상 정부지출의 증가가 동일한 크기의 총수요를 증가시키지만 재고증감 등에 의한 조정으로 실질 국내총생산의 변화는 미미할 수 있다. 국민소득계정의 항등식은 앞에서 본 바와 같이 다음과 같기 때문이다.

$$국내총생산 = 소비 + 투자 + 정부지출 + 재고증감 + 순수출$$

금융위기에 의한 경기침체 시기에 금리인하와 양적완화 등에도 불구하고 금융시장의 신용경색이 해소되지 않은 상태에서 경기부양을 위한 재정정책의 활용은 불가피할 수 있다.

CHAPTER 05

총공급곡선과 총수요-총공급모형

지금까지 수요측면만을 고려하여 국민소득 결정모형을 살펴보았다. 본 장에서는 총공급곡선을 도출하여 앞으로의 분석에서 자주 사용할 총수요-총공급모형(AD-AS모형)을 살펴본다. AD-AS모형을 이용하면 수요측면과 공급측면의 상호작용에 의하여 균형국민소득(Y)과 균형물가수준(P)이 결정되는 과정을 체계적으로 분석할 수 있다.
앞에서 총수요(Aggregate Demand, AD)란 한 기간 안에 각 물가수준에서 모든 경제주체들이 구입하고자 하는 재화를 집계한 총량이라고 하였다. 총공급(Aggregate Supply, AS)이란 한 기간 안에 각 물가수준에서 모든 생산자들이 생산하여 판매하고자 하는 재화를 집계한 총량이다. 이 때의 가격변수는 물가수준(Price level, P)이다.
총공급(Aggregate Supply, AS)곡선이란 각각의 물가수준(P)에서 공급되는 실질국민총생산(real GDP, Y)의 수준을 나타내는 곡선이다. 즉, 총공급곡선은 물가수준과 모든 기업들이 생산하는 재화와 서비스의 총공급량 사이의 관계이다. 총공급곡선의 모양은 물가의 변화에 따라 총공급량이 어떻게 변화하느냐에 따라 다르다. 물론, 총공급곡선은 생산요소 가격 또는 물가가 고정된 단기(short-run)와 모든 가격이나 물가가 신축적인 장기(long-run)에 따라 다르다.

1. 장기 총공급함수의 도출

시장청산(market clearing)이란 주어진 시장 가격에서 생산자와 소비자가 원하는 물건을 모두 팔거나 살 수 있는 상태를 뜻한다. 시장청산이 일어나는 경우에 총공급곡선을 도출하기 위하여 다음과 같은 가정이 필요하다. 첫째, 모든 시장은 완전경쟁적(perfect competition)이다. 둘째, 생산요소시장과 산출물시장에 마찰요인(friction)이나 불완전성이 존재하지 않는다. 셋째, 시장 참여자들은 완전한 정보를 공유한다. 넷째, 하나의 시장에 충격이 발생하면 그에 따른 조정이 모든 시장에서 신속히 발생한다. 위의 가정들이 충족될 경우, 시장청산(market clearing)이 일어난다.

이와 같은 가정을 만족하면 장기 총공급곡선을 도출할 수 있다. 즉, 총공급곡선이 산출량(Y), 물가수준(P)의 평면에서 수직이고 산출량은 항상 시장청산수준(완전고용수준)에서 결정된다. 이러한 연구는 고전학파에 의해 주로 연구되어 왔으며 단기에도 성립한다고 주장하고 있다.

반대로 가격의 경직성(price rigidity)이 존재하는 경우에는 가격의 경직성으로 시장청산이 일어나지 않아 총공급곡선이 산출량(Y), 물가수준(P)의 평면에서 우상향하는 형태를 나타낸다.

이를 케인즈 학파의 총공급곡선이라고 하며, 단기 총공급곡선이 된다. 총공급함수를 도출하기 위해 미시경제학을 기반으로 하는 총공급곡선의 구성요소들을 살펴보자.

1.1 _ 총생산함수

총생산함수(aggregate production function)란 한 경제가 일정 기간 동안 사용하는 생산요소의 총량과 산출물의 총량(실질총생산) 사이의 가장 효율적인 기술적인 관계를 말한다.

$$Y = Z \times F(L,K)$$

여기서 Y는 생산량, L은 노동, K는 자본, 함수F는 생산기술로 노동과 자본을 결합하여 산출물을 생산하는 것을 나타내며 Z는 총요소생산성(Total Factor Productivity, TFP)으로 기술수준을 나타낸다.

총생산함수에서 노동의 한계생산(Marginal Productivity of Labor, MPL)은 현재의 고용수준에서 노동량을 한 단위 증가시켰을 때 추가적으로 얻게 되는 산출량의 증가량으로 접선의 기울기를 말한다. 또한, 이러한 노동의 한계생산은 노동량을 증가시킴에 따라 감소하는데 이를 한계생산체감의 법칙이라 한다. <그림 5.1>에서 생산함수는 주어진 자본량과 기술수준에서 노동 투입량 증가에 따른 총생산량의 증가를 나타낸다. 즉, 점A에서의 기울기보다 점B에서의 기울기가 더 작다.

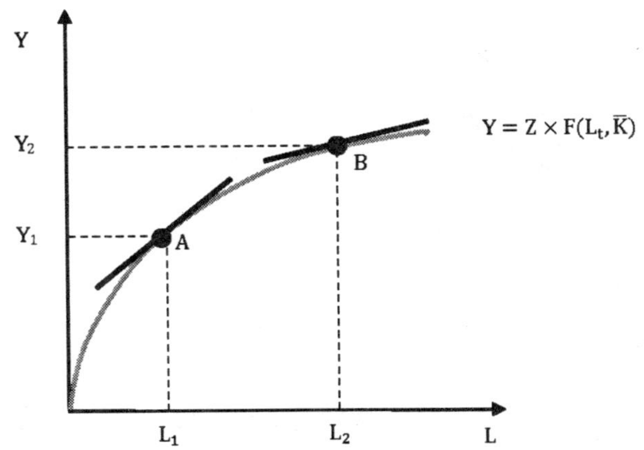

그림 5.1 총생산함수와 한계생산체감의 법칙

노동의 한계생산체감은 자본과 같이 고정되어 있는 생산요소가 존재하기 때문이다. 즉, 노동량이 고정되어 있다면 자본을 한 단위 추가적으로 증가시켰을 때 자본의 한계생산 역시 체감하게 된다. 이는 고정요소에 따른 정체현상(congestion)때문이다. 자본을 고정시키고, 노동(L)과 한계생산(MPL)을 축으로 나타내면 역의 관계로 나타낼 수 있다.

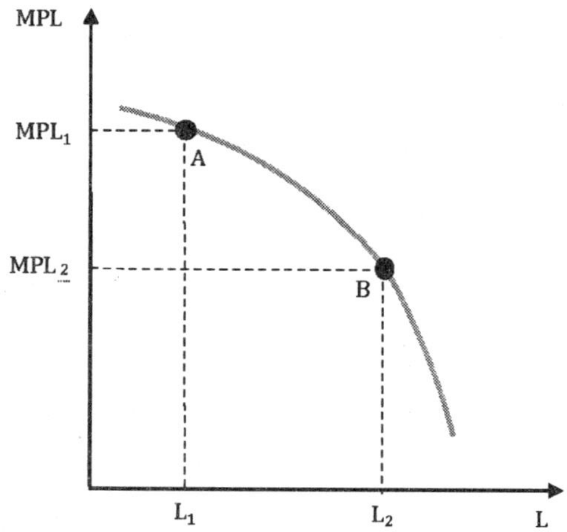

그림 5.2 한계생산체감의 법칙

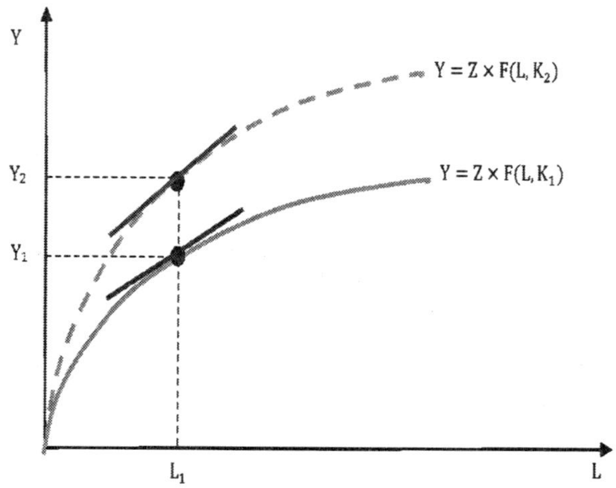

그림 5.3 총생산함수의 이동

자본과 노동이 보완적이라면, 자본 투입량이 증가하면 노동의 한계생산이 증가한다. 자본 투입량과 노동량이 일정할 때, 기술진보로 총요소생산성(Z)이 증가해도 총생산함수가 상방으로 이동한다. 자본의 양이 K_1에서 K_2로 증가하면, 주어진 각각의 노동량에서 생산량이 증가하기 때문에 총생산함수가 위로 이동한다.

여기서 총생산함수는 다음과 같은 특징을 가지고 있다. 두 생산요소를 λ배 증가 시켰을 때 산출량이 γ배 증가한다면 다음의 식이 성립한다.

$$\gamma Y = Z \times F(\lambda L,\ \lambda K)$$

만약, $\gamma > \lambda$이면 규모에 대한 수익 증가(Increasing Returns To Scale, IRTS), $\gamma = \lambda$이면 규모에 대한 수익 불변(Constant Returns To Scale, CRTS), $\gamma < \lambda$이면 규모에 대한 수익 감소(Decreasing Returns To Scale, DRTS)가 일어난다. 거시경제학에서 많이 사용되는 생산함수는 규모에 대한 수익 불변(CRTS)인 경우이다. 예를 들어, 자본, 노동 투입량 10% 증가 시, 산출량 10% 증가하면 일차동차함수가 된다.

대표적인 생산함수의 예를 들어보자. 규모에 대한 수익불변(일차동차)인 생산함수인 콥-더글라스 생산함수이다.

$$Y = ZL^{1-\theta}K^{\theta}$$

예를 들어, $K=1$, $\theta=1/2$일 때 K가 1에서 4로 증가하면 총생산함수는 위로 이동하고 주어진 노동량에서 노동의 한계생산도 증가한다.

1.2 _ 기업의 노동수요

총생산함수에 이어, 총공급곡선 도출을 위하여 노동이나 자본과 같은 생산요소에 대한 수요과 공급이 필요하며, 이를 통해 생산요소의 수요곡선을 도출할 수 있다. 생산요소의 수요는 대부분 기업이므로, 기업의 이윤극대화에서 시작된다.

이윤극대화에는 시장제약과 기술제약의 두 가지 제약조건이 존재한다. 먼저, 시장제약은 등이윤선(iso-profit curve)으로 나타낼 수 있으며, 산출물과 생산요소시장의 형태가 중요하다. 시장청산의 경우의 기업은 가격수취자(price-taker)이고, 산출물 시장은 완전경쟁이며 생산요소시장도 완전경쟁이다. 기술제약은 생산기술(생산함수)로 요약될 수 있다. 즉, 한계생산이 체감하고 생산요소 사이의 대체와 보완성이 중요하다. 아래에서 보다 자세히 살펴보자.

기업의 실질 이윤함수는 다음과 같다.

$$\Pi = Y - \left(\frac{W}{P}\right)L + \left(\frac{R}{P}\right)K$$

여기서 W는 명목임금, P는 물가수준, R은 자본의 명목임대가격이다. 따라서 $\frac{W}{P}$는 실질임금이 되고, $\frac{R}{P}$는 실질임대비용이 된다. 기업은 시장제약과 기술제약 하에서 실질이윤을 극대화하려고 한다.

시장제약 하에서는 시장에서의 기업의 위치에 따라 이윤극대화 방식이 달라진다. 생산요소와 산출물시장이 완전경쟁적이면, 기업은 가격수취자로서 행동한다. 그러나 생산요소나 산출물시장이 과점이나 독점이라면 가격결정자의 행동을 하게 된다. 따라서 시장의 형태에 따라기업의 이윤극대화 추구 행위는 달라지게 된다. 여기서 앞으로 생산요소와 산출물시장이 완전경쟁이라고 가정한다. 또한, 자본과 노동과 같은 생산요소가 주어져 있을 때 기업이 생산할 수 있는 산출량은 생산기술에 의해 제약된다.

시장제약 조건에서 등이윤선이란 동일한 이윤을 얻을 수 있는 노동량(L)과 산출량(Y)의 배합점들의 모임이다. 즉, 자본 투입량이 $\overline{K}$로 일정할 때 시장제약 조건은 등이윤선을 이용해 나타낼 수 있으며 등이윤선은 실질이윤함수를 산출량에 대하여 정리한 것이다.

$$Y = \left(\frac{W}{P}\right)L + \left(\frac{R}{P}\right)\overline{K} + \Pi_i$$

위의 식에서 등이윤선의 기울기는 실질임금 W/P이 되고 등이윤선의 절편은 이윤과 자본비용의 합이 된다. 만약, $\Pi_1 < \Pi_2$라면 다음과 같은 등이윤선이 도출된다.

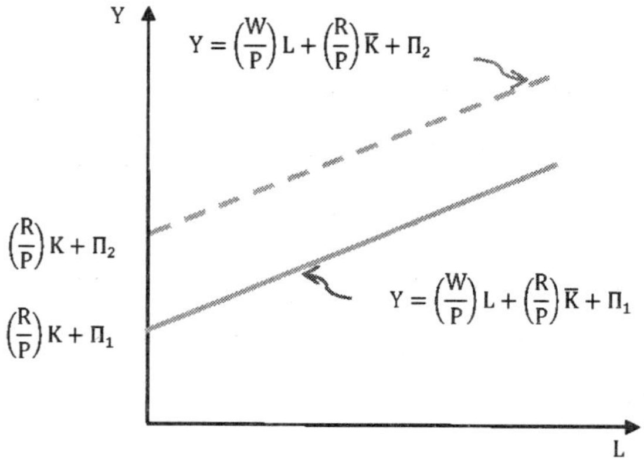

그림 5.4 등이윤선

이윤이 증가하면 등이윤선은 위로 이동한다. 또한, 자본비용이 감소하면 이윤이 늘어나므로 등이윤선이 위로 이동한다. 따라서 이윤극대화를 목표로 하는 기업은 가장 위쪽에 위치한 등이윤선을 선택하고자 하려고 할 것이다.

이제, 기업의 균형과 노동수요에 대해 알아보자. 시장제약은 등이윤선에 의해서 표시되고 기술제약은 생산함수에 의해 표시된다.

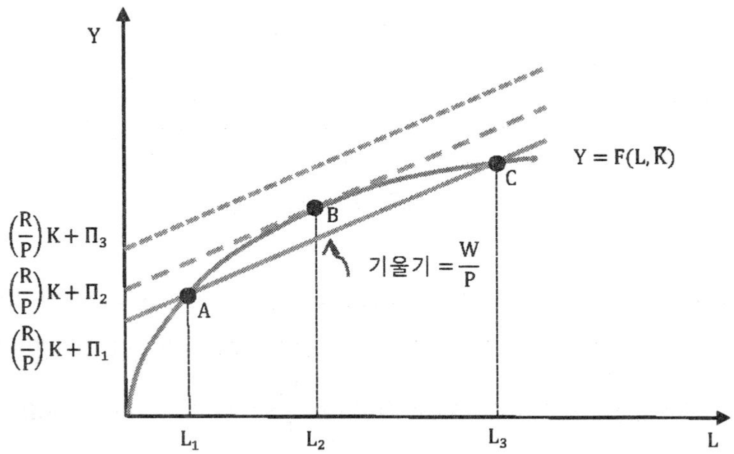

그림 5.5 기업의 균형

기업의 균형은 이윤을 극대화하는 생산가능점인 점B에서 결정된다. 이 때의 노동량은 L_2이고 이윤은 Π_2이다. 따라서 기업의 이윤극대화는 등이윤선의 기울기(실질임금)와 생산함수의 기울기(노동의 한계생산)가 같아야 하므로 다음이 성립한다.

$$\frac{W}{P} = MPL$$

노동을 한 단위 추가적으로 고용하는데 드는 비용인 실질임금(W/P)과 수익인 노동의 한계생(MPL)이 같아질 때 기업의 이윤이 극대화된다. 이 때 노동수요가 결정된다. 이를 이용하면 다음과 같은 노동수요곡선을 도출할 수 있다. 실질임금(W/P)이 증가하면 MPL이 증가해야 한다. 따라서 노동고용량 L은 감소해야 한다. 반대로 실질임금(W/P)이 감소하면 MPL이 감소해야 한다. 따라서 노동고용량 L은 증가해야 한다. 실질임금(W/P)와 노동고용량 L은 음(−)의 관계에 있게 된다. 즉, 이윤극대화하는 기업의 노동수요곡선은 앞에서 살펴본 노동의 한계생산곡선과 같다.

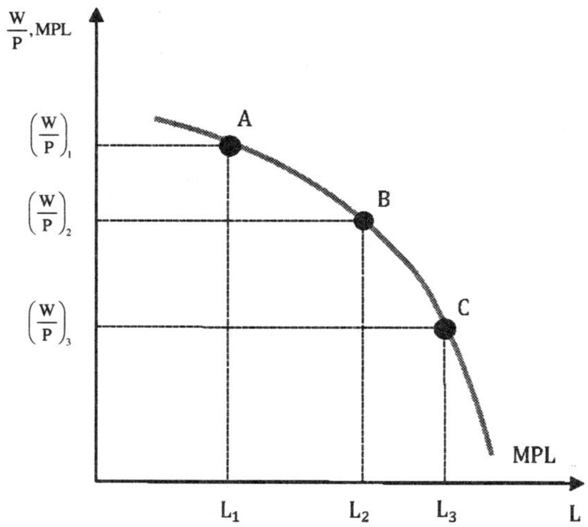

그림 5.6 노동수요곡선의 도출

노동수요곡선을 통해 임금, 물가, 자본량, 총요소생산성의 변화가 노동수요에 어떤 영향을 미치는지 알 수 있다. 또한, 노동수요곡선은 실질임금(W/P)과 노동량(L)의 평면뿐 아니라 명목임금(W)과 노동량(L)의 평면에도 나타낼 수 있다. $\frac{W}{P} = MPL$ 에서 $W = P \cdot MPL$ 이 된다.

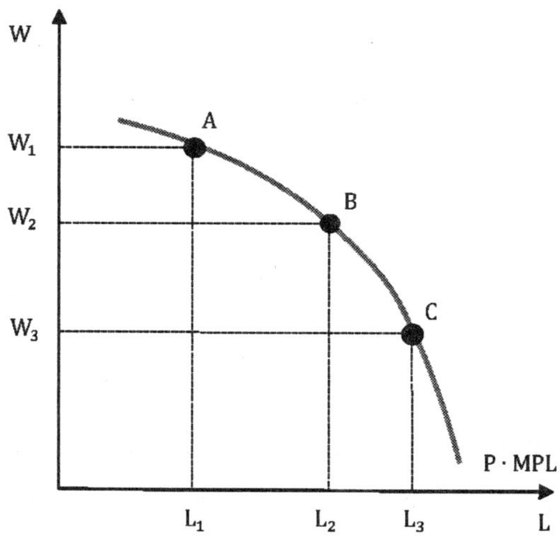

그림 5.7 명목임금(W)과 노동량(L)의 평면에 나타낸 노동수요곡선

명목임금의 변동에 따른 노동수요량의 변화와 물가수준의 변화에 따른 노동수요량의 변화를 알 수 있다. 실질임금(W/P), 노동량(L)의 평면에서 명목임금, 물가수준이 변화 시에 곡선상에

서 이동한다.

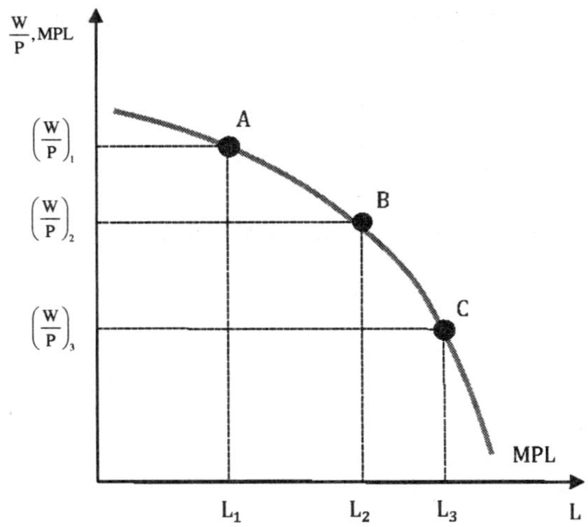

그림 5.8 실질임금(W/P), 노동량(L)의 평면에 나타낸 노동수요곡선

그러나 명목임금(W)과 노동량(L)의 평면에서는 물가수준이 변화 시 곡선 자체가 이동한다. W=P·MPL이므로 자본량 또는 총요소생산성이 증가하면 노동의 한계생산성이 증가한다. 노동의 한계생산성이 증가하면 노동수요곡선의 우측으로 이동한다.

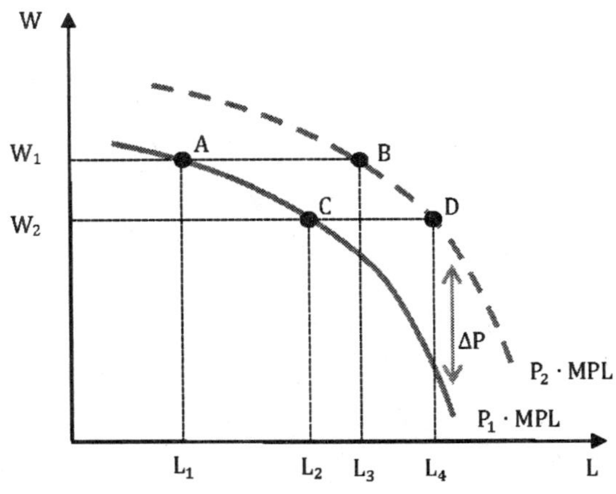

그림 5.9 명목임금(W), 노동량(L)의 평면에 나타낸 노동수요곡선의 이동

노동수요곡선에 이어 자본수요곡선에 대해 알아보자. 자본에 대한 수요곡선도 앞의 노동의 경우와 같은 방법으로 구할 수 있다. 자본의 한계생산(Marginal Productivity of Capital, MPK)와 자본의 실질 임대가격 R/P이 일치하는 수준에서 자본수요가 결정된다.

$$\frac{R}{P} = MPK$$

노동수요곡선과 마찬가지로 노동량 또는 총요소생산성이 증가하면 (자본량, 자본의 실질임대가격)의 평면에서 자본수요곡선이 우측으로 이동한다.

1.3 _ 가계의 노동공급

이제부터 소비자균형과 노동공급에 대해 알아보자. 노동수요는 기업의 이윤극대화로 도출되었던 것과 달리 노동의 공급은 노동자(가계)의 효용극대화로부터 도출된다. 대표적 경제주체 모형에서의 효용함수와 예산제약은 다음과 같다.

$$U = U(C, L), \quad s.t. \; C = \left(\frac{W}{P}\right)L + Y_N$$

여기서 C는 소비, Y_N은 비임금소득(non-labor income)이다.

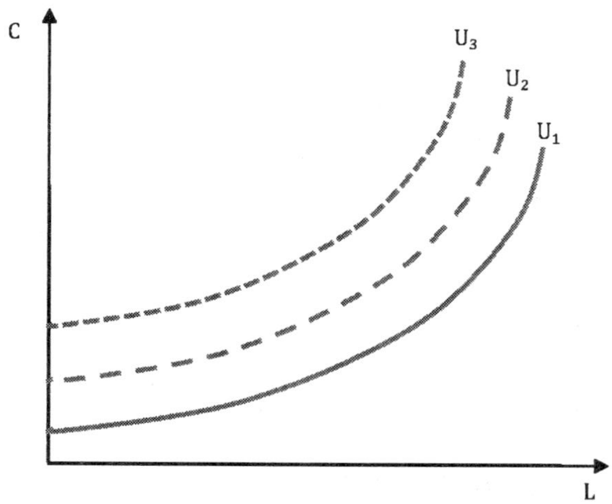

그림 5.10 가계의 효용함수

우상향하는 무차별곡선을 얻을 수 있다. 무차별곡선이 우상향하는 이유는 효용을 일정하게 유지하기 위해서는 노동이 증가하면 소비도 증가해야 하기 때문이다. 또한 무차별곡선은 아래로 볼록하다. 무차별곡선이 아래로 볼록한 이유는 소비와 여가의 한계대체율(MRS)이 체감하기 때문이다. 따라서 무차별곡선이 위쪽에 위치할수록 효용이 증가한다. 가계의 예산제약은 다음과 같다.

$$C = \left(\frac{W}{P}\right)L + Y_N$$

즉, 실질소비지출은 실질임금소득과 실질비임금소득의 합이어야 한다. (노동, 소비) 평면에서 기울기는 양(+)인 직선이 된다.

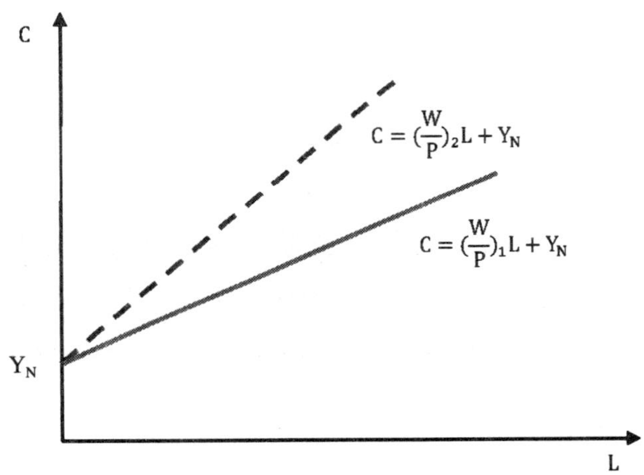

그림 5.11 가계의 예산제약

예산선의 절편은 비임금소득 Y_N이 되고 기울기는 실질임금 W/P이 된다. W/P 증가하면 예산선 위로 회전한다. 즉, W/P가 증가하면 같은 노동량에서 소득이 증가하므로 더 많은 소비가 가능하다. 가계의 균형은 다음과 같이 무차별곡선의 기울기와 예산선의 기울기 일치하는 지점이 될 것이다.

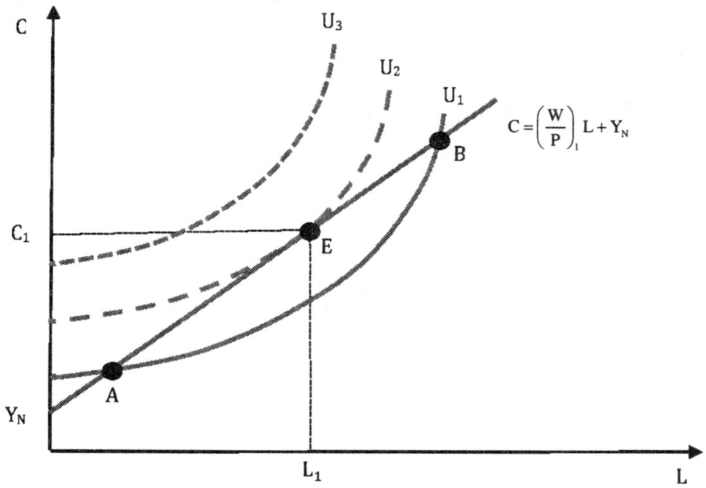

그림 5.12 가계의 균형과 노동공급

$$\left(\frac{W}{P}\right)_1 = MRS(L_1, C_1)$$

따라서 노동을 추가적으로 한 단위 증가 시켰을 때 증가하는 소비의 효용의 크기와 감소하는 여가의 효용(비효용)이 일치할 때 소비자균형이 달성된다. 특히, 노동공급은 실질임금의 함수이다. 즉, 명목임금이 상승하더라도 물가가 같은 비율로 상승하면 노동공급은 변화가 없다.

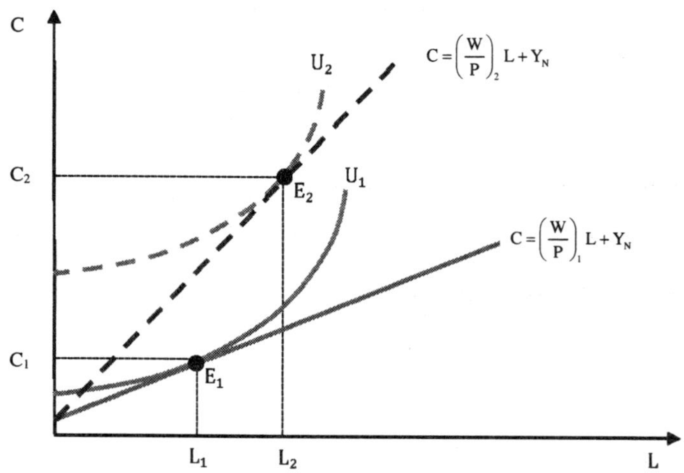

그림 5.13 노동공급곡선

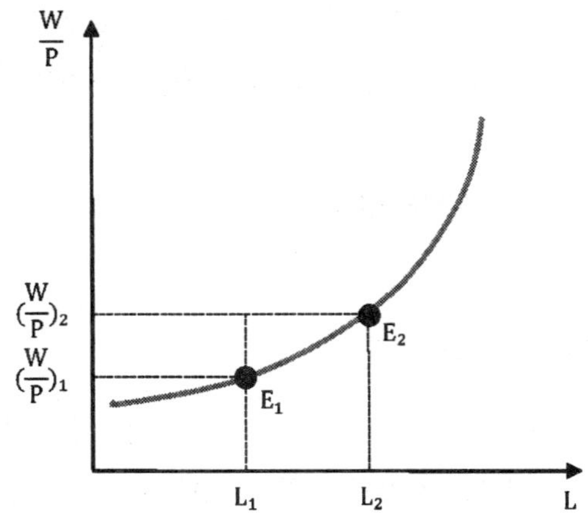

그림 5.13 노동공급곡선 (계속)

가계의 노동공급곡선은 다음과 같다.

$$\left(\frac{W}{P}\right) = MRS(L)$$

즉, 실질임금이 상승하면 노동이 한 단위 증가할 때, 증가하는 소비의 양이 증가한다. 따라서 소비 증가에 따라 효용이 증가한 만큼 노동의 비효용(노동량) 또한 증가하여야만 한다. 또한 실질임금이 상승할 때, 예산선은 위로 회전하고 새로운 균형점에서 노동량은 증가한다.

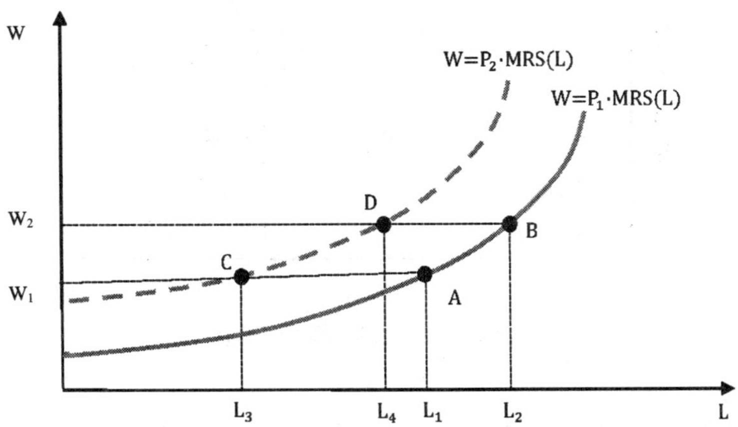

그림 5.14 명목임금(W)과 노동공급곡선

그러나 위의 그림에서는 노동공급이 A에서 B로 이동했을 때 명목임금의 상승 때문인지 물가수준의 하락 때문인지 구분할 수 없다. 따라서 평면을 명목임금(W), 노동량(L)으로 바꾸면 구분가능하다.

$$W = P \cdot MRS(L)$$

1.4 _ 노동시장의 균형과 자본시장의 균형

우리는 기업의 노동수요와 가계의 노동공급을 살펴보았다. 따라서 노동시장의 균형은 다음과 같다. 물가수준이 주어져 있을 때, 거시 노동시장의 균형은 경제 전체의 노동수요와 경제 전체의 노동공급이 교차하는 점E에서 결정된다.

$$W = P \cdot MRS(L) = P \cdot MPL$$

만약, 임금의 하방경직성이 없다면 노동의 초과수요와 초과공급은 신속히 균형점으로 수렴한다.

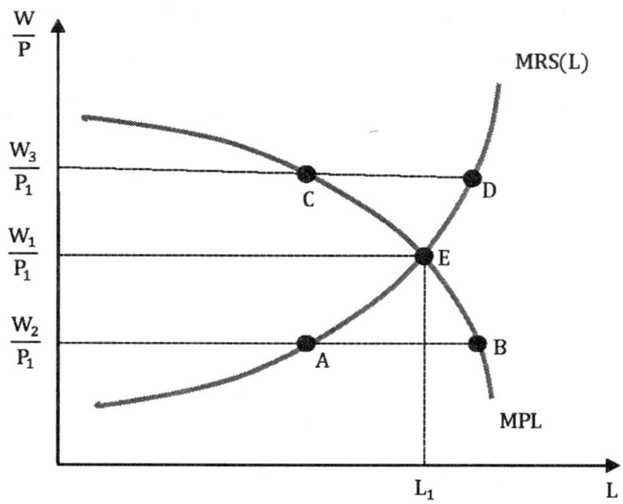

그림 5.15 노동시장의 균형

이제, 자본의 공급과 자본시장 균형에 대해 알아보자. 자본의 공급이 $\overline{K}$ 수준에서 일정하다고 가정하자. 단기에는 기존의 자본량에 새로이 추가되는 자본이 무시할 수 있을 만큼 작아서 자본공급이 일정하다고 가정할 수 있다. 그러나 장기의 경우 감가상각과 투자가 같으면 자본량은 변하지 않는다. 이러한 상태를 정상상태(Steady State, SS)라 한다. 자본공급이 $\overline{K}$ 로 일정하다면 자본시장에서의 균형 자본량은 $\overline{K}$ 이고 이때 실질 임대가격 R/P가 결정된다.

1.5 _ 장기 총공급곡선 도출

시장청산과 총공급곡선에 대해 알아보자. 이는 노동시장의 균형과 생산함수를 결합하면 총공급곡선을 구할 수 있다. 그림(a)에서 물가수준이 P_1일 때 명목임금 W_1, 노동량 $\overline{L}$ 이다. 그림(b)에서 노동량 $\overline{L}$ 를 생산함수에 대입하면 총 생산량 $\overline{Y}$ 가 산출된다. 이를 (총생산량, 물가) 평면에 나타내면 그림(d)와 같이 $(\overline{Y}, P_1)$ 이 된다.

만일 물가가 P_1에서 P_2로 상승한다고 하자. 그림(a)에서 물가수준이 P_2일 때 명목임금 W_2, 노동량 $\overline{L}$ 이다. 그림(b)에서 노동량 $\overline{L}$ 를 생산함수에 대입하면 총 생산량 $\overline{Y}$ 가 산출된다. 이를 (총생산량, 물가) 평면에 나타내면 그림(d)와 같이 $(\overline{Y}, P_2)$ 가 된다. $\overline{Y}$ 에서 수직으로 나타나는 총공급곡선이 도출되는데 다음과 같이 살펴보자. 명목임금의 상승($W_1 \rightarrow W_2$)은 물가 상승폭($P_1 \rightarrow P_2$)과 일치한다. 또한, 물가수준이 변해도 노동량은 $\overline{L}$ 로 일정하다. 따라서 총생산량은 $\overline{Y}$ 로 일정하다. 따라서 (총생산량, 물가) 평면에서 $\overline{Y}$ 로 수직인 총공급곡선 Y^S를 얻을 수 있다. 요약하면, 물가수준이 상승하면 그림(a)에서 노동수요와 공급곡선이 같은 크기만큼 위로 이동한다. 따라서 명목임금이 물가상승 폭만큼 상승한다. 그런데 노동 고용량은 불변이고 산출량도 불변이다. 이와 같은 관계를 그림(d)의 산출량(Y), 물가수준(P)의 평면에 옮기면 수직인 총공급곡선이 나타난다.

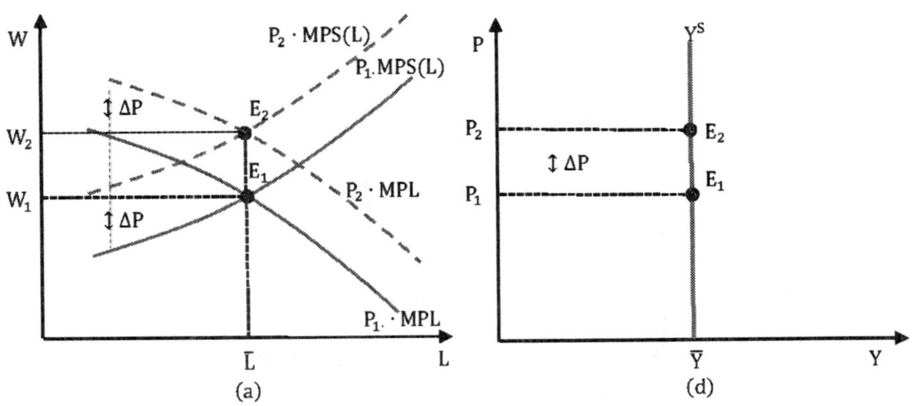

그림 5.16 시장청산과 총공급곡선

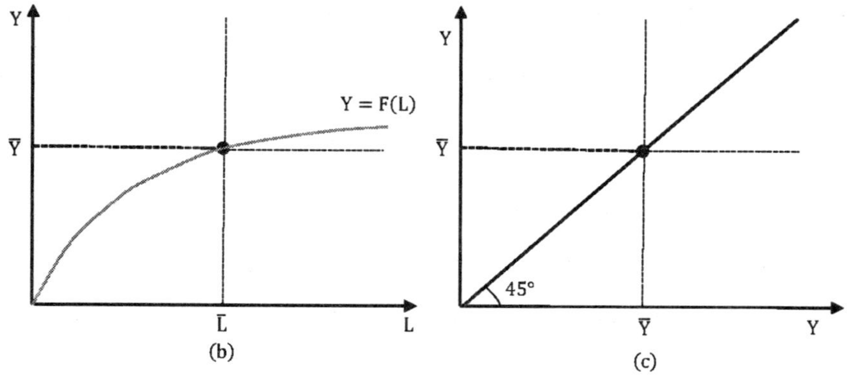

그림 5.16　시장청산과 총공급곡선 (계속)

이러한 시장청산이 일어날 때의 총공급곡선을 고전학파의 총공급곡선이라 하기도 한다. 장기(고전학파) 총공급곡선은 다음과 같은 특징을 갖는다. 첫째, 물가가 상승해도 총공급량은 불변이다. 둘째, 물가가 상승하면 같은 폭으로 명목임금이 상승해서 실질임금은 변화 없다. 셋째, 노동시장에서의 균형노동량은 일정하다. 이 때의 균형노동량을 완전고용 수준 노동량이라 하고 산출량을 완전고용산출량이라고 한다.

1.6 _ 장기 총공급곡선의 이동

시장청산이 일어날 때, 총공급곡선은 여러 가지 요인에 의해 이동한다. 장기적인 성장, 자연재해와 인공재해, 일시적인 노동생산성의 변화, 일시적인 선호의 변화, 원자재 가격의 변화, 위험의 증가 등이 있을 수 있다. 먼저, 장기적인 성장인 기술진보 경우의 총공급곡선의 이동은 다음과 같다.

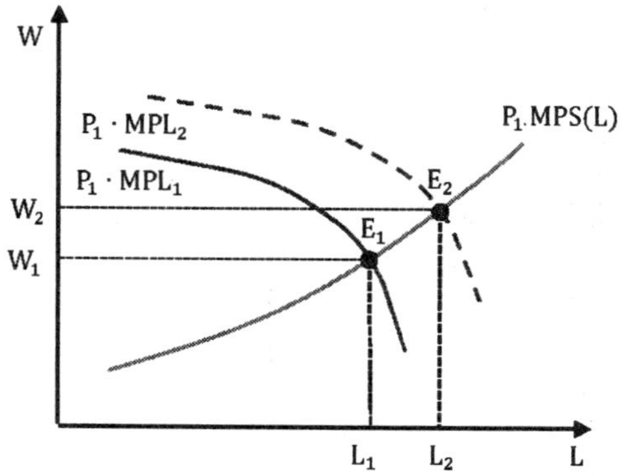

그림 5.17　장기성장의 총공급곡선의 이동

자본량이 증가하고 기술이 진보하면 노동수요곡선은 우측으로 이동한다. 따라서 총공급곡선도 우측으로 이동한다. 이렇게 자본량이 증가하거나 기술진보로 인한 경제성장은 항구적이므로 총공급곡선의 이동은 장기적이고 항구적이다.

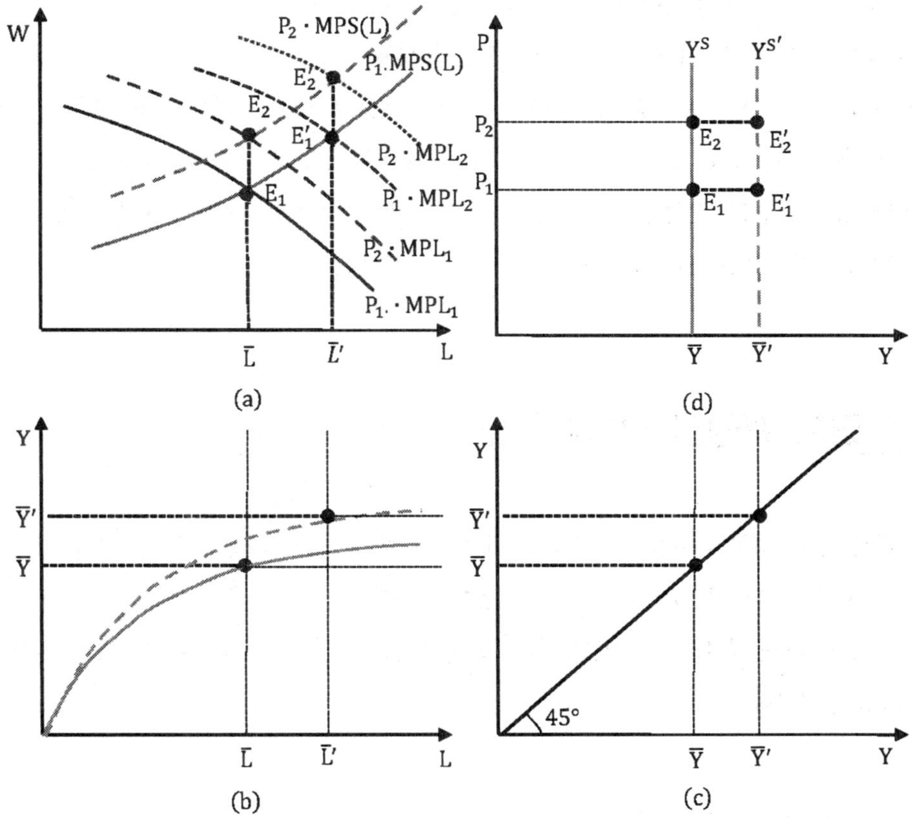

그림 5.18 기술진보와 총공급곡선의 이동

자연재해와 인공재해의 경우, 생산능력이 잠식당해 생산함수가 아래로 이동한다. 따라서 노동수요와 총공급곡선이 좌측으로 이동한다. 재해는 일시적이므로 생산시설이 복구되면 총공급곡선도 원래의 수준으로 복귀한다. 일시적 노동생산성의 변화(기술충격)는 다음과 같다. 노동 생산성과 같은 생산요소의 생산성을 변화시키는 충격을 기술충격(technology shocks)이라 한다. 기술충격에 의해 노동 생산성이 증가하면 노동수요와 총공급곡선이 우측이동 한다. 이런 생산성 증가는 일시적이므로 곧 노동수요와 총공급곡선은 원래의 상태로 복귀한다. 이런 과정에서의 균형 변화로 경기변동을 설명하는 이론을 실물경기 변동 이론(Real Business

Cycle theory, RBC)이라 한다.

일시적인 선호의 변화(선호충격)는 다음과 같다. 여가나 소비의 한계효용에 주어지는 충격을 선호충격(preference shocks)이라 한다. 한계효용이 일시적으로 변했다가 원래 수준으로 돌아오면 노동의 공급곡선과 총공급곡선도 이동했다가 원래 수준으로 복귀한다. 실물경기변동 이론에서는 선호충격을 경기변동의 중요한 원인으로 본다.

원자재 가격의 변화에 따르면 생산에 필요한 원자재 가격이 상승하면 마치 노동의 한계생산이 감소하는 것과 같은 효과를 보인다. 따라서 총공급곡선이 좌측으로 이동 했다가 원자재 가격이 원래 수준으로 돌아오면 총공급곡선도 원래의 수준으로 복귀한다.

마지막으로 위험의 불확실성이 증가하면 기업은 생산량을 줄이고 재고를 감소시키는 조심스런 행동을 한다. 이는 총공급곡선을 좌측으로 이동시킨다.

2. 단기 총공급곡선의 도출

여기에서 가격경직성의 원인과 가격경직성이 존재할 때 총공급곡선에 대해 알아본다. 가격경직성의 원인과 가격경직성과 총공급곡선의 관계에 대해 알아본다. 또한, 가격 경직성이 있는 경우의 총공급곡선의 이동과 가격경직성과 선형 총공급곡선의 관계 및 가격경직성과 실질임금에 대해 알아본다.

2.1 _ 가격경직성과 요인

새케인즈 학파가 명목임금의 경직성보다 재화가격 경직성을 강조한 이유는 다음과 같다. 명목임금 경직성이 있는 경우, 실질임금은 경기역행적이며 이는 실제데이터(명목임금은 경기순행적)와 일치하지 않는다. 또한 실제 경제에서 임금은 노동시장에서 시장청산을 이루는 가격이라고 보기 어렵다(예: 연공서열에 따른 임금). 따라서 가격 경직성을 모형에 도입하기 위해서는 완전경쟁의 가정(가격 수취자)을 버려야 한다. 즉, 기업이 어느 정도의 독점력을 갖고 가격을 결정하며 적어도 단기적으로는 가격을 경직적으로 유지한다는 것이다.

가격 결정자의 위치에서 기업은 다음과 같은 요인 때문에 가격을 경직적으로 유지한다. 독점적 경쟁, 메뉴비용, 정보의 불완전성과 위험, 고객시장, 굴절수요곡선 등이다.

재화의 표준화가 잘 이루어져 있고 다수의 시장참여자가 존재하는 경우 완전경쟁시장이 나타난다. 이 경우, 시장참여자는 가격수취자(price taker)로 행동한다. 그러나 재화의 표준화가 미흡하거나 시장참여자(기업)의 수가 적은 경우 시장참여자(기업)는 가격 결정자(price maker)로서 행동한다. 특히, 재화의 표준화가 미흡한 경우 제품의 차별화(product differentiation)가 이루어지며 공급자들은 시장 지배력을 갖게 된다. 이러한 시장구조를 독점적 경쟁(monopolistic competition)이라고 한다.

실제 시장은 완전경쟁적 시장과 독점적 경쟁 시장이 혼합되어있다. 대부분의 시장이 독점적 경쟁시장이라는 것이 새케인즈 학파의 주장이다. 독점적 경쟁 시장은 다음과 같은 특징을 갖는다. 재화의 가격이 시장의 수요와 공급에 의해 결정되지 않고 생산자에 의해 결정된다. 재화의 생산자는 수요가 크게 변화하지 않는 한 가격은 일정하게 유지하고 공급량의 변화로 수요를 충족시킨다. 재화의 생산자는 수요가 크게 변화하면 공급하는 재화의 가격을 변화시켜 대응한다. 즉, 독점적 경쟁 시장의 경우 재화 가격의 경직성이 나타난다.

메뉴비용이 가격경직성에 미치는 영향은 다음과 같다. 기업이 제품의 가격을 변경시키면 고객들에게 알리기 위해 광고하거나 새로이 메뉴를 인쇄하는 비용을 부담해야 한다. 메뉴비용(menu cost)의 존재 시, 가격 경직성이 나타나게 된다. 시장이 독점적 경쟁일 경우, 작은 메뉴비용일지라도 심한 가격 경직성을 유발할 수 있다. 시장이 독점적 경쟁의 경우, 수요량이 재화의 가격 변화에 보다 덜 민감하기 때문에 기업은 메뉴비용으로 인해 가격을 변화시키지 않을 유인이 생긴다. 이럴 경우, 가격변화의 비용과 편익을 비교하여야 하는데 가격변화에 따른 이윤 증가가 메뉴비용보다 크다면 가격을 변화시킨다. 그러나 가격변화에 따른 이윤 증가가 메뉴비용보다 작다면 가격을 변화시키지 않는다.

정보의 불완전성과 위험이 가격에 미치는 영향은 다음과 같다. 경기가 침체되어 수요가 줄어든다면 기업은 가격을 낮추거나 산출량을 줄여야 한다. 이때 불완전한 정보 하에서 생산자의 결정이 적절치 못할 가능성이 높다. 이런 상황에서 기업은 가격을 변화시키는데에 따른 위험이 산출량의 변화에 따른 위험보다 더 크다는 점을 인식하고 있다. 가격을 변화시킬 때의 위험부담이 더 크므로 기업은 수요의 변화가 있을 때, 가격변화보다는 산출량의 변화로 대응하게 된다. 다시 말해 가격경직성이 나타난다. .

고객시장에서는 가격경직성이 일어날 수 있다. 미국의 경제학자 오쿤(A. Okun)은 시장을 경매시장과 고객시장의 두 가지로 분류했다. 경매시장(auction market)에서는 수요자와 공급자가 시장지배력 없이 가격 수취자로 행동하므로 완전경쟁시장의 다른 이름이라고 할 수 있다. 그러나 고객시장(customer market)에서는 판매자와 구매자 사이에 장기적인 단골관계가 성립하여 반복적인 상거래가 일어난다. 이 경우 기업은 가격을 일정하게 유지하여 고객의 탐색비용(search cost)을 줄여주고 그 대가로 고객은 장기적인 구매자로 남는다. 따라서 고객시장에서는 재화 가격의 경직성이 존재할 수 있다.

굴절수요곡선에 의한 가격경직성은 다음과 같다. 불완전경쟁의 경우, 기업이 직면하는 수요곡선이 굴절수요곡선으로 나타날 수 있다. 이때 가격경직성이 나타난다. 수요곡선이 굴절되는 이유는 크게 두 가지로 나눌 수 있다. 첫째, 가격을 인상하는 경우와 가격을 인하하는 경우에 고객들의 반응이 다른 경우이다. 즉, 가격인상 시 고객은 즉시 더 낮은 가격의 제품을 탐색한다. 반면 가격인하 시, 광고비용 등으로 많은 고객을 유인하기 힘들다. 둘째, 가격을 인상하는 경우와 가격을 인하하는 경우에 경쟁기업의 반응이 다르다. 가격 인상 시, 경쟁기업의 가격이 그대로 유지되면 많은 고객을 잃지만 가격 인하 시 경쟁기업이 가격을 따라서 내린다면 다수의 고객을 유인할 수 없다.

불완전경쟁 시, 기업의 생산량은 MR=MC인 Q_0에서 결정되며, 점Q_0와 대응하는 수요곡선 상에서 가격 P_0가 결정된다. 굴절수요에 의해 MR곡선이 <그림 5.19>와 같은 형태로 나타나고 점A와 점B사이에 MC곡선이 놓일 경우, 생산량과 가격은 변하지 않는다. 즉, 굴절수요가 나타날 때 가격 경직성이 나타난다.

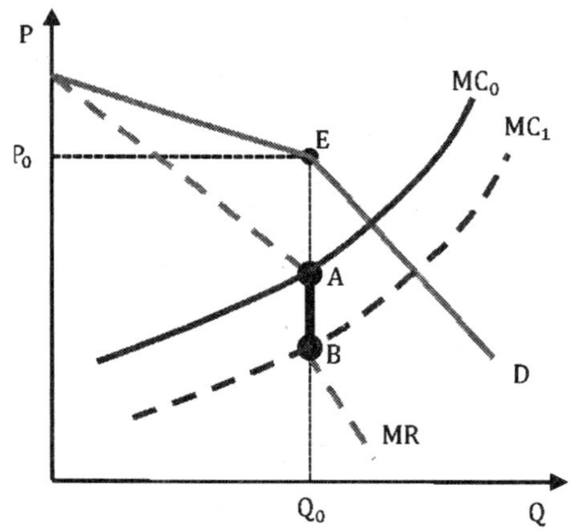

그림 5.19 굴절수요곡선

2.2 _ 완전한 가격경직성과 총공급곡선

한 경제에 완전한 가격 경직성이 존재하는 경우, 총공급곡선은 수평으로 나타난다. 이 경제의 가격(물가수준)은 $\overline{P}$로 일정하게 주어져 있다고 하자. 일정한 물가수준 $\overline{P}$에서 기업은 시장에서 수요되는 만큼의 재화를 공급한다. 또한, 기업의 공급량은 이윤극대화에 의해 결정되는 것이 아니라 시장수요에 의해 결정된다. 따라서 기업은 단기적인 시장상황의 변화에 가격보다 공급량의 조정으로 대응한다. 여기서 임금은 가변적이며 경직적이지 않다.

그림(d)에서 기업이 공급해야 하는 재화의 양이 Y_1이면, 공급량은 시장에서의 수요량에 의해 결정된다. 그림(b)에서 노동고용량은 생산함수에 의해 L_1으로 결정된다. 따라서 노동수요곡선은 총생산함수라 할 수 있다. 이 때, 그림(a)에서 임금수준은 노동공급곡선 위의 점 E_1에서 결정된다. 그림(d)에서 기업이 공급해야 하는 재화의 양이 Y_2이면, 공급량은 다시 시장에서의 수요량에 의해 결정된다. 그림(b)에서 노동 고용량은 생산함수에 의해 L_2로 결정된다. 이 때 그림(a)에서 임금수준은 노동공급곡선 위의 점 E_2에서 결정된다. $\overline{P}$에서 노동시장의 시장청산이 일어나는 산출량은 $\overline{Y}$ 하나뿐이다. 이 경우에는 노동시장의 수요와 공급이 일치하므로 다음이 성립한다.

$$\overline{P} \cdot MPL = \overline{P} \cdot MRS(L)$$

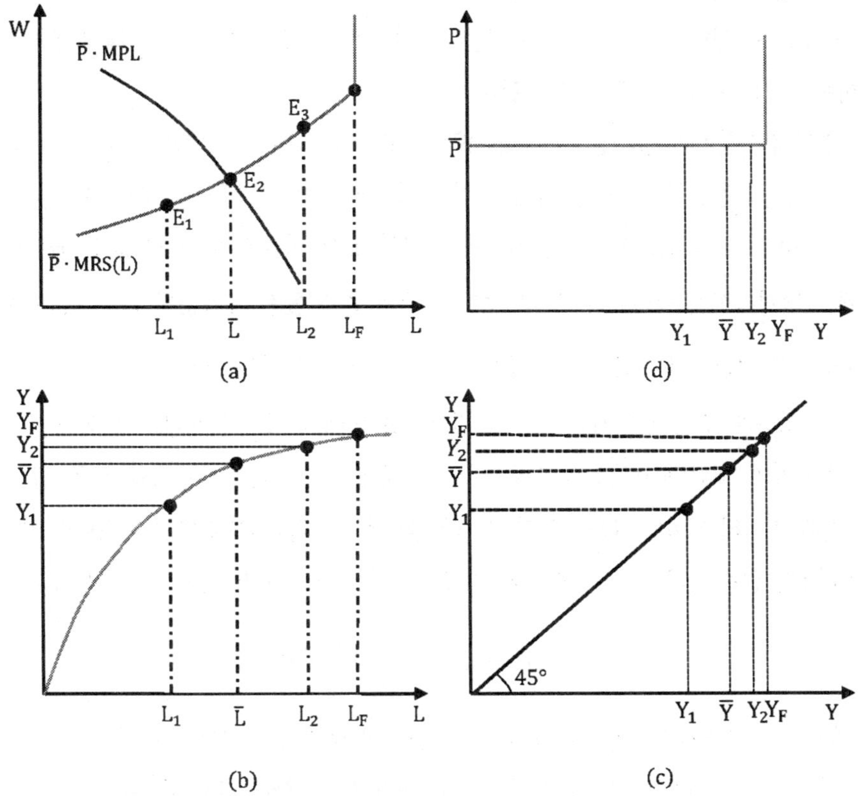

그림 5.20 완전한 가격경직성과 총공급곡선

따라서 재화의 가격이 완전히 경직적인 경우 다음과 같은 사실이 성립한다. 첫째, 총공급곡선은 수평이다. 둘째, 산출량은 총수요의 크기에 의해 결정된다. 여기서 산출량이 이윤극대화에 의해 결정되는 것이 아님에 주의하여야 한다. 셋째, 노동 고용량은 총수요를 충족 시킬 수 있는 수준에서 결정되며 생산함수를 이용해 구할 수 있다. 넷째, 임금은 노동 고용량이 결정되면 노동 공급곡선 위에서 수동적으로 결정된다. 다섯째, 총수요와 총공급에 불균형이 생기면 가격이 아니라 수량이 조정된다.

2.3 _ 부분적인 가격경직성과 총공급곡선

완전한 물가경직성이 나타나는 경우는 비현실적이다. 현실에서는 부분적인 물가경직성이 나타난다. 경제 내에 물가경직성이 나타나지 않고 신축적인 산업과 물가경직성이 존재하는 산업이 혼재해 있을 경우, 부분적인 물가경직성이 나타나게 된다. 이 경우, 물가상승 시 가격이 신축적인 산업에서의 공급곡선과 가격이 경직적인 산업에서의 공급곡선을 각각의 산업 내에서 분석한 후, 수평 합을 통해 전체 물가와 산출량 평면에서 부분적인 물가경직성이 존재할 때의 총공급곡선을 도출할 수 있다. 각 산업에서의 공급곡선과 각 산업을 합한 경제 전체의 총공급곡선은 의미하는 바가 다르므로 주의해야 한다.

한 경제에 부분적인 물가경직성이 존재할 때 총공급곡선은 우상향한다. 물가가 부분적으로 경직적인 경우, 총공급곡선을 도출하기 위해 다음과 같이 가정하자. 첫째, 한 경제안에 두 산업이 존재하며, A재를 생산하는 산업에는 가격경직성이 나타나지 않고, B재를 생산하는 산업에 가격경직성이 나타난다. 둘째, 경제 전체의 총 노동량 L_F가운데 L_F^A만큼은 A산업에, L_F^B만큼은 B산업에 속해있으며 산업간 노동의 이동이 불가능하다. 셋째, B산업에서 현재 가격이 일정하게 주어져 있지만 기대가 변화하면 미래의 가격은 현재보다 높아질 수 있다. 넷째, A산업의 재화와 B산업의 재화는 완전 대체재가 아니며 두 재화 모두 필수적이다.

첫 번째 가정의 의미는 다음과 같다. 두 산업의 가격을 각각 P^A와 P^B로 나타내면 가격경직성의 존재하지 않는 산업의 상대적 가중치를 부여한 평균 물가수준은 다음과 같다.

$$P = sP^A + (1-s)P^B,\ 0 < s < 1$$

여기서 s는 가격경직성이 존재하지 않는 산업의 상대적 크기를 나타낸다. 가격경직성이 존재하지 않는 A산업의 가격은 수요와 공급에 의한 시장청산에 의해 결정된다. 가격이 경직적인 B산업의 가격은 여러가지 방법으로 결정될 수 있는데 여기서는 한 기간 전에 다음과 같이 결정된다.

$P^B = P^e$인데 P^e는 이 경제의 현재 물가수준 P에 대한 한 기간 전의 기대값이다. 이렇게 가정한 기대 물가수준과 실제물가수준이 같다면 다음과 같은 관계가 성립한다. $P = P^A = P^B = P^e$이 되는데 B산업의 기업들이 물가수준을 완전히 예측한 $P = P^e$이므로 두 산업의 물가는 전체 경제의 물가수준과 같다. 기대 물가수준이 실제물가수준과 같은 경우를 우리는 완전예측(perfect foresight)이라고 하는데, 이 경우 시장청산이 일어난다. 두 산업의 산출량은 완전고용 산출량인 $\overline{Y}^A$와 $\overline{Y}^B$로 결정된다. 그러나 어떤 이유때문이든지 물가 예측이 불완전하다면 두 산업의 상대가격이 변화하고 시장청산이 일어나지 않는다.

두 번째 가정은 두 산업 사이에 노동의 이동 가능성이 존재하지 않는다는 점이다. 이는 설명의 편의를 위한 가정이며 두 산업에 속해 있는 총 노동량의 합은 경제 전체의 이용 가능한 총 노동량과 같다. 세 번째 가정은 B재화의 가격은 한 번 책정되면 단기에 그대로 유지된다는 것이다. 그러나 미래에 기대물가가 조정되면 경직적인 가격을 변경한다. 네 번째 가정은 두 재화가 함께 사용(생산)된다는 것이다.

가격경직성이 존재하지 않는 A산업이 있다고 하자. 이 때의 공급곡선은 앞에서 본 시장청산 하에서의 공급곡선과 같이 수직이 된다. 가격경직성이 존재하는 B산업의 경우, 수평의 공급곡선이 나타난다. <그림 5.21>에서 수평의 공급곡선이 나타나는 이유는 경직적인 가격 하에 시장수요만큼의 공급이 이뤄지기 때문이다. <그림 5.21> (a)는 B산업의 공급곡선이 B산업의 산출량과 B재화의 가격 P^B의 평면에 그려져 있고, (b)는 B산업의 공급곡선이 B산업의 산출량과 경제전체의 물가수준 P의 평면에 그려져 있다. 여기서 공급곡선이 (a)에서는 수평으로 나타나 있으나 (b)에서는 우상향하는 곡선으로 나타나 있다. (a)에서 B산업의 공급곡선이 수평으로 나타나는 것은 앞에서 살펴본 경제전체의 물가수준이 경직적인 경우처럼 B산업의 가격이 기대물가 수준 $P^B = P^e$에서 경직적이라고 가정하기 때문이다. (b)에서 B산업의 산출량 Y^B와 경제전체의 평균적인 물가주순 P의 평면에 도시하면 왜 우상향하는 기울기를 가질까? (a)에서 공급곡선이 수평인 이유는 주어진 가격 P^e에서 시장에서 사람들이 구매하고자 하는 B재화의 양만큼 생산자가 공급하기 때문이다. 즉, 주어진 가격 P^e에서 생산자가 공급하는 양은 생산자가 정하는 것이 아니라 시장에서의 수요량에 의해 결정된다.

그런데 이 경우처럼 2개 산업이 존재하는 경제에서는 B재화에 대한 수요가 A재화의 가격 P^A와 B재화의 경직적인 가격 $P^B = P^e$의 상대적인 크기에 의해 결정된다. 그리고 두 재화의 가격차이는 $P^A - P^B = P^A - P^e = \frac{1}{s}(P - P^e)$에 의해 구할 수 있다. 따라서 A재화의 가격이 상승하면 경제의 평균적인 물가수준 P가 P_1에서 P_2로 상승한다. 다시 말해 A재화의 가격이 상승하여 경제의 평균적인 물가수준이 상승하면 상대적으로 B재화가 싸지기 때문에 B재화에 대한 수요가 증가한다. 이러한 한 기간 안에 이루어지는 상대가격의 변화에 따른 수요량의 변화를 기간 내 대체효과(intratemporal substitution effect)라 한다.

한편, 현재의 물가수준이 상승하면 이를 인식한 B산업의 생산자는 기대물가수준을 상향조정하여 미래의 B재화 가격을 현재보다 높게 설정한다. 즉, 경제전체 물가수준의 상승이 B재화의 미래가격을 현재가격보다 높게 설정하게 만들므로 B재화의 사용자들이 미래보다는 현재에 B재화를 더 많이 구매하게 한다. 이러한 효과를 기간 간 대체효과(intertemporal substitution effect)라 한다.

이와 같이 현재의 물가수준이 상승하면 기간 내 대체효과와 기간 간 대체효과를 통해 B산업의 기업들은 수요가 증가하면 공급을 증가시켜 수요를 충족시키므로 B재화에 대한 수요가 증가하고 산업의 공급량은 증가한다. 이를 B산업의 산출량과 경제의 평균적인 물가수준 P를 평면에 놓으면 우상향하는 산업의 공급곡선을 얻을 수 있다.

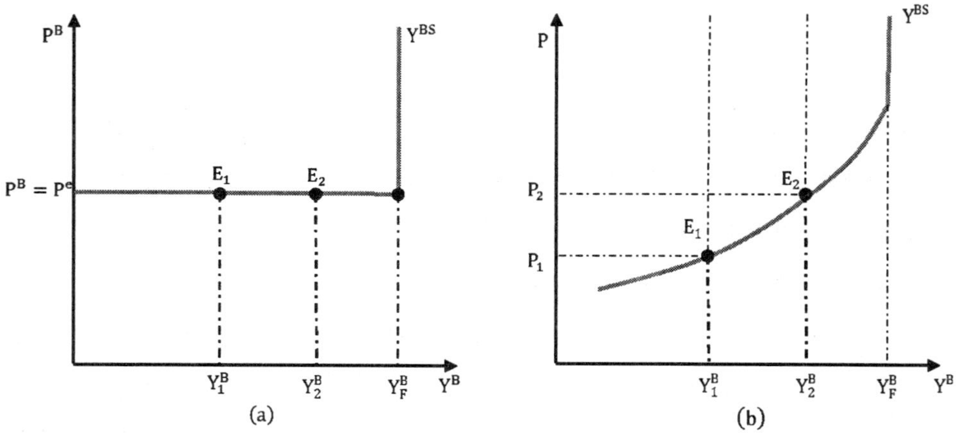

그림 5.21 가격경직성이 존재하는 B산업의 공급곡선

지금까지 가격경직성이 존재하는 산업과 그렇지 않은 산업의 공급곡선을 따로 구해보았다. 이제 두 산업에서의 공급곡선을 합하여 경제의 총공급곡선을 구할 수 있다. 두 산업의 상대적인 크기를 나타내는 s를 이용해 가중평균한 총산출량은 다음과 같다.

$$Y^S = sY^{AS} + (1-s)Y^{BS}$$

이를 이용하면 아래 (a)와 (b)를 수평합하면 우상향하는 공급곡선을 얻을 수 있다.

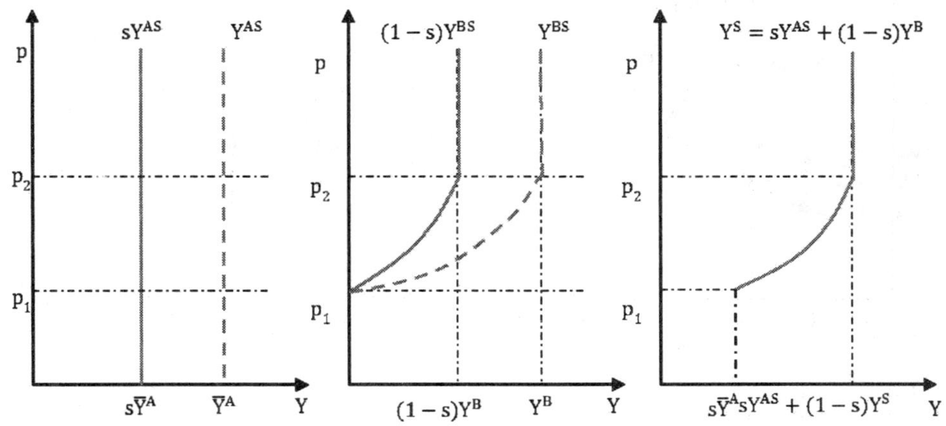

그림 5.22 부분 가격경직성이 있는 경우의 총공급곡선

따라서 가격이 신축적인 산업 A에서 수직으로 나타나는 공급곡선과 가격 경직적인 산업 B에서 우상향하는 곡선으로 나타나는 공급곡선을 가중평균하면 우상향하는 총공급곡선을 구할 수 있다.

2.4 _ 가격경직성과 총공급곡선의 이동

가격이 경직적으로 고정되어있다고 가정한 B산업의 가격이 상승 또는 하락한다면 총공급곡선은 이동하게 된다. 앞에서 시장청산이 일어나는 경우, 총공급곡선을 이동시키는 요인에 대해 알아본 바와 다르다. 완전한 가격경직성이 존재하는 경우의 총공급곡선의 이동과 부분적인 가격경직성이 존재하는 경우의 총공급곡선의 이동에 대해 알아보도록 하자.

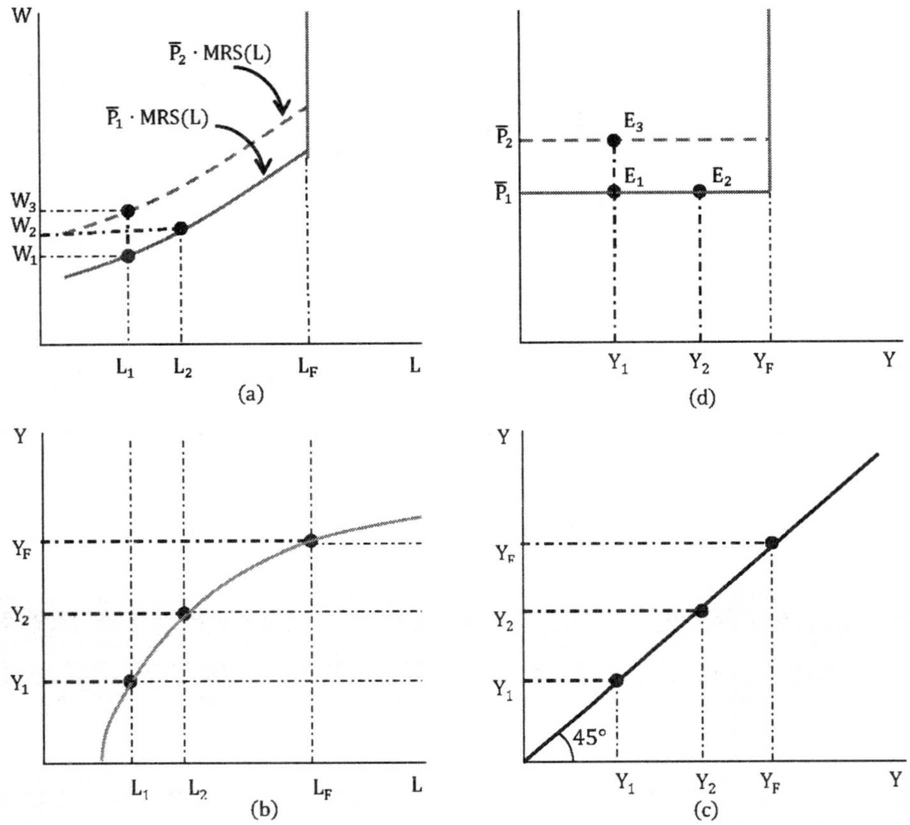

그림 5.23 완전한 가격경직성이 있는 경우의 총공급곡선의 이동

완전한 가격경직성이 있는 경우, 총공급곡선의 이동은 다음과 같다. 경직적인 물가수준이 상승하면 총공급곡선은 (d)에서 보는 바와 같이 위로 평행이동하고 노동공급곡선 또한 (a)에서 보는 바와 같이 위로 이동한다. 경직적인 물가수준의 상승은 실질임금에 영향을 미치지 못함을 확인할 수 있다. 왜냐하면 명목임금의 상승폭과 물가수준의 상승 폭이 같기 때문이다. 총공급곡선을 따라 산출량이 증가하면 실질임금이 증가하지만 경직적인 물가수준의 상향조정이 일어나는 경우 실질임금에 변화가 없음을 주의해야 한다.

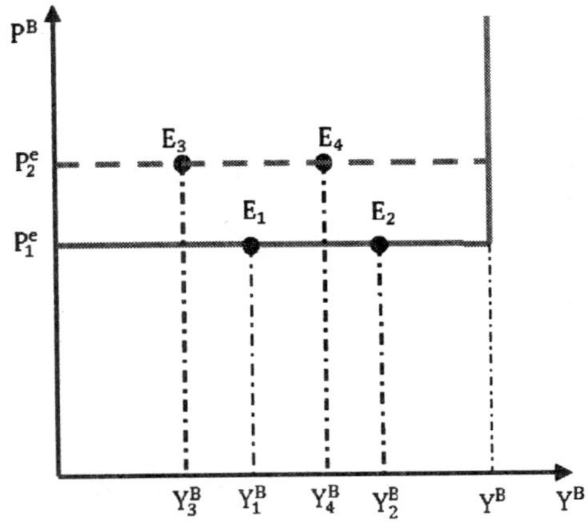

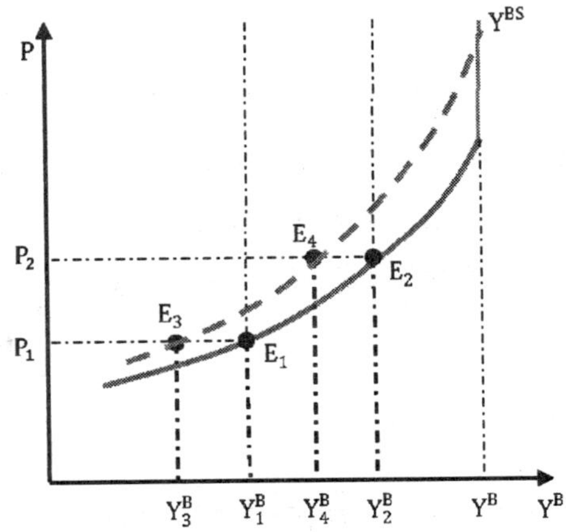

그림 5.24 부분 가격경직성과 총공급곡선의 이동

부분 가격경직성이 있는 경우, 총공급곡선의 이동은 다음과 같다. 경직적인 가격의 인상 시 B산업의 공급곡선이 위로 이동함을 살펴보자. 경직적인 B재화의 가격이 상승하면 기간 간 대체효과와 기간 내 대체효과로 인해 B재화의 수요가 줄어 공급이 줄어든다. B재화의 가격이 P_1^e 에서 P_2^e 로 상승하면 B재화의 공급량은 Y_1^B 에서 Y_2^B 로 상승하게 된다. 따라서 B재화의 공급곡선은 Y_1^{BS} 에서 Y_2^{BS} 로 이동하게 된다.

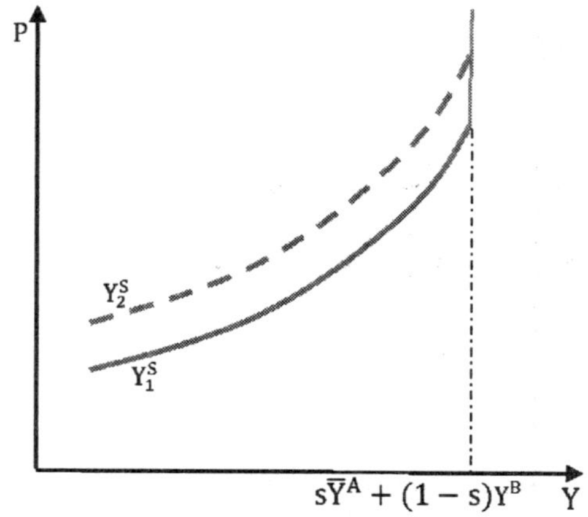

그림 5.25 가격경직성과 총공급곡선의 이동

가격이 부분적으로 경직적인 경우의 총공급곡선의 이동을 살펴보자. 가격이 경직적인 B재화의 가격이 인상되었을 때, 가격 신축적인 A산업에서의 공급곡선은 완전고용수준에서 변함없고, 가격 경직적인 B산업의 경우 공급곡선이 위로 이동한다. 따라서 가격이 경직적인 B산업에서의 재화가격이 상승하면 전체 총공급곡선은 위로 이동한다.

2.6 _ 가격경직성과 선형 총공급곡선

부분적인 가격경직성이 존재하는 경우의 총공급곡선을 다음과 같이 수식을 이용하여 나타낼 수 있다. B산업의 총공급함수는 다음과 같다.

$$Y^{BS} = \mathcal{S}\left(\overline{Y}^B, \frac{P}{P^e}\right) = \overline{Y}^B + S\left(\frac{P}{P^e}\right)$$

여기서 $\mathcal{S}(\cdot)$ 는 공급함수이고, $\overline{Y}^B$ 는 완전고용수준에서의 생산량, $P=P^e$이면 $Y^{BS} = \overline{Y}^B$ 이다. 따라서 총공급함수는 다음과 같다.

$$\begin{aligned} Y^S &= s\overline{Y}^A + (1-s)\left\{\overline{Y}^B + S\left(\frac{P}{P^e}\right)\right\} = s\overline{Y}^A + (1-S)\overline{Y}^B + (1-S)S\left(\frac{P}{P^e}\right) \\ &= \overline{Y} + (1-s)S\left(\frac{P}{P^e}\right) \end{aligned}$$

위 식을 선형으로 근사시키면 다음과 같다

$$Y^S = \overline{Y} + (1-s)\beta(P - P^e)$$

s=1이면 경직적인 산업이 존재하지 않기 때문에 총공급곡선이 완전고용수준에서 수직인 형태로 나타난다. 0<s<1이면 경직적인 산업이 존재하여 총공급곡선이 우상향 하는 형태로 나타난다. s=0이면 경직적인 산업만 존재하기 때문에 총공급곡선이 경직적 가격에서 수평의 형태로 나타난다. 위 식을 물가에 관하여 풀면 (Y,P)평면에서의 총공급함수를 다음과 같이 구할 수 있다.

$$P = \left(P^e - \frac{1}{(1-S)\beta}\overline{Y}\right) + \frac{1}{(1-S)\beta}Y = \left(P^e - \frac{1}{\alpha}\overline{Y}\right) + \frac{1}{\alpha}Y$$

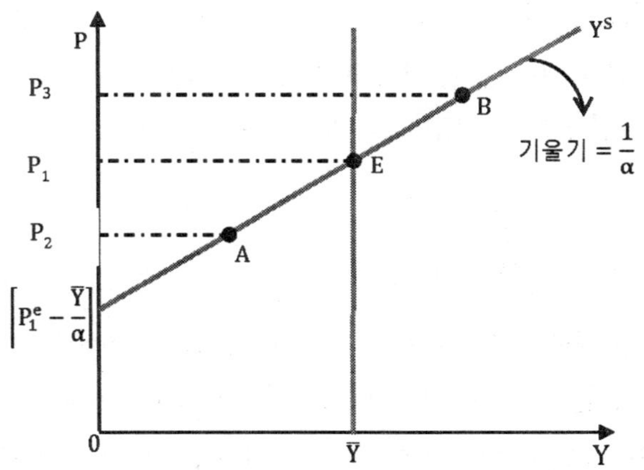

그림 5.26 선형 총공급함수

점 E에서는 $P_1 = P^e$가 성립한다. 기대물가 P^e가 상승하면 좌측으로 이동하고 완전고용산출량 $\overline{Y}$가 증가하면 우측으로 이동한다. 점A 혹은 B에서와 같이 기대물가와 실제물가가 다른 경우, 시간이 흐름에 따라 기대의 조정이 일어나게 된다.

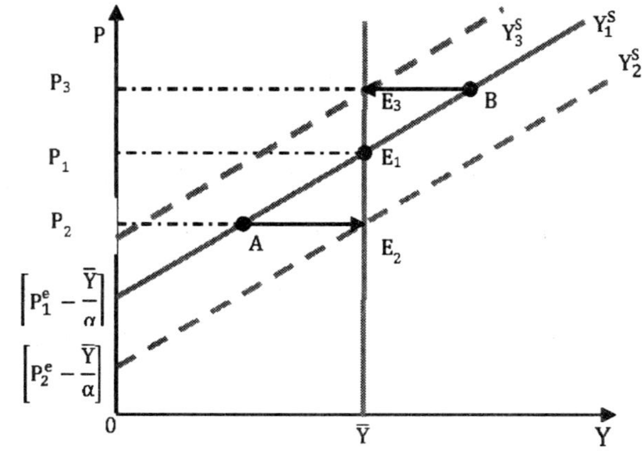

그림 5.27 선형 총공급함수의 이동

경제가 점 A에 있다면 기대물가수준 P_1^e 가 실제물가수준 P_2보다 높기 때문에 기대의 조정이 일어난다. 시간이 경과함에 따라 생산자들이 기대물가수준을 하향 조정하므로 총공급곡선이 오른쪽으로 이동한다. 조정은 새로이 조정된 기대물가수준 P_2^e 이 실제물가수준 P_2와 같아질 때까지 지속된다(A에서 E_2까지). 경제가 점 B에 있으면 E_3로의 조정이 일어난다.

2.7 _ 단기 총공급(Short-Run Aggregate Supply, SRAS) 곡선

가격경직성을 고려한 이상의 내용을 요약하면 다음과 같다. 이윤을 가장 크게 하려는 기업이 상품 한 단위를 추가적으로 생산함으로써 얻는 이윤은 상품의 가격에서 추가 생산에 필요한 비용을 뺀 것과 같다. 생산비용이 고정되어 있는 단기에 있어 상품가격의 상승은 곧 이윤의 증가를 의미하므로, 기업들은 생산량을 늘리게 된다. 이와는 반대로 상품가격이 하락하면 단위당 이윤이 감소하여 기업들은 생산량을 줄인다. 즉, 단기 총공급곡선(SRAS)은 <그림 5.28>이 보여주듯 우상향하는 모양을 갖는다. <그림 5.28>에 나타난 SRAS곡선은 생산수준이 낮을 때는 수평선에 가깝다. 잉여설비와 유휴노동력이 많은 상태에서는 비용의 커다란 추가상승 없이 가격이 높아짐에 따라 생산량을 증가시킬 수 있기 때문이다. 한편, 생산수준이 커질수록 SRAS의 기울기는 급해진다. 생산수준이 잠재 GDP에 접근함에 따라 생산량을 늘리기 위한 인력확보에 점점 비용이 더 들기 때문에 SRAS곡선은 수직선에 가까워진다. 이를 선형화하면 다음과 같다.

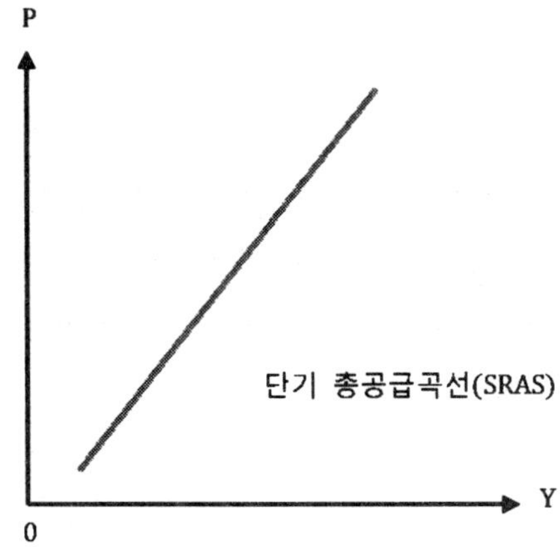

단기 총공급곡선(SRAS)은 물가수준과 총 산출량 사이의 정비례관계이다.

그림 5.28 단기 총공급곡선

2.8 _ 장기 총공급과 단기 총공급(Long-Run Aggregate Supply, LRAS)의 관계

모든 가격이 신축적인 장기에 있어 총공급곡선은 <그림 5.29>에서처럼 잠재GDP(Y_p)수준에서 수직선의 형태를 띤다. 그 이유는 단기 총공급곡선을 도출할 때 고정되었다고 가정했던 임금 및 원자재가격과 기술수준 등이 변화하면, 주어진 판매가격에서 단위당 이윤이 달라져 SRAS곡선 자체가 이동하기 때문이다.

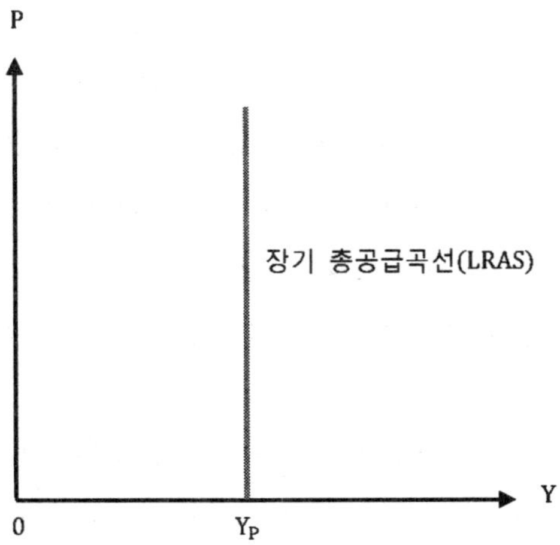

장기 총공급곡선(LRAS)은 잠재 GDP (Y_P) 수준에서 수직선의 형태를 띤다.

그림 5.29 장기 총공급곡선

임금이나 원자재가격이 상승하면 주어진 판매가격에서 단위당 이윤이 감소하여 생산이 줄게 되므로 SRAS곡선은 좌측으로 이동한다. 또한, 물가상승이 예상되는 경우에도 SRAS곡선은 왼쪽으로 이동한다. 반면, 생산비용의 하락과 기술진보 또는 생산성의 향상이 이루어지면 SRAS는 우측으로 이동한다.

장기 총공급곡선(LRAS)이 수직선이 되는 이유를 다음의 <그림 5.30>을 이용하여 이해해 보기로 하자. 물가수준이 P_0일 때의 총공급량 수준이 Y_p라고 하자. 점 $A(Y_p, P_0)$로 나타난 현 상황에서 물가가 P_1으로 상승하면 임금에 변화가 없는 단기에 총공급량은 Y_1으로 증가한다. 따라서, SRAS는 점 $A(Y_p, P_0)$와 점 $A'(Y_1, P_1)$를 지나는 우상향하는 곡선의 형태를 가진다.

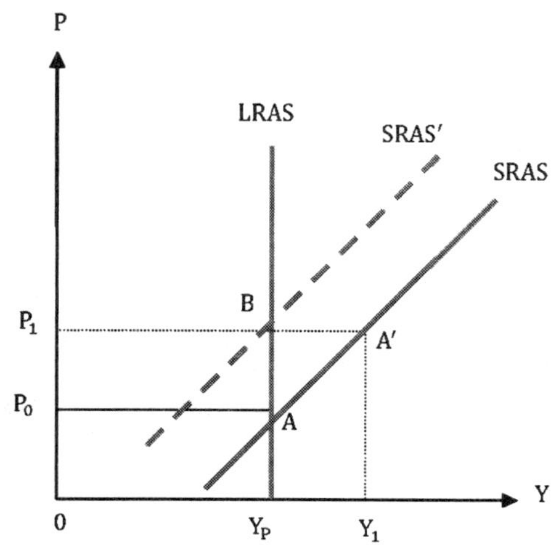

단기 총공급곡선(SRAS)은 생산비용이 상승함에 따라 좌측으로 이동한다. 이에 따른 장기 총공급곡선(LRAS)은 Y_P 수준에서 수직선의 형태를 갖는다.

그림 5.30 장·단기 총공급곡선

그러나, 물가가 상승하면 근로자들은 실질임금의 하락을 보상받기 위해 명목임금의 인상을 요구하게 된다. 임금이 상승함에 따라 단기총공급곡선(SRAS)은 왼쪽으로 이동하는데, 이러한 이동은 단기총공급곡선 (SRAS)이 점B를 통과하는 SRAS'이 될 때까지 계속된다. 즉, 장기적으로 늘어난 총공급량은 임금상승이라는 조정을 통해 원래의 수준(Y_p)으로 원위치하고 만다. 따라서, 장기총공급곡선(LRAS)은 점 $A(Y_p, P_0)$와 점$B(Y_p, P_1)$을 통과하는 수직선의 형태를 갖는 것이다.

사실, 고전학파 경제학자들은 단기에 있어서도 총공급곡선은 수직선의 형태를 띤다고 주장하고 있다. 기업주와 근로자 사이에 정보의 비대칭성이 없고 가격과 임금이 신축적이라고 믿는 고전학파 경제학자들에게 있어, 물가수준의 상승은 이와 동일한 명목임금의 신속한 상승만을 가져온다. 즉, 실질임금과 고용량에 변화가 없으므로 총공급량은 잠재GDP(Y_p)수준에서 변하지 않는다는 것이다.

고전학파의 주장처럼 SRAS가 수직선일 경우, 수요측면의 어떠한 변화도 국민소득(Y)수준에 아무런 영향을 미치지 못한다. Y는 공급측면에 의해서만 결정된다.

2.9 _ 균형국민소득과 물가의 결정

앞에서 수요측면만을 고려하여 물가수준이 일정할 경우, 균형국민소득이 어떻게 결정되는지를 살펴보았다. 이제는 총수요곡선과 총공급곡선을 결합하여 수요측면과 공급측면의 상호작용에 의해 균형소득과 균형물가가 동시에 결정되는 과정을 알아보기로 하자. 국민경제의 단기균형은 <그림 5.31>에서처럼 총수요곡선(AD)과 단기 총공급곡선(SRAS)의 교차하는 점 A에서 발생한다.

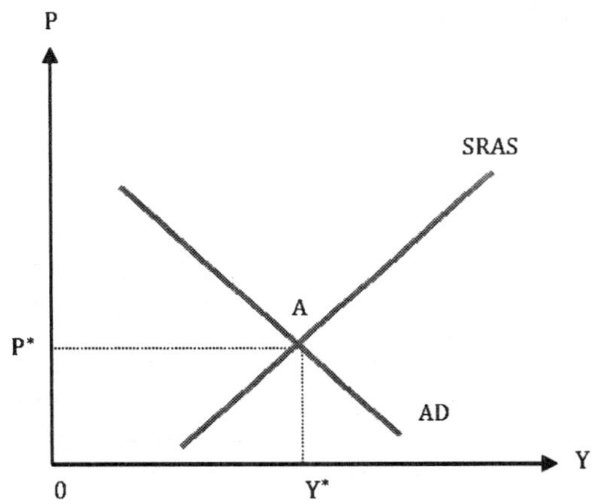

거시경제의 단기균형은 총수요곡선(AD)과 단기 총공급곡선(SRAS)이 교차하는 점 A에서 발생한다.

그림 5.31 단기균형

앞에서 수요측면의 균형국민소득수준은 잠재GDP와 다를 수 있다. 이와 마찬가지로 AD와 SRAS의 교차점으로 나타나는 단기 균형국민소득수준(Y^*)도 AD와 LRAS의 교차점인 장기 균형국민소득수준(Y_p)과 항상 일치하지는 않는다.

그러나, 경기침체갭이 존재하는 불황기에는 임금과 물가의 하락을 통하여 또한 인플레이션 갭이 존재하는 호황기에는 임금과 물가의 상승이라는 조정과정을 거쳐 경제는 장기적으로 잠재GDP수준을 회복한다. 이러한 현상을 경제의 자동조절능력(self-correction mechanism)이라고 부른다. 고전학파의 주장을 이어받고 있는 시카고학파 경제학자들은 이러한 자동조절능력을 크게 확신하고 있는 반면, 케인즈학파 경제학자들은 특히 경기침체갭이 존재하는 경우 자동조절능력에 대해 회의를 품고 있다.

먼저, 균형국민소득(Y^*)이 잠재GDP(Y_p)보다 작아 경기침체갭이 존재하는 경우를 살펴보자. 이 경우, 단기균형은 점 A로 나타난다. 그러나, 점 A는 장기적으로는 균형으로 유지될 수 없다. 경기침체갭이 존재하는 한, 생산비용의 하락에 따른 SRAS의 우측 이동을 통해 균형은 점 A에서 점 E로 옮아가기 때문이다. 즉, 경기침체갭이 존재하면 물가가 하락하고 동시에 총생산량이 증가하는 조정과정을 거쳐 장기균형에 수렴한다. 그러나, 임금이 신축적으로 하락하지 않는다면 불완전고용 상태는 상당기간 지속될 수 있다.

한편, (Y^*-Y_p)만큼의 인플레이션갭이 존재하는 경우는 <그림 5.32>에 나타나 있다. 앞에서와 마찬가지로 단기균형을 나타내는 점 A(Y^*, P_0)는 장기적으로는 균형상태로 유지되지 못한다. 생산비용이 높아짐에 따라 SRAS가 좌측으로 이동하여 경제는 장기적으로 점 E(Y_p, P^*)에서 균형을 이룬다. 즉, 인플레이션갭이 존재하면 물가가 상승하고 동시에 총생산량이 감소하는 조정과정을 거쳐 장기균형에 수렴한다.

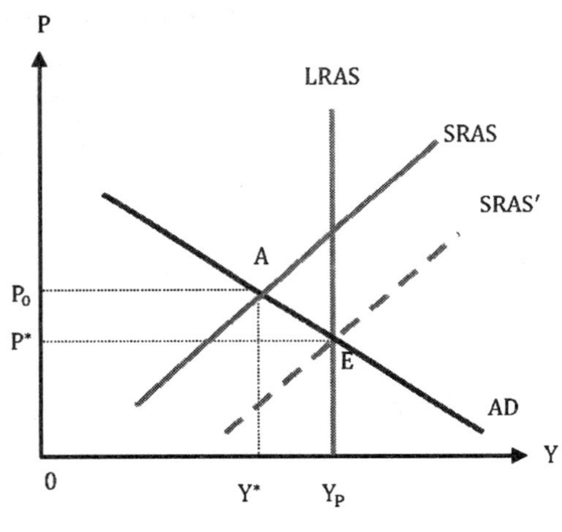

경기침체 갭(Y_P-Y^*)이 존재하는 경우, 생산비용이 하락함에 따라 단기균형(점A)은 장기균형(점E)으로 수렴한다.

그림 5.32 경기침체갭이 존재하는 경우의 장기균형

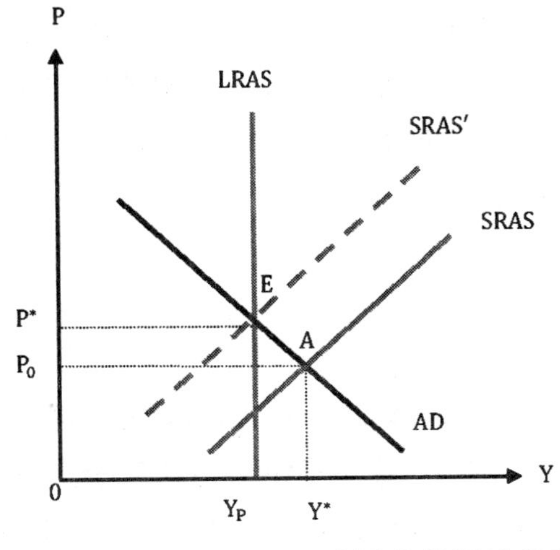

인플레이션갭 $(Y^* - Y_P)$ 이 존재하는 경우, 생산비용이 상승함에 따라 단기균형(점A)은 장기균형(점E)으로 수렴한다.

그림 5.33 인플레이션갭이 존재하는 경우의 장기균형

이상에서 살펴본 바와 같이 국민경제의 장기균형은 AD와 SRAS 및 LRAS 모두가 교차하는 점으로 나타난다. 장기 균형국민소득은 잠재GDP(Y_p)와 동일하다.

고전학파의 주장은 이상의 설명과 매우 다르다. 특히, 고전학파의 경우 국민경제의 단기균형과 장기균형은 동일하다. 고전학파의 단기 총공급곡선(SRAS)은 장기 총공급곡선(LRAS)과 마찬가지로 잠재GDP(Y_p)수준에서 수직선의 형태를 띠기 때문이다. <그림 5.34>는 고전학파의 경우 단기균형이 점 E로 나타난다는 사실을 보여주고 있다.

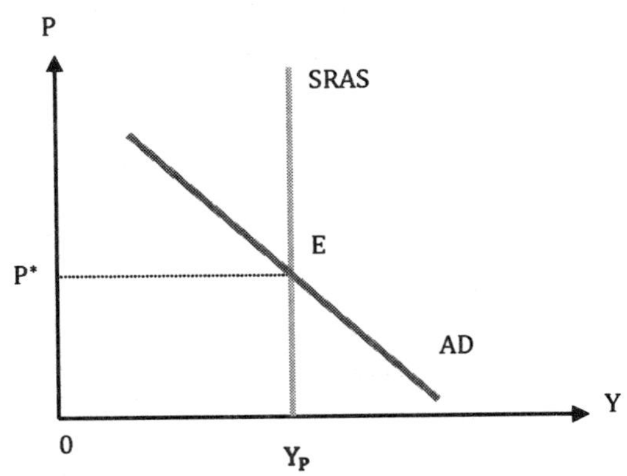

고전학파의 주장에 따르면, Y_P는 공급측면에 의해서만 결정되며 P^*는 수요측면에 의해서만 결정된다.

그림 5.34 고전학파의 경우 단기균형

앞의 분석과는 달리, 고전학파의 경우 균형국민소득(Y_p)은 공급측면에 의해서만 결정되며 균형물가수준(P^*)은 수요측면에 의해서만 결정된다. 즉, 고전학파의 세상에서는 P^*와 Y_p를 결정함에 있어 수요측면과 공급측면 사이의 상호작용은 없다. 이와 같은 현상을 고전학파의 이분성(classical dichotomy)이라고 부른다.

2.10 _ 재정정책의 효과

앞에서 P가 고정되었을 경우 재정정책의 효과를 살펴보았다. 여기서는 AD-AS모형을 이용하여 재정정책의 장·단기효과를 분석해보기로 한다. 최초의 균형이 <그림 5.35>의 점 E(Y_P, P^*)로 나타난다고 하자. 이제 정부지출(ΔG_0)이 증가하면 AD곡선은 우측으로 이동하는데, 원래의 물가수준P*에서 AD곡선은 앞의 제4장에서 공부한 바대로 $\frac{1}{1-b}\Delta G_0$ 만큼 이동한다 (즉, $Y_2 - Y_P = \frac{1}{1-b}\Delta G_0$).

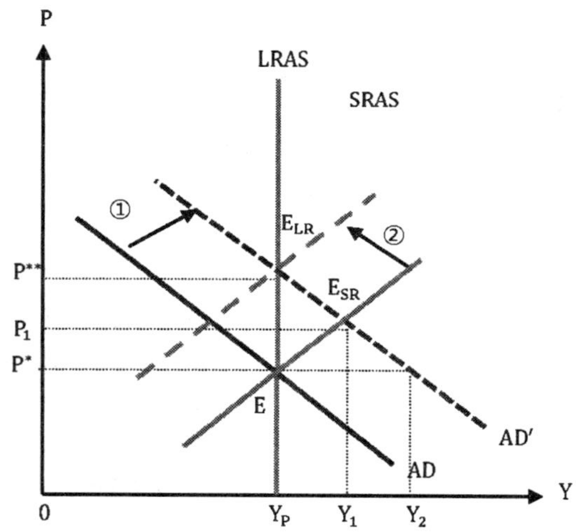

확장적인 재정정책은 단기에 경기팽창효과를 갖지만, 장기적으로는 물가만 올릴 뿐 국민소득에는 영향을 미치지 못한다

그림 5.35 재정정책의 장·단기효과

경제의 단기균형은 SRAS와 새로운 AD(AD′)가 교차하는 점 E_{SR}(Y_1, P_1)에서 이루어진다. 즉, 정부지출의 증가로 단기에 국민소득은 Y_2까지 증가하는 것이 아니라 Y_1에서 증가를 멈춘다. 여기서 우리는 총수요가 증가함에 따라 물가가 상승하면서 승수효과가 작아진다는 사실을 확인할 수 있다.

정부지출의 증가는 이와 같이 단기에 있어서는 경기팽창효과를 발휘하지만, 장기적으로 이 효과는 사라진다. 인플레이션갭(Y_1-Y_p)이 존재하는 한, 임금 등 생산비용의 상승으로 SRAS곡선이 좌측으로 이동하여 장기균형은 점 $E_{LR}(Y_p,\ P^{**})$에서 발생하기 때문이다. 즉, 확장적인 재정정책은 장기에 물가수준만 상승시킬 뿐 국민소득 수준에는 아무런 영향도 미치지 못한다.

고전학파의 경제학자들도 정부지출의 증가가 장기적으로 국민소득에 아무런 영향을 끼치지 못한다는 점에 의견을 같이한다. 그러나, 이들은 정부지출 증가의 단기적 경기팽창효과도 부인하고 있다. 정부지출의 증가가 단기에 있어서도 총지출의 증가로 이어지지 않는다는 점이 고전학파 주장의 토대를 이루는 것이다.

정부지출의 증가는 이자율의 상승을 수반한다. 고전학파 경제학자들에 의하면, 이러한 이자율의 상승은 민간의 소비지출과 투자지출을 정부지출이 증가한 크기와 동일하게 감소시킨다. 즉, 정부지출의 증가로 변화하는 것은 단지 총지출의 구성(composition)이지 그 크기에는 변함이 없다는 것이다. 고전학파의 이러한 주장을 확장적인 재정정책의 구축효과 또는 밀어내기 효과(crowding-out effect)라고 부른다.

재정정책의 구축효과가 완벽하게 나타나는 고전학파의 세상에서 정부지출의 증가는 총지출에 아무런 영향도 주지 못한다. <그림 5.36>은 이를 도시하고 있다. 정부지출이 G_0에서 G_1으로 증가하는 경우, 지출함수는 위로 이동한다. 그러나, 정부지출의 증가에 따른 이자율의 신속한 상승은 정부지출이 증가한 만큼 소비지출과 투자지출을 감소시킨다. <그림 5.36>에서 소비지출은 C_0에서 C_1으로 감소하였고, 투자지출도 I_0에서 I_1으로 감소하였다. 그 결과 지출함수는 원래의 수준으로 신속히 원위치하고 만다. 즉, 총지출의 크기에는 변함이 없다.

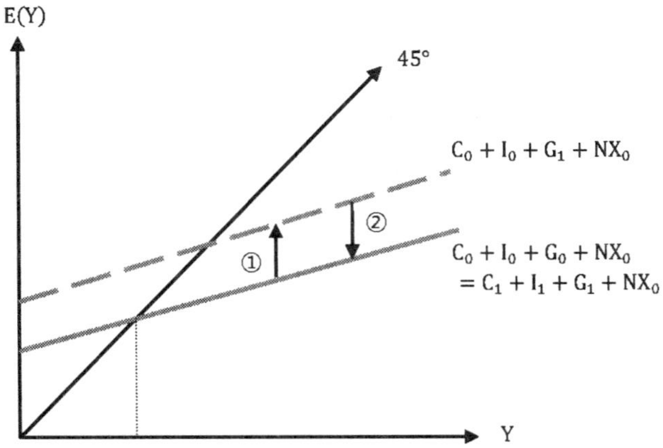

고전학파의 주장에 의하면, 정부지출의 증가는 총지출의 크기에 아무런 영향도 못 미친다. 이는 확장적인 재정정책의 단기 경기팽창효과를 부인하는 것이다.

그림 5.36 구축효과

정부지출의 증가가 총지출에 영향을 못 미친다는 주장은 정부지출의 증가로 총수요곡선(AD)이 앞에서 살펴본 바와는 다르게 오른쪽으로 이동하지 않는다는 주장과 동일하다. 즉, 고전학파의 세상에서는 확장적인 재정정책의 단기 경기팽창효과도 기대하기 힘들다.

PART 2 화폐시장

CHAPTER 06

은행제도와 통화공급

지금까지 국민소득(Y)의 결정모형을 공부하고 정부지출 및 조세의 변화가 소득수준에 미치는 영향 등을 분석하였다. 사실 이러한 분석을 실시하면서 우리는 실물부문(real sector)에만 관심을 두었으며 금융부문(financial sector)을 전혀 고려하지 않았다.

그러나 현실경제에 있어 화폐시장에서 결정되는 이자율은 실물부문에 영향을 미치며 실물경제의 변화 또한 화폐시장에 파급효과를 나타내는 것이 일반적이다. 본 장에서는 화폐시장과 실물부문 사이의 상호작용을 분석하기에 앞서, 화폐가 수행하는 기능과 여러 종류의 통화지표에 관해 공부하고 한 경제에서 유통되는 통화량의 수준과 관련된 신용승수 및 통화승수의 개념을 파악하고 중앙은행의 통화관리방식에 대해서도 살펴본다.

1. 화폐의 정의와 기능

화폐란 무엇인가에 대한 만족스러운 대답은 아직 없다. 오히려 “money is what money does.”라는 말이 화폐의 정의를 대신할 정도다. 따라서 경제학자들은 편의상 화폐가 담당해야 할 기능을 먼저 정의하고, 그 기능을 수행하는 대상을 화폐라고 정의하는 방식을 취하곤 한다.

화폐의 기능을 이해하기 위해 화폐가 없는 물물교환경제(barter economy)에서 거래가 어떻게 이뤄지는 지에 대해 상상해보자. 쌀을 생산하는 갑이 자신이 생산한 쌀과 을이 생산하는 돼지고기를 교환하고 싶다면 돼지고기를 가지고 있으면서 쌀과 교환하고 싶은 을과 만나야 한다. 즉, 물물교환경제에서의 거래는 욕망의 이중적 일치(double coincidence of wants)가 일어날 때에만 가능하다. 이와 같이 욕망의 이중적 일치가 정확하게 두 사람이 원하는 시간과 장소에서 일어나는 일은 쉬운 것이 아니다. 왜냐하면 이와 같은 거래과정은 시간(기회비용)이 많이 소요되므로 경제전체의 생산성을 저하시키게 된다.

만약, 갑이 쌀을 팔고(쌀을 산 사람이 이제 반드시 을일 필요는 없다) 돌을 받아 그 돌을 주고 돼지고기를 살 수 있다면(돼지고기를 판 사람도 을이 아니어도 된다) 거래에 소요되는 시간은 훨씬 단축될 것이다. 위의 예에서 돌처럼 교환의 매개(medium of exchange)로 사용되는 것을 화폐라고 한다.

물론, 화폐는 각 상품의 가치가 화폐 단위로 측정될 수 있게 해주는 가치 척도(unit of account)의 기능과, 한 시점의 부(wealth)를 다른 시점까지 보관해 주는 역할을 하는 가치

저장(store of value)의 기능도 수행한다. 그러나, 화폐의 가장 중요한 기능은 교환을 매개하는 기능이다. 이 점을 강조하여 이하의 논의에서는 화폐를 "일반적으로 통용되는 지불수단(generally accepted means of payment)"으로 정의하기로 한다. 1960년대 중반, 클라우어(R. Clower)는 "돈으로 물건을 살 수 있지만, 물건으로 물건을 사지 못한다."라는 표현으로 교환을 매개하는 화폐의 기능을 강조한 바 있다.

화폐로 사용될 물건은 작은 단위로 분할하기 쉽고(divisible) 보관과 운반이 편리하며 가짜인지의 여부를 쉽게 식별할 수 있어야 한다. 원시사회 이래로 사용되어 온 다양한 상품화폐(commodity money)와는 달리 현대 경제에서 통용되는 화폐는 그 물건 자체보다 가치가 거의 없는 특성을 지니고 있다. 오늘날 우리가 사용하고 있는 지폐는 종이조각에 불과한 불환지폐(nonconvertible paper money)인데, 이러한 지폐가 가치를 갖는 이유는 정부가 법적으로 그 가치를 보증하기 때문이다. 이런 성격의 화폐를 법화(legal tender)라고 부른다.

2. 화폐와 금융의 순기능과 역기능

2.1 _ 화폐와 금융의 순기능

먼저 화폐(money)의 순기능을 살펴보자. 화폐는 물물교환의 불편을 완화시키고, 거래비용을 줄여주는 역할을 한다. 앞에서 물물교환은 욕망의 이중적 일치(double coincidence of wants)가 전제되어야 한다고 하였다. 이 때 발생하는 거래비용은 탐색비용, 교섭비용, 운반비용, 감시비용, 강제집행비용 등을 총칭하는 말이다. 또한 화폐는 생산을 하는 데 필수적인 요소로서의 기능도 수행하기도 한다.

금융(finance)의 순기능을 살펴보자. 먼저 소비측면에서 보면 금융은 자금을 융통해 주는 것이다. 시간선호(time preference)란 경제주체들이 현재소비를 미래소비보다 상대적으로 선호하는 정도를 나타낸다. 시간선호율(rate of time preference)이란 미래소비(미래소득)의 할인율로서, 미래소비(미래소득)에 비해 현재소비(현재소득)를 얼마나 더 선호하는지를 나타내는 척도가 된다. 선호의 정도를 측정하는 지표로서 개개인의 시간선호율을 구체적으로 계산하기 쉽지 않다. 그러나 일반적으로 동일한 크기의 현재소비를 미래소비보다 선호한다.

예를 들어, 대부자 A가 차입자 B에게 오늘 100원을 빌려주고 정확히 1년 후 106원을 돌려받기로 약정을 맺었다. 앞으로 1년 동안 물가는 불변이며, 대부자 A와 차입자 B는 그러한 사실을 잘 알고 있다고 한다. 이들의 시간선호율에 대해 무엇을 알 수 있는가? A의 입장에서 보면 A의 시간선호율이 연 이자율 6%보다 크다면 1년 후의 106원을 위해 오늘 100원을 포기하지 않는다. 따라서 A의 시간선호율은 6%보다 크지 않다. B의 입장에서는 B의 시간선호율이 연 이자율 6%보다 작아 1년 후의 106원보다 오늘의 100원을 더 높게 평가한다면 B의 시간선호율은 6%보다 작지 않다.

<그림 6.1>에서 시간선호율이 상대적으로 큰, 즉 현재소비를 더 선호하는 B는 초기부존점 E_0에서 현재소비를 늘림으로써 효용이 증가한다. 시간선호율이 상대적으로 작은 A는 초기부존점 E_0에서 미래소비를 늘림으로써 효용이 증가한다.

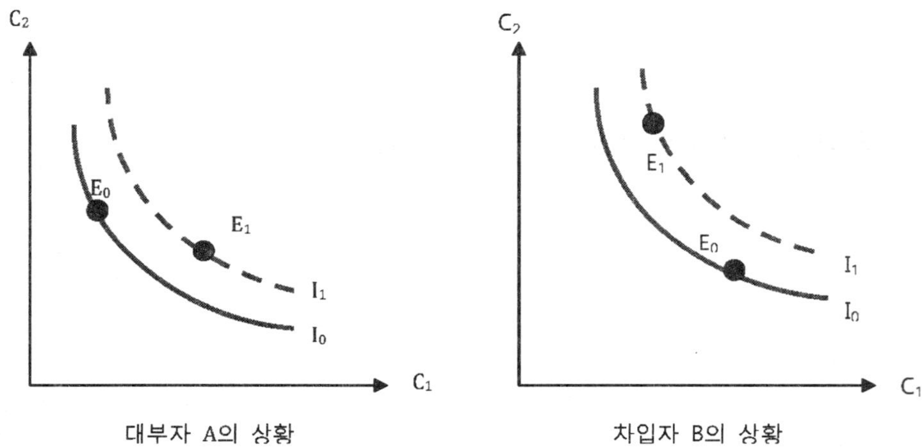

그림 6.1 시간선호율과 소비의 선택

또한, 생산측면에서 금융의 순기능을 보면, 금융과정을 통한 자금의 세분화를 통해, 투자를 더욱 용이하게 한다. 이를 바탕으로 경제 성장 및 발전에 기여한다. 직간접 금융시장의 발전은 실물부문의 원활한 투자를 제도적으로 뒷받침할 수 있어야 한다. 따라서 화폐와 금융의 순기능을 바탕으로 본 화폐금융시장의 역할을 살펴보자. 금융중개자의 필요성이 존재한다. 이를 위해 투자 안에 대한 막대한 정보 및 전문지식이 필요하게 되고 적절한 신용과 대규모의 자금 동원력, 그리고 정보 수집 및 분석 능력을 갖춘 금융중개자의 필요성 대두된다. 금융시장(finance market)은 자금수급과 관련된 불확실성을 완화시켜 실물부문의 성장을 뒷받침하게 되며 금융제도(financial system)는 금융시장 및 금융중개기관과 이들을 통제, 운영하는 법규와 관행을 총칭하는 것을 말한다.

1.2 _ 화폐와 금융의 역기능

화폐의 역기능을 살펴보면 다음과 같다. 실물부문의 성장 정도를 넘어 과도하게 화폐량이 공급되면 인플레이션을 초래하게 된다. 인플레이션(inflation)이란 물가수준의 지속적인 상승 현상을 말한다. 효율적인 자원배분을 저해하고 만성화되면 화폐경제자체의 존립을 위태롭게 한다. 이러한 경우 물물교환경제로 이행할 가능성이 존재한다. 예를 들어 중남미 및 1920년대 독일의 하이퍼인플레이션(hyperinflation)이 있을 수 있다.

금융의 역기능을 살펴보면 금융중개기관이 역할을 제대로 수행하지 못하여 잉여자금이 건전하고 발전가능성 있는 부분에 투자되지 않고 부실하고 비효율적인 부분으로 유입되면, 경제성장 및 균형발전에 악영향을 끼칠 수도 있다. 또한 금융위기의 가능성이 항상 존재한다.

금융위기의 역사적 경험을 개략적으로 살펴보자. 갈브레이쓰(J. Galbraith)는 금융공황의 근본적인 원인을 불확실성이 가득한 금융제도가 사람들의 투기적 환상(speculative euphoria)을 자생적으로 조장하기 때문이라고 규정하였다. 예들 들어 최초의 폭발적 투기의 대상은 튤립투기(1637)인데 네덜란드에서 버블 붕괴 후 몇 년 동안 경제불황을 겪는 등 심각한 후유증에 시달리게 되었다. 또한 주식투기(1720, 프랑스 및 영국), 대공황(1929, 미국)은 1920년 부동산 투기로 인해 1926년 부동산 가격폭락으로 이어졌고 주식시장으로의 자금이 이동하여 주가가 폭락하는 사태가 발생하였다. 금융위기(financial crisis)의 유형을 살펴보면 외환위기(currency crisis), 은행위기(banking crisis), 외채위기 (foreign debt crisis)가 있을 수 있다.

3. 통화량의 측정

경제 내에 유통되는 돈을 통화(通貨)라고 부른다. 금융제도의 변천에 따라 교환의 매개 기능을 하는 것의 범위도 수시로 변화하여 왔다. 이에 따라, 이론적으로 어디까지를 화폐로 정의하여야 할지 분명하지 않다. 그럼에도 불구하고 현실적으로는 불완전하나마 구체적인 범위를 설정해 경제에 유통되고 있는 화폐의 총량을 측정할 필요가 있는데, 이를 위해 마련된 지표를 통화지표(measure of money)라고 부른다. 즉, 통화가 경제활동에서 중요한 기능을 수행한다 할지라도 경제의 규모나 여건에 비해 시중에 너무 많이 풀려 있는 경우 가치가 떨어져 물가가 지속적으로 오르는 인플레이션이 발생하고, 반대로 지나치게 적은 경우에는 금리가 상승하고 생산자금이 부족하게 되어 경제활동이 위축되기도 한다. 따라서 한 나라의 경제가 안정적으로 발전하기 위해서는 통화의 양이 적정수준으로 유지되어야 하는데 이를 재는 척도가 통화지표이다.

이와 같은 통화지표를 편제하기 위하여 통화를 어떻게 정의할 것인가를 먼저 결정하여야 한다. 흔히 통화라고 하면 지폐나 동전 같은 현금만을 떠올리기 쉽다. 그러나 은행에 맡겨 놓은 예금도 필요한 경우 즉시 현금으로 인출할 수 있으므로 경우에 따라서는 통화에 포함시킬 수 있다. 따라서 통화는 현금 이외에 현금과 비슷한 기능이나 성격을 지닌 금융상품을 포괄하는 개념으로 볼 수 있기 때문에 이들 중 어디까지를 통화로 볼 것이냐에 대하여 그 동안 많은 연구가 진행되어 왔다. 뿐만 아니라 일단 정의된 통화지표도 새로운 금융상품이 출현하거나 금융제도가 바뀌게 되면 그 성격이 변하게 된다. 금융제도와 관련하여 통화는 일반적으로 경제주체가 지출행위에 사용할 수 있는 구매력, 즉 법정화폐인 현금과 현금으로 손쉽게 전환할 수 있는 금융자산의 합으로 정의되고 있다. 금융자산을 현금으로 전환할 수 있는 정도를 유동성이라 한다. 이러한 추세를 반영하기 위해 통화지표의 개편이나 새로운 통화지표의 개발 등 경제 내의 통화량을 정확히 파악할 수 있는 통화지표 편제를 위한 노력도 지속적으로 이루어져 왔다.

우리나라의 통화지표는 1951년부터 한국은행에서 공식 편제하기 시작하였으며 2002년부터는 변경된 IMF의 통화금융통계매뉴얼(2000년) 기준에 따라 M1(협의통화) 및 M2(광의통화) 지표를 편제 하고 있다. 한편 2006년 6월부터는 동 매뉴얼에서 제시하고 있는 유동성지표인 L(광의유동성) 지표를 새로이 편제하여 공표하고 있다. 통화지표의 국제적 편제기준을 제시하고 있는 IMF는 1980년대 이후 범세계적인 금융혁신, 금융자유화 및 국제화의 진전에 따른 구조변화, 금융수단의 다기화, 금융거래 형태의 변화 등을 반영하여 기존의 「통화금융통계에 관한 지침」(1984년)을 개편한 통화금융통계매뉴얼을 발표(2000년)하면서 화폐의 지급결제수단으로서의 기능을 중시한 협의통화(narrow money)와 협의통화에다 이와 대체관계가 높은 예금취급기관의 통화성부채를 포함한 광의통화(broad money)라는 두 가지 형태의 통화지표를 새롭게 구분·정의하였다.

첫째, 현금통화(currency)라는 통화지표는 중앙은행이 발행한 지폐와 동전으로 구성된 화폐발행액이다. 현금은 일상생활에서 사용하는 화폐이고 가장 유동성이 높은 금융자산으로서 교환의 직접 매개수단이다. 화폐발행액 가운데 예금금융기관이 아닌 민간이 보유한 현금을 현금통화, 은행을 포함한 예금금융기관이 보유한 현금을 예금금융기관의 시재금(vault money)라고 부른다.

중앙은행은 한 국가의 현금통화를 발행할 수 있는 권한을 행사함으로써 한 국가의 경제운영에 필요한 적정량의 본원통화를 공급하여 경제안정화를 기하고자 한다. 중앙은행이 어떤 목적을 달성하기 위하여 자금을 지출하는 경우는 중앙은행이 발행한 현금통화가 중앙은행의 창구를 통해 중앙은행 밖으로 흘러가게 된다. 반면에 예금은행들이 법정지급준비금을 중앙은행으로 유입하거나 또는 중앙은행에 의해 음(−)의 자금지출이 발생하는 경우에는 현금통화가 중앙은행으로 유입되게 된다. 중앙은행에서 현금이 유출되면, 그 일부는 민간부문에서 민간보유현금형태로 보유되어 이는 통화량의 일부가 되고 나머지 일부는 예금은행의 지급준비가 된다.

화폐의 두 번째 정의는 중앙은행이 실제로 통제할 수 있는 자산만 화폐에 포함하는 것으로, 본원통화(monetary base, high-powered money)라고 부른다. 본원통화는 화폐발행액과 예금금융기관들이 중앙은행에 예치한 지급준비예치금을 합하여 구한다.

표 6.1　본원통화의 구성

본원통화		
현금통화	지급준비금	
현금통화	시재금	지급준비예치금
화폐발행액		지급준비예치금

협의의 통화인 M1은 화폐의 지급결제수단으로서의 기능을 중시한 지표로서 현금통화와 현금과 가장 가까운 유동성을 가지는 결제성예금의 합으로 구성된다. 결제성예금은 수표(手票) 또는 어음을 발행하여 언제든지 자유로이 찾을 수 있는 예금인 당좌예금과 보통예금 등 은행의 각종 요구불예금과 저축예금과 수시입출식예금(MMDA, Money Market Deposit Account)으로 구성된다. 결제성예금은 비록 현금은 아니지만 수표발행 등을 통해 지급결제수단으로 사용되거나 즉각적으로 현금과 교환될 수 있으며 기능면에서 현금과 거의 같기 때문에 협의통화(M1)에 포함되고 있다.

한편, 결제성예금에 저축예금 등 수시입출식예금이 포함된 것은 수시입출식예금도 각종 자동이체서비스(Automatic Transfer Service, ATS) 및 결제기능 등을 갖추고 있어 요구불예금과 마찬가지로 입출금이 자유로운 금융상품이기 때문이다. 이와 같이 협의통화(M1)는 유동성이 매우 높은 결제성 단기금융상품으로 구성되어 있어 단기금융시장의 유동성 수준을 파악하는 데 적합한 지표이다. 따라서 결제성예금은 비록 현금은 아니지만 수표발행 등을 통해 직접 지급결제수단으로 사용되거나 즉시 현금으로 교환될 수 있으므로 M1에 포함된다. 통화금융기관의 요구불예금은 예금통화라고도 불리므로, M1은 현금통화와 예금통화의 합이라고 할 수 있다. 현금통화라는 통화지표는 화폐를 너무 좁게 정의하고 있어 실제로는 거의 사용되지 않으므로, 현실에서 사용되는 통화지표 중 가장 좁은 의미의 지표는 바로 M1이고 지급결제기능을 중시한 측면을 가지고 있다.

여기서 MMDA는 은행이나 수산업협동조합·농업협동조합에서 취급하는 금융상품의 하나이다. 본래 미국의 은행이 투자신탁회사의 단기금융상품인 MMF(Money Market Funds)에 대응하기 위해 도입한 고금리 저축성 예금으로 국내에는 1997년 제4단계 금리자유화 이후 도입되었다. 은행시장 금리부 수시입출식예금 또는 단기금융시장 예금계정·화폐시장 예금계정이라고도 한다. 보통예금처럼 입출금이 자유롭고, 각종 이체와 결제도 할 수 있으며, 예금자보호법에 의하여 5,000만 원 한도 내에서 보호를 받을 수 있다. 또한 실세 금리를 적용하여 보통예금보다 비교적 높은 이자를 지급하며, 가입대상에 제한이 없어 일시적인 목돈을 운용하는 데에 적합하다는 장점을 지닌다. 단, 500만 원 미만의 소액이거나 법인의 경우 예치기간이 7일 미만일 때는 이자율이 낮거나 없을 수도 있다.

이러한 M1(현금+결제성예금)에 준통화를 합한 것을 광의의 통화인 M2라고 하며 통화지표이다. 우리나라에서는 1979년이래 M2를 중심통화지표로 활용해오고 있다. 준통화의 대표적인 예로는 예금취급기관의 정기예금, 적금 및 부금, 거주자 외화예금, 시장형 금융상품(CD: 은행이 정기예금에 대하여 발행하는 무기명의 예금증서로 예금자는 이를 금융시장에서 자유로이 매매 가능, RP: 금융기관이 일정 기간 후 확정금리를 보태어 되사는 조건으로 발행하는 채권, 표지어음: 금융기관 자체적으로 어음금액을 다시 나누어 재발행하고 개인이나 기관투자가에게 다시 판매하는 어음상품 등), 실적 배당형 금융상품(수익증권, 금전신탁), 금융채, 발행어음, 신탁형 증권저축 등이 포함된다. 다만 유동성이 낮은 만기 2년 이상의 장기 금융상품은 제외한다.

이와 같이 광의통화(M2)에 기간물 정기예·적금 및 부금 등 단기 저축성예금 뿐만 아니라 시장형 금융상품, 실적배당형 금융상품 등을 포함하는 것은 이들 금융상품이 비록 거래적 수단보다는 자산을 증식하거나 미래의 지출에 대비한 일정기간 동안의 저축수단으로 보유되지만 약간의 이자소득만 포기한다면 언제든지 인출이 가능하여 결제성예금과 유동성 면에서 큰 차이가 없다고 보기 때문이다. 또한 거주자외화예금도 국내에서의 지급결제수단으로는 약간의 제약이 있지만 언제든지 원화로 바뀌어 유통될 수 있기 때문에 광의통화(M2)에 포함하고 있다. 한편, 광의통화(M2)는 금융상품의 유동성을 기준으로 편제되므로 과거 금융기관의 금융상품을 중심으로 편제되었던 총통화 지표(구M2)와는 달리 금융권간 자금이동에 따른 지표 왜곡 문제를 해소하면서 시중의 통화량을 잘 파악할 수 있게 해주는 지표이다. 왜곡 문제를 해소한다는 것은 예를 들면 예금은행의 예금이 예금은행에서 비은행금융기관으로 이동할 경우 총통화(구M2)기준 통화량은 줄어든 것으로 나타나나, 새 통화지표인 광의통화(M2)의 통화량은 변동하지 않은 것으로 나타나 금융기관간 자금이동이 통화량에 영향을 미치지 않는다.

다음의 화폐의 정의는 금융기관 유동성인 Lf(Liquidity Aggregates of Finance Institutions)이다. 과거에는 M3로 불리기도 하였다. Lf는 은행뿐 아니라 비은행 금융기관까지도 포함하는 전 금융기관의 유동성 수준을 파악할 목적으로 개발된 지표이다. Lf에는 광의의 통화인 M2에 예금 취급기관의 만기 2년 이상 정기예금, 적금 및 금융채, 유가증권 청약증거금, 만기 2년 이상 금전신탁 등과 생명보험회사, 증권금융회사 등 기타 금융기관의 보험계약준비금, 환매조건부채권매도, 장단기 금융채, 고객 예탁금 등이 포함되는 통화지표이다.

그리고 광의유동성(L)은 한 나라의 경제가 보유하고 있는 전체 유동성의 크기를 측정하기 위한 지표로서 금융기관이 공급하고 있는 유동성만을 포괄하고 있는 금융기관 유동성(Lf)에 비해 금융자산이나 금융자산 발행부문의 포괄범위가 훨씬 더 넓은 지표이다. 이 광의유동성(L) 지표에는 종전 M3의 구성상품을 그대로 가져오고 이름만 바꾼 금융기관유동성(Lf)에다, 기업 및 정부 등이 발행하는 기업어음, 회사채, 국공채 등의 유가증권이 추가된다. 참고로 Lf에는 광의통화(M2)에 ①예금취급기관의 만기 2년이상 정기예적금 및 금융채, 그리고 유가증권 청약증거금, 만기 2년이상 장기금전신탁 등과 ②생명보험회사, 증권금융회사 등 기타금융기관의 보험계약준비금, 환매조건부채권매도, 장단기 금융채, 고객예탁금 등이 포함되어 있다.

금융 및 자본자유화의 진전으로 최근에는 금융자산이 급속히 다양화되고 금융시장의 구조도 크게 변화하고 있다. 이에 따라 우리 나라에서는 1997년 M2와 함께 MCT(M2+CD+금전신탁)도 중심통화지표로 삼아오다가, 1998년부터는 중심통화지표를 M3로 변경하였다. 2006년부터는 L을 유동성지표로 발표하였다.

또한 최근 자통법 시행으로 소액결제시스템에 참가하여 지급결제기능을 가지게 되는 증권사의 CMA상품을 광의통화(M2)에 포함되었다. 즉, 「자본시장과 금융투자업에 관한 법률(자본시장통합법)」의 시행('09.2.4)에 따라 2009년 7월부터 주요 증권회사가 CMA(Cash Management Accounts, 종합자산관리계좌)에 대하여 독립적인 소액결제 서비스를 실시하였는데 이는 M2에 포함된다. 증권사가 금융결제원의 소액결제망에 가입하여 자금이체서비스를 제공하는 시점(CMA가 결제성을 갖춘 것으로 판단)부터 M2에 포함되었다. 즉, 증권사 CMA 계정을 통화발행주체로 인식하고 증권사의 결제시스템 가입스케줄에 따라 개별적으로 통화지표에 포함되었다.

일반적으로, 통화지표를 선정할 때 고려되는 두 가지의 기준은 통제가능성 및 통화지표와 실물경제 사이에 존재하는 관계의 밀접성인데 경제 분석에서는 M1과 M2가 가장 많이 사용되지만 가장 유용한 화폐의 정의가 무엇이냐에 대한 해답은 없다.

표 6.2 통화 및 유동성의 포괄범위 비교

	통화지표		유동성지표	
	M1(협의통화)	M2(광의통화)	Lf(금융기관유동성)	L(광의유동성)
현금통화	•	•	•	•
요구불예금	•	•	•	•
수시입출식 저축성예금	•	•	•	•
MMF		•	•	•
2년미만 정기예적금		•	•	•
수익증권		•	•	•
시장형상품[1]		•	•	•
2년미만 금융채		•	•	•
2년미만 금전신탁		•	•	•
기타통화성금융상품[2]		•	•	•
2년이상장기금융상품			•	•
생명보험계약준비금등[3]			•	•
기타금융기관 상품[4]				•
국채, 지방채				•
회사채, CP[5]				•

주1 : CD, RP, 표지어음
주2 : CMA, 2년미만 외화예수금, 종합금융회사 발행어음, 신탁형 증권저축
주3 : 증권금융 예수금 포함
주4 : 손해보험회사 장기저축성보험계약준비금, 증권사 RP, 예금보험공사채, 여신전문기관 발행채 등
주5 : 전자단기사채 포함

<표 6.3>은 한국은행이 작성하고 있는 각 통화지표의 추이를 나타낸다.

표 6.3 통화 및 유동성 지표 추이(계절조정, 평잔) 단위 : 조원

	2013	2014
M1(협의통화)	484.1	536.7
	(9.5)	(10.9)
M2(광의통화)	1,885.8	2,009.6
	(4.8)	(6.6)
Lf(금융기관유동성)	2,543.2	2,721.5
	(6.9)	(7.0)
L(광의유동성)1)	3,338.7	3,621.6
	(7.2)	0

주1 : L(광의유동성)은 말잔 기준 잔액 및 증가율
주2 : ( )내는 계절조정계열 전기대비 증감률(%)

4. 신용승수

금 세공업자에 의해 운영되었던 최초의 은행은 예금자가 맡긴 금을 전액 금고에 보관하고 보관료를 받는 형태였다. 이러한 은행제도에서 은행의 기능은 돈의 여유가 있는 사람과 돈을 필요로 하는 사람을 이어주는 금융중개가 대부분이었다. 그러나, 현대의 은행제도에서는 각 은행이 예금액의 일부만을 인출에 대비한 지급준비금으로 남겨두고 나머지를 대출하는데 이러한 제도를 부분지급준비제도(fractional reserve banking system)이라고 한다. 부분지급준비제도 하에서 은행은 금융중개 기능뿐만 아니라 최초의 예금을 몇 배의 크기로 늘릴 수 있는 예금창조 혹은 신용창조 기능까지 수행한다.

지급준비금(줄여서, 지준금)이란 은행이 금고에 현금의 형태로 보관하는 시재금과 중앙은행 예치금의 합을 의미한다. 신용창조(credit creation)란 은행들이 집단적으로 최초 예금증가액의 여러 배에 해당하는 예금을 창출해내는 현상을 뜻한다. 즉, 중앙은행이 발행한 본원통화는 은행 및 금융기관을 거쳐 예금이나 예치금 또는 유동성 자산 형태의 화폐로 전환됨으로써 신규 유동성(또는 통화)을 증가시킨다. 이를 신용창조라고 하며 신용창조가 이루어지는 과정을 신용창조과정(credit creation process)이라고 한다. 단, 신용창조과정을 통해 본원통화를 초과하는 통화량 증가가 나타났다 하더라도 이는 새로운 부(wealth)의 증가를 의미하는 것이 아니라 단지 거래에 사용되는 유동성의 증가를 의미할 뿐이다.

은행의 신용창조 기능을 이해하기 위해서는 은행의 대차대조표부터 살펴보아야 한다. 대차

대조표란 재무상태를 정리한 표로 자금의 조달원천을 나타내는 자본 및 부채의 내역은 대변에, 그리고 자금의 운영상태를 나타내는 자산의 내역은 차변에 각각 수록한다. 은행의 자산은 지급준비금과 대출채권 등으로 이루어지는데, 지급준비금은 총수신고에 법정지급준비율을 곱한 법정지준금과 은행의 자체적인 판단에 따라 결정되는 초과지준금으로 구분된다. 가장 중요한 부채 항목은 은행이 지불할 의무가 있는 예금이고, 자본은 자산에서 부채를 뺀 금액을 대변과 차변을 일치시키는 조정항목이다. 이상의 설명은 <표 6.4>에 정리되어 있다.

표 6.4 은행의 대차대조표

자산	부채 및 자본
지급준비금(R)	예금(D)
법정지준금	기타 부채
초과지준금	자본
대출	
유가증권	
기타 자산	
자산합계	부채 및 자본 합계

은행의 신용창조 기능을 쉽게 이해하기 위해 은행들이 초과지준금을 보유하지 않으며 대출금은 전액 다른 은행에 예금되고 현금누출이 없다고 가정하자. 또한 예금은 요구불예금뿐이며 법정지급준비율은 20%라고 하자.

일본에 반도체를 수출한 갑이라는 수출업자가 한국은행에 그가 벌어들인 엔화를 원화로 바꾸어 달라고 요구하자 한국은행이 1억원을 새로이 발행하여 그에게 지급하였다고 하자. 갑은 1억원 모두를 A은행에 요구불예금으로 예치하였다. 이제, 새로운 예금을 예치한 A은행은 수신고 1억원의 20%에 해당하는 2천만원은 지준금으로 남기고 나머지 8천만원을 을에게 대출하였다고 하자. <표 6.5>는 A은행의 대차대조표를 보여주고 있다.

표 6.5 A은행의 대차대조표

자산		부채 및 자본	
지급준비금	+2 천만원		
대출	+8 천만원	요구불예금	+ 1억원

8천만의 대출을 받은 을이 B은행에 이를 모두 예금하고, B은행은 이 중 20%에 해당하는 1천6백만원을 지준금으로 남기고 나머지 6천4백만원을 병에게 대출하였다고 하자. B은행의

대차대조표는 <표 6.6>에 나타나 있다.

표 6.6 B은행의 대차대조표

자산		부채 및 자본	
지급준비금	+1.6 천만원		
대출	+6.4 천만원	요구불예금	+ 8천만원

이번에는 B은행에서 대출을 받은 병이 6천4백만원을 모두 C은행에 예금하고, C은행도 예금액의 80%인 5천1백2십만원을 정에게 대출하였다고 하자. 이러한 과정이 무한히 계속된다면 모든 은행의 총예금은 얼마나 증가하는가? 총예금액의 증가분은 다음과 같은 계산과정을 거쳐 구할 수 있다.

$$\begin{aligned} \text{총예금창조액} &= 1\text{억원}+8\text{천만원}+6\text{천}4\text{백만원}+5\text{천}1\text{백}20\text{만원}+\cdots \\ &= 1\text{억원}(1+0.8+(0.8)^2+(0.8)^3+\cdots) \\ &= 1\text{억원}/(1-0.8) \\ &= 5\text{억원} \end{aligned}$$

즉, 수출업자 갑이 벌어온 엔화를 원화로 바꾸는 과정에서 추가로 발행된 1억원이 예금은행들의 예금창조 과정을 거치면서 5배에 해당하는 5억원으로 증가한 것이다. 바로 이러한 배율 5를 신용승수(credit multiplier)라고 한다. 신용승수는 위의 예의 20%에 해당하는 법정지급준비율(rrr)의 역수와 동일하다. 만약 rrr=10%로 주어지면, 신용승수는 5에서 10으로 증가한다. 총예금창조액(5억원)에서 최초의 예금액(1억원)을 뺀 것을 순예금창조액(4억원) 또는 파생적 예금이라고 한다. 총예금창조액이란 본원적 예금이 유입되었을 때 예금은행 조직이 창출한 요구불예금 총액이다. 즉, $\frac{1}{rrr}\times S$로 계산되며 계수인 $\frac{1}{rrr}$가 신용승수가 된다.

반면, 순예금창조액은 본원적 예금에 의해 추가로 창출된 예금인 파생적 예금 총액만을 말한다. 따라서 $\frac{1-rrr}{rrr}\times S$로 계산되며 순신용승수는 $\frac{1-rrr}{rrr}$가 된다. 위의 예에서와는 달리, 현금누출이 있고 각 은행이 초과지준금을 보유하는 현실경제에 있어 신용승수는 $\frac{1}{rrr}$보다 작아진다. 예금통화창조는 본원적 예금이 전부 지급준비금으로 전환될 때까지 이루어지므로 지급준비금의 합은 S가 된다.

민간인 가계의 현금보유가 존재하지 않는 경우를 보다 일반화시켜 보자. 부분 지급준비제도인 경우에 예금통화가 어떻게 창출되는가에 관하여 알아보기 위하여 다음과 같은 경우를 가정하자. 먼저 가계와 은행만이 존재하는 경제에서 은행의 지급준비율이 rr이고 가계는 현금을 보유하지 않고, 수중에 현금이 들어오면 즉시 은행에 예금한다고 가정하여 보자. 따라서 가계의 현금보유는 없고 은행예금만 존재한다.

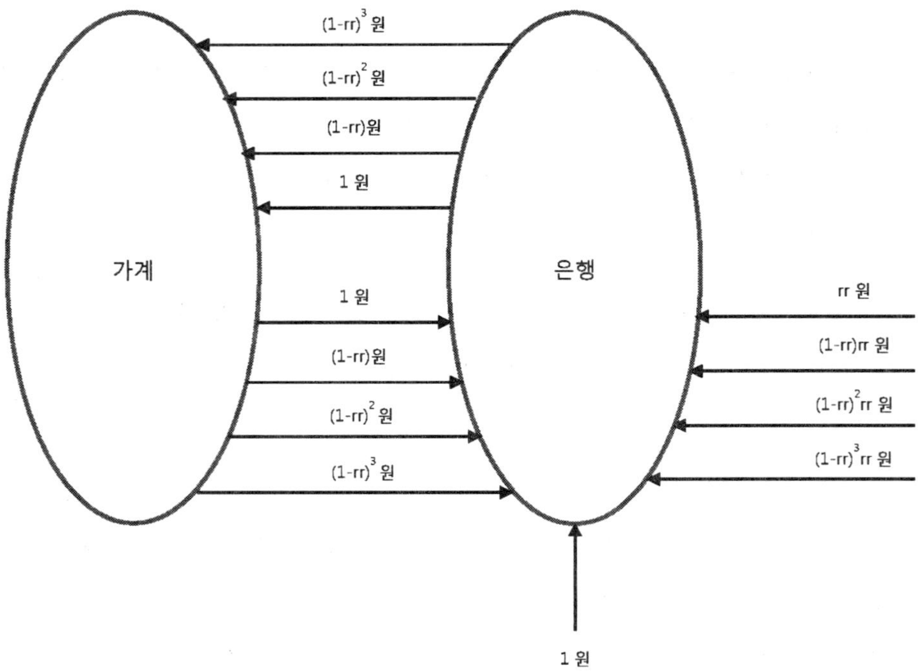

그림 6.2 민간이 현금보유 하지 않는 경우의 신용승수

모든 현금을 예금하는 경우가 <그림 6.2>에 나타나 있다. 먼저, 은행이 중앙은행에 자산을 매각하고 그 대가로 1원을 받았다고 가정하자. 처음 은행 외부 시스템에서 들어온 1원은 예금이 아니기 때문에 지급준비금을 보유할 필요가 없고 1원 모두를 가계부문에 대출한다. 그리고 가계부문은 다시 이 1원을 은행에 예금한다. 이와 같은 대출과 예금의 순환이 <그림 6.2>에서 가장 안쪽의 원으로 나타나 있다. 1원의 예금을 받은 은행은 그 가운데 rr만큼을 지급준비금으로 보유하고 나머지 $1-rr$을 가계부문에 다시 대출한다. 그리고 가계부문은 다시 이를 은행에 예금한다. 이와 같은 대출과 예금의 두 번째 순환이 <그림 6.2>의 안쪽에서 두 번째 순환으로 나타나 있다. 은행은 다시 $1-rr$만큼의 예금 가운데 $(1-rr)rr$만큼을 지급준비금으로 보유하고 나머지 $(1-rr)^2$만큼을 대출한다.

이와 같은 대출과 예금의 순환은 은행이 지급준비금 이외에 더 이상 대출해 줄 수 있는 자금이 없을 때까지 계속된다. 이 때 은행예금의 크기는 다음과 같이 구할 수 있다.

$$D = 1 + (1 - rr) + (1 - rr)^2 + (1 - rr)^3 + L \ = \frac{1}{rr}$$

그리고 가계가 현금을 보유하지 않기 때문에 은행예금의 크기는 은행대출의 크기와 같고 은행의 지급준비금은 다음과 같이 구할 수 있다.

$$R = rr + (1 - rr)rr + (1 - rr)^2 rr + L \ = rr \times \frac{1}{rr} = 1$$

다시 말해 은행의 지급준비금은 처음 은행이 대출한 금액인 1원과 같다. 즉, 지금의 경우 처음 대출 금액인 1원이 모두 지급준비금으로 흡수될 때까지 대출과 예금의 순환이 이루어진다. 이제 중앙은행이 (위에서와 같이 1원이 아니라) B만큼의 화폐를 발행하여 은행이 보유하고 있는 자산(예를 들어 정부채권 등)과 교환하였다고 가정하여 보자. 이와 같이 중앙은행이 발행한 현금을 본원통화(monetary base, high-powered money)라고 한다. 은행이 중앙은행으로부터 B만큼 현금을 확보한 다음 대출과 예금의 순환은 위에서와 같은 방식으로 이루어진다. 따라서 예금과 은행의 지급준비금은 다음과 같다.

$$D = \frac{1}{rr} \times B$$
$$R = B$$

또한, 현재의 경우에는 민간부문이 보유하고 있는 현금이 없기 때문에 화폐공급(곧 통화량, M)은 예금과 같다. 이때 지급준비율 rr은 0과 1사이의 값이므로 1/rr은 1보다 큰데 이를 신용승수(credit multiplier)라고 한다. 예를 들어 지급준비율이 10%라고 하면 신용승수는 10이 된다. 다시 말해 본원통화가 B만큼 발행되면 예금과 통화량은 그 10배인 10B가 된다.

이와 같이 부분지급준비제도는 본원통화가 주어져 있을 때, 신용창출을 통해 화폐공급을 확대한다. 이때 통화량은 본원통화에 신용승수를 곱한 것인데 본원통화는 중앙은행이 발행하는 화폐의 총량으로 전적으로 중앙은행의 결정에 달려 있다. 그리고 신용승수는 은행이 결정하는 지급준비율에 달려 있다. 그런데 은행의 지급준비금은 두 가지로 구성되어 있다. 먼저 은행의 예금에 대하여는 법으로 정해진 지급준비율이 존재하며 그와 같은 법정지급준비율(required reserve ratio)을 지키지 않으면 벌금이 부과된다. 법정 지급준비금을 지키지 않으면 벌금이 부과되기 때문에 은행은 보통 법정지급준비율보다 높은 지급준비금을 보유하고 이를 초과지급준비금(excess reserve)이라고 한다. 이때 초과지급준비율은 은행이 정하는 것이기 때문에 이들 두 가지 지급준비율을 합한 실제 지급준비율은 결국 은행이 결정한다고 할 수 있다. 이와 같이 지금의 경우에 통화량은 중앙은행과 예금은행의 상호작용에 의하여 결정된다. 따라서 원칙적으로 말해 통화량은 중앙은행이 전적으로 결정할 수 있는 것이 아니다.

지금까지 본 바와 같이 은행은 화폐공급 곧 통화량을 창출할 수 있는 능력을 갖고 있는 금융기관(financial institution)이다. 즉, 앞에서도 설명한 바와 같이 금융 중개기관은 저축을 하는 경제주체의 자금을 투자 등 여러 가지 목적으로 자금을 필요로 하는 경제주체에게 연결하는 역할을 한다. 이와 같이 저축하는 사람들로부터 차입하고자 하는 사람들에게 자금을 연결하여주는 활동을 금융 중개(financial intermediation)라고 한다. 그런데 금융 중개를 하는 시장과 금융기관에는 여러 가지가 있다. 그 가운데에서 대표적인 것이 주식시장, 채권시장, 은행, 투자은행, 증권회사, 보험회사 등이라고 할 수 있는데 이 가운데에서도 은행은 화폐공급에 포함되는 예금통화를 창출할 수 있다는 점에서 다른 금융기관과 구분된다. 한편, 부분지급준비제도에서 은행이 창출하는 예금은 부(wealth)에 포함되지 않는다는 사실에 유의하여야만 한다. 즉, 은행의 대출은 이를 차입하는 사람들에게 거래를 할 수 있는 수단을 제공하는 것이므로 화폐공급에 포함된다. 이 때, 은행으로부터의 차입자는 당연히 은행에 대하여 부채를 상환하여야 하는 의무를 지고 있다. 따라서 은행의 대출은 차입자의 부를 증가시키는 것이 아니다. 다시 말해, 은행이 창출하는 화폐공급(곧 예금통화)은 경제의 유동성(liquidity)을 증가시킬 뿐이지 부를 증가시키는 것은 아니다.

5. 통화승수

한 나라에서 유통되고 있는 통화량은 중앙은행이 직접 통제할 수 있는 본원통화에 개인과 일반 금융기관에 의해서도 크기가 결정되는 통화승수를 곱한 것과 같다. 즉, 통화공급에 있어 중앙은행의 역할을 강조하는 것이다.

본원통화(B)란 민간이 보유하는 현금통화(C)에 은행의 지급준비금(R)을 더한 것으로 정의된다. 현실통계에서는 본원통화의 크기를 현금통화와 시재금의 합인 화폐발행액에 중앙은행 지준예치금을 더해서 파악하곤 한다. 즉, 본원통화는 중앙은행의 창구를 통해 풀려나가는 일차적인 화폐공급량을 의미한다.

중앙은행이 본원통화량을 증가시키면, 앞에서 설명한 예금창조 과정을 거쳐 통화량을 그 몇 배나 되는 크기로 증가하게 된다. 이 경우의 증가비율이 바로 통화승수(money multiplier)이다.

위의 예에서 상정하고 있는 비현실적인 가정을 완화하여 각 은행이 초과지준금을 보유할 수 있으며 대출을 받은 개인이나 기업도 대출금을 모두 예금하지 않고 일부를 현금으로 보유할 수 있다는 현실적인 전제하에 통화승수를 도출해보기로 하자.

본원통화(B)	**통화(M)**
지준금(R)	요구불예금(D)
현금통화(C)	현금통화(C)

그림 6.3 신용승수와 통화승수

<그림 6.3>은 통화지표 M_1을 기준으로 할 경우, 두 가지 승수의 관련성을 도시하고 있다. 신용승수란 지준금(R)과 요구불예금(D) 사이의 관계(D/R)이고, 통화승수란 본원통화(B)와 통화(M)사이의 관계(M/B)이다. 이제, 통화승수(m)를 다음과 같이 명시적으로 도출해보자.

$$m = \frac{M}{B} = \frac{C+D}{C+R} = \frac{\frac{C}{D}+1}{\frac{C}{D}+\frac{R}{D}} = \frac{cr+1}{cr+rr} > 1$$

위 식에서 cr은 민간보유 현금통화(C)를 요구불예금(D)으로 나눈 비율로 예금통화에 대한 현금비율인 현금/예금비율(C/D)이며, rr은 지급준비금(R)을 요구불예금(D)으로 나눈 지급준비율(R/D)이다. 물론, 지급준비율(reserve ratio, rr)은 법정지급준비율(rrr)과 초과지급준비율(err)의 합과 같다.

앞에서 신용승수를 도출할 때, 민간이 현금을 전혀 보유하지 못하였고, 은행도 초과지준금을 전혀 보유하지 않으므로 지급준비율(rr)은 법정지급준비율(rrr)과 같았으며 법정지급준비율의 역수가 신용승수가 되었다. 따라서 현금보유가 없으며 법정지준금만 존재하는 경우인 신용승수는 다음의 m_c와 같다. 또한 위에 정의한 통화승수와의 관계를 비교하면 다음과 같다.

$$m_c = \frac{D}{B} = \frac{D}{R} = \frac{1}{rrr}$$
$$m = \frac{cr+1}{cr+rrr+err}$$

즉, 예금창조에 의한 신용승수는 본원통화가 한 단위 증가할 때의 예금통화로 측정되고 통화승수는 본원통화 한 단위 증가에 대한 통화량으로 측정될 수 있다. 따라서 일반적으로 본원통화 증가에 의한 통화승수가 예금창조에 의한 신용승수보다 크다.

지금까지 살펴본 바와 같이 한 경제에서 유통되는 통화량은 다음과 같은 특징을 가진다. 첫째, 본원통화와 통화승수에 비례한다. 둘째, 현금/예금비율(cr)이 커지면 통화승수의 값은 작아진다. 왜냐하면 민간부문의 화폐보유비율이 하락하면 본원통화 가운데 민간이 보유하는 화폐의 비율이 낮기 때문에 그만큼 은행예금이 증가한다. 셋째, 지급준비율(rr)이 작아질수록 커진다. 은행의 지급준비율이 낮으면 은행은 그만큼 대출을 더 늘릴 수 있기 때문이다. 따라서, 통화량은 본원통화가 클수록, cr이 작아질수록, rr이 작아질수록 커진다. 즉, 현금보유비율이 늘어날수록 통화량이 감소하는 효과를 가지며, 법정지준금을 초과하는 지준금을 가질수록 통화량은 줄어든다.

또한, 이자율이 상승할수록 화폐공급량은 증가하는 성향을 갖는다. 이자율이 상승하면 현금통화 보유의 기회비용이 높아져 cr이 줄어들고 은행들도 대출규모를 늘리기 위해 지급준비율을 낮출 것이기 때문이다.

6. 민간이 현금을 보유하는 경우의 신용승수와 통화승수

이를 일반화시켜 보자. 또한 이제는 현금예금비율과 더불어 현금통화비율을 안다고 해보자. 또한 이제 민간부문이 대출 중 일부를 현금으로 보유한다고 하자. 은행 대출 중 일부를 가계가 현금으로 보유하는 비율인 현금보유비율이 cc이고 은행이 보유하고 있던 자산을 중앙은행에 매각하여 1원을 받았다고 해보자. 여기에서 $cc=C/M$이고 $cr=C/D$이다.

은행이 중앙은행으로부터 받은 1원은 예금이 아니므로 민간부문인 가계에 전액 대출하고 가계는 이 중 cc만큼 현금으로 보유하고 $1-cc$ 만큼 은행에 예금한다. 은행은 예금의 일정비율 rr만큼(즉, $(1-cc)rr$)을 지급준비금으로 남기고 나머지 $(1-cc)(1-rr)$만큼을 가계에 대출한다. 그리고 다시 가계는 $(1-cc)(1-rr)cc$만큼 현금을 보유하고 나머지 $(1-cc)^2(1-rr)$만큼을 은행에 예치한다. 그리고 은행은 다시 $(1-cc)^2(1-rr)rr$만큼 지급준비금으로 보유하고 나머지 $(1-cc)^2(1-rr)^2$만큼 가계에 대출한다.

이와 같이 대출과 예금의 순환이 무한히 반복되면 은행예금(D), 민간의 현금보유(C), 은행의 지급준비금(R)을 다음과 같이 구할 수 있다.

$$D = (1-cc) + (1-cc)^2(1-rr) + (1-cc)^3(1-rr)^2 + L \ = \frac{1-cc}{1-(1-cc)(1-rr)}$$

$$C = cc + (1-cc)(1-rr)cc + (1-cc)^2(1-rr)^2 cc + L \ = \frac{cc}{1-(1-cc)(1-rr)}$$

$$R = (1-cc)rr + (1-cc)^2(1-rr)rr + (1-cc)^3(1-rr)^2 rr + L \ = \frac{(1-cc)rr}{1-(1-cc)(1-rr)}$$

이제 중앙은행이 B만큼의 본원통화를 발행하여 은행의 보유자산을 받은 대가로 제공하였다면 예금통화, 현금통화 및 지급준비금은 다음과 같이 구할 수 있다.

$$D = \frac{1-cc}{1-(1-cc)(1-rr)}B$$

$$C = \frac{cc}{1-(1-cc)(1-rr)}B$$

$$R = \frac{(1-cc)rr}{1-(1-cc)(1-rr)}B$$

화폐공급, 즉 통화량은 예금통화와 현금통화의 합이므로

$$M = C + D = \frac{1}{1-(1-cc)(1-rr)}B = \frac{1}{cc + rr(1-cc)}B$$

또한 신용승수와 통화승수는 다음과 같다.

$$m_c = \frac{D}{B} = \frac{1-cc}{1-(1-cc)(1-rr)}$$

$$m = \frac{M}{B} = \frac{1}{1-(1-cc)(1-rr)}$$

지금까지 우리는 cc=C/M과 rr=R/D를 이용하여 통화승수를 구하여 보았다. 그런데 앞에서 현금/예금비율(cr=C/D)이었다. cc와 cr의 관계는 다음과 같고, 통화승수는 앞의 경우와 같아진다.

M=C+D이므로

$$\frac{cc}{1-cc}=\frac{\frac{C}{M}}{\frac{M-C}{M}}=\frac{C}{M-C}=\frac{C}{D}=cr \leftrightarrow cc=\frac{cr}{1+cr}$$

$$\therefore m=\frac{M}{B}=\frac{1}{1-(1-cc)(1-rr)}=\frac{1+cr}{cr+rr}$$

통화승수는 본원통화가 한 단위 증가하였을 때 통화량이 몇 단위 증가하는 지 보여준다. 예를 들어, 지급준비율(rr)이 10%, 현금보유비율(cc)이 10%라면 신용승수는 4.7, 통화승수는 5.3이 된다. 또한 $M=C+D=\frac{1}{1-(1-cc)(1-rr)}B$을 정리하면 $m=\frac{M}{B}=\frac{C+D}{C+R}=\frac{\frac{C}{D}+1}{\frac{C}{D}+\frac{R}{D}}$ $=\frac{cr+1}{cr+rr}>1$를 얻을 수 있다.

지금까지 본 바와 같이 화폐공급은 중앙은행, 일반은행 및 민간부문의 상호작용에 의해 결정된다. 첫째, 화폐공급은 중앙은행이 발행하는 본원통화에 비례한다. 즉, 본원통화가 증가하면 화폐공급이 증가하는데 이 때의 비례상수가 통화승수가 된다. 둘째, 은행의 지급준비율이 낮으면 통화승수와 화폐공급이 증가한다. 셋째, 민간부문의 화폐 보유비율이 하락하면 본원통화 중, 민간이 보유한 화폐의 비율이 낮으므로 은행예금이 증가하여 은행이 더 많은 신용과 통화량을 창출할 수 있어 통화승수와 화폐공급이 증가한다.

7. 통화공급의 내생성

지금까지 우리는 비은행 민간의 현금보유비율과 은행의 지급준비율이 일정하다는 가정아래 화폐공급을 설명하였다. 그러나 비은행 민간부문의 화폐보유 비율이나 은행의 지급준비율은 이자율에 영향을 받는다. 즉, 화폐 보유의 기회비용은 명목이자율이다 따라서 명목이자율이 높으면 화폐 보유의 기회비용이 높기 때문에 비은행 민간이나 은행 모두 화폐의 보유 비율을 낮게 유지하고자 한다. 반대로 명목이자율이 낮으면 화폐 보유의 기회비용이 낮기 때문에 화폐의 보유비율을 높게 유지한다. 다시 말해 비은행 민간의 화폐보유비율 cc(또는 cr)와 은행의 지급준비율 rr은 명목이자율의 감소함수이다.

명목이자율과 비은행 민간 및 은행의 현금보유비율의 관계를 이용하면 화폐공급이 이자율의 함수가 된다.

$$M(i) = \frac{1}{1-(1-cc(i))(1-rr(i))}B$$

여기서 i는 명목이자율로 실질이자율(r)과 기대물가상승률(π)의 합으로 나타낼 수 있다. 위의 식에서 cc(i)와 rr(i)은 이자율에 대하여 감소함수이므로 화폐공급 M(i)는 이자율에 대하여 증가함수이다.

화폐공급함수는 거시경제의 내생변수인 이자율의 증가함수이므로 우리가 앞에서 가정한 바와 같이 외생변수가 아니다. 그런데 화폐공급의 내생성은 케인즈 학파와 통화론자들이 이론적으로 대립하던 1960년대와 19770년대에 중요한 논쟁거리 가운데 하나였다. 즉, 화폐공급이 이자율의 증가함수가 되면 이후에 나올 LM곡선의 이자율 탄력도가 증가하고 그에 따라 재정정책의 효율성은 증가하고 금융정책의 효율성은 감소한다. 따라서 케인즈학파 학자들은 화폐공급의 내생성을 들어 통화량과 통화정책을 중시하는 통화론자들을 이론적으로 공격하였다.

8. 통화관리방식

앞에서 살펴본 바와 같이 통화량(M)은 중앙은행이 공급하는 본원통화량(B)과 통화승수(m)에 의해 결정되는데, 통화승수를 결정하는 요인 중 현금통화비율(cc)과 초과지급준비율(err)은 중앙은행이 직접 통제할 수 없다. 따라서, 중앙은행은 스스로 통제할 수 있는 정책수단을 동원하여 금융정책(monetary policy)의 목표를 추구할 수 밖에 없다.

다른 경제정책과 마찬가지로 금융정책도 물가와 고용의 안정, 경제성장의 제고 및 국제수지의 균형 등을 최종목표로 삼고 있다. 이를 달성하기 위하여 중앙은행은 다양한 정책수단을 사용하지만, 정책수단(instruments)이 최종목표에 영향을 주기까지는 상당한 시차가 필요하며 그 과정 또한 불확실한 경우가 많다. 따라서, 정책당국은 정책수단과 최종목표 사이에 중간목표를 설정하고, 이 표적을 적절히 관리함으로써 좀더 효율적으로 최종목표에 도달하는 방식을 채택하고 있다.

<그림 6.4>는 금융정책의 이러한 3단계를 요약하고 있다. 중앙은행이 사용하는 구체적인

정책수단으로는 신용할당(credit rationing)과 도덕적 권유(moral suasion)와 같은 직접규제방식 및 공개시장조작(open market operation)과 지급준비율정책(reserve ratio policy), 재할인율정책(rediscount policy) 등을 포함하는 간접규제방식이 있다.

직접규제방식에서 신용할당(credit rationing)이란 금융기관이 역선택 문제를 우려하여 모든 차입자에게 동일한 금리를 적용하면서 자금을 할당하는 현상이 발생할 수 있는데 이 경우에도 통화공급의 증가로 금리가 하락하면 위험도가 낮은 투자를 선호하는 차입자들이 대출수요의 대부분을 차지하게 되어 대출자의 대출이 증가하고 투자 및 생산이 증대된다. 따라서 일부 차입자가 높은 금리를 지불할 의사가 있다고 할지라도 은행이 역선택 문제를 우려하여 금리를 인상하기보다는 낮은 금리를 책정하고 기업의 초과자금 수요는 기업에게 자금을 할당하여 대처하는 현상을 신용할당이라고 한다.

직접규제방식에서 도덕적 권유란 중앙은행과 정부가 시장 참여자에게 강압이 아닌 권고 또는 권유의 방식으로 의도한 바를 시장참여자들이 준수하도록 유도하는 것으로써 금리인하 등을 통해 투자 활성화를 목적으로 하는 정책 등을 말한다.

간접규제방식 중, 지급준비율정책은 법정지급준비율(rrr)을 변화시켜 통화승수의 크기를 변화시킨다. 앞에서 언급한 바와 같이, 지급준비제도란 금융기관으로 하여금 지급준비금 적립대상 채무의 일정비율(지급준비율)에 해당하는 금액을 중앙은행에 지급준비금으로 예치하도록 의무화하는 제도이다. 중앙은행은 지급준비율을 조정하여 금융기관의 자금사정을 변화시킴으로써 시중의 유동성을 조절하고 금융안정을 도모할 수 있다. 예를 들어, 지급준비율을 올리면 은행들은 더 많은 자금을 지급준비금으로 예치해야 하기 때문에 대출 취급이나 유가증권 매입 여력이 축소되고 결국 시중에 유통되는 돈의 양이 줄어들게 된다. 이에 따라 시중 유동성이 줄어들게 되고, 과도한 대출 증가로 인한 금융불안 가능성도 방지할 수 있게 된다. 즉, 지급준비율이 높으면 은행의 대출이 제한되므로 은행이 창출하는 신용이 제한된다. 조금 더 자세히 살펴보면 지급준비율 정책을 사용하여 높은 지급준비율로 변화하면 통화승수가 줄어들어 통화량이 줄어들므로 이자율이 상승한다.

한편, 재할인율정책과 공개시장조작은 본원통화의 양을 변화시켜 통화량을 조절하는 정책수단이다. 재할인율이란 중앙은행에서 일반은행에 빌려주는 자금에 적용되는 금리를 말한다. 중앙은행이 재할인율을 높이면 일반은행의 이자부담이 늘어 중앙은행으로부터 돈을 덜 빌리게 된다. 즉, 재할인율정책은 중앙은행의 대출정책으로서 상업은행이 기업에 할인해 준 어음을 중앙은행이 다시 할인하여 매입하는 방식으로 자금을 지원하는 제도이다. 따라서 재할인율이 하락하면 예금은행은 중앙은행으로부터 차입을 할 것이므로 본원통화는 늘어나게 되고 본원통화가 늘어나면 통화량이 늘어날 것이다. 여기서 통화량이 늘어나면 이자율은 감소하게 된다. 물론, 예금은행이 충분한 자금을 가지고 있다면 재할인율정책이 효과가 없다. 따라서 예금은행이 충분한 자금을 가지고 있다면 본원통화가 아니라 통화승수를 변화시키는 정책이 될 수도 있다.

공개시장조작이란 중앙은행이 단기금융시장이나 채권시장과 같은 공개시장에서 금융기관을 상대로 국공채를 사고 팔아 화폐공급을 조절하는 수단이다. 즉, 화폐공급을 증가시키고자 하면 정부가 국채를 매입하고 화폐를 공급하면 된다. 국채를 매입하면 시중에 화폐가 풀리므로 본원통화가 늘어나고 본원통화가 늘어나 통화량이 늘어날 것이며 이자율은 하락하게 된다.

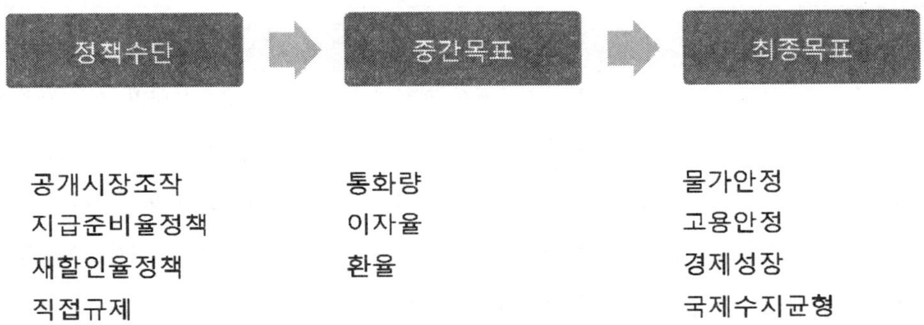

그림 6.4 금융정책의 정책수단과 중간목표 및 최종목표

어떤 변수가 금융정책의 중간목표로 사용될 수 있으려면, 이 중간목표는 최종목표와 체계적이고 안정적인 관계를 가져야 하며 또한 중간목표는 정책수단을 통해 통제될 수 있어야 한다. 전통적으로 사용되어 온 대표적인 중간목표는 수량변수인 통화량과 가격변수인 이자율인데, 이 두 가지 중간목표 중 어느 것을 선택하여야 하는가를 둘러싸고 경제학자들은 큰 의견대립을 보이고 있다.

먼저, 통화량을 중간목표로 선정하자고 주장하는 통화주의학파 경제학자들은 물가안정을 위해서는 화폐증가율을 일정한 범위 안에 묶어 두어 통화량을 안정적으로 유지하는 것이 무엇보다 중요하다고 강조한다. 또한, 이들은 통화량 대신 이자율을 일정하게 유지하는 정책은 오히려 경기를 불안정하게 만들 위험이 있다고 경고하고 있다. 예를 들어, 호황(불황)국면에서 이자율의 상승(하락)을 막기 위하여 화폐공급량을 증가(감소)시키는 것은 경기를 과열(하락)시키는 결과를 초래할 수 있다는 것이다.

이와는 대조적으로, 중간목표로 이자율을 선호하는 케인즈학파 경제학자들은 통화량을 중간목표로 채택하면 이자율에 급격한 변동이 야기되어 투자지출이 불안해지는 등 실물부문이 불안정해진다고 주장한다.

최근 금융산업의 급속한 발달로 인해 다양한 금융상품이 등장함에 따라 통화량의 조절은 무척 어려운 일이 되고 말았다. 이와 더불어 자본의 구제적 이동이 활발해짐에 따라 통화량의 실물부문의 연계성이 크게 줄어든 것도 사실이다. 이에 따라, 최근 많은 나라에서는 통화량보다는 이자율과 환율을 중심으로 금융정책을 운영하는 추세를 보이고 있다.

9. 한국의 통화정책

우리나라의 경우, 통화공급은 금융통화위원회에서 결정된다. 7인의 금융통화위원 중 한국은행 총재와 부총재는 당연직이고 나머지 5명은 기획재정부 장관, 한국은행 총재, 금융위원회 위원장, 대한상공회의소 회장, 전국은행연합회 회장의 추천에 의해 대통령이 임명한다.

한국은행 총재는 금융통화위원회를 대표하는 의장으로서 회의를 주재한다. 금융통화위원회의 본회의는 의장이 필요하다고 인정하는 때, 또는 위원 2인 이상의 요구가 있을 때 의장이 소집할 수 있는데 현재는 매월 둘째주, 넷째주 목요일에 정기회의가 개최되고 있다. 본회의에 상정되는 안건을 심의·의결하기 위해서는 통상 7인의 금통위원 중 5인 이상의 출석과 출석위원 과반수의 찬성이 필요하며 금융통화위원회가 의결을 한 때에는 의결서를 작성한다. 한편 본회의의 논의내용에 대해서는 의사록을 작성하고 의사록 내용 중 통화신용정책에 관한 사항에 대해서는 외부에 공개한다. 본회의 이외의 회의로는 상정 안건과 관련한 논의 등을 위한 간담회, 금융경제동향 등에 관하여 관련 부서의 보고를 듣고 서로 의견을 교환하기 위한 협의회 등이 있다. 한편, 대국회 보고를 위한 통화신용정책보고서나 연차보고서, 한국은행의 예산 등과 같은 중요 사안에 대해서는 별도로 심의위원회를 구성하여 보다 면밀한 검토가 이루어지도록 하고 있다.

금융통화위원회의 통화정책 결정은 다음과 같다. 연간 통화정책 운영계획 (중기물가안정목표 설정)을 발표한다. 목표설정 주체는 정부와 협의하여 한국은행이 결정한다(한은법 제6조).

목표대상 물가지수는 소비자물가지수(CPI)가 된다. 2006년 이전에는 근원인플레이션율(소비자 물가 변동분에서 농산물 및 석유류 가격변동분을 제외) 을 목표대상 물가지수로 선택하고 있다. 목표수준은 3.0±1%이다. 이와 같은 이유는 적정 인플레이션을 3% 정도로 추정하고 있으며 각종 불확실성을 고려하고 그간의 물가 움직임 및 향후 전망, 주요국의 물가안정목표 사례 등을 감안하여 2010년부터 변동허용폭을 ±0.5%에서 ±1.0%로 확대하여 상하 1%p의 범위(range)를 설정한다. 2013년~2015년 중 물가안정목표는 소비자물가상승률(전년동기대비) 기준 2.5~3.5%로 설정되어 있다. 종전에는 3개년 평균 물가상승률을 기준으로 목표달성여부를 평가하였으나, 2010년부터는 중기적 시각에서 물가흐름을 정기적으로 점검하는 방식으로 개편하였다. 월중 통화정책방향은 매월 정례 금융통화위원회(통상 둘째주 목요일) 후 한국은행 기준금리를 포함한 「월중 통화정책방향」을 통해 발표하고 있다.

주요통화정책 수단으로 지급준비제도를 살펴보자. 지급준비제도란 은행이 고객의 예금인출 요구에 대비하여 예금액의 일정비율(지급준비율)을 중앙은행에 예치토록 하는 제도이다. 예금자보호 목적하며 지급 결제 및 통화조절수단으로 발전되었다.

지급준비제도는 1980년대 이후 전세계적으로 통화정책이 통화량 중심에서 금리 중심으로 전환됨에 따라 그 활용도가 과거에 비해 저하된 것은 사실이지만 우리나라를 비롯한 주요국에서 여전히 중요한 통화정책 수단으로 간주되고 있다. 이는 금융기관으로 하여금 중앙은행에 일정규모의 지급준비금을 당좌예금으로 예치하게 함으로써 중앙은행 당좌예금계좌를 이용한 금융기관간 지급결제가 원활히 이루어지도록 함은 물론 단기시장금리를 안정시킴으로써 금리정책의 유효성을 제고하는 등 그 유용성이 크기 때문이다. 따라서 최근 통화조절수단으로서의 기능이 약화되었는데 그 이유는 다음과 같다. 지준대상 금융기관에 무수익자산을 강제예치하도록 함으로써 금융거래비용이 상승하였다. 지급준비율의 소폭 조정에도 전체적인 유동성 수준 및 대상금융기관 수지에 크게 영향을 주므로 일상적인 유동성조절수단으로 사용하기는 곤란한 측면이 있다.

지준의무 부과대상은 예금은행 및 산업은행의 예금채무이며 법정 최저 지급준비율은 예금종별로 0~7%이나 평균지급준비율은 3.0% 내외로 하고 있다. 실제 지급준비금 = 한은예치금 + 시재금(필요지준의 35% 한도)로 계산된다. 지급준비율은 최고 50%를 초과하지 않는 범위내에서 금융통화위원회가 지급준비금 적립대상 채무의 종류 및 규모별로 결정하도록 되어 있다. 다만, 현저한 통화팽창기에는 지정일 현재의 지급준비금 적립대상 채무액을 초과하는 증가액에 대하여 최대 100%까지의 한계지급준비율을 정함으로써 이에 해당하는 금액을 추가로 보유하도록 할 수 있다.

한편, 한국은행법 개정에 따라 2011년 12월 17일부터는 기존 예금채무 이외에 일부 금융채에 대해서도 지급준비율을 부과할 수 있게 되었다. 즉, 금융기관은 지급준비금을 원칙적으로 한국은행 당좌예금으로 보유하여야 하나 필요지급준비금의 35%까지 금융기관 자신이 보유하고 있는 한국은행권을 지준예치금으로 인정해주고 있다.

표 6.7 법정 최저 지급준비율

부과대상예금	지급준비율
장기주택마련저축, 재형저축	0%
정기예금, 정기적금, 상호부금, 양도성예금증서	2%
기타예금	7%

주 : 양도성예금증서는 지급준비예치대상 금융기관을 상대로 발행한 경우 제외

적립방식은 반월계산 1개월 이상 이연 적립방식으로 하고 있다. 반월단위로 지준부과대상 예금에 대한 법정지급준비금을 일정한 시차를 두고 평잔기준으로 보유토록 의무화하도록 하고 있다.

법정지급준비금(필요지준) = 지준계산기간중 예금평잔×지급준비율로 계산된다. 지준적립기간은 상반월(1일~15일)은 다음달 둘째주 목요일부터 넷째주 수요일(2주)이고 하반월(16일~월말일)은 다음달 넷째주 목요일부터 그 다음달 둘째주 수요일(2주 또는 3주)에 적용된다.

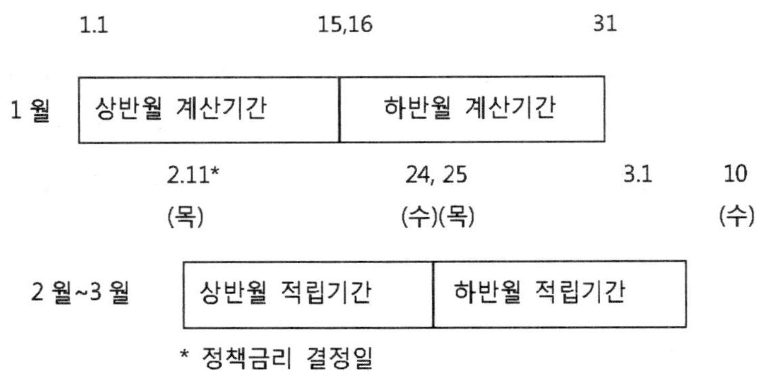

그림 6.5 지급준비금 적립방식(2010년 1월 예시)

또한, 국내의 공개시장조작을 살펴보자. 공개시장조작이란 중앙은행이 금융시장에서 금융기관을 상대로 국채 등을 매매하여 금융기관의 유동성을 변화시킴으로써 통화량과 단기시장금리를 조절하는 정책수단이다. 공개시장조작의 장점은 다양한 경제주체가 참여하는 금융시장에서 시장메커니즘에 따라 수행하므로 시장원리에 부합한다. 정책당국의 필요에 따라 실시시기, 조작규모 및 조건 등을 수시로 조정하므로 신축적인 정책운용이 가능하여 1980년대 이후 주된 통화정책수단으로 활용되고 있다. 공개시장조작의 파급경로는 다음과 같다.

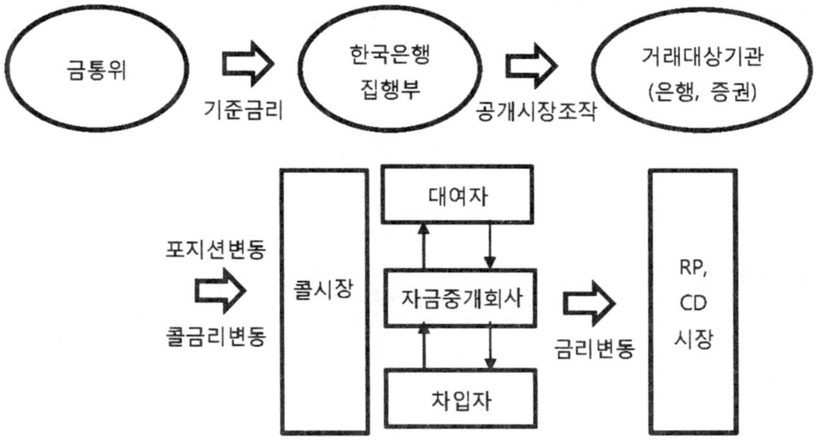

그림 6.6 공개시장조작의 파급경로

여기서 콜시장이란 금융기관들이 일시적 자금과부족을 조절하기 위해 초단기(대부분 1일물)로 자금을 차입 또는 대여하는 금융기관간 시장이다. 콜시장은 한국은행이 공개시장조작을 통해 직접적으로 영향력을 행사할 수 있는 금융시장이 된다. 예금은행들의 지준과부족 조절을 위한 지준시장 + 증권사 등 비은행금융기관의 결제자금조절시장으로 구성된다. 결제자금에 비해 지준자금의 규모가 훨씬 큰 데다 비은행금융기관의 잉여자금이 거래은행으로 집중되므로 은행의 지준자금 과부족이 콜금리에 가장 큰 영향을 미친다. 따라서 한국은행은 공개시장조작을 통해 은행의 실제 지급준비금을 조절함으로써 콜금리를 간접적으로 조절한다.

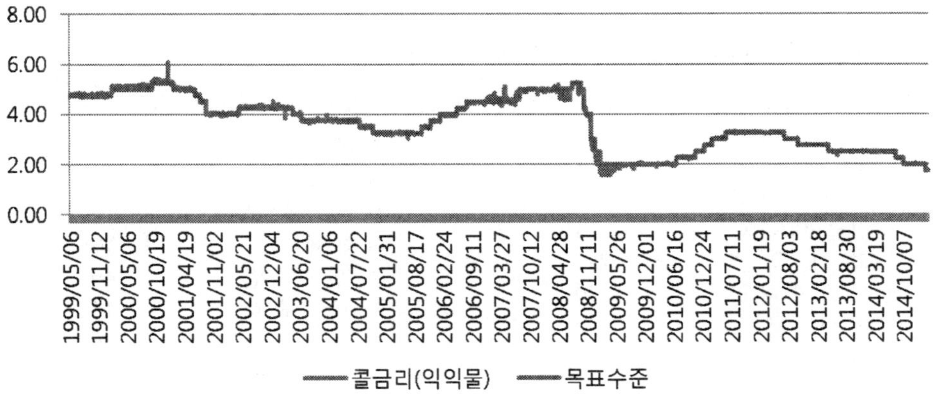

그림 6.7 기준금리와 콜금리 추이

공개시장조작 운영체계를 그림으로 나타내면 다음과 같다.

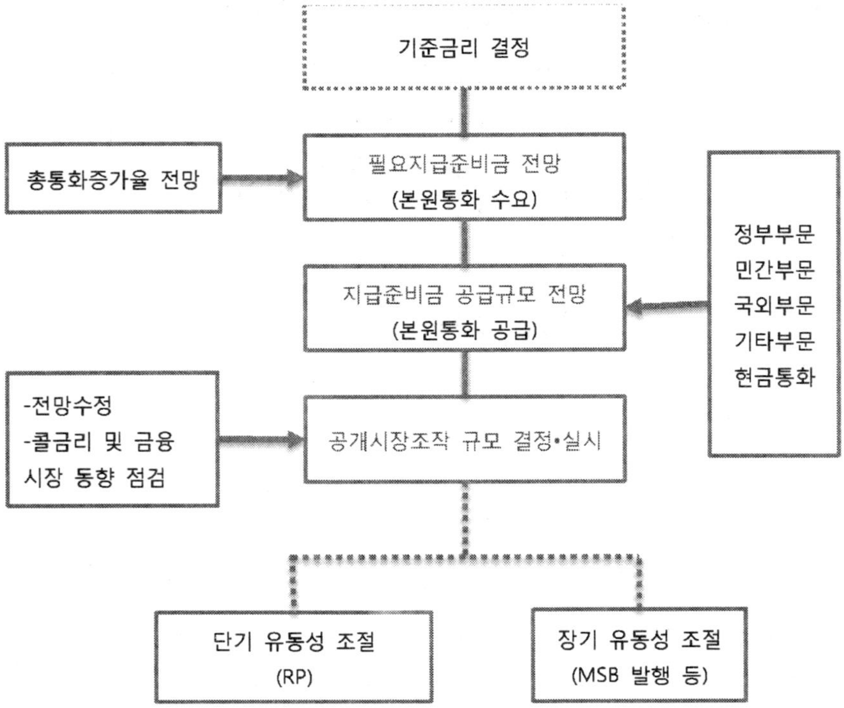

그림 6.8 공개시장조작 운영체계

중앙은행인 한국은행의 대차대조표를 간단히 표시하면 다음과 같다.

표 6.8 중앙은행 대차대조표(2009년말, 조원)

자산		부채	
국채	13	화폐발행액	37
정부대출금	0	지준예치금	31
민간대출금	13	정부예금	5
외화증권	291	외화예수금	76
외화예치금	20	통안증권	149
RP 매입	2	RP 매각	14
기타	24	기타	46
		자본	6
자산계	364	부채 및 자본	364

대차대조표에서 다음과 같은 항목들이 정책수단으로 이용된다.

표 6.9 본원통화(B) 및 중앙은행 통화정책수단(2009년말, 조원)

자산				부채		
정부	국채	13		본원통화	화폐발행액	37
	정부대출금	1			지준예치금	31
	△ 정부예금	5	9		→ 지급준비금제도	
민간	민간대출금	13 → 대출제도	13			
해외	외화증권	291				
	외화예치금	20				
	△ 외화예수금	76	235	통안증권	149	→ 공개시장조작
기타	기타자산	24		RP매각(순)	12	
	△ 기타부채	46				
	△ 자본	6	−28			
계			229	계		229

표 6.10 본원통화 수요, 공급, 공개시장조작(2009년말, 조원)

본원통화 수요	화폐발행액	37
	지준예치금	31
	계 (A)	68
본원통화 공급	정부	9
	민간	13
	해외	235
	기타	−28
	계 (B)	229
공개시장조작	통안증권	149
	RP매각(순)	12
	계 (B−A)	161

CHAPTER 07

화폐시장의 균형

화폐가 실물경제에 미치는 효과를 분석하기 위해서는 화폐시장의 균형이 어떻게 결정되는지를 먼저 살펴보아야 한다. 이 장에서는 이를 위해 제6장의 화폐공급에 관한 논의를 간단히 정리한 후, 화폐의 수요에 관한 여러 이론들을 상세히 공부한다. 또한, 화폐시장의 균형이자율은 화폐의 수요량과 공급량이 일치하는 수준에서 결정된다는 기본원리를 살펴보기로 한다.

1. 화폐의 공급

6장에서 살펴보았듯이, 화폐의 공급량은 중앙은행뿐만 아니라 개인과 일반 금융기관에 의해서도 결정된다. 이럼에도 불구하고, 우리는 분석의 편의상 중앙은행이 다양한 정책수단을 통해 화폐공급량을 임의로 조절할 수 있다고 가정하여도 큰 문제가 없다.

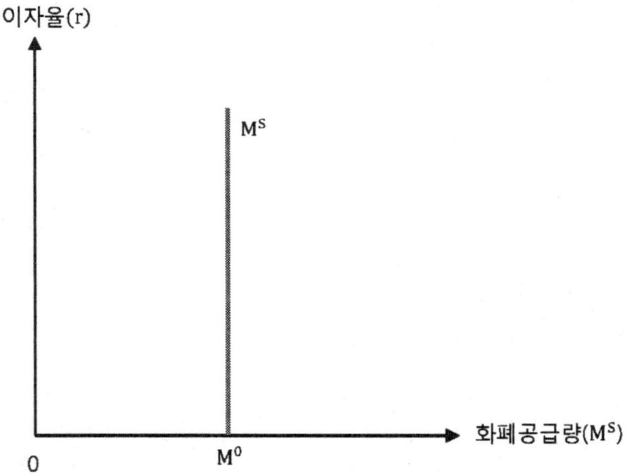

화폐공급곡선은 주어진 통화량 수준에서 수직선의 형태를 나타낸다.

그림 7.1 **화폐공급곡선**

중앙은행의 화폐공급량이 이자율과 관계없이 M_0로 주어졌다면 화폐공급곡선은 <그림 7.1>에서처럼 수직선의 형태를 띤다. 만약, 중앙은행이 화폐공급량을 M_0에서 M_1으로 증가시키면 화폐공급곡선은 <그림 7.2>에서처럼 오른쪽으로 이동한다. 이와는 반대로, 화폐공급량이 감소할 경우 화폐공급곡선은 좌측으로 이동한다.

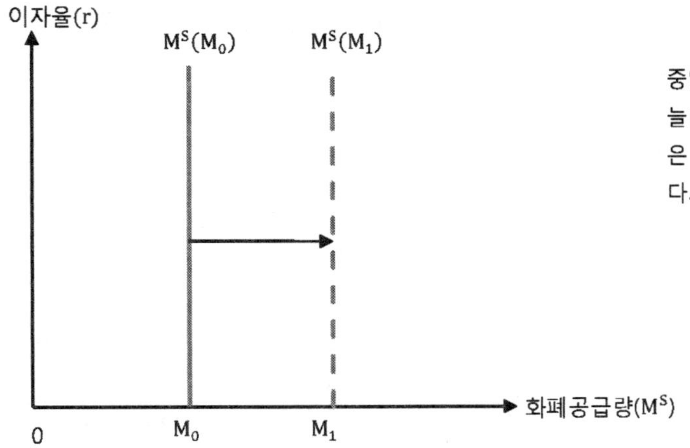

중앙은행이 통화량을 늘리면, 화폐공급곡선은 오른쪽으로 이동한다.

그림 7.2 화폐공급곡선의 이동

2. 화폐의 수요

화폐수요이론이란 "사람들은 왜 돈을 필요로 하며, 얼마나 보유하려 하는가?"에 대한 대답을 찾기 위한 것이다. 사람들은 돈(money), 소득(income), 부(wealth)를 동일시 하지만 화폐는 다양한 종류의 자산 중의 하나이다. 또한, 화폐 = 중앙은행이 발행하는 현금+시중은행이 발행하는 자기앞 수표, 요구불예금 등 손쉽게 현금으로 바꾸어 쓸 수 있는 자산이기도 하다. 화폐수요이론은 거시적으로 화폐가 경제에 어떤 영향을 미치는지 분석할 수 있게 하도록 하게 해 준다. 예를 들어 자산선택이론이 아닌 일반적인 경우, 화폐수요가 증가(M^d↑)하면 유동성이 감소 (L↓)하고 이자율이 증가 (i↑)하여 투자가 감소 (I↓)하는 것으로 이어질 수 있다.

화폐를 보유하는 가장 큰 이유는 교환의 매개수단(medium of exchange)으로 사용하기 위해서이며 교환의 매개수단으로 사용하기 위해서 화폐를 보유하는 것을 거래적 동기에 의한 화폐수요(transactions demand for money)라고 한다. 거래적 동기에 의한 화폐수요 이론에 따르면 화폐는 저축성 예금이나 채권 그리고 주식과 같은 다른 자산과 비교할 때 수익이라는 면에서는 열등하다(dominated). 그러나 사람들은 거래에 필수적으로 사용되어야만 하기 때문에 화폐를 보유한다. 다시 말해 화폐를 보유하는 경우 한편으로는 낮은 수익이라는 비용이 발생하고 다른 한편으로는 거래에 있어서의 편리함 또는 유동성 확보라는 편익이 발생한다. 따라서 사람들은 비용과 편익을 비교하여 화폐의 보유량을 결정한다.

화폐수요이론은 고전학파의 화폐수량설(Quantity Theory of Money, QTM)을 시작으로 발전을 거듭하고 있으나, 아직도 이에 관한 통일된 견해는 없는 실정이다. 유동성선호설(liquidiy preference theory)을 주장한 케인즈는 고전학파의 화폐수요이론을 한 차원 높인 것으로 평가받고 있다. 그러나, 통화주의학파의 거장 프리드먼(M. Friedman)은 신화폐수량설(restatement of quantity theory of money)로 고전학파의 화폐수요이론을 옹호하고 있다.

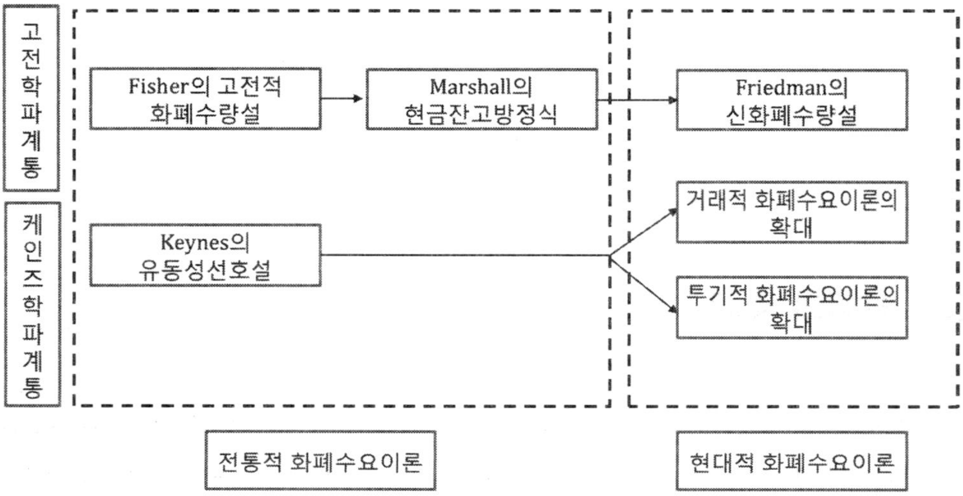

그림 7.3 화폐수요이론의 발전

2.1 _ 전통적 화폐수량설: Fisher의 화폐수량설과 Marshall의 현금잔고방정식

사람들이 보유하고자 하는 화폐의 양에 결정적인 영향을 미치는 변수는 무엇인가? 고전학파의 화폐수량설은 물가수준이 통화량의 크기에 의해 결정된다는 명제로부터 위의 질문에 대한 대답이 단순히 소득수준이라고 말하고 있다. 즉, 화폐수량설에 의하면 사람들은 명목소득의 일정비율만큼 화폐를 수요한다는 것이다. 이에 대한 논거는 미국의 경제학자 피셔(I. Fisher)의 교환방정식(equation of exchange)에서 찾고 있다. 따라서 고전적 화폐수량설은 화폐량, 물가, 실질산출량(소득)간의 관계를 설명하고자 하는 것이다. 특히 물가변동 및 실질화폐량의 변화에 대해 화폐공급량의 주된 인과관계를 살펴보는 것이다.

이론을 살펴보기 전에 근대이전의 화폐와 물가변동에 대한 전개를 살펴보자. 우리가 살고 있는 자본주의적 세계는 언제, 어떻게 시작되었을까. 많은 사람들이 서양의 16세기를 그

출발점으로 간주하고 있다. 다만 어떻게 출발했는지에 대해서는 다소 논란이 있다. 개인이 소유한 기업들이 시장 확보를 위해 경쟁을 하고 무제한적으로 이윤을 추구하는 것이 자본주의의 본질적 양상이다. 일찍이 독일의 막스 베버는 이러한 양상이 처음으로 나타난 곳이 네덜란드 영국 등 칼뱅주의가 널리 퍼졌던 지역임에 착안해 예정설, 소명, 금욕과 같은 칼뱅주의 교리가 만들어낸 독특한 종교적 윤리가 자본주의 정신을 만들어냈다고 주장했다. 그러나 유물론적 역사 인식을 가진 사람들은 16세기 가격 혁명이 가져온 경제 · 사회적 결과를 더 중요하게 생각한다.

가격 혁명은 16세기 유럽의 물가가 4배 가까이 오른 현상을 가리키는 말이다. 연평균으로 따지면 1.4% 정도이니 1970년대 내내 매년 두 자릿수의 물가 인상이 이어졌던 것을 기억하는 한국 사람들은 그 정도 가지고 혁명이라는 수식어가 가당하기나 한 것이냐고 반문할지 모른다. 그러나 20세기 이전에는 장기간에 걸쳐 지속적으로 물가가 오르는 현상은 거의 없었다. 13세기에 물가가 오른 적이 있고 영국의 산업혁명 시기(1760~1815년)에도 물가가 오르기는 했으나 16세기와는 비교가 되지 않을 정도로 작은 규모였다. 그러므로 미증유의 경제현상을 목격한 동시대인들의 당혹감은 우리가 생각하는 것보다 훨씬 컸을 것이다. 1568년 <말레트루아씨(氏)의 패러독스에 대한 회답>에서 프랑스의 장 보댕(J. Bodin)은 가격의 혁명에 대해 설명을 시도하였다. 즉, 아메리카로부터 유입된 금과 은 때문에 화폐 가치가 떨어졌다고 생각했다. 즉, 화폐량이 늘어나면서 화폐 가치가 떨어졌다고 생각한 것이다. 영국의 토머스 스미스는 처음에는 영국 정부에 의한 불량화폐 발행(debasement)을 주범으로 생각했다. 헨리 8세를 비롯한 영국 튜더조의 국왕들이 정부의 재정적자를 손쉽게 메워 보려고 화폐의 액면은 그대로 둔 채 금, 은의 양을 줄이는 편법을 동원했는데 이 때문에 통화량이 증가했다는 것이었다. '악화가 양화를 몰아낸다'는 토머스 그레셤의 유명한 말도 이 때 나왔다. 엘리자베스 여왕이 건의를 받아들여 화폐의 편법 발행을 중지했으나 물가는 계속 올랐다. 스미스가 생각을 바꿔 보댕의 생각을 받아들인 것은 이 때문이었다. 그러나 이들을 제외한 대부분의 동시대인들은 상인들의 탐욕 때문에 물가가 올라간다고 생각했고 각국 정부도 상인들의 매점매석을 규제하기에 바빴다. 따라서 보댕이나 스미스가 생각했던 것처럼 아메리카에서 유입된 금, 은 또는 불량화폐 발행 때문이라고 보는 총통화 이론으로 보았다.

로크(J. Locke)는 1691년 <금리저하와 화폐가치와 화폐가치 앙등의 결과에 관한 고찰>에서 최초의 명백한 화폐수량설을 제시하였다. 흄(D. Hume)은 1752년 화폐수량의 변화가 물가변화로 나타나기 이전에 생산의 변화를 자극하여 물가변화로 이어진다는 것을 보였다. 이외에도 스미스(A. Smith), 리카르도(D. Ricardo), 밀(J. S. Mill) 등 여러 고전학파 학자들도 물가변동을 주로 화폐수량과 그 유통속도의 변화로 설명하였다.

화폐수량설은 물가수준이 통화량의 크기에 의해 결정된다는 명제로부터 위의 질문에 대한 대답이 단순히 소득수준이라고 앞에서 설명하였다. 즉, 화폐수량설에 의하면 사람들은 명목소득의 일정비율만큼 화폐를 수요한다는 것이다. 이에 대한 논거는 미국의 경제학자 피셔(I. Fisher)의 교환방정식(equation of exchange)은 2가지 형태의 항등식이 있다[10].

먼저, 거래형으로 MV=PT가 된다. 거래형과 비슷하게 소득형은 MV=PY가 된다. 본 장에서 설명의 편의를 위해 실질국민소득을 Y로 나타내고 명목국민소득을 y로 표시하자. 여기서 M은 통화량, V는 화폐의 유통속도, P는 물가수준, T는 거래량, Y는 실질국민소득을 나타낸다. 피셔는 위의 두식을 항등식으로 보고 가정을 넣어 이론화시켰다. 뒤의 소득형을 보다 자세히 살펴보자. 교환방정식은 명목국민소득(PY)이 화폐의 평균보유액(M)에 화폐유통속도(Velocity of money, V)를 곱한 것과 같다는 사실을 나타내는 항등식이다. 즉, MV=PY가 된다. 이와 같이 일정기간 동안에 발생한 최종생산물의 거래에서 사용된 화폐의 회전수를 화폐의 유통속도라고 한다.

화폐수량설은 위의 교환방정식에서 유통속도(V)가 일정하다고 가정하고 있다. 즉, V는 소득지불방식이나 금융산업의 발달정도 및 화폐사용의 관습 등에 의존하므로 단기에 있어 고정된 값(V_0)을 갖는다는 것이다. 또한, 앞에서 공부한 바와 같이 고전학파의 세상에서 실질국민소득(Y)은 공급측면에만 의해 잠재GDP(Y_P)수준으로 결정된다.

화폐의 유통속도에 대한 예를 들어보자. 1년에 피자 100판을 생산하며 피자 한 판의 가격이 $10이라고 해보자. 이 경제의 통화량이 $50이라면 화폐유통속도 $V = \frac{\$10 \times 100}{\$50} = 20$ 이다. 즉 이 경제에 사는 사람들은 1년에 피자를 구입하는데 $1,000을 지출한다고 하자. $1,000지출을 $50의 화폐로 결제하려면 지폐 한 장이 1년 동안 20번 회전해야 한다는 것을 의미한다. 이러한 전제하에서 교환방정식은 이제 다음과 같이 표현된다.

$$P = \frac{V_0}{Y_p} M$$

위 식에서 V_0/Y_P는 일정한 상수이다. 즉, 화폐수량설은 국민소득과 유통속도가 일정하다는 전제아래 통화량과 물가수준이 정비례관계에 있다는 주장이다. 이러한 주장에서 화폐수요에 대한 시사점을 다음과 같이 도출할 수 있다.

10 Fisher, I., Purchasing Power of Money, 1972.

$$M^d = \frac{1}{V}PY$$

즉, 화폐수량설에 따르면 화폐수요(M^d)는 명목국민소득(PY)의 일정비율(1/V)로 결정된다. 따라서 MV=PY에서 일정기간 동안에 발생한 최종생산물의 거래에서 사용된 화폐의 회전수를 화폐의 유통속도라고 보고 있으므로 V는 방정식의 다른 변수와 독립적으로 결정되며 매우 안정적으로 보았다. 왜냐하면 유통속도(V)는 지불관습에 따라 일정한 상수로 보았기 때문이다. T와 Y는 조정이 느리고 P와 임금의 조정은 신속하다고 보았는데 다음과 같이 항등식을 이용하여 이론화하였다.

가정1: V는 경제내의 다른 변수들과는 독립적으로 제도적 요인(급여지급체계, 유통체계)에 의하여 결정되며 단기적으로 안정적이다.

가정2: T, Y는 실물부문에 의해 결정된다. 즉, M의 변화는 P의 비례적인 변화만을 가져온다(화폐의 중립성, 이분성). 화폐에 대한 수요이론이라기 보다는 물가결정이론이라고 해석할 수 있다.

화폐공급량의 변화가 장기적으로 명목변수인 물가만을 비례적으로 상승시킬 뿐 실질소득이나 이자율과 같은 실질변수에는 아무런 영향을 주지 못하는 현상을 화폐의 장기중립성(long-run neutrality of money)이라고 부른다.

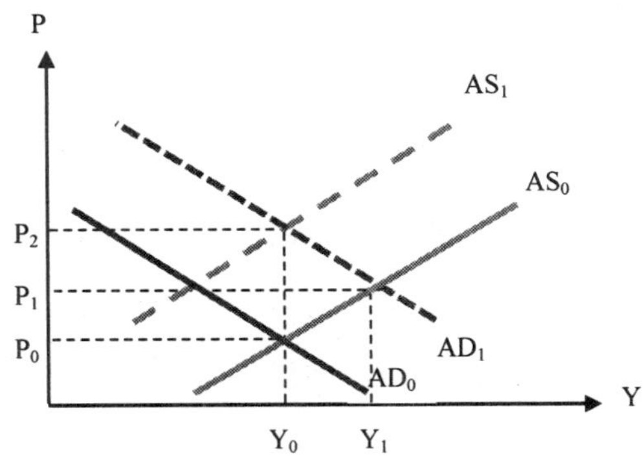

그림 7.4 화폐의 중립성

화폐의 중립성 현상은 <그림 7.4>의 총수요곡선과 총공급곡선을 통해서도 이해될 수 있다. 뒤에서 다루겠지만 확장적인 금융정책으로 총수요곡선은 AD_0에서 AD_1으로 오른쪽으로 이동한다. 그 결과, Y가 증가하고 동시에 P가 상승하는 인플레이션 압력이 생겨나게 된다. 이는 임금과 원자재가격의 상승으로 이어져 결국은 총공급곡선을 AS_0에서 AS_1으로 왼쪽으로 이동시킨다. <그림 7.4>에서처럼 총공급곡선은 원래의 균형국민소득(Y_0)수준이 다시 균형이 될 때까지 이동한다. 이렇게 되면 금융정책의 장기적인 효과는 물가수준의 상승(P_2까지)뿐임을 알 수 있다. 즉, 화폐는 장기적으로 중립적이다.

교환방정식의 시사점과 비슷하게, 영국의 마셜(A. Marshall)도 현금잔고방정식 (cash balance equation) 또는 케임브리지 방정식(Cambridge equation)이라고 불린다. 캠브리지 학파(Cambridge School)의 마샬(A. Marshall)과 피구(A. C. Pigou)로 부터 시작하였다. 사람들의 화폐보유동기 중 거래편리성, 안정성에 따른 화폐보유동기 및 가치저장의 수단으로 화폐를 중시하였다. 다음과 같은 화폐수요함수를 제안하였다.

$$M^d = kPY$$

여기서 k는 명목소득(PY) 중 화폐로 보유하고자 하는 비율 (k=M/PY)이고 단기적으로 k, Y는 일정하다고 가정하였다. k=1/V로 대치하면 현금잔고방정식을 교환방정식과 외형상으로 같아진다. 그러나 주의해야 할 점은 자산으로서의 화폐기능을 강조하였다는 점에서 고전적 화폐수량설이 유량측면을 강조하지만 현금잔고수량설은 저량측면을 강조한다. 이는 케인즈(J. M. Keynes)의 화폐이론으로 발전하게 된다. 또한 고전적 화폐수량설과 현금잔고수량설은 이자율탄력성은 0이라고 보지만 현금잔고수량설에서는 화폐수요의 물가탄력성과 실질소득탄력성은 모두 1로 보고 있다.

2.2 _ 전통적 화폐수요이론: Keynes의 유동성선호설

케인즈의 화폐수요이론은 화폐를 하나의 자산(asset)으로 취급하고 있다는 점에서 고전학파의 화폐수량설과 큰 차이를 보인다. 여러 가지의 실물자산과 금융자산 중 화폐라는 자산은 유동성이 가장 높은 반면, 수익성은 가장 낮다. 한편, 채권과 같은 자산은 수익성이 높은 대신 유동성은 낮다.

화폐에 대한 수요는 보유하고 있는 자산 중에서 얼마만큼을 화폐의 형태로 보유할 것인가에 대한 자산선택(portfolio choice)의 문제라고 할 수 있다. 화폐의 수요는 화폐가 지닌 유동성을 보유하려는 것이므로 케인즈의 화폐수요이론을 유동성선호설이라고 부른다.

케인즈는 사람들이 화폐를 보유하려는 동기에 따라 화폐수요를 다음의 세 가지로 구분하였다. 먼저, 거래적 동기(transaction motive)에 의한 화폐수요는 재화와 서비스를 결제하기 위한 화폐수요로 소득수준에 비례한다. 또한, 물가수준의 상승도 거래적 동기에 의한 화폐보유량을 증가시킨다. 거래적 화폐수요에 영향을 주는 요인을 살펴보면 거래량과 소득이 있을 수 있다. 즉, 거래량은 소득의 함수이므로, 화폐수요는 소득수준에 비례하므로 화폐수요는 소득의 증가함수이다. 이는 전통적 화폐수량설과 일맥상통한다. 이자율에 있어서는 이자율이 상승하면 화폐보유의 기회비용이 증가한다. 따라서 개인의 화폐보유는 줄어들고 화폐수요는 감소한다. 이는 마지막으로 볼 투기적 동기와 연결된다. 거래비용측면에서 화폐와 다른 자산간 전환에 드는 비용이 고려될 수 있다. 경제주체들은 수입과 지출의 시간적 격차를 메우는 동시에 자산보유에 따른 수익의 극대화하기 때문이다.

둘째로, 예비적 동기(precautionary motive)에 의한 화폐수요는 예상치 못한 지출에 대비하기 위한 화폐보유로 역시 소득의 증가함수이다. 미래의 어떤 상황이 발생할 지 모르는 불확실한 세상에서 사람들은 살아간다. 예기치 못한 질병이나 사고로 치료비 지출될 수도 있고 갑작스런 해고로 소득이 감소할 수도 있다. 이와 같은 화폐보유의 동기를 예비적 동기라고 한다. 특히 보험시장이 발달한 현대 사회에서 불확실한 미래의 지출을 대비하기 위해 화폐를 보유할 유인이 더욱 감소하였다. 따라서 예비적 동기의 화폐보유가 존재한다 해도 그다지 크지 않을 수도 있다.

마지막으로, 사람들은 다른 자산의 수익성이나 안정성을 감안할 때 화폐를 보유하는 것이 상대적으로 유리하다고 판단해서 화폐를 보유하기도 한다. 예를 들어, 가까운 미래에 채권수익률이 크게 떨어질 것으로 예상되는 경우 화폐보유량은 증가할 것이다. 이처럼 자산의 보유형태로서 상대적으로 유리하다는 관점에서 화폐를 보유하려는 것을 투기적 동기(speculative motive)에 의한 화폐수요라고 한다. 이자율의 하락은 다른 금융자산인 채권의 수익성을 떨어뜨려 투기적 동기에 의한 화폐보유량은 상대적으로 크게 만든다. 장래 이자율의 불확실성에 기초한 자본이득(capital gain)을 얻기 위한 화폐를 보유하므로 이자율의 감소함수가 된다.

투기적 동기의 화폐수요란 개인들이 화폐를 자산의 하나로 보고 보유하는 것을 말한다. 화폐는 수익이 발생하지 않지만 채권은 수익이 발생할 수 있다. 그러나 화폐는 채권에 비해 유동성이 높다는 장점이 있다. 채권을 보유하면 화폐를 바꾸는데 많은 시간과 노력, 그리고 비용이 발생하지만 화폐는 언제든지 손쉽게 사용될 수 있다. 다른 조건이 동일할 때 경제주체들은 유동성이 낮은 자산에 비해 유동성이 높은 자산을 선호한다. 결국 개인은 채권이 주는 수익과 화폐가 가진 유동성 가운데 선택해야 한다. 결국, 투기적 동기의 화폐수요란 수익이 발생할 수 있는 채권을 보유하기 위해 보유하는 화폐를 의미한다.

고전학파의 화폐수량설은 케인즈의 이러한 세 가지 동기 중 거래적 동기에 의한 화폐수요만을 강조한 것이라고 할 수 있다. 이러한 관점에서 볼 때 케인즈의 유동성선호설은 고전학파의 화폐수요이론을 한 단계 더 발전시킨 것인데, 케인즈는 특히 이자율이 화폐수요에 미치는 영향을 강조하고 있다. 이상의 세 가지 동기에 의한 화폐수요를 합하면 다음과 같은 화폐수요함수를 얻는다.

보다 자세히 케인즈 모형을 살펴보자. 케인즈는 금융자산으로 화폐와 채권(국채)만을 고려한다.

$$\frac{M^d}{P} = L(Y, i)$$
$$L_r < 0, \quad L_Y > 0$$

여기서 r은 실질이자율이고 i는 명목이자율이다. 이후에 살펴보겠지만 피셔방정식에 의해 실질이자율과 실질소득을 축으로 나타낸다. 가장 간단한 1차함수로 나타내면 다음과 같다. 즉, 화폐수요는 실질소득(Y)과 물가수준(P)이 커질수록, 그리고 이자율(r)이 낮아질수록 증가한다. 다른 요인이 고정되었다는 가정하에 이자율과 화폐수요량과의 관계를 나타낸 곡선을 화폐수요곡선이라고 한다. 화폐수요량과 이자율은 반비례하기 때문에 <그림 7.6>에서 화폐수요곡선은 우하향하는 형태를 갖는다.

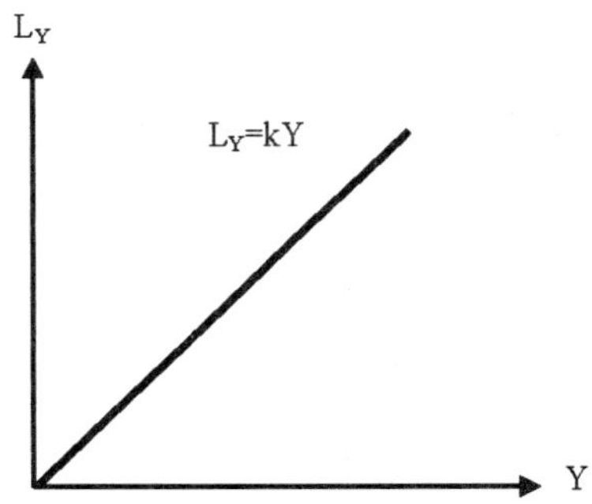

그림 7.5 소득에 대한 화폐수요

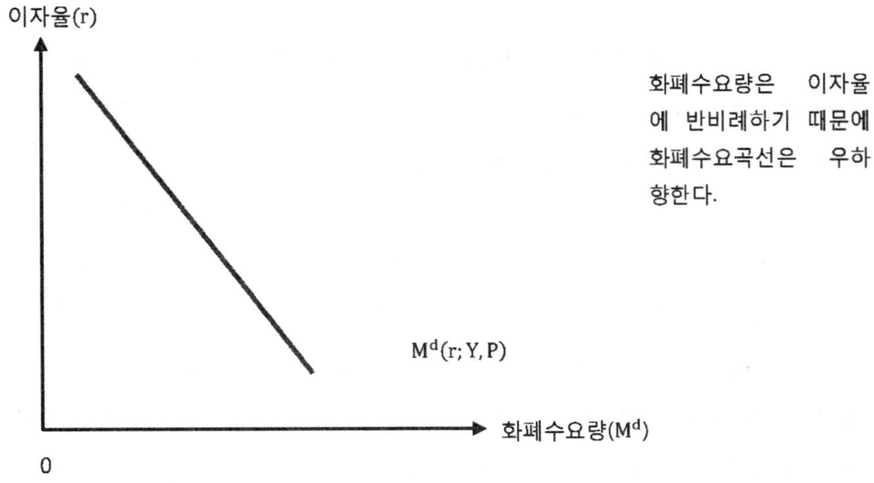

그림 7.6 이자율에 대한 화폐수요

케인즈는 개인의 저축이 채권과 화폐자산 중 하나를 선택할 것이라고 가정한다. 개인이 금융자산인 채권형태로 저축할 경우, 투기적 화폐수요는 0이 되고 채권대신 화폐를 보유할 경우, 투기적 화폐수요는 저축 총량과 같다.

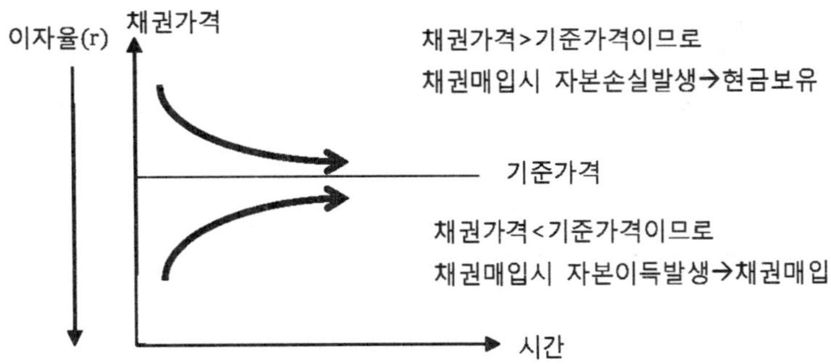

그림 7.7 시간에 따른 채권가격 변화와 채권보유여부

케인즈는 이자율과 채권가격은 역의 관계에 있다고 보았다. 채권시장에서 채권가격이 상승하면 채권수요가 감소할 것이다. 그러면 자산이 채권과 화폐 밖에 없으므로 사람들은 유동성이 낮은 채권대신 화폐를 보유하려고 할 것이다. 따라서 화폐를 다루는 대부자금시장에서 채권을 사지 않은 화폐는 초과공급 상태에 있게 된다. 따라서 돈을 빌리는 대가인 이자율은 하락하게 된다. 즉, 채권가격 상승이 이자율의 하락을 가지고 온 것이므로 이자율과 채권가격은 역의 관계에 있다.

이제 유동성함정에 대해 살펴보자. 개인이 채권을 보유하려고 한다면 이는 화폐가 갖는 유동성을 포기한다는 것을 의미한다. 채권을 보유한다는 것은 유동성을 포기한다는 의미이므로 유동성을 포기하는 개인은 유동성을 포기하는 대가로 일정한 수익을 얻고자 할 것이다. 개인이 유동성을 선호하는 정도에 따라 유동성을 포기하는 대가로 받고자 하는 최소한의 수익률을 주는 이자율이 임계이자율이 된다. 즉, 각 경제주체들은 나름대로 '아 이 정도면 정상적인 수준이다' 라고 생각하는 이자율 견해를 갖고 있다. 사실, 이러한 이자율 수준을 임계이자율(critical interest rate) 또는 최저이자율라고 한다. 예를 들어, 현 이자율이 균형이자율보다 낮다고 생각하면 이자율 상승을 예상한 개인은 채권가격하락을 예상한다. 따라서 모든 개인은 전부 화폐를 보유한다. 이 때 모든 개인이 전부 채권가격 하락을 예상한다면 화폐수요가 무한대로 증가하는데 이 지점이 유동성함정이라 일컬어지는 지점이다.

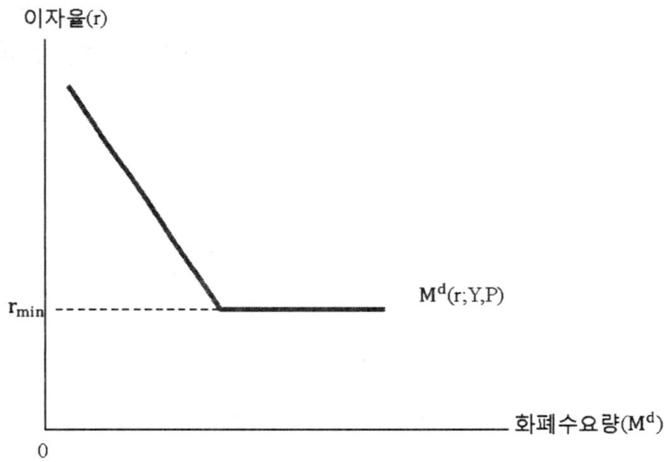

최저 이자율(r_{min})수준에서 투기적 화폐수요는 이자율에 대해 무한 탄력적이 된다. 이 경우 경제가 유동성함정에 빠져있다고 한다.

그림 7.8　유동성함정

이후 LM곡선에 살펴보겠지만 화폐수요곡선의 기울기는 이자율의 변화에 대한 화폐수요량의 민감도를 나타낸다. 화폐수요의 이자율탄력성이 클수록(절대값 기준) 화폐수요곡선의 기울기는 완만해지며, 이자율탄력성이 0에 가까울수록 이 곡선의 기울기는 급해져 수직선에 가까워진다. 특히, 케인즈는 <그림 7.8>의 임계이자율 또는 최저이자율(r_{min}) 수준에서 화폐수요곡선은 수평선이 된다고 주장하고 있다. 최저이자율에서는 누구나 모두 이자율이 올라갈 것으로 예상하므로 채권의 가격은 떨어질 것으로 예상된다. 이 경우 채권을 보유하면 자본손실(capital loss)이 예상되므로, 사람들은 유휴자금의 모든 증가분을 투기적 화폐수요로 흡수한다. 따라서, 최저 이자율수준에서 화폐수요는 이자율에 대해 무한 탄력적이 되어 수평선의 형태를 띠게 된다. 케인즈는 이와 같은 상황을 유동성함정(liquidity trap)이라고 불렀다. 즉, 유동성함정에서는 화폐수요의 이자율탄력성이 무한대이므로 사람들이 채권과 화폐 중에서 전부 화폐를 수요하는 구간이다. 사람들이 채권보다 화폐를 수요하는 것은 화폐를 보유할 때 수익률이 더 높다고 생각하기 때문이다. 따라서 투기적 화폐수요의 이자율탄력성은 ∞가 되고 이후에 살펴볼 LM곡선은 수평이 된다. 또한 유동성함정 구간은 채권가격에 대한 개인들의 기대가 비관적이라는 것을 말한다.

화폐의 수익률이 0이므로 채권보다 화폐의 수익률이 더 높다는 것은 채권의 예상수익률이 음(−)이라는 것이다. 채권의 수익률이 음이 되는 것은 채권가격이 하락하여 자본손실이 발생할 때이다. 따라서 유동성함정은 사람들이 채권가격이 하락할 것으로 예상하기 때문에 화폐를 수요하는 구간이다. 채권가격과 이자율은 역의 관계이므로 채권가격이 하락할 것으로 예상한다는 것은 이자율이 상승할 것으로 예상한다는 것과 같은 의미이다. 그러므로 유동성함정은 모든 사람들이 이자율이 상승할 것으로 예상하는 구간이다. 모든 사람이 이자율이 상승할 것으로 예상하는 것은 현재의 이자율이 매우 낮을 때이다. 이자율이 매우 낮은 것은 경기가 극심한 침체기일 때 나타난다. 따라서 유동성함정은 대체로 경기침체기에 발생한다. 따라서 사람들은 전부 화폐를 갖고자 함 → 화폐의 수익성이 더 높다고 생각 → 채권가격이 하락할 것으로 예상 → 이자율이 상승할 것으로 예상 → 현재는 이자율이 매우 낮음 → 대체로 경기침체기에 나타나게 된다.

한편, Y 또는 P의 변화는 화폐수요함수 자체를 이동시킨다. 예를 들어, Y가 Y_0에서 Y_1으로 증가하는 경우 <그림 7.9>에서처럼 화폐수요함수는 우측으로 이동한다. 이와는 반대로, Y 혹은 P가 감소할 경우 화폐수요함수는 좌측으로 이동한다.

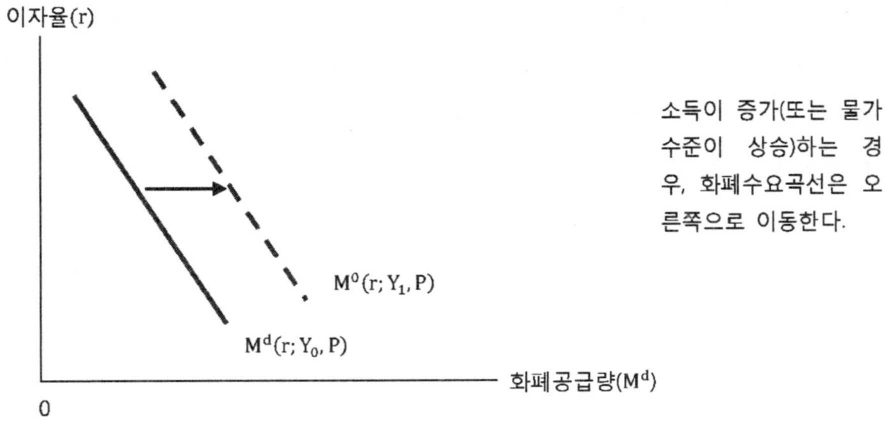

그림 7.9　화폐수요곡선의 이동

2.3 _ 현대적 화폐수량설: Friedman의 신화폐수량설

프리드먼(M. Friedman)은 기본적으로 화폐의 기능 중 가치저장(store of value) 수단기능을 강조하여 자본이론(capital theory) 측면에서 접근하였다. 이를 신화폐수량설(restatement of quantity theory of money)로 부르며 고전학파의 화폐수요이론을 옹호하고 있다. 전통적 화폐수량설이 과거의 화폐수량설이라면 현대적 화폐수량설은 자산선택이론이라 할 수 있다. 즉, 자산선택이론을 수용하고 화폐이외의 자산의 수익률을 기회비용으로 고려한다.

프리드먼은 화폐이외의 자산들의 수익율을 화폐보유에 대한 기회비용으로 고려하였다. 사람이 보유할 수 있는 자산의 형태는 크게 두가지이다. 비인적자산(non-human capital)인 화폐, 채권, 주식, 내구재가 첫번째 요소이고 인적자산(human capital)이 두 번째 요소이다. <그림 7.10>은 사람이 보유할 수 있는 자산(assets) 또는 부(wealth)의 형태를 나타낸다.

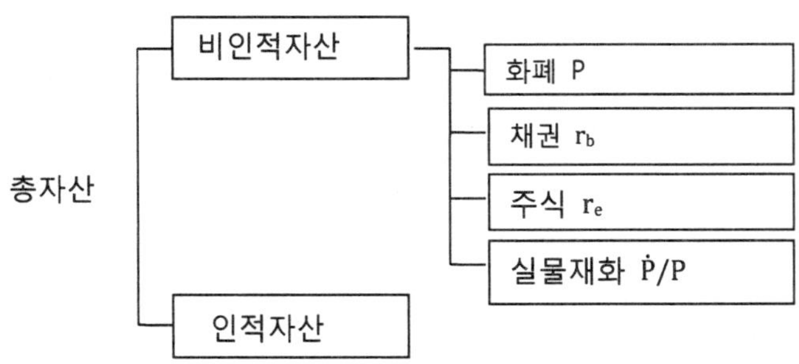

그림 7.10　총자산의 구성요소

화폐수요에 영향을 미치는 요인을 보면 총자산이 클수록 크다. 즉, 자산이 많을수록 화폐에 대한 수요가 늘어난다. 총자산의 대용변수로는 항상소득 (Y_p)가 사용된다. 비인적자산/인적자산인 비율(w)가 클수록 화폐수요는 늘어난다. 화폐라는 자산의 선호(u)가 클수록 화폐수요가 늘어난다. 기타 다른 자산의 수익률이 작을수록 화폐수요는 늘어난다. 따라서 프리드먼의 모형을 수식화하면 화폐수요함수는 다음과 같다.

$$\frac{M^d}{PY} = \frac{1}{V} = \frac{1}{V\left(\frac{P}{Y_p}, r_b, r_e, \frac{\dot{P}}{P}; w; u\right)}$$

그러나 이론적으로나 선험적으로 V가 일정하지 않고 다른 자산의 수익률함수로 보았다. 즉, $V = V(\cdot)$으로 보아 일정한 값이 아니다. 일반적으로 급여의 빈도수가 높을수록, 지불수단의 효율성이 높아질수록, 금융기술혁신이 이루어질 때, 이자율이 상승할수록 유통속도(V)는 상승한다. 실증적 연구결과에 의하면, V가 이자율 등에 매우 비탄력적이며, V가 대단히 안정적으로 해석되었다.

따라서 화폐수요 M^d가 안정적이며 화폐수요가 이자율에 대해 탄력성이 매우 작다고 주장하였다. 이후에 살펴보겠지만 LM곡선은 급경사를 가진다. 따라서 다음과 같은 함수로 나타낼 수 있다.

$$\frac{M^d}{P} = k(r, P)Y_p$$

또한, 소비함수의 안정성은 케인즈(Keynes) 이론의 구심점이다. 왜냐하면 승수효과로 이어지기 때문이다. 그러나 화폐수요함수의 안정성은 통화주의학파(Monetarist) 이론의 구심점이다. 통화주의학파의 거장 프리드먼이 제시한 신화폐수량설도 k는 상수가 아니라 이자율에 반응하는 함수라는 사실을 인정하고 있다. 즉, 프리드먼의 화폐수요함수는 형식상 케인즈의 모형과 같다. 그러나, 케인즈가 이자율이 화폐수요에 미치는 영향을 강조한 것과는 대조적으로 프리드먼은 이자율이 k에 미치는 영향은 극히 미미하다고 주장하고 있다. 즉, 프리드먼에 의하면 화폐수요는 거의 소득수준에 의해서 결정된다. 이러한 이유로 프리드먼의 화폐수요이론을 신화폐수량설이라고 부르는 것이다. 이들의 연구는 A-M(Ando-Modigliani)과 F-M (Friedman-Meltzer) 사이의 논쟁으로 이어진다.

표 7.1 각 학파의 화폐수요함수 및 유통속도에 대한 견해 비교

	고전학파	케인즈학파	통화주의학파
화폐수요 함수	고전적 화폐수량설: $M=\frac{1}{V}PY$ 현금잔고수량설: $M=kPY$	$\frac{M^d}{P}=L(Y,r)$	$\frac{M^d}{P}=k(r,P)Y_p=\frac{1}{V(r,P)}\cdot Y_P$
화폐수요 결정요인	명목국민소득PY	거래적·예비적 화폐수요→Y 투기적 화폐수요→r 이자율이 보다 중요	각종 자산의 수익률 →항상소득(Y_p)이 보다 중요
화폐의 유통속도	1) 유통속도는 지불관습에 따라 일정한 상수 2) 국민소득이 Y*에서 고정된 값이므로 통화량이 증가하면 물가만 비례적으로 상승→통화량이 증가하면 명목국민소득(PY) 비례적으로 증가	1) 유통속도는 매우 불안정 2) 통화량이 증가하더라도 V가 불규칙적으로 변하면 PY도 불규칙적으로 변화 3) 따라서 통화량이 변하더라도 PY변화를 예측하기 어려움	1) 유통속도가 r, P등에 영향을 받으나 매우 안정적 2) V가 안정적이므로 통화량의 변화는 단기적으로 명목국민소득(PY)에 매우 큰 영향을 미침 3) 장기적으로 물가상승만 초래
화폐수요 함수의 안정성	매우 안정적	불안정적	0

2.4 _ 거래적 화폐수요이론의 확대: 보몰–토빈모형

앞에서 언급한 바와 같이 사람들은 거래에 필수적으로 사용되어야만 하기 때문에 화폐를 보유한다. 다시 말해 화폐를 보유하는 경우 한편으로는 낮은 수익이라는 비용이 발생하고 다른 한편으로는 거래에 있어서의 편리함이라는 편익이 발생한다. 따라서 사람들은 비용과 편익을 저울질하여 화폐의 보유량을 결정한다.

보몰(Baumol, 1952) 및 토빈(Tobin, 1956)은 모두 재고모형을 수용하여 이론기초를 충실화하였다. 보몰-토빈 모형의 핵심 또한 위에서 언급함 바와 같이 화폐 보유에 따른 비용과 편익이다. 화폐를 보유하는 편익은 거래를 할 때마다 은행을 방문하여 현금을 인출하지 않아도 되는 것이고 비용은 보유하고 있는 현금을 저축성 예금이나 다른 채권으로 보유하였을 때 발생하는 이자 수입이다. 이와 같이 화폐를 보유할 때 발생하는 서로 상충되는 비용과 편익에 대하여 알아보기 위하여 먼저 <그림 7.11>(a)에서 보는 바와 같이 기간의 길이가 T로 주어져 있고 매 기간의 초에 Y만큼의 명목소득이 저축성 예금의 형태로 발생한다고 가정하여 보자. 다시 말해 매 기간의 초에 고용주들이 노동의 대가로 Y만큼의 명목소득을 피고용자(곧 소비자)

의 저축성 예금계좌에 이체한다고 가정하여 보자.

소비자의 소비의 흐름은 일정한 비율로 연속적으로 일어나고 한 기간 안에 소득 Y를 모두 소비한다고 가정한다. 이와 같이 소비가 일정한 율로 일어나고 한 기간 안에 소득을 모두 소비한다고 하면 한 시점에서 소비자가 이용 가능한 소득은 (a)에서 보는 바와 같이 기초의 소득 Y와 한 기간이 끝나는 시점 T를 잇는 직선의 높이와 같이 구할 수 있다. 다시 말해 (a)에서 선분 YT는 각 시점에서 이용 가능한 소득의 흐름을 나타낸다.

그렇다면 소비자가 보유하고 있는 현금의 흐름은 어떻게 나타낼 수 있을까? 소비자가 보유하고 있는 현금의 흐름은 얼마나 자주 현금을 인출하는가에 달려 있다. 먼저 기초에 소득이 입금되자마자 1회에 소득을 모두 현금으로 인출하여 가지고 있으면서 소비에 사용한다면 각 시점에서 현금의 흐름은 (a)에서 직선 YT와 같이 나타난다. 그리고 기초에는 현금 보유액이 Y이고 기말에는 0이므로 현금 보유액의 평균값은 Y/2이다.

다음으로 한 기간 안에 현금을 두 번 같은 금액만큼 인출한다고 할 때 소비자가 보유하고 있는 현금의 흐름을 (b)와 같이 도시하여 볼 수 있다. 즉, 기초에 Y/2만큼의 현금을 인출하여 기간의 중간인 T/2까지 사용하고 T/2시점에 다시 Y/2만큼의 현금을 인출하여 기말까지 사용한다. 이와 같은 경우에 현금 보유액의 평균은 (Y/2)/2=Y/4가 된다. 그리고 한 기간 안에 현금을 세 번 인출한다면 (c)에서 보는 바와 같이 기초와 T/3, 2T/3의 시점에 각각 Y/3만큼씩을 인출하여 현금 보유액이 0이 될 때까지 사용한다. 이때 현금 보유액의 평균은 (Y/3)/2=Y/6가 된다.

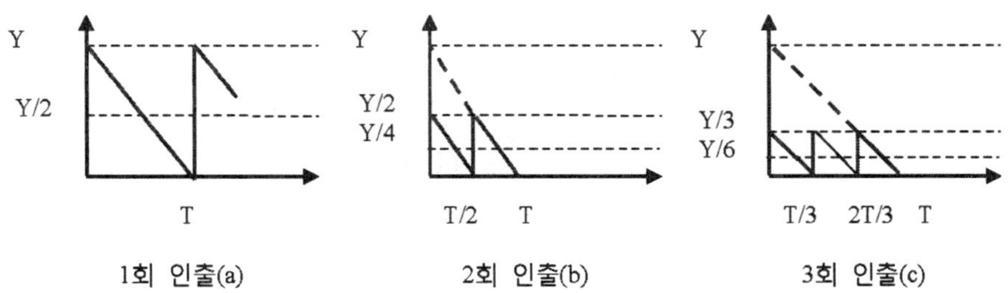

그림 7.11 현금 인출회수와 평균화폐 보유액

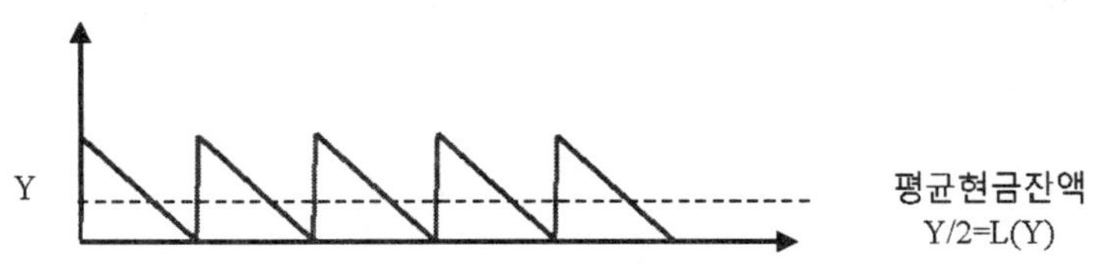

그림 7.12 평균화폐 보유잔액

이제 소비자가 n회에 걸쳐 동일한 금액의 현금을 인출하여 사용한다면 한 번에 인출하는 현금의 액수는 Y/n이고 화폐보유액의 평균은 (Y/n)/2=Y/2n이 된다. 그리고 명목이자율이 i라고 하면 이와 같은 평균적인 화폐 보유량에 대한 이자비용은 $\frac{iY}{2n}$이 된다. 그리고 한 번 은행을 방문하여 현금을 인출할 때마다 b만큼의 명목고정비용이 발생한다고 가정하고 인출은 n회 일어난다고 하면 bn만큼의 비용이 발생한다. 이때 b는 브로커 비용(brokerage fee)이라고 부르는데 이에는 저축성 예금을 해약하는 벌금과 은행을 방문하는 시간 그리고 교통비와 같은 금전적 비용이 포함된다. 이제 은행을 n회 방문하여 현금을 인출하는 경우의 총비용은 다음과 같이 구할 수 있다.

$$C = \frac{Y}{2n}i + bn$$

이때 은행을 방문하는 회수 n이 증가하면 평균 현금보유량이 작아지기 때문에 이자비용이 감소한다. 그러나 은행을 방문하는 횟수가 증가하면 브로커 비용이 증가한다. 따라서 은행을 방문하는 횟수가 증가할 때 두 가지 비용 사이에 상충관계(tradeoff)가 존재한다.

여기서 기간 당 최적 은행방문 회수는 위 식을 n에 대하여 극소화함으로써 구할 수 있다. 이를 위해서 위의 식을 n에 관하여 미분하여 정리하면 다음과 같이 최적 은행 방문 횟수 n을 얻을 수 있다.

총비용을 최소화하는 문제를 풀면 다음과 같다.

$$\min_{n} C = \frac{Y}{2n}i + bn$$

$$\frac{\partial C}{\partial n} = -\frac{Y}{2n^2}i + b = 0$$

즉, $n^* = \sqrt{\frac{Yi}{2b}}$ 가 된다. 따라서 은행 방문 횟수는 이자율과 소득이 증가하면 따라서 증가하고 브로커 비용이 증가하면 감소한다. 이와 같은 최적 은행방문 횟수는 그림을 이용하여 설명하여 볼 수도 있다. 즉, <그림 7.13>에서 최적 은행방문 횟수는 이자비용과 브로커 비용이 일치할 때 달성된다.

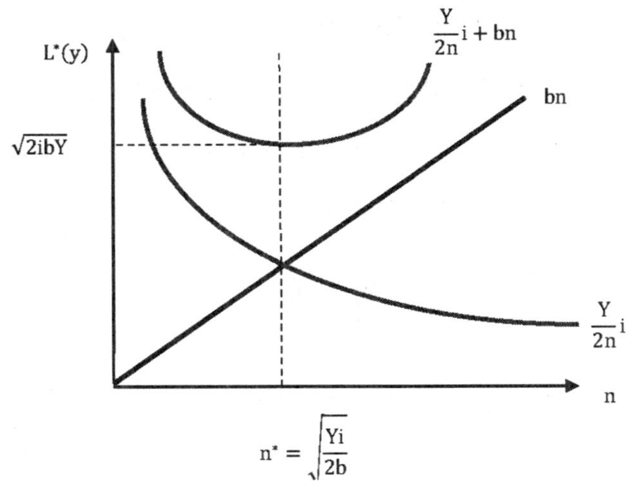

그림 7.13 적정화폐보유잔액과 인출회수의 관계

또한, 적정화폐보유잔액 $M^d = \frac{Y}{2n} = \sqrt{\frac{bY}{2i}}$ 가 된다. 따라서 이자율이 상승하면 적정화폐보유잔액은 감소한다. 즉, 거래적 동기에 의해 감소한다. 소득이 증가하면 적정화폐보유잔액은 증가하는데 비율은 소득 증가의 제곱근 $\sqrt{Y}$ 만큼 증가한다. 또한 거래의 고정비용이 증가하면 적정화폐보유잔액도 증가한다.

실질변수로 나타내기 위해 y=Y/P, f=b/P라 하면,

$$\frac{M^d}{P} = \sqrt{\frac{fy}{2i}}$$

거래적 동기에 의한 실질 화폐수요는 실질소득과 실질 브로커 비용의 증가함수이고 이자율의 감소함수이다.

보몰-토빈 화폐수요 모형에 있어서는 이제 다음과 같은 점에 주목할 필요가 있다. 첫째, 앞에서 케인즈의 유동성선호설을 소개하면서 거래적 동기에 의한 화폐수요는 소득의 함수라고 설명하였다. 그러나 식 $\frac{M^d}{P} = \sqrt{\frac{fy}{2i}}$ 에 나타나 있는 화폐수요함수는 소득뿐만 아니라 이자율의 함수임을 알 수 있다.

둘째, $\frac{M^d}{P} = \sqrt{\frac{fy}{2i}}$ 에 의하면 화폐수요의 소득과 이자율에 대한 탄력도는 절대값으로 나타낼 때 0.5이다. 그런데 실제 데이터를 이용하여 추정하면 보통 화폐수요의 소득에 대한 탄력도

는 보통 1에 가깝다. 따라서 앞의 식인 화폐수요함수를 그대로 이용하는 데에는 무리가 있다. 다만 $\frac{M^d}{P} = \sqrt{\frac{fy}{2i}}$ 을 얻기 위해서 은행방문 횟수 n이 자연수이어야만 한다. 그러나 n은 분명히 자연수이어야 하고 만일 n*가 1.3이라면 지금의 소비자는 한 번에 소득을 모두 인출하게 된다. 따라서 이 경우에는 화폐수요가 다음과 같다.

$$\frac{M^d}{P} = \frac{Y}{2}$$

또한, 이 경우에는 거래적 동기에 의한 화폐수요가 소득만의 함수이고 그 탄력도는 1이 된다.

셋째, 보몰-토빈모형에 있어 화폐수요는 브로커 비용 곧 은행을 방문할 때마다 지불하여야만 하는 고정비용 b의 증가함수이다. 따라서 만일 소득이나 이자율이 일정한 가운데 브로커 비용이 증가하면 화폐수요가 변화한다. 예를 들어 현금인출기가 널리 보급된다면 가까운 곳에서 현금을 인출할 수 있기 때문에 고정비용 b가 감소한다. 그리고 인터넷 뱅킹이나 다른 첨단 기술이 도입되면 은행을 방문하지 않고도 자금을 이체할 수 있기 때문에 역시 b가 감소한다. 그러나 실질임금이 상승하면 은행을 방문하는데 드는 시간의 가치가 증가함으로 b가 증가하고 때로는 은행이 직접 수수료를 인상하기도 하는데 이 역시 b를 증가시킨다. 이와 같이 고정비용 b가 변동할 가능성은 늘 존재하기 때문에 보몰-토빈 모형의 화폐수요함수가 시간이 경과하더라도 안정적일 수 있는가에 대하여는 검토가 필요하다.

2.5 _ 예비적 화폐수요이론의 확대: Whalen(1966), Laidler(1977) 이론

여기서 우리는 수 개월에 걸쳐서 보면 수입과 지출이 대체로 일치하지만 매월의 수입과 지출이 반드시 일치하지 않을 수도 있다. 어떤 특정한 달에 이 경제주체의 수입은 지출을 초과할 수도 있고 지출과 같을 수도 있으며 지출보다 작을 수도 있다. 우리는 분석의 편의상 이 경제주체의 매월의 수지적자(지출-수입)이 정규분포라고 가정하자.

먼저 기호를 살펴보자. S는 지출에 대한 수입부족분이다. 즉, 수입이 지출보다 많으면 음(−)이 되고 지출<수입이 된다. M은 기초의 (실질)현금잔액으로 예비적 화폐를 나타낸다. f는 채권매각 시의 고정중개비용이다. i는 이자율(%/단위기간) 이다.

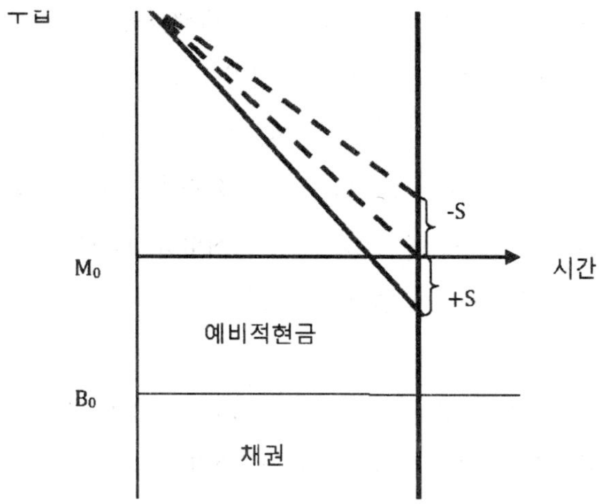

그림 7.14 지출에 대한 수입부족분과 예비적 화폐

여기에서 가정은 다음과 같다.

① S=0(수입=지출)인 경우가 S≠0인 경우보다 빈번하다.

② S값이 클수록 그 빈도는 작다.

③ S>0인 경우와 S<0인 경우가 거의 같은 빈도를 갖는다.

즉, 수지가 균형을 이루어 수지적자가 0일 확률이 가장 크고, 수지적자나 수지흑자의 절대치가 클수록 그것이 나타날 확률은 작으며 같은 절대치의 수지적자와 수지흑자가 나타날 확률은 서로 같다. 위의 가정들을 종합하면 S는 정규분포(normal distribution)를 갖는다는 것이다.

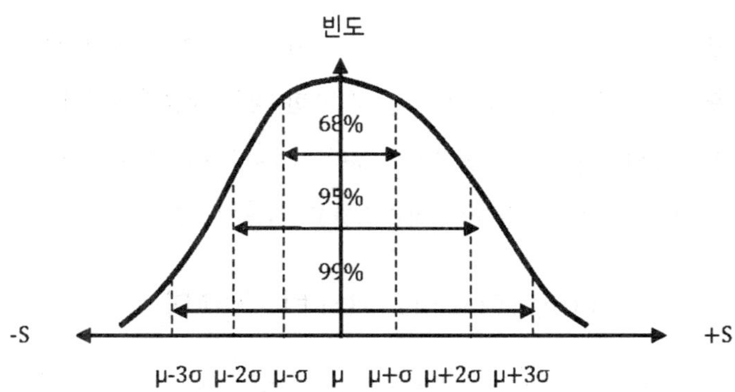

그림 7.15 정규분포

이제 거래적 화폐수요의 경우와 마찬가지로 이 경제주체가 그의 자산을 화폐 또는 채권의 형태로 보유한다고 하자. 만일, 어떤 달에 수지적자가 발생하면 그는 그가 보유하는 화폐나 채권으로써 이를 매월 메워야 한다. 화폐를 보유하면 다른 거래비용을 치를 필요가 없이 적자가 메워지지만 채권을 가지고 있는 경우에는 이를 매도하여 적자를 매워야 하므로 채권을 매도하는 거래비용이 발생한다. 그러나 화폐를 가지는 경우에는 이자소득을 얻지 못하고 채권의 보유로부터는 이자소득이 발생한다. 그는 이러한 사항을 고려하여 그의 자산을 화폐와 채권에 어떻게 배분할 것인가를 월초에 결정할 것이다. 즉, 예비적 목적으로 화폐를 보유하게 된다.

이제, 이 경제주체가 매월초에 M의 화폐를 보유한다고 가정하자. 만일, 그의 월중 수지적자(S)가 M보다 작은 달에는 채권을 매도할 필요가 없지만 S가 M보다 큰 달에는 채권을 매도하고 거래비용을 부담해야 한다. 채권거래의 비용이 거래액과 상관없이 1회에 f원이라고 가정하면 그의 평균적인 월간 거래비용은 다음과 같다.

$$C(M) = P(S > M)f$$

여기서 C(M)은 매월초에 예비적잔고 M을 보유할 경우 평균적으로 부담하게 될 월간 채권거래비용, 즉 예비적잔고 1단위를 보유한 경우 평균중개비지출, P(S>M)는 매월의 수지적자 S가 M보다 클 확률, f는 채권거래의 고정비용이다. 이제 이 경제주체가 그의 매월초의 화폐보유를 1단위 늘렸을 때 그가 평균적으로 부담하게 될 월간 채권거래 비용은 다음과 같다.

$$C(M+1) = P(S > M+1)f$$

C(M+1)은 매월초의 화폐보유가 (M+1)일 때 이 경제주체가 평균적으로 부담하게 될 월간 채권거래비용, 즉 예비적잔고 1단위를 초과보유한 경우 평균중개비지출, P(S>M+1)은 매월의 수지적자(S)가 (M+1)보다 클 확률이다. 따라서 매월 초에 화폐보유를 1단위 늘림으로써 얻게 되는 거래비용의 절감, 즉 한계비용절감은 다음과 같다.

$$C(M) - C(M+1) = P(M+1 > S > M)f$$

여기서 P(M+1>S>M)는 수지적자가 M보다 크고 M+1보다 작을 확률이다. 즉, 화폐보유가 M으로부터 M+1로 늘어나면서 화폐보유액이 수지적자액보다 작게 될 확률이 P(M+1>S>M)만큼 작아진 것이다. 이제 위의 한계비용절감을 그림으로 나타내면 MR곡선과 같다. 이 곡선은 앞의 분포그림에서 수지적자가 양(+)의 값을 가지는 부분을 f배만큼 위로 이동시킨 것이다.

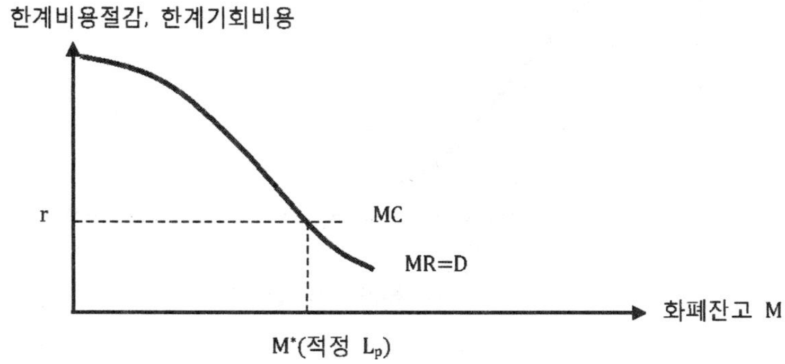

그림 7.16 예비적 화폐의 적정 보유

월초에 화폐보유를 1단위 늘리면 위와 같이 평균적인 월간 채권거래비용이 절감되지만 반면에 화폐보유를 늘림으로써 이자소득을 그만큼 상실하게 된다. 이자율이 r로 일정하게 주어져 있다면 r은 월초의 화폐보유를 늘리는 데에 수반되는 한계기회비용이라고도 볼 수 있다. 즉, 이자율이 r일 때의 화폐보유의 한계기회비용을 나타낸 것이 MC곡선이다.

이제 경제주체는 월초의 화폐보유에 따르는 한계비용절감(s)과 한계기회비용(r)이 일치하는 수준에서 그의 매월초의 화폐보유를 결정할 것이다. 만일 s가 r보다 크다면 M을 늘리는 것이 유리할 것이고 s가 r보다 작다면 M을 줄이는 것이 유리할 것이다. 왜냐하면 s=P(M+1>S>M)f가 체감한다는 사실을 알 수 있고 수지적자가 커질수록 그 확률이 작아진다고 가정했기 때문이다. 다시 말하면, 어떤 개인의 예비적 화폐수요의 적정수준은 MR곡선과 MC곡선이 교차하는 수준 M*에서 결정된다. 따라서 예비적 화폐수요는 MR곡선(화폐수요곡선 D)의 위치를 결정하는 수지적자(S)의 확률분포와 채권거래비용f, 그리고 MC곡선의 위치를 결정하는 이자율(r)에 의해 결정된다.

이제 위에서 밝힌 예비적 화폐수요의 결정요인과 예비적 화폐수요 간의 관계를 검토해 보자.

다른 조건이 같을 때 이자율 r이 상승하면 예비적 화폐수요는 감소한다. 그것은 이자율의 상승으로 화폐보유의 한계기회비용이 증대되었으므로 화폐보유를 줄여 한계비용절감을 늘림으로써 양자를 다시 일치시킬 수 있다. 즉, 이자율이 인상되는 경우 1단위 현금추가보유에 대한 편익과 이자비용을 고려하면 편익이 더 작아지므로 화폐보유는 감소한다.

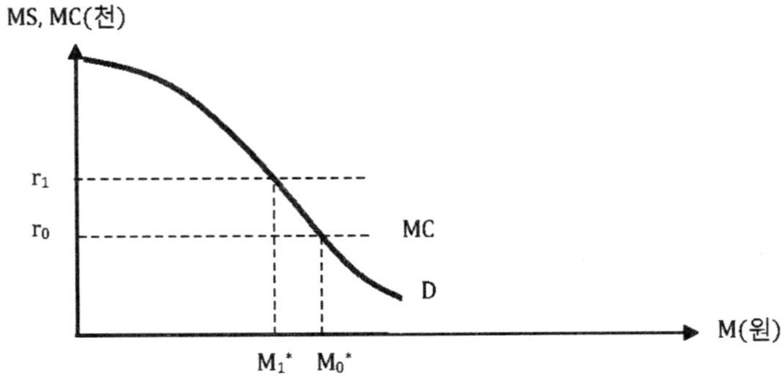

그림 7.17 비교정학: 이자율인상

다른 조건이 같을 때 채권거래의 고정비용인 f가 증가할수록 거래적 화폐수요는 증가한다. 우리는 여기서 설명의 편의상 채권거래의 경우만 생각하였지만 채권 이외의 모든 수익성자산의 거래도 여기에 해당된다. 우리가 화폐의 존재이유를 거래비용의 절감에서 찾았지만 우리는 여기서 거래비용은 예비적 화폐수요의 크기를 결정하는 데에도 중요한 영향을 미칠 수 있음을 알 수 있다.

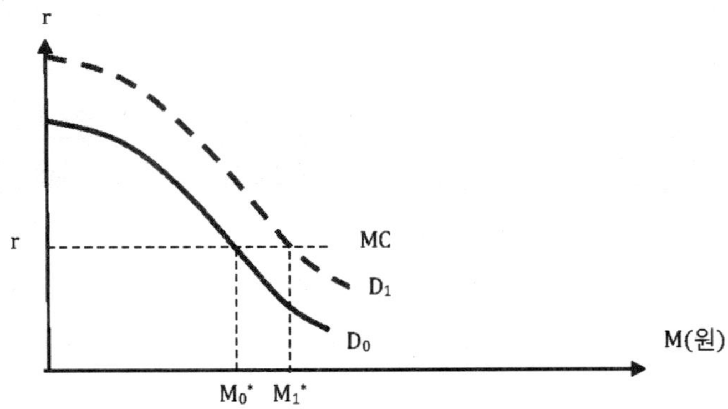

그림 7.18 비교정학: 중개비인상

어떤 개인의 수지적자의 확률분포가 보다 분산적일수록 예비적 화폐수요는 증가한다. 그림에서 높은 이자율수준에서는 수지적자의 확률분포가 보다 분산적이면 예비적 화폐수요가 감소하는 것처럼 보이고 있지만 이는 채권거래의 가변비용을 고려하지 않았기 때문이다. r이 매우 높고 M이 작은 수준에서는 채권거래액이 크게 되는데 이에 따른 가변비용이 우리의 논의에서 고려되어 있지 않다.

수지적자의 확률분포가 보다 분산적이라는 것은 고액의 수지적자가 발생할 가능성이 커지고 대신 소액의 적자가 발생할 가능성이 작아지면 예비적 화폐수요는 증대할 것이다. 수지적자의 확률분포가 무엇에 의해 결정되는가 하는 문제는 범위를 벗어나는 문제이지만 만약, 예상소득 수준이 높고 따라서 예상지출수준이 높아지고 그럴수록 수지적자의 확률분포가 분산적이게 된다면 소득수준의 상승은 예비적 화폐수요를 증가시키는 방향을 작용할 것이다.

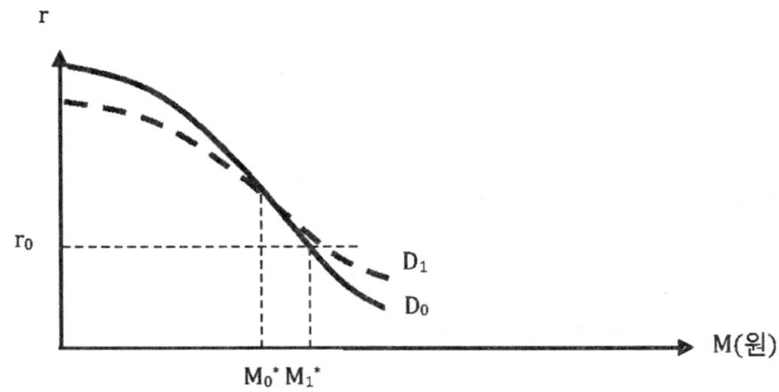

그림 7.18 비교정학: 소득증가

따라서 $L_P(Y,i) = L_P(\overset{+}{y}, \overset{+}{r}, \overset{+}{f})$ 이 된다.

2.6 _ 투기적 화폐수요이론의 확대: 토빈모형

토빈(Tobin, 1958)은 투기적 화폐수요이론을 확대하였다. 가치의 저장수단으로서 화폐의 기능을 강조하는 화폐수요이론은 자산선택이론(portfolio theory)을 이용하여 설명할 수 있다. 자산선택이론에 따르면 사람들은 자산구성의 일부로 화폐를 보유한다. 이때 사람들이 화폐를 보유하는 이유는 화폐가 다른 자산과는 다른 수익과 위험의 배합을 제공하기 때문이다. 특히 화폐는 안전한 자산이지만 주식이나 채권 등은 가격이 변동하기 때문에 자본이득(capital gain)이나 자본손실(capital loss)이 발생하는 위험한 자산이다. 따라서 사람들은 최적적인 자산구성(optimal portfolio)의 일부로 화폐를 보유한다. 이와 같은 자산선택이론을 화폐수요이론에 처음 이용한 사람이 토빈(James Tobin)이다. 토빈의 자산선택이론은 먼저 주어진 부(wealth) W를 안전한 자산인 화폐(M)와 위험한 자산인 채권(B)으로 다각화하여 소유한다고 가정한다. 즉, 다음이 성립한다.

$$W=M+B$$

이때 토빈은 부가 일정하게 주어져 있을 때 화폐와 채권을 어떤 비율로 보유하는 것이 최적인가에 대하여 알아보는 것이다. 이를 위해 W=M+B의 양변을 W로 나누면 다음을 얻을 수 있다.

$$\frac{W}{W}=1=\frac{M}{W}+\frac{B}{W}=m+b$$

한편, 화폐는 안전한 자산이지만 수익이 발생하지 않고 채권은 위험한 자신이지만 수익이 발생한다. 채권의 수익은 명목이자율 i와 자본이득(또는 자본손실) g이 합이다. 이때 이자율은 확정되어 있고 자본손실은 양일 수도 있고 음일 수도 있다. 즉, 자본이득은 확률변수로 평균이 영이라고 가정한다. 즉, E(g)=0이 성립한다. 그리고 자본이득의 분산을 σ_g^2로 나타내기로 한다. 따라서 채권을 보유할 때 장래수익의 확률분포가 주어져 있다고 가정한다.

이와 같이 화폐로부터는 수익이 발생하지 않고 채권으로부터만 수익이 발생함으로 1=m+b과 같이 화폐와 채권의 비율을 유지할 때 부(wealth) 1단위당 수익은 다음과 같다.

$$R=b(i+g),\ \ 0\le b\le 1$$

따라서 부 한 단위당 수익의 기대값 곧 평균(μ_R)은 다음과 같다.

$$\mu_R=E(R)=bi$$

그리고 부 한 단위당 수익의 표준편차(σ_R)는 다음과 같다.

$$\sigma_R=\sqrt{Var(R)}=b\sigma_g$$

따라서 자산구성(portfolio)을 화폐와 채권으로 하였을 때 부 한 단위 당 얻을 수 있는 기대수익률은 $\mu_R=E(R)=bi$에서 볼 수 있는 바와 같이 위험한 자산의 비율 b에 비례한다. 그리고 역시 자산구성의 위험 곧 수익률의 표준편차도 위험한 자산의 비율 b에 비례한다. 따라서 위험한 자산의 구성 비율을 증가시키는 것은 한편으로는 기대수익률을 증가시키기 때문에 바람직하지만 다른 한편으로는 위험을 증가시키기 때문에 바람직하지 않다.

기대수익률과 표준편차에서 b를 소거하면 다음을 얻을 수 있다.

$$\mu_R = \left(\frac{i}{\sigma_g}\right)\sigma_R,\ 0 \le \sigma_R \le \sigma_g$$

이때 σ_R이 가질 수 있는 값의 범위는 $\sigma_R = \sqrt{Var(R)} = b\sigma_R$ 에서 b가 0과 1 사이의 값을 갖기 때문에 나타난다. 그리고 $\sigma_R = \sqrt{Var(R)} = b\sigma_R$ 를 b에 관하여 풀면 다음을 얻을 수 있다.

$$b = \left(\frac{i}{\sigma_g}\right)\sigma_R$$

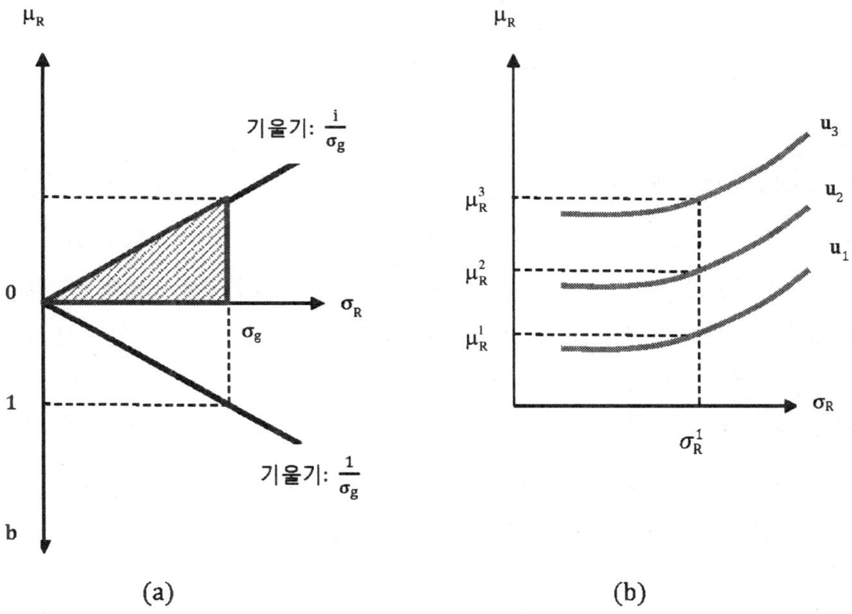

그림 7.19 선택집합과 무차별곡선

<그림 7.19> (a)의 위쪽에는 $\mu_R = \left(\frac{i}{\sigma_g}\right)\sigma_R,\ 0 \le \sigma_R \le \sigma_g$ 가 나타나 있고 아래쪽에는 $b = \left(\frac{i}{\sigma_g}\right)\sigma_R$ 이 나타나 있다. 위쪽에 빗금 친 부분은 위험한 자산의 비율 b를 적절히 선택함으로서 달성할 수 있는 점들이지만 그 이외의 점들은 달성할 수 없는 점들이다. 다시 말해,

(a)의 위쪽 그림에서 빗금 부분은 지금의 금융 투자자의 선택 집합이다. 그리고 (a)의 아래쪽 그림은 빗금 부분의 한 점이 선택되었을 때 위험한 자산의 비율을 알게 하여 준다.

한편, 지금의 투자자는 m+b=1의 자산구성에 따른 부 한 단위당 수익률인 R의 평균 μ_R과 표준편차 σ_R에 대하여 다음과 같은 선호를 가지고 있다고 가정한다.

$$U = U(\mu_R, \sigma_R)$$

단, $U_1 = MU\mu_R > 0$, $U_2 = MU\sigma_R < 0$가 성립한다고 가정한다. 즉, 수익률의 평균 한계효용은 양(+)이고 표준편차의 한계효용은 음(−)이다. 그리고 효용함수는 아래로 볼록하다고 가정한다. 이와 같이 가정하면 효용함수로부터 도출한 무차별곡선은 <그림 7.19> (b)와 같이 나타난다. 먼저 무차별곡선은 우상향한다. 지금의 경우 무차별곡선의 기울기 곧 한계대체율은 다음과 같이 구할 수 있다.

$$\frac{d\mu_R}{d\sigma_R} = -\frac{MU\sigma_R}{MU\mu_R} > 0$$

따라서 무차별곡선은 우상향한다. 그리고 위에서 무차별곡선이 아래로 볼록하다고 가정하였는데 이는 지금의 투자자가 위험을 회피하고자(risk averse) 하는 성향을 가지고 있다는 가정과 같다. 그리고 무차별곡선이 좌상향으로 갈수록 효용은 증가한다. 이는 (b)의 세 점 A, B, C에서의 효용을 비교하여 보면 쉽게 알 수 있다. 즉, 이들 세 점에서의 위험은 σ_R^1로 같다. 그러나 기대수익은 위로 갈수록 크다.

<그림 7.20>에서 토빈모형에 있어 최적 자산구성을 구할 수 있다. 최적 자산구성은 점 A에서 달성되고 있고 그때의 기대수익은 μ_R^1으로 나타나 있으며 위험은 σ_R^1으로 나타나 있다. 이 때, 위험 자산인 채권의 비중이 점B에서 $b_1 = \dfrac{\sigma_R^1}{\sigma_g} < 1$로 나타나 있다.

토빈 모형에서 부(wealth) W가 증가하는 경우 혹은 이자율이나 위험도가 변화하는 경우의 효과도 같은 그림을 이용하여 분석할 수 있다. 먼저 부 W가 증가하는 경우, 에는 아무런 변화가 없다. 즉, 지금의 분석은 부 한 단위 당 수익률의 기대값과 표준편차를 이용하여 최적 자산구성을 구하는 것이기 때문에 부의 크기가 변화하였다고 하여도 <그림 7.21>의 채권의 최적비율 b_1에는 변함이 없다. 그러나 부의 크기가 변화하면 화폐와 채권의 보유량은 비례하여 증가한다.

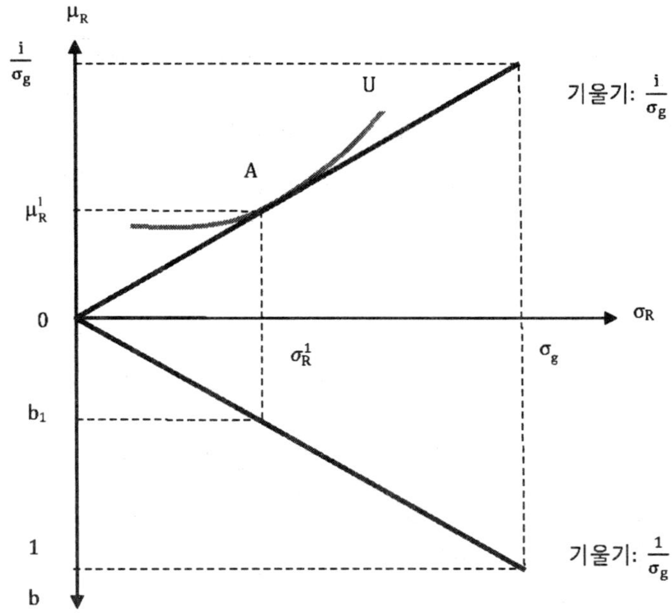

그림 7.20 최적자산의 결정

다음으로 이자율이 상승하면 <그림 7.21>에서 $\mu_R = \left(\frac{i_1}{\sigma_g}\right)\sigma_R$ 이 $\mu_R = \left(\frac{i_2}{\sigma_g}\right)\sigma_R$ 로 위로 이동한다. 따라서 균형점이 A에서 C로 이동한다. 따라서 기대수익과 위험이 동시에 각각 μ_R^2 와 σ_R^2 로 증가한다. 그리고 부(wealth)에서 차지하는 채권의 비중이 b_1에서 b_2로 증가한다. 다시 말해 이자율이 상승하면 위험한 자산의 수익률이 상승함으로 지금의 투자자는 위험한 자산의 비중을 증가시킨다.

여기서 주의하여야 할 점은 다음과 같다. 이자율 상승 시, 화폐수요는 대체효과와 소득효과의 상대적인 크기에 의해 결정된다. 대체효과는 이자율이 상승하면 화폐보유의 기회비용이 증가하므로 화폐보유 유인은 작아지고 채권보유는 늘어난다. 반대로 소득효과는 이자율이 상승하면 실질소득이 많아지므로 화폐보유를 늘이고 채권보유는 줄어든다. 따라서 지금의 경우는 채권보유를 늘이고 화폐보유는 줄이는 소득효과가 대체효과보다 큰 경우이다.

마지막으로 위험 곧 위험한 자산의 자본이득의 표준편차 σ_g가 증가하는 경우가 <그림 7.22>에 나타나 있다. 먼저 σ_g가 증가하면 선택 집합의 기울기가 $\left(\frac{1}{\sigma_g^1}\right)$에서 $\left(\frac{1}{\sigma_g^2}\right)$로

작아진다. 그리고 채권의 비율을 결정하는 직선의 기울기도 $\left(\frac{1}{\sigma_g^1}\right)$에서 $\left(\frac{1}{\sigma_g^2}\right)$로 작아진다. 따라서 자산구성의 균형점은 A에서 C로 이동하고 위험한 자산의 비중은 b_1에서 b_2로 감소한다. 다시 말해 위험의 증가는 위험한 자산의 비중을 감소시키고 안전한 자산인 화폐의 보유 비율을 증가시킨다.

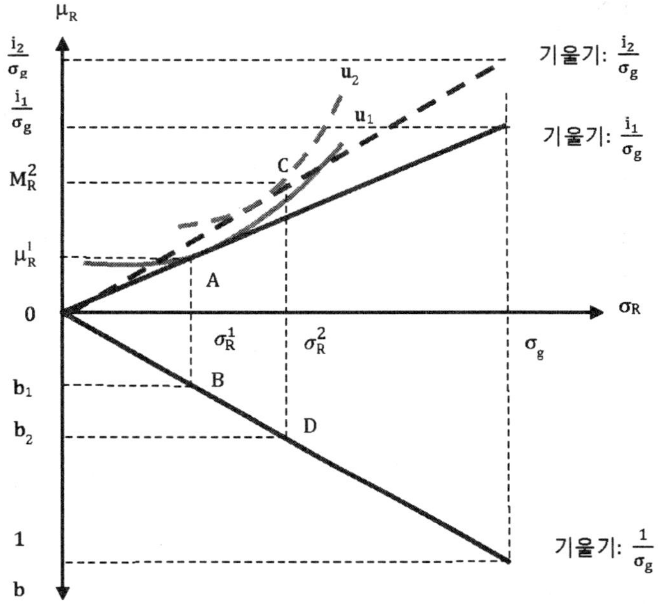

그림 7.21 이자율 상승과 자산구성

지금까지 우리는 최적 자산구성의 원리에 비추어 화폐수요가 어떻게 결정되는 지에 대해 보았다. 이에 따르면 화폐수요는 화폐와 대체관계에 있는 자산의 수익률에 영향을 받는다. 또한, 부(wealth)의 크기와 위험도에 영향을 받는다. 이제 이와 같은 결과를 화폐수요함수로 정리하여 보면 다음과 같다.

$$\frac{M^d}{P} = L(i_g, i_b, W, \sigma_g)$$

이때 i_g, i_b는 주식과 채권의 기대수익률로 이들 수익률이 상승하면 화폐수요는 감소한다. 그리고 부 W와 위험도 σ_g가 증가하면 화폐수요는 증가한다.

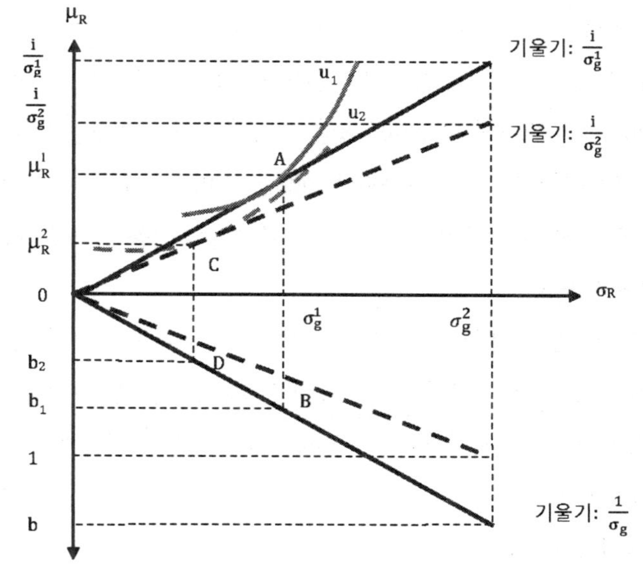

그림 7.22 위험의 증가와 자산구성

3. 화폐시장의 균형

화폐의 수요곡선과 공급곡선을 모두 도출하였으므로, 이제 화폐시장에서 균형이자율이 어떻게 결정되는지를 분석할 수 있다. <그림 7.23>에서 화폐시장의 균형은 화폐수요곡선과 화폐공급곡선이 교차하는 점E에서 이루어지는데, 이 때의 이자율(r^*)이 균형이자율이다.

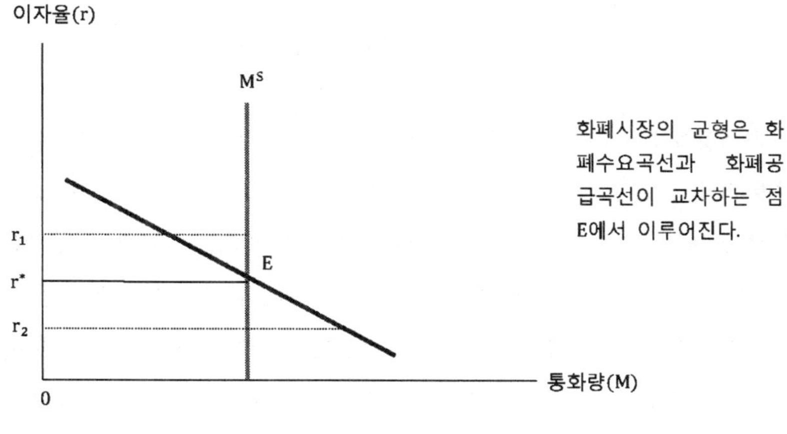

그림 7.23 화폐시장의 균형

만약, 이자율이 r^*보다 더 높은 r_1이라면 화폐의 초과공급이 발생하여 화폐시장은 균형을 이루지 못한다. 화폐의 초과공급은 채권과 같은 금융자산에 대한 수요의 증가로 이어져 채권가격은 상승하고 이자율은 하락하게 된다. 이와 같은 과정을 겪어 이자율은 결국 균형이자율(r^*) 수준으로 하락하여 화폐시장의 균형이 회복된다. 이와는 반대로, 이자율이 r^*보다 낮은 r_2수준에 있는 경우 화폐의 초과수요가 발생하는데 이 초과수요는 이자율의 상승이라는 조정과정을 거쳐 결국은 없어지게 된다.

화폐시장의 균형조건을 이용하면 금융정책이 이자율에 미치는 영향을 쉽게 알 수 있다. 중앙은행이 확장적인 금융정책을 통해 현재의 통화량 M_0을 M_1수준으로 증가시켰다고 하자. 물가수준 및 국민소득과 같은 다른 변수들이 일정하게 주어진 상황에서 이러한 금융정책의 효과는 <그림 7.23>에 나타나 있다. 즉, 화폐공급량의 증가는 화폐공급곡선을 오른쪽으로 이동시키므로 균형이자율은 r_0에서 r_1으로 하락한다. 이와는 반대로, 중앙은행이 긴축적인 금융정책을 쓸 경우 균형이자율은 상승한다.

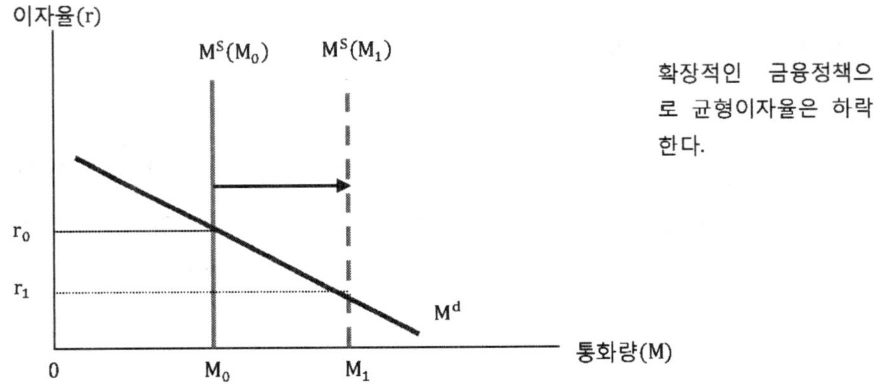

그림 7.23 금융정책과 이자율

이러한 분석결과를 현실에 응용할 경우, 주의할 사항은 우리의 결론이 Y와 P가 고정되어 있다는 가정 하에서 도출되었다는 사실이다. 현실경제에서는 화폐의 공급량이 늘어남에 따라 이자율이 하락하면, 투자와 소비지출에 변화가 생겨 Y와 P도 변하게 된다. 따라서, Y와 P가 일정하다는 전제하에서 살펴 본 위의 분석결과에는 분명한 한계가 존재한다.

따라서 이러한 한계를 극복할 수 있는 보다 현실적인 모형이 필요하다. 즉, 이후에 총수요-총공급모형과 이 장에서 분석한 화폐시장모형을 결합하여 실물부문과 금융부문과의 상호연관성을 분석해 볼 것이다.

4. LM 곡선의 도출

앞에서 우리는 화폐공급이 중앙은행에 의해 외생적으로 주어져 있다고 가정하였다. 즉, $M^S = M$. 따라서 유동성선호설에 의해 화폐수요함수 $\frac{M^d}{P} = L(Y, i)$ 에서 화폐시장의 균형조건은 다음과 같다.

$$\frac{M^d}{P} = L(Y, i) = L(Y, r + \pi^e)$$

여기서 실질이자율과 기대물가상승율의 합으로 나타나는 사전적 명목이자율을 사용하였다. 이 경우, 기대물가수준이 일정하게 주어져 있다고 하면 실질이자율의 상승은 화폐수요를 감소시키고 반대로 실질이자율 하락은 화폐수요를 증가시킨다.

위의 균형식에서 통화량 M, 물가수준 P, 기대물가상승률 π^e가 일정하게 주어져 있다고 하면 화폐시장의 균형조건은 실질소득과 실질이자율의 함수가 된다. 그런데 균형식에 두 변수가 포함되어 있으므로 위 식을 만족시키는 소득과 이자율의 배합은 무수히 많다. 이러한 실질소득과 실질이자율 배합점들의 모임을 LM곡선이라 한다. IS곡선에서도 살펴보았듯이 LM곡선도 소득과 이자율의 축으로 나타낸다.

위의 균형식 우변의 화폐수요는 실질소득에 대해 양(+)의 방향으로 움직이고 명목이자율(실질이자율+기대물가상승율)에는 음(−)의 방향으로 움직이므로 다음과 같이 일차함수로 나타낼 수 있다.

$$L(Y, r + \pi^e) = \delta Y - \gamma(r + \pi^e),\ \delta, \gamma > 0$$

따라서 위의 화폐수요함수를 균형식에 다시 대입하고 실질소득과 실질이자율의 평면에 나타나는 함수는 다음과 같이 구할 수 있다.

$$r = \left(\frac{\delta}{\gamma}\right) Y - \left(\pi^e + \frac{M}{\gamma P}\right)$$

위 식에 의해 LM 곡선은 다음과 같은 특성을 갖는다. 첫째, $\delta, \gamma > 0$이므로 LM곡선은 (Y, r)의 평면에서 우상향하는 기울기를 갖는다.

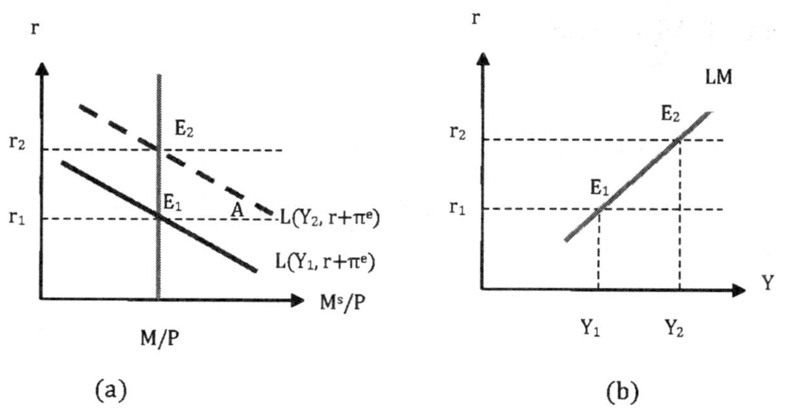

그림 7.24 LM곡선의 도출

LM곡선의 특징은 다음과 같다. 먼저, 소득과 이자율 배합이 (Y_1, r_1)일 때 화폐시장의 균형이 E_1으로 나타나 있다. 소득이 Y_1에서 Y_2로 증가하면 화폐수요가 증가하므로 (a)에서와 같이 화폐수요곡선이 위로 이동한다. 따라서 주어진 이자율 수준 r_1에서 화폐시장에 E_1A만큼 초과수요가 나타난다. 초과수요를 해소시키려면 이자율이 r_2로 상승하여 화폐수요의 원래의 수준으로 복귀시켜야 한다. 즉, 새로운 화폐시장의 균형은 (Y_2, r_2)에서 달성된다. 이러한 소득과 이자율의 변화를 추적하여 그리면 (b)와 같은 우상향하는 LM곡선을 얻을 수 있다. 화폐시장의 균형을 이루어주는 소득과 이자율의 배합은 LM곡선을 따라 같은 방향으로 움직이다.

둘째, 화폐공급 M이 증가하면 $r = \left(\frac{\delta}{\gamma}\right)Y - \left(\pi^e + \frac{M}{\gamma P}\right)$에서 절편이 감소하므로 LM곡선은 아래로(우측으로) 이동한다.

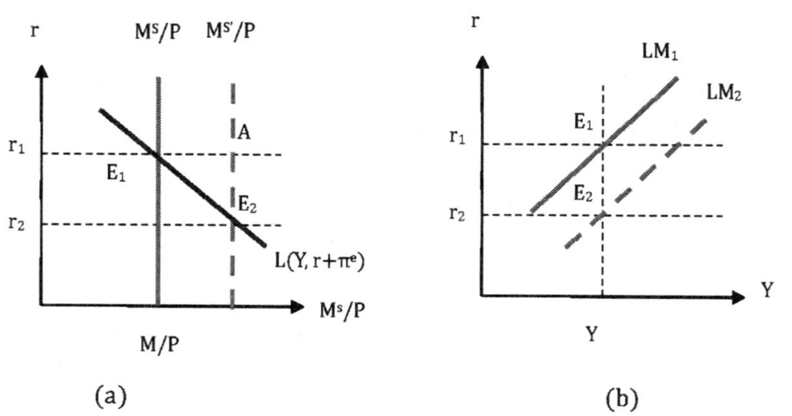

그림 7.25 화폐공급 증가에 따른 LM곡선의 이동

(a)에서 처음 화폐시장의 균형점 E_1에 있을 때 이 점은 (b)의 LM_1위의 점 E_1에 대응하는 점이다. 여기서 화폐공급이 M_2로 증가하면 (a)에서 화폐시장에 E_1A만큼 초과공급이 발생한다. 이 때 화폐시장이 다시 균형으로 돌아오기 위하여 같은 크기만큼 화폐수요가 증가하여야 하므로 주어진 소득수준에서 이자율이 r_1에서 r_2로 하락해야 한다. 따라서 점E_1으로부터 점E_2로 이동하는 것으로 나타난다. 그런데 여기서 이자율의 하락은 주어진 소득수준 Y_1에서 일어나는 것이므로 이를 (b)의 소득과 이자율 평면에 옮겨 그리면 E_2와 이점을 지나는 LM_2 곡선을 얻을 수 있다. 따라서 LM곡선은 우측으로 이동한다.

셋째, 기대물가상승률이 올라가면 화폐공급이 증가한 경우와 마찬가지로 절편이 감소하므로 LM곡선이 우측으로 이동한다. 즉, 균형이 (a)에서 E_1, 그에 상응하는 LM곡선이 (b)의 LM_1으로 나타나 있을 때 기대물가상승률이 π_1^e이 π_2^e로 상승하면 주어진 실질이자율에서 명목이자율이 상승하므로 화폐수요가 감소한다.

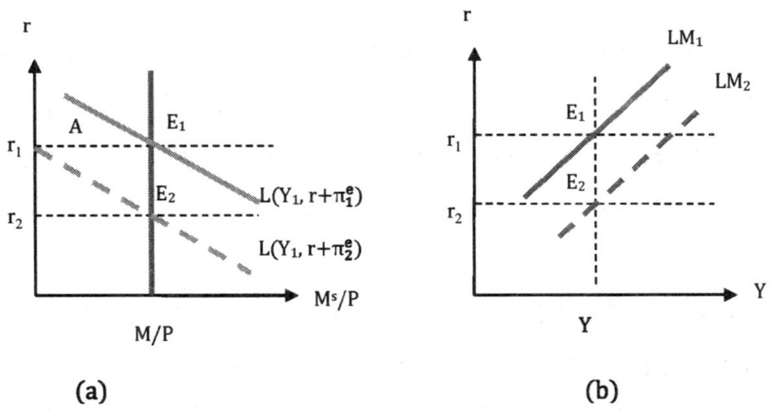

그림 7.26 기대물가상승률의 증가에 따른 LM곡선의 이동

이 경우에 실질이자율이 r_1으로 유지된다면 화폐시장에서는 AE_1만큼의 초과공급이 발생하므로 이를 해소하기 위해 이자율이 r_1에서 r_2로 하락해야 한다. 이자율의 하락은 주어진 소득수준 Y_1에서 나타나므로 (b)에서 균형점이 E_1에서 E_2로 이동한다. 따라서 기대물가수준이 상승하면 LM곡선은 우측으로 이동한다.

넷째, 물가수준 P가 상승하면 LM곡선은 좌측으로 이동한다. 물가수준이 상승하면 $r = \left(\frac{\delta}{\gamma}\right)Y - \left(\pi^e + \frac{M}{\gamma p}\right)$에서 절편이 상승한다. 즉 실질화폐공급이 감소한다. 따라서 화폐시장에서 초과수요가 존재하므로 이자율이 상승해야 한다. 이자율 상승은 주어진 Y_1수준에서 일어나므로 LM곡선이 좌측으로 이동해야 한다.

5. IS-LM모형의 균형

생산물시장에서 생산물시장의 균형인 IS곡선을 도출하였고 여기서 화폐시장의 균형인 LM곡선을 도출하였다. 균형소득은 생산물시장이 균형일 때 달성되고 이를 나타내는 곡선이 IS곡선이다. 균형이자율은 화폐시장이 균형일 때 달성되고 이를 나타내는 곡선이 LM곡선이다.

생산물시장에서 균형소득은 소득과 지출이 일치되는 $Y=C+I+G+NX$인 수준에서 결정된다. 생산물시장의 균형소득은 화폐시장의 균형이자율이 얼마인가에 의해 결정된다. 이자율이 높아지면 투자지출이 감소하여 생산물시장의 균형소득은 감소하고 이자율이 낮아지면 투자지출이 증가하여 소득이 증가한다.

또한, 화폐시장에서 균형이자율은 실질화폐공급과 실질화폐수요가 일치하는 $\frac{M^d}{P} = L(Y, i) = L(Y, r + \pi^e)$인 수준에서 결정된다. 화폐시장의 균형이자율 역시 생산물시장에 의해 영향을 받는다. 생산물시장의 균형소득이 증가하면 실질화폐수요가 증가하여 균형이자율이 상승하고 생산물시장의 균형소득이 감소하면 실질화폐수요가 감소하여 균형이자율이 하락한다.

이상에서 살펴보았듯이 두 시장의 균형은 각자 독립적으로 달성되지 못한다. 생산물시장의 균형은 화폐시장의 균형이자율의 영향을 받아 결정되고, 화폐시장의 균형은 생산물시장의 균형소득의 영향을 받아 결정된다. 따라서 총수요=총지출=균형소득을 구하기 위해서는 화폐시장의 균형이자율을 알아야 하고 화폐시장의 균형이자율은 균형소득을 알아야 구할 수 있다. 결국 완전환 균형소득과 균형이자율은 생산물시장과 화폐시장을 모두 고려하여 두 시장이 동시에 균형이 달성될 때 결정된다. 즉, 생산물시장의 균형을 나타내는 IS곡선과 화폐시장의 균형을 나타내는 LM곡선이 일치하는 수준에서 수요측면의 균형이 결정된다.

<그림 7.27>은 가장 간단한 1차함수로 표시한 생산물시장과 화폐시장의 동시균형을 나타낸다. 균형소득과 균형이자율은 (r^*, Y^*)이다. 균형 달성과정을 알아보기 위해 현재 경제상태가 I사분면과 II사분면의 경계점인 A에 있다고 해보자. 즉, 현재이자율은 r_0이고 소득이 Y_0인 상태이다. 점 $A(r_0, Y_0)$는 IS곡선상에 위치하므로 현재이자율(r_0) 하에서 생산물시장은 균형이다. 즉, Y_0는 균형소득이 된다. 그러나 점 $A(r_0, Y_0)$는 LM곡선 좌상방에 위치하므로 화폐시장

은 초과공급 상태이다. 현재소득이 Y_0인 상태에서 화폐시장의 균형이자율은 LM곡선에 해당하는 r_1이다. 현재이자율은 r_0로 균형이자율보다 높은 수준이므로 화폐시장은 초과공급 상태라는 것을 의미한다. 화폐시장이 초과공급 상태에 있으므로 화폐시장에서 이자율은 화살표(1)과 같이 균형이자율 r_1으로 하락한다.

화폐시장에서 균형이자율이 하락하므로 생산물시장의 유발투자(induced investment)가 증가하고 유발투자에 의해 균형소득이 화살표(2)와 같이 IS곡선을 따라 증가한다. 균형이자율 r_1은 소득이 Y_0일 때의 균형이자율이다. 이자율 하락으로 균형소득이 증가하면 실질화폐수요가 증가하여 균형이자율이 화살표(3)과 같이 LM곡선을 따라 상승한다. 이러한 조정과정을 거쳐 새로운 균형소득과 균형이자율은 IS곡선과 LM곡선이 일치하는 점E에서 결정된다. 주의하여야 할 점은 논리적인 순서로 화살표를 설명한 것이며 시간 순서를 의미하지는 않는다. 왜냐하면 시장상황에 따라 순서대로 움직일 수도 있고 축약된 과정을 통해 균형에 이를 수도 있기 때문이다.

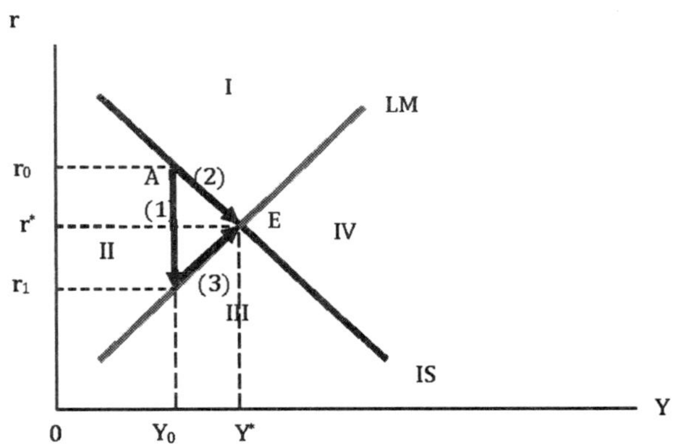

그림 7.27 생산물시장과 화폐시장의 동시균형

만일 균형이 아닌 상태라면 다음의 예와 같은 조정이 일어난다. 영역 I에서 생산물시장에는 초과공급이 일어나고 있으며 생산량 감소의 조정이 일어나야 한다. 화폐시장에서는 화폐의 초과공급이 일어나고 있으며 이자율은 하락하여 균형상태로 돌아오게 된다. 같은 논리로 4영역에 대해 정리하면 다음과 같다.

표 7.2 생산물시장과 화폐시장이 균형을 벗어나는 경우의 조정

영역구분	생산물시장		화폐시장	
	초과수요공급여부	생산량 조정	초과수요공급여부	이자율 조정
I	초과공급	감소	초과공급	하락
II	초과수요	증가	초과공급	하락
III	초과수요	증가	초과수요	상승
IV	초과공급	감소	초과수요	상승

CHAPTER 08

화폐시장과 총수요-총공급모형

본 장에서 우리는 생산물시장과 화폐시장 사이의 상호작용이 국민소득과 물가수준 및 이자율의 결정에 미치는 영향을 공부한다. 이를 위해, 화폐시장과 총수요-총공급모형을 결합한 모형을 이용하여 금융정책과 재정정책의 효과를 비교 및 분석한다.

1. 화폐시장과 총수요곡선

생산물시장과 화폐시장 사이의 연관관계를 분석하기 위하여 우선 화폐시장의 도입이 총수요곡선에 어떠한 영향을 미치는 지를 살펴보아야 한다. 앞에서 총수요곡선(AD)을 유도하고 총수요곡선이 우하향하는 두 가지의 이유를 설명하였다. 이제, 화폐의 수요와 공급을 고려하면 총수요곡선이 우하향하는 또 하나의 이유를 찾아볼 수 있다.

물가수준이 P_0에서 P_1으로 하락하였다고 하자. 따라서 <그림 8.1>과 같이 화폐수요곡선은 왼쪽으로 이동하게 된다. 만약 화폐공급량에 변화가 없다면 화폐시장의 초과공급으로 인해 균형이자율은 r_0에서 r_1으로 하락하게 된다. 화폐시장에서의 이러한 이자율의 하락은 투자지출을 증가시켜 지출함수(E(Y)=C+I+G+NX)을 위로 이동시킨다. 따라서 수요측면의 균형국민소득이 증가하게 된다.

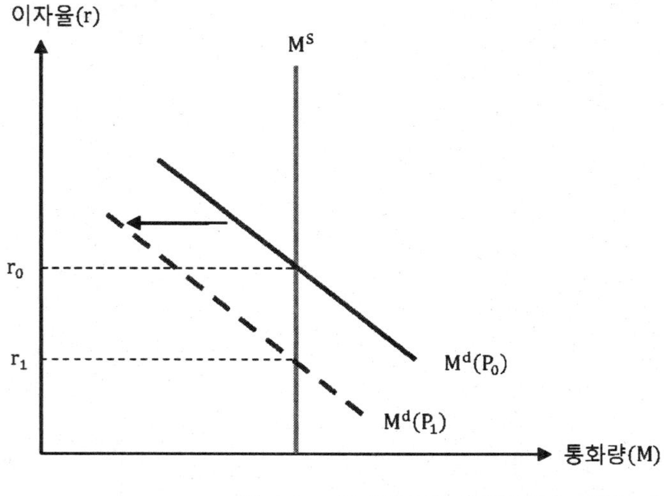

물가수준이 P_0에서 P_1으로 하락하면, 화폐시장의 균형이자율은 r_0에서 r_1으로 하락한다.

그림 8.1 물가하락이 화폐시장에 미치는 영향

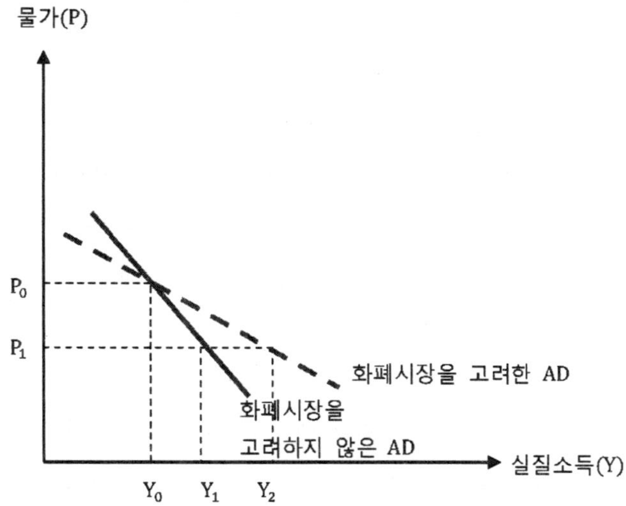

물가수준의 하락이 화폐시장의 이자율을 하락시키는 효과까지 감안하면, 총수요곡선(AD)의 기울기는 더욱 완만해진다.

그림 8.2 총수요곡선의 기울기

앞에서 살펴 본 실질잔고효과와 수출품의 가격경쟁력효과를 고려하지 않더라도 물가수준의 하락은 화폐시장에 미치는 영향을 통해 이와 같이 수요측면의 균형국민소득 수준을 증가시킨다. 즉, <그림 8.2>에서 총수요곡선은 음(−)의 기울기를 가진다. 사실, 물가수준의 하락이 화폐시장에서 이자율을 낮추고 이것이 실물부문의 투자지출을 증가시키는 효과까지 감안하면 총수요곡선의 기울기는 더욱 완만해 진다.

물가수준이 P_0에서 P_1으로 하락하는 경우, 소비지출과 순수출의 증가로 <그림 8.2>에서 국민소득은 Y_0에서 Y_1으로 증가한다. 한편, 물가하락이 이자율을 낮춰 투자지출까지 늘리는 경우 국민소득은 Y_2까지 증가할 수 있다. 즉, 화폐시장을 고려한 총수요곡선의 기울기는 더욱 완만해져 수평선에 가까운 모습을 갖는다.

2. 금융정책의 효과

앞에서 총수요관리정책에 대해 일부분 살펴보았다. 교환경제에서 경제상황이 좋거나 나쁜 상황이 반복되는 현상을 경기변동(business cycle)이라 한다. 경기호황에 의해 산출량이 증가하거나 경기불황에 의해 산출량이 감소하는 경기변동이 발생했을 때 산출량 변동의 진폭을 완화하기 위한 정부정책을 경기안정화정책(business stabilization policy)라고 한다. 정부가 경기안정화 정책의 일환으로 사용하는 일반적인 방법이 총수요를 조정하는 것이다. 정부는 경기호황이면 총수요를 감소시키는 경기안정화정책을 시행하고 경기가 불황이면 총수요를 증가시키는 경기진작정책을 시행한다. 정부는 경기안정을 위해 경기순환과는 반대의 움직임을 주는 정책을 사용하기 때문에 경기역행적정책(counter cyclical policy)이라 부르기도 한다. 총수요관리정책은 총수요를 조정하기 위해 사용하는 대표적인 수단이 무엇이냐에 따라 금융정책(monetary policy)와 재정정책(fiscal policy)로 구분된다. 금융정책은 통화량 또는 이자율을 변화시킴으로써 화폐시장이나 금융시장을 통해 총수요를 조정하는 것이고 재정정책은 재정수입 또는 재정지출을 변화시켜 총수요를 조정하는 정책이다. 일반적으로 금융정책은 행정부와 독립된 중앙은행이 시행하며 재정정책은 중앙 행정부서에 관장한다. 중앙은행에 의해 시행되는 금융정책은 화폐시장의 균형이자율을 변화시키므로 LM곡선을 이동시켜 총수요에 영향을 미치고, 재정정책은 생산물시장의 균형을 나타내는 IS곡선을 이동시켜 총수요에 영향을 미친다.

금융정책이란 통화당국(주로 중앙은행)이 본원통화 등과 같은 정책수단을 이용하여 시장유동성을 조정함으로써 경제적 목표를 달성하고자 하는 정책을 말한다. 금융정책의 수단으로는 본원통화의 조정이나 이를 이용한 초단기 자본의 금리변동 또는 금융기관에 대한 관리 및 감독기능이 주로 이용되고 있다.

중앙은행이 정책수단을 이용하여 통화량을 증가시키거나 이자율을 낮추는 정책을 확장적인 금융정책이라고 하고 통화량을 감소시키거나 이자율을 높이는 정책을 긴축적인 금융정책이라고 한다. 중앙은행의 확장적인 금융정책은 어떤 경로를 통해 실물경제에 파급효과를 가져오는가? 이에 대한 대답은 기간에 따라 다르며 학파에 따라 다르다.

2.1 _ 단기 금융정책의 효과

케인즈학파는 노동시장의 불완전정보에 따른 노동자의 화폐환상을 가정하므로 총공급곡선은 우상향한다. 여기서 화폐환상(money illusion)이란 경제주체들이 물가상승을 제대로 인식하지 못하여 실질변수가 아니라 명목변수를 기준으로 경제행위를 하는 것을 말한다. 예를 들어, 물가가 상승하더라도 이를 제대로 인식하지 못하기 때문에 명목임금을 기준으로 노동을 공급하는 것이 화폐환상이다. 화폐환상이 존재하는 경우, 총공급곡선이 우상향하므로 물가와 실질국민소득 사이에는 양(+)의 관계가 존재한다. 우상향하는 총공급곡선이 존재하는 경제에서 중앙은행이 본원통화 증가를 통해 증가시킨 확장 금융정책의 효과를 살펴보자. 단, 통화의 공급은 외생적으로 주어져 있다고 하자.

<그림 8.3>과 같이 총수요(AD)곡선과 총공급(AS)곡선이 교차하는 점에서 물가와 실질국민소득이 결정되고 있다. 이 때의 실질국민소득은 Y_0이고 물가는 P_0이다. 따라서 현재의 통화량이 M_0라고 가정하면 물가가 P_0이므로 실질 통화공급량은 $\frac{M_0}{P_0}$이다. 소득이 Y_0이므로 실질화폐수요는 $L(Y_0,\ r+\pi^e)$이다.

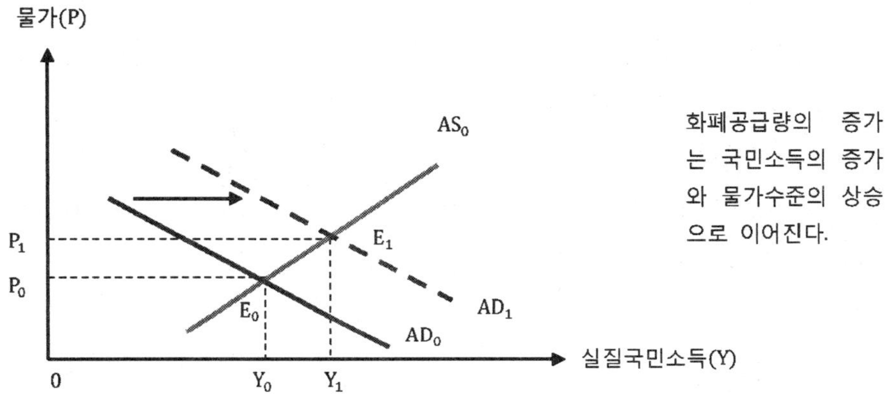

그림 8.3 확장적인 금융정책의 단기효과

화폐시장의 균형이 아래의 <그림 8.4>와 같이 실질화폐공급과 실질화폐수요가 일치하는 점E_0이고 균형이자율은 r_0이다. 수요측면의 균형은 생산물시장과 화폐시장이 동시에 균형이 달성되는 IS=LM인 점 e_0에서 결정되고 균형소득과 이자율은 $L(Y_0,\ r+\pi^e)$이다.

이제, 중앙은행이 본원통화를 증가시키는 확장적인 금융정책을 시행했다고 하자. 예를 들어, 중앙은행이 공개시장에서 채권을 매입하는 공개시장 매입을 하고 채권의 대가로 본원통화를 민간경제주체에게 지급했다고 하자. 본원통화가 증가하면 증가된 본원통화의 통화승수 배만큼 통화량이 증가한다.

실질통화를 축으로 놓고 살펴보면 본원통화의 증가로 통화량이 M_0에서 M_1으로 증가한다면 물가는 P_0이므로 실질화폐공급량이 $\frac{M_1}{P_0}$으로 증가한다. 화폐시장에서 실질화폐공급량이 증가하므로 화폐공급곡선이 우측으로 이동한다. 이자율 r_0수준에서 화폐의 초과공급이 발생하므로 균형이자율은 하락하고 화폐시장의 새로운 균형은 실질화폐수요곡선 $L(Y_0,\ r+\pi^e)$과 새로운 실질화폐공급곡선 $\frac{M_1}{P_0}$이 만나는 E_1에서 결정된다. 통화량이 증가된 후, 새로운 균형이자율은 r_0'이다. 생산물시장의 소득은 Y_0인 상태에서 화폐시장의 균형이자율이 하락하면 이자율이 하락한 만큼 LM곡선이 LM_0에서 LM_1으로 우측하향 이동한다.

화폐시장에서 이자율이 하락하면 이자율과 투자는 음(−)의 관계이므로 투자는 증가하고 생산물시장에서 균형소득이 증가한다. 즉, 수요측면의 균형은 IS 곡선과 LM_1이 일치하는 e_1에서 결정된다. 따라서 통화량을 증가시키는 확장적인 금융정책이 시행되고 난 후, 균형소득은 Y_1으로 증가하고 균형이자율은 r_1으로 상승한다.

화폐공급 증가에 의해 r_0'수준으로 하락했던 이자율이 다시 r_1수준으로 상승하는 이유는 이자율 하락에 의한 투자증가로 소득이 증가하므로 실질화폐수요가 증가하여 실질화폐수요곡선이 우측으로 이동하기 때문이다. 결국 화폐시장의 균형이자율은 실질화폐공급 $\frac{M_1}{P_0}$과 실질화폐수요 $L(Y_1,\ r+\pi^e)$이 일치하는 r_1에서 결정된다.

물가가 P_0인 상태에서 균형소득이 증가했다는 것은 소득만큼 총수요가 증가한다는 것을 의미하므로 총수요곡선이 AD_1으로 우측 이동한다. 총수요 증가로 현재 물가 P_0에서 초과수요가 발생하고 물가 P_1으로 상승한다. 또한 새로운 균형소득은 Y_2가 된다.

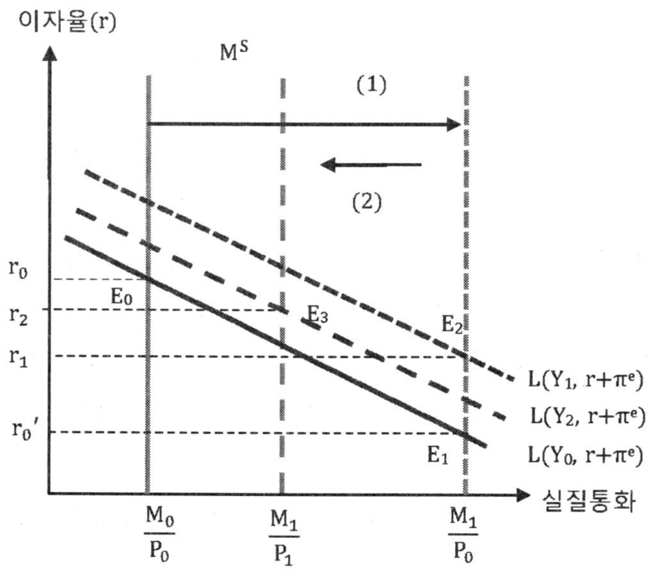

그림 8.4 확장적인 금융정책의 단기효과: 화폐시장과 IS-LM곡선

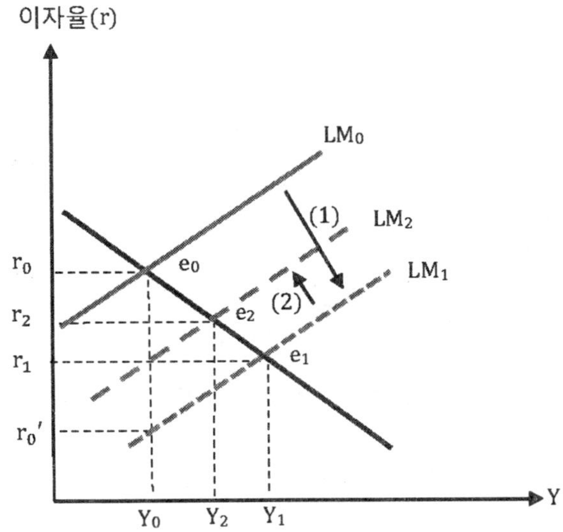

그림 8.4　확장적인 금융정책의 단기효과: 화폐시장과 IS-LM곡선 (계속)

이제 물가상승이 총수요와 총공급에 미치는 영향을 통해 소득이 감소하는 부분을 살펴보자. 물가상승은 화폐시장뿐 아니라 노동시장에도 영향을 미친다. 물가가 상승하면 실질화폐공급량이 $\frac{M_1}{P_0}$에서 $\frac{M_1}{P_1}$ 수준으로 좌측이동한다. 화폐공급의 감소로 화폐의 초과수요가 발생하므로 이자율이 상승하여 LM곡선은 LM_1에서 LM_2로 좌측 상향이동한다. 이자율의 상승은 생산물시장에서 민간의 투자를 감소시켜 소득이 감소하고 결국 수요측면의 균형은 (r_2, Y_2)에서 달성된다. 물가상승에 의한 균형소득의 감소를 AD-AS곡선에 반영하면 AD곡선 내에서 소득이 Y_1에서 Y_2로 감소한다.

따라서 물가상승은 화폐시장뿐 아니라 노동시장에도 영향을 미친다. 실질임금이 하락하고 물가에 대한 완전예측을 하는 기업은 실질임금의 하락을 인식하므로 노동수요를 증가시킨다. 그러나 불완전정보로 인해 물가변화를 인식하지 못하는 노동자는 실질임금의 하락을 인식하지 못하므로 노동공급은 불변이다. 노동수요는 증가하고 노동공급은 불변이므로 초과수요에 의해 명목임금이 상승한다. 명목임금의 상승을 실질임금의 상승으로 착각하는 화폐환상에 의해 노동자는 노동공급을 증가시킨다. 명목임금의 상승에 대해 기업은 노동수요를 감소시키지만 결과적으로 노동고용량은 증가하고 명목임금은 상승하며 실질임금은 하락한다. 노동공급량이 증가하므로 총공급이 증가하여 산출량은 총공급곡선을 따라 증가한다.

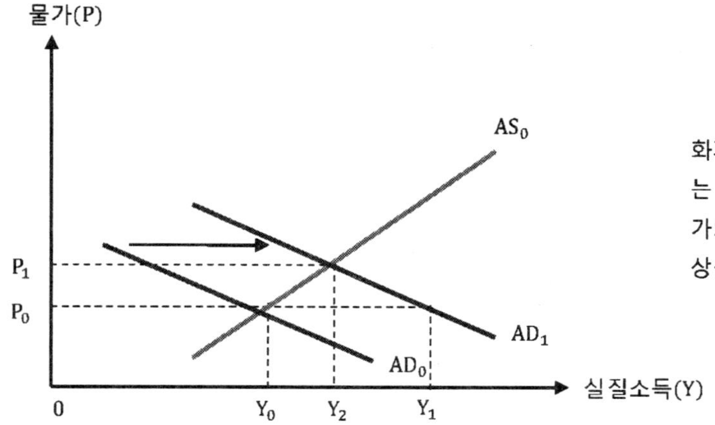

화폐공급량의 증가는 국민소득의 증가와 물가수준의 상승으로 이어진다.

그림 8.5 확장적인 금융정책의 단기효과: AD-AS 분석

tip

◑ **명목화폐량을 축으로 사용하는 경우**

본원통화의 증가로 통화량이 M_0에서 M_1 화폐시장에서 화폐공급량이 증가하므로 화폐공급곡선이 우측으로 이동한다. 물가가 P_0로 고정인 상태에서 이자율 r_0수준에서 화폐의 초과공급이 발생하므로 균형이자율은 하락하고 화폐시장의 새로운 균형은 화폐수요곡선($M^d(Y_1,P_0)$)과 새로운 화폐공급곡선 M_1이 만나는 E_1에서 결정된다. 통화량이 증가된 후, 새로운 균형이자율은 r_0'이다. 생산물시장의 소득은 Y_0인 상태에서 화폐시장의 균형이자율이 하락하면 이자율이 하락한 만큼 LM곡선이 LM_0에서 LM_1으로 하향 이동한다. 화폐시장에서 이자율이 하락하면 이자율과 투자는 음(-)의 관계이므로 생산물시장에서 균형소득이 증가한다. 즉, 수요측면의 균형은 IS 곡선과 LM_1이 일치하는 e_1에서 결정된다. 따라서 통화량을 증가시키는 확장적인 금융정책이 시행되고 난 후, 균형소득은 Y_1으로 증가하고 균형이자율은 r_1으로 상승한다. 화폐공급 증가에 의해 r_0'수준으로 하락했던 이자율이 다시 r_1 수준으로 상승하는 이유는 이자율 하락에 의한 투자증가로 소득이 증가하므로 실질화폐수요가 증가하여 실질화폐수요곡선이 우측으로 이동하기 때문이다. 결국, 화폐시장의 균형이자율은 화폐공급 M_1과 화폐수요 $M^d(Y_1, P_0)$가 일치하는 r_1에서 결정된다. 물가가 P_0인 상태에서 균형소득이 증가했다는 것은 소득만큼 총수요가 증가한다는 것을 의미하므로 총수요곡선이 AD_1으로 우측 이동한다. 총수요 증가로 현재 물가 P_0에서 초과수요가 발생하고 물가가 상승한다. 이제 물가상승이 총수요와 총공급에 미치는 영향을 살펴보자.

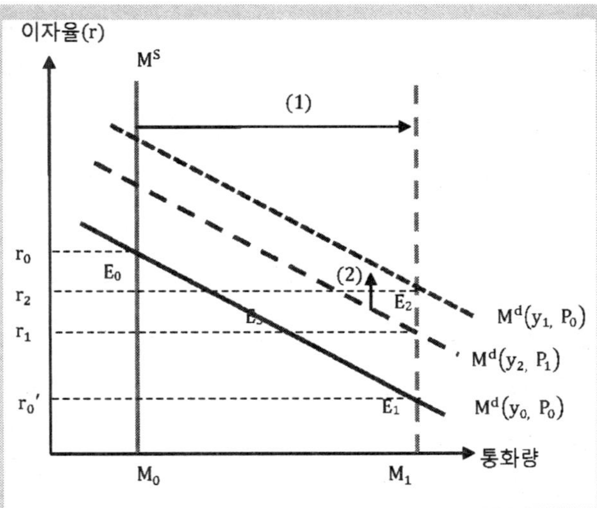

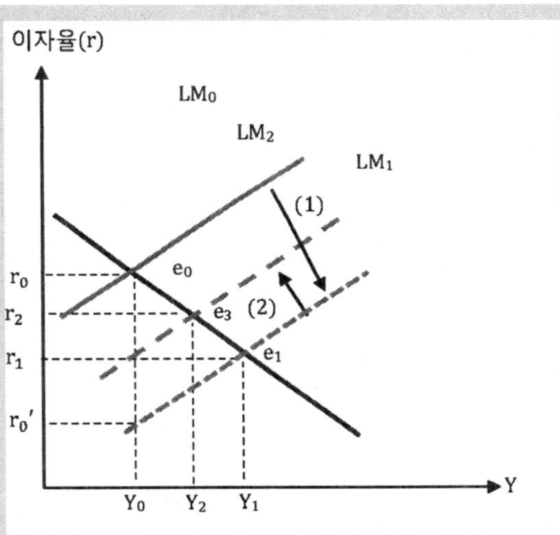

물가상승은 화폐시장과 노동시장을 통해 총수요와 총공급에 각각 영향을 준다. 확장적인 금융정책을 실시하면 총수요가 증가하고 초과수요가 발생하므로 물가가 상승한다. 물가가 상승하면 총수요는 감소하고 총공급은 증가하므로 결과적으로 새로운 시장균형은 총공급곡선(AS_0)과 새로운 총수요곡선(AD_1)이 만나는 수준에서 결정된다. 따라서 새로운 균형소득은 Y_2에서 결정되고 물가는 P_1에서 결정된다. 그렇다면 물가가 상승할 경우, 화폐시장과 노동시장에 미치는 효과를 검토함으로써 물가상승이 어떻게 총수요를 감소시키고 총공급을 증가시키는 지 살펴보자. 먼저 물가상승이 화폐시장에 미치는 영향을 보자. 물가가 상승할 경우, 명목화폐수요가 증가하여 화폐의 가격인 이자율이 상승하므로 LM곡선이 LM_1에서 LM_2로 좌상향으로 이동한다. 또한 이자율 상승은 생산물시장에서 민간의 투자지출을 감소시켜 소득이 감소한다. 따라서 수요측면의 균형은 (r_2,Y_2)에서 결정된다. 물가상승으로 인한 균형소득의 감소를 AD-AS곡선에 반영하면 AD곡선 위에서 소득이 Y_1에서 Y_2로 감소한다.

이상에서 살펴보았듯이 확장적인 금융정책을 실시하면 이자율은 하락하고 소득은 증가한다. 또한 물가는 상승하고 명목임금도 상승한다. 그러나 고용량이 증가하였으므로 실질임금은 하락한다. 나아가 이자율이 하락하므로 투자는 증가하고 소득이 증가하였으므로 소비 역시 증가한다. 만일 정부가 통화량을 감소시키는 긴축 금융정책을 실시한다면 반대의 경제적 움직임이 나타날 것이다.

뒤에서 다루겠지만 재정정책과 금융정책 모두 총수요 변화로 산출량을 증가시키거나 감소시키는 정부정책이라는 점에서 동질성을 갖는다. 총수요를 증가시키는 확장적 정책을 실시하는 경우 즉, 확장적인 재정정책을 시행하든 확장적인 금융정책을 시행하든 총수요 증가를 통해 산출량이 증가하고 물가가 상승한다. 소득이 증가하므로 소비가 증가하고 산출량이 증가하였으므로 고용량이 증가하여 실업이 감소한다. 그러나 모든 측면에서 재정정책과 금융정책의 효과가 같지는 않다. 확장적인 재정정책으로 인해 이자율이 상승하여 민간투자를 감소시키는 구축효과가 발생하게 된다. 그러나 확장적인 금융정책을 실시하면 시장유동성 증가로 이어져 이자율이 하락하고 민간투자가 증가한다. 따라서 확장적인 금융정책을 실시하면 정부부문의 확대는 일어나지 않고 민간투자가 촉진되므로 경제전체에서 민간비중이 증가하게 된다. 통화주의학파의 주장처럼 민간부문이 정부부문에 비해 효율적이라고 믿는다면 효율적인 민간부문을 위축시키고 비효율적인 정부부문을 확대시키는 재정정책에 비해 민간부문의 활성화를 통해 정책효과가 발생하는 금융정책이 더 나은 정책이라고 주장할 것이다.

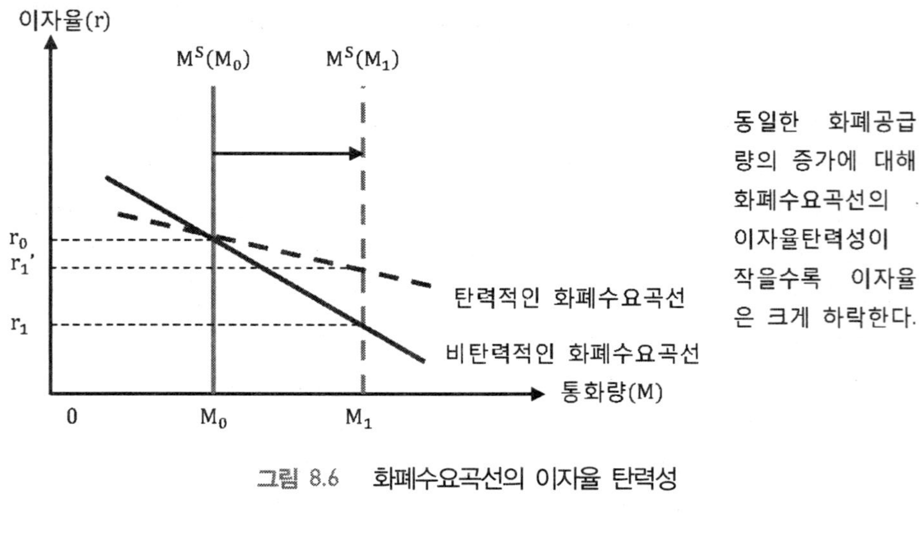

그림 8.6 화폐수요곡선의 이자율 탄력성

화폐공급량의 변화가 이자율을 변경시켜 생산물시장에 영향을 미치는 과정을 금융정책의 전달경로(transmission mechanism)라고 한다. 확장적인 금융정책이 실물부문에 효과적으로 영향을 미치기 위해서는 금융정책의 전달경로가 잘 작동하여야 한다. 이를 위해서는 먼저 화폐공급량의 증가로 이자율이 충분히 하락하여야 한다. <그림 8.6>에 나타나 있듯이 동일한 화폐공급량의 증가에 대해 화폐수요곡선이 이자율에 대한 탄력성이 작을수록 이자율은 크게 하락한다.

<그림 8.7>에서 화폐공급량이 M_0에서 M_1으로 증가할 때 화폐수요곡선이 비탄력적일 경우 이자율은 r_0에서 r_1으로 크게 하락한다. 그러나 화폐수요의 이자율탄력성이 클 경우 이자율은 r_0에서 r'_1으로 밖에 하락하지 않는다. 화폐수요의 이자율탄력성이 극단적으로 ∞로 커지면, 화폐수요곡선은 <그림 8.7>에서처럼 수평선의 형태를 띠게 된다. 이와 같이 경제가 유동성함정에 빠져있을 때 화폐공급량의 증가는 이자율에 아무런 영향도 미치지 못한다.

확장적인 금융정책으로 이자율이 충분히 하락하였다 하더라도 전달경로가 잘 작동하기 위해서는 이자율의 하락으로 투자지출이 크게 증가하여야 한다. 즉, 금융정책의 실질효과는 투자함수의 이자율 탄력성이 클수록 증가한다. 마지막으로, 금융정책의 효과가 커지기 위해서는 투자지출의 증가가 총수요의 확대로 이어지는 승수효과가 커야 한다.

통화주의학파는 화폐수요가 이자율에 비탄력적이라고 믿는다. 따라서 통화주의학파는 확장적인 금융정책을 시행하면 이자율이 큰 폭으로 하락한다고 믿는다. 또한 투자는 이자율에 대해 탄력적이므로 이자율이 하락하면 투자가 크게 증가하여 총수요가 많이 증가할 것이다. 따라서 단기에 총수요에 미치는 효과만 놓고 보면 금융정책이 총수요를 조절하는데 용이하고 유효한 정책수단이 된다. 그러나 케인즈학파의 입장에서 금융정책은 재정정책에 비해 경제에 미치는 효과는 작다. 케인즈학파는 투자의 이자율 탄력성이 낮고 화폐수요의 이자율 탄력성이 높다고 보았으므로 통화공급에 의한 이자율 하락은 미미하고 이자율 하락에 따른 민간투자 역시 미미하다. 따라서 확장적인 금융정책은 확장적인 재정정책에 비해 총수요에 큰 영향을 미치지 못한다.

2.2 _ 금융정책의 장기효과

확장적인 금융정책이 실물부문에 미치는 이러한 효과는 시간의 흐름을 감안할 때 크게 달라질 수 있다. 사실, 대부분의 경제학자들은 금융정책의 장기적인 실질효과가 미미하다는데 의견일치를 보이고 있다.

먼저, 통화량이 증가하면 실질통화공급의 증가로 화폐시장에서 이자율이 하락하므로 LM곡선이 우측으로 하향이동하여 이자율은 하락하고 소득은 증가한다. 즉, IS-LM곡선에서 (r_1, Y_1)에서 새로운 균형이 결정된다.

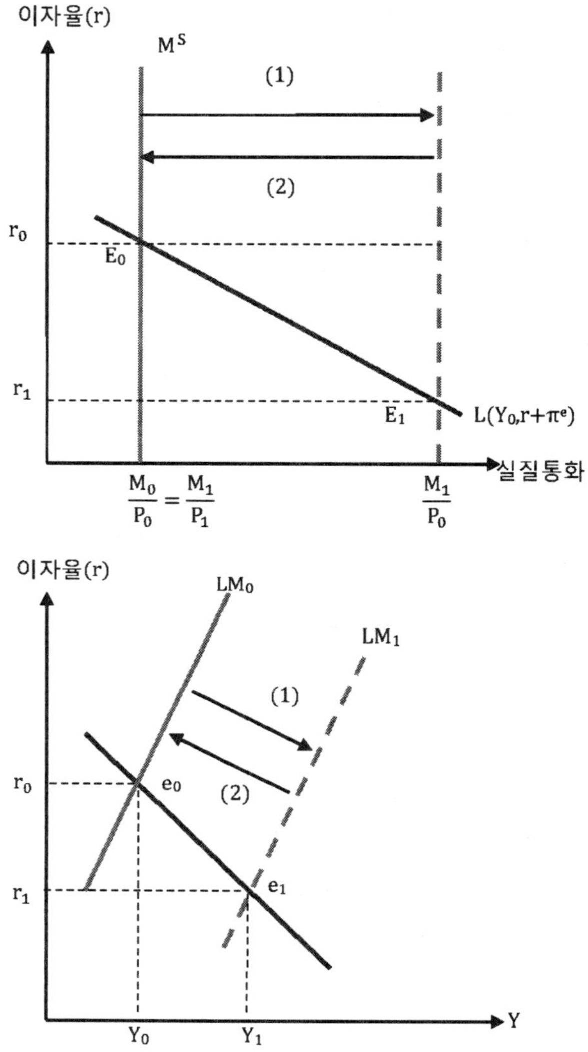

그림 8.7 금융정책의 장기효과: 화폐시장과 LM곡선

확장적인 금융정책으로 소득(총수요)이 증가하므로 총수요곡선은 AD_0에서 AD_1으로 우측이동하고 단기균형은 $AD_1=AS_0$에서 이루어진다. 물가는 P_1으로 상승하고 균형소득은 Y_1으로 증가한다. 장기에 노동자들은 물가변화, 즉 물가상승을 정확하게 인식한다. 단기에 물가상승을 인식하지 못하고 명목임금의 상승을 실질임금의 상승으로 착각했던 노동자가 물가상승을 인식함으로써 실제 실질임금이 하락했다는 사실을 알게 된다. 실질임금의 하락을 인식한 노동자들은 적정 수준으로 노동공급을 감소시키려 할 것이다. 노동자의 노동공급이 감소하므로 고용량이 감소하고 하락했던 실질임금은 상승하게 된다. 결국, 고용량감소에 의해 산출량이 감소한다.

결국 장기에는 기업과 노동자가 모두 물가의 변화를 완전히 인식하고 있으므로 고용량은 확장적인 금융정책을 실시하기 이전과 동일한 균형고용량 수준으로 감소하고 산출량 역시 정책시행 전 수준인 Y_0로 감소한다. 즉, 총공급곡선이 AS_1으로 좌측이동하여 생산물시장의 균형은 $AD_1=AS_1$일 때 결정된다. 따라서 단기에 Y_1으로 증가했던 산출량은 다시 Y_0로 감소하고 물가만 P_2로 상승한다.

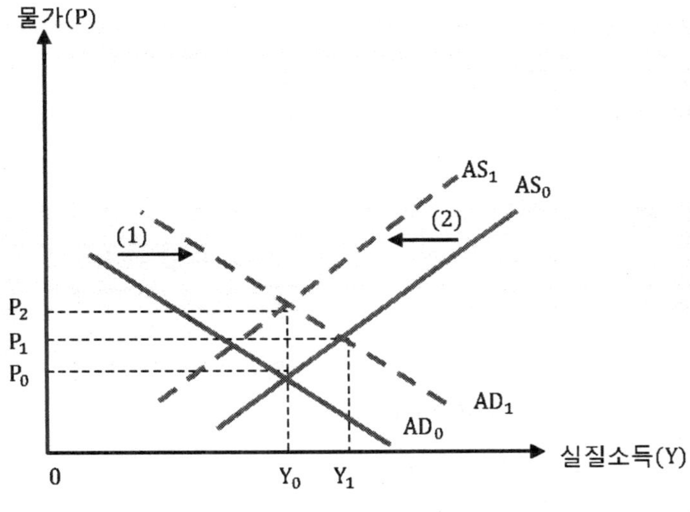

장기적으로 화폐공급량의 증가는 물가수준만을 비례적으로 상승시킬 뿐 실질변수에는 아무런 영향도 미치지 못한다. 즉 화폐는 장기적으로

그림 8.8 금융정책의 장기효과: AD-AS분석

이와 같이 화폐공급량의 변화가 장기적으로 명목변수인 물가만을 비례적으로 상승시킬 뿐 실질소득이나 이자율과 같은 실질변수에는 아무런 영향을 주지 못하는 현상을 화폐의 장기중립성(long-run neutrality of money)이라고 부른다.

화폐의 중립성 현상은 <그림 8.8>의 총수요곡선과 총공급곡선을 통해서도 이해될 수 있다. 확장적인 금융정책으로 총수요곡선은 AD_0에서 AD_1으로 오른쪽으로 이동한다. 그 결과, Y가 증가하고 동시에 P가 상승하는 인플레이션 압력이 생겨나게 된다. 이는 임금과 원자재가격의 상승으로 이어져 결국은 총공급곡선을 AS_0에서 AS_1으로 왼쪽으로 이동시킨다. <그림 8.8>에서 총공급곡선은 원래의 균형국민소득(Y_0)수준이 다시 균형이 될 때까지 이동한다. 이렇게 되면 금융정책의 장기적인 효과는 물가수준의 상승(P_2까지)뿐임을 알 수 있다. 즉, 화폐는 장기적으로 중립적이다.

이상의 결과, 통화주의학파의 주장에 따르면 단기에는 재정정책에 비해 금융정책이 상대적으로 유효하지만 장기적으로 금융정책은 전혀 실물(실질소득, 고용, 실질임금 등)에는 전혀 영향을 미치지 못하고 물가만 변동하는 고전적 이분성이 성립한다고 주장한다. 이러한 결과에 근거하여 통화주의학파는 정부의 재량적 총수요관리정책에 대해 반대하고 준칙에 따른 정책을 실행할 것을 주장하였다.

tip

◑ 명목통화량을 이용하는 경우의 금융정책의 장기효과: 화폐시장과 LM곡선

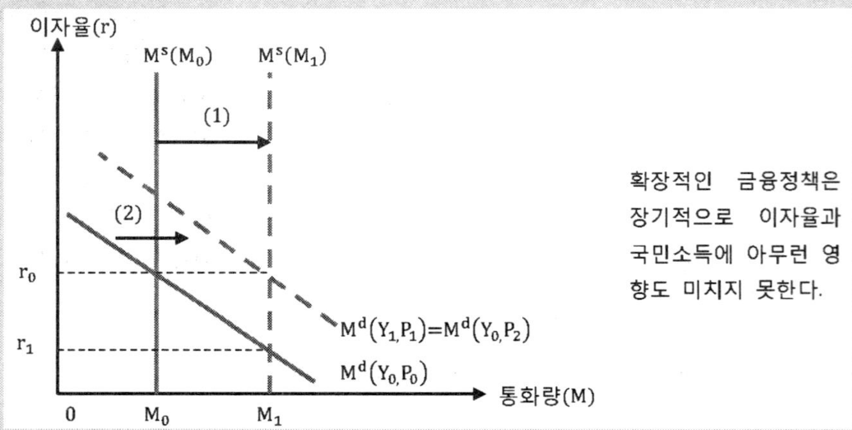

이러한 견해를 이해하기 위해 화폐공급량이 M_0에서 M_1으로 증가했다고 해보자. AD-AS와 같이 Y와 P의 증가로 이어진다. 이렇게 증가한 Y와 P가 시간이 지남에 따라 다시 금융시장에 미치는 효과는 무엇일까? Y와 P가 각각 Y_0와 P_0에서 Y_1과 P_1으로 증가함에 따라 화폐수요곡선은 오른쪽으로 이동하게 된다. 이에 따라 이자율이 상승하는데, 화폐수요곡선은 원래의 균형이자율(r_0)이 다시 균형수준이 될 때까지 이동한다. 이자율이 점차 원래의 수준으로 증가함에 따라 투자지출도 확장적인 금융정책 이전의 수준으로 낮아져 Y도 원래의 수준인 Y_0와 같아지게 된다. 즉, 시간이 지남에 따라 확장적인 금융정책은 이자율과 국민소득에는 아무런 영향도 미치지 못하며 단지 물가수준만 높인다.

3. 재정정책의 효과

기본적으로 정부는 다양한 정부수입(재정수입)을 통해 정부를 운영하고 정부정책을 시행하는데 필요한 다양한 재화와 서비스(용역)를 구매한다. 구매한 재화, 서비스 및 용역을 이용하여 국민경제에 필요한 여러 재화와 서비스를 제공한다. 정부의 재정수입은 다양한 경로를 통해 이루어지지만 가장 큰 부분은 국민으로부터 걷는 조세수입(tax revenue)이다. 이 외에도 공기업의 이윤, 복권사업을 통한 기금 등 다양한 수입원이 존재하지만 재정수입에서 차지하는 비중은 그리 크지 않다. 따라서 정부의 재정수입은 조세라고 봐도 무방하다. 여기서는 재정수입과 조세수입은 같은 개념으로 취급하기로 한다.

경상지출은 정부운영에 필요한 통상적인 지출로 노동력(대부분 공무원)을 고용하고 공공재화나 서비스를 제공하는데 필요한 재화나 서비스를 구매하기 위하여 소요되는 지출이다. 총수요관리정책으로써 거시정책과 관련하여 정부지출은 통상 경상지출을 의미한다. 따라서 여기서 정부지출과 정부구매를 동일한 의미로 사용한다. 정부의 투자지출이란 항만, 도로, 철도, 공항 등 건설과 같은 공공투자 사업을 시행하기 위한 지출을 말한다. 경상지출은 통상 1년을 회기 단위로 하여 예산이 편성되는데 비해 투자지출은 통상 수년에 걸쳐 지출이 이루어지는 것이 일반적이다. 이러한 투자지출은 보통 국민경제의 장기발전 전략 차원에서 이루어지므로 경기변동에 대응하는 총수요관리정책의 수단으로 사용하기 어렵다. 마지막으로 이전지출이란 무상으로 이루어지는 정부의 지원(subsidy)을 의미한다. 가장 대표적인 이전지출로는 빈곤층, 장애인, 부양가족이 없는 노약자 등과 같이 사회적 약자에게 무상으로 최저생활비 및 긴급자금을 지원하는 공공부조(public assistant)가 있다. 이 외에도 재난지역에 대한 무상지원, 농업 종사자에 대한 무상지원 등도 이전지출에 해당된다. 이러한 이전지출은 통상 법에 의해 대상자와 단위당 지급규모가 결정된다. 따라서 경기변동에 의해 자동적으로 지급액이 늘거나 감소하기는 하지만 정부가 인위적으로 경기대응정책으로 조정하기 어렵다.

정부는 재정수입이나 정부지출을 조정함으로써 국민경제에 영향을 미칠 수 있고 이러한 정부의 정책을 재정정책이라 한다. 재정정책은 재정운용 기조에 따라 균형재정정책, 확대재정정책, 긴축 재정정책으로 구분할 수 있다. 재정정책의 기조는 재정수지(=조세수입−정부지출)를 중심으로 분류한 개념이다. 확대 재정정책이란 재정수입보다 많은 재정지출을 통해 적자재정을 운용하는 정책을 의미한다. 일반적으로 사용되는 확대 재정정책의 수단으로는 세금을 감면해주거나 정부지출을 증가시키는 방법이 이용되고 있다. 미국의 부시행정부는 세금을 인하하는 확대 재정정책을 주로 사용하였고 우리나라의 일반적인 정부에서는 정부지출을 확대하는 재정정책을 주로 시행하였다. 물론 정부가 확대 재정정책을 시행할 때 세금을 인하하는 방법과 정부지출을 증가시키는 방법 중, 선택해야 하는 것은 아니다. 정부가 정부지출을 확대시켜도 조세수입이 더 많이 늘어난다면 이는 확대 재정정책이 아니라 긴축 재정정책이 된다. 정부가 확대 재정정책을 시행할 경우, 생산물시장에서 지출을 증가시킴으로써 총수요를 증가시키는 경제적 효과가 발생한다. 결국 확대 재정정책이란 정부가 적자재정을 운용함으로써 총수요를 증가시키는 정책을 말한다. 반면, 긴축 재정정책이란 확대 재정정책과 반대로 재정수지의 흑자를 유지하는 재정운용방침을 의미한다. 긴축 재정정책은 재정수입을 증대하거나 재정지출을 감소시키는 방식으로 운용된다. 정부가 재정수지 흑자가 발생하는 긴축 재정정책을 시행하면 생산물시장의 지출을 감소시켜 국민경제의 총수요가 감소하는 경제적 효과가 발생한다. 균형재정이란 정부의 재정수입과 재정지출이 일치하는 상태를 말한다. 신고전학파는 정부가 균형재정을 유지하는 것은 당연한 것이고 미덕이라고 생각하였다. 그러나 대공황 이후, 케인즈학파의 거시 논리에 기반하여 경기안정화를 달성하기 위해 필요에 따라 정부가 탄력적으로 재정을 조절하는 재정정책을 당연한 것으로 받아들이고 있다. 특히 현대의 정부는 경기침체에 대한 대응전략으로 재정정책을 실시하는 경우가 대부분이다. 따라서 특별히 경기과열이 나타나는 경우가 아니면 긴축정책이 주요 과제가 되는 경우는 드물다.

재정정책을 실시하는 방법으로는 세금을 조정하는 방법과 정부지출을 변화시키는 방법이 있다. 세율을 변화시키는 방법과 재정지출을 조정하는 방법은 전달경로가 다르지만 두 정책 모두 총수요를 변화시켜 경제에 영향을 준다는 점은 같다. 조세를 인하하여 확대 재정정책을 시행하면 세금감소에 의해 개인의 가처분소득이 증가하여 소비를 증가시켜 총수요 증가효과가 발생한다. 그러나 정부지출을 증가시키는 경우, 구매증가에 의한 생산증가를 유발하여 총수요증가가 발생한다. 세금이 가처분소득의 함수라면 세율변화에 의해 재정정책은 한계세율에 영향을 줌으로써 IS곡선의 기울기에 영향을 미친다. 만약 정부가 세율을 인하하는 확대 재정정책을 시행했다면 한계세율 하락에 의해 IS곡선의 기울기가 더욱 완만해지지만 세율을 인상하는 긴축 재정정책을 시행하면 IS곡선은 가파른 기울기를 가진다. 그러나 정부지출 변화를 통해 재정정책을 시행한다면 승수에는 영향을 미치지 못하므로 IS곡선의 기울기에는 영향이 없고 위치만 변한다.

일반적으로 단기와 장기는 가격의 신축성 여부에 따라 다르게 구분된다. 통상적으로 단기는 불완전정보에 의한 불완전 예측으로 가격의 경직성이 존재하여 총공급곡선이 우상향하는 경우이고 장기는 완전예측이 달성되어 가격의 신축적인 조정이 이루어져 총공급곡선이 수직이 된다. 총공급곡선에 있어 케인즈학파는 노동시장에서 노동자의 화폐환상과 명목임금의 하방경직성이 존재한다고 가정하여 우상향한다고 주장하였다. 그러나 통화주의학파는 노동자들이 물가를 예측할 때 적응적 기대를 사용한다고 가정함으로써 단기에 불완전한 예측에 의해 총공급곡선이 우상향한다는 케인즈학파의 주장을 수용하지만 장기에는 노동자들이 실제 물가를 인식함으로써 총공급곡선은 수직이라고 주장한다.

3.1 _ 단기 재정정책의 효과

이제는 재정정책이 이자율에 미치는 효과까지 감안하여 정부지출의 증가가 경제에 미치는 효과를 분석하기로 한다. 정부지출이 증가하면 우선 총수요곡선이 오른쪽으로 이동하게 된다. 이러한 효과는 <그림 8.9>와 같이 나타난다. 즉, 제5장에서 살펴보았듯이 확장적인 재정정책은 금융정책과 마찬가지로 단기적으로 경기를 팽창시키는 효과를 말한다.

그러나 화폐시장까지 고려할 경우, 정부지출의 증가가 국민소득(Y)를 증대시키는 효과는 약화된다. 총수요곡선의 우측 이동으로 국민소득과 물가수준이 상승함에 따라 화폐시장의 균형이자율이 상승하고, 이것의 효과가 투자지출의 감소로 이어져 Y의 증가가 어느 정도 상쇄되기 때문이다. 즉, 확장적인 재정정책으로 화폐시장의 균형이자율이 상승한다. 이와 같이 정부지출의 증가로 인해 이자율이 상승하고 그 결과로 투자지출이 줄어드는 효과를 확장적인 재정정책의 구축효과(crowding-out effect)라고 부른다는 점을 제5장에서 공부한 바 있다.

현재 <그림 8.9>에서 각 시장은 균형이 달성되어 있다고 하자. 현재 IS곡선은 IS_0이고 LM곡선은 LM_0이다. 생산물시장의 균형소득은 Y_0과 화폐시장의 균형이자율은 r_0로 수요측면의 균형은 $IS_0=LM_0$인 E_0에서 달성되고 있다. 총수요와 총공급(AD−AS)이 일치하는 균형은 e_0와 같다. 현재 균형소득은 Y_0이고, 물가는 P_0이다. 노동시장의 균형은 노동의 수요와 공급이 일치하는 수준에서 달성되고 있다. 따라서 균형고용량은 L_0이고 이 때의 산출량은 $F(L_0)=Y_0$이다.

정부가 정부지출 G를 ΔG만큼 증가시키는 확대 재정정책을 실시하였다고 하자. 정부지출은 외생적으로 주어진 독립지출이므로 승수효과에 의해 생산물시장의 균형소득이 증가한다. 조세가 비례세로 적용되고 있다면 정부지출승수는 $\frac{1}{1-b(1-t)}$이므로 정부지출이 ΔG만큼 증가하면 균형소득은 $\frac{1}{1-b(1-t)}\Delta Y$ 만큼 증가한다. 승수효과에 의해 증가된 소득이 Y_0'이라고 하자. 현재, 화폐시장의 균형이자율은 r_0인 상태에서 생산물시장의 소득이 Y_0에서 Y_0'으로 증가하므로 IS곡선은 우측으로 이동한다($IS_0 \rightarrow IS_1$). 화폐시장에서 실질화폐수요는 소득의 증가함수이다. 생산물시장에서 승수효과에 의해 소득이 증가하면 실질화폐수요가 증가하므로 실질화폐수요곡선이 우측으로 이동한다($L(Y_0, r) \rightarrow L(Y_0', r)$). 실질화폐수요의 증가로 화폐시장에 초과수요가 발생하므로 화폐시장의 균형이자율은 상승한다. 생산물시장에서 투자는 이자율의 감소함수이므로 화폐시장의 균형이자율이 상승하면 투자가 감소하여 생산물시장의 균형소득이 감소한다. 이자율 상승에 의해 소득의 감소는 IS_1을 따라 (2)처럼 감소한다. 이처럼 정부의 정부지출 증가에 의해 민간 투자지출이 감소하는 경제적 효과를 구축효과라고 한다. 생산물시장의 소득 감소는 화폐시장의 실질화폐수요를 감소시켜 실질화폐수요곡선이 좌측으로 이동한다($L(Y_0', r) \to L(Y_1, r)$). 결국, 수요측면의 새로운 균형은 $IS_1 = LM_0$인 점 E_1에서 결정된다. 즉, 균형소득은 Y_1, 균형이자율은 r_1에서 결정된다. 수요측면이 균형일 때 화폐시장의 균형이자율은 실질화폐수요곡선 $L(Y_1, r)$과 실질화폐공급곡선 $\frac{M_0}{P_0}$가 일치하는 수준인 r_1에서 결정된다.

이상의 결과를 종합하면 정부지출이 증가하면 승수효과에 의해 소득이 증가하지만 구축효과에 의해 증가된 소득 중, 일부가 상쇄되어 최종적으로 LM곡선과 새로운 IS곡선이 만나는 수준에서 새로운 균형소득과 이자율이 결정된다. 즉, 이자율은 상승하고 소득은 증가한다. IS곡선과 LM곡선이 일치하는 소득은 소득과 총지출이 일치하는 수준의 소득으로 총수요를 의미한다. 따라서 정부가 확대 재정정책을 실시할 때 균형소득이 증가한 만큼 총수요가 증가한다.

총수요가 얼마나 증가할 지는 승수효과와 구축효과의 크기에 달려있다. 만약 승수효과가 크게 나타나고 구축효과가 미미하다면 정부의 확대 재정정책은 총수요를 큰 폭으로 증가시킬 수 있을 것이다. 반대의 경우라면 총수요에 별 다른 영향을 미치지 못할 것이다.

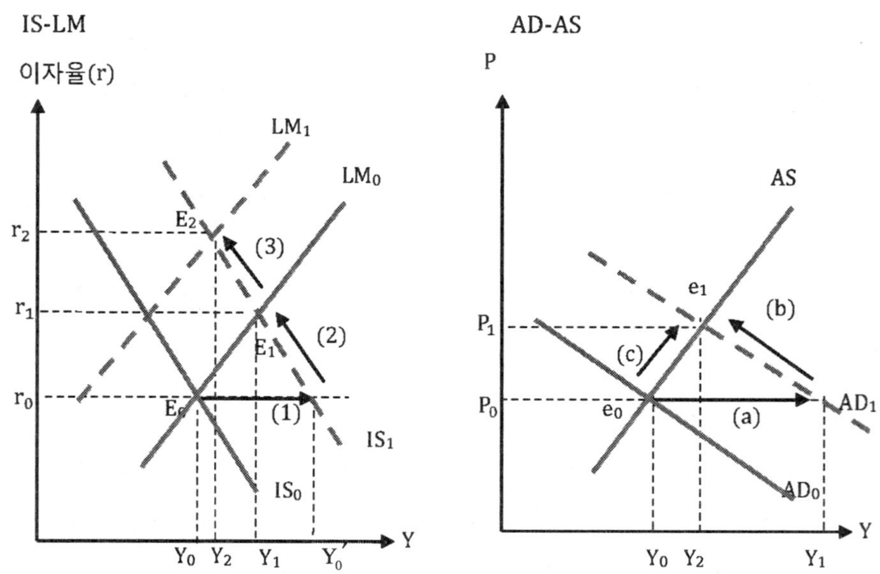

그림 8.9 재정정책의 단기효과

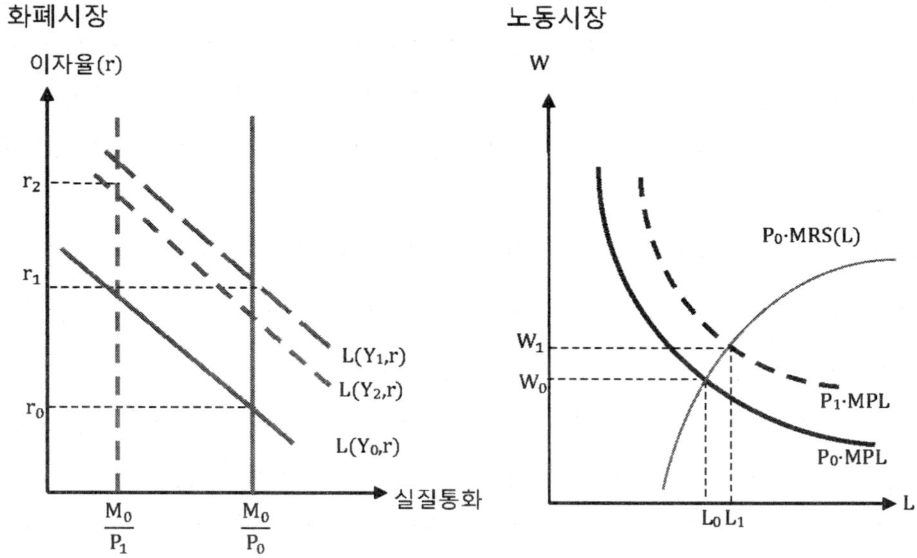

그림 8.9 재정정책의 단기효과 (계속)

정부지출을 증가시키는 확대 재정정책을 실시하면, 수요측면의 균형은 E_0에서 E_1으로 이동하였다. 그 결과, 이자율은 r_0에서 r_1으로 상승하고 소득은 Y_0에서 Y_1으로 증가하였다. 즉, 총수요가 Y_0에서 Y_1으로 증가하였다. 처음에 물가는 P_0인 상태에서 생산물시장의 균형은 총수요와 총공급이 e_0에서 결정된다. 물가는 여전히 P_0인 상태에서 확대 재정정책에 의해 총수요가 Y_0에서 Y_1으로 증가하였다. 따라서 AD-AS곡선에서 총수요곡선은 총수요가 증가한 (Y_1-Y_0)만큼 우측으로 이동한다. 즉, 총수요곡선은 AD_0에서 AD_1으로 우측이동한다. 물가가 P_0인 상태에서 총공급은 여전히 Y_0인데 총수요만 증가하므로 (Y_1-Y_0)만큼 초과수요가 발생하고 있다.

물가가 상승하는 경우를 고려하는 화폐시장을 살펴보자. 초기 상태의 명목통화량은 M_0, 물가는 P_0로 실질통화공급량은 $\frac{M_0}{P_0}$였다. 이 때 총수요 증가에 의해 물가가 P_0에서 P_1으로 상승하였다. 명목통화량이 M_0로 일정한 상태에서 물가가 P_1으로 상승하였으므로 실질통화공급량은 $\frac{M_0}{P_1}$으로 감소한다. 실질통화공급량의 감소로 실질통화공급곡선이 좌측으로 이동한다. 또한 실질통화공급량의 감소는 화폐시장에서 화폐의 초과수요를 야기하므로 이자율이 상승한다. 생산물시장의 소득이 여전히 Y_1과 같다면 화폐시장의 균형이자율은 r_3으로 상승할 것이다. 즉 IS−LM에서 LM_0에서 LM_1으로 상향이동한다. 새로운 LM_1은 물가가 P_1일 때 LM곡선이다. 또한 이자율이 상승하므로 생산물시장의 투자지출이 감소하여 균형소득이 감소하게 된다. 물가가 P_1일 때 수요측면의 새로운 균형은 $IS_1=LM_1$인 점 E_2에서 결정된다. 따라서 균형소득은 Y_1에서 Y_2로 감소하고 균형이자율은 r_2에서 결정된다. 이처럼 소득은 생산물시장의 초과수요에 의해 물가가 상승하면 화폐시장의 실질화폐공급량을 감소시키므로 총수요가 감소하게 된다. 물가상승이 이루어지면 AD-AS에서 (b)과 같이 총수요곡선(AD_1)을 따라 이동한다.

이제 노동시장을 살펴보자. 명목임금이 W_0로 일정한 상태에서 물가가 상승하면 실질임금이 하락한다. 완전정보에 의해 물가변화를 인식할 수 있는 기업은 실질임금이 $\frac{W_0}{P_0}$에서 $\frac{W_0}{P_1}$으로 하락한 사실을 알고 있다. 따라서 명목임금이 W_0일 때 물가가 상승하면 노동수요가 증가하여 노동 수요곡선이 $P_0 \cdot MPL$에서 $P_1 \cdot MPL$로 우상향 이동한다. 그러나 불완전정보에 의해 화폐환상을 가지고 있는 노동자는 물가변화를 제대로 알지 못한다. 완전화폐환상을 가정하면 물가가 P_0에서 P_1으로 상승했음에도 불구하고 노동자는 여전히 물가가 P_0인 것으로 알고 있다. 노동자는 실질임금이 $\frac{W_0}{P_0}$로 불변이라고 인식하고 있으므로 노동공급을 변화시키지 않는다.

임금이 W_0일 때 물가가 상승하면 노동수요는 증가하고 노동공급은 불변이므로 노동시장에서 초과수요가 발생하게 된다. 노동시장에서 초과수요가 발생하므로 명목임금이 상승한다. 명목임금 상승으로 실질임금이 상승하게 되고 명목임금 상승에 따른 실질임금의 상승은 노동자와 기업이 모두 알고 있으므로 기업은 노동수요를 감소시키고 노동자는 노동공급을 증가시킬 것이다. 따라서 물가가 P_1일 때 노동시장의 균형은 새로운 노동수요 $P_1 \cdot MPL$과 노동공급곡선 $P_0 \cdot MRS(L)$이 일치하는 수준에서 결정된다. 이 때 노동시장의 균형은 노동자들의 화폐환상에 기인한 균형이므로 노동시장의 청산(market clearing)이 이루어지지 못한 불완전 균형이다. 따라서 노동자가 화폐환상을 가질 때 물가가 상승하면 명목임금은 상승하고 고용량은 증가한다. 고용량이 L_0에서 L_1으로 증가하므로 산출량이 증가한다. 물가상승에 의한 고용량이 증가하므로 산출량은 AD-AS에서 총공급곡선 AS를 따라 (c)처럼 증가한다.

결과적으로 확대 재정정책이 실시되면 소득은 Y_0에서 Y_2로 증가하고 물가는 P_0에서 P_1으로 상승한다. 따라서 확대 재정정책에 의해 총수요가 증가할 경우, 소득과 물가사이에는 양(+)의 관계가 존재한다. 또한 소득이 증가하고 물가상승에 의해 실질통화공급량이 감소하므로 화폐시장에서 균형이자율은 r_0에서 r_2로 상승한다. 물가가 상승하면 노동시장에서 명목임금은 W_0에서 W_1으로 상승하지만 실질임금은 감소하고 고용량은 증가한다. 따라서 케인즈학파에 따르면 산출량과 물가사이에는 양(+)의 관계가 있고 산출량과 실질임금 사이에는 음(−)의 관계가 존재한다.

3.2 _ 장기 재정정책의 효과

단기에 물가에 대한 과소예측으로 실질임금이 하락한 것을 인식했던 노동자는 장기에 물가가 상승했다는 것을 인식하므로 실제 실질임금이 하락했다는 사실을 인식하게 된다. 실질임금의 하락을 인식한 노동자는 노동공급을 감소시키므로 고용량이 감소하게 된다. 따라서 산출량 즉, 총공급이 감소하므로 총공급곡선이 AD−AS에서와 같이 AS_0에서 AS_1으로 좌측이동하게 된다. 총공급의 감소로 다시 생산물시장의 초과수요가 발생하므로 또 한 번 물가상승과 조정과정이 이루어진다. 결국, 장기에 생산물시장은 AD_1과 AS_1이 일치하는 수준에서 균형이 달성된다. 따라서 산출량은 확대 재정정책을 시행하기 전의 산출량인 Y_0로 복귀한다. 물론 고용량과 실질임금도 복귀한다. 오직 물가만 상승하였다. 이처럼 정부가 확대 재정정책을 실시할 경우, 단기에는 총수요 증가에 의해 물가가 상승함과 더불어 산출량이 증가하지만 장기에는 확대 재정정책에 의해 총수요가 증가해도 장기공급곡선(LAS)를 따라 물가만 상승할 뿐 산출량은 균형산출량 수준으로 불변이다. 오히려 정부부문의 확대로 민간투자를 크게 위축시켜 시장기능을 약화시키는 부작용만 발생할 뿐이다.

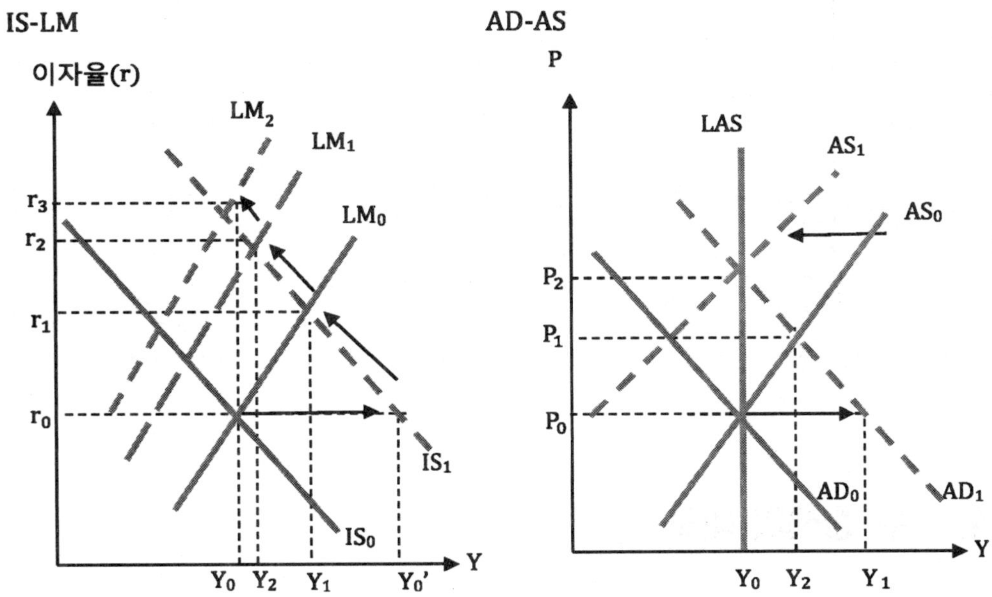

그림 8.10 정부지출 증가의 장기효과

장기 균형이자율이 상승함에 따라 실질변수인 투자지출이 감소하기 때문에 재정정책이 장기적으로 중립적이라고 하지 않는다.

tip

◑ **명목통화량을 이용하는 정부지출의 증가가 화폐시장에 미치는 영향**

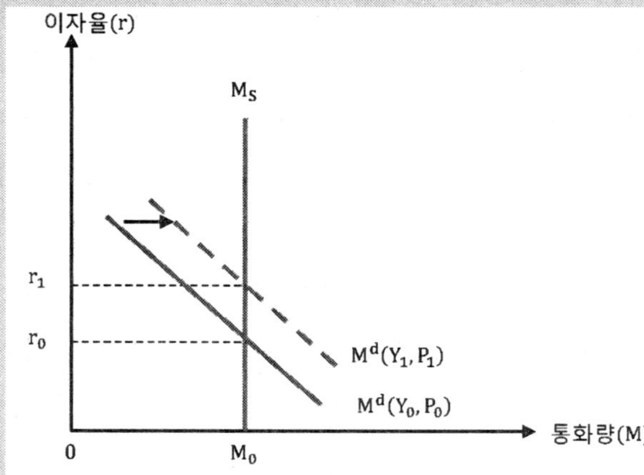

정부지출의 증가로 Y와 P가 상승하면서 화폐시장의 균형이자율도 상승한다.

정부지출 증가의 장기 이자율효과는 다음과 같다.

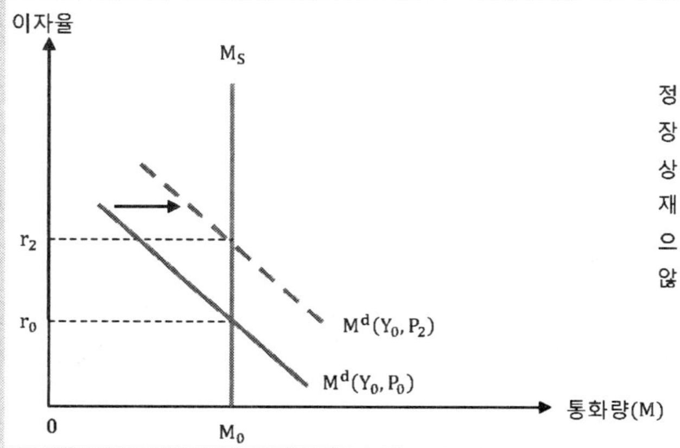

정부지출의 증가는 장기 균형이자율을 상승시키기 때문에 재정정책은 장기적으로 중립적이지는 않다.

4. 두 정책의 비교

정책당국은 금융정책 혹은 재정정책을 구사함으로써 단기적으로 경기를 조절할 수 있다. 일반적인 관점에서 케인즈학파 경제학자들은 재정정책을 선호하는 반면, 고전학파의 전통을 이어받고 있는 통화주의학파 경제학자들은 금융정책을 선호한다.

승수효과와 구축효과에 대해 학파간 차이를 분석해보자. 케인즈의 절대소득가설에 따르면 경제주체들의 소비는 현재소득의 변화에 민감하게 반응한다. 즉, 한계소비성향이 큰 값을 가지므로 정부지출승수 역시 큰 값을 갖는다. 따라서 정부가 정부지출을 증가시키면 정부지출에 승수를 곱한 크기만큼 총수요가 증가한다. 반면, 프리드먼의 항상소득가설은 일시적인 현재소득의 증가는 경제주체들의 소비에 큰 영향을 미치지 못한다. 즉, 일시적인 현재소득의 증가에 대한 한계소비성향은 매우 작은 값을 갖는다. 따라서 승수 역시 매우 작은 값을 갖게 되므로 승수효과에 의한 총수요 증가 정도가 매우 작게 나타난다.

정부지출 증가에 따른 소득증가로 이자율이 상승하여 투자가 감소하는 구축효과를 보면, 구축효과의 크기는 소득증가에 대해 얼마나 큰 폭의 이자율 상승이 일어날 지와 이자율 상승에 투자가 얼마나 민감하게 반응하는지에 달려있다. 케인즈학파에 따르면 화폐수요가 이자율에 대해 탄력적이라고 생각하므로 완만한 LM곡선을 가정한다. 따라서 승수효과에 의해 소득이 증가하여도 균형이자율의 상승은 크지 않다. 또한 케인즈학파는 투자의 이자율 탄력성이 비탄력적이라고 생각하므로 가파른 IS곡선을 가정한다. 따라서 이자율이 상승하여도 투자감소가 크지 않다고 주장한다. 케인즈학파의 논리에 따르면 승수효과는 큰 반면 구축효과는 작다. 따라서 정부가 정부지출을 증가시키는 확대 재정정책을 실시하면 총수요를 크게 증가시킬 수 있다. 극단적인 케인즈학파는 경기침체기에 이자율이 극단적으로 낮아지면 모든 사람이 화폐만 보유하려고 할 것이므로 경제는 유동성함정에 놓이게 된다. 경제가 유동성함정에 놓인다면 LM곡선은 수평이 되므로 확대 재정정책을 실시하여 소득이 증가해도 이자율이 상승하지 않아 구축효과가 나타나지 않게 된다. 따라서 재정정책의 효과가 극대화된다.

반면 통화주의학파는 화폐수요의 이자율탄력성은 상대적으로 비탄력적이라고 생각하므로 케인즈학파에 비해 LM곡선은 상대적으로 가파른 기울기를 갖는다. 따라서 승수효과에 의해 소득이 증가할 때 화폐시장에서 이자율이 큰 폭으로 상승한다. 또한 통화주의학파는 투자의 이자율탄력성이 매우 탄력적이라고 보았으므로 완만한 기울기의 IS곡선을 가진다. 투자가 이자율에 매우 탄력적이므로 이자율이 상승하면 큰 폭으로 투자감소가 이루어져 소득이 크게 감소한다. 즉, 구축효과가 매우 크므로 승수효과에 의해 소득이 증가하였다고 해도 대부분 상쇄되어 총수요의 증가 정도가 매우 작다고 주장하였다.

재정정책과 금융정책에 대해 두 학파를 다시 비교해 보자. 통화주의자들의 주장은 케인즈학파의 주장과 첨예한 대조를 이룬다. 통화주의자들에 의하면, 화폐수요함수의 이자율탄력성은 작은 반면 투자함수의 이자율탄력성은 크기 때문에 금융정책의 전달경로는 잘 작동한다. 또한, 그들은 화폐공급량의 변화가 이자율의 변화를 거치지 않고서도 실물부문에 직접적인 영향을 줄 수 있다고 주장하고 있다.

바람직한 경기조절 수단으로 금융정책을 선호하고 있는 통화주의자들은 재정정책의 효과에 대해서는 회의적인 반응을 보이고 있다. 그 첫 번째 이유는 앞에서 언급한 바와 같이 확장적인 재정정책의 구축효과이다. 특히, 통화주의학파 경제학자들에 의하면 투자지출은 이자율에 대해 매우 탄력적이므로 구축효과의 크기는 정부지출의 증가에 따른 Y의 증대를 상쇄할 만큼 크다. 통화주의자들이 재정정책의 효과가 크지 않다고 보는 두 번째 이유는 정책시차와 관련된 것이다. 모든 정책의 효과는 어느 정도의 시차를 두고 나타나기 마련인데, 정책시차(policy lags)는 크게 두 가지로 구분된다. 현 경제상황을 판단한 후, 이에 대한 정책을 수립하기까지 걸리는 시차를 내부시차(inside lags)라고 한다. 반면, 외부시차(outside lags)란 정책이 실제로 효과를 발할 때까지 걸리는 시차를 의미한다. 통화주의학파 경제학자들은 재정정책의 경우 특히 내부시차가 너무 길기 때문에 경기조절 능력이 없다고 주장한다. 이와는 대조적으로, 케인즈학파 경제학자들은 금융정책의 긴 외부시차를 이유로 금융정책의 효과를 낮게 평가하고 있다.

거시경제 안정화정책에 관한 케인즈학파와 통화주의학파간의 이와 같은 의견대립은 한 세대를 거치면서도 계속되고 있다. 다음의 제9장에서는 학파간의 서로 다른 주장을 보다 상세히 살펴볼 것이다.

8.5 _ 리카르도 불변정리: 새고전학파 재정정책의 효과

이전의 케인즈학파와 통화주의학파는 재정정책에 대한 논의는 확대 재정정책을 실시할 경우, 총수요가 증가한다는 사실을 용인한 상태에서 확대 재정정책이 총수요 증가에 미치는 효과 정도와 장기에도 효과가 있는지 여부에 초점을 두었다. 그러나 새고전학파는 확대 재정정책에 따른 직접적 효과뿐 아니라 확대 재정정책으로 인해 발생하는 재정적자의 보전문제까지 고려한 리카르도 불변정리를 통해 정부의 확대 재정정책이 총수요 증가에 거의 또는 전혀 영향을 미치지 못한다고 주장하였다.

새고전학파에 따르면 경제주체들은 합리적 기대를 통해 예측하고, 이런 예측에 기반하여 합리적으로 의사를 결정한다. 따라서 정부가 확대 재정정책을 실시하면 경제주체들은 확대 재정정책에 의한 직접적 효과뿐 아니라 재정적자를 보전하는 방법과 이에 따라 나타날 수 있는 미래 상황까지 고려하여 의사를 결정하게 된다. 따라서 경제주체들이 합리적기대를 통한 합리적 의사결정을 한다면 정부가 재정정책을 시행할 때 발생하는 재정적자의 보전방식을 포함한 정부의 예산제약을 고려하여야 재정정책에 따른 효과를 제대로 분석할 수 있다.

정부가 조세수입보다 많은 정부지출을 하여 재정적자가 발생하면 이를 보전할 수 있는 방법은 차입뿐이다. 정부가 재정적자의 보전을 차입하는 방법으로는 중앙은행에서 차입하는 방법과 공채를 발행하여 차입하는 방법이 있다. 정부가 중앙은행에서 자금을 차입하면 중앙은행이 보유한 통화가 정부로 이전되므로 본원통화가 증가하게 되어 통화량이 증가하게 된다. 반면, 정부가 공채를 발행하면 자국 내 민간경제주체들을 대상으로 발행하는 경우와 외국에서 발행하는 경우로 나눌 수 있다. 자국 내 민간경제주체를 대상으로 발행하는 경우, 자국의 채권시장에 영향을 미치고 외국에서 발행할 경우, 외화시장을 통해 국내시장에 영향을 미치게 된다. 여기에서는 자국 내에서 공채를 발행하여 부족한 재원을 조달하였다고 가정하자.

이상에서와 같이 정부가 부족한 재원을 보전한다면 정부의 수입은 조세수입과 차입에 의한 수입의 합과 같다. 차입은 중앙은행의 차입에 의한 본원통화 증가와 공채 발행을 통한 공채증가의 합으로 나타낼 수 있다. 따라서 정부가 적자재정을 운용할 경우, 정부의 수입은 조세수입+중앙은행 차입금+공채발행액으로 나타낼 수 있다. 따라서 적자재정을 운용하는 정부의 예산제약은 다음과 같다.

$$g = T + \Delta B + \Delta TB$$

여기서 g는 정부지출, T는 조세수입, ΔB는 본원통화 증가, ΔTB는 추가 발행된 공채를 나타낸다.

중앙은행이 독립된 국가에서 본원통화의 변동은 금융정책의 일환으로 시행되므로 적자재정을 보전하기 위해 통화를 증발하는 것은 현실성이 없다. 따라서 대부분의 국가들은 정부공채를 발행하여 적자재정을 보전하고 있다. 여기서도 정부가 공채를 발행하여 재정적자를 보전한다고 가정한다.

리카르도 불변정리(Ricardian Equivalence Theorem)에 대해 알아보자. 정부가 현재 세금을 ΔT만큼 감면해주는 확대 재정정책을 실시한다고 하자. 정부는 세금감면으로 인해 발생한 재정적자를 보전하기 위해 세금감면에 해당하는 ΔT만큼 공채를 발행했다고 하자. 케인즈 소비이론인 절대소득가설에서처럼 경제주체들이 근시안적으로 의사결정을 한다면 현재 소비는 현재 가처분소득에 의해 결정될 것이다. 따라서 정부가 현재 세금을 인하하여 개인의 가처분소득이 증가하면 개인들은 소비를 증가시켜 승수효과가 나타난다. 따라서 정부가 세금을 감면하면 조세승수 배만큼 총수요가 증가한다. 정부의 세금감면에 대해 승수효과가 나타나기 위해서는 개인이 세금감소에 의해 현재 가처분소득이 증가했을 때 소비를 증가시켜야 한다. 즉, 개인이 현재 가처분소득만 고려하여 소비를 결정하는 근시안적인 의사결정을 한다고 가정하여야 세금을 감면하면 조세승수만큼 총수요 증가가 이루어진다.

그러나 경제주체들이 현재 감면된 세금뿐 아니라 미래의 공채 상환까지 고려한다. 즉, 증가한 가처분소득뿐 아니라 발행된 공채의 상환까지 고려한다면 근시안적 의사결정을 할 때와는 다른 의사결정이 이루어진다. 정부가 현재 세금감면을 위해 공채를 발행했다면 언젠가는 공채를 상환해야 한다. 공채를 상환하기 위해서 정부는 미래에 세금을 늘려야 한다. 개인이 합리적이라면 현재 감면된 세금뿐 아니라 공채상환을 위해 부과될 미래 세금까지 고려하여 의사결정을 할 것이다. 만일 현재 세금감면으로 증가된 가처분소득보다 미래에 부과될 세금의 현재가치가 더 크다면 경제주체들의 평생소득의 현재가치가 감소하므로 소비를 감소시킬 것이다. 반대로 현재 증가된 가처분소득이 미래에 부과될 세금의 현재가치보다 크다면 평생소득의 현재가치가 증가하므로 개인 소비를 증가시킬 것이다. 리카르도의 조세에 관한 주장에 따르면 현재 세금을 부과하든, 현재 부과할 세금을 미래에 부과하든 세금부담의 현재가치에는 변함이 없다. 따라서 공채발행을 통해 현재의 세금을 감소시키는 세금-공채 전환정책(tax-deficit swap)은 평생소득의 현재가치에 영향을 주지 못한다. 즉, 현재 세금감소는 결국 미래 세금부담을 의미할 뿐 평생소득의 현재가치는 불변이므로 소비에 영향을 미치지 못한다. 이를 리카르도의 불변정리라고 한다.

그렇다면 리카르도의 불변정리가 성립하기 위해서는 어떤 조건들이 성립해야 하는가? 공채발행을 통한 현재 세금감소가 미래 세금부담과 동일하다는 리카르도 불변정리가 성립하기 위해서는 다음과 같은 조건들이 성립해야 한다.

(1) 민간 경제주체들은 합리적이다. 즉, 경제주체가 소비를 결정할 때 현재소득에만 근거한 근시안적 의사결정은 하지 않고 평생소득에 근거하여 평생효용을 극대화하는 소비선택을 한다. 따라서 현재 감면된 세금뿐 아니라 미래에 공채상환을 위해 부과될 세금까지 고려하여 평생소득의 변화를 통해 소비를 결정한다.

(2) 세대간 세금부담의 이전 및 자금이전이 이루어지지 않는다. 인간의 생존기간은 유한하므로 정부가 공채를 통해 세금부과를 연장할 경우, 현재 세금감면의 혜택을 얻은 세대와 미래에 세금을 부담하는 세대가 달라져 세대간 소득재분배에 따른 자원배분의 왜곡이 발생할 수 있다. 이런 문제를 없애기 위해 세대간 세금부담의 이전 및 자금이전이 없다고 가정한다. 이를 위해 무한생존하는 개인을 가정하는 무한계획기간(infinite horizon)을 가정하기도 한다.

(3) 자본시장은 완전하다. 모든 경제주체들은 항상 동일한 이자율로 자유롭게 차입과 대부가 가능하다. 신용도나 위험에 따른 이자율 격차가 존재하지 않고 유동성제약 역시 존재하

지 않는다.

(4) 세금은 정액세이다. 현실의 조세제도는 누진비례세를 도입하고 있지만 여기서는 정액세를 가정한다.

(5) 공채발행의 무기한 연장이 불가능하다. 새로운 공채발행을 통해 기존 공채를 상환할 수 없다고 가정한다. 일명 폰지게임은 불가능하다고 본다. 폰지게임(Ponzi game)이란 빚으로 빚을 갚는 행위를 말한다. 폰지는 1925년 사람들에게 투자를 유치하여 기존 투자자에게 원금과 이자를 지급하는 방식으로 8개월 동안 미국의 4만여만명으로부터 1,500만달러를 끌어모으는 사기를 벌였다. 연구에 따르면 유한한 폰지게임은 가능하지만 무한히 폰지게임은 하기 어렵다. 무한폰지게임이 불가능하므로 만약 공채를 발행하였다면 언제가는 조세수입을 통해 상환해야 한다.

리카르도의 불변정리가 어떻게 성립하는 지에 대해 보다 자세히 살펴보자. 먼저, 개인의 소비에 미치는 효과를 이용하여 정부의 세금-공채 전환정책이 개인의 소비에 미치는 효과를 보자. 정부가 정액세를 ΔT만큼 감면하고 이로 인해 발생한 재정적자를 ΔT만큼 공채를 발행하여 보전하였다. 정부가 발행한 공채의 만기는 무한대이고 원금상환없이 매기 r의 이자율로 이자만 지급하는 영구채라고 하자.

세금감면으로 인해 현재 세금은 ΔT만큼 감소하고 현재 가처분소득이 ΔT만큼 증가한다. 현재 기에 ΔT만큼 공채를 발행한 정부는 다음 기부터 r · ΔT에 해당하는 공채이자를 상환해야 한다. 무한 폰지게임은 불가능하다고 간주하였으므로 정부는 매기 공채이자에 해당하는 r · ΔT만큼 개인에게 세금을 부과해야 한다. 개인이 부담할 미래 세금부담의 현재가치는 다음과 같다.

$$\frac{r\cdot\Delta T}{1+r}+\frac{r\cdot\Delta T}{(1+r)^2}+L = \frac{\frac{r}{1+r}}{1-\frac{1}{1+r}}\cdot\Delta T=\Delta T$$

개인의 미래 세금부담의 현재가치는 ΔT이므로 개인의 미래 가처분소득의 현재가치가 ΔT만큼 감소하였다. 개인의 현재 가처분소득은 ΔT만큼 증가하였지만 미래 가처분소득의 현재가치가 ΔT만큼 감소하였으므로 개인의 평생소득의 현재가치는 불변이다. 현재뿐 아니라 미래까지 고려하여 합리적으로 의사결정하는 개인은 평생소득의 현재가치가 불변이므로 현재와 미래소비를 바꿀 유인이 존재하지 않는다. 현재 세금을 감면하는 확대 재정정책을 시행해도 개인의 현재소비는 증가하지 않는다. 개인은 세금감면으로 현재 가처분소득이 증가하면 이를 소득증가로 인식하지 않고 미래에 부과될 세금으로 인식한다. 따라서 현재 증가된 가처분소득은 소비에 사용되지 않고 미래세금을 납부하기 위해 저축된다. 현재 공채발행으로 채권공급이 증가한 만큼 개인의 저축을 위한 채권수요가 증가하므로 채권시장에서 이자율 역시 불변이다. 합리적인 경제주체들은 보유한 정부채권을 자산으로 보지 않고 미래의 세금고지서로 간주한다. 이후 새케인즈학파는 가정에 대한 정당성 문제를 내세우며 리카르도 불변정리가 성립하는지에 대한 유효성 논쟁에 대해 다시 반론을 내세웠다.

tip

◑ 정부채권과 민간채권이 포함된 보다 수식적인 리카르도 불변정리

각 경제주체의 t시점에서의 정부채권보유량을 b_t^g 라고 하면, 개인의 채권보유는 민간채권 b_t^i 와 정부채권 b_t^g 의 합으로 나타낼 수 있다. 민간채권의 합은 0이므로, 개인이 보유한 채권의 합은 다음과 같이 나타낼 수 있다.

(1) $\sum_{i=1}^{N}(b_t^i + b_t^g) = B_t^g$

여기서 B_t^g 는 정부채권의 총량을 나타낸다. 만약, $B_t^g > 0$ 이면 정부가 민간에 대해 채무자이며, $B_t^g < 0$ 이면 정부가 민간에 대해 채권자임을 나타낸다. 여기서는 분석의 편의를 위해 정부채권에 대한 이자율이 i로서 일정하다고 가정하자. 정부재원의 조달 방안으로서 정부채권을 고려하면 t시점에서 정부의 예산제약식은 다음과 같이 나타낼 수 있다.

(2) $T_t + (M_t - M_{t-1}) + (B_t^g - B_{t-1}^g) = P_t G_t + V_t + iB_{t-1}^g$

식(2)의 우변의 셋째 항인 RB_{t-1}^g 는 지난 기의 정부채권에 대한 이자지급을 나타내고 좌변의 셋째 항인 ($B_t^g - B_{t-1}^g$)는 이번 기에 늘어난 정부채권량을 나타낸다. 따라서, 식(2)의 좌변은 정부의 자금수입원을 의미하며, 우변은 정부의 자금사용처를 의미한다.
통화량 M_t와 정부지출 G_t가 일정하고, 이전지출 V_t가 없다고 가정하자. 또한, 정부의 조세 T_t는 정액세(lump-sum tax)라고 가정하면 정부의 예산제약식은 다음과 같이 나타낼 수 있다.

(3) $\frac{T_t}{P} + \frac{(B_t^g - B_{t-1}^g)}{P} = G_t + \frac{iB_{t-1}^g}{P}$

t 시점에서 정부가 세금을 한 단위 낮춘다고 가정하자. 또한, 균형재정을 이룩하기 위해 줄어든 조세수입을 정부채권발행으로 메꾼다면, t시점에서 정부채권을 한 단위 발행하여야 할 것이다. 이를 '정부채권의

발행으로 조달된 세금감소'(deficit-financed tax cut)라고 한다.

정부가 t+1시점에서 정부채권을 상환한다면, 정부는 원금과 이자지불을 위해 1+i단위만큼 t+1시점의 세금을 인상하여야 한다. 이러한 경우의 세금변화의 순효과(net effect)는 다음과 같이 나타낼 수 있다.

$$(4)\ -1+\left(\frac{1+i}{1+i}\right)=0$$

식(4)의 좌변의 첫째 항은 t시점의 세금 한 단위 감소를 나타내며, 둘째 항은 t+1시점의 세금의 1+i단위 증가의 현재가치를 나타낸다. 이 둘의 합이 0이므로 세금변화의 순효과는 없다. 즉 정부의 현재 세금감소를 보전(compensation)하기 위한 정부채권 발행증가는 민간부문의 실질소득에 아무런 실질효과를 미치지 못한다는 의미이다. 이를 리카르도 불변정리(Ricardian Equivalence Theorem)라고 한다. 즉, 각 경제주체들은 t시점의 세금 한 단위 감소로 인해 실질소득이 한 단위 증가하게 되며, 그 소득증가분으로 정부채권을 구입하여 t+1시점에 원금과 이자소득 1+i을 얻지만, t+1시점에 정부가 채권상황을 위해 그와 동일한 1+i의 세금을 부과하므로 결국 아무런 소득효과가 나타날 수 없다는 것이다.

정부가 t시점에서 발행한 정부채권을 상환하지 않고, 단지 이자 i만 계속해서 지급하기로 한다고 가정해 보자. 정부는 이자지급 i를 위해 세금을 i만큼 계속해서 부과하여야 할 것이며, 이 경우 세금변화의 순효과는 다음과 같이 나타나게 된다.

$$(5)\quad \begin{aligned} &-1+\frac{i}{1+i}+\frac{i}{(1+i)^2}+L=-1+\left(\frac{i}{1+i}\right)\left(1+\frac{i}{1+i}+\frac{i}{(1+i)^2}+L\right) \\ &-1+\left(\frac{i}{1+i}\right)\left(\frac{1+i}{i}\right)=0 \end{aligned}$$

식(5)에서 보는 바와 같이, 세금변화의 순효과는 0이므로 소득효과가 없게 된다. 즉, 각 민간경제주체들은 t시점의 세금 한 단위 감소로 인한 소득의 증가분으로 정부채권을 한 단위 구입하여 매기마다 이자수입 i를 얻게 된다. 하지만, 정부가 정부채권의 이자지급을 위해 t+1시점 이후부터 매기마다 계속해서 i단위만큼의 세금을 징수하게 되면, 정부채권보유에 의해 얻어진 이자수입 i에 의한 소득효과는 전혀 없게 된다.

즉, 합리적인 민간경제주체들은 보유한 정부채권을 자산으로 보지 않고, 미래의 세금고지서(future tax liability)로 간주하게 되므로 현재의 세금감소는 미래의 세금증가로서 받아들이게 된다. 따라서, 현재의 소비를 늘리지 않고, 세금감소로 인한 소득증가분을 정부채권구입 등에 의한 저축에 충당하게 되므로, 정부채권의 발행으로 조달된 세금감소를 통한 정부정책의 변화는 아무런 소득효과를 발생시키지 못한다. 여기서도 역시 리카르도 불변정리는 성립한다. 즉, 정부가 정부채권을 한 단위 발행하는 동시에 세금을 한 단위 낮추는 확장적 재정정책(stimulative fiscal policy)을 시행하는 경우, 앞에서 살펴본 바와 같이 이러한 재정정책 변화는 아무런 소득효과를 낳지 못하게 된다. 따라서, 재화시장의 균형조건 $C_t+I_t+G_t=Y_t$에는 아무런 변화가 없게 되므로 실질이자율 r_t는 변하지 않으며 화폐시장균형식 $\frac{M}{P} = L(i_t, Y_t)$ 에도 아무런 변화가 없게 된다.

그러면 왜 실질이자율의 변화가 없는 데도 민간경제주체들이 채권보유량을 늘리게 되는가? 이는 합리적인 민간경제주체들이 미래의 세금증가가 있을 것을 예측하여 이에 대비하기 때문이다. 여기서 유의할 점은 정부지출과 화폐발행액이 일정하다는 가정과 조세가 정액세인 경우에만, 앞서 살펴본 바와 같이 리카르도 불변정리가 성립한다는 것이다. 만약, 정부의 세금을 줄이고 정부채권을 발행한 후에, 채권상환을 위해서나 이자지급을 위해서 미래의 세금을 올리기보다는 화폐량을 증가시키는 경우 이를 정부채권의 화폐화(monetization of public debt)라고 하며, 그 결과로서 물가상승을 초래하게 된다.

6. 재정정책의 유효성 논쟁

6.1 _ 재정정책의 유효성 논쟁

대부분의 케인즈학파의 거시경제모형들은 정부채권의 발행으로 조달된 세금감소(deficit-financed tax cut)는 민간경제주체들의 자산을 증가시킨다고 가정한다. 만약, 정부에서 현재의 세금을 한 단위 감소시키고 적자재정을 유지한다고 가정하자. 사람들은 이러한 세금감소에 의해 부유해졌다고 느끼고 소비를 증대시킬 것이며, 이에 따라 재화시장에서의 초과수요발생에 의해 실질이자율이 증대하게 된다. 이로 인해 투자수요와 장기적으로 자본재의 양이 감소하게 되는데 이를 정부부채의 부담(burden of public debt)이라 한다. 이는 현 세대가 다음 세대에게 자본량 감소라는 부담을 전가한다는 의미이다.

그러나, 플롯서(C. Plosser, 1982)는 1954~1978년 사이의 미국의 실증적 자료분석을 통해 미국의 재정적자규모나 정부채권발행액이 명목이자율에 유의적인 변화를 주지 못함을 발견하였다. 이는 사람들이 정부의 세금감소에 의해 부유해졌다고 느낀다는 전통적인 케인즈학파(Keynesian)의 가정은 합당하지 않음을 나타낸다고 할 수 있다.

정부의 세금감소가 민간의 부(wealth)를 증가시키는가?, 또는 민간경제 주체들이 정부채권의 보유를 자산으로 간주하는가? 라는 질문에 대한 대답은 정부의 재정정책의 효과분석에 있어 극히 중요한 것이 된다. 케인즈학파에 의하면 위 질문에 대한 대답은 "그렇다"이며, 따라서 재정정책이 유효해진다. 지금까지 대부분의 거시경제학 교과서는 이와 같은 관점에서 재정정책을 다루어 왔다.

합리적 기대학파는 케인즈학파와는 달리 위 질문에 대한 대답이 "아니오"이며, 설명의 핵심은 앞서 살펴본 리카르도의 불변정리이고, 합리적인 민간 경제주체들이 현재세금의 감소를 미래세금부담(future tax liability)으로 간주한다는 것이다. 케인즈학파의 주장처럼 현재의 세금감소가 사람들의 자산을 증가시키는 것은 다음의 두 가지 경우이다.

(1) 유한계획(finite horizon)

정부에서 현재세금 한 단위를 감소시키고 적자재정을 운영하는 경우 사람들의 계획기간이 유한하여 미래의 세금부담의 현재가치가 세금감소 한 단위보다 작다면, 자산에 양(+)의 효과가 초래될 수 있을 것이다. 이는 현 세대가 정부재정적자 문제를 다음 세대에게 떠맡긴다는 것이며, 이러한 가정하에서는 정부의 재정정책이 효과를 얻을 수 있게 된다.

(2) 신용시장의 불완전성(imperfection of private loan markets)

먼델(Mundell, 1971)에 의하면 자본시장이 불완전한 경우, 어떤 사람들은 다른 사람들보다 높은 할인율(discount rate)에 직면하게 된다. 따라서, 미래의 세금부담의 현재가치가 현재의 세금감소분보다 작게 되어, 순자산이 증대하므로 정부채권의 변화정책이 소득효과를 초래할 수도 있다고 보았다. 리카르도 불변정리에 대한 케인즈 학파의 반박과 이에 대한 합리적 기대학파의 재반박에 대해 계속하여 살펴보기로 하자.

6.2 _ 유한계획

인간의 물리적 수명이 유한하다는 사실은 평생소득가설모형에서 핵심적인 가정이며 이에 따라 경제주체들이 유한계획(finite horizon)을 하게 된다. 이 경우 각 경제주체들은 자신이 사망하기 전까지의 세금부담만을 고려하게 될 것이다. 즉, 앞에서 살펴본 바와 같이 영구채(console, 매년 i원의 수익을 주는 영구채권으로 간주함)의 경우를 고려하면 수명이 T인 개인의 미래세금부담은 다음과 같이 나눌 수 있다.

$$-1+\frac{1}{1+i}+\frac{1}{(1+i)^2}+L+\frac{1}{(1+i)^{T-1}}+\frac{1}{(1+i)^T}+L$$

수명이 T인 사람은 부분 $-1+\frac{1}{1+i}+\frac{1}{(1+i)^2}+L+\frac{1}{(1+i)^{T-1}}$ 만큼의 미래세금을 부담하게

되며 부분 $\frac{1}{(1+i)^T}$는 후세의 누군가가 부담할 것으로 생각한다. 이 두 부분의 합은 1인데 부분 $-1+\frac{1}{1+i}+\frac{1}{(1+i)^2}+L+\frac{1}{(1+i)^{T-1}}$만을 고려하면 현재세금의 감소분(즉, -1)이 미래의 세금부담증가분(즉, 부분 $-1+\frac{1}{1+i}+\frac{1}{(1+i)^2}+L+\frac{1}{(1+i)^{T-1}}$)보다 크므로 현세대의 실질자산이 증가하게 된다. 따라서, 경제주체들이 소득효과에 소비를 증가시키게 되어 총수요가 증가한다. 결국, 민간저축의 증가분이 정부저축의 감소분에 못 미치게 된다. 이와 같이 유한계획을 가정하면 공채의 증가가 사회저축 총액을 낮추게 된다는 전통적인 결론에 도달하게 된다. 이와 같은 설명은 경제주체 자신이 부담해야 할 미래세금을 후손들에게 떠넘길수록 효용이 증가한다는 가정이 필요하다. 이러한 가정하에서는 세금감소에 의해 현세대의 실질자산이 증가하므로 소비를 늘리게 된다. 따라서, 사회총수요의 증가에 의해 산출량이 증가하고 이자율도 상승하게 되는 결과가 초래된다고 주장한다.

그런데, 만약 부모들이 이타적이어서 자식들에게 상속이나 유산을 더욱 많이 남긴다면 리카르도 불변정리의 성립이 가능하다. 즉, 세대간의 자금이전(intergenerational transfer)이 자발적으로 가능하냐의 여부에 달려 있다. 부모가 자식을 고려하는 경우 효용함수를 다음과 같이 나타낼 수 있다.

$$U^K = U^i\{c_1, c_2, L, c_n, U^{k+1}[c_1, c_2, L, c_n, U^{k+2}(\cdot)]\}$$

단, $\frac{\partial U^k}{\partial U^{k+1}} > 0 \quad (i \geq 1)$

U^K는 k세대의 효용함수이며 그것은 자신의 평생소비 c_1, c_2, ⋯, c_n뿐 아니라 (k+1)세대의 효용함수인 U^{K+1}의 함수형태가 된다. 뿐만 아니라, 다음 세대인 개인 (k+1)의 효용함수에도 자신의 평생소비인 c_1, c_2, ⋯, c_n뿐 아니라 그 다음 세대인 개인 (k+2)의 효용함수 U^{K+2}에 의해 영향을 받는다. 이러한 방식으로 k세대의 부모가 (k+1)세대, (k+2)세대, (k+3)세대, ⋯등 모든 미래세대를 고려한다고 볼 수 있다. 그러므로 인간의 물리적 수명은 유한하지만 부모세대가 자식세대의 효용을 고려하여 유산 등의 방법으로 세대간 자금이전을 한다면 부모와 자식간의 예산제약식은 상호 연결되게 되며, 이는 민간경제주체들의 계획기간이 무한(즉, infinite horizon)으로 확장됨을 의미한다.

6.3 _ 신용시장의 불완전성

두 번째는 개인들이 자금을 조달하는 데 사용하는 신용시장이 불완전한 경우이다. 즉 먼델(Mundell, 1971)등에 따르면 폐쇄경제하에서 무한히 생존하는 두 가지 유형의 그룹이 존재한다. 그룹 A는 정부와 동일한 할인율 r을 가지며 따라서 공채를 보유할 의사가 있다. 반면에 그룹 B의 사람들은 높은 할인율 $\tilde{r}$에 직면하게 된다($\tilde{r}$>r). 예를 들면, 그룹 A는 낮은 이자율로 대출이 가능한 대기업, 그룹 B는 담보가 부족하여 대출이 용이하지 않은 중소기업을 생각할 수 있다. 이 경우 그룹 B는 정부가 부담하는 것보다 높은 이자율에 직면하게 된다. 그러한 높은 이자율에 직면하여 실제로 융자를 얻을 것인가는 시간선호율과 투자의 예상수익률에 따르게 될 것이다.

정책당국이 세금을 낮추고 공채를 발행(deficit-financed tax cut)하였다고 하자. 이 때 그룹 A의 사람들은 정부가 발행한 공채를 구입하여도 실질소득에는 변화가 없지만 그룹 B는 할인율이 $\tilde{r}$> r 로서 더욱 높아 미래 세금부담의 현재가치가 현재의 세금감소분보다 작게 되며 실질소득이 증가하게 된다. 따라서, 그룹 B의 소비와 투자가 증가하게 되고 사회 전체로 볼 때도 총수요가 증대한다.

한편, 그룹 A에 의해 민간저축은 증대하지만 그룹 B의 소비 및 투자가 증대하므로 총저축의 증가는 당국이 발행한 공채량보다 적을 것이다. 따라서, 사람들이 더욱 많은 부분의 공채를 수요하도록 하기 위해서는 그룹 A가 직면하는 이자율이 상승해야 할 것이다. 이 때 그룹 A에게는 소비와 투자에 대한 일종의 구축효과(crowding-out effect)가 발생하게 된다. 그런데 그룹 B에게는 현재 소비와 투자의 기회가 증대되었으므로 소비에 대한 시간선호율과 투자의 수익률이 하락하게 되며 이는 할인율 $\tilde{r}$을 하락시킨다. 결국, r과 $\tilde{r}$라는 두 가지 할인율의 격차가 감소하게 된다. 또한, 그 과정에서 그룹 B의 소비와 투자는 증가한 반면 그룹 A의 소비와 투자는 감소하였다. 이는 그룹 A의 지출이 그룹 B로 이전되는 결과이다. 총체적 투자의 증감이 불분명하며, 따라서 자본스톡에 대한 장기적 효과도 불분명하다. 결과적으로 높은 시간선호율과 높은 투자수익률을 가진 그룹 B가 현재의 산출량을 차지하는 몫이 커진다. 분명한 것은 리카르도 불변정리가 성립하지 않는다는 것이다.

이와 같은 자본시장의 불완전성을 고려해 볼 때 결국 공채가 금융중개의 역할을 하게 된다. 즉, 그룹 A가 더욱 많은 몫의 공채를 인수함으로써 그룹 B는 그룹 A로부터 융자를 받은 결과를 초래한다. 이러한 융자가 가능해진 이유는 정부가 공채라는 형식을 통해 원금과 이자지급을 보증하기 때문이다. 그러나, 문제는 정부가 공채발행과 세금징수를 하는데 무시할 수 없는 크기의 거래비용이 발생한다는 것이다. 이러한 거래비용과 자원의 낭비를 초래한다는 사실이 재정정책의 유효성에 대한 문제점을 제시하고 있다.

6.4 _ 리카르도 불변정리에 대한 실증분석

앞에서 논의된 바와 같이 리카르도 불변정리에 따르면 재정적자가 실질이자율에 영향을 미칠 수 없는 반면, 케인즈학파의 전통적인 견해에 따르면 재정적자가 실질이자율을 상승시키게 된다.

이에 대한 실증분석을 살펴보면 케인즈학파보다 합리적 기대학파의 주장이 더욱 타당함을 알 수 있다. 플롯서(Plosser, 1982)는 1954~1978년의 미국 분기별 자료를 사용한 결과 연방정부적자의 예상치 못한 변화가 공채의 명목수익률을 높이지 못하였음을 밝혔다. 또한, 플롯서(Plosser, 1982)는 1954~1985년의 자료를 사용하였을 때도 공채의 명목수익률과 실질수익률에 영향을 미치지 못했다고 밝혔다. 에반스(Evans, 1987a)는 1931~1979년의 연간자료를 사용한 결과 연방정부의 실질재정적자가 상업어음의 명목 및 실질수익률에 영향을 주지 못했음을 밝혔다. 뿐만 아니라 에반스(Evans, 1987b)는 1974~1985년의 캐나다, 프랑스, 독일, 일본, 영국 및 미국에 대한 연간자료를 사용한 결과 명목수익률과 재정적자와의 관련성이 없음을 밝혔다. 이상과 같은 실증분석의 결과들은 재정정책효과에 관련하여 케인즈학파보다 합리적 기대학파의 주장이 더욱 타당성이 있음을 보여 주고 있다.

6.5 _ 예산제약식과 리카르도 불변정리

앞에서 설명한 리카르도 불변정리의 초점은 정부가 공채발행을 통해 세금을 변화시켜도 민간부문의 자산과 소비에는 아무런 영향을 주지 못한다는 것이다. 이를 민간의 정부의 예산제약식을 사용하여 살펴보기로 하자. 제5장에서 살펴본 바 있는 2기간의 OG모형을 생각해 보자. 즉, 모든 개인이 2기간을 생존한다고 가정하자. 시점 1은 현재이고, 시점 2는 미래를 나타낸다. 시점 0은 역사적으로 주어진 초기값을 고려하기 위해 사용된다. 각 개인의 소비 및 소득의 총합을 나타내기 위해 대문자를 사용하기로 하자. 정부부문과의 구별을 위해 이를 민간소비 및 민간소득으로 부르기로 하자. 민간소비를 C, 민간소득을 Y, 정부지출을 G, 세금을 T, 민간이 보유한 정부채권을 B, 정부발행채권을 $\mathring{B}$, 이자율을 R이라고 나타내기로 하자(여기서 C, Y, G는 물가수준으로 나누어진 상태, 즉 실질변수이며 B, $\mathring{B}$, T, R은 명목변수이다.

특히 1인당 변수가 아니라는 점에 유의하여야 한다). 민간이 보유한 채권 B는 수요측면을 나타내고, 정부가 발행한 채권 $\mathring{B}$는 공급측면을 나타낸다. 따라서, 개방경제가 아닌 폐쇄경제(closed economy)에서는 $B = -\mathring{B}$이 성립하여야 한다. 즉, $B + \mathring{B} = 0$으로서 민간부문과 정부부문을 동시에 고려하는 경우 국민경제의 총대차의 합이 0이라는 의미이다. 시점 1과 시점 2에서 민간의 예산제약식(즉, 개인예산제약식의 합)은 다음과 같다.

(1) $PY_1 + (1+i_0)B_0 - T_1 = PC_1 + B_1$

(2) $PY_2 + (1+i_1)B_1 - T_2 = PC_2$

식(1)은 시점 1에서의 민간의 예산제약식이다. 여기서 i_0B_0는 시점 0의 공채에 대한 이자지급을 의미한다. 식의 좌변은 1기의 명목소득 PY_1과 초기채권의 원금과 이자의 합, 즉 $(1+i_0)B_0$에 1기의 세금 T_1을 공제한 것으로서 소득의 원천을 나타낸다. 우변은 1기의 소비 PC_1과 다음 기를 위한 채권보유 B_1을 합한 것으로 소득의 사용을 나타낸다. 식(2)는 시점 2에서의 개인의 예산제약식이다(이전과의 차이는 $B_2=0$으로 가정하였다). 식(2)를 B_1에 대해 정리한 뒤, 식(1)에 대입하면 다음과 같다.

(3) $$PC_1 + \frac{PC_2}{1+i_1} = PY_1 + \frac{PY_2}{1+i_1} - T_1 + \frac{T_2}{1+i_1} + (1+i_0)B_0$$

식(3)은 시점 1과 시점 2의 민간예산제약식을 연결한 결과로서 2기간의 민간예산제약식이다. 이를 시간에 걸친 예산제약식(intertemporal budget constraint)이라고 부른다. 식(3)의 좌변은 소비의 현재가치이며, 우변은 세금의 현재가치를 공제한 가처분소득의 현재가치에 초기채권의 원금과 이자를 합해 준 것이다. 정부예산제약식을 살펴보면 다음과 같다.

(5) $PG_1 - T_1 + R_0\mathring{B}_0 = \mathring{B}_1 - \mathring{B}_0$

(6) $PG_2 - T_2 + R_1\mathring{B}_1 = -\mathring{B}_1$

위 식의 좌변은 공채의 이자지급($i_0\mathring{B}_0$와 $i_1\mathring{B}_1$)을 포함시킨 상태에서의 정부재정적자이며, 우변은 이를 보전하기 위한 공채발행을 의미한다(개인의 예산제약식에서와 마찬가지로 $\mathring{B}_2 = 0$을 가정하였다). 식(5)를 $\mathring{B}_1$에 대해 정리하여 이를 식(6)에 대입하면 다음과 같다.

$$(7)\quad PG_1+\frac{PG_2}{1+R_1}+(1+R_0)B_0^g=T_1+\frac{T_2}{1+R_1}$$

식(7)은 시점 1과 시점 2의 정부예산제약식을 연결한 2기간의 정부예산제약식이다. 식(7)의 우변은 세금의 현재가치이며, 이를 식(3)에 대입하면 다음과 같다.

$$(8)\quad C_1+\frac{C_2}{1+i_1}=Y_1-G_1+\frac{T_2-G_2}{1+i_1}$$

앞에서 설명한 바와 같이 폐쇄경제하에서 민간이 수요한 채권량과 정부가 공급한 채권량이 일치하므로 $B_t=-B_t^g$ 조건을 이용한 결과이다. 결국, 식(8)은 정부부문의 예산제약식을 포함시킨(fully internalized)경우의 민간예산제약식을 나타내고 있다. 정부지출경로 G_1, G_2가 주어져 있을 때 세금과 공채의 배합을 변화시켜 보자. 정부예산제약식을 만족한다면 (B_1^g, T_1)를 (B_1', T_1')으로 바꿀 수 있다.

그러나, 식(8)에 B_t와 T_t가 들어 있지 않으므로 세금과 공채의 결합을 아무리 바꾸어도 민간의 예산제약식에는 하등의 변화가 없다. 따라서, 민간이 결정하는 실질산출량 Y, 실질소비량 C뿐만 아니라 물가수준에도 아무런 영향을 미칠 수 없게 된다. 이것이 바로 리카르도 불변정리이다. 정부의 세금과 공채의 결합방식의 변화는 민간부문에 아무런 실질효과가 없게 된다. 따라서, 이러한 방식의 재정정책은 효과가 없다는 결론이 도출된다.

6.6 _ 공개시장조작

앞에서 살펴본 바대로 공개시장조작(open market operation)은 정부에서 통화량을 변화시키는 주요 수단이 된다. 공개시장매입(open market purchase)은 정부가 통화발행에 의해 정부채권을 구입하는 것이며, 공개시장매출(open market sale)은 정부가 정부채권을 민간부문에 매출하고 통화량을 감소시키는 결과를 초래한다. 앞에서 살펴본 바와 같이 정부의 예산제약식은 다음과 같이 나타낼 수 있다.

$$P_tG_t+V_t+iB_{t-1}^g=T_t+(M_t-M_{t-1})+(B_t^g-B_{t-1}^g)$$

(1) 다음과 같은 정부정책의 변화를 살펴보자. 세금을 한 단위 감소하고 화폐발행을 한 단위 증가시키는 경우는 다음과 같다.

$$\Delta M=+1,\ \Delta B=-0,\ \Delta T=-1$$

(2) 세금을 한 단위 증가시키고 정부채권을 한 단위 감소시키는 경우는 다음과 같다.

$$DM=0\ DB=-1,\ DT=+1$$

공개시장매입을 한 경우(이는 위의 (1)과 (2)의 결합이다)는 다음과 같다.

$$\Delta M=+1,\ \Delta B=-1,\ \Delta T=0$$

따라서, 공개시장조작에 의해서도 화폐의 중립성(neutrality of money)이 성립하여 정부채권량의 변화가 있게 된다.

7. 케인즈학파와 통화주의학파의 정책효과 논쟁

FM논쟁(Fiscal Policy vs. Monetary Policy controvercy) 또는 AM-FM논쟁(Ando-Modgliani vs. Friedman-Meiselman)으로 불리는 재정정책과 금융정책의 상대적 유효성 논쟁은 IS-LM곡선의 기울기 문제에서 출발하면서 소득효과 논쟁, 유동성함정에 대한 논쟁으로 발전하였다. 이후, 새고전학파가 등장하면서 정책의 상대적 유효성 논쟁은 정책무용성 논쟁으로 발전하였다.

7.1 _ 재정정책과 금융정책의 상대적 우월성 논쟁

(1) 케인즈학파의 주장

이미 논의한 바대로 케인즈학파는 낮은 투자의 이자율 탄력성을 가정하므로 급격한 기울기를 갖는 IS곡선을 가정하고 큰 값의 화폐수요의 이자율탄력성을 가정하므로 완만한 LM곡선을 가정한다. 이를 (r, Y)평면에 나타내면 다음과 같다. 정책효과를 비교하기 위해 수평축으로 동일하게 이동시키는 재정정책과 금융정책을 가정하자.

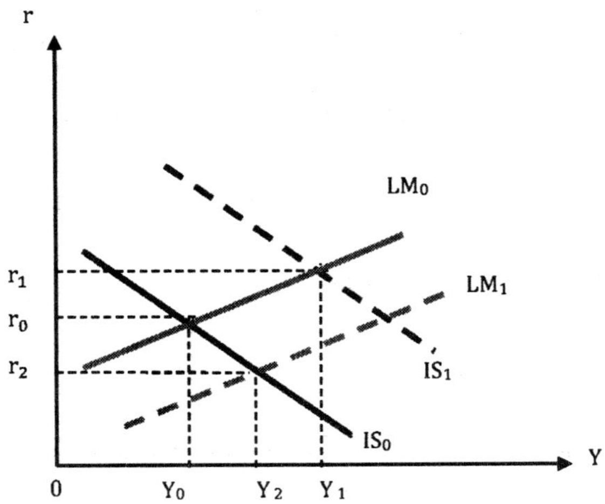

그림 8.11 케인즈학파의 재정정책과 금융정책

정부가 확대 재정정책을 실시하면 지출 증가에 의한 소득이 증가하므로 IS곡선은 IS_0에서 IS_1으로 우측으로 이동하고 수요측면의 균형은 $IS_1=LM_0$인 (r_1, Y_1)에서 결정된다. 소득증가에 의해 화폐수요가 증가하므로 이자율이 상승하고 이자율 상승으로 인해 민간투자가 감소하는 구축효과가 발생한다. 그러나 화폐수요의 이자율탄력성이 매우 큰 값을 가지므로 소득증가에 의한 실질화폐수요가 증가하여도 이자율상승은 그리 크지 않고 투자의 이자율탄력성이 비탄력적이므로 이자율이 상승해도 투자는 매우 적은 쪽으로 감소한다. 즉, 이자율 상승에 의한 구축효과가 매우 작게 나타난다. 따라서 확대 재정정책을 실시하면 구축효과가 미미하므로 상대적으로 큰 폭의 총수요 증가가 가능하다. 화폐수요의 이자율탄력성이 클수록, 투자의 이자율탄력성이 작을수록 구축효과가 미미해지므로 재정정책의 효과는 더욱 커질 것이다. 극단적인 경우, 케인즈학파는 유동성함정이 존재하는 수평의 LM곡선을 가정함으로써 구축효과가 발생하지 않는 상황을 가정하기도 한다.

반면 정부가 통화량을 증가시키는 확대 금융정책을 실시할 경우, 화폐시장의 초과공급이 발생하여 이자율은 하락하므로 LM곡선은 우측으로 하향이동한다. LM_0에서 LM_1으로 하향이동하여 이자율 하락에 의한 민간투자 증가로 소득이 증가한다. 따라서 새로운 균형은 $IS_0=LM_1$인 (r_2, Y_2)에서 결정된다. 확대 금융정책을 실시하면 실질화폐수요의 이자율탄력성이 큰 값을 가지므로 이자율은 많이 하락하지 않는다. 또한 투자의 이자율탄력성은 작은 값을 가지므로 이자율이 하락했을 때 투자증가 효과가 그리 크지 않다. 따라서 확대 금융정책에 의한 소득효과는 상대적으로 작다.

위의 그림에서도 알 수 있듯이 확대 재정정책에 따른 총수요 증가효과가 확대 금융정책에 의한 총수요 증가효과에 비해 크다. 다만, 확대 재정정책은 정부부문의 확대가 민간투자를 위축시키는 구축효과가 발생하는 반면, 확대 금융정책은 민간부문의 확대를 통한 경제적 효과가 발생한다는 점을 고려해야 한다. 이러한 측면의 효과가 이후 통화주의학파의 금융정책이 우월하다는 주제 가운데 하나로 제시된다.

(2) 통화주의학파의 주장

케인즈학파와 달리 통화주의학파는 화폐의 유통속도의 이자율 탄력성이 매우 작은 값을 가지므로 화폐수요의 이자율탄력성이 낮다고 생각한다. 따라서 가파른 LM곡선을 가진다. 반면, 가격신축성에 따른 투자의 이자율탄력성이 상대적으로 큰 값을 가지므로 IS곡선은 가파르다고 주장한다. 이를 반영한 IS-LM곡선은 다음과 같다.

정부가 확대 재정정책을 실시할 경우, IS곡선이 IS_0에서 IS_1으로 우측이동한다. 새로운 균형은 $IS_1=LM_0$인 (r_1, Y_2)에서 결정된다. 소득이 증가하면 실질화폐수요가 증가하여 이자율이 상승한다. 통화주의학파는 화폐수요의 이자율탄력성이 매우 작은 값을 가진다고 가정하므로 소득증가에 의한 균형이자율이 매우 높게 상승한다. 또한 투자의 이자율탄력성이 매우 큰 값을 가지므로 이자율 상승에 따른 구축효과가 매우 커져 확대 재정정책에 의한 소득 증가를 크게 상쇄시킨다. 따라서 확대 재정정책의 효과는 케인즈학파에 비해 상대적으로 작게 나타난다. 극단적으로 화폐수요의 이자율탄력성이 0인 경우, LM곡선이 수직이 되므로 완전 구축효과가 발생하여 재정정책은 총수요에 영향을 미치지 못한다.

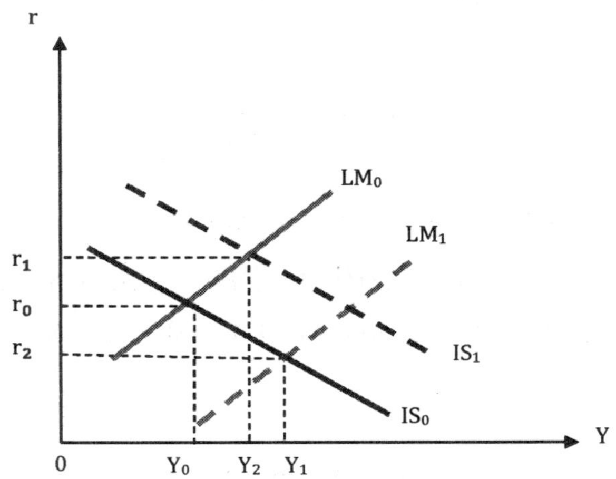

그림 8.12 통화주의학파의 재정정책과 금융정책

정부가 통화량공급을 증가시키는 확대 금융정책의 경우, 이자율 하락에 의해 LM곡선이 우측 하향이동한다. 이자율이 하락할 경우, 유발투자가 증가하므로 소득이 증가한다. 확대 금융정책을 시행할 경우, 새로운 균형은 $IS_0=LM_1$인 (r_2, Y_2)에서 결정된다. 확대 금융정책을 실시하면 실질화폐수요의 이자율 탄력성이 매우 작은 값을 가지므로 이자율은 많이 하락하고, 투자의 이자율 탄력성이 상대적으로 큰 값을 가지므로 큰 폭의 투자증가 효과가 발생한다. 따라서 확대 금융정책에 의한 소득증가 효과가 재정정책에 의한 소득 증가효과 비해 클 수 밖에 없다.

따라서 통화주의학파에 따르면 금융정책이 재정정책에 비해 총수요 조절에 우월한 정책이라고 보고 있다. 여기서 주의하여야 할 점은 통화주의학파가 금융정책의 우월성을 주장했다고 해서 적극적 금융정책의 시행을 주장한 것은 아니다. 이들의 생각에는 가격이 신축적인 장기에는 고전적 이분성이 성립해서 정책효과가 발생하지 않으므로 재정정책이나 금융정책이나 전혀 실물에 영향을 미치지 못한다. 다만, 단기적 정책효과를 얻기 위해 총수요 조절정책을 시행할 경우 재정정책에 비해 금융정책이 더 우월하다는 것을 강조한 것뿐이다.

7.3 _ 자산효과 논쟁

앞 장의 소비이론에서 항상소득가설이나 평생소득을 가설을 살펴보았듯이 소비는 현재소비뿐 아니라 미래소득의 자산 등에 의해 영향을 받는다. 자산을 많이 보유할수록 항상소득이 증가하므로 더 많은 소비를 하고 반대로 자산보유량이 적은 경우 항상소득이 작아지므로 소비 역시 감소할 것이다. 자산을 고려할 경우, 자산과 소비 사이에 양(+)의 관계가 존재하므로 소비함수는 다음과 같이 실질자산의 함수로 나타낼 수 있다.

$$C = C\left(Y, \frac{W}{P}\right)$$

여기서 W는 자산, W/P는 자산의 실질가치를 의미한다.

자산은 크게 화폐자산, 실물자산, 금융자산으로 분류할 수 있다. 화폐자산을 M, 실물자산을 K, 금융자산을 채권자산이라 가정하고 B라고 하자. 따라서 자산의 실질가치는 다음과 같이 나타낼 수 있다.

$$\frac{W}{P} = \frac{M}{P} + \frac{K}{P} + \frac{B}{P}$$

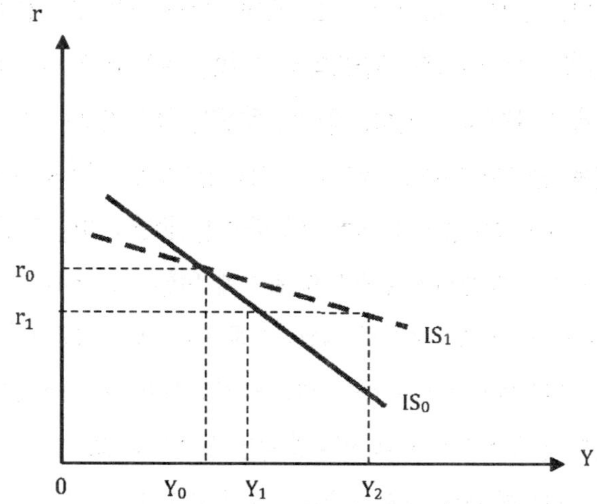

그림 8.13 자산효과를 고려한 IS곡선

채권자산은 채권보유량과 채권가격의 곱이고 채권보유량을 b, 채권가격을 1/r이라고 가정하면 채권의 실질가치는 $\frac{b}{rP}$로 나타낼 수 있다. 따라서 자산의 실질가치는 다음과 같다.

$$\frac{W}{P} = m + k + \frac{b}{rP}$$

여기서 $m = \frac{b}{rP}$, $k = \frac{K}{P}$로 화폐자산과 실물자산의 실질가치를 의미한다.

(1) 자산을 고려한 IS곡선

자산을 고려한 IS곡선을 살펴보자. 이자율이 r_0일 때 시장의 균형소득이 Y_0라고 하자. 이자율 변화에 따른 균형소득의 변화를 측정하기 위해 자산을 고려하지 않을 때와 자산을 고려할 때의 IS곡선이 어떻게 달라지는지 살펴보면 된다.

만약, 소비가 현재 가처분소득의 함수라고 가정할 때 이자율이 r_0에서 r_1으로 하락하면 민간의 투자가 증가하여 소득이 증가한다. 따라서 소비가 현재의 가처분소득의 함수일 때 이자율 하락으로 증가한 소득이 Y_1이라면 IS곡선은 (r_0, Y_0)와 (r_1, Y_1)을 연결한 IS_0 곡선과 같다. 이제 소득이 현재가처분소득뿐 아니라 자산의 함수라고 가정하자. 위에서와 동일하게 이자율이 r_0일 때 균형소득이 Y_0라면 이자율이 r_1으로 하락할 경우, 민간투자가 증가하여 소득이 Y_1으로 증가할 것이다. 그러나 자산효과를 고려하면 이자율의 하락은 채권가격을 상승시켜 금융자산의 실질가치를 상승시킨다. 실질자산의 가치가 상승하므로 소비가 증가하여 균형소득을 증가시킨다. 따라서 이자율이 r_1일 때 소득은 자산효과를 고려하지 않을 때의 소득보다 커지게 된다. 이 때 소득이 Y_2라고 하면 자산효과를 고려한 IS곡선은 (r_0, Y_0), (r_1, Y_2)를 연결한 IS_1과 같다. 이처럼 자산효과를 고려할 경우, IS곡선은 자산효과를 고려하지 않는 경우보다 완만한 기울기를 가진다. 자산의 실질가치의 변화가 소비에 미치는 영향이 클수록 IS곡선은 더욱 완만한 형태를 가진다. 이를 정리하면 이자율이 하락할 때, 자산을 고려하지 않는 경우, 유발투자 증가에 의한 소득증가만 발생하지만 자산을 고려하는 경우, 이자율 하락은 실질가치를 상승시켜 유발투자 증가에 의한 소비소득 증가+실질자산 가치 상승에 따른 소비증가로 인한 소득증가가 발생하므로 IS곡선의 기울기가 보다 완만해 진다.

만약 자산효과를 고려하여 IS곡선이 매우 완만한 기울기를 가진다면 F-M논쟁에서 재정정책에 의한 구축효과가 상대적으로 커져 재정정책이 총수요를 조정하는 유효한 정책이라고 할 수 없게 된다. 즉, 재정정책에 비해 금융정책이 총수요에 미치는 효과가 더욱 증가하게 된다. 자산을 고려하지 않은 경우, 이자율 상승은 민간투자의 위축으로만 영향을 미치지만, 자산효과를 고려하면 이자율 상승은 실질 자산가치를 감소시켜 민간 소비지출의 감소까지 유발하게 된다. 따라서 확대 재정정책에 따른 구축효과가 커져서 재정정책의 효과가 약화된다. 반면 금융정책은 총수요에 더욱 큰 영향을 미칠 수 있다. 확대 금융정책에 의한 이자율 하락 시, 유발투자 증가효과뿐 아니라 실질 자산가치 상승에 따른 소비증가까지 발생하므로 총수요 증가가 더 커진다.

(2) 경기자동조절 능력 제고

경기침체가 발생하면 물가가 하락한다는 것이 전통적인 생각이다. 적어도 총수요의 변동이 경기변동의 원인이라면 물가와 산출량 사이에 양(+)의 관계가 존재하게 된다. 특히, 대공황기의 디플레이션을 경험하고 1940년대 이후 스태그플레이션이 발생했던 1960년대까지는 침체=디플레이션이라는 논리는 너무나 당연한 논리였다. 이론적으로도 스태그플레이션 이후, 공급학파와 실물균형경기변동이론이 나오기 전까지는 물가와 산출량 사이에 양(+)의 관계가 존재한다는 것이 일반적인 관계라고 보았다.

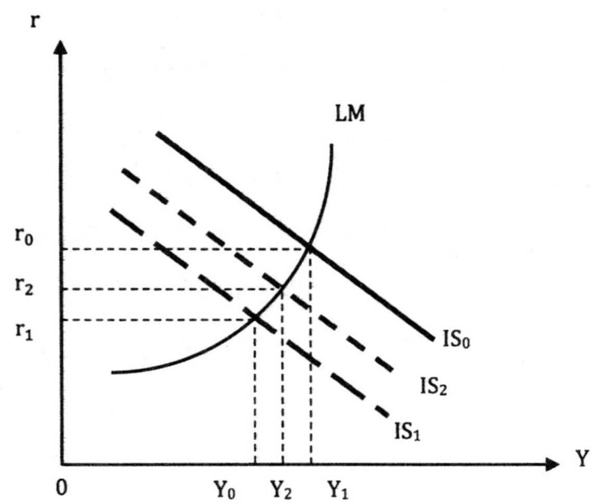

그림 8.14 경기침체와 자산효과에 의한 경기회복

케인즈학파는 대공황이 장기화된 이유로 가격의 자동조절 능력의 한계때문이라고 생각하였다. 이에 대해 논증하기 위해 제시된 케인즈의 이론이 노동시장에서 화폐환상이다. 노동자들의 물가에 대한 불완전정보가 존재할 경우, 노동자들은 명목임금의 변화를 실질임금의 변화로 착각하는 화폐환상이 존재하게 되므로 물가의 변화가 시장균형을 달성시킬 수 없다는 것이다. 따라서 경기침체가 발생하여 물가하락과 실질임금의 상승이 발생할 때 기업은 노동수요를 감소시키지만 노동자는 이를 알지 못하므로 노동공급을 변화시키지 않는다. 따라서 노동의 초과공급으로 명목임금이 하락한다. 명목임금이 하락하면 기업은 실질임금이 하락하므로 노동수요를 증가시키고 노동자는 실질임금이 하락한 것을 인식하여 노동공급을 감소시킨다. 이 결과, 균형노동에 비해 노동공급이 감소하여 산출량이 감소하게 된다. 노동자들이 물가변화를 제대로 인식할 때까지 고용량은 균형고용량보다 작은 값을 갖게 되므로 경기침체는 장기화될 수 있다. 이처럼 가격에 의한 시장청산이 완전하지 않으므로 경기침체의 장기화가 나타날 수 있다는 것이 케인즈의 기본적 생각이었다. 따라서 정부가 개입하여 균형을 달성할 수 있도록 함으로써 경기변동을 완화할 수 있다고 보았다.

이에 대해 신고전학파 계열의 학자들은 자산효과를 고려함으로써 물가하락에 의해 경제가 경기침체에서 자동으로 벗어날 수 있다고 보았다. IS_0인 상태에서 독립지출의 감소에 의해 경기침체가 발생했다고 하자. 즉, IS곡선이 IS_1으로 좌측이동하고 총수요가 Y_0에서 Y_1으로 감소하였다. 케인즈학파라면 이 상태에서 장기간 멈춰있을 것이라고 생각했지만 신고적학파 계열 즉, 통화주의학파는 총수요감소에 의한 물가하락이 다시 총수요를 증가시킬 것이라고 주장하였다. 즉, 총수요가 감소하여 물가가 하락할 경우, 실질 자산가치가 상승하게 된다. 실질 자산가치의 상승은 소비를 증가시키므로 소득이 증가하게 된다. 이자율이 아닌 물가변화에 의한 소득증가가 발생하므로 IS곡선은 IS_1에서 IS_2로 우측이동한다. 따라서 총수요는 Y_1에서 Y_2로 증가하게 된다. 이처럼 경기침체가 발생할 경우, 물가가 하락하여 다시 총수요를 증가시킴으로써 자동으로 경기침체를 벗어날 수 있다고 보았다. 이처럼 물가에 의해 경기침체에서 자동으로 벗어날 수 있으므로 정부가 개입할 근거가 없다. 통화주의학파는 자산효과를 고려함으로써 IS곡선이 보다 완만하다는 것을 보이고 F-M논쟁에서 유리한 논리를 제공하고, 물가의 경기자동조절능력이 있다는 것을 주장함으로써 케인즈학파의 개입주의를 근본적으로 비판하였다.

(3) 부채-디플레이션 이론(debt-deflation theory)

신고전학파들이 양(+)의 자산이 소비에 미치는 효과를 이용하여 F−M논쟁에서 '재정정책이 총수요에 미치는 효과가 상대적으로 약하다'는 주장과 '물가변화를 통한 경기 자동조절능력을 갖고 있다'는 사실을 증명하고자 하였다. 이에 대해 케인즈학파 역시 '자산이 소비에 미치는 효과'를 수용하는 대신 다른 측면을 강조함으로써 신고전학파의 주장이 옳지 않음을 보이려고 하였다. 이들이 제시한 자산의 다른 측면은 채무 즉, 음(−)의 자산이 존재하는 경우이다. 자산을 보유한다는 것은 양(+)의 자산을 보유하는 것만을 의미하는 것은 아니다. 채권 및 실물 등 양(+)의 자산을 보유할 수도 있지만 채무 등 음(−)의 자산도 보유할 수 있다. 양(+)의 자산만 고려하면 총수요 감소에 의한 불경기에 의해 물가가 하락할 경우, 자산의 실질가치가 증가하여 불경기를 자동으로 탈출하는 돌파구를 마련한다. 그러나 음(−)의 자산을 보유한 주체의 경우, 물가하락은 자산 즉, 채무의 실질가치(채무의 실질부담)를 상승시키므로 소비를 감소시킨다. 자산가치 감소에 의한 소비감소로 총수요는 더욱 감소하게 된다. 총수요 감소는 추가로 물가를 하락시키고 물가하락은 다시 채무부담을 증가시켜 소비를 줄임으로써 총수요가 감소한다. 이처럼 음의 자산효과를 고려하면 물가하락과 부채부담의 증가, 그리고 경기침체 악화의 악순환이 일어나게 된다. 이러한 논리를 부채-디플레이션 이론이라고 한다.

7.4 _ 유동성함정과 피구효과

(1) 유동성함정

유동성함정(liquidity trap)이란 앞에서 다룬 대로 화폐수요의 이자율탄력성이 무한대가 되어

LM곡선이 수평이 되는 구간을 말한다. 케인즈의 유동성선호설의 투기적 화폐수요에 따르면 개인은 채권자산과 화폐자산 사이에서 선택한다. 채권자산은 수익을 주는 대신 화폐자산은 수익을 주지 않는 무수익 자산이다. 그럼에도 불구하고 개인이 화폐자산을 선택할 수 있는 것은 채권자산은 유동성 낮은데 비해 화폐자산은 유동성이 매우 높기 때문이다. 동일한 상태라면 개인은 유동성이 낮은 것보다 유동성이 높은 것을 좋아한다는 것이 유동성선호설이다. 케인즈의 유동성선호설에 따르면 개인은 유동성을 선호하는 정도에 따라 유동성이 높은 자산을 포기하고 받고자 하는 대가가 달라진다. 유동성을 포기한 대가로 받고자 하는 수익률을 케인즈는 임계이자율(critical interest rate) 또는 최저이자율라고 하였다. 시장이자율이 임계이자율보다 낮다면 개인은 유동성이 높은 화폐자산을 보유하고 반대로 시장이자율이 임계이자율보다 높아진다면 개인은 유동성이 높은 화폐자산을 포기하고 수익자산인 채권을 보유하고자 한다.

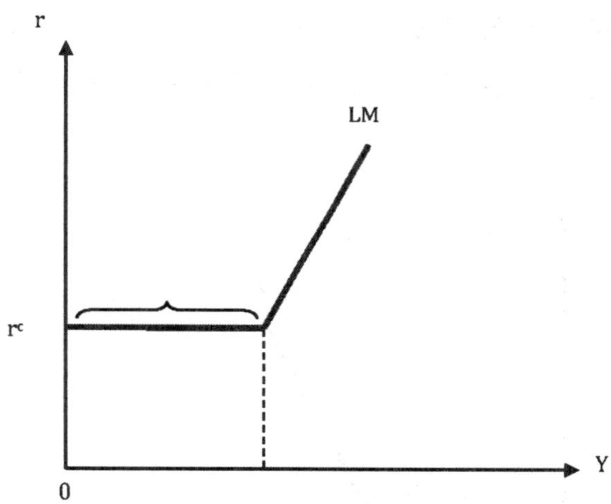

그림 8.15 유동성함정과 LM곡선

이 때 시장전체에서 가장 낮은 임계이자율 수준보다 시장이자율이 낮은 경우, 모든 개인은 채권보유를 포기하고 모두 화폐를 보유하려고 할 것이다. 모든 개인이 채권 대신 화폐를 보유하고자 하므로 이자율에 대한 투기적 화폐수요의 탄력성이 무한대가 된다. 이처럼 투기적 화폐수요의 이자율탄력성이 무한대인 경우, 소득이 감소하여 화폐수요가 감소하여도 더 이상 이자율이 낮아지지 않으므로 LM곡선은 수평이 된다. LM곡선이 수평인 영역을 유동성함정 구간이라고 한다. 따라서 유동성함정이 나타나기 위해서는 시장이자율이 매우 낮아야 하고 경제주체들이 화폐자산에 대한 수요를 무한히 증가시키는 상황이 발생해야 한다. 만약 시장에 다양한 자산이 존재하고 낮은 이자율에도 불구하고 주식자산이나 실물자산(임대업 등)으로

자산이 이동하여 화폐자산에 대한 수요가 크게 증가하지 않는 경우 유동성함정이 나타나기 어렵다.

(2) 유동성함정과 재정정책 및 금융정책

유동성함정이 존재해서 LM곡선이 수평인 경우, 재정정책을 시행하면 구축효과가 발생하지 않아 총수요 변동에 큰 효과를 얻을 수 있다. 이를 통해 극단적 케인즈학파의 무구축효과가 존재할 수 있음을 주장하였다. LM곡선이 수평인 상태에서 확대 재정정책을 실시하면 소득이 증가하여 IS곡선이 IS_0에서 IS_1으로 우측이동한다. 소득이 증가하여 거래적 화폐수요가 증가하지만 투기적 화폐수요의 이자율 탄력성이 무한대이므로 이자율에 영향을 미치지 못한다. 소득 증가에도 불구하고 이자율이 불변이므로 투자가 감소하는 구축효과가 발생하지 않는다. 반면, 통화량을 증가시키는 확대 금융정책의 경우 총수요에 전형 영향을 미치지 못한다. 통화량 공급량 증가에도 불구하고 무한한 화폐수요로 인해 이자율이 최적 임계이자율 수준에서 변하지 않으므로 투자에 영향을 미치지 못하고 총수요에 영향을 미치지 못한다.

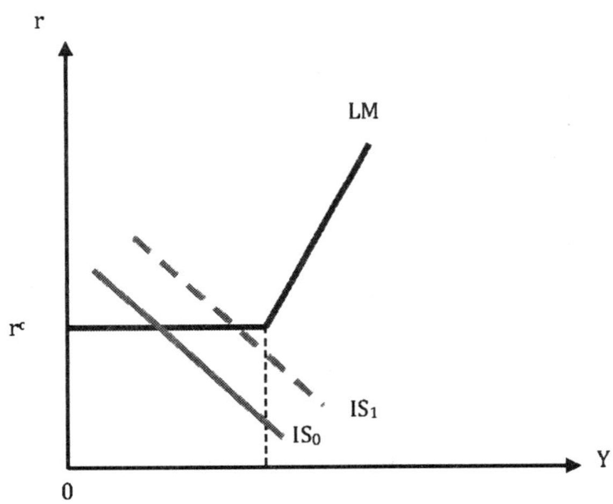

그림 8.16 유동성함정과 재정정책

(3) 피구효과(Pigouvian effects)

경기침체기의 일반적 특징 중 하나는 물가 P의 하락이다. 피구는 유동성함정이 존재한 상황에서도 자산효과를 고려하여 정부정책없이 자동적으로 유동성함정을 탈출할 수 있음을 보이고자 하였다. 이를 파틴킨(Patinkin)은 피구효과(Pigou effect) 또는 실질잔고효과라고 불렀다. 유동성함정이 나타나기 위해서는 이자율이 매우 낮은 상태여야 한다. 이러한 낮은 이자율은 일반적으로 극심한 경기침체기 상태에서 가능하다. 또한 1960년대까지는 극심한 경기침체 상태에서는 디플레이션이 발생할 것으로 생각하였다. 따라서 유동성함정이 존재해도 물가하락에 의한 실질 자산가치의 상승으로 나타나므로 소비가 증가하여 경제 자체에서 IS곡선이 우측으로 이동하여 총수요가 증가한다. 피구효과는 케인즈학파의 유동성함정 논리에 대항하기 위해 일부 고전학파가 사용하는 논리이다. 즉, 유동성함정이 존재한다 하여도 물가가 신축적이면 극심한 불황에서 자동적으로 탈출하여 완전고용을 이룰 수 있다.

CHAPTER 09

거시경제 안정화정책에 관한 쟁점

본 장에서 거시경제의 안정화정책에 관한 여러 학파간의 서로 다른 주장들을 살펴보자. 먼저, 1930년대 중반 이후부터 자리매김을 시작한 케인즈학파와 고전학파의 전통을 이어받고 있는 통화주의학파 사이의 논쟁을 비교 및 분석한다. 또한, 합리적 기대가설을 제시하면서 1970년대 초반부터 거시경제학계에 큰 변화를 일으킨 새고전학파와 이에 맞서고 있는 새 케인즈학파 간의 의견대립도 비교해서 자세히 살펴보자.
거시경제의 안정화정책(stabilization policy)이란 정책당국이 재정 및 금융정책 등의 정책수단을 사용하여 경제를 바람직한 상태로 유지하고자 하는 정책을 말한다. 즉, 완전고용과 물가안정을 유지하면서도 경제의 안정적 성장이 이루어지도록 하기 위해서 실시하는 각종 정책을 거시경제 안정화정책이라고 한다.

1. 안정화정책의 필요성에 관한 견해

고전학파이론에 의하면 임금과 물가의 신축적인 조정으로 경제는 완전고용산출량 수준을 유지하므로 안정화정책이 전혀 필요하지 않다. 그러나 대공황이 발생하면서 고전학파이론이 한계를 드러내었고 케인즈의 이론이 일반적으로 받아들여지게 된다. 케인즈는 경기침체를 극복하기 위한 정부의 적극적인 정책실시를 주장하였는데 케인즈의 전통은 이후의 학자들인 케인즈학파와 새케인즈학파에 의해 계승된다.

반면, 1960년대 프리드먼과 같은 통화주의자들은 오히려 정부의 개입이 경제의 불안정성의 요인이 될 수 있다는 점을 주장하였는데 이들의 주장은 새고전학파에 의해서도 받아들여지고 있다. 아직까지 학자들 간에는 과연 안정화정책을 적극적으로 실시하는 것이 바람직한 지, 정책을 실시한다면 정책당국의 재량적인 판단에 의해 실시하는 것이 좋은지 아니면 준칙에 따르는 것이 좋은지에 대한 논란은 계속되고 있다.

1.1 _ 조정속도와 안정화정책의 필요성 여부

<그림 9.1>에서 E점에서 균형이 이루어지고 있다면 균형국민소득 Y_1이 완전고용국민소득에 미달하므로 경기침체 상태이고 비자발적 실업이 존재한다. 비자발적 실업이 존재하더라도 단기에는 임금이 경직적일 수 있지만 장기에는 임금이 하락한다. 임금이 하락하면 단기총공급곡선이 오른쪽으로 이동하여 장기에는 완전고용국민소득에 도달하게 된다는 점을 앞에서 다루었다.

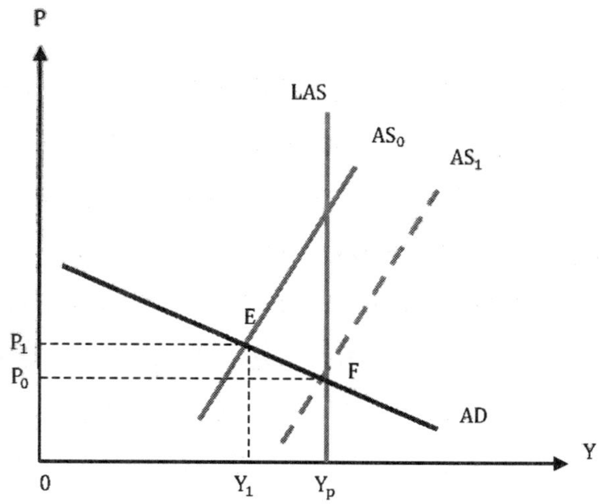

그림 9.1 장기 조정과정

임금조정이 비교적 빠른 시간 내에 이루어진다면 일시적으로만 실업이 발생하지만 임금조정에 오랜 시간이 걸리는 경우, 경제는 장기간의 경기침체와 실업을 경험하게 된다. 따라서 조정이 비교적 신속하게 이루어 진다면 안정화정책이 필요하지 않으나 조정이 오랜 시간이 걸린다면 정부개입이 필요하다고 판단할 수 있다. 고전학파계통의 학자들은 조정이 비교적 빠른 시간에 이루어 지므로 일시적으로 경기변동이 있더라도 정부의 개입은 필요가 없다고 본다. 이에 반해 케인즈학파는 경제의 자율조정기능이 불완전하며 조정이 이루어지는데, 많은 시간이 걸리므로 경기침체가 장기화될 가능성이 높다고 본다. 따라서 케인즈학파 경제학자들은 경제를 안정화시키기 위한 정부의 적극적인 정책이 필요하다고 본다.

여기서 적극적인 정책이란 어떤 충격이나 교란요인에 의해 경기변동이 발생할 때 정부가 적극적으로 개입해서 안정화시키는 것을 말한다. 이에 비해 소극적 정책이란 민간경제의 자율적인 조정기능에 의해 안정이 이루어질 수 있도록 개입을 자제하는 것을 말한다. 대체로 케인즈학파는 민간투자, 민간소비 등이 심리적인 요인에 의해 좌우되는 경우가 많으므로 경제는 내생적으로 불안정하고 가격기구는 비신축적이므로 자율적인 조정기능에 맡겨둘 경우 균형으로 회복하는 데에 많은 시간이 걸리므로 적극적으로 개입하여 안정화시켜야 한다고 주장한다. 이에 비해 통화주의 및 새고전학파들은 민간경제는 안정적이고 가격변수는 대체로 신축적이므로 정부가 적극적으로 개입하는 것은 바람직하지 않다고 주장한다. 특히, 시차문제로 인해 정부개입이 오히려 불안정을 유발할 수 있다고 주장한다.

1.2 _ 시차문제

시차(time lag)란 어떤 변수의 변화가 다른 변수에 영향을 미치는데 걸리는 시간적인 차이를 말한다. 거시경제학에서는 경제적 사건(event)이 발생하고 정부가 대응정책을 시행하여 정책효과가 나타나는데까지 많은 시간이 소요되는 것을 말한다. 경제안정화정책과 관련된 시차는 내부시차(inside lag)와 외부시차(outside lag)로 구분되고 내부시차는 다시 인식시차(recognition lag)와 실행시차(action lag)로 구분된다. 인식시차(recognition lag)는 정책당국이 경제상태를 인식할 때까지 걸리는 시차를 말한다. 즉, 정책당국이 정보를 수집하기까지의 시간이 된다. 실행시차(execution lag)는 정책당국이 정책을 마련해서 집행할 때까지의 시차를 말한다. 그리고 외부시차는 정책이 실행된 후, 실제로 효과를 나타낼 때까지 걸리는 시간을 말한다.

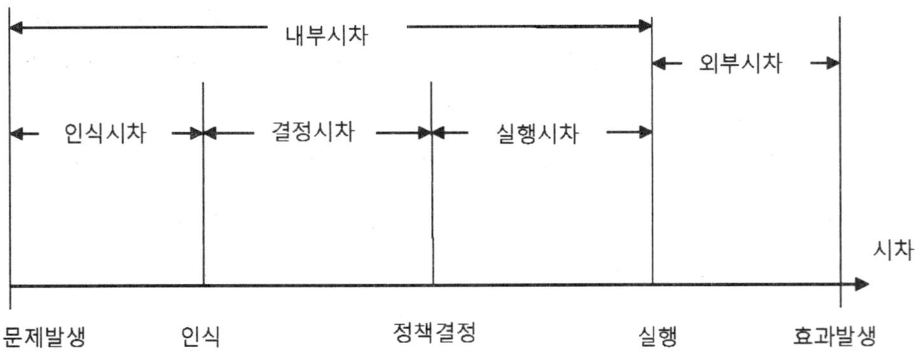

그림 9.2　시차의 구분

금융정책의 경우, 금융통화위원회라는 단일 의사결정기구 내에서 결정이 이루어지고 재정정책의 경우, 해당 부서에서 정책제안이 되면 사안에 따라 국무회의를 거치거나 국회 의결을 거쳐야 한다. 이러한 의사결정과정의 특징으로 인해 재정정책에 비해 금융정책의 내부시차가 짧다. 외부시차의 측면에서 보면, 금융정책은 간접적이고 다양한 경로를 통해 정책효과가 경제에 파급되는데 비해 재정정책은 상대적으로 직접적이고 단수한 경로를 통해 정책효과가 나타난다. 따라서 금융정책에 비해 재정정책의 외부시차가 짧다. 예를 들어, 정부지출의 효과는 총수요 증가로 효과가 일어나지만, 확장적인 금융정책은 이자율과 투자를 통해 총수요 증가로 효과가 발생한다.

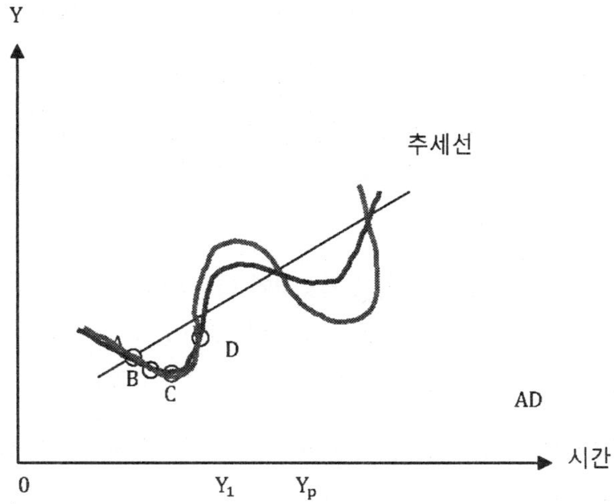

그림 9.3 시차와 정책효과

<그림 9.3>은 시간의 경과에 따른 실질GDP의 변화를 나타내고 있는데 총수요가 감소함에 따라 A시점에서 경기가 수축국면에 진입한다고 하자. 경기가 실제로 어느 정도 나빠져야 정책당국이 이를 인식할 수 있으므로 정책당국이 인식하는데는 어느 정도 시간이 소요된다. 이가 곧 인식시차이다. 정책당국이 B시점에서 확대적인 정책의 필요성을 인식하고 정책수단을 마련하여 C시점에서 확대적인 정책을 실시한다고 하자. 이가 실행시차이다. 예를 들어, C시점에서 통화량이 증가했을 때 이자율이 하락하고 그에 따른 투자가 증가하는데는 상당한 시간이 소요된다. 이가 곧 외부시차이다. 통화량 증가에 따른 팽창적인 효과가 경기가 이미 회복국면으로 진입하고 있는 D시점에서 나타난다면 정부개입이 없었을 때보다 경기진폭이 훨씬 커질 수 있다. 시차는 일정하게 그 기간이 주어져 있는 것이 아니라 가변적이므로 위에서 설명한 바와 같은 현상이 나타나면 경기진폭이 커질 수 있다. 수동적인 정책을 주장하는 학자들은 시차를 잘 모르는 상황에서의 적극적인 정책을 실시하면 오히려 경제가 불안정해질 가능성이 높다고 주장한다.

1.3 _ 재량 대 준칙

재량적인 정책이란 경제상황에 대한 정책당국의 판단에 따라 실시하는 정책을 말하고 준칙에 입각한 정책이란 사전에 각 상황에서 어떤 정책을 실시할 지를 발표하고 단기적인 경제상황에 관계없이 사전에 정해진 대로 시행하는 정책을 말한다. 준칙에 입각한 정책이 반드시 수동적인 정책을 의미하는 것은 아니며 준칙에 입각한 정책이라고 하더라도 적극적인 정책일 수도 있다. 준칙에 입각한 정책이면서도 수동적인 정책의 예는 매년 통화량 증가율을 10%로 일정하게 유지하는 것이다. 준칙에 입각한 정책이면서도 적극적인 경우를 보면 매년 통화공급을 10%로 일정하게 유지하되 실업률이 1% 높아질 때마다 통화량 증가율을 2%씩 상향조정하면 된다.

케인즈학파는 재량적인 안정화정책을 실시하는 것이 바람직하다고 보는 반면, 통화주의학파는 준칙에 입각한 정책실시가 바람직하다고 본다. 준칙에 입각한 정책이 바람직하다고 보는 학자들은 정치가에 대한 불신, 시간비일관성 문제 등을 들 수 있다.

일부 학자들이 정책담당자나 정치가들을 신뢰하지 않기 때문에 재량적인 정책보다는 준칙을 더 선호한다. 어떤 정책이 합리적인 판단 하에서 결정되는 것이 아니라 의사결정과정에서 자신에게 유리한 정책을 선택하도록 하는 경향이 있다는 것이다. 예를 들어, 정치가들이 선거에서의 득표를 극대화하기 위해 선거가 있는 해의 경기가 호전되도록 하는 정책을 선택할 가능성이 있다. 일부 학자들은 정치가들이 선거승리를 위해 경제를 이용하는 경우에는 선거주기와 맞물려 경기가 변동하는 정치적 경기변동(Political Business Cycle, PBC)이 발생할 수 있다고 주장한다.

정치적 경기변동의 가정은 다음과 같다. 현재의 경제상황이 투표에서의 득표에 큰 영향을 미치는데 경제적인 요인 중에서는 실업과 인플레이션이 매우 중요한 요인이 된다. 인플레이션은 그 효과가 간접적이며 개인이 이를 직접적으로 감지하지 못하는데 비해 실업에 따른 고통은 직접적이므로 특히 실업률이 득표에 큰 영향을 미친다. 집권당은 선거에서의 승리를 위해 선거일 근처에서 실업률이 낮아지도록 하는 유인(incentive)가 있다. 정책이 효과를 나타내는데는 시간이 걸리므로 선거일 근처에서 실업률이 낮아지도록 하기 위해 선거가 실시되기 1년 혹은 1년 반 전에 통화량을 증가시키는 정책을 선택한다. 이와 같은 정책을 실시하면 선거일 근처에서는 호황이 되나 통화량이 과다하여 인플레이션이 발생한다. 선거 이후에 다시 인플레이션을 수습하기 위해 통화량을 감소시키게 된다. 이와 같이 선거에 따라 주기적으로 통화량을 증감시키면 주기적으로 경기가 상승과 하강국면을 반복하는 경기변동이 초래된다.

정치적 경기변동과 더불어 최적정책의 동태적 비일관성 때문에 준칙을 더 선호하기도 한다. 최적정책의 동태적 비일관성(time consistency of optimal policy)이란 정부가 각 시점에서 최적정책을 실시하더라도 장기적으로 보면 재량적인 최적정책은 일관성을 잃는 현상을 말한다. Kydland and Prescott은 재량적인 정책보다 준칙에 입각한 정책이 바람직함을 보여주었다. 최적정책의 시간비일관성 또는 시간불일치성이라고도 한다.

비행기를 납치하는 경우를 예로 들어 설명해보자. 정부에서 비행기 납치를 근절하기 위해 절대로 비행기 납치범과는 협상하지 않는다는 정책을 발표했다고 하자. 만약 테러분자들이 정부발표를 신뢰한다면 비행기 납치가 일어나지 않을 것이므로 정책이 효과를 나타낼 수 있으나 막상 300명이 탑승한 비행기가 납치되었고 납치범들이 협상에 응하지 않으면 비행기를 폭파할 것이라고 위협하는 상황이 되면 협상하는 것이 최적정책이 된다. 그러므로 비행기 납치범들과는 협상하지 않는다는 원래의 최적정책을 유지할 수 없게 되므로 정책의 일관성이 상실된다. 일관성 없는 정책이 반복되면 정부정책에 대한 국민의 신뢰가 상실될 뿐 아니라 의도한 효과도 얻지 못하게 된다.

금융정책을 다시 예로 살펴보자. 뒤에서 다루겠지만 필립스곡선이란 실업률과 물가상승률 사이의 안정적인 음의 상관관계를 최초로 발견한 영국의 필립스의 이름을 본 따 명명된 곡선이다 초기에 경제상태가 A에 위치해 있었으나 A보다 물가상승률이 다소 높더라도 실업률이 낮은 B점이 더 사회적으로 바람직하다고 판단하여 확장적인 금융정책을 실시하였다고 하자. 확장적 금융정책을 실시하면 단기적으로 B점까지 이동할 수 있으나 장기에는 민간이 물가를 인식하므로 예상인플레이션이 상승한다. 예상인플레이션이 상승하면 필립스곡선이 위로 이동하므로 결국 경제는 C점으로 이동하게 된다. C점은 A점과 실업률은 동일하고 인플레이션만 더 높으므로 A점보다 훨씬 열등한 점이다. 따라서 그 때 그 때 최적정책을 실시하기 보다는 물가상승률을 0으로 유지한다는 준칙에 입각한 정책이 보다 바람직하다. 따라서 정부의 재량적인 판단에 의한 정책은 장기적으로 보면 일관성을 유지할 수 없으므로 공개적이고 일관성

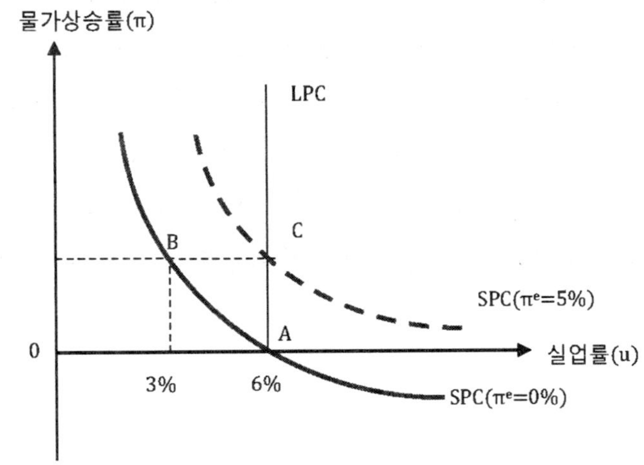

그림 9.4 금융정책과 필립스곡선

있는 정책실시가 바람직하다. 즉, 케인즈학파가 주장한 재량적인 정책보다 준칙에 입각한 정책이 보다 바람직하다.

2. 케인즈학파

지금까지 다룬 케인즈의 이론은 단기적 경제현상을 설명하는데 적합한 반면, 고전학파의 이론은 장기적 경제현상을 설명하는데 보다 적합하다. 단기와 장기라는 관점에서 케인즈이론과 고전학파이론을 분리하여 접목시킨 이론체계를 신고전학파종합(neoclassical synthesis)이라고 부르는데, 사실 우리가 지금까지 공부해 온 총수요-총공급모형은 신고전학파 종합에 기초한 것이다. 물론, 이 신고전학파종합에서 더 중시된 것은 케인즈의 이론이라고 할 수 있다.

앞에서 살펴보았듯이, 케인즈학파의 주장에 따르면 재정정책이나 금융정책과 같은 총수요관리정책은 경제안정화에 큰 효력을 발휘한다. 그런데 정책당국은 경기의 이러한 미세조정(fine-tuning)을 수행하는 과정에서 한가지 제약에 직면하는데, 이를 실업과 인플레이션 사이의 상충관계(tradeoff)라고 한다. 예를 들어, 정책당국이 실업을 줄이기 위해서 확장적인 정책을 필 경우 물가수준의 상승이 수반되는 한편, 물가안정을 꾀하기 위해 긴축적인 정책을 구사하면 실업률이 상승하는 등 경기침체가 유발된다.

실업과 인플레이션간의 이러한 상충관계의 크기는 총공급곡선의 기울기에 의존한다. <그림 9.5>는 이러한 사실을 보여주고 있다. 확장적인 재정정책 혹은 금융정책으로 총수요곡선이 오른쪽으로 이동하여 AD'이 되었다고 하자. AS의 기울기가 완만하여 수평선에 가까운 경우 AD의 증가로 국민소득은 Y_0에서 Y_1으로 크게 증가하는 한편, 물가수준은 P_0에서 P_1으로 밖에 상승하지 않는다. 반면, AS의 기울기가 급격하여 수직선에 가까운 경우에는 경기활성화를 의도하는 총수요확대정책은 큰 폭의 물가상승이라는 비용을 치르게 된다. 국민소득은 Y_0에서 Y_2로 밖에 증가하지 않는데 비해, 물가수준은 P_0에서 P_2로 크게 상승하기 때문이다.

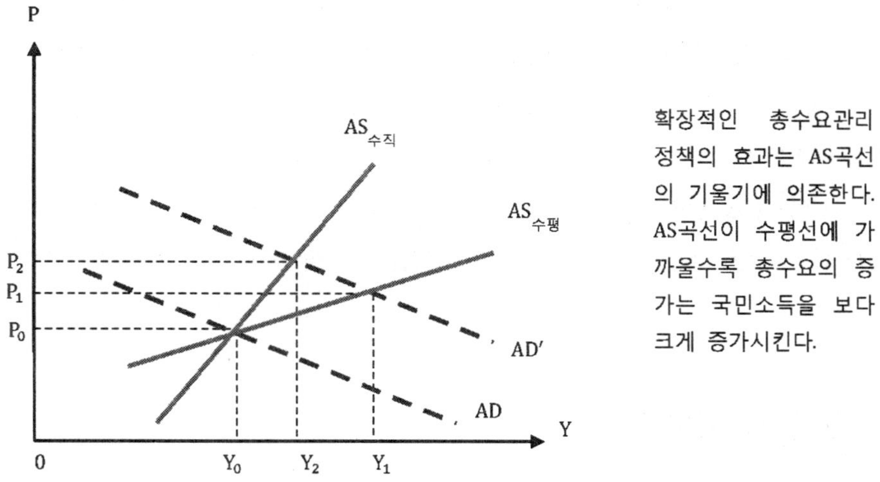

그림 9.5 총수요확대정책의 효과

그러나, 물가안정을 위하여 긴축적인 정책을 펼 때에는 상황이 역전된다. 즉, AS곡선이 수평선에 가까운 경우 물가안정을 위해 치러야 하는 희생이 AS곡선이 수직선에 가까운 경우에 비해 훨씬 커진다.

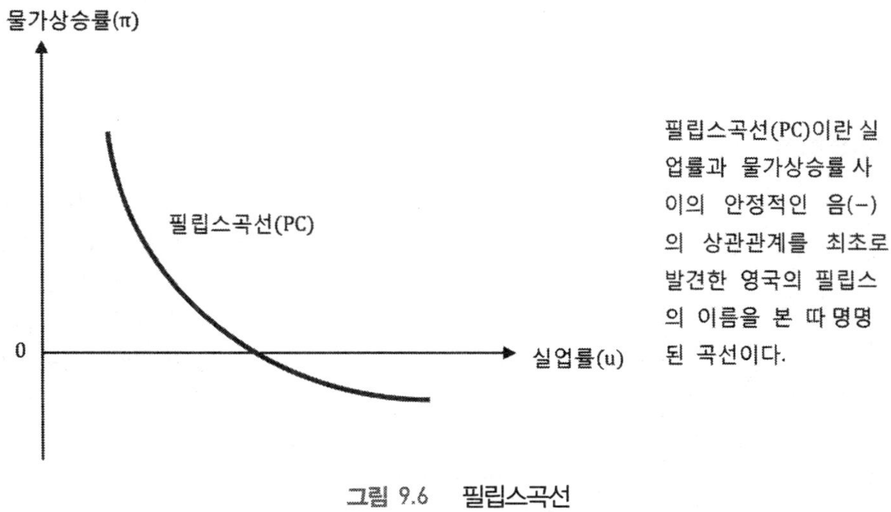

그림 9.6 필립스곡선

실업과 인플레이션간의 상충관계를 실제자료에서 처음 발견한 사람은 1958년 영국의 필립스(A. W. Phillips)였다. 그는 1861-1957년 동안의 영국자료를 이용하여 실업률과 물가상승률 사이에는 <그림 9.6>에서처럼 안정적인 음(−)의 상관관계가 존재함을 밝혀냈다. 이후, 1960년 미국에서도 MIT대학의 사무엘슨(Samuelson)과 솔로우(Solow) 등에 의해 실업률과 물가상승률 간의 안정적인 음의 상관관계가 확인되었다. <그림 9.6>에서 우하향하는 곡선을 필립스의 이름을 본 따 필립스곡선(Phillips curve)이라고 부른다.

이러한 실업률과 물가상승률간의 안정적인 음의 상관관계의 발견은 총수요관리정책을 통해 경제안정화를 이룰 수 있다는 케인즈학파의 이론을 크게 뒷받침해 주는 것이었다.

3. 통화주의학파

1970년대에 스태그플레이션이 발생하기 이전까지 경제학계와 정책입안자 모두의 관심을 케인즈학파의 대표적인 주장인 실업과 인플레이션간의 안정적인 상충관계와 총수요관리정책을 통한 경기의 미세조정에 쏠려있었다.

그러나, 프리드먼(M. Friedman)으로 대표되는 통화주의학파 경제학자들은 오일쇼크가 발발하기 이전에 이미 케인즈학파의 주장에 반기를 들고 있었다. 특히, 프리드먼과 펠프스(E. Phelps)는 우하향하는 필립스곡선이 안정적이라는 케인즈학파의 주장을 정면으로 부인하고 있었다.

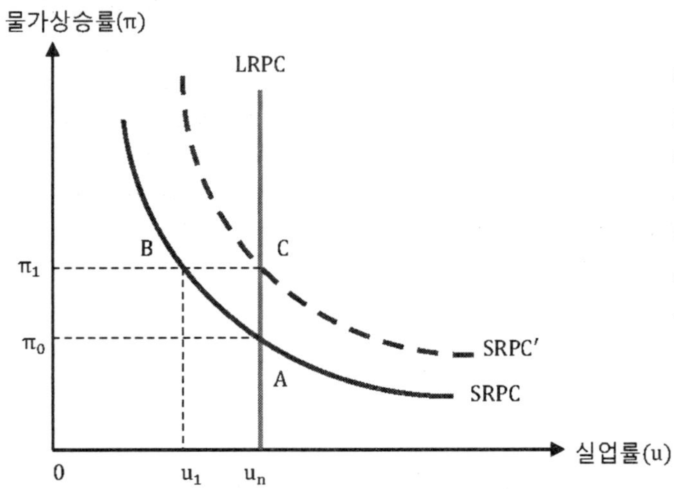

장기 필립스곡선(LRPC)은 자연실업률 u_n 수준에서 수직선의 형태를 띤다. 이는 장기 총공급곡선(LRAS)이 잠재GDP(Y_p)수준에서 수직선과 같다는 것과 궤를 같이하는 것이다.

그림 9.7 장기필립스 곡선

그들은 장기에 있어 총수요관리정책이 실업률(곧, 소득수준)에 어떠한 영향도 미치지 못한다는 자연실업률(natural rate of unemployment)가설을 앞세워, 우하향하는 필립스곡선은 단기에나 성립하는 현상에 지나지 않는다며 케인즈학파의 주장을 반박하고 있다. 즉, 명목임금과 같은 생산비용이 상승함에 따라 단기 필립스 곡선은 이동하게 되는데 결국 장기에는 필립스곡선이 완전고용하의 실업률인 자연실업률(u_n) 수준에서 수직선의 형태가 된다는 것이다. <그림 9.7>은 장기 필립스곡선을 보여주고 있다.

최초의 상황이 <그림 9.7>의 점 A(u_n, π_0)로 나타나있다고 하자. 정책당국이 실업률을 u_1으로 낮추기 위해 확장적인 정책을 사용하면 경제는 단기에 점B(u_1, π_1)로 이동하게 된다. 명목임금이 경직적인 단기에 물가상승률의 증가는 실질임금의 하락으로 이어져 고용량은 늘고 실업률은 감소하기 때문이다.

장기적으로 점B가 유지될 수 없다는 것이 자연실업률가설의 핵심이다. 실질임금의 보상을 원하는 근로자들의 임금인상 요구로 시간이 지나면서 명목임금이 상승하게 되며, 이에 따라 실질임금이 높아져 고용수준은 다시 하락하게 된다. <그림 9.7>에서 이러한 명목임금의 상승은 단기 필립스곡선을 SRPC에서 SRPC'으로 이동시킨다. 물가상승률이 π_1일 때, 명목임금의 상승으로 실업률은 u_1에서 원래의 수준인 u_n으로 되돌아오게 되는 것이다. 즉, 장기 필립스곡선은 점A(u_n, π_0)와 점C(u_n, π_0)를 통과하는 수직선의 형태를 띤다. 이는 장기 총공급곡선이 잠재 GDP(Yp)수준에서 수직선과 같다는 설명과 궤를 같이하는 것이다.

1970년대에 들어 전세계가 오일쇼크로 스태그플레이션을 경험하면서 실업과 인플레이션간의 안정적인 상충관계는 점차 사라져가기 시작했다. 이러한 측면에서 프리드먼과 펠프스의 자연실업률가설은 현상에 앞선 이론이었던 셈이다. 통화주의학파의 주장처럼 장기 필립스곡선이 수직선의 형태를 취하면 총수요관리정책의 장기효과는 없다. 확장적인 정책은 장기적으로 물가수준을 상승시킬 뿐이다.

케인즈학파와 통화주의학파간의 본질적인 견해차이는 정부가 경제에 개입하는 것이 필요한가에 관한 것이다. 케인즈학파는 경제의 자동조절기능(self-correction mechanism)이 특히 경기침체시에는 신속히 작동하지 않으므로 정부의 적극적인 개입이 필요하다고 주장한다. 반면, 통화주의학파는 자동조절기능을 신봉하여 정부의 적극적인 개입은 오히려 부작용을 초래할 수 있다는 주장을 펴고 있다.

앞의 제 8장에서 살펴보았듯이, 케인즈학파 경제학자들은 경기의 미세조정을 위한 정책으로 재량적인(discretionary) 재정정책을 선호하고 있다. 이와는 대조적으로 통화주의학파 경제학자들은 재량적인 정책의 부작용을 크게 경고하고 있다. 안정화정책의 시차(time lags)는 매우 길고 가변적이기 때문에 케인즈학파의 미세조정과 같은 적극적이면서 재량적인 정책은 오히려 경기변동을 심화시킬 수 있다는 것이다. 예를 들어, 경기침체에서 벗어나기 위해 정책당국이 확장적인 정책을 폈다고 해보자. 통화주의학파의 견해에 의하면, 이러한 정책의 효과가 발휘될 때 까지는 긴 시차가 요구된다. 만일 확장적인 정책의 효과가 시간이 흘러 경기침체가 경기호황으로 바뀐 후에야 나타난다면, 이 정책은 의도와는 달리 물가만 자극하게 될 것이다. 이와 같이 재량적인 정책은 경제를 안정화시키기 보다는 오히려 경기변동의 폭을 크게 만들 수 있다.

통화주의학파 경제학자들은 재량적인 재정정책에 반대하고 있을 뿐만 아니라, 금융정책도 금융당국의 자의적인 판단(discretion)을 토대로 하지 말고 정해진 준칙(rule)에 따라 수행되어야 한다고 주장한다.

구체적으로, 통화주의학파는 경기변동 상황과 무관하게 통화량을 매년 일정 비율씩 증가시키는 정책을 권하고 있는데, 이러한 정책을 k%준칙이라고 한다. 이 준칙에 입각한 대표적인 예로는 1972년에 채택된 EC방식을 들 수 있다. 교환방정식(MV=PY)을 응용하고 있는 EC방식은 다음과 같이 나타난다.

$$\frac{\Delta M}{M}=\frac{\Delta P}{P}+\frac{\Delta Y}{Y}+\left(-\frac{\Delta V}{V}\right)$$

유통속도 V는 상수가 아니지만 예측 가능하므로, V의 변화율을 전망해낼 수 있다. 따라서, 위 식에 의하면 경제성장률목표와 물가상승률목표를 달성할 수 있는 통화량의 증가율을 구할 수 있다.

4. 새고전학파: 정책무용성의 명제

1970년대 초반 루카스(R. Lucas)를 비롯한 일단의 경제학자들은 통화주의학파의 견해를 크게 혁신한 이론을 강력히 주장하면서 경제학계에 새로운 바람을 일으켰는데, 이들은 새고전학파 또는 합리적 기대론자라고 한다. 새고전학파 모형은 경제주체들의 합리성을 전제하고 있다. 합리적인 경제 주체들은 현재뿐 아니라 예측가능한 미래까지도 고려하여 의사결정을 한다. 따라서 개인은 현재뿐 아니라 미래까지 고려하여 소비와 노동공급을 결정한다. 새고전학파 모형의 또 다른 특징은 가격의 신축성을 가정하고 있다는 것이다. 가격이 신축적이므로 화폐중립성과 고전전 이분성이 성립하고, 나아가 세이의 법칙이 성립한다고 가정한다. 지금까지 부분적으로 살펴보았던 새고전학파의 거시논리를 보다 체계적으로 설명할 수 있는 새고전학파의 균형 거시모형의 배경과 특징을 간단히 살펴보자.

첫째, 경제주체들은 합리적 기대(rational expectation)에 의한 합리적 의사결정을 한다. 새고전학파는 고전학파의 주장대로 신속한 물가의 조정을 통해 시장은 항상 균형상태를 유지한다는 가정을 받아들이고 있다. 또한, 새고전학파 경제학자들은 경제주체가 미래를 예측할 때 이용 가능한 모든 정보를 가장 적절한 방법으로 활용한다고 주장하고 있다. 새고전학파의 기대형성에 관한 이러한 견해는 사실 혁명에 가까운 것으로 평가 받고 있다. 그 당시 경제학자들은 사람들이 기대를 형성할 때 예측하고자 하는 변수에 관한 현재와 과거의 정보에만 기초한다는 적응적 기대가설(adaptive expectations hypothesis)에 익숙해 있었기 때문이다. 새고전학파의 견해는 이와는 달리 사람들이 단순히 과거의 정보에만 기초하여 기대를 형성하는 것이 아니라, 과거와 현재는 물론 미래에 관한 모든 정보를 효율적으로 사용하여 체계적인 예측오차 없이 기대를 형성한다는 것이다. 새고전학파의 이러한 기대형성이론을 합리적 기대가설(rational expectation hypothesis)이라고 부른다. 즉, 합리적 기대에 의해 합리적으로 의사를 결정하는 개인은 현재뿐 아니라 평생효용을 극대화하는 경제적 선택을 한다. 또한 현재 발생하는 현상만 고려하지 않고, 미래에 이뤄질 수 있는 예측 가능한 모든 것을 고려하여 의사를 결정한다. 이미 2장에서 살펴보았듯이 평생효용을 극대화하는 개인의 소비를 분석한 모형이 시점간 소비선택 모형과 항상소득가설 및 평생소득가설 등이다. 세 종류의 소비이론이 갖는 공통점은 개인의 현재소비가 현재소득이 아닌 평생소득에 의해 결정된다는 것이다. 이는 개인이 근시안적으로 의사결정을 하는 것이 아니라 전 생애를 대상으로 자신의 효용을 극대화하는 합리적인 선택을 한다는 것이다. 따라서 차입과 대부가 자유로운 경제에서 개인은 평생소득제약에 기반한 평생 효용을 극대화하므로 현재소득의 변화가 있어도 현재소비는 현재소득에 미치지 못한다. 또한 이자율의 변화가 발생하면 시점간 소비의 대체효과가 발생하므로 현재소비는 이자율의 함수로 나타낼 수 있다.

가격변수의 신축성과 합리적 기대가설을 결합하면 예상된 안정화정책은 단기에서 조차 효과가 없다는 정책무용성의 명제(policy ineffectiveness proposition)가 성립한다. 새고전학파의 이 정리는 경제학자들의 생각에 커다란 변화를 가져온 명제였다.

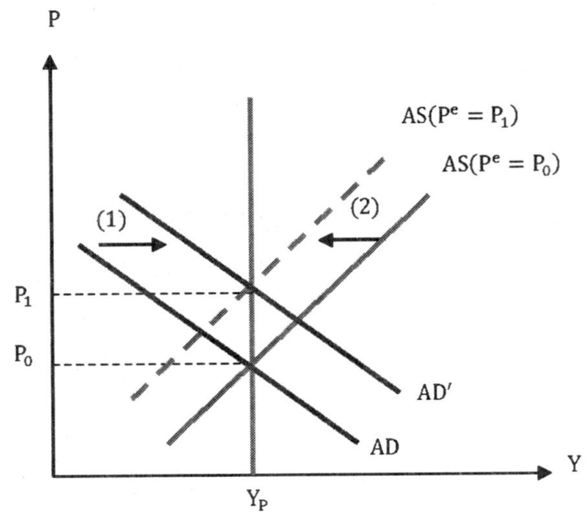

확장적인 정책은 합리적인 경제주체들의 물가에 대한 예상을 높여 단기에서조차 경기팽창효과를 갖지 못한다.

그림 9.8 정책무용성의 명제

<그림 9.8>에서 최초의 균형이 (Y_p, P_0)이고, 정부가 확장적인 금융정책 혹은 재정정책을 통해 총수요곡선을 AD에서 AD'으로 이동시켰다고 해보자. 합리적으로 기대를 형성하는 경제주체들은 이에 따라 물가수준에 대한 예상을 $P^e=P_0$에서 $P^e=P_1$으로 높게 변경시킬 것이다. 이는 총공급곡선을 왼쪽으로 신속히 이동시키므로, 새로운 단기균형은 (Y_p, P_1)이 된다. 즉, 예상된 안정화정책은 단기에서조차 실질GDP에 아무런 영향을 주지 못하며 물가수준만 상승시키는 것이다.

새고전학파의 이러한 정책무력성정리는 루카스의 공급곡선이라고 불리는 다음의 관계식을 이용하면 보다 쉽게 도출된다.

$$Y=Y_p+a(P-P^e),\ a>0$$

만약, 경제주체들이 합리적 기대를 지니고 있다면 물가수준에 관한 예측오차 $(P-P^e)$는 평균적으로 0이 되어, $(Y-Y_p)$도 평균적으로 0이 된다. 평균적으로 총공급은 물가수준과 무관하게 Y_p와 같으므로, 새고전학파의 단기 총공급곡선(SRAS)은 고전학파의 경우와 마찬가지로 잠재GDP 수준에서 수직선이 되는 것이다.

합리적 기대론자들의 주장에 따르면, 예를 들어 정책당국이 갑자기 통화량을 증가시키는 경우 안정화정책의 효과가 나타날 수 있다. 즉, 위 식에서 $P>P^e$이면 단기적으로 $Y>Y_p$가 되는 것이다. 그러나, 예상치 못한 정책이 효과를 갖는다고 해서 정부가 이를 이용하여 재량적인 정책을 펴나갈 수는 없다. 정부가 이런 식으로 계속 국민들을 속이게 되면 정책의 신뢰성

(credibility)이 낮아져 장기적으로 정책효과가 없어지기 때문이다. 통화주의학파와 마찬가지로, 새 고전학파 경제학자들도 재량적인 정책보다는 준칙을 선호한다.

둘째, 가격은 신축적이므로 고전적 이분성이 성립한다. 새고전학파는 물가가 초과수요와 초과공급에 대응하여 신축적으로 조정된다고 가정한다. 또한 경제 주체들은 이용 가능한 모든 정보를 이용하여 합리적 기대에 의해 물가를 예측한다. 따라서 정보가 완전하다면 물가에 대한 완전예측이 가능하므로 물가의 변화는 실물변수인 고용량과 산출량에 전혀 영향을 미치지 못한다. 불완전정보인 경우, 물가에 대한 불완전예측이 발생하여 물가가 변할 때 고용량과 산출량 같은 실물 변수에 영향을 미칠 수 있지만 새로운 정보를 얻은 경제 주체들이 예측을 수정하므로 결국 장기적으로 물가에 대한 완전예측이 가능해 진다. 결국 불완전 정보 하에서 의사결정이 이뤄진다 해도 장기적으로 물가 변화는 실물변수에 영향을 미치지 못하는 고전적 이분성이 성립하게 된다.

셋째, 화폐중립성이 성립한다. 화폐수요이론에서 신고전학파와 통화주의학파, 나아가 새고전학파는 화폐란 거래에 사용되는 유동성으로 정의한다. 가격은 신축적이고, 유통속도가 안정적이므로 이자율은 거래적 화폐수요에 영향을 미치지 못한다. 케인즈 학파와는 달리 가치저장적 기능 즉, 저축적 기능은 화폐시장이 아닌 채권 및 주식과 같은 금융자산이 거래되는 자본시장에서 이뤄진다. 이런 특징으로 인해 화폐 시장에서 통화량이 변동하여도 물가의 변화만 변할 뿐 실질변수에 영향을 주지 못하는 화폐중립성이 성립한다.

넷째, 가격이 신축적이므로 시장은 항상 균형이 달성되는 세이의 법칙이 성립한다. 생산물시장과 자본시장, 노동시장에서 불균형이 발생할 경우 가격 변수에 의해 신축적으로 조정되므로 시장은 항상 균형이 달성된다. 따라서 시장에서는 항상 효율적인 자원배분이 이뤄진다.

5. 새케인즈학파

새고전학파의 정책무력성정리는 경제주체들이 합리적 기대를 지니고 있을 뿐만 아니라 물가와 임금 등 가격변수들이 완전하게 신축적이라는 전제에 기초한 것이다. 이에 대해 새케인즈학파라고 지칭되는 경제학자들은 합리적 기대를 인정하더라도 가격변수가 완전히 신축적이지 않을 경우 안정화정책은 단기적으로 효과를 갖는다는 점을 강조하고 있다. 이들을 새케인즈학파라고 부르는 이유는 케인즈학파처럼 물가와 임금의 경직성을 단순하게 가정하지 않고 경제주체들의 선택의 결과로부터 경직성을 도출한다는 차이 때문이다.

새케인즈학파 경제학자들의 한 가지 공통점은 시장이 불완전하다고 믿는 것이다. 시장의 불완전성은 불완전한 정보에 기인할 수 있는데, 이로 인해 경제주체들의 최적선택의 결과로 가격경직성이 야기된다는 것이다. 예를 들어, 자금에 대한 초과수요가 존재하더라도 낮은 수준의 대출이자율을 고집하는 금융기관의 결정은 차입자에 대한 정보가 불완전한 상황아래에서는 최적일 수 있다. 높은 이자를 지불하겠다는 어떤 기업의 대출요구를 받아들이면 금융기관의 수익성은 개선될 수 있다. 그러나, 높은 대출이자율 하에서 자금을 빌어 쓰려는 기업들은 도산 가능성이 큰 불량 차입자일 확률도 높다. 즉, 대출에 관한 의사결정을 내려야 하는 금융기관이 직면하는 문제는 대출을 요구하는 어떤 기업이 불량 차입자인지 아니면 우량 차입자인지를 사전적으로 가려낼 수 없다는 것이다. 따라서, 차입자에 관한 불완전한 정보 하에서는 낮은 대출이자율을 고수하여 자금의 초과수요가 존재하더라도 신용할당(credit rationing) 정책을 사용하는 것이 금융기관의 이윤극대화와 부합할 수 있다. 새케인즈학파의 일부 경제학자들은 이자율이 경직적인 이유를 여기서 찾고 있다.

또한, 근로자의 능력에 대한 정보가 불완전할 경우 불경기에 기업이 실질임금을 낮추는 것보다 일시적 해고를 택하는 것이 최적일 수 있다. 실질임금을 낮춰 기업은 인건비를 절감할 수 있지만, 실질임금의 하락이 근로자들의 근로의욕 감퇴로 이어져 생산성이 크게 떨어지면 인건비절감을 상쇄시키고도 남을 만큼 수입이 감소할 수도 있기 때문이다. 이러한 이유로 인해 실질임금이 경직적이라는 주장을 효율성임금가설(efficiency wage hypothesis)이라고 한다.

한편, 시장의 불완전성은 독과점의 존재에서 비롯될 수도 있다. 이 경우, 어느 한 기업이 가격을 인상하여야 함에도 불구하고 다른 기업의 반응을 고려하여야 하기 때문에 가격인상이 상당 기간 지연될 수 있다. 즉, 불완전 경쟁하의 최적선택의 결과로 물가수준의 경직성이 초래될 수 있다는 것이 새케인즈학파의 주장이다.

마지막으로, 새케인즈학파의 주장에 따르면 가격조정비용(price adjustment cost) 때문에 가격경직성이 나타날 수도 있다. 가격변경에 수반되는 비용을 비유적으로 메뉴비용(menu cost)이라고도 부른다.

이와 같이 경제주체가 합리적 기대를 지닌다 할지라도 시장이 불완전하기 때문에 경제주체의 최적선택의 결과 이자율과 임금 및 물가수준의 경직성이 나타날 수 있다. 이에 근거하여, 새케인즈학파 경제학자들은 안정화정책이 단기에 효과를 갖는다고 주장한다. 즉, 그들은 새고전학파의 정책무력성 정리를 인정하지 않는다.

CHAPTER 10

실업과 인플레이션

본 장에서 우리는 실업과 인플레이션에 대해 공부한다. 먼저, 실업의 종류를 비자발적 실업에 초점을 두어 살펴본 후 인플레이션의 비용과 원인에 대해 고찰한다. 또한, 인플레이션과 화폐증가율간의 관계와 反인플레이션 정책의 효과에 관해서도 살펴볼 것이다.

1. 실업

실업(Unemployment)이란 노동할 능력과 의사를 가지고 있지만 노동할 기회(취업)가 주어지지 않아 노동할 수 없는 상태를 말한다. 이러한 실업의 정의에 따르면 단순히 취업되지 못한 사람이라 하여 모두 실업자라고 하지 않는다. 만약 노동능력이 없거나 노동의사가 없는 사람은 노동하지 못하는 상태에 있다고 하더라도 실업자라 하지 않는다. 오직 노동능력과 노동의사(취업의사)가 있는 노동자 가운데 실업상태에 있는 노동자를 실업자라 한다.

1장에서 다룬 바와 같이 실업에 대해 정리하면 다음과 같다. 일할 의사와 능력을 가진 사람이 직업을 갖지 않거나 갖지 못한 상태를 실업이라고 한다. 인구구성 면에서 보면 15세 이상 인구는 경제활동인구와 비경제활동인구로 나누게 된다. 경제활동인구는 취업자와 실업자로 다시 분류된다.

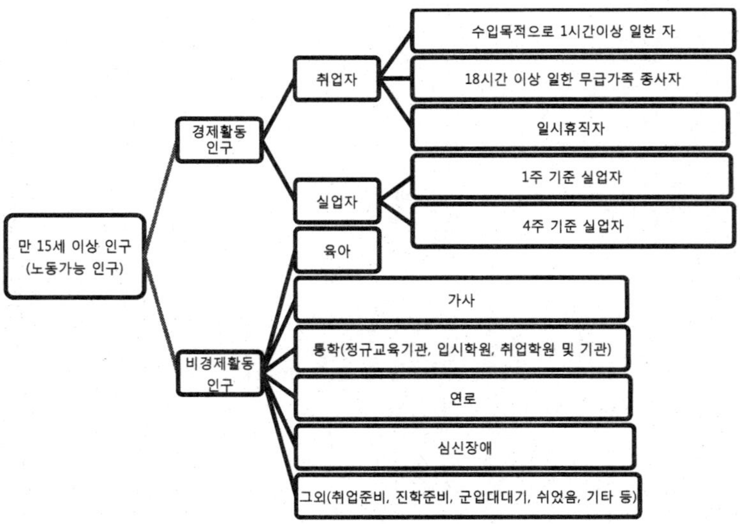

그림 10.1 인구구성

대표적인 실업률 추계방법인 국제노동기구(International Labor Organization, ILO)의 노동력접근법(labor force approach)에 따라 인구를 분류하고 이를 이용하여 실업률을 구한다. 통상 15세 미만의 인구를 노동불가능인구로 보고, 15세 이상을 노동가능인구로 본다. 이는 대부분의 국가에서 15세 미만의 아동은 근본적으로 고용이 금지되어 있기 때문이다. 노동가능인구 가운데 노동할 의사를 가지고 있는 사람을 경제활동인구(labor force)라 하고 신분상 노동을 할 수 없거나 다른 목적을 위해 현재 노동을 할 수 없거나 노동할 의사가 없는 사람을 비경제활동인구라 한다. 실업통계를 낼 때, 노동할 의사가 없는 사람이란 노동할 생각이 없는 사람뿐 아니라 적극적 구직 활동을 하지 않는 사람도 포함된다. 적극적 구직활동으로 표현해야만 노동할 의사가 있다고 판단한다. 경제활동인구 가운데 주당 1시간 이상 수입이 있는 곳에 고용된 사람을 취업자라 하고 고용되지 못했던 사람을 실업자라고 한다. 물론 다른 사람에게 고용된 피고용인의 경우와 자신 스스로 고용한 자영업도 고용 또는 취업에 해당된다. 즉, 주당 1시간 이상 수입을 얻을 수 있는 노동을 하는 경우는 타인에 의한 고용이든 자가 고용이든 관계없이 고용상태에 있는 것이다. 실업률은 경제활동인구 중에 실업자 수를 말한다. 따라서 취업자+실업자에 대한 실업자의 비율이다.

통계상 추계된 실업률은 경제주체들이 느끼는 체감실업률과 괴리되는 것이 일반적이다. 추계된 실업률과 체감실업률 사이의 괴리가 발생하는 이유는 경제주체들은 실업상태로 인식하고 있음에도 불구하고 실업추계 과정에서 통계상 취업이나 비경제활동인구로 분류되는 인구가 존재하는 경우와 실업상태와 유사함에도 불구하고 취업자로 분류되는 경우가 있기 때문이다. 추계상 실업으로 분류되지 않았지만 실업과 유사한 경제적 특징을 갖기 때문에 이런 상태를 준실업이라 한다. 준실업이 존재하면 체감실업률에 비해 추계된 실업률은 낮게 나타난다. 준실업은 크게 두 부류로 나누어진다. 먼저 일할 의사가 있으나 일할 기회가 없어 비경제활동인구에 포함된 사람을 말한다. 이를 willing people이라 한다. 예를 들어, 취직하고 싶지만 마땅한 직장을 구할 수 없어 적극적 구직활동을 못하는 주부가 대표적이다. 다음으로 실망노동자(discourage worker)가 있다. 취업을 위한 구직활동을 하였지만 반복되는 취업실패로 인해 적극적인 구직활동을 포기한 노동자를 말한다. 실제 일할 의사가 있지만 적극적인 구직활동을 하지 않고 있으므로 추계상으로는 일할 의사가 없는 비경제활동인구로 분류된다. 실업상태와 유사함에도 불구하고 취업자로 분류되는 경우로 idle people과 poor people이 있다. idle people이란 고용되어 있지만 자신이 원하는 노동시간만큼 일하지 못하는 경우이다. 이들은 거의 실업과 같고 본인도 실업에 해당한다고 느끼지만 추계상으로는 취업에 포함된다. 예를 들어, 시간제 아르바이트가 해당된다. poor people이란 취업상태에 있으나 소득수준이 실업과 유사한 상태인 경우의 노동자를 말한다. 이들도 실제 소득수준이 실업과 유사할 정도로 낮지만 실업추계에서는 취업으로 분류된다.

실업은 크게 자발적 실업(voluntary unemployment)과 비자발적 실업(involuntary unemployment)으로 나누어진다. 자발적 실업은 마찰적 실업(frictional unemployment) 혹은 탐색적 실업(search unemployment)으로도 불리며, 비자발적 실업은 경기순환적 실업(cyclical unemployment) 및 구조적 실업(structural unemployment)으로 분류된다. 좀 더 좋은 직장을 찾기 위해 일시적으로 실업상태에 있는 경우의 실업을 마찰적으로 실업 또는 자발적 실업이라고 한다. 한 국민경제에 마찰적 실업만이 존재하는 상황을 완전고용이라고 한다. 즉, 자발적인 마찰실업률은 완전고용 실업률과 동일하다. 이는 앞의 9장에서 살펴본 자연실업률 혹은 장기실업률과도 같은 개념이다. 경기순환적 실업이란 경기변동과 관련하여 발생하는 실업을 뜻하는데, 우리가 총수요-총공급모형을 공부하면서 거론한 실업이 바로 이 경기순환적 실업이다. 한편, 구조적 실업이란 경제구조의 변화 때문에 생기는 실업을 말한다. 예를 들어, 개인용 컴퓨터의 발달로 많은 타자수들이 직장을 잃게 됐는데 이런 이유로 발생한 실업을 가리켜 구조적 실업이라고 한다. 경기순환적 실업 및 구조적 실업으로 분류되는 비자발적 실업은 주어진 임금을 받고 일할 의사가 있음에도 불구하고 일자리를 얻지 못해 발생하는 실업을 뜻하다. <그림 10.2>는 이러한 비자발적 실업을 나타내고 있다. 경쟁적인 노동시장에서 균형은 노동의 수요곡선과 노동의 공급곡선이 교차라는 점E에서 결정된다. 균형상태에서는 시장임금(W^*)수준에서 일하고자 하는 모든 사람들이 고용(L^*)되어 있으므로, 비자발적 실업은 없다. 이제 어떤 이유로 임금이 균형보다 높은 W'에서 형성되었다고 해보자. 이 경우 <그림 10.2>에서 비자발적 실업의 크기는 노동의 초과공급을 뜻하는 L_1L_2와 같다.

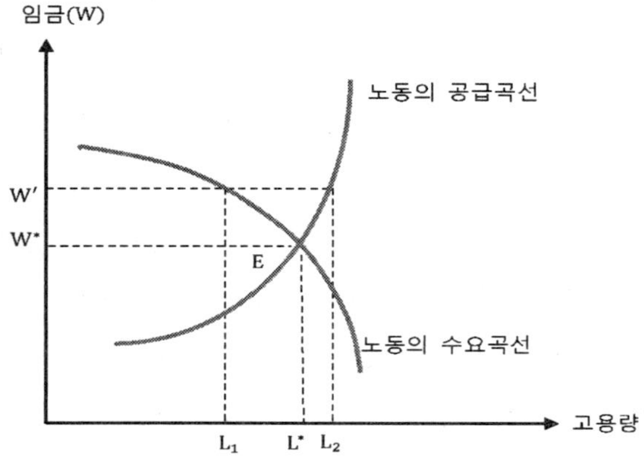

임금의 균형(W*)수준보다 높은W'일 경우, 비자발적 실업의 크기는L_1L_2이다.

그림 10.2 비자발적 실업

노동의 초과공급이 존재하면 임금이 하락하여 노동시장의 균형이 다시 회복될 수 있다. 그러나, 현실에서는 비자발적 실업이 존재하고 있는데도 불구하고 임금수준이 쉽게 떨어지지 않는 현상이 자주 발생한다. 우리는 이러한 현상을 제4장에서 임금의 하방경직성(downward rigidity)이라고 부른 바 있다. 임금의 하방경직성은 최저임금제와 노동조합과 같은 제도적 요인에 기인할 수 있다. 최근에는 임금의 하방경직성을 이론적으로 설명하려는 시도들이 다양하게 이루어지고 있는데, 앞에서 소개한 새케인즈학파의 효율임금가설(efficient wage hypothesis)도 바로 이러한 이론들 중의 하나이다.

전통적인 이론과는 달리 임금수준이 근로자의 생산성에 유의적인 영향을 미친다고 주장하는 효율임금가설에 따르면, 정보가 비대칭적인 상황에서 기업은 의도적으로 높은 임금을 지불한다. 이렇게 하는 것이 근로자들의 도덕적 해이(moral hazard)와 역선택(adverse selection)을 방지하여 오히려 기업의 이윤을 극대화시켜 주기 때문이다. 이에 따라, 비자발적 실업이 존재하더라도 임금이 쉽게 하락하지 않는다는 것이 이 가설의 주장이다.

2. 인플레이션의 비용

인플레이션(inflation)이란 일반 물가수준의 지속적인 상승을 의미하는데, 인플레이션이 초래하는 사회적 비용은 인플레이션이 예상되었는지 아니면 예상되지 않았는지에 따라 다르다. 예상된 인플레이션(anticipated inflation)이 초래하는 폐해로는 먼저 제품의 가격(이자율 포함)을 변화시키는데 수반되는 비용 즉, 메뉴비용(menu cost)을 꼽을 수 있다. 메뉴비용 외에 예상된 인플레이션은 다음과 같은 거래비용(transaction cost)을 발생시킨다. 인플레이션이 예상됨에 따라 사람들은 되도록 현금보유는 줄이고 예를 들어 예금을 늘리는데, 이렇게 되면 은행에 가야 하는 횟수가 잦아지는 등 거래비용이 커진다. 즉, 경제의 효율성 측면에서 인플레이션은 화폐에 대해 부과하는 일종의 조세이므로 사람들은 화폐보유를 기피하게 되어 명목이자율이 상승하므로 화폐수요가 감소한다. 이런 비용을 은행에 자주 왔다갔다하면 구두의 밑창이 빨리 닳는다는 것에 비유하여 '구두창비용(shoe leather cost)'이라고 부른다. 예상되지 못한 인플레이션(unanticipated inflation)은 먼저 효율성의 측면에서 장래를 내다보고 행해지는 투자와 노동의 장기계약(long-term contract)에 관한 의사결정을 왜곡시킨다. 이는 자본형성과 노동력을 위축시켜 장기적인 생산능력을 저하시킨다. 또한, 예상치 못한 인플레이션은 상대가격을 변화시켜 투기를 성행시키는 등 사회 전체적으로 부정적인 영향을 미치게 된다.

실물자산 선호로 화폐경제의 효율성이 저하된다. 메뉴비용이 발생할 수 있는데, 물가변화에 따라 가격을 조정하려면 가격표작성비용 발생한다. 메뉴비용이 커서 가격조정이 즉각적으로 이루어지지 않으면 재화의 상대가격이 변화하고 이에 따른 자원배분의 비효율성이 초래될 수 있다.

경제성장 측면에서도 인플레이션이 발생하여 실물자산 선호가 늘고, 금융저축이 감소하여 투자가 감소하여 경제성장이 위축될 수도 있다. 조세부담 측면에서도 일반적으로 조세는 명목소득에 대하여 부과하므로 실질소득이 불변이라도 인플레이션에 따라 명목소득이 증가하면 조세부담이 증가한다. 국제수지 측면에서도 인플레이션이 발생하면 국산품의 상대가격이 상승하고 수출이 감소하고 수입은 증가하여 국제수지가 악화될 수도 있다.

예상된 인플레이션과 예상치 못한 인플레이션으로 인플레이션 비용을 구분해 보자. 분배측면에서 예상치 못한 인플레이션은 바람직하지 않은 방향으로 채권자로부터 채무자에게로 소득을 재분배한다. 현금보유의 경우 예상치 못한 인플레이션은 채권자인 현금보유자의 구매력을 하락시키는 한편, 채무자인 정부의 실질부채의 크기를 감소시킨다. 즉, 예상치 못한 인플레이션은 화폐보유에 대해 일종의 세금을 부과한 셈이 된다. 이를 인플레이션 조세(inflation tax)라고 부르며 이후 절에서 자세히 살펴보자.

인플레이션도 크게 예상된 인플레이션과 예상치 못한 인플레이션으로 나눌 수 있다. 부와 소득의 재분배 측면에서 인플레이션이 예상되면 명목이자율이 예상 인플레이션만큼 상승하므로 부와 소득의 재분배가 일어나지 않는다. 그러나 예상된 인플레이션이라고 할 지라도 인플레이션에 맞추어 각종 제도(특히 조세제도)가 바뀌지 않는다면 여전히 채권자가 불리해질 가능성이 있다. 그러나 예상치 못한 인플레이션은 부의 재분배 측면에서 채권자가 불리해지고 채무자가 유리해진다. 즉, 주로 가계는 채권자, 정부와 기업은 채무자이므로 가계는 불리해지고 정부와 기업은 유리해 진다. 소득의 재분배 측면에서는 고정소득자(예: 봉급생활자, 연금생활자)가 불리해진다.

경제의 불확실성 증대 측면에서 예상된 인플레이션의 경우에는 불확실성을 크게 증가시키지 않으나 예상치 못한 인플레이션은 경제에 대한 불확실성을 크게 증가시키므로 여러 결과를 야기시킨다. 예를 들어, 장기계약과 거래의 회피가 발생하여 장기채권에 대한 수요감소가 일어나고 단기성 위주의 자금 대출 등으로 인해 사회적 후생손실이 발생할 수 있다. 생산과 고용 측면에서 예상된 인플레이션은 큰 영향이 없으나, 예상치 못한 인플레이션은 일시적으로 생산량과 고용량을 증가시킬 수 있다.

인플레이션이 발생시키는 비용을 해소하려는 방안으로는 가격이나 세율 등을 인플레이션에 따라 자동적으로 조정함으로써 실질가치의 변화를 막으려는 물가연동제(indexation)라는 것이 있다. 그러나, 물가연동제는 완벽한 해결책으로서의 역할은 하지 못하고 있다. 이 방식을 채택할 경우 아무도 인플레이션에 신경을 쓰지 않게 되어 경제가 인플레이션 체질이 될 우려가 있기 때문이다.

종종 정부는 민간부문의 가격결정과정에 직접 개입함으로써 물가상승을 억제하려고 시도하곤 하는데, 이를 물가관리정책 혹은 소득정책(incomes policy)이라고 한다. 소득정책의 유효성에 관해서는 논란의 여지가 많으나, 장기적으로 소득정책의 효과는 크지 않은 것으로 알려져 있다.

2.1 _ 인플레이션 조세

지금까지는 중앙은행이 화폐공급을 변화시켜 물가의 계속적인 변화를 초래한 경우에 대해 살펴보았다. 이제 논의의 전개를 위해 정부가 수립되었다고 가정하자. 정부는 세금을 걷거나, 화폐를 발행하거나, 또는 정부채권(즉, 공채)을 발행하여 재원을 조달하고 민간에 대한 이전지출이나 공공투자를 하게 된다. 가장 단순한 형태의 정부의 예산제약식은 다음과 같이 나타낼 수 있다.

(1) $V_t = M_t - M_{t-1}$

여기서 V_t는 정부의 이전지출(transfer payments of government)을 나타낸다. 따라서, 식(1)은 $t-1$시점과 t시점의 화폐발행액의 차이인 $M_t - M_{t-1}$이 정부의 이전지출액 V_t와 일치함을 의미한다.

그러나 정부의 자금지출은 이전지출액 이외에도 정부지출(government expenditure)을 생각할 수 있고, 정부의 자금수입원으로서 화폐의 증발 이외에도 세금, 또는 정부채권발행을 생각할 수 있다. 이 경우, 정부의 예산제약식은 다음과 같이 나타낼 수 있다.

(2) $V_t + P_t \cdot G_t = T_t + (M_t - M_{t-1}) + B_t^g$

식(2)의 T_t는 세금을 나타내고, G_t는 실질정부지출을 나타내며, B_t^g는 정부채권(government bond)을 의미한다. G_t를 제외한 다른 변수들은 명목변수이므로 실질변수 G_t에 물가수준 P_t를 곱해 명목변수로 나타내고 있다. 즉, 정부당국이 이전지출, 또는 정부지출을 할 경우 재원의 조달은 조세, 화폐발행, 그리고 차입(중앙은행으로부터의 차입, 또는 공채발행을 통한 국민으로부터의 차입)의 3가지 형태가 있을 수 있는데, 여기서는 화폐발행을 통한 정부의 재원조달(government revenue from printing money)만을 고려하기로 한다.

정부가 t시점에서 새로 화폐발행을 하게 되면, 화폐발행액은 M_t와 M_{t-1}의 차이로 나타난다. $M_t - M_{t-1}$로서 나타난 화폐발행액을 t시점의 물가수준 P_t로서 나누어주면, 화폐증가액의 실질가치를 의미하게 된다. 따라서, 이상의 설명을 정리하면 화폐발행에 의한 정부수입의 실질가치는 다음과 같이 나타낼 수 있다.

(3) 화폐발행에 의한 정부의 수입$=\dfrac{(M_t - M_{t-1})}{P_t}$

또한, $M_t = (1+\mu)M_{t-1}$이라고 가정하면 식(3)은 다음과 같이 나타낼 수 있다.

(4) 화폐주조차익$=\mu\dfrac{M_{t-1}}{P_t}$

이와 같이 정의된 화폐발행수입을 화폐주조차익(seigniorage)이라고 부른다. 여기서 실질산출물의 증가율이 0이라면 화폐수량설에 의해 $\mu=\pi$이므로, 정부수입은 다음과 같이 나타나게 된다.

(5) 인플레이션 조세$=\pi\dfrac{M_{t-1}}{P_t}$

이와 같은 정부의 수입은 정부가 인플레이션을 통해서 조세를 거두어들이는 것과 같은 효과를 얻게 되므로 이를 인플레이션 조세(inflation tax)이라고 부른다. 식(5)에서 인플레이션율 π는 세율(tax rate)이 되며, $\dfrac{M_{t-1}}{P_t}$는 과세원천(tax base)이 된다.

이와 같은 인플레이션 조세를 조사한 실증분석의 예를 살펴보면, 미국의 경우 인플레이션 세금은 100~150억 달러 정도로서, 이는 미국 GNP의 1% 수준이며 미국정부수입의 1~3%수준이다. 또한, 14개 선진국들의 1960~1977년 사이의 인플레이션에 의한 세금수입은 평균적으로 GNP의 1% 정도를 나타낸다. 그리고 물가상승이 심한 나라일수록 화폐발행에 의한 정부의 수입이 정부재원조달 방법으로서 더욱 비중을 차지하게 될 것이다. 예를 들어, 아르헨티나(Argentina)의 경우(1960~1975년)를 살펴보면, 인플레이션에 의한 세금은 GNP의 6%수준이며 정부수입의 50%에 이른다.

프리드먼은 「인플레이션을 통한 정부수입」(government revenue from inflation)이라는 논문에서 인플레이션에 의한 세금의 형태로 거두어들이는 정부수입을 극대화시키는 인플레이션율이 무엇인가에 대해 살펴보았다. 여기에서는 케이건(P. Cagan)의 화폐수요방정식을 이용하여 다음과 같이 정부수입의 극대화 문제를 살펴보기로 하자. 우선, 케이건의 실질화폐수요함수를 다음과 같이 아주 단순한 형태로 나타내기로 하자.

$$(6)\quad \frac{M^d}{P} = e^{-\alpha\pi}, (\alpha > 0)$$

여기서 계수α는 상수로서 α>0임을 가정한다. 그러면 계수 α의 경제학적 의미는 무엇인가에 대해 살펴보기로 하자. 식(6)의 좌변은 대수(log)형태이나, 우변은 그렇지 못하므로, 통상적인 탄력성의 정의를 이용할 수 없다. 논의의 전개를 위해 실질화폐수요의 인플레이션에 대한 탄력성(elasticity of real money demand with respect to inflation)을 정의하면 다음과 같다.

$$(7)\quad \varepsilon = \frac{d\log(M/P)}{d\log\pi} = \frac{d\log(M/P)}{d\pi/\pi} = \pi\frac{d\log(M/P)}{d\pi}$$

식(7)의 $\frac{d\log(M/P)}{d\pi}$를 인플레이션에 대한 실질화폐수요의 준탄력성(semi-elasticity)이라고 정의한다. 따라서, 식(6)에서 $-\alpha$는 인플레이션에 대한 실질화폐수요의 준탄력성을 의미하며, $-\alpha\pi$가 인플레이션에 대한 화폐수요의 탄력성을 의미한다. 식(6)에 의하면 실질화폐수요는 소득에 영향을 받지 않고, 인플레이션 π와 역(−)의 관계임을 의미한다. 여기서 식(6)에 대해 자연대수(log)를 취하면 다음과 같다.

$$(8)\quad \log M^d - \log P = -\alpha\pi$$

이제 화폐시장의 균형조건 $M^d = M_{t-1}$을 이용하고 식(5)를 식(8)에 대입하면 정부수입(GR)의 극대화 문제는 다음과 같다.

$$(9)\quad \max\ GR = \pi^{-\alpha\pi}$$

식(9)를 인플레이션율 π에 대해 미분하면, 최적 1차 조건은 다음과 같이 나타낼 수 있다.

(10) $e^{-\alpha\pi} - \alpha\pi e^{-\alpha\pi} = 0$

식(10)을 정리하여 정부수입을 극대화시켜 주는 최적인플레이션율 π^*를 구하면 다음과 같다.

(11) $\pi^* = \dfrac{1}{\alpha}$

식(11)과 같이 얻어진 결과의 의미를 살펴보자. 인플레이션율에 대한 실질화폐수요의 준탄력성이 $-\alpha$이므로, 인플레이션율에 대한 화폐수요의 탄력성인 $-\alpha\pi$가 -1인 경우가 된다. 일반적으로 독점기업의 수입극대화는 수요의 가격탄력성이 -1인 경우에 이루어진다. 따라서, $-\alpha\pi = -1$이 되도록 정부에서 적정 인플레이션 π^*로 정하는 것은 결국 정부가 독점기업(monopoly)처럼 화폐발행으로부터의 수입을 극대화시킨 결과라고 해석할 수 있다. 실제로 정부는 화폐라는 재화의 생산에 관하여 독점권을 행사하므로 독점기업의 수입극대화 행위와 정부의 인플레이션 세금 수입의 극대화 행위는 유사하게 나타난다.

tip

◑ 케이건 화폐수요에 의한 물가상승 크기 분석

앞 절의 설명을 케이건(P. Cagan)의 화폐수요함수식을 이용하여 자세히 살펴보기로 하자. 단순한 케이건의 실질화폐수요함수는 다음과 같이 자연대수(log)의 형태로 나타낼 수 있다.

(1) $\log M_t - \log P_t = -\alpha\pi$

앞에서 살펴본 바와 같이 $-\alpha$는 인플레이션에 대한 화폐수요의 준탄력성을 의미한다. 물가수준의 변화율 π는 $\dfrac{d\log p_t}{dt}$이며 화폐공급변화율 μ는 $\dfrac{d\log M_t}{dt}$를 의미한다. 그리고 우리는 화폐수량설에 의해 실질경제성장률이 0인 경우 $\pi = \mu$임을 알고 있다. 따라서, 다음과 같은 관계식이 성립한다.

(2) $\dfrac{d\log P_t}{dt} = \dfrac{d\log M_t}{dt}$

식(2)를 이용하면 식(1)은 다음과 같이 나타낼 수 있다.

(3) $\log M_t - \log P_t = -\alpha\dfrac{d\log M_t}{dt}$

식(3)을 정리하면 다음과 같이 $\log P_t$에 대해 나타낼 수 있다.

(4) $\log P_t = \log M_t + \alpha\mu$

식(4)에 화폐공급증가의 시간에 걸친 경로를 나타내는 $\log M_t = \log M_0 + \mu t$ 를 대입하여 정리하면 다음과 같다.

(5) $\log P_t = \log M_0 + \mu t + \alpha\mu$

통화당국에서 화폐공급증가율을 μ에서 μ'으로 증가시킨 경우를 살펴보기로 하자(즉, $\mu' > \mu$). 앞서 설명한 바와 같은 논리로 식(4)는 다음과 같이 나타나게 된다.

(6) $\log P_t = \log M_t + \alpha\mu'$

마찬가지의 방법으로 식(6)에 변화된 화폐공급률에 의한 화폐공급의 시간에 걸친 경로를 나타내는 $\log M'_t = \log M_0 + \mu' t$를 대입하면 다음과 같이 나타낼 수 있다.

(7) $\log P_t' = \log M_0 + \mu' t + \alpha\mu'$

통화당국이 T시점에서 갑자기 통화량증가율을 μ에서 μ'으로 변화시킨 경우의 물가수준의 변화를 알아보기 위해서는 식(7)과 식(5)에서 t대신 T를 대입하고 식 (7)에서 식(6)을 빼면 다음과 같이 나타나게 된다.

(8) $\log \frac{P_t'}{P_t} = (\mu' - \mu)T - (\mu' - \mu)\alpha$

식(8)의 우변의 첫 항에서 $(\mu' - \mu)$부분은 T시점에서 물가의 경로 $\log P_t$의 기울기가 μ에서 μ'으로 증가한 크기를 나타내며, 우변의 두 번째 항목인 $(\mu' - \mu)\alpha$부분이 절편값의 변화로서 물가수준의 급격한 증가(price level jump)를 나타내고 있다.

앞의 식(2)를 통해 이미 설명했듯이 $-\alpha$는 실질화폐수요의 인플레이션 준탄력성을 나타내며, 식(8)에서의 μ'은 변화된 화폐공급증가율이다. 따라서, 화폐공급증가율의 변화가 클수록 물가수준의 급격한 증가의 폭이 크게 됨을 알 수 있다. 또한, 인플레이션에 대한 화폐수요의 준탄력성이 클수록 물가수준의 급격한 증가가 크게 나타나게 됨을 알 수 있다.

3. 인플레이션의 원인

그렇다면, 인플레이션의 원인에 대해 살펴보자. 앞에서 공부한 총수요-총공급모형을 상기하면 총수요곡선이 오른쪽으로 이동하거나 총공급곡선이 왼쪽으로 이동하면 물가수준이 상승한다는 사실을 쉽게 알 수 있다. 이에 근거하여 과도한 총수요로 인해 물가가 상승하는 현상을 수요견인 인플레이션(demand-full inflation)이라고 하며, 비용이 올라 물가가 상승하는 것은 비용상승 인플레이션(cost-push inflation)이라고 부른다.

<그림 10.3>은 수요견인 인플레이션을 나타내고 있다. 최초의 균형상태는 그림에서 점 E(Y_0, P_0)로 나타나 있다. 이제, 소비성향이나 투자성향이 증가했거나 순수출이 늘었다고 해보자. 또는 정부가 확장적인 금융정책이나 재정정책을 구사했다고 해보자. 이 경우, 총수요곡선은 AD에서 AD'으로 이동하여 새로운 균형은 점E'(Y_1, P_1)이 된다. 그 결과 물가수준이 P_0에서 P_1으로 상승하는데, 이를 수요견인 인플레이션이라고 하는 것이다. 수요견인 인플레이션의 경우에는 물가상승과 더불어 국민소득도 Y_0에서 Y_1으로 상승한다.

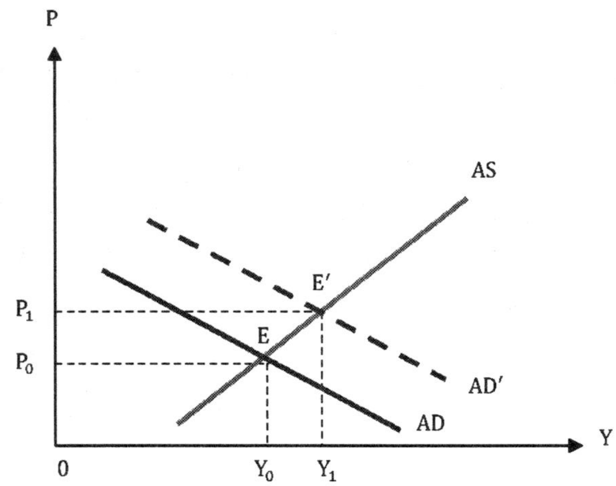

수요견인 인플레이션이란 총수요가 증가하여 발생하는 인플레이션을 뜻한다.

그림 10.3 수요견인 인플레이션

케인즈학파는 투자의 이자율탄력성이 매우 작으므로 상대적으로 가파른 IS곡선을 갖는데 비해 화폐수요의 이자율탄력성이 큰 값을 가지므로 상대적으로 완만한 LM곡선을 갖는다. 따라서 LM곡선을 이동시키는 통화공급량의 변화는 총수요 변동에 큰 영향을 주지 못하지만 독립지출이 증가하여 IS곡선이 이동할 경우 총수요는 많이 변동하게 된다. 따라서 인플레이션의 주요한 요인은 독립지출의 변화에 따른 총수요변화라고 보았다. 한편, 통화주의학파는 이자율에 대해 매우 안정적인 화폐수요를 가정한다. 즉, 화폐수요의 이자율탄력성이 작으므로 가파른 LM곡선을 주장한다. 반면에 투자의 이자율탄력성이 상대적으로 케인즈학파에 비해 크다고 가정하므로 IS곡선의 기울기는 완만하다. 독립지출의 변화에 의한 총수요변화는 매우 작을 것이라고 보았고 통화량변동에 따른 총수요변동을 클 것으로 보았다. 또한 장기에 가격신축성이 존재한다면 통화량변동은 산출량 변동없이 물가만 변화시킨다.

한편, 생산비용이 증가하여 총공급이 감소함으로써 발생하는 물가상승 즉, 인플레이션을 비용상승 인플레이션(cost-push inflation)이라 한다. 1970년 이후에는 1960년대에 이전과 다른 경제현상이 발생하였다. 경제가 침체(stagnation) 상태에 있으면서 물가가 상승(inflation)하는 스태그플레이션(stagflation) 현상이 나타났다. <그림 10.4>는 비용상승 인플레이션을 보여주고 있다. 임금 및 원자재가격의 상승 또는 흉작에 의해 곡물가격이 상승한 경우, 총공급곡선은 왼쪽으로 이동한다. 그 결과 균형은 점E'(Y_1, P_1)으로 바뀐다. 즉, 비용상승 인플레이션은 스태그플레이션을 유발한다.

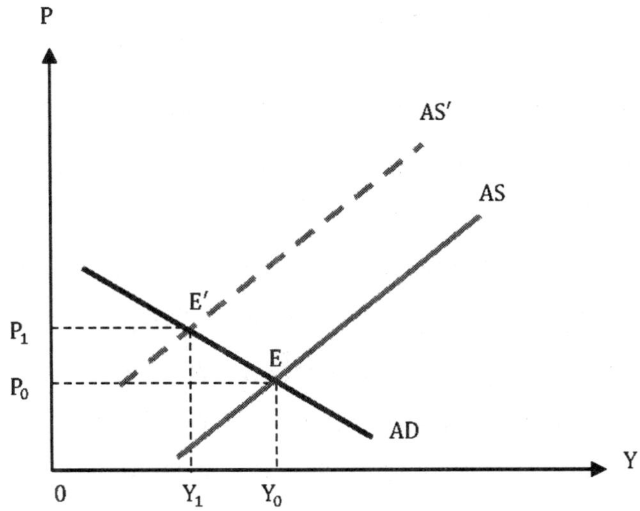

비용상승 인플레이션이란 총공급이 감소하여 발생하는 인플레이션을 뜻한다.

그림 10.4 비용상승 인플레이션

인플레이션에 대한 정부의 대응은 물론 인플레이션의 유형에 따라 달라져야 한다. 수요견인 인플레이션의 경우에는 총수요를 억제하는 정책으로 효과를 볼 수 있으나, 비용상승 인플레이션의 경우 총수요억제정책은 유효하지 못하다. 국민소득의 급격한 감소로 인한 고통이 너무 커지기 때문이다. 만약, 비용상승 인플레이션으로 감소한 국민소득을 회복시키기 위해 정부가 확장적인 재정정책 혹은 금융정책을 사용하면 어떤 결과가 초래될 것인가? <그림 10.5>에서 최초의 균형은 점E(Y_0, P_0)로 나타나 있다. 임금상승으로 균형이 점E'(Y_1, P_1)으로 바뀌었다고 하자.

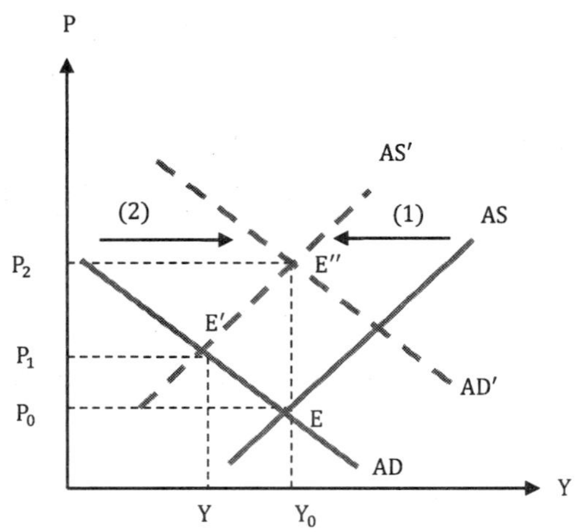

혼합형 인플레이션은 물가와 임금상승이 반복되는 악순환을 초래할 수 있다.

그림 10.5 혼합형 인플레이션

Y_1으로 감소한 국민소득을 원래의 Y_0수준으로 회복시키기 위해 정부가 총수요확대정책(이 경우 정책을 accommodation policy of a supply shock이라고도 부름)을 구사하면, 새로운 균형은 점E"(Y_0, P_2)가 된다. 이제 물가수준은 P_1에서 P_2로 더 크게 상승하는데, 이 경우의 인플레이션을 혼합형 인플레이션(mixed inflation)이라고 한다. 물가수준이 P_0에서 P_1으로 높아진 것은 비용상승 때문이며, 다시 P_1에서 P_2로 상승한 것은 수요견인에 기인하기 때문이다.

만일, 물가수준이 P_2로 더 높아져 근로자들이 실질임금의 하락을 보상받기 위해 추가적인 임금인상을 요구하게 되면 AS곡선은 한번 더 왼쪽으로 이동한다. 이에 대응하여 정부가 경기활성화를 꾀하면 AD곡선도 한번 더 오른쪽으로 이동하여 더 큰 폭의 물가상승이 발생한다. 이와 같이 혼합형 인플레이션은 물가와 임금상승이 반복되는 악순환 현상(wage-price spiral)을 초래할 수 있다.

인플레이션에 대한 견해는 학파별로 약간의 차이가 있다. 수요견인 인플레이션의 경우의 발생원인을 살펴보면, 고전학파와 통화주의학파는 통화량 증가가 발생원인으로 보는 반면 케인즈학파는 정부지출 증가를 원인으로 본다. 따라서 억제방법도 고전학파는 통화량 억제,

통화주의학파는 k% 준칙에 의한 통화량 억제가 필요한 것으로 보고 있으며 케인즈학파는 긴축적인 재정정책을 제안한다.

비용인상 인플레이션의 발생원인으로 케인즈학파는 임금인상, 이윤인상, 공급충격 등으로 보았으나 통화주의학파는 비용인상 인플레이션을 부정한다. 억제방법으로 정부가 기업가와 노동자를 설득하여 이윤 및 임금인상을 억제하도록 하는 소득정책으로 보았다.

4. 인플레이션과 이자율: 피셔방정식

4.1 _ 피셔방정식

물가변화율과 이자율 사이의 관계를 체계적으로 보여주는 식이 피셔(I. Fisher)에 의해 제시된 피셔방정식(Fisher equation)이다. 피셔방정식은 채권의 실질가치를 이용하여 물가변화율과 명목이자율(nominal interest rate), 그리고 실질이자율(real interest rate) 사이의 관계를 나타내는 식이다. 즉, 1960년대 이후의 현실경제에서는 물가수준이 지속적으로 상승해 왔다. 이처럼 물가수준이 지속적으로 상승하는 경우, 즉 인플레이션이 있는 경우에는 명목이자율과 실질이자율의 구분이 가능해진다.

현재 t기에 가격이 P_t인 실질채권 1단위가 존재한다고 하자. 따라서 채권의 t기 명목가치는 $1 \times P_t$이다. 이 채권을 보유할 경우, t+1기의 채권의 실질가치를 구해보자. t+1기에 채권의 가격은 어떻게 변화할 지 모른다. 여기서 t+1기의 채권의 실질가치는 실질이자율을 이용하는 방법과 명목이자율을 이용하는 방법이 존재한다. 경제주체가 실물 1단위를 빌려주고 실질이자율 r_t인 실물채권을 보유한다면 t+1기의 채권의 실질가치는 다음과 같다.

$$1 \times (1+r_t)$$

만일 실물이 아닌 화폐를 빌려주고 명목이자율 i_t인 명목채권을 보유한다면 t+1기에 얻는 명목소득은 $P_t \times (1+i_t)$이다. 따라서 t+1기에 채권의 실질가치는 t+1기의 가격 P_{t+1}로 나눈 값과 같다.

$$\frac{P_t \times (1+i_t)}{P_{t+1}}$$

실질이자율을 이용한 채권의 실질가치와 명목이자율을 이용한 채권의 실질가치는 동일해야 하므로 다음의 조건을 얻는다.

$$1+r_t = \frac{P_t \times (1+i_t)}{P_{t+1}}$$

t+1기 물가 $P_{t+1} = P_t(1+\pi_t)$ 이므로 위의 식에 대입하면 다음과 같다.

$$1+r_t = \frac{P_t \times (1+i_t)}{P_{t+1}} = \frac{1+i_t}{1+\pi_t}$$

양변에 $1+\pi_t$를 곱하여 전개하여 정리하면

$$i_t = r_t + \pi_t + r_t\pi_t$$

$r_t\pi_t$는 매우 작은 값이므로 무시하면 다음과 같이 명목이자율, 인플레이션, 그리고 실질이자율 사이의 관계를 도출할 수 있다.

$$i_t = r_t + \pi_t \text{ 또는 } r_t = i_t - \pi_t$$

피셔방정식(Fisher equation)은 주어진 명목이자율과 인플레이션 하에서 사후적으로 실질이자율을 측정하는데 사용될 수 있다. 또한, 기대하는 실질이자율과 인플레이션 하에서 사전적인 이자율을 예측하는데 사용할 수도 있다. 또한, 기대인플레이션과 주어진 이자율 하에서 기대 실질이자율을 측정함으로써 사전적인 의사결정에 이용할 수 있다. 기대인플레이션을 이용하여 피셔방정식을 구하면 다음과 같다.

$$r_t = i_t - \pi_t$$

즉, 명목이자율에서 물가상승률을 빼면 실질이자율이 된다는 것을 의미한다. 위의 식에서는 경제주체들이 실제물가상승률 π_t를 모르므로 기대물가상승률 π_t^e 를 사용하게 된다. 따라서, 기대실질이자율(expected real interest rate)은 다음과 같이 나타낼 수 있다.

$$r_t^e = i_t - \pi_t^e$$

이 식의 의미는 명목이자율 i_t 에서 기대물가상승률 π_t^e 를 뺀 부분이 기대실질이자율 r_t^e 라는 것이다. 하나의 예를 들면, 우리 나라의 경우 자유저축예금에 대한 명목이자율은 실제로 은행에서 지급하는 이자율로서 1996년 5월 현재 연 9%이다. 만약, 우리의 기대물가상승률이 연 6%라면, 실질이자율의 기대치는 연 3%에 불과함을 알 수 있다. 위의 두 식을 빼면 다음과 같다.

$$r_t - r_t^e = -(\pi_t - \pi_t^e)$$

따라서, $\pi_t > \pi_t^e$ 이면 $r_t < r_t^e$ 가 된다. 즉, 실제물가상승률이 기대물가상승률보다 높은 경우에는, 실질이자율이 기대실질이자율보다 작게 됨을 의미한다. 이 때 채권에 대한 실질수익률은 $i_t=r_t+\pi_t$으로 나타낼 수 있지만 화폐보유에 대해서는 명목이자가 지급되지 않으므로(즉, $i_t=0$이므로) 피셔방정식에 의해 화폐에 대한 실질수익률은 $-\pi_t$가 된다. 즉, 인플레이션이 있는 경우 화폐의 구매력(purchasing power of money)은 인플레이션율만큼 감소하게 된다.

19세기의 많은 학자들은 이자율과 물가 사이에 음(−)의 관계가 존재한다고 생각하였다. 당시까지만 해도 낳은 경제학자들이 화폐와 자본을 명확히 규명하지 않았다. 자본은 화폐의 또 다른 형태로 인식하였다. 따라서 화폐량이 증가하면 자본의 공급이 증가한 것으로 인식하였으므로 이자율이 하락할 것이라고 간주하였다. 그러나 깁슨(A. H. Gibson)의 실증분석 결과, 이자율과 물가상승률 사이에 양(+)의 관계가 존재하였다. 이러한 실증분석 결과가 당시 학자들이 생각하는 이론과 배치되었으므로 이를 깁슨의 역설(Gibson's Paradox)라고 부른다. 깁슨의 역설이 역설적 현상이 아니라 이론과 부합하는 사실이라는 점이 피셔에 의해 증명되었다. 신고전학파에 따르면 고전적 이분성이 성립하므로 실질이자율은 또 다른 실질변수인 자본의 한계생산성에 의해 결정된다. 즉, r=MPK이다. 자본의 한계생산성이 일정하여 실질이자율이 일정할 때 예상인플레이션이 상승하면 고전적 이분성이 성립하므로 실질이자율에는 영향을 미치지 못하고 피셔방정식에 따라 명목이자율이 상승한다. 이처럼 인플레이션의 변화가 명목이자율에 미치는 효과를 피셔효과(Fisher effect) 또는 인플레이션 예상효과(inflation expectation effect)라고 한다.

그러나 먼델과 토빈은 인플레이션이 경제주체들의 자산선택(portfolio)에 미치는 효과를 이용하여 인플레이션과 실질이자율 사이에 양(+)의 관계가 존재함을 보였다. 인플레이션이 발생했다고 하자. 인플레이션이 발생하면 경제주체들은 화폐잔고를 줄이고 자본 등 실물자산의 보유를 증가시키려고 할 것이다. 실질자산에 대한 보유 증가에 따른 자본 증가로 자본의 한계생산성이 감소하므로 실질이자율은 하락한다. 따라서 인플레이션이 발생하면 실질이자율이 하락하므로 피셔방정식에 의해 명목이자율과 인플레이션 사이에는 약한 양(+)의 관계가 성립한다. 예를 들어, 5%의 인플레이션이 발생하고 이로 인해 2%의 실질이자율 하락이 나타난다면 명목이자율은 3% 상승하게 된다. 이러한 효과를 먼델-토빈효과(Mundell-Tobin effect)라고 한다. 피셔효과에 따르면 기대인플레이션이 명목이자율에만 영향을 줄 뿐 실질이자율에는 영향을 주지 못하므로 고전적 이분성이 성립하지만 먼델-토빈 효과에 따르면 기대인플레이션의 변화가 명목이자율뿐 아니라 실질이자율에도 영향을 미쳐 실물에 영향을 주게 되므로 고전적 이분성이 성립하지 않는다.

4.2 _ 과도한 인플레이션의 폐해

인플레이션과 디플레이션이 발생할 경우, 어느 경우가 더 경제에 나쁜 영향을 미칠까? 일률적으로 답하기는 힘들지만 인플레이션과 디플레이션의 정도가 크지 않다면 디플레이션이 발생했을 때의 폐해가 더 크다.

화폐수량설을 이용하여 살펴보자. 거래총액보다 거래에 이용되는 통화량 즉, 유동성이 작은 상황인 MV<PY를 가정해보자. 유동속도와 산출량이 일정하다면 물가가 하락하는 디플레이션이 발생하게 된다. 이는 물가조정을 통해 디플레이션이 발생하기 전까지는 통화량의 부족으로 산출량 Y를 모두 거래할 수 없는 상황에 처하게 된다. 즉, 거래를 수행하기 위해 필요한 통화량보다 실제통화량이 적은 유동성 부족 상태를 의미한다. 따라서 디플레이션에 의한 조정이 이루어지기 전까지 유동성 부족으로 거래가 원활하게 수행되지 못하는 장애가 발생한다.

그러나 MV>PY여서 인플레이션이 발생하는 상황이라면 거래총액을 초과하는 유동성이 존재하므로 거래에 지장을 초래하지 않는다. 이처럼 인플레이션은 오히려 충분한 유동성 공급을 통해 거래가 활발해질 수 있으므로 소규모 인플레이션은 경제의 윤활유로 간주한다. 그러나 역사적 경험에 의하면 적정수준을 초과하는 과도한 인플레이션이 나타나면 여러가지 경제적 폐해가 발생한다. 1차대전 이후, 독일이나 1980년대의 남미, 1990년대 동유럽은 모두 과도한 인플레이션에 의해 고통받았던 경험을 가지고 있다. 과도한 인플레이션이 발생하면 다음과 같은 일들이 일어날 수 있다.

첫째, 소득분배왜곡과 비효율적 자원배분이다. 인플레이션이 발생하면 채권(또는 저축)과 채무(또는 부채 및 차입)의 실질가치가 감소한다. 따라서 인플레이션이 발생하면 채권의 실질가치가 하락하므로 채권자에게 불리하고 채무부담의 실질가치가 감소하므로 채무자에게 유리해진다. 인플레이션이 명목이자율의 상승을 통해 조정된다고 해도 매주 또는 매일 신속하고 완벽하게 조정이 이루어지지 않는 이상 채권자의 소득이 채무자에게 이전되는 것과 같은 소득재분배 효과가 발생한다. 이처럼 인플레이션은 채권자에게 불리해져 경제주체들은 채권의 보유(저축)를 기피하므로 국내 자본의 공급이 감소한다. 또한 명목소득을 받는 임금소득자의 실질임금은 하락하고 실물자산을 보유한 자산가의 자산의 가치가 증가한다. 따라서 임금소득자의 소득이 자산소득자에게 이전되는 것과 같은 소득재분배 효과가 발생한다. 이와 같은 소득재분배 효과에 의해 임금소득자들의 근로의욕이 저하되어 노동공급이 감소하고 실물자산에 대한 수요를 증가시켜 실물자산에 대한 투기적 거래를 야기하는 부작용이 발생한다.

둘째, 국내저축감소와 외채가 증가한다. 먼델-토빈효과에 의하면 인플레이션이 발생하면 실질이자율은 하락하고 명목이자율은 상승한다. 특히 과도한 인플레이션이 발생하면 명목이자율이 인플레이션에 따라 신속하게 조정되기 어렵기 때문에 실질이자율이 하락할 여지가 많다. 저축은 이자율의 함수이므로 실질이자율이 하락할 경우, 국내저축은 감소하게 된다. 반면 투자는 이자율의 함수이므로 실질이자율이 하락하면 투자자본의 수요가 증가한다. 그러나 국내 저축이 감소하므로 외국자본의 유입에 의해 국내투자가 충당되어야 한다. 따라서 장기적으로 과도한 인플레이션이 존재하면 만성적 채무국이 될 위험이 높다. 실제 만성적인 인플레이션에 시달리는 국가들은 대부분 채무국으로 전락하기도 하였다. 이보다 더 나쁜 상황은 현실적으로 과도한 인플레이션이 나타나는 국가의 경제는 매우 심각한 침체상태에 놓여 있으므로 외국으로부터 차입이 어려워 투자자본을 조달하는 것이 힘들다는 사실이다.

셋째, 환율이 급등한다. 물가상승은 자국 화폐가치의 하락을 의미한다. 즉, 자국통화의 평가절하에 따른 환율상승이 발생한다. 나아가 과도한 인플레이션이 발생할 경우, 자국민의 자국화폐 보유를 기피하고 외국 화폐보유를 선호하는 경향이 나타난다. 외국화폐에 대한 수요가 증가하므로 환율상승을 부추기고 나아가 환율상승은 자국화폐 기피현상을 심화시켜 또 다른 환율 상승을 야기하게 된다. 일반적으로 과도한 인플레이션이 발생하는 경우, 인플레이션에 비해 훨씬 높은 수준의 환율상승이 동반되는 경우가 일반적이다. 과도한 환율상승은 정상적인 환거래를 위축시키는 반면 환투기의 위험을 증가시켜 국제거래를 제약하는 요소로 작용할 수 있다.

넷째, 구두창비용이라고도 알려져 있는 거래비용의 증가이다. 과도한 인플레이션이 발생하면 현금을 실물자산이나 외화로 교환하기 위해 노력한다. 현금을 얻는 경제주체들이 현금을 실물자산이나 외화로 교환하기 위해 소요되는 시간과 노력을 구두창비용이라 한다. 따라서 과도한 인플레이션이 존재할 대 경제주체들은 현금을 가능하면 빨리 현물이나 다른 국가의 화폐로 교환해야 하므로 구두창비용이 크게 나타난다.

5. 장기 인플레이션

지금까지 우리가 살펴본 인플레이션은 그 정도가 심하지 않은 단기적 인플레이션이라고 할 수 있다. 이러한 단기 인플레이션은 총수요곡선이나 총공급곡선을 이동시킬 수 있는 다양한 요인에 의해 발생한다. 그러나, 글자 그대로 일반 물가수준의 지속적인 상승을 의미하는 장기 인플레이션의 궁극적인 원인은 통화증발에 있다.

이러한 사실은 교환방정식(MV=PY)으로부터 확인될 수 있다. 제9장에서 살펴본 EC방식을 물가상승률에 대하여 정리하면 다음을 얻는다.

$$\frac{\Delta P}{P}=\frac{\Delta M}{M}-\frac{\Delta Y}{Y}+\frac{\Delta V}{V}$$

장기에는 경제가 완전고용 상태에 수렴하며, 이자율도 안정된 수준에 머물게 된다. 따라서, 위 식에서 경제성장률($\Delta Y/Y$)과 유통속도변화율($\Delta V/V$)은 장기에 일정한 값을 갖게 된다. 이는 장기에 물가상승률($\Delta P/P$)이 화폐공급의 증가율($\Delta M/M$)과 비례한다는 사실을 의미한다. 이처럼 장기 인플레이션이나 초인플레이션(hyperinflation)은 궁극적으로 통화증발에 기인한다. 프리드먼은 이러한 사실을 "Inflation is always and everywhere a monetary phenomenon."이라는 유명한 말로 압축하고 있다.

진정한 의미의 인플레이션이 화폐공급의 높은 증가율에 있다면, 이를 낮춤으로써 물가상승의 속도를 낮출 수 있다. 그러나, 이러한 反인플레이션 정책(anti-inflationary policy)은 실업을 증가시키고 불황을 발생시키는 부작용을 수반할 수 있다. 이를 이해하기 위해 앞의 제9장에서 공부한 필립스곡선을 다시 한번 살펴보기로 하자. <그림 10.6>에서 현재의 상황은 점A로 나타나 있다. 정부가 현재의 물가상승률 10%가 너무 높다고 판단하여, 화폐공급증가율을 감소시켜 인플레이션율을 6.5%로 낮추었다고 하자. 단기에 명목임금은 경직적이므로, 이는 실질임금의 상승으로 이어져 고용량이 줄고 실업률이 상승하는 부작용이 나타난다. 즉, 정부의 긴축적인 금융정책으로 이제 경제는 점B로 올라간다.

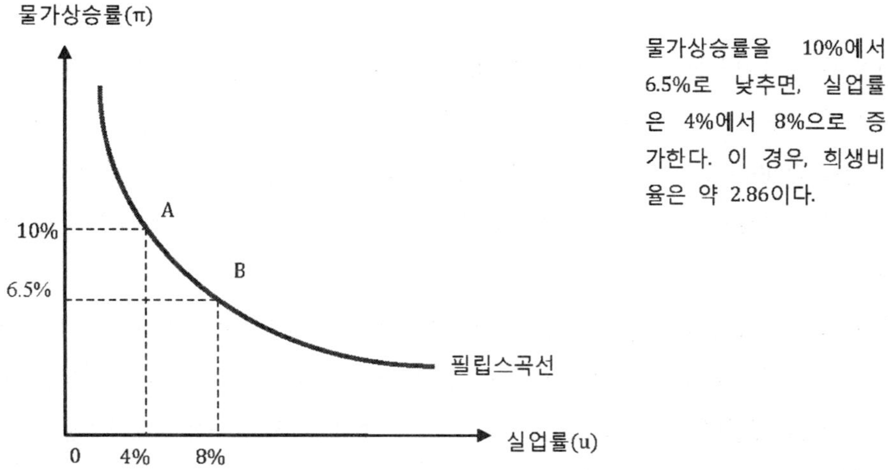

그림 10.6 反인플레이션 정책의 효과

<그림 10.5>에서 물가상승률이 3.5% 감소한 대신 실업률은 4% 증가했는데, 이러한 실업률의 증가는 당연히 국내총생산(GDP)의 감소로 이어진다. 오쿤의 법칙(Okun's law)에 의하면, 실업률 1%의 상승은 국민소득을 약 2.5%감소시킨다. 즉, 우리의 예에서 국민소득은 10%(=2.5 x 4%)정도 감소한다. 이처럼 물가상승률의 하락은 실업률을 증가시키고 경기침체를 유발하는데, 1%의 물가상승률 하락이 초래하는 국민소득의 감소비율을 희생비율(sacrifice ratio)이라고 부른다. 위의 예에서 이 희생비율을 계산해보면 약 2.86(=10/3.5)정도가 된다.

이러한 경기침체의 부작용 때문에, 높은 물가상승률로 고민에 빠져 있는 나라의 정책당국도 급격한 反인플레이션 정책(cold turkey, 급랭정책)을 선뜻 시행하지 못하는 것이 현실이다. 그러나, 앞의 제9장에서 공부한 새고전학파 경제학자들은 오히려 급격한 反인플레이션 정책이 바람직하다고 주장하고 있다. 이를 이해하기 위해 인플레이션과 실업률 사이에는 안정적인 음의 상관관계가 존재한다는 케인즈학파의 필립스곡선을 다음과 같이 나타내보자.

$$\pi = \alpha - \beta u,\ \ \beta > 0$$

앞에서 통화주의학파의 자연실업률가설은 위의 필립스곡선이 안정적이라는 케인즈학파의 주장을 부인하고 있다. 인플레이션에 대한 예상(π^e)이 달라지면 위의 필립스곡선은 이동하기 때문이다. 즉, 통화주의학파 경제학자들이 주장하는 필립스곡선은 다음과 같다.

$$\pi = \alpha - \beta u + \pi^e$$

위의 식으로 나타나는 통화주의학파의 필립스곡선은 케인즈학파의 필립스곡선에 인플레이션에 대한 예상이 첨가되어 있는데, 이를 기대부가 필립스곡선이라고(expectations-augmented Phillips curve) 한다. 기대부가 필립스곡선에 의하면, 케인즈학파의 필립스곡선은 단기적으로만 안정적인 π와 μ간의 상충관계일 뿐이다. 즉, 필립스곡선은 π^e가 변경됨에 따라 이동한다.

통화주의학파의 주장은 결국 실제인플레이션이 아니라 예상치 못한 인플레이션($\pi - \pi^e$)이 μ와 안정적인 상충관계를 갖는다는 것이다. 이들이 말하는 자연실업률(u_n)이란 예상된 인플레이션이 그대로 실현되는 경우의 실업률이므로, $u_n = a/b$과 같다. 적응적 기대가설을 채택하고 있는 통화주의학파의 자연실업률가설은 π의 변화에 따른 π^e의 변경은 시간을 두고 서서히 일어난다고 상정하고 있다. 이에 따라, 필립스곡선은 장기에 자연실업률수준(u_n)에서 수직선이 되는 것이다. <그림 10.7>은 이를 다시 한번 보여주고 있다.

앞의 <그림 10.7>에서와 같이 정부가 10%인 물가상승률을 6.5%로 낮추려고 할 경우, 통화주의학파의 주장에 의하면 단기적인 희생비율은 π^e가 낮아짐에 따라 작아진다. 화폐증가율이 낮아짐에 따라 사람들은 미래의 물가상승률이 하락할 것으로 예상하며, 이에 따라 단기 필립스곡선(SRPC)은 아래쪽으로 이동하여 SRPC'이 된다. 즉, 긴축적인 금융정책 이후 경제는 점B에서 점C로 이동하여 6.5%의 인플레이션수준에서 8%로 높아졌던 실업률은 예를 들어 6%로 감소한다. 따라서 2.86이었던 희생비율도 이제는 1.43(=5/3.5)으로 낮아진다. 물론, 통화주의학파의 주장에 따르면 장기적으로 희생비율은 0이 된다. 결국, 단기 필립스곡선이 점D를 지날 때까지 SRPC"으로 이동하여 장기 필립스곡선(LRPC)은 자연실업률수준(u_n)에서 수직선이 되기 때문이다.

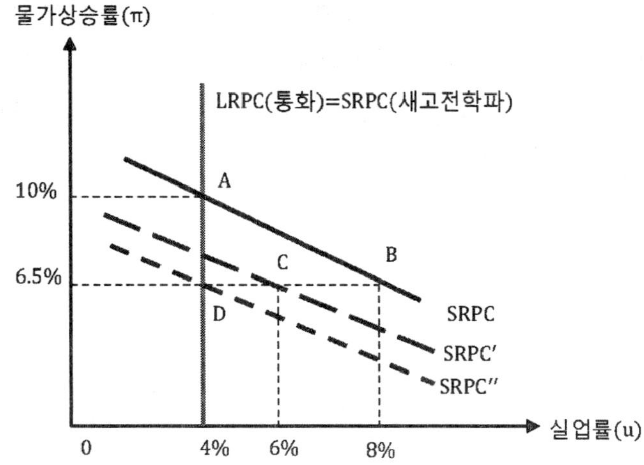

새고전학파의 주장에 따르면, 단기 필립스곡선도 자연실업률(u_S)수준에서 수직선이다. 따라서, 급랭정책을 사용하면 실업률을 증가시키지 않고 물가상승률을 10%에서 6.5%로 낮출 수 있다.

그림 10.7 급랭정책의 효과

만약, 새고전학파의 주장처럼 모든 가격이 완전하게 신축적이고 사람들이 합리적으로 기대를 형성한다면 필립스곡선의 형태는 어떻게 변할까? 고전학파의 단기 총공급곡선이 잠재GDP 수준(Y_p)에서 수직선이듯, 새고전학파가 주장하는 단기 필립스곡선도 자연실업률 수준에서 수직선이다. 합리적 기대에 의하면, 인플레이션에 대한 예측오차의 평균은 0이므로 평균적으로 $u = a/b = u_n$이 성립하기 때문이다.

새고전학파 경제학자들은 정부가 화폐증가율을 일시에 큰 폭으로 줄이면 정책에 대한 신뢰도가 높아져 反인플레이션 정책의 효과가 커진다고 주장한다. 이는 <그림 10.7>에서 점A가 곧바로 점D로 이동한다는 것을 의미한다. 물론 이렇게 되면 실업률을 전혀 증가시키지 않고 물가수준을 안정시킬 수 있다. 즉, 급격한 反인플레이션 정책의 희생비율은 단기에도 0이다. 이와는 반대로 경기침체의 부작용을 크게 우려하여 反인플레이션 정책을 점진적으로 시행하면, 오히려 사람들이 정책의도를 의심하게 되어 물가안정을 비용 없이 달성하기란 매우 어렵다는 것이 새고전학파의 주장이다.

급랭정책의 희생비율이 0이라는 합리적 기대론자들의 이러한 주장이 현실경제에서도 과연 타당한가에 대해서는 의견이 엇갈리고 있다. 그러나, 정책의 신뢰성이 높아지면 희생비율이 큰 폭으로 감소한다는 이들의 주장은 반박의 여지가 없다. 국제통화기금(IMF)이나 세계은행(World Bank)의 전문가들이 초인플레이션에 시달리고 있는 나라에 대해 단순히 화폐증가율만을 감소시킬 것이 아니라, 정책의 신뢰성을 높일 수 있는 노력을 병행하라고 조언하는 것도 이 때문이라고 할 수 있다. 정부의 재정적자는 국고채 발행이나 추가적인 화폐발행으로 충당될 수 밖에 없으므로, 反인플레이션 정책의 신뢰성을 높이기 위해서는 특히 재정적자를 적극적으로 해소하여야 한다. 그래야만 합리적인 경제주체들의 인플레이션 기대심리가 없어지기 때문이다. 이러한 관점에서 "인플레이션은 언제나 어디에서나 화폐적 현상이다."라는 말은 "Even if inflation is always and everywhere a monetary phenomenon, the end of hyperinflation is often a fiscal phenomenon as well."로 바꾸어야 보다 타당할 것이다. 학파별 필립스곡선에 대한 형태를 정리하면 다음과 같다.

표 학파별 필립스곡선의 형태

	전통적 필립스곡선	프리드먼-펠프스의 기대부가 필립스곡선	새고전학파의 필립스곡선
특징	정태적 기대이며 스태그플레이션을 설명하지 못함	적응적 기대	합리적 기대
의미	인플레이션율과 실업률 간의 역의 상관관계 →물가안정과 완전고용을 동시에 달성하는 것은 어려움	-단기적으로 우상향 -기대인플레이션의 변화에 따라 상하로 이동 -장기적으로 자연실업률 수준에서 수직→인플레이션율과 실업률간 상충관계 없음	-노동자들의 물가예상이 정확한 경우에는 단기적으로도 수직→단기적으로도 인플레이션율과 실업률간 상충관계 없음 -물가예상이 부정확한 경우 우하향
정책적 시사점	재량적인 안정화정책의 유효성	장기적으로 실업률을 자연실업률 이하로 낮추는 것이 불가능하므로 준칙(k% rule)에 입각한 정책을 사용하는 것이 바람직	-예상된 정책: 단기적으로도 실업률을 낮출 수 없음 -예상되지 못한 정책: 단기적으로 효과가 있으나 정부의 신뢰성을 낮추어 바람직하지 못함 -준칙에 입각한 정책이 바람직

6. 화폐의 초중립성

화폐공급량의 일시적 변화(once-and-for-all change)는 명목변수만의 변화를 초래하고 실질변수에는 아무런 영향력이 없다는 것이 화폐의 중립성(neutrality of money)이다.

이제, 화폐공급의 일시적 증가가 아니라 화폐증가율의 변화(change of money growth rate)에 관해 살펴보기로 하자. 화폐증가율의 변화로 인해서 실질변수들에 아무런 영향이 없다면 화폐의 초중립성(super-neutrality of money)이 성립한다고 말한다. 우리는 앞에서 화폐의 중립성이 성립함을 살펴본 바 있다. 이제 화폐의 초중립성이 성립하게 되는지 자세히 분석하기로 하자.

처음(즉, $t=0$)의 화폐량을 M_0라고 하고 화폐공급의 증가율을 μ라고 하면, t시점의 화폐량은 다음과 같이 나타낼 수 있다.

(1) $M_t=M_0e^{\mu t}$

식(1)의 양변에 로그(log)를 취하면 다음과 같다.

(2) $\log M_t=\log M_0+\mu_t$

화폐수량설에 의해 통화의 증가율은 실질경제성장률과 물가상승률의 합니다. 따라서 $\mu=\pi+\lambda$인 것을 알고 있다. 장기균형상태(stationary-state)에서와 같이 실질경제성장률이 0이라고 가정하면($\lambda=0$) 통화량의 증가율 μ는 물가증가율 π와 같으므로 t시점의 물가수준은 다음과 같이 나타낼 수 있다.

(3) $P_t=P_0e^{\mu t}$

따라서, 식(1)과 식(3)에 의해 다음과 같이 나타낼 수 있다.

(4) $\dfrac{M_t}{P_t}=\dfrac{M_0}{P_0}(t<T)$

또한, 우리는 피셔방정식에 의해 $i=r+\pi$임을 알고 있으므로, 실질산출물이 변하지 않는다고 가정하면 ($\lambda=0$)화폐수량설에 의해 다음과 같이 쓸 수 있다.

(5) $i=r+\mu$

이제 정부당국에서 통화공급증가율을 어떤 특정한 시점 $t = T$에 이르러 μ에서 μ'으로 증가시키는 경우를 살펴보기로 하자($\mu'>\mu$). 이 경우에도 화폐수량설에 의하면 $\mu'=\pi'$이 되므로 피셔방정식에 의해 $i'=r+\pi'$이 된다. 그 결과, $\mu'>\mu$이므로 $i'>i$이 된다. 즉, 통화공급증가율의 상승은 명목이자율을 상승시키는 결과를 초래한다.

<그림 10.8>에서 보는 바와 같이 기울기는 μ으로 증가되고 M_t와 P_t는 그전과 같이 평행을 유지하나 가격수준 P_t는 급격히 증가(jump)한다. 여기서 T시점에서 P_t가 급격히 증가하게 된 이유는 다음과 같다.

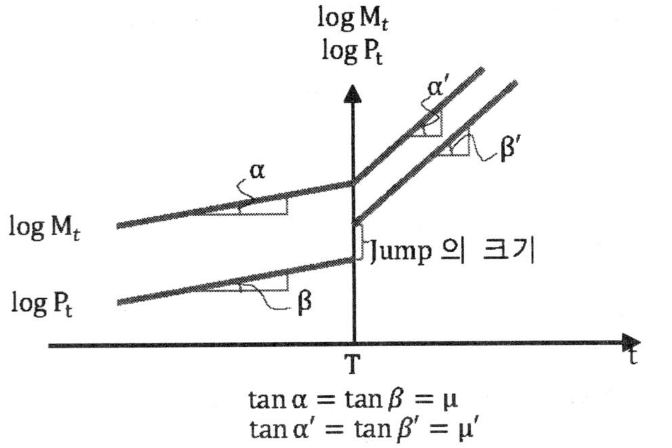

그림 10.8 화폐증가율 변화의 물가수준에 대한 효과 : 급격한 상승

통화증가율이 μ에서 μ'으로 증가하였으므로 앞에서 살펴본 바와 같이 명목이자율 i도 i'으로 증가하게 될 것이며, 이에 따라 실질화폐수요가 감소하게 된다. 시점 T에서 통화량 M_T는 일정하므로 화폐시장이 순간적으로 균형을 회복하기 위해서는 T시점의 물가수준 P_T는 급격히 증가하여야 한다. 물가수준의 급격한 증가의 크기는 결국 실질화폐수요가 얼마만큼 감소하였는가에 의해 결정되므로, 명목이자율 변화의 크기인 $\Delta i = \mu' - \mu$와 명목이자율의 변화에 대한 실질화폐수요의 반응정도(sensitivity)에 의해 결정될 것이다.

지금까지는 통화당국이 시점 T에서 통화량증가율을 갑작스럽게 변화시켰으며, 경제주체들은 실질화폐수요를 시점 T에서 급격히 감소시킨 경우를 살펴보았다. 통화당국이 시점 T의 통화량증가율을 갑자기 변화시켰을 때, 만약 경제주체들이 실질화폐수요를 점진적으로 변화시킨다면 어떻게 될까?

T시점에서의 물가수준 P_T의 급격한 증가는 실질화폐수요의 감소량에 의해 결정되는데, 만약 경제주체들이 실질화폐수요를 점진적으로 감소시킨다면, 물가수준 P_T는 급격한 증가를 하지 않을 수도 있을 것이다. 즉, 실질화폐수요의 점진적 반응(slow adjustment)은 물가수준의 급격한 증가를 변동기간(transition interval)에 걸쳐 분산시키게 된다. 경제주체들이 실질화폐수요를 점진적으로 변화시키는 것은 이자율이 변하더라도 거래의 빈도(frequency of transaction)나 자금조달계획(financial planning)에 의해 실질 화폐수요를 급격히 감소시키기가 어려울 수도 있기 때문이다.

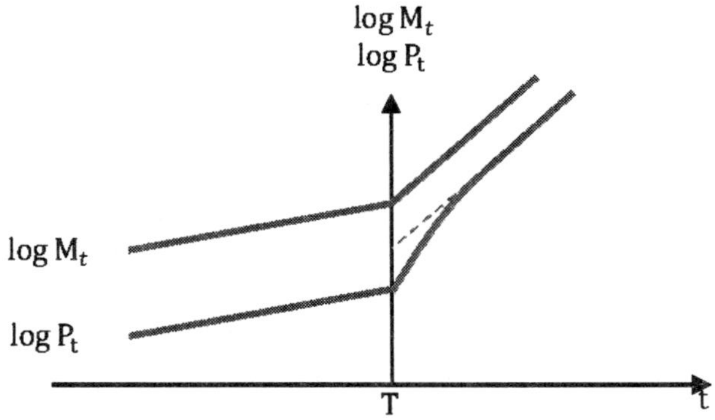

그림 10.9 화폐증가율 변화의 물가수준에 대한 효과: 점진적 반응

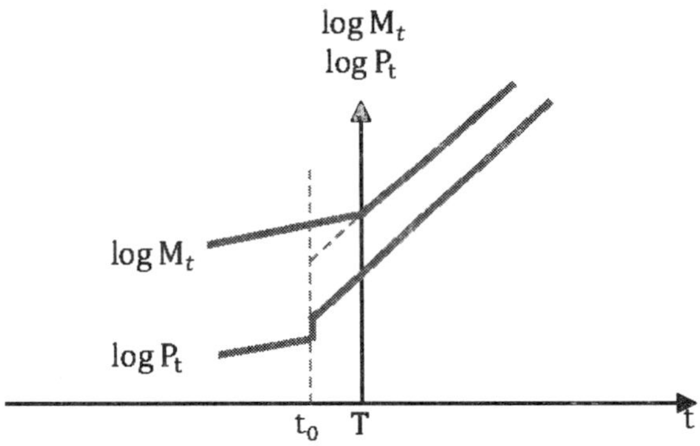

그림 10.10 화폐증가율 변화의 물가수준에 대한 효과: 예상된 경우

즉, <그림 10.9>에서 보는 바와 같이 통화량증가율의 변화로 인한 물가수준의 급격한 증가는 일어나지 않고, 변동기간(transition period)내에서 물가수준이 통화량보다 더욱 빨리 증가하게 된다.

이제 경제주체들이 시점 T에서 화폐증가율이 상승한다는 것을 시점 t_0에서 미리 예측했다고 가정해보자. 즉, $t_0 < T$임을 가정하기로 한다. 경제주체들은 물가수준의 상승을 예측하고 현재의 실질화폐수요를 줄이려고 할 것이다. 따라서 현시점 t_0에서 가격수준이 급격히 증가하게 되어 <그림 10.10>과 같이 나타나게 된다.

결론적으로 '화폐가 초중립적인가?'라는 질문에 대해서, 대답은 '아니오'이다. 왜냐하면, 화폐공급증가율의 변화에 의해 실질화폐수요가 감소하기 때문이다. 그러나, 예상되지 않은 인플레이션에 비해, 예상되어진 인플레이션의 경우, 그 실질효과(real effect)는 훨씬 작다.

PART 3

거시경제학 학파간 비교

CHAPTER 11

학파간 비교

1. 고전학파(Classical School): 근대 경제학의 시작

근대 경제학의 시작은 아담 스미스(Adam Smith)의 국부론(An Inquiry in the Natural and the Causes of the Wealth of Nations, 1776) 출판으로 시작된다. 아담 스미스(1723~1790)는 1923년 영국의 스코플랜드에서 세관원의 아들로 태어났다. 글래스고 대학과 옥스포드 대학에서 신학과 철학을 공부하였으며 에딘버러 대학과 글래스고우 대학에서 문학, 자연신학, 윤리학, 법학, 정치경제학 등을 강의하였다. 1763년 3년 동안 프랑스를 여행하면서 당시 케네(경제표의 저자) 등 중농학파(농업 중심의 경제학을 주장한 프랑스의 학파) 경제학자들과 교류를 가졌으며, 이후 경제학 관심을 가지고 연구하여 국부론을 출간하였다. 국부론에서 아담 스미스는 노동가치설(Labor Theory of Value)에 근거하여 교환경제(상품경제)를 설명하였다. 이후, 스미스의 경제적 논리는 리카르도(David Ricardo)에 계승되어 고전학파의 경제체계를 완성하였다.

리카르도(1772~1823)는 1772년 영국의 런던에서 유태계 독일인의 셋째 아들로 태어났다. 리카르도는 학자로서 이름을 날리기도 하였지만 사업가로 큰 돈을 벌기도 하였다. 이후 1819년 하원으로 활동하였는데, 1817년 정치 경제와 조세의 원리(On the Principles of Political Economy and Taxation, 1817)라는 저술을 통해 스미스에서 시작된 교환경제의 원리를 발전시키고 비교우위론(comparative advantage theory)에 근거한 자유무역이론(free trade theory)과 금본위제도(gold standard system)에 입각한 통화제도에 대한 이론적 배경을 제공하였다.

아담 스미스는 이기적인 존재인 인간은 자신의 이익을 위해 행동하고 이러한 이기적 행동이 자유로운 거래를 통해 현대적 의미의 효율적 자원배분이 가능케 한다고 주장하였다. 거래과정에서 "보이지 않는 손(invisible hands)"에 의해 조정이 이루어짐으로써 적정 자원배분이 가능하다는 것이다.

노동가치설은 교환과정을 설명하는 과정에서 핵심적인 역할을 하는 이론이다. 교환이 이루어지기 위해서는 교환비율이 결정되어야 한다. 스미스를 비롯한 고전학파 경제학자들은 생산자와 생산자 사이에서 이루어지는 교환을 모델로 교환과정을 설명하였다.

고전학파에 따르면 생산된 재화들은 각 재화에 내재된 가치에 근거하여 교환비율이 결정된다. 특성이 다른 재화의 내재된 가치를 비교하기 위해서는 하나의 단일한 가치평가 기준이 필요로 하였고 스미스는 재화의 생산에 투입된 노동시간을 가치평가 기준으로 삼았다. 이는 모든 재화의 생산이 노동으로만 이루어졌다는 것이 아니라 각 재화의 생산에 투입된 투입물을 노동으로 환산할 수 있다는 것뿐이다.

예를 들어 자동차는 노동자의 노동과 기계 및 원재의 투입을 통해 생산된다. 따라서 자동차의 가치는 투입된 노동력의 가치와 기계 및 원자재와 같은 자본의 가치에 의해 결정된다. 기계의 가치 역시 투입된 노동력의 가치와 기계생산에 필요한 자본의 가치에 의해 결정되고 원자재 역시 가치를 측정할 수 있다. 이러한 과정을 통해 근원적인 가치를 추적해 나가면 결국 남는 것은 노동력의 가치로 환산될 것이다. 노동시간으로 재화의 가치를 측정한 것은 재화생산에 투입된 투입물의 가치 역시 투입된 노동시간으로 환산할 수 있으므로 모든 재화의 가치는 투입된 노동시간으로 평가할 수 있다는 것이다.

고전학파 이전의 영국 경제학은 경화(hard currency, 금이나 은과 같은 귀금속)의 유입을 국부의 증대로 생각하는 중상주의(mercantilism)가 주류를 이루고 있었다. 이들은 경화의 유입이 국부의 증가라고 생각하였으므로 금의 유출을 방지할 수 있는 강력한 보호무역을 주장하였다. 그러나 스미스와 리카르도를 비롯한 고전학파 경제학자들은 시장에서 자유로운 교환을 통해 효율적인 자원배분이 가능하다고 보았기 때문에 고전학파의 가장 핵심적인 모토인 "자유 방임주의(laissez-faire)와 이에 기초한 최소정부론이 제시되었다.

스미스는 이기심이라는 기름이 경제라는 기어(gear)를 거의 기적에 가까울 정도로 잘 돌아가게 할 것이라고 말하였다. 시장은 모든 것을 해결할 것이므로 자유방임이 최선의 정책이라고 주장하였다.

국제교역에서도 자유교역을 통해 자신에게 유리한 재화를 생산하고 교환함으로써 모든 국가의 이득이 증대한다고 주장하였다. 이후 스미스의 자유교역이론은 리카르도에 의해 비교우위론이라는 교역이론으로 발전하여 지금까지도 핵심적인 교역이론으로 연구되고 발전되었다.

스미스 이후, 50여년간 발전해 오던 고전학파의 논리는 밀(John Stuart Mill, 1809~1873)의 고전학파에 대한 비판 이후 점차 쇠락하고 한계혁명(Marginal Revolution)을 거쳐 신고전학파로 이어진다. 밀은 자신의 역작 정치경제학원리(Principle of Political Economy, 1848)에서 고전학파의 노동가치설은 생산자간 거래세서만 유효할 뿐이라고 주장하였다.

스미스가 활동하던 시대에 비해 자본주의가 발전한 시대에 살았던 밀은 실제 시장에서의 거래는 생산자와 생산자 사이에 이루어지는 것이 아니라 생산자와 소비자 사이에 이루어진다는 사실에 주목하였다. 생산자는 상품 생산에 투입된 가치에 근거하여 거래하고자 하지만 소비자는 자신이 주관적으로 평가한 가치에 근거하여 거래하려고 한다는 주관적 가치론이 밀에 의해 제기되었다. 이후, 밀의 이러한 교환의 논리는 신고전학파에 의해 공급과 수요 이론으로 정리된다.

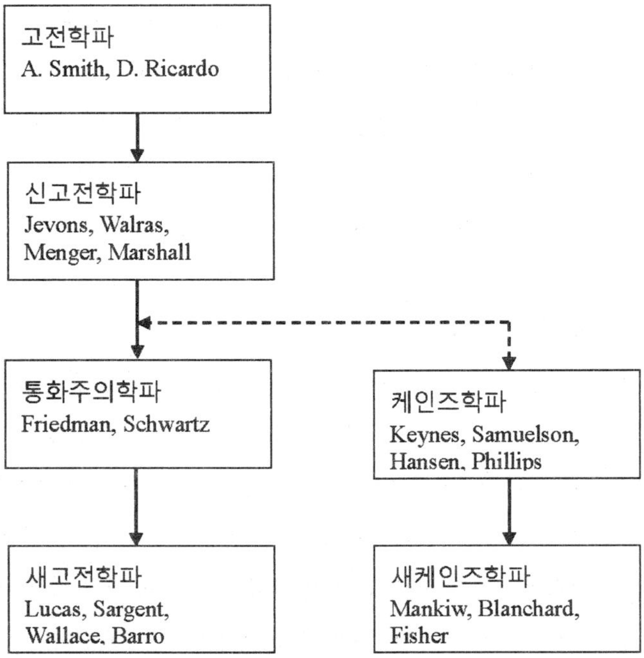

그림 11.1 거시경제학의 흐름

2. 신고전학파(Neo-classical School): 미시경제학의 완성

신고전학파의 이론은 왈라스(Marie Esprit Leon Walras, 1834~1910), 제본스(William Stanley Jevons, 1835~1882), 멩거(Carl Menger, 1840~1921) 등에 의해 발전하고 마샬(Alfred Marshall, 1842~1924)에 의해 통합되어 정립한 이론체계를 말한다.

신고전학파는 생산측면에서 고전학파의 논리를 계승하고 수요측면에서는 밀의 전통을 계승하였다. 생산에서는 고전학파의 노동가치설을 계승하여 비용이론으로 발전하였고 이후 공급이론으로 정형화되었다. 수요측면은 밀의 주관적 가치론을 계승하여 효용이론과 한계효용이론으로 발전시켰다. 이후, 효용극대화 원리를 이용하여 소비자가 평가한 상품가치는 한계효용과 같다는 수요이론으로 발전하였다.

마샬은 여기에 왈라스의 일반균형이론(Theory of General Equilibrium)을 통합시킴으로써 현대 경제학의 기초가 되는 수요-공급이론을 완성하였다. 수요와 공급에 의한 시장거래라는 현대적 의미의 경제학을 발전시킨 공로는 신고전학파의 업적이라고 할 수 있다. 이탈리아 경제학자 파레토(Pareto)가 제시한 파레토 효율(Pareto Efficiency)의 개념을 도입함으로써 현대 미시경제학이 정립되었다.

거시적 측면에서 신고전학파 논리의 핵심은 고전적 이분성(classical dichotomy)와 세이의 법칙(Say's law)으로 축약될 수 있다.

2.1 _ 고전적 이분성

경제변수는 측정방법에 따라 실질변수(real variables)와 명목변수(nominal variables)로 구분된다. 실질변수란 실물의 수량으로 측정되는 변수로서 노동량, 자본량, 생산량 등을 의미한다. 이에 반해 명목변수란 화폐가치로 측정된 변수로서 통화량, 물가, 명목소득 등을 의미한다.

고전적 이분성이란 명목변수의 변화가 실질변수에 영향을 주지 못하고 실질변수는 오직 실질변수에 의해 결정된다는 것이다. 예를 들어 생산물이 시장에서 판매되는 가격 등과 같은 명목변수가 변한다고 해도 생산량이 변하지 않는다. 생산량이 변하기 위해서는 생산과정에 투입되는 생산요소 즉, 실질변수인 노동량과 자본량, 그리고 기술이 변해야 한다. 이러한 특징을 고전적 이분성이라고 부른다. 신고전학파의 고전적 이분성은 이후 신고전학파 계열인 통화주의학파(Monetary School)와 새고전학파(New Classical School) 또는 합리적기대학파(Rational Expectation School)의 기본논리로 계승된다.

대공황(The Great Depression) 이후, 현대의 고전적 이분성의 성립여부는 케인즈학파와 신고전학파 계열 사이에서 총공급 곡선의 기울기 논쟁으로 표현된다. 고전적 이분성이 성립한다면 총공급 곡선은 물가에 의해 영향을 받지 않으므로 산출량에 대해 수직이고 고전적 이분성이 성립하지 않는다면 우상향하는 총공급 곡선이 성립하게 된다.

2.2 _ 세이의 법칙

신고전학파의 두 번째 핵심논리는 세이의 법칙이다. 세이의 법칙은 수요와 공급은 항상 일치한다 즉, 시장은 항상 균형을 달성한다는 것이다. 항상 균형이 달성된다는 논리를 강조하기 위해서 세이(Jean Baptiste Say, 1767~1832)는 공급이 수요를 창출한다고 역설적으로 표현하였다. 세이는 경제학개론(Traite' d'economie politique)를 통해 스미스를 계승한다고 주장하였으나 밀(Mill)에 앞서 효용에 대한 이론을 제시하여 신고전학파의 토대를 마련하기도 하였다.

시장에서 항상 균형이 달성된다는 세이의 법칙이 성립하기 위해서는 몇 가지 요건이 갖추어져 있어야 한다. 우선 시장에서 불균형(disequilibrium, 수요와 공급의 불일치)이 발생하면 불균형을 조정하여 항상 균형이 달성되도록 하는 조정자(adjustment factor)가 필요하다. 신고전학파는 가격변수(price variables)가 이와 같은 조정자의 역할을 수행한다고 보았다. 생산물시장의 불균형은 생산물의 가격에 의해 조정되고 노동시장의 불균형은 노동의 가격인 임금(wage)에 의해 조정된다. 자본시장은 이자율(interest rate)에 의해 조정된다. 만일 초과수요가 발생하면 가격이 상승함으로써 균형이 달성되고 초과공급이 발생하면 가격이 하락함으로써 균형이 달성된다.

두 번째 요건은 조정자인 가격변수의 신축성(flexibility of price variables)이다. 시장에서 불균형이 발생할 때 조정자 즉, 가격변수가 빠르게 조정되어 균형을 찾아가야 한다. 가격이 경직적이라면 불균형이 존재해도 불균형을 해소할 수 없으므로 균형으로 돌아가지 못한다. 가격에 의해 조정이 이루어진다고 해도 가격 조정속도가 매우 느리다면 비록 균형이 달성된다 해도 항상 균형상태에 있다고 말할 수 없다. 조정자의 존재와 조정자의 가격변수의 신축성 여부는 세이의 법칙이 성립할 수 있는 지 아니면 성립할 수 없는지를 가늠하는 핵심이다. 가격경직성과 가격신축성이 이후, 케인즈학파와 신고전학파 계열의 학파를 구분하는 핵심이 된 이유이다.

2.3 _ 자유방임주의

세이의 법칙이 성립한다면 시장은 항상 균형 상태에 있으므로 자원배분은 항상 효율적으로 이루어진다. 자원배분이 항상 효율적이라면 정부가 시장에 개입할 여지가 없으므로 고전학파가 핵심적으로 주장했던 자유방임주의를 계승하게 된다.

3. 케인즈학파(Keynesian School): 거시경제학의 시작

1930년대의 세계대공황(1929~1939)은 전세계에 커다란 영향을 미쳤다. 당시, 선진국에 해당하는 유럽 및 미국뿐 아니라 전세계 모든 국가가 커다란 충격에 휩싸였다. 심지어 일본의 식민지였던 우리나라마저도 대공황의 여파를 겪었으니 다른 국가들은 말할 필요도 없을 것이다. 대공황은 전세계 국가의 경제 및 정치, 사회뿐 아니라 경제학의 발전에도 큰 변화를 초래하였다. 기존 경제학의 주류를 이루었던 신고적학파 이론에 대한 회의론이 대두되고 새로운 대안으로써 케인즈의 거시경제학이 각광을 받기 시작하였다.

대공황의 상황은 극심한 경기침체의 장기화로 전세계적 침체로 정리될 수 있다. 대공황의 이러한 현상들은 항상 시장균형이 달성되는 세이의 법칙이 성립하는 신고전학파 논리로는 설명할 수 없는 현상이었다. 대공황을 계기로 신고전학파의 자유시장 원리에 대한 의문이 제시되고 대공황 같은 현실을 설명할 수 있는 새로운 이론 체계를 필요로 하였다.

케인즈(J. M. Keynes)는 일반이론(The General Theory of Employment, Interest, and Money, 1936)을 통해 수요와 공급이 항상 일치한다는 신고전학파의 핵심원리인 세이의 법칙을 부정하고 시장에서 초과공급이나 초과수요와 같은 불균형은 일반적인 현상일 수 있음을 지적하였다.

이는 신고전학파가 주장했던 가격기구에 의한 시장조절이 불완전하다는 것을 의미한다. 시장의 가격조정 메커니즘(price adjustment mechanism)에 따른 자원배분이 비효율적인 자원배분 즉, 시장실패로 나타날 수 있음을 의미한다. 따라서 케인즈는 시장기구에 의존하는 자유방임주의를 포기하고 정부가 개입하는 자원배분의 조정이 필요하다고 주장하였다. 물론, 케인즈가 주장하는 불균형이론에 대해 여러 가지 해석이 가능하다. 시장은 원래 불균형한 상태라는 극단적인 해석에서부터 시장은 자동적으로 균형으로 복귀하려는 성질을 가지지만 가격의 경직성으로 인해 조정시간이 많이 소요되므로 균형으로 복귀되는 과정인 불균형한 상황에서 거래가 이루어지는 것이 일반적이라는 해석까지 다양하다. 케인즈학파의 주류를 형성한 정통 케인즈학파는 후자의 논리를 따른다.

케인즈의 정책개입주의는 이후 힉스(Hicks), 한센(Hansen), 사뮤엘슨(Samuelson) 등으로 이어졌다. 케인즈의 가격경직성 이론을 균형이론과 통합함으로써 IS-LM모형으로 케인즈이론을 체계화하였고 틴버겐(Tinbergen) 등 계량경제학자들에 의해 실증분석에 필요한 계량거시모형이 만들어져 거시경제의 대한 분석이 이루어졌다. 케인즈학파의 특징은 다음과 같다.

3.1 _ 가격경직성(price rigidity)

케인즈는 노동자의 화폐환상을 가정함으로써 총공급곡선이 우상향하고 임금의 경직성과 가격의 경직성이 나타난다고 주장하였다. 케인즈학파는 가격경직성이 존재하기 때문에 시장균형이 달성되기 어렵고 불완전고용 하의 균형국민소득분석(under-employment equilibrium national income analysis)에 초점을 두었다.

3.2 _ 불완전고용과 비자발적 실업

케인즈는 화폐환상을 가정함으로써 비자발적 실업이 존재할 수 있고 나아가 명목임금의 하방경직성에 의한 대규모 실업을 동반한 장기간의 불황이 나타날 수 있다고 주장하였다.

3.3 _ 적극적 정부개입주의

고전적 이분성과 세이의 법칙에 근거한 신고전학파에게서는 정부개입이 없는 시장균형이 항상 효율적 자원배분으로 달성된다. 그러나 케인즈의 화폐환상에 의한 물가의 경직성이 존재한다면 세이의 법칙에 따른 효율적 자원배분이 불가능하다. 따라서 중립적 지위의 정부가 개입할 여지가 존재하게 된다. 더욱이 정부의 정책변화가 총수요에 영향을 미칠 수 있다면 정부개입을 통해 효율적으로 자원배분을 달성해 줄 수 있다. 따라서 시장실패에 대한 대안으로 적극적인 정부의 시장개입을 주장하게 되었다.

케인즈는 경기침체의 원인을 총수요 감소에서 찾았고 가격경직성에 의해 균형회복이 어려워지므로 경기침체가 장기화될 수 있다고 주장한다. 따라서 정부가 재정정책과 통화정책을 통해 총수요를 조정함으로써 경기회복이 가능하고 나아가 침체를 완화할 수 있다고 주장한다. 특히, 케인즈학파는 높은 화폐수요의 이자율 탄력성과 낮은 투자의 이자율 탄력성이라는 논리를 이용하여 통화금융정책에 비해 재정정책이 훨씬 효과적인 총수요관리정책이라고 보았다.

3.4 _ 실업과 인플레이션의 역관계

총공급곡선이 우상향하고 총수요에 의해 경기변동이 발생한다면 산출량과 물가 사이에 양(+)의 관계가 나타난다. 산출량과 물가 사이에 양의 관계가 존재한다는 이들의 논리는 필립스가 발견한 필립스곡선(Phillips curve)에 의해 정당화되었다. 필립스는 실증분석을 통해 실업률과 인플레이션 사이에 상충관계(trade-off relation)가 존재한다는 것을 보임으로써 케인즈의 논리를 실증적으로 증명하였다.

2차 세계대전 이후, 세계경제는 그 이전의 역사에 비해 괄목할만한 성장을 이루었고 그에 따라 경제생활 수준도 높아졌다. 또한 이 시기에는 케인즈의 총수요관리정책이 정부정책의 근간을 이루게 되었다. 적극적인 정부의 개입과 경제의 호황은 케인즈학파의 적극적인 개입주의의 정당성을 확보하는데 주요한 근거가 되었다. 또한 2차 세계대전 이후에 형성된 냉전과 경제성장의 그늘에 가려진 빈부격차의 심화는 정부의 적극적 개입을 초래할 수 있는 또 다른 근거가 되었다.

그러나 1970년대 초에 발생한 스태그플레이션(stagflation)은 케인즈학파의 주장 역시 항상 옳은 것은 아님을 보여주었다. 스테그플레이션이란 물가가 상승(inflation)함에도 불구하고 경기침체(stagnation)가 발생하는 현상으로 산출량 변동과 물가변동 사이에 양(+)의 관계가 존재한다는 케인즈학파의 주장과 배치되는 결과이다. 이후, 점차 케인즈학파의 이론은 쇠퇴하고 신고전학파 계열의 통화주의학파와 새고전학파가 거시경제학의 중심 흐름으로 떠올랐다.

4. 통화주의학파(Monetary School): 신고전학파의 변신

1950년대와 1960년에 걸쳐 당시 주류경제학이었던 케인즈학파의 철학과 이론체계에 대해 도전이 시카고대학을 중심으로 한 자유주의자(liberalist)들에 의해 이루어졌다. 프랭크 나이트(F. Knight), 헨리 사이먼(H. Simon), 밀턴 프리드먼(M. Friedman) 등은 최소정부론을 주장하면서 경제와 정치에 있어서 개인의 자유와 시장원리의 중요성을 강조하였다. 이들 자유방임의 현대적 주창자(modern apostles of laissez-faire)를 통화주의학파 또는 시카고학파(Chicago School)이라고 불렀다.

통화주의학파는 단기에 불완전정보에 의한 불완전예측과 이론 인한 가격경직성이 나타날 수 있다는 케인즈학파의 주장을 수용하였다. 그러나 장기에는 경제주체들이 가격에 대한 완전한 정보를 가지고 완전예측이 이루어지므로 가격은 신축성을 가지게 된다고 보았다.

이들은 적응적기대(adaptive expectation)를 이용하여 단기의 가격경직성과 장기의 가격신축성을 설명하였다. 의사결정 과정에서 경제주체의 기대가 중요한 역할을 한다는 것을 알려줌으로써 기대에 대한 중요성을 거시경제학 전면에 부각시킨 것은 통화주의학파의 공헌 중 하나이다.

단기에 가격경직성이 존재하므로 총공급곡선은 우상향하지만 장기에는 가격이 신축적이므로 총공급곡선은 수직선이다. 따라서 총수요변동이 발생할 경우, 단기에는 산출량의 변동이 발생하지만 장기에는 균형수준으로 복귀하게 된다. 따라서 케인즈학파에서 주장하는 불균형상태에서의 균형국민소득변화는 단기에만 나타나는 일시적인 현상이고 장기에는 항상 균형이 달성되게 된다. 따라서 정부가 총수요를 조정하는 총수요관리정책을 시행한다고 해도 정책효과는 단기에만 나타날 뿐이며 장기에는 정책의 효과가 나타나지 않는다.

케인즈학파는 총수요관리정책으로 통화정책에 비해 재정정책이 우월하다고 주장하였다. 반면, 통화주의학파는 총수요관리정책의 단기적인 효과는 인정하였으나 이 경우 역시 재정정책보다는 통화정책이 우월하다고 주장하였다. 프리드먼은 화폐정책이 비록 재정정책보다 우월하기는 하지만 정책당국이 방만하게 정책을 운용해서는 안된다고 경고하였다. 프리드먼은 화폐헌법(monetary constitute)과 같은 규정을 만들어서 규정에 따른 정책운영이 이루어져야 한다고 강조하였다. 프리드먼은 통화공급량을 조정하는 규칙으로 k%준칙(k% rule)이라는 통화준칙을 제시하기도 하였다. 통화주의학파인 토빈(Tobin)과 모딜리아니(Modigliani) 등으로 대표되는 재정학파(fiscalist) 사이에서 통화정책의 우월성에 대한 격렬한 논쟁이 벌어졌다. 이러한 정책논쟁을 F-M논쟁이라고 하며 1950년대와 60년대의 대표적인 논쟁 중 하나이다. 물론, F-M논쟁과 더불어 또 하나의 대표적인 논쟁은 자본논쟁 또는 자본집계논쟁이 있다.

이러한 논리에 기반한 통화주의학파는 정부의 적극적 개입정책에 반대하고 시장중심 정책을 사용하여야 한다고 주장하였다. 프리드먼은 자본주의와 자유(Capitalism and Freedom, 1962)라는 저서에서 임금-물가 가이드라인 정책 등 경제정책뿐 아니라 교육제도 및 의료제도와 같은 사회보장제도 전반에 관한 정부개입의 폐단을 비판하였다.

1970년대 초부터 전세계적으로 물가상승이 지속되면서 경기가 침체되는 스태그플레이션(stagflation) 현상이 발생하였다. 이미 언급하였듯이 필립스 곡선으로는 설명할 수 없는 현상으로 케인즈학파는 중대한 이론적 위기를 맞게 되었다. 당시의 많은 경제학자들은 스태그플레이션 현상을 이론적으로 규명하려고 하였다.

프리드먼은 1967년 미국경제학회 회장직 수락연설을 통해 실업률과 물가상승률 사이에 역(−)의 관계가 존재한다는 필립스곡선은 단기적으로 나타나는 현상이며 장기적으로는 필립스곡선이 수직이 되어 물가 상승정책 즉, 경기부양정책을 통한 실업감소의 효과가 발생하지 않는다는 자연실업률 가설(Natural Unemployment Hypothesis)를 주장하였다.[11] 이 주장은 당시 경제학자들에게 중대한 영향을 미쳤다. 물가의 예측과 관련된 필립스곡선의 확장 논리는 루카스(Lucas)가 합리적기대이론을 통한 새고전학파 이론을 형성하는 토대가 되었다.

11 M. Friedman, "The Theory of Monetary Policy", American Economic Review, 1968

5. 새고전학파(New Classical School)

스태그플레이션은 1930년대부터 1960년대까지 거시경제학의 주류를 형성해 온 케인즈학파의 거시경제이론에 대한 근본적인 회의를 불러일으키기에 충분하였다. 특히, 필립스곡선을 둘러싼 논쟁은 경제학자들에게 기대이론의 중요성을 인식시킨 계기가 되었다.

1961년 무스(J. Muth)에 의해 처음 소개된 합리적기대(rational expectation)가 1970년대에 이르러 루카스(R. Lucas)에 의해 거시경제이론에 본격적으로 적용되었다. 케인즈학파는 고전학파의 완전예측에 기반한 가격신축성을 부정하기 위해 불완전정보에 기반한 노동자의 화폐환상을 가정하였다. 이에 대응하여 새고전학파는 고전학파의 완전정보에 의한 완전예측 대신에 "이용가능한 모든 정보(all available information)"를 이용하여 예측하는 합리적기대를 통한 예측을 제시하였다.

루카스는 1973년 논문을 통해 합리적기대를 이용한 필립스곡선을 유도하였다.[12] 그는 분리된 섬모형을 통해 경제전체에 영향을 주는 알려진 총체적 충격과 특정 시장에만 영향을 미치는 알려지지 않은 개별 충격이 존재하는 경제에서 합리적기대에 의해 물가를 예측하는 경제주체들의 의사결정을 분석함으로써 필립스곡선의 기울기는 총체적 충격과 개별 충격의 상대적인 크기에 의해 결정된다고 주장하였다. 루카스의 연구결과에 따르면 알려진 충격이 비중이 크다면 필립스곡선은 수직에 가깝고 알려지지 않은 개별 충격이 큰 경우 필립스곡선은 실업률과 인플레이션 사이에 상충관계가 존재한다. 총수요가 상대적으로 안정적인 국가는 가격변화가 거의 상대가격 변화이므로 정부정책에 의해 총수요가 변동했을 때 단기에 산출량 증가효과가 있지만 총수요가 상대적으로 불안정한 국가의 경우 가격변화가 총체적 물가수준의 변화이므로 산출량의 변동은 없고 물가만 상승한다.

따라서 총수요관리정책은 정부가 특정 개별주체에게만 유리한 상대적인 가격변화가 발생했다고 착각하도록 속일 때만 효과가 있게 된다. 따라서 정부가 정책을 모두 알려주어서 자신에게만 특별히 유리한 가격변화가 생겼다는 착각을 하지 않는다면 단기에도 총수요관리정책은 산출량에 영향을 미치지 못한다.

이후, 합리적기대이론은 루카스-사전트-왈라스-배로 등에 의해 민간 경제주체들이 인지하는 정부정책은 효과가 없다는 정책무용성 명제(policy ineffective proposition)로 발전함으로써

12 Lucas, R. E.(1973), "Some International Evidence on Output-Inflation Tradeoffs", American Economic Review, 63(3), 326-334

케인즈학파의 적극적 개입주의를 비판하였다. 합리적기대를 이요한 새고전학파 이론은 신고적학파의 시장기능에 기반한 시장경제와 자유방임주의를 강조함으로써 신고전학파의 부활이라고 불렸다.

케인즈학파는 총량변수에 의한 소득 순환 모형을 이용하여 거시경제학을 분석하였다. 그러나 새고전학파는 합리적기대에 의해 합리적 의사결정을 하는 경제주체들의 미시적 의사결정에 기반하여 총량화된 거시변수들을 분석하였다. 거시경제학의 미시적기초(microeconomic foundation of macroeconomics)를 강조함으로써 균형상태에서 거시경제학을 분석하는 시장균형접근법을 주장하였다.

새고전학파는 케인즈학파와는 달리 가격의 신축성을 가정하고 있고 경제주체들의 합리적 의사결정에 기반한 시장경제를 가정하고 있다. 따라서 시장은 항상 균형을 달성한다는 세이의 법칙이 성립하고 가격이 신축적이므로 명목변수의 변화가 실물변수에 영향을 주지 못한다는 고전적 이분성이 존재한다.

경기침체와 같은 경기변동 현상은 케인즈학파의 주장과는 달리 알려지지 않은 충격에 의해 발생하는 일시적인 균형에서 이탈한 현상에 불과하다. 경제주체들은 합리적기대에 의해 충격에 대한 정보를 수집하여 합리적으로 의사결정함으로써 자동적으로 균형으로 복귀하게 된다.

새고전학파는 경제주체들의 최적행동에 따른 시장의 자동조절기능을 신뢰하고 자유 경쟁균형 즉, 시장기능의 역할을 강조함으로써 적극적 개입주의를 반대하고 자유방임주의를 지지하였다. 정부의 경제적 역할은 시장에 직접 개입하는 것이 아니라 시장의 기능이 보다 효율적으로 작동하도록 제도를 정비하거나 행정적 절차를 정비하는 것이라고 주장한다.

6. 새케인즈학파(New Keynesian School): 케인즈학파의 변신

새케인즈학파는 맨큐(G. Mankiw), 피셔(S. Fisher), 블랑샤드(O. Blanchard) 등에 의해 케인즈학파의 전통을 계승한 학파이다. 이들은 합리적기대학파의 합리적기대가설을 인정하면서도 현실에서 존재하는 다양한 가격경직성 요인의 존재여부를 미시적 측면에서 증명하였다.

임금경직성을 제시한 모형으로는 효율적 임금모형, 장기계약모형, 태만방지모형 등이 있다. 재화시장의 가격경직성을 제시한 모형으로는 준합리적 행동모형, 메뉴비용 모형 등을 제시함으로써 합리적 경제주체들이 합리적 의사결정을 하는 과정에서 현실적으로 존재하는 가격경직성 현상을 유효하게 설명하였다. 만일 시장에서 가격경직성이 존재한다면 케인즈학파의 주장처럼 총공급곡선은 우상향하여 고전적 이분성이 성립하지 않으므로 총수요를 조절하는 총수요관리 정책이 효과적으로 경제에 영향을 미칠 수 있다. 또한 이들은 복수균형과 시장에서 가격조정실패를 모형화함으로써 장기 경기침체의 가능성을 논증함으로써 정부의 시장개입이 정당하다는 것을 입증하고자 하였다. 이들은 미시적 분석을 통해 현실적으로 가격경직성이 존재할 수 있음을 논증하는데에는 성공하였으나 아직까지는 시장 일부의 단기 경직성을 보이는데 그쳐 거시적으로 큰 성과를 얻었다고 평가하기 어렵다.

7. 각 학파별 주요 비교

7.1 _ 고전학과 vs. 케인즈학파

앞에서 언급한 바와 같이 고전학파의 대표학자는 스미스(A. Smith), 리카르도(D. Ricardo), 마샬(A. Marshall), 밀(J. S. Mill), 왈라스(L. Walras), 피구(A. C. Pigou) 등이 있다. 또한 케인즈학파의 대표학자는 사무엘슨(P. Samuelson), 토빈(J. Tobin), 힉스(J. Hicks), 솔로우(R. Solow), 한센(A. Hansen), 모딜리아니(F. Modigliani) 등이 있다.

먼저, 노동시장을 살펴보자. 고전학파는 노동의 가격인 임금이 완전 신축적이라고 보았다. 또한 화폐환상은 존재하지 않으며 노동수요는 실질임금의 함수라고 보았다. 노동공급은 실질임금의 함수로 보았다. 완전고용 산출량 수준에서는 자발적 실업만 존재하게 된다. 반면 케인즈학파는 임금의 하방경직성이 존재한다고 보았다. 또한 화폐환상이 존재하며 노동수요는 실질임금의 함수이지만 노동공급은 명목임금 또는 예상실질임금의 함수라고 보았다. 따라서 불완전고용이 일반적이므로 비자발적 실업이 존재한다고 보았다.

고전학파는 실업의 원인으로는 노동시장의 불완전성, 노동조합의 존재, 실업보험제도와 같은 제도적 요인에서부터 기인한다고 보았다. 따라서 노동시장을 경쟁적으로 만들고 제도적인 요인들을 개선하면 완전고용이 가능할 것으로 보았다. 그러나 케인즈학파는 유효수요의 부족으로 보았다. 따라서 유효수요를 증가시켜 실업을 줄여야 한다고 보았다.

고전학파는 생산물시장에서 항상 균형이므로 IS곡선은 하나의 점으로 나타난다고 보았으므로 저축과 투자는 이자율에 탄력적이라고 보았으며 세이의 법칙인 공급이 수요를 창조하므로 항상 균형상태에 존재한다고 보았다. 그러나 케인즈학파는 IS곡선은 급경사이므로 저축과 투자는 이자율에 비탄력적이라고 보았다. 따라서 유효수요의 원리인 수요가 공급을 결정한다고 보았다.

고전학파는 화폐시장에서 화폐의 기능은 교환의 매개수단으로 보았다. 화폐수량설 MV= PY에 의해 화폐공급이 된다. 이자율은 투자와 저축에 의해서 결정되는데 이를 실물적 이자론이라고 한다. LM곡선은 수직선이다. 따라서 화폐수요의 이자율탄력성은 0이 된다. 그러나 실물시장과 화폐시장의 이분화에 의해 화폐의 중립성이 성립한다. 그러나 케인즈학파는 화폐의 기능을 가치 저장 수단으로 보았다. 유동성 선호설로 이자율의 결정원리 설명하였는데 이자율은 화폐수요와 공급에 의해서 결정된다. LM곡선은 완만하므로 화폐수요의 이자율탄력성 큰 것으로 보았다. 따라서 실물시장과 화폐시장이 상호 연결되어 있는 것으로 보았다.

총수요곡선 측면을 살펴보자. 고전학파는 MV=PY에서 $P = \frac{1}{V}\frac{M}{Y}$로 도출한다. 이는 우하향하는 직각쌍곡선의 형태이다. AD곡선의 이동요인은 LM곡선의 이동은 순전히 통화량의 변화에 의해 발생한다고 보았다. 반면 케인즈학파는 IS-LM모형에서 AD곡선을 도출한다. 일반적으로 우하향하는 형태이며 AD곡선의 이동요인은 IS-LM곡선의 이동에 의해 결정된다. 따라서 통화량, 정부지출, 조세, 독립투자, 독립소비, 순수출 등의 변화가 일어나면 AD곡선은 이동한다.

총공급곡선 측면에서 보면 고전학파는 완전고용국민소득 수준에서 수직의 형태를 나타낸다고 보았으나 케인즈학파는 우상향한다고 보았다.

재정정책의 효과에서 고전학파는 완전구축효과가 발생하므로 재정정책의 효과는 없는 것으로 보았다. 그러나 케인즈학파는 효과가 강력하다고 보았다. 금융정책에서 고전학파는 화폐의 중립성이 존재하므로 실질변수를 변동시키지 못하는 것으로 보았으나 케인즈학파는 금융정책의 효과가 미약하다고 보았다.

경제의 안정성 측면에서 보면 고전학파는 안정적이라고 보았으나 케인즈학파는 불안정한 상태로 인식하였다. 따라서 고전학파는 정부가 개입하는 것을 반대하였으나 케인즈학파는 적절한 개입주의를 선호하였다.

저축의 측면에서 보면 고전학파는 저축은 미덕이라고 본 반면 케인즈학파는 절약의 역설에 의해 소비가 미덕이라고 보았다.

인플레이션에 있어 고전학파는 원인을 수요견인 인플레이션으로 보았다. 과다한 통화량

증가때문에 LM곡선 우측으로 이동한다고 보았다. 비용인상 인플레이션은 발생하지 않는 것으로 보았다. 그러나 케인즈학파는 수요견인 인플레이션에 의해 IS곡선이 우측으로 이동한다고 보고 임금인상, 공급충격 등에 의한 비용인상 인플레이션도 일어난다고 보았다. 고전학파는 적절한 통화량의 공급으로 인플레이션은 사라질 것으로 보았다. 그러나 케인즈학파는 총수요억제에 의해 수요견인 인플레이션을 조절할 수 있으며 소득정책에 의해 비용인상 인플레이션도 조정가능한 것으로 보았다.

필립스곡선에 대해서 고전학파는 AS곡선이 수직이므로 필립스곡선도 수직으로 보았으나 케인즈학파는 우하향하며 안정적으로 보았다.

7.2 _ 케인즈학파 vs. 통화주의학파

케인즈학파의 대표학자는 앞에서 언급한 사무엘슨(P. Samuelson), 토빈(J. Tobin), 힉스(J. Hicks), 솔로우(R. Solow), 한센(A. Hansen), 모딜리아니(F. Modigliani)이며 통화주의학파는 프리드먼(M. Friedman), 브루너(K. Brunner), 멜쳐(A. Meltzer), 라이들러(D. Laidler), 슈바르츠(A. Schwartz) 등이 있다.

소비함수에 있어 케인즈학파는 소비는 가처분소득의 증가함수로 보았으나 통화주의학파는 항상소득의 증가함수로 보았다.

투자에 있어 케인즈학파는 투자의 이자율탄력성이 작다고 보았으므로 IS곡선이 급경사를 이룬다고 보았다. 따라서 IS곡선이 불안정적이라고 보았다. 그러나 통화주의 학파는 투자의 이자율탄력성이 크기 때문에 IS곡선은 완만하다고 보았으며 안정적이라고 보았다.

화폐수요에 있어 케인즈학파는 화폐수요의 이자율탄력성이 크기 대문에 LM곡선은 완만하며 불안정하다고 보았다. 그러나 통화주의학파는 화폐수요의 이자율탄력성이 작기 때문에 LM곡선은 급경사를 이루며 안정적이라고 보았다. 따라서 금융정책에 있어 케인즈학파는 효과가 미약하다고 보았으나 통화주의 학파는 단기적으로는 효과적이나 장기적으로 효과가 없다고 보았다. 즉 물가와 명목임금만 상승할 뿐이라고 보았는데 이는 화폐의 중립성에서 기인한다. 이에 대한 대안으로 k%준칙정책으로 경제안정화를 도모할 수 있다고 보았다.

금융정책의 전달경로에 대해 케인즈학파는 통화량 변화가 이자율을 통해 간접적으로 국민소득에 영향을 준다고 보았다. 즉, M↑→r↓→I↑→Y↑의 관계가 성립한다고 보았으나 통화주의학파는 통화량변화가 직접 총수요를 증가한다고 보았다. 즉, M↑→ 지출증가 PY↑에 의해 명목국민소득에 직접적으로 영향을 준다고 보았다. 따라서 금융정책의 케인즈학파는 이자율을 사용해야 한다고 주장하였으나 통화주의학파는 통화량을 지표로 사용해야 한다고 주장하였다.

재정정책에 있어 케인즈학파는 효과가 강력하며 재량적인 재정정책으로 경제안정화를 도모하는 것이 바람직하다고 보았으나 통화주의학파는 구축효과에 의해 별로 효과가 없다고 보았다. 따라서 균형재정과 작은 정부가 바람직하다고 강조하였다.

노동시장에 있어 케인즈학파는 노동수요는 실질임금의 함수이며 노동공급은 명목임금의 함수(케인즈) 또는 예상실질임금의 함수(케인즈학파)라고 보았다. 그러나 통화주의학파는 노동수요는 실질임금의 함수이고 노동공급은 예상실질임금의 함수로 보았다.

총공급곡선에 있어 케인즈학파는 우상향한다고 보았다. 우상향하는 총공급곡선에 의해 필립스곡선은 우하향하며 재량정책의 당위성을 강조하였고 자연실업률가설을 수용하였다. 그러나 통화주의학파는 단기에는 총공급곡선이 우상향하므로 단기 필립스 곡선도 우하향한다고 보았으며 장기에는 수직이므로 장기 필립스 곡선도 수직이라고 보았다. 따라서 자연실업률가설이 성립한다.

실업 및 인플레이션에 관한 견해를 보면 케인즈학파는 실업문제가 보다 중요하다고 보았으나 통화주의학파는 인플레이션 문제가 보다 중요하다고 보았다.

경제의 안정성 측면에서 케인즈학파는 불안정하므로 적절한 정부개입이 필요하다고 보았다. 이러한 경제의 교란요인은 투자의 불안정성에서 기인하며 이는 실물부문으로 연결된다고 보았다. 그러나 통화주의학파는 화폐부문의 과도한 통화량의 변화만 없다면 경제는 안정적이므로 정부가 개입하지 말아야 한다고 보았다. 따라서 정책기조 측면에서 케인즈학파는 재량적 안정화정책을 취해야 하는데 이에 대한 근거로 구입효과와 재정적 견인을 강조하였다. 그러나 통화주의학파는 준칙에 입각한 금융정책(k% rule)을 사용하여야 하고 안정화정책을 사용하면 구축효과가 발생하므로 자동안정화 장치를 강조하였다.

7.3 _ 새고전학파 vs. 새케인즈학파

새고전학파는 시장청산에 대해 시장청산모형은 선택하나 새케인즈학파는 비시장청산모형을 선택하였다. 가격변수의 신축성 측면에서 새고전학파는 매우 신축적이라고 보았으나 새케인즈학파는 비신축적이라고 본다.

시장형태 측면에서 새고전학파는 완전경쟁시장이므로 개별 기업을 가격수용자로 보았으나 새케인즈학파는 불완전경쟁시장이므로 개별기업을 가격설정자로 보았다. 안정화정책 측면에서 새고전학파는 정책무력성정리에 의해 효과가 없다고 보았으나 새케인즈학파는 단기적으로 효과적으로 보고 있다.

경기변동에 대해 새고전학파는 공급측 충격으로 경기변동이 발생하나 새케인즈학파는 수요측 충격으로 경기변동이 일어난다고 보았다.

이 두 학파간 공통점은 합리적기대이론을 받아들이고 있으며 미시경제학 토대 위에서 이론을 전개하고 있다. 앞에서 다룬 새고전학파의 이론을 간단히 살펴보면 다음과 같다. 먼저 루카스 공급함수를 도입한다.

$$Y^s = Y_N + \alpha(P - P^e),\ \alpha > 0$$

따라서 물가예상이 정확하면 단기 총공급곡선이 수직, 물가예상이 부정확하면 우상향하는 총공급함수가 도출된다.

정책무력성 정리에 의해 예상된 정책은 단기적으로 효과를 낼 수 없다고 보고 있다. 재량적인 안정화정책에 대한 입장을 보면 예상되지 못한 정책은 단기적으로 효과를 낼 수 있으나 예상치 못한 정책을 실시하면 정부신뢰도가 감소하고 경제의 불확실성 증폭으로 바람직하지 않은 결과를 초래할 수 있다.

최적정책의 동태적 비일관성은 정부가 각 상황에서 최적의 정책을 실시하더라도 장기적으로 보면 재량적인 최적정책은 일관성을 상실하게 되므로 재량적인 정책보다는 준칙에 입각한 정책이 바람직하다고 보았다.

루카스비판이란 경제상황과 관계없이 소비성향, 투자성향 등 각종 변수들이 일정하다는 가정하에서 이루어진 분석은 타당하지 않다는 주장이다. 정책효과를 정확히 예측하기 위해서는 정책변화에 따른 경제구조 변화를 고려하여 정책을 수립하고 집행하여야 한다는 것이다.

새케인즈학파의 연구방향은 재화시장, 노동시장 등에서 시장청산 가정이 성립하지 않음을 미시경제학 토대 에서 입증하는데 주력하고 있다. 따라서 시장청산의 가정이 성립하지 않으면 정책무력성 정리가 성립하지 않는다.

임금의 경직성은 다음과 같은 이론에 의해 설명한다.

(1) 효율성 임금이론: 효율성 임금은 시장의 균형임금보다 높은 수준

(2) 내부자-외부자이론: 내부자들은 임금소득 극대화를 추구 → 이력현상 발생

(3) 암묵적 계약이론: 노동자들은 위험기피적이므로 낮은 임금을 수용 → 임금이 경직적

(4) 장기계약이론: 장기계약을 하게 되면 임금이 경직적

가격의 경직성은 다음과 같은 이론에 의해 설명된다.

(1) 조정실패모형: 기업들이 가격조정을 실패하면 가격이 경직성을 나타냄
(2) 중첩가격모형: 가격이 약간씩만 조정되면 장기간 재화시장이 불균형
(3) 메뉴비용이론: 메뉴비용이 크면 기업은 가격조정을 포기 → 가격이 경직적

이자율의 경직성에 있어 이자율을 인상하면 위험이 높은 차입자만 차입하려는 역선택 발생하는데 이는 신용할당으로 설명될 수 있다.

정책효과에 관한 견해를 보면 시장청산이 이루어지지 않는 경우에는 정책무력성 정리가 성립하지 않으며 예상된 정책도 단기적으로 효과를 나타낼 수 있다고 본다.

7.4 _ 공급경제학

공급경제학에서는 각종 세율을 인하하면 저축과 투자(자본)의 증가로 총공급이 증가하므로 물가안정과 완전고용이 달성 가능하다. 총공급증가로 국민소득이 증가하면 세율이 낮더라도 더 많은 조세수입확보가 가능하다.

세율과 경제행위에 초점을 두고 있다. 개인들은 납세 후 수익률에 의존한다. 따라서 다음과 같은 3가지 관계가 존재한다.

- 근로소득세율이 낮아지면 세후실질임금이 증가하여 노동공급이 증가한다.
- 이자소득세율이 낮아지만 세후실질수익률이 증가하여 저축이 증가한다.
- 법인세율이 낮아지면 세후실질투자수익률이 증하가여 투자가 증가한다.

래퍼곡선은 세율과 조세수입의 관계를 나타내는 곡선이다. 따라서 세수가 극대화되는 세율을 찾기 어려우며 실증적으로 검증되지 못한다는 문제점이 존재한다.

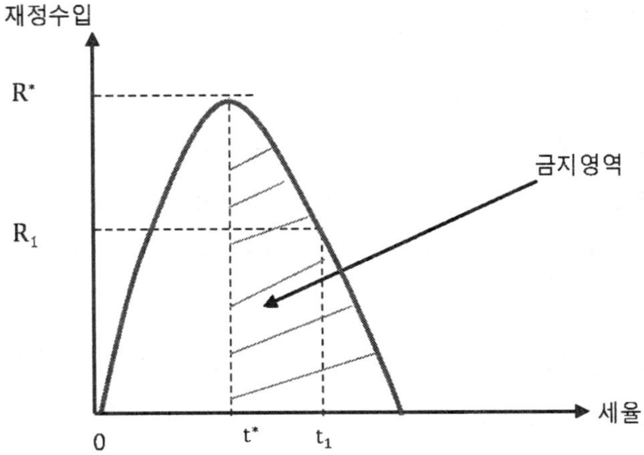

그림 11.2 세율과 조세수입

세율이 t^*보다 낮은 수준일 때는 세율인상 시 조세수입이 증가하나 세율이 매우 높은 수준일 때 세율인상이 조세수입을 오히려 감소시킨다.

<부록> 새고전학파 모형

앞에서 소비, 투자, 화폐와 같은 미시적 기초이론을 살펴보았고, 케인즈학파 거시모형과 이에 기반을 둔 거시체계를 이용한 거시정책의 경제적 효과에 대해 살펴보았다. 이제 지금까지 살펴본 케인즈학파 경제이론과 거시모형을 간단히 정리하고, 새고전학파의 균형 거시모형을 살펴보자.

새고전학파 모형은 경제주체들의 합리성을 전제하고 있다. 합리적인 경제주체들은 현재뿐 아니라 예측가능한 미래까지도 고려하여 의사결정을 한다. 따라서 개인은 현재뿐 아니라 미래까지 고려하여 소비와 노동공급을 결정한다. 소비의 시점간 효용극대화에 대한 내용은 이미 살펴보았으므로 본장에서 노동공급의 시점간 효용극대화 문제를 추가로 살펴볼 것이다. 새고전학파 모형의 또 다른 특징은 가격의 신축성을 가정하고 있다는 것이다. 가격이 신축적이므로 화폐의 중립성과 고전전 이분성이 성립하고, 나아가 세이의 법칙이 성립한다고 가정한다.

이런 특징을 고려하여 생산물시장과 노동시장, 자본시장을 통해 실물시장의 균형이 어떻게 달성되는 지에 대해 살펴보자. 또한, 가격이 신축적일 때 화폐시장의 균형을 통해 물가가 어떻게 결정되는 지에 대해 살펴보자. 새고전학파 거시경제 체계를 이용하여 실물충격이 발생했을 때, 경제에 어떤 영향을 미치는 지에 대해 적용해보자.

1. 새고전학파 모형의 개요

1.1 _ 케인즈학파의 거시 체계

케인즈학파의 거시모형은 다음의 특징을 갖는다. 첫째, 세이의 법칙(Say's Law)이 성립하지 않는다. 소득은 소비와 저축으로 구성되어 있고, 현재소비는 현재 가처분소득의 함수이다. 따라서 현재 저축 역시 현재 가처분소득의 함수이다. 자본의 공급인 저축이 가처분소득의 함수이고, 자본의 수요인 투자는 이자율의 함수이므로, 자본시장에서 초과수요나 초과공급과 같은 불균형이 발생했을 때 신속히 조정되어 항상 균형이 달성된다는 보장을 할 수 없다. 케인즈학파는 경제주체들이 소비를 결정할 때 생애에 걸쳐로 합리적 의사결정을 하는 것이 아니라, 현재소득에 근거한 근시안적 의사결정을 하게 된다.

둘째, 고전적 이분성(classical dichotomy)이 성립하지 않는다. 그 이유는 노동시장의 화폐환상에 대한 가정과 화폐시장의 유동성 선호설에 근거를 두고 있다. 노동자는 불완전정보에 의해 물가 변화를 제대로 인식하지 못한다. 따라서 명목변수인 물가가 변해 명목임금의 변화가 발생할 경우, 노동자는 명목임금의 변화는 제대로 인식하지만, 물가의 변화를 제대로 인식하지 못하므로 명목임금의 변화를 실질임금의 변화로 착각하는 화폐환상을 갖게 된다. 노동자의 화폐환상을 가정하면, 노동시장에서 명목변수인 물가가 변하지만 실질변수인 고용량과 산출량에 영향을 미친다. 만약, 물가가 상승하여 명목임금이 상승하지만 실질임금이 하락하여도 화폐환상을 가진 노동자는 실질임금이 상승한 것으로 간주하고 노동공급을 증가시킴으로써 고용량이 증가하여 산출량이 증가하게 된다. 즉, 총공급곡선이 우상향한다. 이는 노동자의 화폐환상으로 인해 명목변수가 실질변수에 영향을 미치지 않는다는 고전적 이분성이 성립하지 않을 뿐 아니라, 생산물시장(재화시장)에서 가격경직성과 노동시장에서 임금의 경직성이 존재한다는 것을 보여준다. 또한, 화폐시장에서 투기적 화폐수요를 가정함으로써 통화공급량과 같은 명목변수의 변화가 이자율의 변화를 통해 투자에 영향을 줌으로써 실물인 산출량 변동을 야기한다. 즉, 화폐시장에서 화폐의 중립성이 성립하지 않는다. 화폐시장에서 화폐의 중립성이 나타나지 않고, 이자율의 변화가 발생하는 것은 물가가 경직적이라고 여기기 때문이다.

셋째, 총수요 변동에 의해 경기변동이 발생한다. 케인즈학파의 IS－LM모형과 우상향하는 총공급곡선에 근거한 AD－AS모형은 모두 이런 미시적 토대에 근거하고 있다. 생산물시장의 균형소비는 $Y=C(Y)+I(r)+G$에서 결정되고 IS곡선으로 표현된다. 화폐시장의 균형 이자율은 $\frac{M}{P}=L(r, Y)$에서 결정되고 LM곡선으로 나타난다. 소비가 현재 가처분소득의 함수이므로 독립지출의 변화에 의해 승수효과가 발생하여 총수요를 변화시킬 수 있다. 또한, 화폐시장에서 투기적 화폐수요를 가정함으로써 화폐시장의 변화가 이자율을 통해 생산물시장의 균형소득을 결정한다. 이처럼 수요측면의 균형을 결정하는 핵심적인 논리는 현재 가처분소득의 함수인 소비함수와 이자율의 함수인 투기적 화폐수요에 대한 이론이다. 만약 독립지출이 증가하였다면 총수요가 증가하여 총수요 곡선이 우측으로 이동한다. 총공급곡선이 우상향하므로 총수요가 증가하여 물가가 상승하면 산출량이 증가하게 된다. 이처럼 케인즈학파의 논리에 기반할 경우 산출량과 물가 사이에 양(+)의 관계가 성립한다.

1.2 _ 새고전학파의 균형 거시모형

지금까지 부분적으로 살펴보았던 새고전학파의 거시논리를 보다 자세히 살펴보자.

첫째, 경제주체들의 합리적기대(rational expectation)에 의한 합리적 의사결정을 한다. 합리적기대에 의해 합리적으로 의사결정하는 개인은 현재뿐 아니라 평생효용을 극대화하는 경제적 선택을 한다. 또한, 현재 발생하는 현상만 고려하지 않고, 미래에 이뤄질 수 있는 예측 가능한 모든 것을 고려하여 의사결정한다. 앞에서 살펴보았듯이 평생효용을 극대화하는 개인의 소비를 분석한 모형이 항상소득가설 및 평생소득가설 등이 있다. 이러한 종류의 소비이론이 갖는 공통점은 개인의 현재소비가 현재소득이 아닌 평생소득에 의해 결정된다. 이는 개인이 근시안적으로 의사결정을 하는 것이 아니라, 전 생애를 대상으로 자신의 효용을 극대화하는 합리적인 선택을 한다는 것이다. 따라서 차입과 대부가 자유로운 경제에서 개인은 평생소득제약에 기반한 평생 효용을 극대화하므로 현재소득의 변화가 있어도 현재소비는 현재소득에 미치지 못한다. 또한, 이자율의 변화가 발생하면 시점간 소비의 대체효과가 발생하므로 현재소비는 이자율의 함수로 나타낼 수 있다. 시점간 노동선택이 자유롭다면 개인은 자신의 평생효용을 극대화시키는 수준에서 각 시점의 노동 공급을 결정할 것이다. 시점간 대체효과가 발생하므로 이자율의 함수로 나타낼 수 있다.

기업은 자신의 이윤을 극대화하는 합리적인 의사결정을 한다. 따라서 기업의 자본투입량은 자본의 한계생산물 가치와 자본의 사용자 비용이 일치하는 수준에서 결정된다. 이자비용 역시 자본의 사용자 비용을 구성하는 구성요소 가운데 하나이므로 이자율이 변하면 기업의 자본투입량 역시 변하게 된다. 즉, 투자 역시 이자율의 함수가 된다. 따라서 새고전학파의 거시체계에서 개인과 기업은 합리적으로 예측하고, 이를 바탕으로 개인은 효용을 극대화하는 의사결정을 하고, 기업은 이윤을 극대화하는 의사결정을 한다.

둘째, 가격은 신축적이므로 고전적 이분성이 성립한다. 새고전학파는 물가가 초과수요와 초과공급에 대응하여 신축적으로 조정된다고 가정한다. 또한, 경제주체들은 이용 가능한 모든 정보를 이용하여 합리적기대에 의해 물가를 예측한다. 따라서 정보가 완전하다면 물가에 대해 완전예측이 가능하므로 물가의 변화는 실물변수인 고용량과 산출량에 전혀 영향을 미치지 못한다. 불완전정보인 경우, 물가에 대한 불완전예측이 발생하여 물가가 변할 때 고용량과 산출량같은 실물 변수에 영향을 미칠 수 있지만, 새로운 정보를 얻은 경제주체들이 예측을 수정하므로 결국 장기적으로 물가에 대한 완전예측이 가능해 진다. 결국 불완전 정보 하에서 의사결정이 이루어진다고 해도 장기적으로 물가변화는 실물변수에 영향을 미치지 못하므로 고전적 이분성이 성립하게 된다.

셋째, 화폐의 중립성이 성립한다. 화폐수요이론에서 신고전학파와 통화주의학파, 나아가 새고전학파는 화폐란 거래에 사용되는 유동성으로 정의한다. 가격은 신축적이고, 유통속도가 안정적이므로 이자율은 거래적 화폐수요에 영향을 미치지 못한다. 케인즈학파와는 달리 가치 저장의 기능은 화폐시장이 아닌 채권 및 주식과 같은 금융자산이 거래되는 자본시장에서 이루어진다. 따라서 화폐시장에서 통화량이 변동하여도 물가의 변화만 변할 뿐 실질변수에 영향을 주지 못하는 화폐의 중립성이 성립한다.

넷째, 가격이 신축적이므로 시장은 항상 균형이 달성되는 세이의 법칙이 성립한다. 생산물시장과 자본시장, 노동시장에서 불균형이 발생할 경우 가격 변수에 의해 신축적으로 조정되므로 시장은 항상 균형이 달성된다. 따라서 시장에서는 항상 효율적인 자원배분이 이루어진다.

2. 생산물시장

2.1 _ 총수요의 구성

수요(demand)란 경제주체들이 일정 기간 동안 구매하고자 하는 재화 및 서비스를 의미한다. 따라서 총수요(Aggregate Demand)는 국민경제를 구성하는 모든 경제주체들이 일정 기간 동안 구매하고자 하는 재화 및 서비스 총량을 의미한다.

경제주체들의 구매총량은 지출로 표현되므로 총수요는 국민경제의 모든 구성의 구매지출의 총합인 총지출(total expenditure)과 같다. 국민경제를 구성하는 구성원은 개인 또는 가계, 기업, 정부로 구성된다. 개인 또는 가계는 최종 소비재와 서비스의 수요자이고, 요소의 공급자이다. 기업은 개인과 정부에게 최종재를 공급하고, 다른 기업에게 중간재를 공급하는 재화 및 서비스의 공급자이자 동시에 중간재와 요소의 수요자이다.

마지막으로 정부는 개인과 기업으로부터 얻은 조세수입으로 정부를 운영한다. 정부는 정부를 운영하는데 필요한 재화 및 서비스를 구매하여 개인과 기업에게 공공서비스를 제공한다. 개인의 최종재에 대한 구매 지출을 소비(consumption), 기업의 중간재에 대한 구매 지출을 투자(investment), 정부의 구매 지출을 정부지출(government expenditure)이라 하면 총지출(E) 즉, 총수요 (aggregate demand)는 개인의 소비지출(C), 기업의 투자지출(I), 정부의 정부지출(G)의 총합으로 다음과 같이 나타낼 수 있다.

$$E=C+I+G$$

2.2 _ 소비

새고전학파는 개인은 합리적기대를 통해 합리적인 의사결정을 하므로, 현재뿐 아니라 예상 가능한 미래까지도 고려하여 현재 및 미래 소비를 결정한다. 따라서 새고전학파의 균형 거시모형에서 소비는 피셔(I. Fisher)의 시점간 소비선택이론이나 프리드먼(M. Friedman)의 항상소득가설(permanent income hypothesis)을 이용하여 분석할 수 있다. 즉, 경제주체들이 자본시장에서 자유롭게 차입과 대부(또는 저축)를 할 수 있다. 차입을 통해 미래소득을 현재소비에 사용할 수 있고, 저축을 통해 현재소득을 미래소비에 사용할 수 있다. 따라서 개인의 소비는 해당 시점에 얻어진 소득에만 의존하지 않고, 생애에 걸쳐 얻을 것으로 예상되는 평생소득에 의해 결정된다. 예를 들어, 프리드먼의 항상소득가설에 따르면, 생애에 걸쳐 예상되는 기대소득(또는 평생소득)인 항상소득만이 생애에 걸쳐 예상되는 평생소비의 평균소비인 항상소비를 결정한다. 따라서 일시적인 소득의 변동은 항상소득의 변동에 미치는 효과가 크지 않기 때문에 소비에 미치는 효과 역시 매우 미미하다고 본다. 만약, 일시소득이 발생한다면 경제주체들은 소비자 지출 또는 저축 및 부채 상환에 사용한다.

시점간 소비선택이론에 따르면 거시적으로 시점간 대체효과에 의해 소비는 이자율의 감소함수이다. 시점간 소비선택이론에서 현재소득만 증가할 경우 소비는 생애 전체 효용을 극대화하는 수준에서 결정되므로 증가된 현재소득은 생애 소비에 분산된다. 즉, 현재소득이 증가한 것에 비해 현재소비는 상대적으로 작은 증가만 이뤄진다. 따라서 소비는 다음과 같이 항상소득과 이자율의 함수로 나타낼 수 있다.

$$C = C(Y_P, r), \quad \frac{\partial C}{\partial Y_P} > 0, \quad \frac{\partial C}{\partial r} < 0$$

여기서 C는 실질소비, Y_p는 항상소득, r은 실질이자율을 의미한다. 따라서 소비는 항상소득의 증가함수이고, 실질 이자율의 감소함수이다.

2.3 _ 투자

일반적으로 자본축적은 다음과 같이 이뤄진다.

$$K_t = K_{t-1} - \delta K_{t-1} + I_t$$

K_t는 t기의 자본량, I_t는 t기의 신규투입 자본량인 투자이다. 신규투자가 I_t만큼 이뤄지고,

감가상각율이 δ라면 $\Delta K=-dK+I$만큼 자본량의 증가가 나타난다. 기업의 이윤을 극대화하는 적정 자본량은 $r+\delta=MPK$인 수준에서 결정된다. 여기서 r은 실질이자율, δ는 감가상각율이다. MPK는 자본의 한계생산성으로, 양(+)의 값을 가지며 체감한다. 만약, 감가상각율 $\delta=0$이라면 이윤극대조건은 $r=MPK$이고, 새로운 자본의 증가는 신규 투자 I에 의해 결정된다. 한계생산성이 체감하므로 시장균형 이자율이 하락한다면 이윤극대조건인 $r=MPK$를 만족하는 자본량이 증가한다. 기업의 적정자본량이 증가하므로 이를 위해서는 새로운 신규투자가 증가해야 한다. 즉, 이자율이 하락하면 투자가 증가하고, 이자율이 상승하면 투자는 감소한다. 따라서 투자는 이자율의 감소함수이다.

$$I=I(r), \qquad \frac{\partial I}{\partial r}<0$$

여기서 I는 실질투자를 의미한다.

2.4 _ 총수요곡선

정부지출은 정부의 의사결정의 결과이다. 정부 의사결정은 민간의 의사결정과는 달리 수요와 공급에 의해 결정되지 않고, 정부의 필요에 따라 결정된다. 따라서 정부지출은 외생적으로 결정되는 독립지출이다.

총수요는 소비지출과 투자지출, 그리고 정부지출의 합과 같다. 소비는 영구소득의 증가함수이고, 이자율의 감소함수이다. 투자는 이자율의 감소함수이고, 정부지출은 독립적으로 결정된다. 따라서 총수요함수는 다음과 같이 나타낼 수 있다.

$$E=Y=C(Y_p,\ r)+I(r)+G$$

소비와 투자가 모두 이자율의 감소함수이므로 이자율 평면에 그림으로 나타내면 <그림 11.1>에서 우하향하는 곡선이 된다. 이자율이 r_0일 때 총수요는 Y이고, 이자율이 r_1으로 하락한다면 소비와 투자가 증가하므로 소득 역시 Y_1로 증가한다. 이자율과 총수요 사이에 역(−)의 관계가 존재하므로 총수요곡선은 이자율과 소득평면에서 우하향한다.

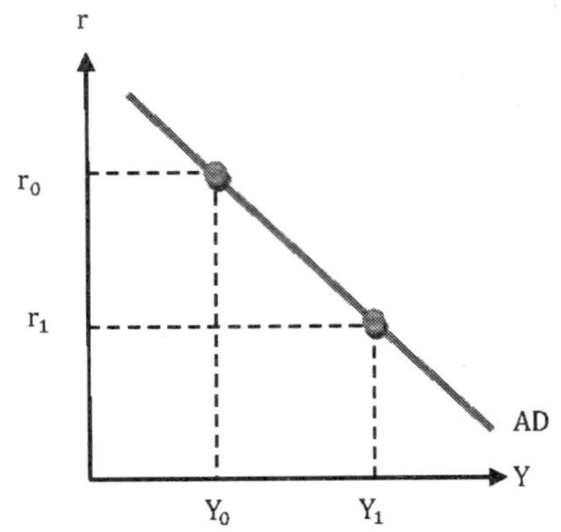

그림 11.2　총수요곡선

3. 노동시장과 총공급곡선

3.1 _ 노동시장의 균형과 산출량

노동시장의 균형고용량은 노동의 수요와 공급이 일치하는 수준에서 결정된다. 물가가 신축적이고, 합리적기대에 의해 완전 예측이 이루어 진다면, 노동의 수요와 공급은 실질임금에 의해 결정된다. 기업은 실질임금에 따라 자신의 이윤이 극대화되는 수준의 노동을 고용하고자 한다. 기업의 이윤극대화 조건은 다음과 같다.

$$\left(\frac{W}{P}\right) = MPL$$

기업의 MPL이 일정할 때 실질임금이 상승하면 MPL은 체감하므로 노동의 수요가 감소하고 실질임금이 하락하면 노동의 수요가 증가한다. 노동 수요함수는 실질임금의 감소함수이므로 노동수요곡선은 실질임금에 대해 <그림 11.2>에서 우하향한다.

노동자는 주어진 실질임금 하에서 자신의 효용을 극대화하는 노동을 공급하고자 한다. 실질임금이 상승하면 노동자는 소득효과와 대체효과에 의해 자신의 노동 공급량을 결정한다. 임금이 상승하면 여가의 기회비용이 상승하므로 노동자는 대체효과에 의해 노동공급을 증가시키고, 소득 증가효과에 의해 여가의 소비를 증가시키므로 노동공급을 감소시킨다. 일반적으로 대체효과가 소득효과를 능가하므로 실질임금이 상승하면 노동자는 노동공급을 증가시킨다. 노동 공급함수는 실질임금의 증가함수이고, 노동 공급곡선은 실질 임금에 대해 <그림 11.2>와 같이 우상향한다.

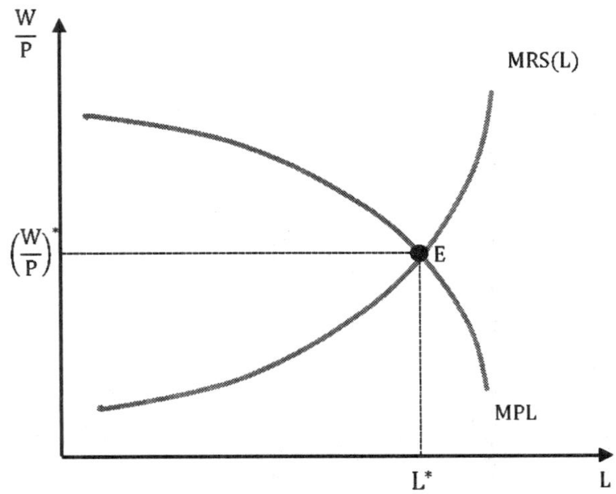

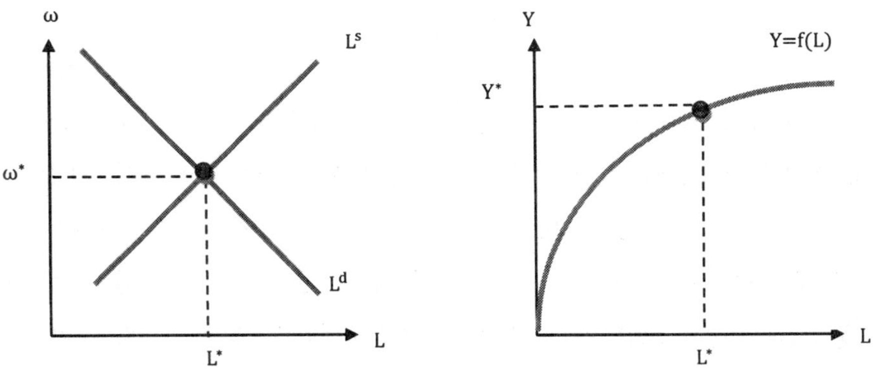

그림 11.2 노동시장의 균형

노동시장의 균형은 노동의 수요와 공급이 일치하는 수준에서 결정된다. 다른 요인이 불변이고 노동수요곡선과 공급곡선이 <그림 11.2>와 같다면 노동시장의 균형은 점 E에서 결정되고, 균형 고용량은 L^*과 실질임금은 $\left(\frac{W}{P}\right)^*$ 이다. 총생산함수는 다음과 같이 노동에 대한 증가함수라고 하자.

$$Y = F(L),\ \ \frac{\partial F(L)}{\partial L} > 0$$

총생산함수의 한계생산은 양(+)의 값을 갖지만 체감한다고 가정하면 총제적 생산곡선은 <그림 11.3>과 같이 우상향하고 체감하는 특징을 갖는다. 따라서 노동시장에서 결정된 균형 고용량이 L^*라면 산출량은 $F(L_*) = Y^*$이다.

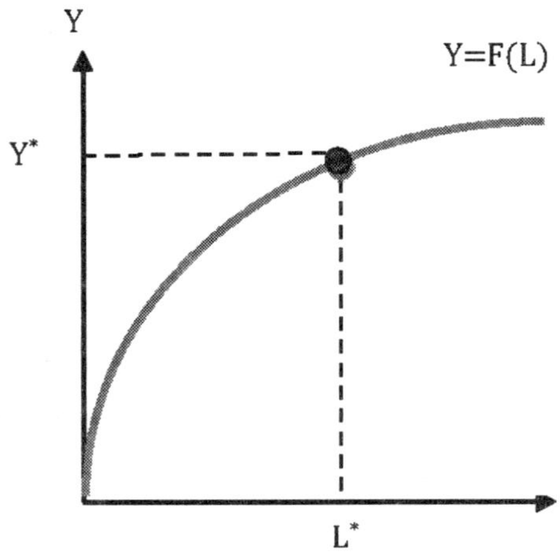

그림 11.3 생산곡선과 산출량

지금까지의 내용은 앞에서 다루었던 내용과 전혀 다르지 않다. 그러나 경제주체들이 합리적으로 평생효용을 극대화하고자 한다면 현재뿐 아니라 미래까지 고려하여 자신의 적정한 소득을 결정하려 할 것이다. 예를 들어, 차입과 대부가 자유로운 경제에서 개인이 저축을 늘리고자 한다면 현재소비를 줄이는 방법이 있다. 그러나 저축은 현재소비의 감소뿐 아니라 현재와 미래노동공급을 적절히 선택함으로써 평생의 효용을 극대화하고자 할 것이다. 소비뿐 아니라 노동 공급까지 고려한 개인의 평생효용 극대화 문제를 통해 시간에 걸친 노동의 적정공급에 대해 살펴보도록 하자. 이를 통해 실질임금 외에 이자율이 노동공급에 어떤 영향을 주는지에 대해 살펴보자.

3.2 _ 시점간 노동선택문제

시점간 소비 선택이론에서 경제주체들의 평생 효용을 극대화하는 소비선택을 분석할 때 매기 소득은 주어진 것으로 간주한다. 그러나 경제주체들은 소비뿐 아니라 소득수준 역시 자신의 평생효용에 영향을 미친다. 소득은 공급한 노동량에 의해 결정되므로 노동 공급을 고려한 효용함수를 이용하여 효용 극대화 문제를 살펴보자. 본 절에서 2기간 생존하는 경제주체를 가정하여 자신의 효용을 극대화하는 적정 노동이 어떻게 결정되는지 살펴보고, 이를 통해 이자율과 산출량 사이의 관계를 나타내는 총공급곡선을 도출해 보자.

3.2.1 시점간 효용함수

경제주체는 현재와 미래에 걸쳐 2기간 생존한다고 가정하자. 현재노동을 L_1, 미래노동을 L_2, 현재소비와 미래 소비를 각각 C_1과 C_2라고 하자. 개인의 효용은 현재와 미래의 소비, 현재와 미래노동에 의해 결정되고 효용함수는 다음과 같다.

$$U = U(C_1, L_1) + \frac{U(C_2, L_2)}{1+\rho}$$

효용은 소비에 대한 증가함수이고, 노동에 대한 감소함수이다. ρ는 시간선호율을 나타낸다. 논의를 노동선택에 집중하기 위해 현재소비 (C_1)과 미래소비 (C_2)가 일정하게 주어져 있다고 가정하면, 효용함수는 다음과 같이 현재노동과 미래노동의 함수로 나타낼 수 있다.

$$U = U(L_1) + \frac{U(L_2)}{1+\rho}$$

$$\frac{\partial U}{\partial L_1} = MU_1 < 0, \quad \frac{\partial U}{\partial L_2} = \frac{MU_2}{1+\rho} < 0$$

여기서 $MU_1 = \dfrac{\partial U(L_1)}{\partial L_1}$, $MU_2 = \dfrac{\partial U(L_2)}{\partial L_2}$는 각각 현재노동과 미래노동에 대한 한계효용을 의미한다. 현재노동(L_1)과 미래노동(L_2)의 한계효용은 모두 음(−)의 값을 가지며 체증한다고 하자. 즉, 현재와 미래노동평면에 동일한 만족을 주는 무차별곡선은 우하향한다.

동일한 만족을 주는 현재노동과 미래노동 사이의 대체비율을 나타내는 시점간 한계대체율은 다음과 같이 나타낼 수 있다.

$$IMRS_{1,2} = \frac{MU_1}{\frac{MU_2}{1+\rho}} = (1+\rho) \cdot \frac{MU_1}{MU_2}$$

한계대체율 $IMRS_{1,2}$는 체감한다. 따라서 무차별곡선은 원점에 대해 오목하다(concave to origin). 노동은 한계효용 또는 한계비효용(marginal dis-utility)은 음(−)의 값을 가지므로 노동투입량이 적을수록 효용이 증가한다. 선호방향(preference direction)은 원점이므로 무차별곡선이 원점에 가까워질수록 더 큰 효용을 의미한다.

3.2.2 시점간 자산제약

차입과 대부가 자유로운 개인은 생애에 걸친 소득의 현재가치와 소비의 현재가치가 일치하도록 소득과 소비를 결정할 수 있다. 2기간 생존하는 개인의 현재소득과 미래소득을 각각 Y_1과 Y_1, 현재소비와 미래 소비를 각각 C_1과 C_2라 하고, 현재이자율이 r이라면 시점간 소득제약식은 다음과 같이 나타낼 수 있다.

$$Y_1 + \frac{Y_2}{1+r} = C_1 + \frac{C_2}{1+r}$$

시간에 걸친 적정 노동투입을 살펴보기 위해 현재소비(C_1)와 미래소비(C_2)는 일정하다고 가정하면, 생애에 걸친 소비의 현재가치를 일정한 값을 갖게 되고 이를 자산 A로 나타내자.

현재소득은 현재 투입된 노동에 의해 결정되고, 미래소득은 미래에 투입된 노동에 의해 결정된다. 즉, 현재소득과 미래소득은 $Y_1=f(L_1)$, $Y_2=f(L_2)$으로 나타낼 수 있다. 소득의 현재가치가 자산 A와 같아야 하므로, 생산함수로 나타낸 소득을 이용하여 제약식을 다시 쓰면 다음과 같다.

$$F(L_1) + \frac{F(L_2)}{1+r} = A$$

현재노동과 미래노동에 대한 한계생산성은 각각 $\frac{\partial F}{\partial L_1} > 0, \frac{\partial F}{\partial L_2} > 0$ 이고, 체감한다. 일정한 자산 A를 얻는 현재노동과 미래노동의 조합을 나타내는 곡선을 등자산곡선(iso-wealth curve)이라고 한다. 등자산곡선의 특징을 알아보기 위해 등자산곡선의 접선의 기울기를 구하면 다음과 같다.

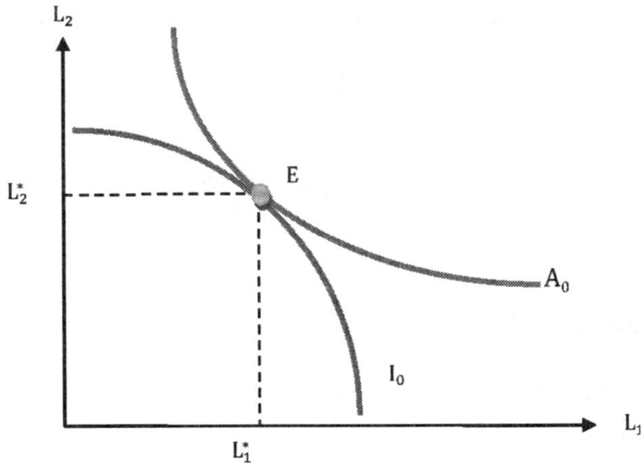

그림 11.4　자산 제약 하의 적정 노동선택

$$\frac{dL_1}{dL_2} = (1+r) \cdot \frac{\frac{\partial F}{\partial L_1}}{\frac{\partial F}{\partial L_2}} = (1+r) \cdot \frac{MPL_1}{MPL_2}$$

MPL_1과 MPL_2는 체감하므로 현재노동이 증가하고 미래노동이 감소하면 등자산곡선은 접선의 기울기가 작아진다. 즉, 등자산곡선의 접선의 기울기는 체감한다. 따라서 등자산곡선은 <그림 11.4>의 A_0와 같이 원점에 대해 볼록하고 우하향하는 형태를 갖는다.

3.2.3 자산 제약하의 효용극대화

현재와 미래사이의 적정 노동공급을 결정하는 자산제약하의 효용극대화 문제는 다음과 같이 설정할 수 있다.

$$\max\ U = U(L_1) + \frac{U(L_2)}{1+\rho}$$

$$\text{s.t}\ F(L_1) + \frac{F(L_2)}{1+r} = A$$

등자산곡선은 <그림 11.4>의 A_0와 같이 일정한 수준으로 주어져 있다. 주어진 등자산곡선 상에서 현재노동과 미래노동을 선택할 때 무차별곡선이 원점에 가까워질수록 높은 효용을 얻는다. 따라서 효용을 극대화하는 적정 노동은 <그림 11.4>의 점E에서와 같이 주어진 등자산곡선과 무차별곡선이 접하는 (L_1^*, L_2^*)에서 결정된다.

즉, 무차별곡선의 접선의 기울기인 시점간 한계대체율과 등자산곡선의 기울기가 일치할 때 효용이 극대화 된다. 따라서 효용극대화 조건은 다음과 같이 나타낼 수 있다.

$$IMPS_{1,2} = \frac{(1+r)}{(1+\rho)} \cdot \frac{MPL_1}{MPL_2}$$

3.2.4 시점간 대체효과와 노동공급

이제, 이자율이 상승한 경우를 가정하여 개인의 시점간 노동선택이 어떻게 달라지는 지에 대해 살펴보자. 이자율 상승이 개인의 노동선택에 미치는 효과는 소득효과와 시점간 대체효과로 나눌 수 있다. 이자율이 상승하면 소비측면에서 현재소비를 포기하고 저축했을 때, 더 많은 대가(이자소득)을 얻는다. 현재소비의 기회비용이 증가한다.

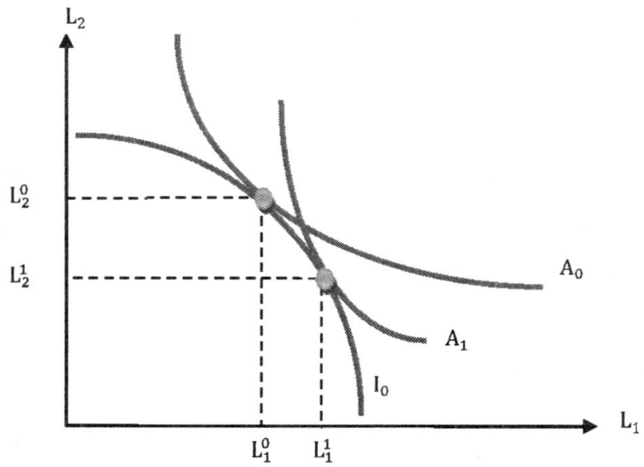

그림 11.5 시점간 대체효과와 적정 노동선택

또한, 이자율이 상승하면 노동측면에서 미래노동에 의한 미래소득의 현재 가치가 하락하고, 현재노동에 의한 현재소득의 가치는 상대적으로 상승한다. 따라서 이자율이 상승하면 상대적으로 가치가 높아진 현재소득을 증가시키고, 가치가 낮아진 미래소득을 감소시킬 유인이 존재한다. 개인은 미래노동을 현재노동으로 대체시킬 유인을 갖는다. 이를 시점간 대체효과(inter-temporal substitution effects)라고 한다.

또한, 이자율이 상승하면 개인이 차입자인지 저축자인 지에 따라 소득이 달라진다. 이를 소득효과라고 한다. 이자율이 상승하면 현재 차입한 차입자는 이자 부담이 증가하므로 소득이 감소하고, 여가(leisure)가 정상재라면 여가를 감소하고, 노동공급이 증가한다. 반면 개인이 현재 저축자라면 소득이 증가하므로 여가를 증가하고, 노동공급이 감소한다. 이를 소득효과라 한다.

거시적으로 국민경제 전체의 차입총액과 대부총액은 일치하므로 이자율이 상승할 때, 차입자의 소득감소와 저축자의 소득증가에 따른 소득효과는 상쇄된다. 따라서 이자율이 국민경제 전체의 노동공급에 미치는 효과는 시점간 대체효과를 통해 살펴보자.

이자율의 상승으로 현재소득의 가치는 상대적으로 증가하고, 미래소득의 가치는 상대적으로 커진 것을 의미한다. 따라서 등자산곡선은 <그림 11.5>의 A_1에서와 같이 보다 급한 기울기를 갖게 된다.

이자율이 r_0일 때 적정 선택이 등자산곡선 A_0와 무차별 곡선 I_0가 접하는 (L_1^0, L_2^0) 에서 적정 노동공급이 결정된다. 시점간 대체효과는 동일한 만족을 얻는 상태에서, 현재노동과 미래노동사이의 대체비율 변화에 따른 효과만을 나타내므로 이자율이 상승하면 새로운 이자율 하에서 보다 급해진 등자산곡선 A_1이 원래 무차별곡선 I_0와 접하는 수준인 (L_1^1, L_2^1) 에서 노동공급이 결정된다. (L_1^0, L_2^0) 에서 (L_1^1, L_2^1) 으로 이동한 적정 노동투입의 변화를 시점간 대체효과라 한다.

이자율이 상승하면 시점간 대체효과에 의해 현재노동 L_1은 증가하고, 미래노동 L_2은 감소한다. 따라서 다른 조건이 일정할 때 이자율과 현재노동공급 사이에 양(+)의 관계가 존재한다. 따라서 노동공급곡선은 다음과 같이 실질임금뿐 아니라, 이자율의 함수로 나타낼 수 있다.

$$L^s = L^s\left(\frac{W}{P}, r\right), \quad \frac{\partial L^s}{\partial\left(\frac{W}{P}\right)} > 0, \quad \frac{\partial L^s}{\partial r} > 0$$

따라서 노동공급은 실질임금에 대한 증가함수이고, 이자율에 대한 증가함수이다.

3.2.5 노동시장과 총공급곡선

앞의 내용을 요약하면, 노동공급은 실질임금과 이자율에 의해 결정된다. 노동공급은 실질임금과 이자율에 대한 증가함수이다. 따라서 이자율이 r_0일 때 노동공급곡선은 <그림 11.6> (a)의 $L^s(r_0)$와 같이 우상향한다.

노동수요는 실질임금의 감소함수이므로 노동수요곡선은 <그림 11.6> (a)에서 우하향하는 곡선이다. 이자율이 r_0일 때 노동시장은 $L^D = L^S(r_0)$ 인 $\left(\left(\frac{W}{P}\right)_0, L_0\right)$에서 균형이다. 실질임금은 $\left(\frac{W}{P}\right)_0$ 이고 고용량은 L_0이다. 고용량이 L_0이므로 이자율이 r_0일 때 산출량은 <그림 11.6> (b)에서 $F(L_0)=Y$이다. 이때 이자율이 r_1으로 상승하면 <그림 11.5>에서, 시점간 노동의 대체효과에 의해 노동공급이 증가한다. 실질임금이 $\left(\frac{W}{P}\right)_0$ 하에서 이자율이 상승하면 노동공급은 L_0보다 증가하므로 노동공급곡선이 $L^s(r_0)$에서 $L^s(r_1)$으로 우측이동한다. 실질임금 $\left(\frac{W}{P}\right)_0$ 일 때 초과공급이 발생하므로 임금이 하락한다. 노동수요는 실질임금의 감소함수이므로 임금이 하락하면 노동수요는 증가한다. 노동공급은 실질임금의 증가함수이므로 임금이 하락하면 노동공급은 감소한다. 이자율 r_1일 때 노동시장은 $L^D = L^S(r_1)$ 인 $\left(\left(\frac{W}{P}\right)_1, L_1\right)$에서 균형임금과 고용량이 결정된다.

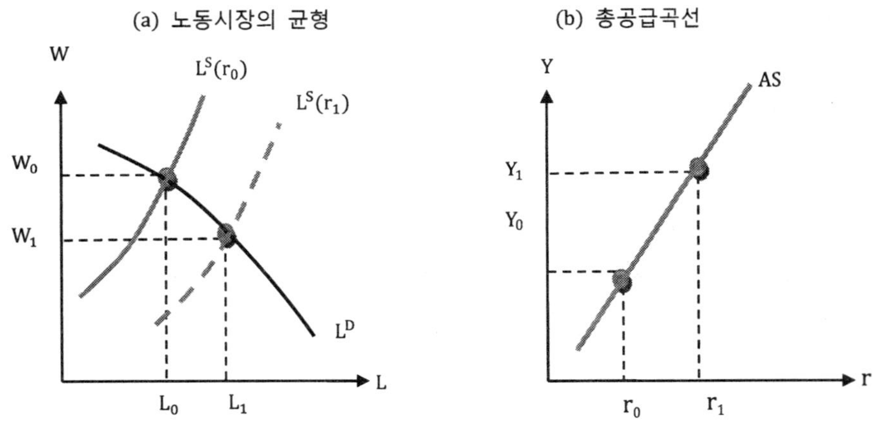

그림 11.6 이자율 변화가 총공급에 미치는 효과

이자율이 상승하면, 노동공급이 증가하므로 실질임금은 하락하고 고용량은 증가한다. <그림 11.6> (a)는 이자율 상승에 따른 노동시장의 균형을 보여준다. 고용량이 L_0에서 L_1으로 증가하면 산출량 역시 증가한다. 고용량이 L_0일 때 산출량이 $F(L_0)=Y_0$이고, 고용량이 L_1일 때 산출량이 $F(L_1)=Y_1$이면, 이자율이 r_0일 때 산출량이 Y_0이고, 이자율이 r_1일 때 산출량이 Y_1이다. 따라서 이자율 평면에 표시한 총공급곡선은 <그림 11.6> (b)와 같이 우상향한다. 이자율이 상승할 때, 산출량은 증가하므로 산출량은 이자율에 대한 증가함수이다.

$$AS = Y(r), \quad \frac{\partial Y}{\partial r} > 0$$

3.3 _ 생산물시장의 균형

생산물시장에서 총수요는 각 경제주체들의 지출의 합으로 다음과 같다.

$$AD = C(Y_{p,}\ r) + I(r) + G$$

소비와 투자가 이자율의 감소함수이므로 총수요곡선은 <그림 11.7>의 AD와 같이 우하향한다. 총공급은 산출량을 의미하고, 산출량은 노동의 시점간 대체효과에 의해 이자율의 증가함수이다. 따라서 총공급곡선은 <그림 11.7>의 AS와 같이 우상향한다.

$$AS = AD(r)$$

생산물시장의 균형은 총수요와 총공급이 일치하는 수준 즉, AS=AD수준에서 생산물시장의 균형이 달성된다.

$$Y(r) = C(Y_p,\ r) + I(r) + G$$

생산물시장의 균형은 <그림 11.7>과 같이 총수요와 총공급이 일치하는 점 E에서 결정되고, 균형 산출량은 Y^*, 균형이자율은 r^*이다.

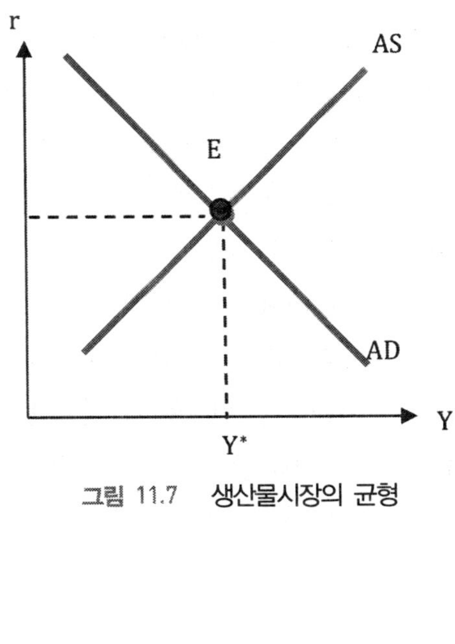

그림 11.7 생산물시장의 균형

4. 대부자금시장과 이자율

케인즈의 화폐수요이론에 따르면 화폐수요는 거래적 화폐수요와 투기적 화폐수요에 의해 결정된다. 투기적 화폐수요는 이자율에 대한 역(−)함수이고, 화폐수요의 이자율 탄력성은 탄력적이라고 가정한다. 화폐시장의 균형은 실질화폐수요와 실질화폐공급이 일치하는 수준에서 결정된다. 가격경직성을 가정하는 케인즈학파는 화폐시장의 불균형이 발생할 경우 이자율을 통한 실질화폐수요의 조정을 통해 불균형이 조정된다고 주장한다. 화폐수요의 이자율 탄력성이 탄력적이므로 화폐시장에서 초과공급이 발생하면 이자율의 상승하여 화폐수요가 증가하여 균형이 달성되고, 화폐시장에서 초과수요가 발생하면 이자율이 하락하여 화폐수요가 감소함으로써 균형이 달성된다. 따라서 시장 이자율은 화폐시장의 균형이 달성되는 수준에서 결정된다. 시장이자율이 이처럼 화폐시장에서 결정되므로 물가나 통화량과 같은 명목변수의 변화가 발생하면 균형이자율이 변동하게 된다. 나아가 투자는 이자율의 감소함수이므로 이자율의 변동은 투자 변동을 야기함으로써 실질 소득에 영향을 미칠 수 있다. 화폐공급이 증가하면 이자율이 하락하여 투자가 증가함으로써 실질소득은 증가하고, 화폐공급이 감소하면 이자율이 상승하므로 투자가 감소하여 실질소득이 감소한다. 즉, 화폐시장에서 화폐의 중립성이 성립하지 않으므로 고전적 이분성 역시 성립하지 않게 된다.

신고전학파 화폐수요이론에서 화폐수요는 거래적 화폐수요를 의미한다. 거래적 화폐수요는 거래량을 결정하는 실질소득에 의해 결정된다. 이후 통화주의학파는 신화폐수량설을 이용하여 이자율이 화폐수요에 미치는 영향을 고려하기도 하였다. 그러나 화폐의 유통속도가 안정적이므로 이자율 변화에 따른 화폐와 금융자산 사이의 대체가 용이하게 이뤄지지 않아 화폐수요의 이자율 탄력성은 매우 비탄력적이라고 주장하였다. 가격의 신축성을 고려한다면 화폐시장의 불균형이 발생할 때, 이자율 조정을 통한 화폐시장의 균형 달성은 매우 어려운 일이다. 따라서 가격의 신축성과 비탄력적인 화폐수요의 이자율 탄력성을 가정하는 새고전학파는 화폐시장의 불균형은 신축적인 가격 즉, 물가에 의해 조정된다.

새고전학파는 대부자금시장(자본시장)에서 자본의 수요와 공급이 일치하는 균형상태에서 균형 이자율이 결정된다. 이 때 주의해야 할 것은 화폐시장에서 결정되는 이자율은 명목이자율인 반면 자본시장에서 결정되는 이자율은 실질이자율이다. 물론, 물가가 고정된 상황인 가격경직성이 존재하는 상황이라면 실질이자율과 명목이자율은 동일한 값을 가지므로 크게 구분할 필요가 없지만, 가격이 신축적으로 조정되어 인플레이션이 발생하는 경제에서는 실질이자율과 명목이자율의 차이가 발생하므로 명확히 구분하여야 한다.

대부자금시장(자본시장)의 균형은 자본의 수요와 공급이 일치하는 수준에서 결정된다. 자본의 수요와 공급에 대해 좀 더 자세히 논의하자. 자본공급은 다양한 경제주체들의 저축에 의해 이뤄진다. 개인의 저축, 정부의 재정 흑자에 따른 정부의 저축, 기업의 이윤에 따른 사내유보 해외에서 저축된 자본의 국내 유입등을 통해 이뤄진다. 결국 자본의 공급(supply of capital)은 경제주체들의 저축에 의해 결정되므로 자본공급=저축이라고 단순화 하자. 자본의 공급인 저축 가운데 개인의 저축은 이자율의 증가함수이다. 소비이론의 시점간 소비 선택모형에서 이자율과 현재소비 사이에 역(−)관계가 존재하므로 이자율과 저축 사이에 정(+)관계가 존재한다.

이에 비해 정부 저축은 이자율과 관계를 명확히 나타내기 어렵다. 정부저축은 재정수지 흑자를 의미하므로 이자율이 아닌 정부 재정수지에 의해 결정된다. 따라서 정부저축은 외생적으로 결정된다고 가정하자.

외국 자본의 국내유입으로 나타나는 해외저축은 이자율과 양(+) 관계가 존재한다. 이자율이 상승하면 이는 국내자산의 수익률 상승을 의미하므로 재정거래를 통해 우리나라로 자본이 유입하여 자본공급이 증가한다. 반면에 이자율이 하락하면 수익률이 하락하므로 재정거래를 통해 자본이 유출되어 자본공급이 감소한다.

이상의 결과를 종합하면 자본의 공급가운데 개인의 저축과 해외 저축은 이자율의 증가함수이고, 정부 저축은 외생적으로 결정되므로 저축은 다음과 같이 이자율의 감소함수로 나타낼 수 있다.

$$S = S(r),\ \frac{dS}{dr} > 0$$

자본의 공급은 이자율의 증가함수이므로 <그림 11.8>의 K^S 같이 우상향한다.

자본의 수요(demand of capital)는 경제주체들이 자본시장에서 자본을 빌리는 차입(borrowing)에 의해 결정된다. 경제주체들이 자본을 빌리는 목적은 다양하다. 대표적인 자본의 차입으로는 기업이 투자를 목적으로 자본을 차입하는 경우와 개인이 소득 이상의 소비를 위해 차입하는 경우로 나누어 생각할 수 있다. 그 외에도 정부가 재정적자를 보전하기 위해 채권발행을 통해 자금을 차입하는 경우도 자본의 수요에 해당한다.

시점간 소비선택에서 보았듯이 소비자는 이자율이 상승하면 시점간 대체효과에 의해 소비를 위한 차입을 감소시키고, 이자율이 하락하면 차입을 증가한다. 즉, 소비를 위한 차입은 이자율과 역(−)의 관계가 존재한다.

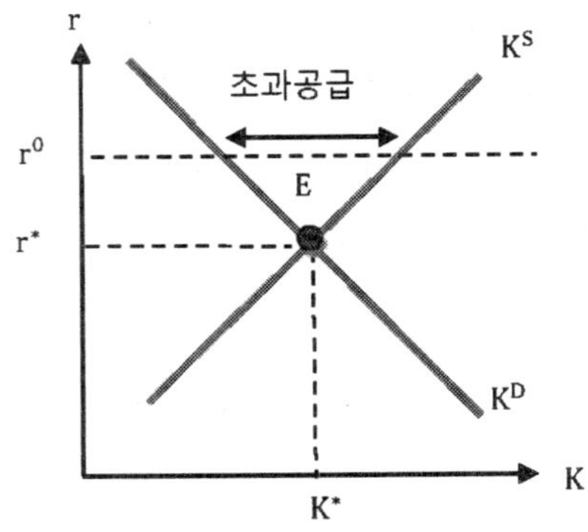

그림 11.8 대부자금시장의 균형

투자이론에서 투자는 이자율에 대한 감소함수이다. 이자율이 상승하면 자본의 사용자 비용이 증가하므로 투자가 감소하므로 자본의 수요는 감소하고, 이자율이 하락하면 투자가 증가하므로 자본의 수요 역시 증가한다. 따라서 투자 자본의 수요는 이자율의 감소함수이다.

정부의 공채 발행규모는 재정정책 차원에서 결정되므로 이자율과 무관하게 외생적으로 결정된다고 할 수 있다. 이상의 자본수요를 종합하면 자본에 대한 소비수요와 투자수요 모두 이자율과 역(−)의 관계가 존재하므로 자본의 수요는 이자율의 감소함수이다. 따라서 자본수요곡선은 <그림 11.8>의 K^D와 같이 우하향한다. <그림 11.8>에서 자본의 수요와 공급이 일치하는 수준에서 자본시장의 균형이 결정된다. 자본의 수요와 공급이 <그림 11.8>과 같다면 자본시장의 균형 이자율은 $K^S=K^D$인 r^*에서 결정된다. 만약, 이자율이 r_0와 같다면 자본의 공급이 수요를 초과하는 초과공급이 발생하므로 이자율이 하락하여 균형이자율 수준으로 복귀한다.

5. 화폐시장과 물가

새고전학파는 물가의 신축성과 고전적 이분성을 가정하고 있다. 또한, 화폐의 범주를 거래적 기능을 수행하는 금융자산 즉, 유동성으로 한정하고 있다. 화폐 유통속도가 안정적이라면 거래적 화폐수요는 이자율에 대해 비탄력적인 특징을 갖는다. 화폐수요가 이자율에 대해 비탄력적이고, 외생적 화폐공급을 가정하면 화폐의 중립성이 성립하고, 화폐시장의 불균형은 신축적인 물가에 의해 조정된다. 화폐시장의 균형을 통해 화폐 중립성과 균형 물가가 어떻게 결정되는지 살펴보자. 화폐공급은 정부에 의해 외생적으로 결정된다고 가정하자.

$$M^s = M_0$$

화폐공급곡선을 물가와 명목화폐량에 대해 표시하면 외생적으로 공급된 M_0수준에서 수직이다.

실질 화폐수요함수가 L(r, Y)이라면 화폐수요함수는 다음과 같이 실질 화폐수요함수와 물가의 곱으로 나타낼 수 있다.

$$M^d = P \cdot L(r,\ Y)$$

실질 화폐수요함수는 이자율에 대한 감소함수이고 소득에 대한 증가함수이므로, 명목 화폐수요함수 역시 이자율에 대한 감소함수이고 소득에 대한 증가함수이다. 소득과 이자율이 일정할 경우 물가가 상승하면 명목 화폐수요가 증가하므로 명목화폐수요는 물가에 대한 증가함수이다. 따라서 화폐수요곡선은 <그림 11.9>와 같이 원점을 지나는 우상향하는 직선이다. 화폐시장의 균형은 화폐의 수요와 공급이 일치하는 수준 즉, $M^s = M^d$에서 달성된다.

$$M_0 = P \cdot L(r,\ Y)$$

생산물시장에서 결정된 균형소득과 대부자금시장에서 결정된 균형이자율이 Y와 r로 주어져 있다

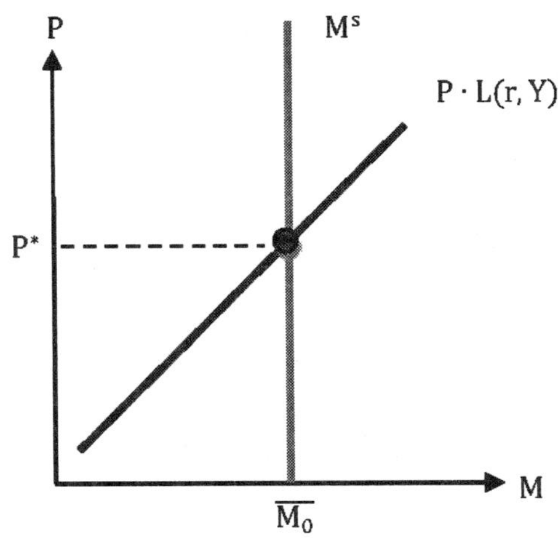

그림 11.9 대부자금시장의 균형

화폐시장의 균형물가는 화폐수요와 공급이 일치하는 <그림 11.9>의 P*이다. 만일 실질화폐수요가 증가하면 명목화폐수요가 증가하므로 화폐수요곡선은 우측으로 회전이동하고, 화폐시장에 초과수요가 발생한다. 화폐의 초과수요로 화폐가치가 상승하므로 물가가 하락하고, 물가 하락으로 화폐수요가 감소하므로 화폐시장의 균형이 달성된다. 여기서 주의할 점은 화폐시장에서 이자율을 통해 불균형이 조정되는 것이 아니라 물가 변화를 통해 화폐시장의 불균형이 조정된다는 것이다.

PART **4**

경제성장과 경기변동

CHAPTER 12

경제성장

지금까지는 총수요-총공급모형을 이용하여 경기변동에 관한 여러 가지 문제들을 분석해왔다. 이 장에서 국민소득의 장기적 추세변화 즉, 경제성장에 대하여 살펴보기로 한다.

칼도어(Kaldor)는 1958년에 선진 공업국을 분석한 결과, 세계 경제의 성장과정에서 대부분의 선진국들이 공통적인 경험을 하고 있음을 밝혔다. 대부분의 선국들은 노동, 자본, 산출량, 요소가격, 요소분배의 몫(factor share)에 관한 공통적인 현상인 정형화된 사실들(stylized facts)이 다음과 같이 관찰되고 있었다.

(1) 1인당 소득 또는 산출량(Y/L)은 지속적으로 증가하며 생산성 증가율은 감소하지 않는다.

(2) 1인당 자본량(K/L)은 지속적으로 증가한다.

(3) 자본-산출량 비율(K/Y)은 지속성을 나타낸다.

(4) 자본수익률은 대체로 일정하다.

(5) 총소득에서 노동소득과 자본소득이 차지하는 비중은 대체로 일정하다.

(6) 생산성 증가율은 국가간에 차이가 존재한다.

경제성장이론은 여러 나라의 실제자료에서 나타나는 정형화된 사실들(stylized facts)을 설명하려는 여러 가지 시도들의 산물이라고 할 수 있다.

경제성장모형 중 대표적인 것으로 꼽히는 이론은 미국 MIT대학의 솔로우(R. Solow)가 1950년대 중반에 발표한 성장모형이다. 솔로우모형은 가격변수가 신축적인 고전학파 모형에 시간의 흐름에 따른 생산요소의 변화와 기술진보를 도입하였다.

본 장에서 솔로우의 경제성장모형에 초점을 두고, 1인당 국민소득의 지속적인 성장은 기술진보에 의해서만 가능하다는 사실에 대해 살펴보자. 솔로우모형에서 기술진보는 단지 외생적인 이유로 발생한다. 최근 기술진보의 원인을 모형 안에서 찾으려는 시도가 많이 이루어지고 있는데, 이를 내생적 성장모형(endogenous growth model)이라고 한다.

1. 해로드-도마 모형

해로드-도마(Harrod-Domar) 모형은 레온티에프 생산함수를 가정한다.

$$Y = \min\left(\frac{L}{a}, \frac{K}{b}\right)$$

여기서 a=L/Y로 노동계수(labor coeffiecient), b=K/Y로 자본계수(capital coeffient)를 나타낸다. 레온티에프 생산함수는 노동과 자본 사이에 일정한 결합비율을 유지할 때 생산이 가능하다. 따라서 노동과 자본 사이에 완전 보완관계가 성립한다. 즉, 두 요소사이에 대체는 불가능하다.

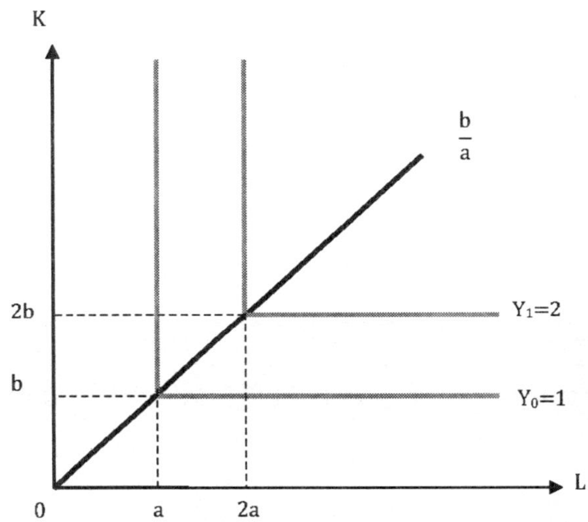

그림 12.1　레온티에프 생산함수

저축 S는 산출량의 일정비율로 S=sY로 나타나며 저축률 s는 일정하다고 가정한다. 소비는 저축하고 남은 부분으로 C=(1−s)Y가 된다. 인구증가율은 n으로 일정하며 외생적으로 결정된다. 두 요소 사이에 완전보완관계를 가지고 있는 레온티에프 생산함수를 가정하였으므로 $\frac{L}{a} = \frac{K}{b}$가 되도록 노동과 자본을 투입할 때, 효율적인 생산이 이루어진다. 따라서 요소를 효율적으로 투입한다면 산출량은 $Y = \frac{L}{a} = \frac{K}{b}$이 된다. 따라서 산출량 증가율인 성장률은 노동증가율과 같거나 자본증가율과 같다.

인구증가율은 n으로 일정하므로, 인구증가율에 따른 성장률도 n으로 일정하다. 인구증가율에 따른 성장률을 자연성장률(natural growth rate)이라고 한다.

$$g_n = \frac{\Delta N}{N} = n$$

감가상각을 고려하지 않는다면 자본의 증가는 신규투자(I)에 의해 결정된다. 즉, $\Delta K = 1$이다. 따라서 자본증가율은 다음과 같이 나타낼 수 있다.

$$\frac{\Delta K}{K} = \frac{I}{K}$$

투자와 저축이 일치할 때, 대부자금시장의 균형이 달성되므로 균형상태에서 투자는 저축과 같다. 즉, $I = sY$이다. 또한, 산출량 $Y = \frac{K}{b}$ 이므로 $\frac{Y}{K} = b$ 이다. 따라서 자본증가율은 다음과 같이 나타낼 수 있다.

$$\frac{I}{K} = \frac{sY}{K} = \frac{s}{b}$$

생산함수는 1차 동차함수이고 두 요소사이에 완전보완관계가 성립하므로 산출량의 증가율은 자본증가율과 같다. 자본증가율에 따른 성장률을 보증성장률(warranted growth rate)라고 한다.

$$g_w = \frac{s}{b}$$

두 요소사이에 완전보완관계가 성립하고 생산함수는 1차 동차이므로 완전고용 상태에서 노동증가율과 자본증가율이 일치할 때, 적정 요소투입에 따른 균형성장(balanced growth)이 이루어진다. 따라서 적정 균형성장경로(balanced growth path)는 자연성자율과 보증성장률이 같아지는 수준에서 결정된다.

$$g_n = n = \frac{\Delta N}{N} = \frac{s}{b} = g_w$$

노동과 자본이 완전고용된 균형상태에서 성장이 이루어지기 위해 자연성장률과 보증성장률이 같아지는 조건을 해로드-도마의 균형조건이라고 한다.

해로드-도마 모형에서 생산함수는 레온티에프 생산함수가 이용되었다. 즉, 자본계수 b가 일정하다. 또한, 저축률 s와 인구증가율 n이 일정한 상수이므로 $n = \frac{s}{b}$을 만족하기 쉽지 않다. 따라서 $n > \frac{s}{b}$으로 초과 노동상태이거나 $n < \frac{s}{b}$으로 초과 자본상태로 불균형 상태에서 균형으로 복귀하기가 어렵다.

자연성장률이 보증성장률보다 크면 실업이 발생하고, 실업이 한 번 발생하면 계속하여 실업이 증가하게 된다. 반대로 보증성장률이 자연성장률보다 크면 초과자본이 형성되고 초과자본이 형성되면 계속하여 증가한다. 따라서 자본의 한계생산성이 0으로 접근한다. 이처럼 해로드-도마 모형의 균형은 한 번 균형에서 이탈하면 내생적으로 균형으로 회복하지 못하므로, 이를 면도날 균형(knife-edge equilibrium)이라고 한다.

2. 신고전학파 모형 : 솔로우 모형

어느 한 시점에서의 완전고용 국민소득수준(잠재GDP=Y_p)은 그 경제가 가지고 있는 생산요소의 양과 생산기술의 수준에 의해 결정된다. 단기적으로 볼 때, 한 경제에 존재하는 생산요소의 양과 기술수준은 크게 변화하지 않으므로, 앞에서 우리가 살펴본 총수요-총공급모형은 Y_p가 고정된 것으로 가정하였다.

그러나, 장기적으로는 기업의 투자를 통해 자본축적량이 커지고 인구성장에 의해 노동력은 확대된다. 또한, 기술진보 등에 의해 생산기술도 향상된다. 이에 따라, 장기적으로 Y_p 수준은 점차 확대된다. 이와 같은 완전고용 국민소득의 상승을 경제성장(economic growth)이라고 부를 수 있다. 그런데 인구가 크게 성장하여 국민총생산 혹은 국민소득은 증가하였지만 1인당 실질소득(per capita real GDP)은 그대로 있거나 감소하는 경우도 있을 수 있다. 따라서, 진정한 의미에서의 경제성장이란 국민소득의 전체 규모가 아니라 1인당 국민소득의 증가로 정의된다.

그렇다면 1인당 국민소득을 지속적으로 크게 만들 수 있는 요인은 무엇일까? 성장의 원천을 단계별로 살펴보자.

먼저, 자본축적만을 고려하자. 그러나 결론부터 말하면 이 경우에는 1인당 국민소득은 물론이고, 전체 국민소득의 지속적 성장은 가능하지 않다. 다음으로 자본축적뿐만 아니라 인구가 성장하는 경우를 살펴볼 것이다. 이 경우의 결과는 절반의 성공이라고 할 수 있다.

전체 국민소득의 성장은 가능하지만, 1인당 국민소득의 성장은 불가능하기 때문이다. 마지막으로 자본축적과 인구성장에 더하여 기술진보가 발생하는 경우를 분석하여, 1인당 국민소득이 지속적으로 증가하기 위해서는 기술진보가 필수적이라는 결론을 도출하여 볼 것이다. 자본축적만이 가능한 경우, 자본축적과 경제성장간의 관계는 자본이 산출량에 미치는 효과와 그 반대로 산출량이 자본에 미치는 효과의 상호작용에서 찾을 수 있다.

공급측면에서 자본량(K)은 생산요소로 사용되어 산출량(Y)을 만들어 낸다. 이 산출량 또는 소득은 수요측면에서 저축과 투자의 의사결정과정을 통해 자본축적으로 이어진다. <그림 12.1>은 이를 나타내고 있다.

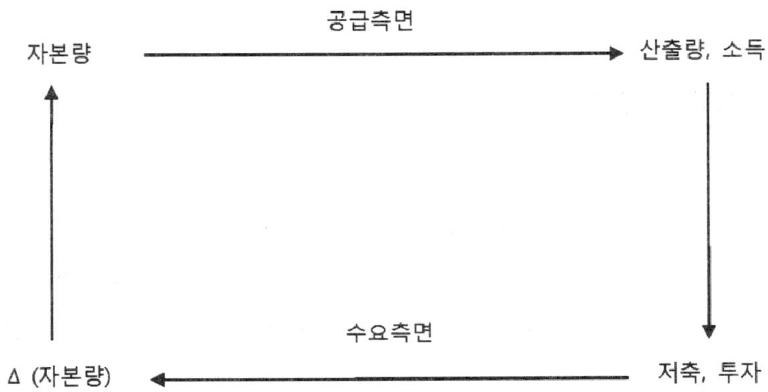

그림 12.1 자본축적과 경제성장

이와 같은 상호작용이 반복되어 자본축적은 경제성장과 관련성을 갖게 되는데, 이를 명시적으로 이해하기 위해 국민경제 전체의 총생산함수(aggregate production function)를 다음과 같이 나타내자.

$$Y=F(K, L)$$

위의 총생산함수는 자본(K)과 노동(L)에 대하여 1차 동차함수(homogeneous of degree 1)이다. 이는 K와 L이 각각 2배로 증가하는 경우 Y도 2배로 증가함을 의미하는데, 경제학에서는 이를 규모에 대한 수익불변(Constant Returns To Scale, CRTS)이라고 한다.

총생산함수의 이러한 특성은 L에 변화가 없을 때, K가 증가함에 따라 Y의 증가폭은 점차 감소함을 의미한다. 즉, 자본의 한계생산성(Marginal Productivity of Capital, MPK)은 K가 증가함에 따라 감소한다는 것이다. 마찬가지로, 노동의 한계생산성(MPL)도 L의 감소함수이다. 1차 동차성에 의하면 위의 총생산함수는 다음과 같이 1인당 자본(k=K/L)과 1인당 소득(y=Y/L) 사이의 관계로 나타낼 수 있다.

$$y=f(k)$$

아래의 <그림 12.2>는 1인당 총생산함수를 나타낸다.

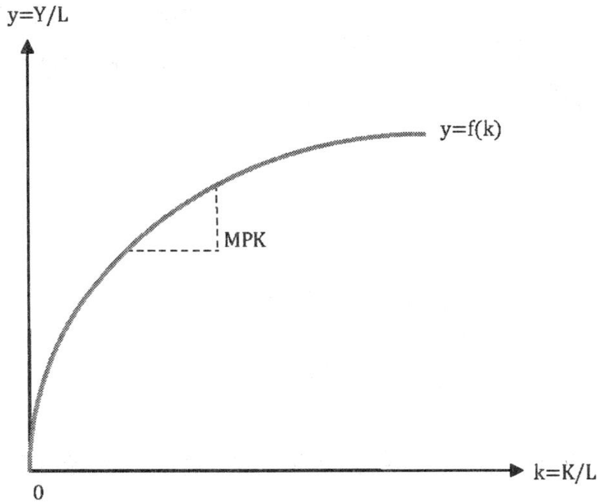

1인당 총생산함수(y=f(k))는 생산요소(k = K/L)와 산출량(y = Y/L) 사이의 정비례관계이다. 자본의 한계생산성은 체감하므로, y=f(k)는 오목함수이다.

그림 12.2 1인당 총생산함수

1인당 총생산함수의 기울기는 양(+)이다. 이는 k가 증가함에 따라 y가 커진다는 사실을 반영한다. 또한, 1인당 생산함수는 오목(concave)함수인데, 이는 MPK가 체감하는 것을 반영하는 것이다. 이제, 수요측면을 간단하게 모형화하기 위해 폐쇄경제를 가정하고, 정부의 재정은 항상 균형이라고 하자. 따라서 수요측면의 균형조건은 I=S이 된다. 솔로우는 가계저축(S)이 국민소득(Y)의 일정비율 ($0<s<1$)과 같다는 단순한 가정을 채택하고 있다. 이 경우, 균형조건은 다음과 같다.

$$I=sY$$

1인당 총생산함수를 이용하면, 임의로 주어진 1인당 자본 (k_0)에 대한 1인당 소득 ($y_0=f(k_0)$)의 크기를 알아낼 수 있다. <그림 12.3>에서 y_0의 크기는 점A로 나타나 있다. 또한,

1인당 자본이 k_0일 때 1인당 저축은 일정한 저축률(s)에 1인당 소득(y_0)을 곱한 sy_0와 같다. 그림에서 이는 점B로 표시되어 있다. 마지막으로, 1인당 자본이 k_0일 때 1인당 소비는 1인당 소득에서 1인당 저축을 뺀 것이므로 $(1-s)y_0$와 같다. 그림에서 이는 선분AB의 길이와 같다.

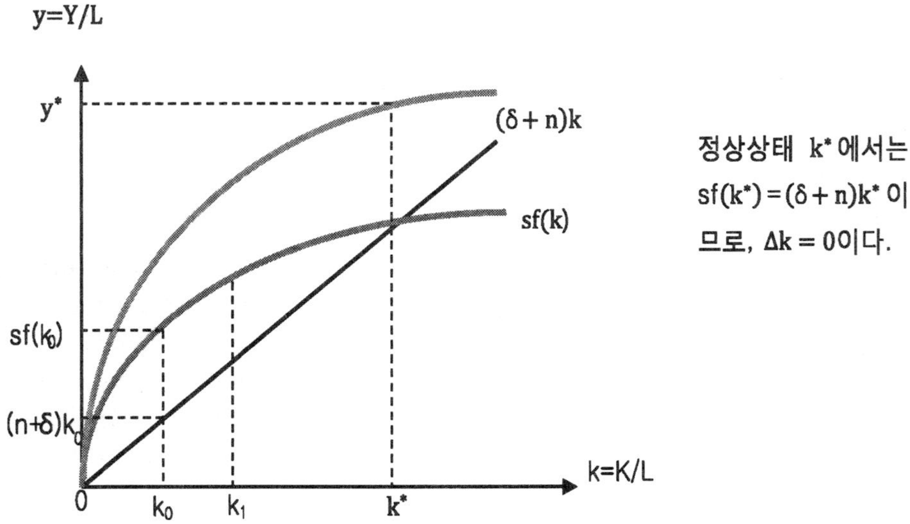

그림 12.3 1인당 소비와 1인당 저축

투자란 새롭게 만들어진 자본재를 구입하는 것을 의미하기 때문에, 투자가 증가한 만큼 국민경제의 자본량은 증가하게 된다. 어떤 기간(t)에 이루어진 투자를 I_t로 나타내면, 다음 기의 자본량(K_{t+1})은 다음과 같다.

$$K_{t+1}=K_t+I_t-\delta K_t$$

즉, 이번 기의 자본량(K_t)에 새로 구입한 자본(I_t)을 더하고 닳아 없어진 부분(δK_t)을 빼면, 다음 기의 자본량(K_{t+1})이 된다는 것이다. 여기서 δ는 매기 자본량이 닳아 없어지는 감가상각률(depreciation rate)을 뜻한다.

2.1 _ 인구성장이 없는 경우

지금 우리가 살펴보고 있는 경제에서는 인구가 성장하지 않으므로 위 식을 단순히 L로 나누면 1인당 관계식을 얻을 수 있다. 여기에 수요측면의 균형조건(I=sY)을 첨가하면 다음을 얻는다.

$$\left(\frac{K_{t+1}}{L}\right)-\left(\frac{K_t}{L}\right)=S\left(\frac{Y_t}{L}\right)-\delta\left(\frac{K_t}{L}\right)$$

즉, 1인당 자본의 변화는 1인당 저축에서 1인당 감가상각을 제한 것과 같다. 위 식을 간단히 정리하면 $\Delta k_{t+1}=sf(k_t)-\delta k_t$와 동일하다. <그림 12.4>의 k_0수준에서는 1인당 저축 $sf(k_0)$이 1인당 감가상각 (δk_0))을 초과하므로, 자본량(즉, $\Delta k_0>0$ 혹은 $k_1>k_0$)은 증가한다. 한편, 그림의 k_1수준에서는 시간이 흐름에 따라 자본량은 감소한다. 따라서 장기적으로 이 경제는 $\delta k=0$인 상황에 수렴하게 됨을 알 수 있다.

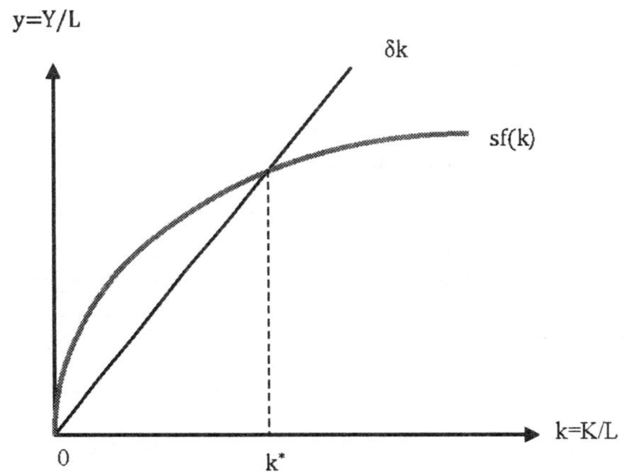

정상상태 k* 에서는 sf (k*) = δk* 이므로, Δk = 0이다.

그림 12.4 정상상태

시간이 흘러도 k의 수준에 변화가 없는 안정된 상황을 정상상태(Steady State, SS)라고 한다. 즉, 정상상태(Steady State, SS)란 모든 경제변수들이 일정한 수준으로 변하지 않거나 일정한 비율로 증가하는 상태를 의미한다. 따라서 균형성장경로를 따르는 상태를 의미한다. 정상상태에서 1인당 자본량과 1인당 산출량의 성장률은 0이 되며 경제 전체의 산출량과 자본량은 인구증가율(n)만큼 증가한다.

$$\frac{\Delta k}{k}=\frac{\Delta y}{y}=0,\ \frac{\Delta K}{K}=\frac{\Delta L}{L}=\frac{\Delta Y}{Y}=0$$

즉, 정상상태의 1인당 자본수준 k^*에서는 $sf(k^*)=\delta k^*$이므로 $\Delta k=0$이다. 경제가 정상상태에 도달하면, 1인당 국민소득의 수준은 $y^*=f(k^*)$와 같아진다.

그렇다면 자본축적만이 가능한 솔로우의 경제성장모형에서 얻을 수 있는 시사점은 무엇인가? 경제가 궁극적으로 장기균형을 의미하는 정상상태에 도달하면 1인당 국민소득의 수준은 y^*로 고정된다. 인구성장을 고려하고 있지 않으므로, 이는 전체 국민소득도 $Y^*(=y^*L)$로 일정한 수준에 머문다는 것을 의미한다. 즉, 자본축적만으로는 1인당 국민소득과 전체국민소득이 지속적으로 증가하는 현상을 설명할 수 없다.

2.2 _ 인구성장이 있는 경우

이제, 자본축적에 더하여 인구성장을 감안하기 위해 매기 L이 n의 비율로 증가한다고 하자. 그렇다면 자본량의 변화를 나타내는 위의 식은 다음과 같아진다.

$$\Delta k_{t+1} = sf(k) - (n+\delta)k$$

위 식을 솔로우의 기본방정식(Solow's fundamental equation) 또는 자본축적방정식이라고 한다. 이는 1인당 자본 축적과정을 동태적으로 나타낸다. sf(k)는 1인당 저축을 의미하고, 대부자금시장(자본시장)이 균형이면 저축과 투자는 일치하므로 1인당 투자를 의미하고 자본의 확대(capital widening)이라고 한다. $(n+\delta)k$는 감가상각에 의해 마모된 자본량과 인구증가에 의해 감소되는 1인당 자본량을 의미한다. 따라서 솔로우의 기본방정식은 투자에 의해 증가하는 1인당 자본량에서 인구증가와 감가상각에 의해 감소하는 자본량을 뺀 1인당 자본의 순증가를 의미한다. 1인당 자본량의 순증가를 자본의 심화(capital deepening)이라고 한다.

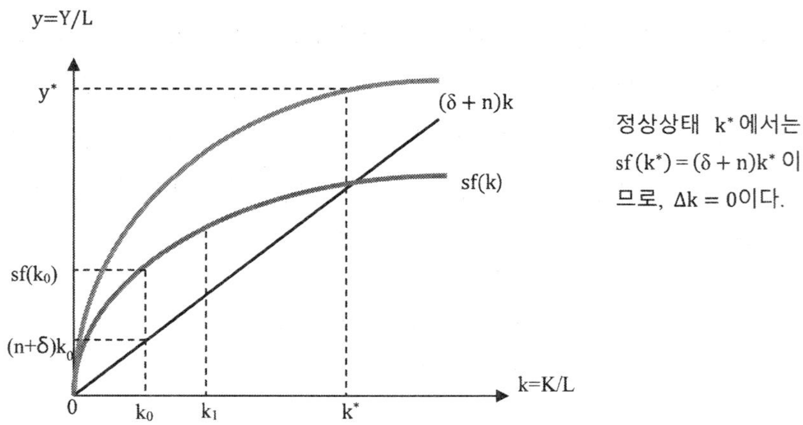

그림 12.5 인구성장까지 고려한 경우의 정상상태

인구성장률이 n인 경우의 정상상태는 <그림 12.5>에 나타나 있다. 자본축적만을 고려한 앞에서와 마찬가지로, 국민경제가 정상상태에 도달하면 k와 y는 각각 k^*와 y^*라는 일정한 값을 갖게 된다. 이는 (K/L)의 증가율과 (Y/L)의 증가율이 모두 0과 같다. 즉, 인구성장까지 고려해도 1인당 국민소득(y)의 성장은 불가능하다. 그러나, 이 경우 전체 국민소득(Y)은 인구성장률(n)과 동일한 속도로 지속적으로 증가한다.

앞에서의 자본심화과정은 다음과 같다. <그림 12.5>에서 현재의 자본량이 k_0라면, 다음 기에 새롭게 투자된 1인당 자본량은 $sf(k_0)$이고 현재의 자본량 k_0중에 δ의 비율만큼 마모가 이루어지고, n의 비율로 인구가 증가하므로 $(n+\delta)k_0$만큼 1인당 자본량이 감소한다. 따라서 다음 기와 그 다음 기에 이루어지는 1인당 자본의 순증가는 다음과 같다.

$$\Delta k_1 = k_1 - k_0 = sf(k_0) - (n+\delta)k_0$$

$$\Delta k_2 = k_2 - k_1 = sf(k_1) - (n+\delta)k_1$$

<그림 12.5>에서 $sf(k) > (n+\delta)k$라면 1인당 자본량이 증가하고, $sf(k) > (n+\delta)k$이면 1인당 자본량은 감소한다. 또한, 1인당 자본량이 증가할수록 한계생산성이 체감하므로 sf(k)의 증가속도는 둔화된다. 반면에 $(n+\delta)k$는 일정한 비율로 증가하므로 자본량이 작은 성장 초기에는 1인당 자본량이 높고 자본량이 증가할수록 1인당 자본증가율은 낮아진다. 1인당 자본량이 지속적으로 증가하면 $sf(k) = (n+\delta)k$이 되어 1인당 자본량은 더 이상 증가할 수 없다. 이 때, 1인당 자본량이 더 이상 증가할 수 없는 상태인 $\Delta k = 0$인 상태의 1인당 자본량 k^*에서 균형이 달성된다.

자본량이 k_0보다 작으면 1인당 자본량은 증가한다. 만약, 외생적인 요인으로 1인당 자본량이 k^*보다 커지게 되면 $sf(k) < (n+\delta)k$가 되어 1인당 자본량은 감소하게 된다. 따라서 정상상태에서 균형자본량 k^*는 안정성을 가진다.

균형조건 $sf(k) = (n+\delta)k$을 k로 나누면 다음과 같이 나타낼 수 있다.

$$n + \delta = s\frac{f(k)}{k} = \frac{s}{b(k)}$$

해로드-도마 모형에서 균형에서 이탈하면, 균형으로 복귀하지 못하는 면도날 균형이 나타나지만 신고전학파 성장모형인 솔로우 모형에서는 $n + \delta > s\frac{f(k)}{k} = \frac{s}{b(k)}$이 되면 자본량이 감소하고 $n + \delta < s\frac{f(k)}{k} = \frac{s}{b(k)}$이면 자본량이 증가하여 $n + \delta = s\frac{f(k)}{k} = \frac{s}{b(k)}$로 항상 안정적인

균형이 달성되므로 해로드-도마모형의 면도날 균형 문제는 해결된다.

우리는 저축증대가 경제성장의 원동력이라는 말을 자주 접한다. 그러나 저축률의 증가는 1인당 국민소득의 장기 수준을 높이는데 기여하지만, 성장률 그 자체를 높이지는 못한다. <그림 12.6>은 저축증대의 효과를 도시하고 있다. 저축률 s가 s_0에서 s_1으로 높아졌다고 하자. 그러면, 1인당 자본의 정상상태수준은 k^*에서 k^{**}로 확대된다. 이에 따라, 처음의 정상상태에서 새로운 정상상태에 도달할 때까지 0이었던 1인당 자본(또는 1인당 소득)의 성장률은 0이상으로 높아진다. 그러나, 일단 새로운 정상상태에 도달하면 k는 k^{**}로 고정되므로 더 이상의 성장은 없다. 즉, 저축증대는 (Y/L)의 장기 수준을 향상시키는 수준효과(level effect)는 발휘하지만 장기성장률에는 아무런 영향을 미치지 못하므로 성장률효과(rate effect)는 없다.

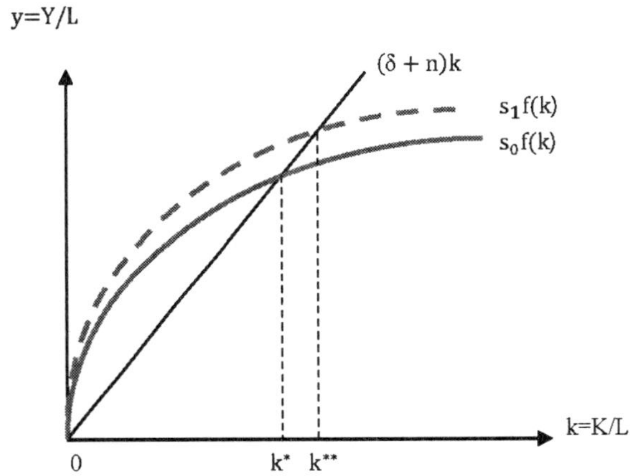

저축률이 s_0에서 s_1으로 높아지면, 1인당 소득의 장기 수준은 높아지지만 장기 성장률에는 변함이 없다.

그림 12.6 저축증대 효과

솔로우 모형은 시간이 흐름에 따라 가난한 국가와 부유한 국가 사이의 소득격차가 없어지는 현상으로 불리는 수렴현상(convergence)을 예측하고 있다. <그림 12.7>은 이를 보여주고 있다. 그림에서 후진국과 선진국의 1인당 자본수준은 각각 k'과 k"으로 나타나 있다.

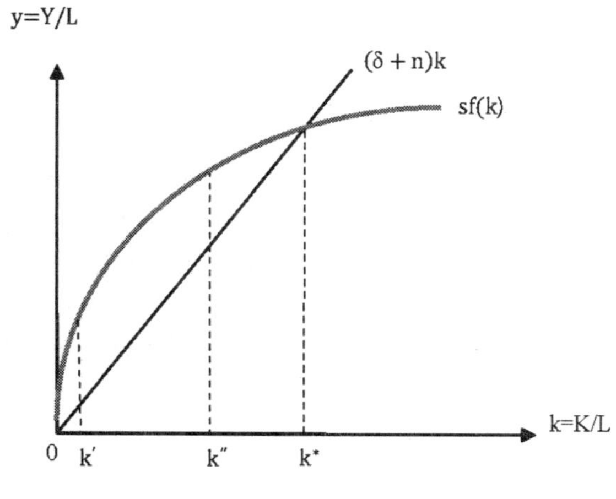

가난한 국가의 1인당 자본은 k′으로 낮은 수준에 있으므로, 빠른 속도로 k* 에 수렴해간다.

그림 12.7 수렴현상

소득이 낮은 나라는 1인당 자본이 작은 나라이고 자본수준이 낮으면 MPK가 높으므로, 부유한 나라에 비해 가난한 나라의 경제성장률이 높아 따라잡기효과(catch-up effect)가 가능한 것이다. 그러나, 현실에서 이와 같은 수렴현상이 발생하는가에 대해서는 논란의 여지가 많다.

2.3 _ 기술진보가 있는 경우

지금까지 살펴본 바에 의하면, 단순히 자본이 축적되고 노동력이 커진다는 것만으로는 1인당 국민소득의 지속적인 증가현상인 경제성장을 설명할 수 없다. 규모에 대한 수익 불변(Constant Returns To Scale, CRTS)인 총생산함수가 시사하는 수확체감의 법칙으로 자본의 축적과 노동력의 확대 노력은 결국 정상상태에서 1인당 자본이 k^*로 고정된 값을 갖게 되어 더 이상의 생산성 향상이 발생하지 않는 정체상태에 이르기 때문이다. 솔로우는 자본축적과 인구성장에 더하여 기술진보(Technical Progress, TP)를 고려함으로써 경제성장을 설명하고 있다. 기술진보를 감안하기 위해 1인당 총생산함수를 다음과 같이 일반화시켜 보자.

$$y = A \times f(k)$$

여기서 A는 기술수준을 나타내는 계수인데, A를 크게 만드는 모든 변화를 기술진보로 해석할 수 있다. 즉, A가 커지면 생산요소(k)에 변화가 없어도 산출량(y)은 증가한다. 기술수준의 형상으로 A가 A_0에서 A_1으로 커졌다고 하자. 이는 <그림 12.8>에서처럼 1인당 총생산함수를 위쪽으로 이동시킨다.

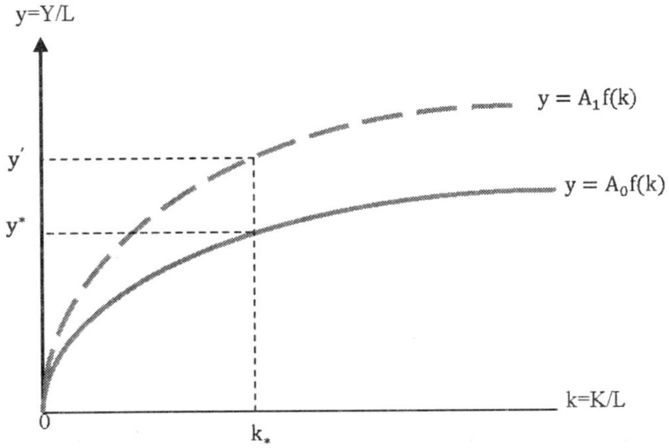

기술진보가 발생하면 1인당 총생산함수는 위쪽으로 이동한다. 이로 인해 정상상태하에서도 y는 지속적으로 증가할 수 있다.

그림 12.8 기술진보의 효과

기술진보가 매기 일정한 비율 g로 발생한다면 정상상태에서 y는 지속적으로 증가한다. 1인당 국민소득(y)의 장기 성장률은 기술진보율인 g와 같으며, 전체 국민소득(Y)의 성장률은 인구성장률과 기술진보율의 합인(n+g)와 같다. 이와 같이, 솔로우 경제성장모형의 핵심적인 결론은 K와 L의 확대와는 달리 수확체감의 법칙에 구애받지 않는 기술진보만이 경제성장을 야기한다.

보다 자세한 설명을 위해 다음과 같은 콥-더글라스 함수를 생각하자.

$$Y = F(K, AL) = K^{\alpha}(AL)^{1-\alpha}$$

여기서 기술진보를 노동의 효율성 계수인 A로 나타내면, 같은 양의 노동 L을 투입하더라도 A가 커지면 생산량이 늘기 때문에 AL은 효율성을 고려하여 측정된 효율적 노동(efficient labor)를 의미한다. 기술진보율은 $\frac{\Delta A}{A} = g$ 이므로 A는 시간 경로에 따라 변한다. 단순노동을 L로 나타낸다면 효율노동 1단위는 AL이 되고 효율노동 1인당 산출량과 자본량은 Y/AL과 K/AL이 된다. 노동의 증가율은 경제활동참여율이 일정하다고 가정하여 $\frac{\Delta L}{L} = n$ 과 같고 효율노동 AL의 증가율은 n+g가 된다. 1인당 생산함수는 다음과 같다.

$$\frac{Y}{AL} = F\left(\frac{K}{AL}, 1\right)$$

따라서 $\tilde{y} = f(\tilde{k})$ 이 되고, $\tilde{y} = \dfrac{Y}{AL}$, $\tilde{k} = K/AL$ 이다.

저축(S)와 투자(I)의 균형은 다음과 같다.

$$\Delta K = I - \delta K = sY - \delta K$$

양변을 K로 나누면 다음과 같다.

$$\frac{\Delta K}{K} = \frac{I}{K} - \delta = s\frac{Y}{K} - \delta$$

효율노동 1인당 자본 $\tilde{k} = K/AL$ 의 증가율은 다음과 같다.

$$\frac{\Delta \tilde{k}}{\tilde{k}} = \frac{\Delta K}{K} - \frac{\Delta A}{A} - \frac{\Delta L}{L}$$

$\dfrac{\Delta A}{A} = g$, $\dfrac{\Delta L}{L} = n$ 이므로

$$\frac{\Delta \tilde{k}}{\tilde{k}} = \frac{\Delta K}{K} - g - n$$

이제 $\dfrac{\Delta K}{K} = s\dfrac{Y}{K} - \delta$ 와 $\dfrac{Y}{K} = \dfrac{Y/AL}{K/AL} = \dfrac{y}{k}$ 를 이용하면 자본축적방정식(솔로우의 기본방정식)은 다음과 같다.

$$\frac{\Delta \tilde{k}}{\tilde{k}} = \frac{\Delta K}{K} - g - n = s\frac{y}{k} - (n + g + \delta)$$

위식에 양변에 $\tilde{k}$를 곱하여 효율노동 1인당 자본의 순증가분($\Delta \tilde{k}$)으로 나타내고, $\dfrac{y}{k} = \dfrac{\tilde{y}}{\tilde{k}}$ 를 이용하면 다음과 같다.

$$\Delta \tilde{k} = s\tilde{y} - (n + g + \delta)\tilde{k}$$

만약, $\Delta\tilde{k}=0$ 이면 $s\tilde{y}=sf(\tilde{k})=(n+g+\delta)\tilde{k}$가 된다. 즉, 최소한 효율노동 1인당 자본량을 항상 같은 수준으로 유지하기 위하여($\Delta k=0$), 다음의 3가지가 필요하다. 인구가 증가함에 따라 새로운 노동자에게 제공해야 하는 자본($n\tilde{k}$), 감가상각을 대체하기 위한 대체투자 ($\delta\tilde{k}$), 기술진보로 인해 창출된 효율적 노동자에게 제공해야 하는 부분 ($g\tilde{k}$)가 필요하다.

노동량의 확충이나 자본의 축적을 통해 이루어진 일시적인 성장을 양적 성장이라고도 하며, 기술진보를 통한 장기 성장을 질적 성장이라고 한다. 성장회계를 일정 기간 동안에 달성된 경제성장(growth accounting)을 성장의 각 요인별로 분해하는 분석방법을 말하는데, 이를 통해 각 요인이 경제성장에 얼마나 기여했는 지를 구체적으로 계산해낼 수 있다. 기술진보까지 감안한 총생산함수($Y=AF(K,\ L)$)로부터 다음을 유도해낼 수 있다.

$$\frac{\Delta Y}{Y}=\alpha\frac{\Delta K}{K}+(1-\alpha)\frac{\Delta L}{L}+\frac{\Delta A}{A}$$

위의 성장회계방정식에서 좌변은 Y의 성장률을 뜻한다. 우변의 α는 국민소득 중에서 자본소득이 차지하는 비중(capital share)을 나타낸다. 자본시장이 완전한 경우 자본에 대한 보수는 MPK와 같으므로, $\alpha=\dfrac{K\cdot MPK}{F(K,L)}$이다. 또한, $(1-\alpha)$는 국민소득 중에서 노동소득이 차지하는 비중(labor share $=\dfrac{L\cdot MPK}{F(K,L)}$)을 나타낸다.

즉, 성장회계방정식은 Y의 증가를 자본의 증가를 통해 이루어진 부분과 노동의 증가를 통한 부분, 그리고 기술진보를 통한 부분으로 분해한 식이다. 이 식 우변의 맨 마지막항($\dfrac{\Delta A}{A}$)은 Y의 성장 중 생산요소의 증가로 설명되고 남은 부분을 뜻하는데, 이를 솔로우의 잔차(Solow residual)라고 부른다. 솔루우의 잔차는 총요소생산성(Total Factor Productivity, TFP)의 성장을 의미하는 기술진보의 척도이다. 이와 같이, 각 생산요소가 성장에 기여한 정도를 측정하는 것을 성장회계(growth accounting)라고 한다.

크루그먼(Krugman, 1994)은 아시아 성장에 대해 비판하였다. 아시아 국가들은 1960년대와 1970년대 생산성보다 노동증가율과 자본증가율에 의한 성장이 이루어졌다고 보았다. 요소투입에 의존한 성장은 한계생산성 체감으로 성장률은 둔화되는데, 이러한 현상은 정체상태에 직면할 것으로 보았다.

2.4 _ 수렴논쟁

수렴은 크게 절대적 수렴과 상대적 수렴으로 나누어진다. 절대적 수렴은 다른 조건(저축률, 인구증가율, 감가상각률 등)은 모두 같고, 초기의 1인당 자본스톡규모만 차이가 날 경우에 시간이 지나면 수확체감의 법칙이 작용하여 한계생산성이 높은 빈국의 1인당 소득수준이 부국의 소득수준으로 수렴해 간다는 것을 말한다. 시간이 지나면서 국가 간의 1인당 자본량과 소득격차가 줄어든다. 따라서 초기에 작은 자본량을 가진 빈국도 시간이 지나면 초기에 많은 자본을 가지고 출발한 부국과 동일한 정상상태의 자본량과 동일한 1인당 소득수준으로 수렴해 가는 것을 의미한다.

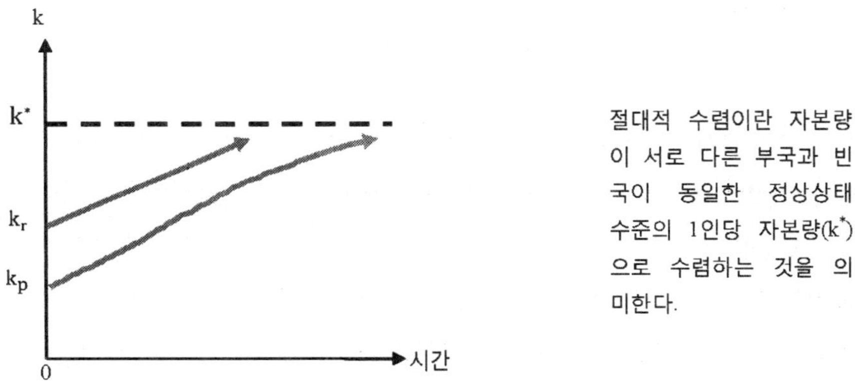

그림 12.9 절대적 수렴

조건부 수렴이란 일정한 조건 하에서만 국가 간의 소득격차가 줄어드는 수렴을 말한다. 즉, 비슷한 조건을 갖춘 국가들 사이에서만 소득의 수렴이 발생한다. 예를 들어, 빈국은 s_P, $(n+\delta)_p$를 가지고 있으며 부국은 s_r, $(n+\delta)_r$을 가지고 있다고 하자. 저축률은 부국이 높으나 $(s_P>s_r)$, 생산함수는 동일하여 1인당 자본의 평균생산성 $f(k)/k$가 같다고 하자. 논의의 편의를 위해 $(n+\delta)_p>(n+\delta)_r$라고 하자. 따라서 솔로우 기본방정식은 다음과 같다.

$$\text{빈국의 조건 }:\frac{\Delta k}{k}=s_p\frac{f(k)}{k}-(n+\delta)_p$$

$$\text{부국의 조건 }:\frac{\Delta k}{k}=s_r\frac{f(k)}{k}-(n+\delta)_r$$

서로 다른 솔로우 기본방정식은 서로 다른 정상상태로 각각 수렴하게 되는 것이 조건부 수렴이다.

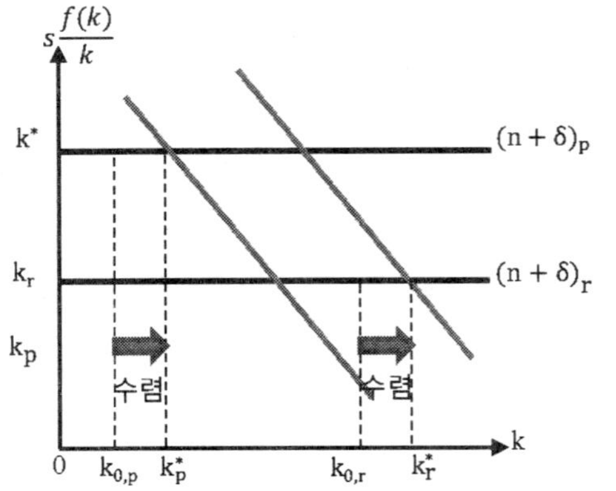

조건부 수렴이란 각 국가의 서로 다른 주어진 조건에 따라 정상상태가 각기 다르게 결정되며, 다른 정상상태로 수렴하는 것을 말한다.

그림 12.10 조건부 수렴

빈국과 부국의 물적자본 및 인적자본과 기술수준 등 여러 가지 차이를 감안하여 각 국가가 도달할 정상상태보다 더 낮은 1인당 자본스톡을 지닌 상태에서 좀 더 빨리 성장하여 소득수준이 수렴해가는 현상을 조건부 수렴가설이라고 한다. 1차 대전 후의 독일이나 일본의 급속한 성장은 조건부 수렴가설로 설명이 가능하다. 즉, 전정으로 자본이 크게 파괴되어 자본스톡이 정상상태보다 많이 부족하였기 때문에 자본의 한계생산성이 높고 투자효율이 높아 고도성장이 이루졌다고 볼 수 있다.

2.5 _ 황금률

지금까지의 신고전학파 성장모형은 시간의 변화에 따른 동태적인 소득의 증가를 설명한다. 그러나 누구를 위한, 무엇을 위한 성장인 지에 대한 판단의 문제는 배제되어 있다. 펠프스(E. Phelps)와 로빈슨(J. Robinson) 등은 후생경제학 압장에서 바람직한 성장률을 도출하려고 하였다.

사회적 후생은 경제주체들의 소비에 의해 결정되므로, 사회후생이 극대화되는 성장은 1인당 소비가 극대화될 때이다. 신고전학파 모형에서 1인당 소비가 극대화되는 장기균형 조건을 황금률(Golden rule)이고 한다.

1인당 소비 c=C/L은 1인당 산출량 y에서 저축을 sf(k)를 빼면 된다.

$$C=(1-s)f(k)$$

장기균형은 $sf(k)=(n+\delta)k$에서 달성되므로, 정상상태에서 1인당 소비를 극대화하는 문제는 다음과 같이 나타낼 수 있다.

$$\max\ c=(1-s)f(k)$$
$$\text{s.t.}\ sf(k)=(n+\delta)k$$

제약식인 균형조건을 소비함수에 대입하면 1인당 소비함수는 다음과 같이 나타난다.

$$c=f(k)-(n+\delta)k$$

소비함수를 k로 미분하여 1인당 소비를 극대화하는 1계 조건은 다음과 같다.

$$\frac{\partial f(k)}{\partial k}-(n+\delta)=0$$

완전경쟁시장에서 시장균형이 달성되면 $\frac{\partial f(k)}{\partial k}=r$ 이므로 정상상태에서 1인당 소비가 극대화되는 조건은 다음과 같다.

$$r=n+\delta$$

이러한 조건을 황금률이라고 하고, 이 때의 자본량 k_g^*을 황금률 자본량(Golen rule capital)이라고 한다. <그림 12.11>에서 $r>n+\delta$이면 $k^*<k_g^*$로 자본의 과소축적이 되고, $r<n+\delta$이면 $k^*>k_g^*$로 자본의 과잉축적이 된다.

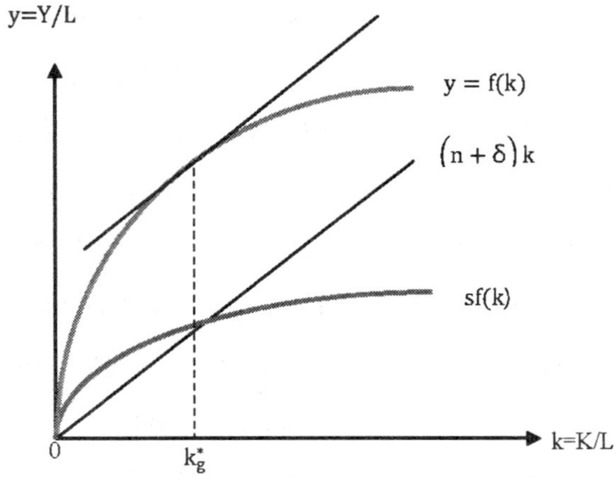

그림 12.11 황금률 자본량

3. 신성장이론

솔로우 모형에서는 기술진보가 경제성장의 원천이다. 그러나 솔로우는 기술진보율이 g로 일정하다고 가정함으로써 기술진보의 결정요인에 대해서는 명시적인 설명을 하지 않고 있다.

1980년대 중반에 등장하기 시작한 내생적 성장이론은 솔로우 모형에서의 규모에 대한 수익불변(Constant Returns To Scale, CRTS)인 총생산함수 대신 규모에 대한 수익증가(Increasing Returns To Scale, IRTS)인 생산기술을 가정하고, 이를 가능케 하는 모형 안의 내생적 요인들이 무엇인 지에 대해 다각도로 규명하려고 하고 있다.

내생적 성장이론에는 연구개발(R&D) 투자의 중요성을 강조하는 모형뿐만 아니라 인적자본(human capital) 등 다양한 형태의 이론들이 있다. 지식자본(knowledge capital)의 축적이 경제성장의 원동력 중의 하나임을 부인할 사람은 없을 것이다. 내생적 성장이론의 한 형태는 이러한 지식자본을 축적하기 위해서는 연구개발(R&D) 투자가 필수적임을 강조하고 있다. 한 기업의 R&D투자는 다른 기업 또는 산업의 R&D투자를 촉진하여 경제전체의 생산성 향상에 기여할 수 있다. 즉, 개별적인 연구개발에는 수익감소가 있더라도 연구개발의 성과가 다른 부문에 파급효과를 주기 때문에 경제전체로는 규모에 대한 수익증가(Increasing Returns To Scale, IRTS)가 발생한다.

또한, 다른 내생적 성장이론은 총생산함수가 규모에 대한 수익 증가의 형태를 나타내는 이유로 인적자본에 대한 투자를 꼽고 있다. 인적자본이란 생산인력이 보유하고 있는 교육수준과 기술 및 건강정도 등을 뜻한다. 개인의 인적자본이 많아지면 개인의 생산성이 높아질 뿐만 아니라 경제전체의 생산성도 향상된다. 즉, R&D투자와 마찬가지로 개별 노동자의 인적자본 축적에는 수확체감이 일어나더라도 경제전체로는 규모에 대한 수익증가가 가능하다.

R&D투자와 인적자본에 대한 투자는 다양한 경로를 통해 한 국민경제 전체의 생산성을 향상시킨다. 국가간의 무역과 직접투자는 이러한 파급효과를 다른 나라에까지 확산시킬 수 있다. 예를 들어, 국제무역을 통해 후진국은 선진기술을 습득할 수 있으며 시장을 전세계로 넓힘으로써 규모의 경제(economies of scale)를 누릴 수도 있기 때문이다.

이와 같이 내생적 성장이론들은 한 부문에서의 생산성 향상이 다른 부문에 파급효과를 미쳐 수확체감의 법칙이 적용되지 않은 채, 더욱 빠른 생산성의 향상이 이루어져 1인당 국민소득이 지속적으로 증가할 수 있다는 가능성을 강조하고 있다.

한편, 솔로우의 성장이론과는 달리 내생적 성장이론에 의하면 수렴현상은 기대하기 힘들다.

R&D투자와 인적자본에 대한 투자는 선진국에서 훨씬 더 활발하게 이루어지고 있는데, 그렇다면 선진국들의 생산성이 더 빨리 상승하여 후진국과의 소득격차는 더욱 커지기 때문이다.

또한, 내생적 성장모형에 의하면 경제성장을 촉진하기 위한 정부의 노력이 중요시된다. 한 부문에서의 기술개발은 다른 부문의 기술개발을 촉진하는 양(+)의 외부효과(externalities)를 발한다. 즉, 시장에서 결정되는 R&D투자의 수준은 경제전체적으로 볼 때 최적수준에는 못 미치게 된다는 것이다. 기술진보와 관련하여 발생하는 이와 같은 시장실패(market failure)를 정부가 개입하여 보완한다면, 정부의 정책은 장기 경제성장에도 유의적인 영향을 미칠 수 있다.

4.1 _ 지식의 외부효과 모형

생산요소의 외부성을 가정한 수익증가 모형은 로머(Romer, 1986)가 제시하였다. 생산에 투입되는 요소로 노동과 자본과 같은 물적 생산요소(physical production factor)에 지식(knowledge)을 추가하였다. 개별 기업이 고용하는 지식과 개별 지식의 총합인 사회 전체적 지식 역시 생산에 기여한다고 본다. 물적 요소와 기업이 보유한 지식에 대한 한계생산성은 체감한다. 그러나 사회 전체적 지식은 공공재적 성격을 가지고 있으며, 외부경제를 발생시킨다. 따라서 생산함수의 물적 요소를 x_i, 개별 기업이 보유한 개별 지식을 k_i라고 하면 사회 전체적 지식 $K=\Sigma k_i$가 되며 생산함수는 다음과 같이 나타낼 수 있다.

$$y=f(x_i,\ k_i,\ K)$$

생산함수는 개별 투입 요소에 대한 1차 동차인 생산함수라고 하자. 즉, 기업이 보유한 지식 k_i와 물적 투입요소 x_i를 일정한 λ배로 증가시키면 산출량도 동일한 배수로 증가한다. 개별 투입요소에 대한 규모에 대한 수익불변(Constant Returns To Scale, CRTS) 생산이므로 다음과 같이 나타낼 수 있다.

$$f(\lambda x_i,\ \lambda k_i,\ K)=\lambda f(x_i,\ k_i,\ K)$$

그러나 사회 전체적으로 지식총량 K는 개별 기업이 투입하는 지식량에 따라 변화가 가능하며 외부경제를 가진다. 사회 전체적 지식의 투입까지 고려하는 사회 전체적 생산함수는 규모에 대한 수익증가(Increasing Returns To Scale, IRTS)이다.

$$f(\lambda x_i,\ \lambda k_i,\ K) > \lambda f(x_i,\ k_i,\ K)$$

사회 전체적 지식 K는 후진국에 비해 선진국이 크게 나타난다. 따라서 선진국은 후진국에 비해 전체적 지식에 의한 외부경제가 크게 나타나므로, 물적투입과 개별 지식의 증가에 따른 한계생산성 체감을 사회 전체적 지식의 외부경제로 상쇄시킬 수 있다. 따라서 개별 투입요소가 큰 선진국이 후진국보다 성장률이 낮이 않을 수 있다. 외부경제의 크기와 전체적 지식의 격차에 따라 선진국의 성장률이 후진국의 성장률보다 빠를 수 있다.

또한, 사회 전체적 지식 K는 외부경제를 가지는 변수이므로 경쟁 균형에서 지식의 투입은 사회적 최적투입보다 적은 과소투입이 이루어지는 비효율적 자원배분이 일어나게 된다. 로머는 정부가 개별 기업의 사적 한계전환율과 사회적 한계전환율이 같아지도록 보조금(subsidy)을 지급하여 개별 기업이 사회적으로 최적인 수준의 지식을 투입하도록 하여 국민경제 성장에 기여할 수 있다고 보았다. 보다 일반적인 생산함수는 다음과 같다.

$$y_i = \theta k_i^{\alpha},\ 0 < \alpha < 1,\ \theta = AK^{\beta},\ 0 < \beta < 1$$

$$y_i = AK^{\beta} k_i^{\alpha},\ 0 < \alpha < 1,\ 0 < \beta < 1$$

평균적인 기업의 생산함수가 $y_i = \theta k_i^{\alpha}$ 임을 감안하고, 균형에서 경제 전체의 지식량의 평균은 1인당 지식량과 같아 $K = k_i$이다.

$$y = Ak^{\alpha+\beta}$$

만약 $\alpha+\beta<1$이면 자본의 한계생산성은 체감하고 기본적인 솔로우 모형과 같아진다. $\alpha+\beta>1$이면 자본의 한계생산성은 증가하여 지속적 성장이 가능해진다. $\alpha+\beta=1$이면 $Y=AK$ 또는 $y=Ak$모형이 된다. 이 경우, 성장의 원인은 자본축적에 따라 자본의 한계생산성이 감소하는 것을 막아주는 외부효과 때문이다. 자본의 한계생산성이 증가한다면 자본은 후진국에서 선진국으로 이동한다. 그러나 현실에서 경제 전체의 자본의 한계생산성이 증가하는 경우는 드물다. 지식의 외부성을 감안하면 자본의 소득분배율이 단순이 α가 아닌 $\alpha+\beta$가 되므로 물적자본만을 계상하는 국민소득계정 상의 자료를 이용하면 자본의 사회적 이득은 과소추정된다. 국민소득계정은 외부성을 감안하지 않은 사적 이득만을 자본소득으로 집계하기 때문이다. 따라서 지식자본을 이용한 소득분배율을 이용하면 솔로우 모형의 문제점을 일부 극복할 수 있다.

4.2 _ 학습효과 모형

애로우(Arrow)의 학습효과 모형(learning by doing)은 자본축적과정에서 노동생산성을 개선할 수 있는 부수적 효과를 감안하면 지속적 성장이 가능하다고 보았다. 즉, 자본의 개념을 확대시키는 것과 같은 의미를 가지고, 자본소득분배율을 높이게 되어 솔로우 모형의 설명력을 강화할 수 있다. 학습효과는 인적자본 축적처럼 인위적인 노력에 의해 발생하는 것이나 아니라 물적자본 투자와 같은 통상적인 경제활동의 부산물로 발생한다. 생산함수는 다음과 같다.

$$Y=K^{\alpha}(AL)^{1-\alpha}$$

학습효과는 기술수준 A에 반영되는데, 학습을 통한 습득능력 향상을 통해 다음과 같이 나타낼 수 있다.

$$A=bK^{\phi},\ b>0,\ \phi>0$$

위 식을 기술축적 함수라고 부를 수 있다. 자본축적이 증가하는 과정에서 기술수준은 향상되며 그 정도를 나타내는 계수가 ϕ이다. 기술축적 함수를 생산함수에 대입하면 다음과 같다.

$$Y=K^{\alpha}(bK^{\phi}L)^{1-\alpha}=b^{1-\alpha}K^{\alpha+\phi(1-\alpha)}L^{1-\alpha}$$

이러한 경제의 성장과정 및 정상상태의 특성은 자본소득분배율 $\alpha+\phi(1-\alpha)$의 크기와 1의 대소관계에 의존한다. 지속적 성장이 가능해지는 이유는 자본이 직접적으로 생산을 증가시키고 (K^{α}), 간접적으로 학습효과를 통해 노동생산성을 개선시키는 효과 ($K^{\phi(1-\alpha)}$)가 존재하기 때문이다.

인구증가가 없는 상태에서 균형성장경로가 존재하는 경우($\phi=1$)에 경제는 지속적으로 성장한다. 즉, $\phi=1$이면 기술축적 함수는 $A=bK$가 되고 생산함수는 AK 모형과 같아지게 되어 자본의 한계생산물은 A로 상수가 된다. 따라서 솔로우 모형과 다르게 경제성장률은 저축률(s)에 의존하게 된다.

$$Y=AK,\ A=b^{1-\alpha}L^{1-\alpha}$$

여기서 L은 가정에 의해 주어져 있는 일정한 인구의 노동력이므로 기술수준을 나타내는 A도 상수로 볼 수 있다. 단, 경제의 기술수준은 노동력 규모에 비례한다.

4.3 _ AK 모형

자본축적을 경제성장 요인으로 보고 수확체감이 발생하지 않도록 구성된 모형으로 Ak 모형이 존재한다. Ak 모형은 물적자본과 인적자본의 동시축적으로 자본의 한계생산성이 체감하지 않도록 하는 모형이며, 축적된 실물자본이 외부성(positive externality)을 갖는 모형이다. 총생산함수가 다음과 같이 간단히 주어져 있다고 하자.

$$Y = AK \text{ 또는 } y = Ak$$

여기서 Y는 총산출량이고, K는 총자본량이며, A는 자본 1단위당 생산성을 나타낸다. 이와 같은 생산함수는 자본의 한계생산이 자본이 축적됨에 따라 체감하는 것이 아니라 A로 일정하다

저축(S)과 투자(I)가 일치하는 균형 성장조건을 이용하면 다음과 같다.

$$\Delta K = I - \delta K = S - \delta K = sY - \delta K = sAK - \delta K$$

자본량 증가율과 산출량 증가율은 다음과 같다.

$$\frac{\Delta K}{K} = \frac{\Delta Y}{Y} = sA - \delta$$

만약, 생산함수를 성장률로 나타내면, 1인당 자본량 증가율과 1인당 산출량 증가율은 다음과 같다.

$$\frac{\Delta k}{k} = sA - (n + \delta)$$

$sA > n + \delta$이면 기술진보가 없더라도 소득성장률과 경제성장률은 양(+)이므로 소득은 영구적으로 증가한다. 저축률(s)가 증가하거나 자본의 생산성(A)가 증가하면 높아진다.

국가 간의 성장률은 수렴하지 않는다. 저축률이 높은 국가는 낮은 국가보다 성장률이 높다. 기술수준이 높은 국가는 낮은 국가보다 성장률이 높다. 국가 간의 자본이동, 즉 부유한 국가로부터 가난한 국가로 자본이동이 이루어진다고 해도 빈부격차는 줄어들지 않는다. 왜냐하면 국가 간의 자본수익률이 성장률을 좌우하는 것이 아니기 때문이다.

솔로우 모형에서 저축률은 정상상태에 이르는 동안만 성장률에 영향을 미치지만 내생적 성장모형에서 저축은 성장에 영구적으로 영향을 미친다. 따라서 저축률이 증가하면 성장률도

증가한다.

4.4 _ 인적자본 모형

루카스(Lucas)의 인적자본 모형은 자본의 범위를 물적자본에 인적자본으로 확대하였다. 따라서 자본의 한계수확이 체감하지 않을 수 있다.

생산함수가 다음과 같이 주어져 있다고 하자.

$$Y = K^{\alpha}(AH)^{1-\alpha}$$

여기서 K는 자본이고, H는 인적자본(숙련노동)을 나타낸다. 이 경우, 노동의 숙련도는 투입한 훈련 등의 시간에 비례한다. 즉, 숙련도를 높이지 위해 투입한 시간의 비중을 u라고 하고, 비숙련 단순노동을 L이라고 하면, 인적자본(숙련노동)의 축적은 다음의 관계로 얻어진다.

$$H = e^{\Psi u}L$$

만약, 숙련노동을 습득하기 위해 투입한 시간이 없다면(u=0), 숙련노동의 습득은 전혀 없고 H=L이 되어 모든 노동은 비숙련노동이 된다. 숙련노동 습득을 위한 투입시간이 증가할수록 1단위 비숙련노동은 H단위의 숙련노동을 생산해 낸다. 따라서 다음과 같은 식이 성립한다. Ψ는 교육기간의 증가에 따른 숙련도의 증가(return to schooling)을 나타내는데 대체로 10% 정도로 추정된다.

$$\frac{d\log H}{du} = \Psi \rightarrow \frac{dH}{du} = \Psi H$$

예를 들어, 1단위 추가적 습득시간 투입에 따라 Ψ=0.1(10%)라면 H는 10% 증가한다. 한편 물리적 자본축적은 다음과 같은 형태로 이루어진다고 하자.

$$\Delta K = sY - \delta K$$

1인당 형태로 함수를 변형하자.

$$y = k^{\alpha}(Ah)^{1-\alpha},\ h = \frac{H}{L} = e^{\Psi u}$$

h가 일정하므로 정상상태에서는 $\tilde{y}=\frac{Y}{Ah}$, $\tilde{k}=\frac{K}{Ah}$으로 변환하면 다음과 같은 생산함수를 얻는다.

$$\tilde{y}=(\tilde{k})^{\alpha}$$

따라서 이로부터 자본축적방정식(솔로우의 기본방정식)을 구하면 다음과 같다.

$$\Delta\tilde{k}=s\tilde{y}-(n+\delta+g)\tilde{k}$$

정상상태에 유효노동 1인당 산출량은 다음과 같다.

$$\tilde{y}^{*}=\left(\frac{s}{n+\delta+g}\right)^{\frac{\alpha}{1-\alpha}}$$

이를 시간에 따라 표현하면 다음과 같다.

$$y^{*}(t)=\left(\frac{s}{n+\delta+g}\right)^{\frac{\alpha}{1-\alpha}}hA(t)$$

이제, 국가간의 소득격차를 설명하기 위하여 솔로우 모형을 극복할 수 있는 지의 여부를 알아보기 위하여 미국의 1인당 소득수준을 기준으로 다른 국가의 상대적 소득수준을 나타내자. 상대적 소득수준을 $\hat{y}^{*}$으로 나타내면 $\hat{y}^{*}=\frac{y^{*}}{y^{*}_{us}}$가 된다. 따라서 상대적 소득수준은 다음과 같이 나타낼 수 있다.

$$\hat{y}^{*}=\left(\frac{\hat{s}}{\hat{n}+\hat{\delta}+\hat{g}}\right)^{\frac{\alpha}{1-\alpha}}\hat{h}\hat{A}$$

따라서 1인당 산출량 및 자본의 성장률은 기술진보율과 같다. 이 모형으로 물리적 자본축적 능력, 숙련노동 습득을 위한 많은 시간의 투입($h=H/L=e^{\psi u}$), 낮은 인구증가율, 높은 기술수준이 높은 소득수준을 가져다 주는 것을 알 수 있다.

4.5 _ R&D 모형

AK모형은 자본의 한계생산성과 한계수확이 일정하다. 자본축적이 가지는 외부효과를 감안하면 전체 자본의 한계수확은 체감하지 않을 수 있다. 로머는 성장의 원동력이 분업과 전문화라고 보고 모형화하였다. 일부 기술을 주도하는 기업들은 대규모 연구개발(Research and Development, R&D) 투자를 시도하여 독점적 이윤을 얻을 수 있다. 이 과정에서 특허권 등의 제도적 장치가 일부 기간 동안 독점적 이윤을 보장한다. 따라서 R&D 제품시장은 독점적 경쟁시장 구조를 가진다.

성장의 원인을 기업의 이윤극대화라는 합리적 의사결정에 따른 최적화의 생산물로 본다. 따라서 기술수준은 내생적으로 결정된다. 기업의 의사결정은 지식의 축적이 기술수준을 결정하는데, 이 과정은 비경합성(nonrivalry)와 배제가능성(excludability)을 가진다. 지식의 비경합성이란 지식이 한 번 시장에 출현하면, 그것을 공유하는데 드는 비용이 추가적으로 매우 작게 되는 것을 의미한다. 고정비용은 크지만 평균비용은 산출량이 증가할수록 낮아지며 한계비용은 아주 낮다. 즉, 규모의 경제가 작용하여 수확체감의 현상을 완화시킨다. 또한, 지식은 재산권이나 특허권 등의 보호장치를 통해, 일정 부분 배타적 수익의 향유권을 확보하게 된다. 이러한 특성으로, 기술진보가 경제 내의 R&D 부문에서 이루지면 1인당 생산수준이 지속적으로 증가하여 성장이 지속될 수 있다. 따라서 인구와 연구인력도 증가하고, 인구증가율이 높아지면 1인당 소득수준이 오히려 높아질 수 있다.

이러한 지식자본와 R&D의 산출은 비경합성을 가지게 되는데, 비경합성은 생산의 규모에 따른 수익감소를 극복하게 한다. 그러나 R&D모형은 저축의 증가나 정책변화가 영국적으로 성장률을 높이지 못하고, 단지 과도기적으로 정상상태(SS)로 이행하는 과정에서 성장률을 높일 뿐이라고 주장하여 솔로우 모형과 동일한 결론을 가지게 된다.

하나의 독점적 경쟁기업이 한 종류의 중간재를 생산하며 모든 기업의 이윤이 0이 될 때까지 신규기업이 진입할 수 있고, 최종재를 생산하는 기업들은 완전경쟁적이라고 하자. 따라서 최종재에 대한 생산함수는 다음과 같이 나타난다.

$$Y(x, L) = L^{1-\alpha}\int_0^\infty x(i)^\alpha\, di$$

여기서 x는 특정 시점에 사용가능한 중간재 상품의 집합인데, 고정비용 때문에 제한되어 [0, M]으로 주어진다고 하자. 또한, 중간재를 생산하는데 사용가능한 축적가능 자원은 N으로 주어진다고 하자. 따라서 상품 i에 대해서 x(i)=N/M이 된다. 따라서 다음과 같이 쓸 수 있다.

$$Y = L^{1-\alpha}M(N/M)^{\alpha} = L^{1-\alpha}N^{\alpha}M^{1-\alpha}$$

축적가능 자원 N이 2배가 되면, 진입기업 또한 2배가 되므로 기업당 평균 산출량은 N/M으로 불변이다. 따라서 균형에서 상품종류 M은 N에 비례한다. 개별 상품의 생산 x(i)를 정규화하자. 즉, 모든 기업이 동일한 경우에 평균생산이 되도록 x(i)=1로 단위를 조정하면, M=N이 된다. 따라서 다음과 같이 나타낼 수 있다.

$$Y = L^{1-\alpha}N$$

내생적 성장이 지속가능한 이유는 N의 증가가 직접적으로 생산을 증가시킬 뿐 아니라, 간접적으로 분업과 전문화의 지표인 중간재의 종류를 증가시켜 죄종재의 생산에 기여하기 때문이다.

R&D모형에서 성장률은 저축률 외에도 인구의 크기에 의해 영구적으로 영향을 받는다. 이 때의 인구란 시장수요의 크기를 대변한다. 신제품 등을 개발하는데 고정비용이 소모되므로 인구가 작은 경제에서는 수요가 작은 시장을 의미하므로 기술개발 비용을 회수할 수 없다.

CHAPTER 13

경기변동 이론

경기변동(business cycle) 또는 경기순환(business fluctuation)은 한 국가의 전체적 경제활동의 순환적인 변동을 말한다. 왜 자본주의 경제 하에서 총체적인 경제변수들은 추세를 중심으로 반복되어 변동하게 되는가? 라는 질문에 대한 대답을 찾는 것이 경기변동 이론이다. 즉, 실질 GDP, 고용, 물가와 같은 거시경제 변수들이 장기 추세선을 중심으로 동시에 또는 시차를 가지고 상승과 하락을 반복하는 현상을 말한다.

케인즈의 『일반이론』이 출간되기 전에 이미 앞의 질문에 대한 해답은 경제학자에게 주요한 과제로 간주되어 있다. 예를 들어, 하이에크(Hayek, 1933)에 의하면 다음과 같은 문제로 인식하고 있다. "경제변수의 순환현상을 균형이론체제에 도입하는 것은, 그 자체가 하나의 모순처럼 보이지만, 경기변동 이론의 주요 과제로 남아있다."

케인즈 혁명의 주요 결과는 위에서 제기한 문제(경제변수들의 장기적인 순환변동을 설명하려는 문제)에 대한 연구방향을 한 시점(단기)에서의 균형국민소득결정이라는 보다 단순한 문제로 전환시킨 것이며, 또한 틴버겐(Tinbergen, 1939)등에 의한 계량경제모형의 발전에 의해 거시경제이론의 정확도와 명료함을 급속도로 증가시키게 된 것이라고 할 수 있다.

이와 비교해서 살펴볼 때 루카스등에 의해 전개되고 있는 최근의 경기변동 이론은 경기변동 현상의 원인이 무엇인가를 살피기 위해 거시경제학의 미시경제학적 기초(microeconomic foundation for macroeconomics)를 강조하게 되었다. 또한, 합리적 기대이론과 시장균형접근법에 의해 균형경기변동 이론(equilibrium business cycle theory)으로 발전되고 있다.

따라서, 이 장에서는 경기변동 현상의 정의 및 특성을 간단히 살펴보고 케인즈학파의 경기변동 이론을 소개하기로 한다. 그리고 균형경기변동 이론에 관해 개략적으로 살펴보기로 하자.

1. 경기변동 현상의 정의와 특성

경기변동 현상은 국민총생산, 소비, 투자, 고용, 이자율, 물가수준 등 주요한 거시경제 변수들이 같은 방향으로 움직이는 현상(comovements of macroeconomic aggregates, conformity, 또는 coherence)으로 간략하게 정의될 수 있다.

더 자세하게 경기변동 현상을 정의하기 위해 미첼(W. Mitchell)은 다음과 같이 정의하였다. "경기변동이란, 한 국가의 여러 가지 총체적인 경제행위들에 의하여 보여지는 일종의 파동(fluctuation)이다. 하나의 주기(cycle)는 거의 동시에 많은 경제행위들에 의하여 나타나는 확장국면(expansions)과 그 다음에 나타나는 일반적인 침체국면(recessions) 및 수축국면

(contractions), 그리고 다음 주기로 돌입하려는 또 다른 확장국면으로 이루어진다. 이러한 일련의 변화는 계속해서 반복되지만 정기적(periodic)인 것은 아니다. 즉, 경기변동주기는 1년에서 10년, 12년 혹은 그 이상으로 아주 다양하다. 그러나, 경기변동의 주기는 그 자체와 대략 일치할 정도의 진폭을 지닌 비슷한 유형의 단기적인 주기들로 나누어질 수 없다."

실제 경기변동 현상에서의 중요한 특징들을 크게 몇 가지로 나누어 요약하면 다음과 같다.

(1) 모든 부문에 있어서 산출량의 변화는 대개 같은 방향으로 움직인다.
(2) 내구재(durable goods) 생산의 진동폭이 비내구재 생산의 진동폭보다 크다.
(3) 농산물과 천연자원들의 생산과 그 가격의 변동은 평균보다 낮은 부합도(conformity)를 갖는다.
(4) 기업이윤은 높은 부합도를 나타내며, 그 진폭은 다른 시계열변수들 보다 크다.
(5) 물가수준은 경기순행적(procyclical)이다.
(6) 단기이자율은 합주기적이며, 장기이자율도 대개 그러하다.
(7) 화폐량과 화폐유통속도는 합주기적이다.

이상에서 살펴본 (1)~(7)의 현상은 자본주의 경제체제 하의 거의 모든 나라에서 항상 나타나는 것으로서, 루카스는 이를 "경기변동 현상은 모두 유사하다"(Business cycles are all alike)라고 유추하였다.

1.1 _ 경기변동의 주기와 진폭

경기변동은 크게 2사이클과 4사이클로 나누어진다. <그림 13.1>에서와 같이 가상적인 어떤 경제변수의 시간에 걸친 순환적 변동(cyclical fluctuation)을 살펴보자. 여기서 변수의 순환변동은 실제변수에서 장기추세치를 뺀 편차부분(즉, deviation from long-term trend)으로 나타난다. 점A와 점C는 순환변동의 정점(peak)을 나타내고, 점B와 점D는 저점(trough)을 나타낸다. A→B의 이동을 하강기 또는 수축국면(contraction phase), B→C의 이동을 상승기 또는 확장국면(expansion phase)이라고 한다. 이와 같이 정점과 저점에 의해 각각 호황(boom)과 불황(depression)상태가 결정되고, 곧 수축국면, 또는 확장국면으로 전개됨을 알 수 있으므로 정점, 저점을 합쳐서 전환점(turning point)이라고 부르기도 한다. 따라서, 경제예측을 위해서는 이러한 전환점의 발생시기를 정확히 예측하는 것이 매우 중요하다.

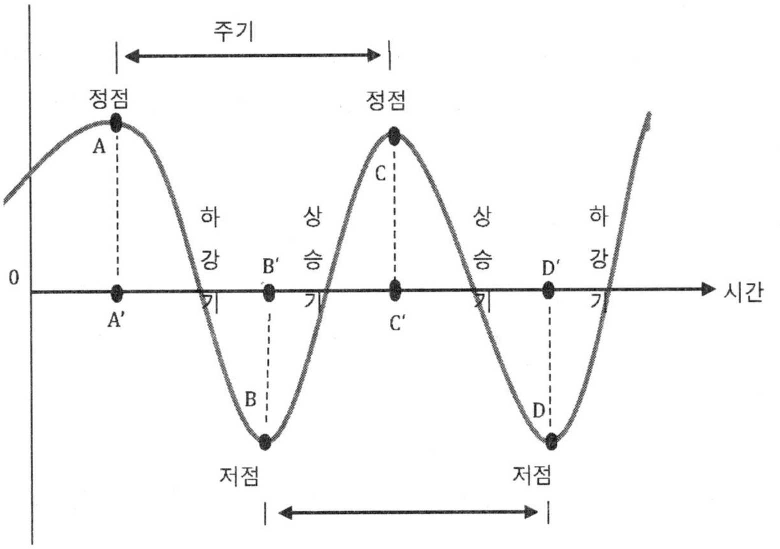

그림 13.1 2사이클 경기변동

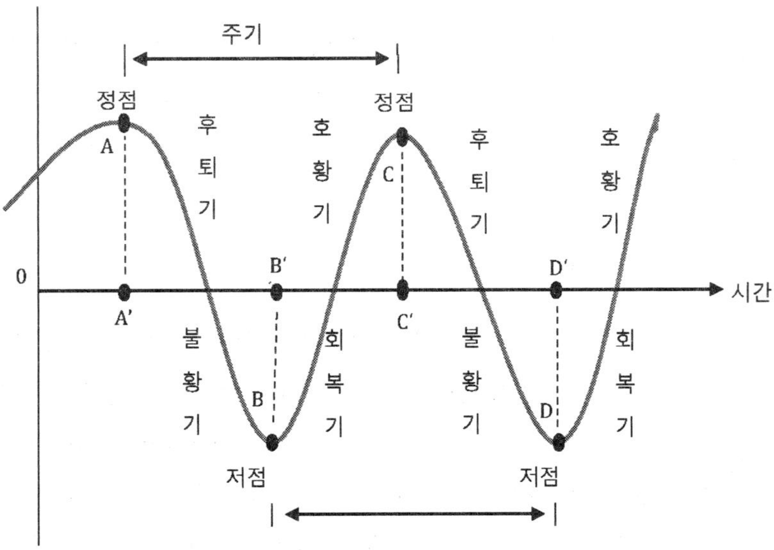

그림 13.1 4사이클 경기변동

4사이클의 경우, 불황기(depression)에는 경제활동이 전반적으로 침체국면으로 진입하다가 시간이 지나면서 생산과 투자 등이 회복되는 회복기(recovery)로 진입한다. 경제활동이 매우 활발하게 이루어지는 호황기(boom) 이후, 과잉 생산과 과잉 설비 등으로 인해 경제활동이 위축되는 후퇴기(recession)로 진입한다.

이런 정점A에서 또 다른 정점C까지, 또는 저점B에서 또 다른 저점D까지의 기간을 순환변동의 주기(cycle)라고 부른다. 또한, 평균치(즉, 0의 값으로 나타나는 수평축)로부터 정점 A까지의 거리 AA', 또는 저점 B까지의 거리 BB'을 진폭(amplitude)이라고 한다. 이러한 진폭을 측정함으로써 경제변수의 순환변동의 크기(심도)를 알 수 있다. 그러나, 몇 개의 경제변수들(예를 들면, GDP와 이자율)은 측정단위가 서로 다르므로 진폭의 절대적인 크기의 비교가 어렵다. 따라서, 이러한 문제들을 피하기 위해 변수들의 성장률을 이용하여 그 진폭의 크기를 비교하거나 장기추세치로부터의 %편차(percentage deviation from trend)를 구하여 서로 비교한다. 경제변수들의 주기와 진폭이 비슷한 경우, 그 변수들이 같은 방향으로 움직이는 현상(comovement) 또는 부합도(conformity)가 크다고 말할 수 있다.

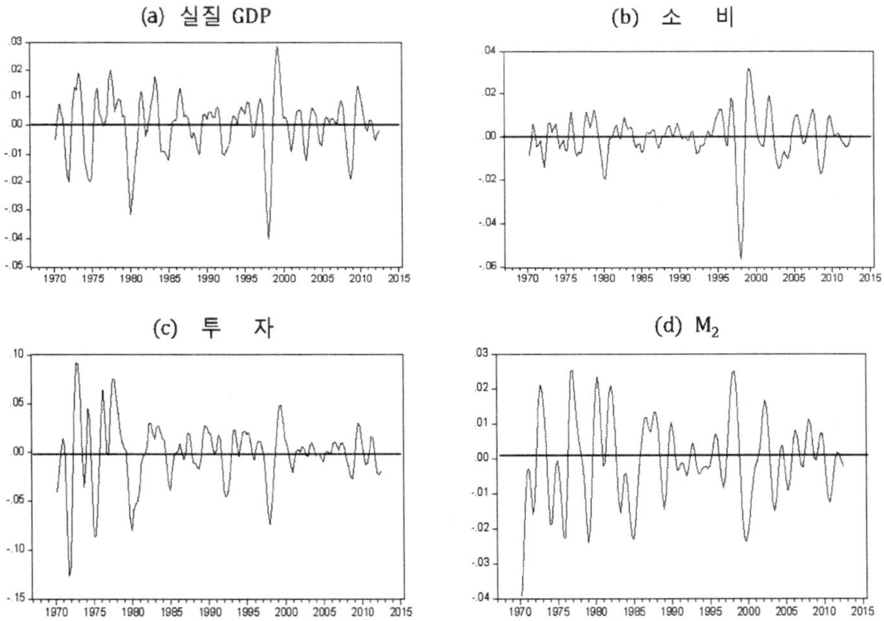

그림 13.3 한국의 주요 거시경제변수 증가율의 순환변동 (1970년 1분기~2015년 3분기)

한국의 경우 1970년 1분기~2015년 3분기를 살펴보자. <그림 13.3>의 (a)~(d)는 실질 GDP, 민간 소비, 투자, 화폐공급량(M_2)의 증가율의 변동을 각각 나타내고 있다. 각 경제변수들에 대하여 살펴보면 순환변동의 진폭은 투자의 증가율을 제외하고는 −7%~10%로 나타나고 있다. 주기를 살펴보면, 1973~1974년의 제 1차 원유파동과 1979~1982년의 제2차 원유파동, 1997년 외환위기, 2008년 금융위기의 경우, 경제변수들이 저점(trough)을 이루고 있다. 또한, 그림(c)에서, 투자의 경우 그 변화의 방향과 진폭의 크기가 매우 유동적(volatile)으로 나타난다. 우리는 투자가 왜 매우 유동적인가에 대해 여러 가지의 이론들을 살펴본 바 있다.

그림(b)와 (c)를 비교해 보면 외환위기를 제외하면 투자가 소비의 경우보다 그 변동폭이 크며, 이러한 이유로 이자율이 변할 때 $\Delta I > \Delta C$임을 가정하였다. 또한, 그림(a)와 (b)를 비교하면, 소비가 실질 GDP보다 훨씬 더 안정적임을 알 수 있다. 이러한 사실은 프리드만의 영구소득가설을 통해 알 수 있듯이 경제주체들이 소비의 시간경로를 안정화(smoothing-out) 시킨 결과이다.

일반적으로 경제통계의 순환변동계열 값이 전후 4분기 큰(작은) 값을 갖는 시점을 고점(저점)으로 한다. 순환변동계열의 상승(하강) 국면 지속기간은 2분기 이상이어야 한다. 정점은 0보다 커야하며, 저점은 0보다 작아야 한다. 위 조건을 만족하는 정점(저점)이 이어지는 경우 가장 큰 값을 정점(저점)으로 한다.

기준순환일이란 국민경제의 총체적인 경기순환의 국면전환이 발생하는 경기전환 시점을 의미한다. 수축에서 확장국면으로 전환하는 시점은 경기저점(trough), 확장에서 수축국면으로 전환하는 시점은 경기정점(peak)으로 본다. 경기종합지수의 움직임과 GDP, 생산지수 등의 개별지표 추이를 분석한 후 관련 전문가의 의견을 수렴하여 통계청에서 사후적으로 발표한다.

기준순환일 활용용도는 각종 경기조절대책의 경기대응성 및 유용성을 평가하는 기준이고, 개별 경제지표들을 선행, 동행, 후행 지표로 구분하는 기준이며 경기순환 특성과 경기변동 행태를 연구하는데 기본적 판단 근거가 된다. 동행지수 순환변동치, 생산·소비 등 주요 경기지표와 경제총량지표인 GDP, 당시 경제상황, 경기관련 전문가들의 의견 등을 종합적으로 검토하여 설정하고 있다.

표 13.1 우리나라 기준순환일 및 경기순환국면 도표

	기준순환일			지속기간(개월)		
	저 점	정 점	저 점	확장기	수축기	순환기
제1순환기	1972. 3	1974. 2	1975. 6	23	16	39
제2순환기	1975. 6	1979. 2	1980. 9	44	19	63
제3순환기	1980. 9	1984. 2	1985. 9	41	19	60
제4순환기	1985. 9	1988. 1	1989. 7	28	18	46
제5순환기	1989. 7	1992. 1	1993. 1	30	12	42
제6순환기	1993. 1	1996. 3	1998. 8	38	29	67
제7순환기	1998. 8	2000. 8	2001. 7	24	11	35
제8순환기	2001. 7	2002.12	2005. 4	17	28	45
제9순환기	2005. 4	2008. 1	2009. 2	33	13	46
제10순환기	2009. 2	2011. 8		30		
평 균	−	−	−	31	18	49

자료: 통계청

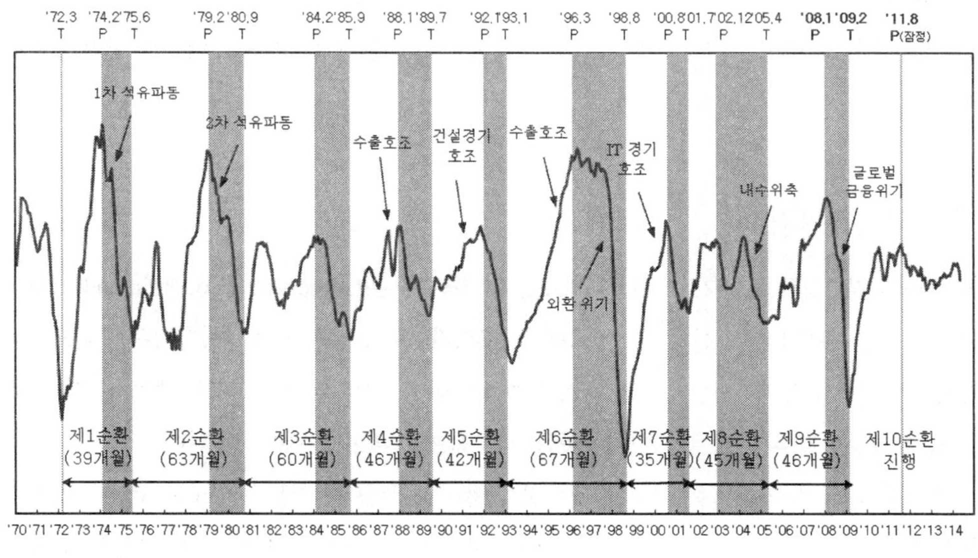

자료: 통계청

그림 13.4 우리나라 기준순환일 및 경기순환국면

경제변수들의 부합도를 측정하는 실제적인 방법이 많은 경제학자들에 의해 끊임없이 탐구되고 있다. 미국의 경우, 1940년대 이후 번즈-미첼(Burns-Mitchell)등을 중심으로 하여 미국경제연구소(National Bureau of Economic Research, NBER)가 이른바 기준주기(reference cycle)와 특별주기(specific cycle)의 기법을 개발하여 경기변동 현상을 연구하고 있다. 그러나, 이는 시계열분석 방법에 의한 통계기법적인 연구로서 경제이론이 부족하다는 비판을 받고 있다.

경기변동 현상의 특징인 순환변동의 주기에 대해 체계적인 모형에 의한 분석은 슬러즈키(E. Slutsky, 1937)에 의해 비롯되었다고 볼 수 있다. 슬러즈키는 통계자료를 이용하여 시계열분석 모형을 세우고 각 경제변수자료들(random statistical series)을 교란항에 의해 이동평균의 형태로 나타냄으로써 주기를 알아낼 수 있도록 하였다.

이러한 슬러즈키의 모형은 통계적으로 잘 맞는 것처럼 보이지만 모형의 설정에 있어서 경제이론이 결여되어 있다는 것이 NBER의 연구와 마찬가지로 하나의 커다란 약점이라고 할 수 있으며, 이는 쿠프만(T. C. Koopmans)이 주장하는 이론없는 계측(measurement without theory)의 한 예가 될 수 있다. 따라서, 이와 같은 슬러즈키의 시계열모형분석에 의해서 정책적인 의미(policy implication)를 찾는다는 것은 거의 불가능하다.

모형분석에 의한 결과에서 정책적인 시사점을 찾을 수 있기 위해서는 이른바 경제이론에 바탕을 두면서도 현실에 잘 부합되어야 한다. 이러한 이론적 모형을 찾으려는 것이 바로 경제학자들의 과제이다. 이제, 케인즈학파 경기변동 이론과 균형경기변동 이론에 대해 살펴보기로 하자.

1.2 _ 경기의 판단

한 나라의 경기상황을 알오보기 위한 지표를 경기종합지수(Composite Economic Indexes)라고 한다. 경기종합지수는 선행지수, 동행지수, 후행지수로 분류된다. 선행종합지수는 앞으로의 경기를 단기적으로 예측하는데 이용되고, 동행종합지수는 현재의 경기상황을 측정하는데 이용되며, 후행종합지수는 현재의 경기상황을 사후적으로 확인하는데 이용된다.

경기종합지수란 경기변동의 국면·전환점과 속도·진폭을 측정할 수 있도록 고안된 경기지표의 일종으로, 국민경제의 각 부문을 대표하고 경기를 잘 반영하는 경제지표들을 선정한 후 이를 가공·종합하여 작성한다. 개별 경제지표들은 경제활동의 일부만을 나타내기 때문에 경제 전체의 경기동향을 파악하기 곤란하지만, 경기종합지수는 생산, 소비, 투자, 고용, 금융, 대외 등 경제의 각 부문을 종합하여 작성되므로 국민경제의 총체적인 수준을 파악할 수 있게 된다.

우리나라의 경기종합지수는 선행종합지수, 동행종합지수, 후행종합지수 3개가 작성되고 있으며, 기준년도 수치가 100(예, 2005=100)이 되도록 하여 산출하고 있다. 매월 통계청에서 21개(선행 9개, 동행 7개, 후행 5개) 구성지표의 자료를 수집하고 이를 가공·종합하여 작성

·공표한다.

선행종합지수(Composite Leading Indicators, CLIs)란 6개월 후의 경기흐름을 예측하는 지료로 통계청이 1981년 3월부터 발표하고 있다. 지수가 전월보다 상승(+)하면 경기상승을 의미하며, 하락(−)하면 경기하강을 의미한다. 경기의 방향을 가늠하는 것으로 절대수치보다 전년 동월 대비 증감률이 큰 의미를 지니며, 선행종합지수가 반년 연속 하락하면 경기가 꺾일 가능성이 큰 것으로 해석된다. 즉, 선행종합지수는 건설수주, 재고순환, 소비자기대지수 등의 지표처럼 실제 경기순환에 앞서 변동하는 개별지표를 가공·종합하여 만든 지수로 향후 경기변동의 단기 예측에 이용된다.

선행종합지수 구성지수 9개 : 1. 재고순환지표(제조업) 2. 소비자기대지수 3. 건설수주액(실질) 4. 기계류내수출하지수(선박제외) 5. 국제원자재가격지수(역계열) 6. 수출입물가비율 7. 코스피지수 8. 장단기금리차 9. 구인구직비율

동행종합지수는 공급측면의 광공업생산지수, 취업자수 등과 수요측면의 내수출하지수 등과 같이 실제 경기순환과 함께 변동하는 개별지표를 가공·종합하여 만든 지수로 현재 경기상황의 판단에 이용된다.

동행종합지수 구성지수 7개 : 1. 광공업생산지수 2. 서비스업생산지수(도소매업제외) 3. 소매판매액지수 4. 내수출하지수 5. 건설기성액(불변) 6. 수입액(실질) 7. 비농림어업취업자수

후행종합지수는 재고, 소비지출 등 실제 경기순환에 후행하여 변동하는 개별지표를 가공·종합하여 만든 지표로 현재 경기의 사후 확인에 이용된다

후행종합지수 구성지수 5개 : 1. 생산자제품재고지수 2. 도시가계소비지출
3. 소비재수입액(실질) 4. 상용근로자수 5. 회사채유통수익률

OECD의 경기선행지수(CLIs)는 산업활동과 주택, 소득동향 등을 복합적으로 계산한다. 통계청의 경기선행지수와 달리 BSI(업황, 제품재고), 재고지수, 자본수지, 국민주책채권수익률, 통화량(M1) 등 6개의 구성지표로 이루어진다. 2006년 2월부터 한국, 뉴질랜드, 체코, 헝가리, 폴란드, 슬로바키아 등 6개국이 새로 OECD 경기선행지수에 포함되었다.

평균적인 선행시차는 6개월이며, 경기판단방법은 (1) CLIs가 100 이상이고 상승하는 경우 확장(expansion), (2) CLIs가 100 이상이고 하락하는 경우 후퇴(downturn), (3) CLIs 가 100 이하이고 하락하는 경우 침체(slowdown), (4) CLIs가 100 이하이고 상승하는 경우 회복(recovery)으로 평가한다.

2007년 11월, OECD는 경기선행지수 편재방식을 변경하였다. 기존에는 경기순환요인과 추세가 혼합된 Trend Restored Series의 6개월 대비 연율의 변화율을 경기판단 기준으로

이용하였으나 추세요인이 강해 경기신호가 불분명하고, 진폭이 커 선행지표로서 문제가 있기 때문에 변경하였다. 새로운 방식은 기준지표의 추세를 제거하고 장기추세변동(평균) 100을 기준으로 진폭을 조정하여 경기상승 및 하강국면의 전환시점을 더 구체적으로 파악할 수 있도록 하였다.

한편 OECD는 2009년 12월에 한국, 브라질, 중국, 인도네시아, 아일랜드, 슬로바키아, 스위스, 러시아 등 8개국의 경기선행종합지수를 개편하였는데, 우리나라의 경우 기존 6개의 구성지표(설비투자, 제조업 생산지수, 제조업 업황, 장기주택 이자율, 통화증가율, 자본수지) 중 설비투자, 제조업 업황만 유지되고, 나머지는 4개는 새로운 지표(제조업 출하지수, 주가지수, 이자율 스프레드, 순상품교역조건)로 변경하였다.

1.3 _ 순환변동치

현재의 경기상황을 판단할 때 동행종합지수를 이용하나 현재의 경기국면과 전환점은 동행종합지수 보다는 동행지수 순환변동치를 이용한다. 일반적으로 경기지표는 계절, 불규칙, 추세, 순환요인 4가지 요소들을 포함하고 있는데, 이들 요인 중 비경기적(非景氣的) 요인인 계절 및 불규칙요인을 제거한 추세·순환요인 또는 순환요인이 경기분석에 이용된다.

동행지수 순환변동치란 추세·순환계열인 동행종합지수에서 추세요인을 제거한 순환요인으로, 경기의 국면 및 전환점을 명확히 시현 하므로 현재 경기의 국면 및 전환점을 파악하는데 활용된다. 동행지수 순환변동치는 추세를 제거한 수치로 기준치 100은 추세선을 의미한다. 동행종합지수의 증가 속도가 추세치 증가 속도보다 빠르면 동행지수 순환변동치는 기준치를 상회하게 되고, 반대로 동행종합지수의 증가 속도가 추세치 증가 속도보다 느리면 동행지수 순환변동치는 기준치를 하회하게 된다.

향후 경기변동에 대한 단기 예측을 할 때는 선행종합지수가 이용되는데, 특히 경기국면과 전환점의 단기 예측에는 선행종합지수 그 자체보다는 선행지수 순환변동치가 주로 이용된다. 선행지수 순환변동치란 추세·순환계열인 선행종합지수에서 추세요인을 제거하여 산출한 것으로서, 향후 경기의 국면 및 전환점을 단기 예측하는데 활용된다. 통상 지표가 현재까지와 반대방향으로 2분기 이상 연속하여 움직이면, 이 시점(선행지수 순환변동치의 전환 시점)을 경기전환점 발생 신호로 보고, 여기에 과거의 평균 선행시차를 더하면 향후 국면전환이 발생할 시점을 대략 추정해 볼 수 있다.

선행지수 순환변동치의 1980년 이후 평균 선행시차는 약 6.9개월로 정점에서 약 9개월,

저점에서 약 5개월 정도되며, 각각 5~15개월 및 2~9개월의 범위를 가진다. 그리고 선행지수 순환변동치가 3개월 연속 반대방향으로 움직여도 실제 경기전환이 발생하지 않는 경우(거짓신호)가 있을 수 있다. 따라서 보다 정확한 경기분석을 위해서는 당시 경기변동을 주도하는 부문 및 다른 지표들의 분석과 함께 경제외적 상황의 움직임도 고려하여 종합적으로 판단하여야 한다.

2. 케인즈학파의 경기변동 이론

힉스(Hicks, 1937)나 모딜리아니(Modigliani, 1944) 등에 의한 케인즈학파 거시경제모형들은 주로 투자함수가 경기변동의 요인이 되는 것으로 간주하였다. 이러한 모형은 이자율과 화폐유통속도의 경기순행성(procyclicality)을 잘 설명하고 있으며, 필립스곡선을 추가시킴으로써 임금과 물가수준의 경기순행성을 설명하였다.

케인즈학파 거시경제모형의 가장 큰 특징은 통화량의 변화가 경기변동 현상에 큰 영향을 주지 않는다는 것이나, 이는 이론적인 체계에 의한 결과이기보다는 계량경제학적인 분석의 결과이다. 실제로 케인즈(Keynes, 1930)의 「화폐에 대한 논문」(Treatise on money)에서는 화폐의 중요성을 강조하였으며, 이러한 점에서 레이욘후드(Leijonhufvud, 1968)는 그의 저서 『케인즈의 경제학과 케인즈학파의 경제학』(On Keynesian Economics and Economics of Keynes)에서 케인즈 경제학과 케인즈학파의 경제학으로 구분하였다. 즉, 케인즈학파 경제학자들이 원래의 케인즈 이론을 잘못 해석하는 경우도 있다는 것이다.

여기서 케인즈학파 경기변동모형으로서 가장 널리 알려져 있는 사뮤엘슨의 모형을 간략히 살펴보기로 하자. 사뮤엘슨(P. Samuelsin, 1944)의 승수-가속도인자모형(multiplier-accelerator model)은 다음과 같이 나타낼 수 있다.

(1) [소비함수] $C_t = a + bY_{t-1}$, $(0 < b < 1)$

(2) [투자함수] $I_t = \lambda(Y_{t-1} - Y_{t-2})$, $(\lambda > 0)$

(3) [항등식] $C_t + I_t = Y_t$

위 소비함수식(1)과 투자함수식(2)를 항등식(3)에 대입하면 다음과 같이 나타낼 수 있다.

(4) $Y_t = (b + \lambda)Y_{t-1} - \lambda Y_{t-2} + a$

식(4)를 정리하면 다음과 같이 나타낼 수 있다.

(5) $Y_t = \alpha Y_{t-1} + \alpha Y_{t-2} + a$

여기서 $\alpha = b + \lambda$이고 $\beta = -\lambda$를 나타낸다. 결국, 사뮤엘슨의 승수-가속도인자 모형은 식(5)에서 볼 수 있는 바와 같이 2차 차분방정식(second-order difference equation)의 형태로 귀결된다. 승수-가속도인자모형은 이러한 2차 차분방정식의 해를 구해 총산출량 Y_t의 시간에 걸친 변화경로를 찾으려고 하는 시도이다.

이미 잘 알려진 바와 같이 식(5)의 형태로 주어진 2차 차분방정식을 풀면, 그 해는 계수 α와 β의 값에 따라 그 변동방향이 결정된다. 앞에서 살펴본 바와 같이 $\alpha = b + \lambda$이고 $\beta = -\lambda$이므로 결국 한계소비성향을 나타내는 b값과 가속도인자를 나타내는 λ값의 크기에 따라 Y_t의 시간에 걸친 변화의 경로가 결정된다.

또한, 아델만-아델만(Adelman-Adelman, 1959)은 클라인-골드버거(Klein-Goldberger) 모형을 사용하여 미국의 경기변동에 관한 실증적 연구를 하였으며, 이 모형에서 추론된 경기변동이 미국의 실제적인 경기변동 현상과 상당히 일치하였다. 그러나, 이러한 케인즈학파 모형은 하이에크가 의미하는 바의 균형이론은 아니며, 이 모형이 얼마나 정확히 조건부예측(conditional forecasting)을 할 지는 의심스럽다. 예를 들면, 1970년대 이후의 스태그플레이션 현상을 케인즈학파 경제모형으로는 예측하거나 설명할 수 없다.

조건부예측을 위해서는 정부정책의 변화에 의해 경제모형의 구조가 변해서는 안 된다. 그러나, 경제모형에서 모수(parameter)들의 불변성은 사전적으로 보장되는 것이 아니며, 경제주체의 적정선택은 제반 경제여건이 변화함에 따라 달라지게 된다. 이에 비해 균형경기변동모형은 안정적인 효용함수와 기술수준을 보유하고 있는 각 경제주체들이 새로운 상황(즉, 경제적 교란)에 대해 어떻게 적절히 반응하는가를 예측하는 것이 주요 관심사이다. 즉, 합리적 기대모형에 의해 미시경제학적인 기반 위에서 경제적 교란에 의한 확산과정(impulse and propagation mechansim)의 규명을 시도하려는 것이다.

3. 균형경기변동 이론

경기변동을 이해하는 출발점으로서 하나의 대표적인 경제주체를 상정해보자. 이 경제주체는 미래에 대한 불확실성에 직면하여 애로우-드브루(Arrow-Debreu) 유형의 상태의존계획

(contingency plan)의 적정화를 통해 의사결정 문제를 해결하는데, 미래에 대한 예측은 경제주체들의 의사결정에 있어서 극히 중요한 역할을 하게 된다. 따라서, 각 경제주체들이 어떻게 미래에 대한 예상을 형성하는가 하는 것이 경기변동 현상을 이해하는데 매우 중요하다.

이 문제의 해결을 위해 무스(Muth, 1961)의 합리적 기대이론을 도입하였다. 이 이론에 의하면 합리적인 경제주체는 미지의 확률변수들에 대한 주관적 결합확률분포를 형성하는데, 이 주관적 결합확률분포는 경제모형에 의한 객관적 결합확률분포와 일치하게 된다. 나이트(F. Knight, 1921)에 의하면 미래에 대한 불확실성은 불확실성(uncertainty)과 위험(risk)으로 나누어진다. 불확실성은 사람들이 미래에 대한 주관적 확률분포조차 모르는 경우이며 위험은 사람들이 미래에 대한 주관적 확률분포를 가질 수 있는 경우이므로, 나이트의 용어를 빌리자면 무스에 의한 합리적 기대가설은 위험인 경우 개별 경제주체들의 미래에 대한 기대형성을 의미하게 된다. 루카스는 이러한 합리적 기대가설과 기존의 시장균형접근법을 이용하여 미시경제학적 기초를 강조한 거시경제모형으로 경기변동 현상을 설명하려고 노력하였다.

대표적인 경제주체의 모형을 구체적으로 살펴보기로 하자. 케인즈학파의 경기변동 이론과는 달리, 균형경기변동 이론에서는 각 경제주체들이 주어진 여건하에서 최적선택(즉, 적정경제행위)을 하는 과정에서 경기변동이 발생한다고 본다. 즉, 소비자들은 주어진 예산제약식하에서 효용극대화를 시도하며, 기업들은 이윤극대화를 위한 적정고용량 및 적정투자량을 결정하게 된다. 이와 같이 일반균형이론적인 접근에 의해서 경기변동 현상을 설명하려는 시도는 균형경기변동 이론(equilibrium business cycle theory)이라고 한다. 상세한 설명은 이 책의 범주를 넘는 것이므로 여기서는 간단한 모형을 이용하여 개략적인 설명에 국한시키기로 하자.

우선, 대표적인 소비자가 직면하는 효용극대화 문제를 통해 시간에 걸친 소비의 경로(intertemporal consumption path)를 살펴보기로 하자. 이해를 돕기 위해 앞에서 살펴본 모형을 이용하여 설명을 하기로 하자.

대표적인 경제주체(소비자)의 일생에 걸친 효용함수를 $U(C_1, C_2, \cdots, C_T)$라 하고 그 효용함수가 분리적이고 가학적(separable and additive)이라고 가정하자. 그러면 다음과 같은 단순한 형태의 효용극대화모형을 상정할 수 있다.

$$\text{(6)}\quad \text{Max}\, U(C_1, L\ , C_T) = \sum_{t=1}^{T} \frac{U(C_t)}{(1+p)^{t-1}}$$

$$\text{(7)}\quad C_1 + \frac{C_2}{1+r} + L\ \frac{C_T}{(1+r)^{T-1}} = W$$

여기서 ρ는 시간선호율(rate of time preference)을 나타내며, r은 실질이자율을 나타낸다. W는 자산(wealth)을 나타내며 다음과 같이 현재소득과 미래소득의 현재가치의 합으로 도출된다.

$$(8)\quad W = y_1 + \frac{y_2}{1+r} + L\ \frac{y_T}{(1+r)^{T-1}}$$

위의 효용극대화 문제는 라그랑지 함수를 이용하여 다음과 같이 쓸 수 있다.

$$(9)\quad L = \sum_{t=1}^{T} \frac{U(C_t)}{(1+p)^{t-1}} + \lambda\{W - \sum_{t=1}^{T} \frac{C_t}{(1+r)^{t-1}}\}$$

여기서 λ는 라그랑지 승수(Lagrange multiplier)를 의미하며 포락선정리(Envelope theorem)에 의해 $\lambda = \frac{\partial U}{\partial W}$ 로서 자산의 한계효용을 의미한다.

최적화를 위한 1차 조건들 가운데 t−1시점과 t시점의 소비에 관한 1차 조건은 다음과 같이 나타낼 수 있다.

$$(10)\quad \frac{MU_{t-1}}{(1+p)^{t-2}} - \frac{\lambda}{(1+r)^{t-2}} = 0$$

$$(11)\quad \frac{MU_t}{(1+p)^{t-1}} - \frac{\lambda}{(1+r)^{t-1}} = 0$$

식(10)과 (11)을 이용하면 다음과 같은 균형조건이 유도된다.

$$(12)\quad \frac{MU_{t-1}}{MU_t} = \frac{1+r}{1+p}$$

만약, 효용함수가 다음과 같은 2차 함수의 형태(quadratic form)로 주어졌다고 가정해 보자.

$$(13)\quad U(C_t) = a_0 + a_1 C_t - \frac{a_2}{2} C_t^2$$

여기서 a_0, a_1, a_2는 모두 0보다 큰 값을 갖는 상수들이다. 따라서, 효용함수식 (13)을 C_t에 대해 미분함으로써 t시점에서의 소비에 의한 한계효용은 다음과 같이 나타낼 수 있다.

(14) $MU_t = a_1 - a_2C_t$

식(14)를 식(12)의 균형조건에 대입하면, 다음과 같이 나타낼 수 있다.

(15) $C_t + b_1C_{t-1} = b_2$

여기서 $b_1 = -\frac{1+p}{1+r}$ 이며, $b_2 = \frac{a_1(r-p)}{a_2(1+r)}$ 이다. 따라서, 효용극대화 문제를 푼 결과로 우리는 식(15)와 같이 1차 차분방정식을 얻게 된다. 이러한 1차 차분방정식을 풀면 시간에 걸친 균형소비의 경로 $\{C_t^*\}_{t=1}^{\infty}$ 가 유도되며, 이러한 시간에 걸친 소비변화의 방향은 식 (14), (15)의 계수 b_1값에 의해 결정된다. 앞에서 살펴본 바와 같이 $b_1 = -\frac{1+p}{1+r}$ 이므로 결국 a_1, a_2 r, p 등의 파라미터 또는 모수(parameter)값들의 상대적 크기에 의해 시간에 걸친 적정소비 경로가 결정됨을 알 수 있다.

대표적 기업의 이윤극대화 문제를 이용하여 고용량의 시간에 걸친 변동을 설명하기로 하자. 노동수요에서 살펴본 바와 같이 기업의 이윤극대화를 위한 적정고용량의 결정모형을 중심으로 하여 살펴보기로 하자. 또한, 루카스의 투자모형에서 급격한 자본량의 변동에 의한 자본조정비용을 고려한 모형은 앞에서 살펴본 바 있다. 이러한 루카스의 조정비용모형(adjustment cost model)을 노동수요분석 모형에 도입해 보기로 하자.

우선, 분석의 편의를 위해 생산요소는 노동(L_t)만이 존재한다고 가정하기로 한다. 그리고 개별기업의 생산함수가 다음과 같은 형태를 갖는다고 가정하기로 하자.

(16) $Y_t = b_1L_t - \frac{b_2}{2}L_t^2$

또한, 루카스 형태의 노동량 조정비용은 다음과 같이 2차 함수의 형태(quadratic form)를 갖는다고 가정하자.

(17) $R_t = \frac{b_3}{2}(L_t - L_{t-1})^2$

실질임금은 w_t이며, 재화의 가격은 1이라고 가정한다. 따라서, 대표적인 기업의 t시점의 이윤을 π_t라 하면, 다음과 같이 나타낼 수 있다.

$$(18)\quad p_t = b_1 L_t - \frac{b_2}{2} L_t^2 - \frac{b_3}{2}(L_t - L_{t-1})^2 - w_t L_t$$

즉, t시점에서 기업의 이윤은 산출량 Y_t에 재화가격 1을 곱한 총수입에서 고용량조정비용 R_t와 임금비용 w_tL_t를 뺀 것으로 나타난다.

따라서, 이와 같이 급격한 고용량의 변동이 조정비용을 초래하게 되는 경우의 기업의 이윤극대화 문제는 다음과 같이 나타낼 수 있다. 즉, 대표적인 기업은 이 같은 이윤π_t의 시간에 걸친 흐름의 현재가치(present value of future profit stream)를 극대화시키는 동태적 노동수요(dynamic labor demand)를 구하려 할 것이다.

$$(19)\quad \mathrm{Max}\sum_{j=1}^{\infty}\frac{\pi_j}{(1+r)^{j-1}}$$
$$=\sum_{j=1}^{\infty}\frac{1}{1+r}\{b_1 L_{t+j-1} - \frac{b_2}{2}L_{t+j-1}^2 - \frac{b_3}{2}(L_{t+j-1} - L_{t+j-2})^2 - w_{t+j-1}L_{t+j-1}$$

이러한 문제의 정확한 해를 구하는 것은 이 책의 범주를 벗어나게 되므로 간략히 문제의 해결방법만 제시하면 다음과 같다.

우선 식(19)와 같은 무한계획모형(infinite horizon problem)에서 최종시점인 무한대(∞) 대신에 T를 대입하여 유한계획모형(finite horizon problem)으로 전환시킨다. 그 뒤에 위의 식을 L_{t+j-1}에 대해 편미분하게 되면 다음과 같은 형태로 나타나게 된다($j=1,2,\cdots,T$).

여기서 e_0, e_1, e_2는 주어진 모수(paramater)들이 b_1, b_2, b_3, w_{t+j-1}, R의 함수형태이다.

$$(20)\quad L_{t+j}+e_0L_{t+j-1}+e_1L_{t+j-2}=e_2$$

이와 같이 구해진 식(20)은 고용량 L_t에 대한 2차 정차방정식의 형태이므로, 이를 풀면 적정고용량의 시간에 걸친 변화가 결정된다. 물론 적정고용량의 경로 $\{L_{t+j-1}\}_{j=1}^{\infty}$는 식(20)의 계수값들인 e_0, e_1, e_2에 의존하게 되며, 결국 앞으로 살펴본 바와 같이 각 모수값들(들이 b_1, b_2, b_3, w_{t+j-1}, R)에 의해 움직임의 형태가 결정된다.

여기서 무한계획모형을 유한계획모형으로 잠시 전환한 이유는 최종계획시점인 T에 대해 최종조건(TVC: transversality condition)을 유도하기 위한 것이다. 즉, 식 (19)를 L_T에대해 편미분하게 되면 최종조건(TVC)이 구해지게 되며, 이를 다시 무한계획모형으로 전환하기 위해서는 $T \rightarrow \infty$ 를 취하게 된다.

이상의 논의를 요약하면 다음과 같다. 대표적인 소비자는 효용극대화를 시도하고, 대표적인 기업은 이윤극대화를 시도하는 과정에서 소비와 고용량의 시간에 걸친 움직임이 미분방정식(difference equation)의 형태로 유도된다. 이러한 정차방정식을 푸는 것은 적정소비와 적정고용량의 시간에 걸친 경로를 구하는 것이며 각 변수의 적정경로를 고찰함으로써 경기변동 현상을 설명할 수 있게 된다. 그러나, 어떻게 그러한 정차방정식이 유도되었는가가 매우 중요하다. 우리는 앞에서 사뮤엘슨의 승수-가속도인자모형에서도 결국 정차방정식을 푸는 문제로 귀결됨을 보았다. 사뮤엘슨등에 의한 케인즈학파 경기변동모형은 축약형 방정식(reduced form)의 형태로 주어진 모형들의 풀이에 의해 유도된 반면, 루카스등에 의한 균형경기변동모형은 효용극대화 및 이윤극대화의 문제를 푸는 과정에서 정차방정식이 유도되는 것임에 유의하여야 한다. 이와 같이 경기변동 현상에 대한 설명이 시장균형접근법과 각 경제주체들의 최적화 과정을 통한 설명이므로 이를 균형경기변동 이론(equilibrium business cycle theory)이라고 부른다.

4. 화폐적 경기변동 이론과 실물적 경기변동 이론

이제까지 살펴본 바와 같이 균형경기변동 이론은 경기변동 현상이 시장기능의 실패(market failure)에 의해 초래되는 것이 아니라 개별경제주체들이 합리적 기대하에서 최적경제행위를 하는 과정에서 발생한다고 본다. 즉, 어떠한 경제적 교란들이 개별경제주체의 최적화 행위를 통해 확산되어 가는 과정에서 경기변동 현상이 발생한다고 보고 그러한 교란들이 원인 및 확산경로(impulse and propagation mechanism)를 설명하는 데 분석의 초점을 두고 있다.

따라서, 이러한 균형경기변동 이론은 교란의 발생원인이 화폐적인 것인가 또는 실물적인 것인가에 따라 각각 화폐적 균형경기변동 이론(monetary equilibrium business cycle theory)과 실물적 균형경기변동 이론(real equilibrium business cycle theory)으로 크게 구분된다.

4.1 _ 화폐적 경기변동 이론

역사적으로 화폐적인 교란이 경기변동의 주요 원인이라는 견해는 주로 통화론자들에 의해 주장되고 있었다. 대표적인 예로서 프리드만-슈바르츠(Friedman-Schwartz)의 실증적 분석에 다르면 세계 대공황을 포함한 경기변동이 주로 화폐적 요인에 의한 것이라고 주장하였다.

이러한 주장에 대한 대표적인 케인즈학파 경제학자들 중의 한 사람인 토빈(J. Tobin)은 신랄한 비판을 가하였고, 이데 대해 프리드만이 다시 반박하는 논문을 씀으로써 논쟁이 가열된 바 있다. 이러한 논쟁은 심즈(C. Sims)가 두 가지의 상반되는 주장을 모두 뒷받침하는 결과를 도출함으써 더욱 가열되었다.

이러한 역사적인 논쟁의 흐름에서 화폐적 균형경기변동 이론(Monetary Business Cycle theory, MBC)은 화폐적이 교란이 경기변동의 주요 원이이라는 프리드만-슈바르츠의 실증적 분석을 뒷받침하려는 루카스 등에 의해 발전되고 있다. 즉, 루카스는 정부의 화폐정책의 변화가 필립스곡선의 기울기 자체를 변화시키게 되므로 경기변동을 초래하게 된다고 분석하고 있다.

전반적으로 물가가 안정적인 경제에서 기업들은 만약 어떤 원인에 의해 자신의 제품가격이 변화하게 되면 그것은 상대가격의 변화인 것으로 간주하게 되어 생산활동을 변화시킨다. 따라서, 이 경우에는 소폭의 물가변화라도 산출량의 커다란 변화를 초래하게 된다. 그러나 경제에서 만약 정책당국이 통화공급을 늘리게 되면 물가가 상승하게 되고, 많은 기업들이 그것을 상대가격의 변동으로 오인하여 생산량을 변화시킴으로써 총체적 생산량이 증가하게 된다. 즉, 이 경우가 루카스 공급함수가 양(+)의 기울기를 갖는 경우이다. 그러한 경제에서는 인플레이션이 흔치 않으며, 따라서 일단 인플레이션이 급속히 발생하면 민간경제주체들이 산출량을 크게 변화시키게 된다.

여기서 유의해야 할 점은 인플레이션의 수준이 아니라 인플레이션의 변동성(variability of inflation)에 의해 산출량이 변하는 것이다. 즉, 일정한 인플레이션율은 합리적 기대를 하는 민간경제주체들이 이미 자신의 계산에 고려하고 있으므로 루카스 공급함수의 기울기를 변화시킬 수 없다. 결국 인플레이션의 변동성을 초래하는 화폐정책의 변동성이 문제가 되는 것이다. 이러한 방식으로 루카스는 각 국가별로 정부의 정책기조가 상이하며 따라서 인플레이션과 산출량의 관계도 국가별로 상이함을 설명하였고 실증분석으로 뒷받침하였다. 또한, 물가수준과 산출량의 변동을 초래하는 것은 화폐적 교란(monetary surprise)이었다. 즉, 화폐공급(또는, 화폐유통속도)의 예상하지 못한 변화에 의해 명목변수뿐 아니라 실질변수의 변화가 초래되는 것이다. 이러한 점에서 화폐적 경기변동 이론은 정책의 급격한 선회(policy gyrations)와 예상치 못한 화폐충격(monetary shock)이 경기변동의 주요 원인이라고 보았다.

합리적 기대모형에서의 사회총수요는 화폐현상(monetary phenomena)으로서 화폐수량방정식 MV=PY에 의해 결정된다. 따라서, 화폐충격은 총수요의 변화를 초래하게 된다. 물론 민간부문에서 화폐적 교란이 야기될 때도 있다. 즉, 민간경제주체들의 화폐보유에 대한 선호가 변화하면 유통속도가 변화할 수도 있다. 그러나, 이러한 경우는 흔하지 않으며, 대부분의 화폐충격은 정책당국이 경기부양정책이나 경기안정화정책을 통해 통화량을 자의적으로 변화시키는 과정에서 발생한다고 본다. 경기변동을 완화시키려는 목적으로 시행되는 경제정책의 변화가 경제의 불확실성을 증대시키며 결국 경기변동의 진폭을 확대시킬 수 있는 것이다.

따라서, 합리적 기대학파의 정책적 시사점은 전통적인 통화론자(monetarist)보다 더욱 강력하다. 전통적인 통화주의자들은 민간경제부문의 근본적인 안정성을 신뢰하고 정책당국의 경기안정화정책을 비판하는데 그 이유로는 정책의 부정확성과 시차 문제를 들고 있다. 그러나, 합리적 기대학파는 민간경제부문이 매우 효율적이며, 정부의 정책을 포함한 여러 가지의 정보를 잘 이용하여 예측하고 그에 따라 최적화된 경제행위를 하고 있다고 믿는다. 따라서, 민간의 예측을 벗어나는 급속한 정책변화는 민간경제부문에 혼란을 가중시킬 뿐임을 경고하는 것이다.

4.2 _ 실물적 경기변동 이론

이상에서 살펴본 바와 같이 화폐적 경기변동 이론은 합리적 기대를 바탕으로 하여 화폐적 요인의 중요성을 강조하였다. 그러나, 화폐적 경기변동 이론은 경기변동의 원인에 치중하면서 충격의 확산경로 규명에는 다소 미흡하였다. 1980년대 초에 이르러 경기변동의 원인을 생산성 변화와 같은 기술충격으로 보는 움직임이 생겨났다. 이러한 변화의 원인은 킹-플롯서(King-Plosser)등에 의해 화폐와 산출량 사이에 역(−)의 인과관계(reversed causation)가 가능함이 밝혀졌기 때문이다. 즉, 화폐의 변화가 산출량의 변화를 초래한 것이 아니라, 어떤 요인에 의해 먼저 산출량이 변화하고 그에 따라 화폐공급의 내생적인 변화가 생기는 것이다.

이에 따라 경기변동의 원인으로서 화폐충격과 같은 총수요측면이 아니라 기술충격과 같은 총공급측면을 강조하게 되었다. 이러한 연구는 킹-플롯서(King-Plosser)와 키들랜드-프레스컷(Kydland-Prescott) 등에 의해 시작되었으며 이를 실물적 경기변동 이론(Real Business Cycle theory, RBC)이라고 한다.

즉, 킹-플롯서에 의하면 어떤 국민경제의 생산함수가 $Y_{t+1}=F(L_t, X_t, \lambda_{t+1})$ 의 형태를 갖는 것으로 가정하는데, 여기서 L_t는 노동투입(laber inputs), X_t는 재화요소투입분(commodity inputs)을 각각 의미하며, λ_{t+1}은 생산함수에 유리하게(또는, 불리하게) 영향을 미치는 공급교란을 나타낸다. 이러한 공급교란 λ_{t+1}이 마르코프 과정(Markov process)을 따르는 확률변수의 형태로 현실경제에 나타남으로써 경기변동 현상이 발생하게 된다는 것이 킹-플롯서의 실물적 균형경기변동 이론이다.

키틀랜드-프레스컷은 투자재의 생산을 시작하여 실제로 사용가능한 자본으로 형성되기까지는 일정한 시간이 소요된다는 점에 착안하여, 그러한 소요시간(time-to-build)이 고려된 일반균형모형을 가정하고 있다. 또한 시간적으로 비분리적인 효용함수(non-time-separable utility function)를 가정하여, 과거의 노동시간들이 현재의 여가선택과정에 영향을 줄 수 있고, 생산성 교란(productivity shock)등과 같은 공급교란이 생산함수에 포함된 일반균형모형을 설정하였다. 이러한 키들랜드-프레스컷의 경기변동 현상에 대한 이론적·실증적 분석은 현실과 상당히 일치하는 것으로 나타났다.

한국의 경우에 실물적 경기변동모형은 설명력이 있는 것으로 나타났다. 즉, 키들랜드-프레스컷의 자본형성소요시간(time-to-build)모형을 이용하여 실증분석한 결과는 <표 13.2>에 나타나 있다. 우리 나라의 주요 거시경제변수(산출량, 소비, 노동, 투자, 자본 등)의 실제적 표준편차와 실물적 경기변동모형에서 유도된 이론값들의 표준편차를 비교하면서 살펴보자.

<표 13.2>에 의하면 실물적 경기변동모형에 의해 유도된 변수와 한국 경제변수의 변동정도는 절대적 크기나 상대적 크기에 있어서 상당히 일치하고 있다. 한국경제의 산출량변화정도를 나타내는 표준편차 3.23인데 모형에서는 3.09로 나타났다. 소비의 경우 한국경제의 표준편차는 1.90이며 모형에서는 1.89로서 거의 비슷하다. 노동과 투자 및 자본스톡의 경우도 마찬가지로 실제값과 이론값이 유사한 것으로 나타났다. 특히, 표준편차의 상태적 크기가 투자, 산출량, 소비, 노동시간의 순서로 나타남으로써 한국경제의 경우와 일치하였다. 또한, 실물경기변동모형의 예측능력도 상당한 것으로 나타났다. 특히 산출량의 경기전환점(turning point)을 예측하는 데 있어서 상당한 가능성을 보인 점을 주목할 만하다. 현재 우리 나라의 경제예측모형의 대부분이 케인즈학파 모형이라는 점을 감안할 때 앞으로는 기존의 케인즈학파 모형과 균형경기변동모형의 결합이 모형의 예측력을 제고시키는 하나의 방안이 될 수 있을 것이다.

표 13.2 실물경기변동모형과 한국경제

단위 : %

주요경제변수	한국경제	의태시행분석
산출량	3.23	3.09
소비	1.90	1.89
노동시간	1.12	1.07
투자	9.75	9.35
자본스톡	1.40	1.09

이상에서 살펴본 화폐적 경기변동 이론과 실물적 경기변동 이론을 종합적으로 볼 때 상호간의 차이점을 발견할 수 있다. 우선 화폐적 경기변동 이론은 다음 두 가지 설명으로 압축될

수 있다.

(1) 경제주체들은 합리적 기대를 하는 반면 정보제약(informational constraints)이 있으므로 정책당국의 급격한 화폐정책변화에 의해 총수요가 변화한다.
(2) 물가와 임금 등의 경제변수들은 신축적일 뿐만 아니라 자체적인 힘에 의해 균형상태로 이동하고 있다.

실물적 경기변동 이론의 기본적 요소도 이와 거의 유사하지만 정보제약과 화폐요인이 경기변동의 원인으로는 적절하지 못하며, 생산성 변화등과 같이 공급함수에 영향을 미치는 기술적 충격이 생산과 고용을 변화시키게 된다고 주장한다. 이와 같은 실물적 경기변동 이론은 정부부문과 해외부문 등을 포함하는 모형으로 계속 확장되고 있고 이론적인 정교함을 더해가며 발전하고 있다. 따라서 케인즈학파 경기변동 이론들과 균형경기변동 이론들은 상호 대립적 또는 보완적인 관계를 유지하면서 계속 거시경제학의 중요한 흐름으로 남아 있을 것이며, 이에 대한 끊임없는 연구가 중요한 과제라 할 수 있다.

한편, 우리가 앞에서 살펴본 화폐적 경기변동 이론은 확정적 추세(deterministic trend)를 전제하고 화폐적 충격에 의한 추세로부터의 일시적인 이탈(temporary deviation)을 경기변동 분석의 주요대상으로 간주한 반면, 실물적 경기변동 이론은 실물적 충격을 상정하여 그것이 경기변동 현상을 야기시킬 뿐 아니라 생산함수에 대한 지속적인 충격효과를 통해 한 나라 경제의 추세 자체를 변화시킬 가능성을 제시하였다. 이는 넬슨-플롯서(Nelson plosser, 1982)의 단위근 검증(unit root test) 결과, 즉 산출량 변화가 일시적이 아니라 지속적인 요인에 의해 비롯된다는 연구결과에 부합되는 것이다.

PART 5

개방경제 모형

CHAPTER 14

개방경제에서의 총수요-총공급모형

지금까지의 분석에서는 해외부문을 명시적으로 고려하지 않았다. 이 장에서 우리는 환율과 주요 거시경제변수간의 상호작용을 분석하기 위해, 총수요-총공급모형을 개방경제 하의 모형으로 확장할 것이다.
환율제도는 크게 고정환율제도와 변동환율제도로 구분된다. 금본위제도(1870~1914)하에서는 물론이고 제2차 세계대전 이후부터 1980년대 초반까지의 브레튼우즈체제 하에서 세계 각국은 고정환율제도를 채택하였었다. 그러나, 1976년 킹스턴체제 이후 세계 경제질서는 변동환율제도로 변경되었다. 이 장에서 우리는 각 환율제도하에서 금융정책과 재정정책이 국민경제에 미치는 분석한다.

1. 저축과 투자 및 경상수지

경상수지(current account)는 저축과 투자의 차이와 같다. 이를 잘 이해하기 위해 제1장에서 공부한 GDP항등식을 상기해보자.

$$NX = Y - (C + I + G) = Y - A$$

위 식의 첫 번째 등식은 GDP항등식을 순수출(NX)에 대하여 정리한 것이고, 두 번 째 등식은 (C+I+G)를 A로 정의하고 있다. 소비지출, 투자지출, 그리고 정부지출에는 국내에서 생산된 것뿐만 아니라 수입된 상품에 대한 지출까지 포함된다. 따라서 (C+I+G)는 국산품과 수입품에 대한 총지출을 뜻하는데, 이를 총사용액(Absortions, A)이라고 한다. 즉, 위 식은 $Y > A$이면 수출이 수입을 초과하여 경상수지가 흑자($NX > 0$)임을 나타낸다. 반대로 $Y < A$이면 경상수지가 적자($NX < 0$)임을 나타내는 항등식이다.

이제, 위 식의 우변에 조세수입을 뜻하는 T를 한번 더하고 빼주면 다음을 얻는다.

$$NX = Y - C - I - G = (Y - T - C) + (T - G) - 1$$

이 식 마지막 우변의 첫째 항 (Y−T−C)은 가계의 민간저축이며, 둘째 항 (T−G)은 재정흑자를 뜻하는 정부저축이 된다. 민간저축과 정부저축의 합 (Y−C−G)은 총저축(Total Savings, TS) 또는 국민저축(national saving)이 된다. 위 식에 따르면 NX=(TS−I)와 같다. 즉, 총저축이 국내투자보다 크면 경상수지가 흑자이며, 총저축이 투자에 못 미치는 경우 경상수지 적자가 초래됨을 알 수 있다. 또한, 위 식에 의하면 민간저축의 용도가 국내투자와 재정적자 충당 및 해외대출 또는 해외자산 구입 등의 3가지임을 알 수 있다.

2. 환율이론

전통적 환율이론에서 접근하는 방법은 유량변수(flow variable)인 국제수지에 초점을 맞춘다. 즉, 국제수지가 균형되는 수준에서 환율이 결정된다. 국제수지가 흑자이면 외환이 과다해져(초과공급) 환율이 하락하고, 반대로 적자이면 외환이 부족해(초과수요) 환율이 상승한다. 국제수지의 고려대상에 따라 여러 가지로 분류할 수 있는데 대표적으로 경상수지만을 고려하는 케인즈 이론과 자본수지까지 포함한 종합수지를 고려하는 먼델-플레밍 이론을 들 수 있다.

또한, 오늘날 환율결정의 대표적인 이론으로는 경상수지 접근방법, 구매력평가설, 그리고 자산시장 접근방법이 있다. 이 가운데 자산시장 접근방법은 1970년대 초반 변동환율제도의 도입 이후에 전개된 새로운 환율이론이다. 한편, 변동환율제도 도입 이전의 환율이론인 경상수지 접근방법과 구매력 평가설을 전통적 환율이론이라 부른다. 이 절에서는 전통적 환율이론에 대해 설명하고 자산시장 접근방법을 공부하기로 한다.

2.1 _ 경상수지 접근방법: 케인즈이론

변동환율제도 하에서 환율은 외환의 수요와 공급이 일치하는 수준에서 결정된다. 지금 수출과 수입을 X와 M, 그리고 자본유입과 자본유출을 ΔL과 ΔA로 표시하면 외환의 공급은 [X+ΔL], 그리고 외환의 수요는 [M+ΔA]로 나타낼 수 있다. 따라서 환율은 다음과 같이 외환의 수요와 공급이 일치하는 수준에서 결정된다.

$$[X+\Delta L]-[M+\Delta A]=[X-M]-[\Delta L-\Delta A]=0$$

위에서 [X−M]은 경상수지, [ΔL−ΔA]은 자본수지를 나타낸다. 브레트우즈 체제하에서는 주요국들도 자본이동을 규제하였으므로 1970년대 초반까지 외환의 수요와 공급은 주로 상품과 서비스의 수출과 수입 등 경상거래에 의해 유발되었다. 경상수지 접근방법이란 자본수지를 무시하고 환율이 경상거래에 의해 결정된다고 보는 이론이다. 경상수지가 악화되면 환율이 상승하고 반대로 경상수지가 개선되면 환율은 하락한다.

경상수지는 주로 자국과 외국의 소득과 자국과 외국의 물가수준에 따라 결정된다. 자국의 소득(Y)이 증가하면 수입이 증가하여 경상수지가 악화되고 외국의 소득(Y^f)가 증가하면 수출이 증가하여 경상수지가 개선된다. 또 자국의 물가수준(P)이 상승하면 수출이 감소하여 경상수지가 악화되고 외국의 물가수준(P^f)이 상승하면 수입이 증가하여 경상수지가 개선된다. 따라서 환율은 다음과 같이 결정된다고 요약할 수 있다.

$$\Delta e = a_1(\Delta P - \Delta P^*) + a_2(\Delta Y - \Delta Y^*)$$

이제부터 경상수지 접근방법에 의한 환율결정이론을 좀 더 자세히 살펴보자. 국제거래에서 자본유출과 자본유입 등 자본거래가 존재하지 않는다고 가정하면 외환의 수요는 상품의 수입을 위해, 그리고 외환의 공급은 상품의 수출에 의해 이루어 질 것이다. 따라서 외환의 수요와 공급이 일치하기 위해서는 상품의 수출과 수입, 즉 경상수지가 균형을 이루어야 한다. 그러면 상품의 수출과 수입, 즉 경상수지를 결정하는 요인은 무엇인가?

실질환율(eP^f/P)이 오르면 수출(X)은 증가하고 수입(M)은 감소한다. 한편 자국의 소득(Y)이 증가하면 수입이 증가하고 외국의 소득(Y^f)이 증가하면 자국의 수출(외국의 수입)이 증가할 것이다. 따라서 경상수지(CA)의 균형조건은 다음과 같이 나타낼 수 있는데 환율은 이 경상수지의 균형조건으로부터 구할 수 있다.

$$BP = CA = X(eP^f/P,\ Y^f) - M(eP^f/P,\ Y) = 0$$

이제 외환의 수요곡선과 공급곡선을 도출하기 위해 양국의 소득과 물가수준이 일정하게 주어져 있다고 하자. 이 때 환율이 상승하면 외환의 수요량과 공급량은 어떻게 변화하겠는가? 이를 보기 위해 외환의 공급량을 나타내는 수출과 외환의 수요량을 나타내는 수입을 다음과 같이 정의하고 수입품을 원유 그리고 수출품을 가방이라고 가정하자.

$X = Q_X \times P^f_x$, 즉 수출=수출량×수출품의 국제가격

$M = Q_m \times P^f_m$, 즉 수입=수입량×수입품의 국제가격

먼저, 외환의 수요곡선을 도출해 보자. 수입품인 원유의 국제가격 P^f_m이 배럴 당 60달러일 때 환율이 1,000원에서 1,100원으로 상승하면 원유의 국내가격 $P_m = P^f_m e$는 60,000원에서 66,000원으로 상승하고 원유의 수입량 Q_m은 감소할 것이다. 이와 같이 원유의 국제가격이

일정할 때 원유의 수입량이 감소하면 외환의 수요량 $Q_m \times P_m^f$ 이 감소할 것이다. 따라서 외환의 수요곡선은 우하향한다.

다음에 외환의 공급곡선을 도출해 보자. 수출품인 가방의 국내가격 P_x가 11,000원으로 일정할 때 환율이 1,000원에서 1,100원으로 상승하면 가방의 국제가격 $P_x^f = P_x / e$ 는 11달러에서 10달러로 하락하고 가방의 수출량 Q_x는 증가할 것이다. 이와 같이 수출품의 국제가격이 하락하고 수출량이 증가할 때 외국의 수입수요가 가격탄력적이라면 외환의 공급량 $Q_x \times P_x^f$ 는 증가할 것이다. 따라서 외환의 공급곡선은 우상향한다.

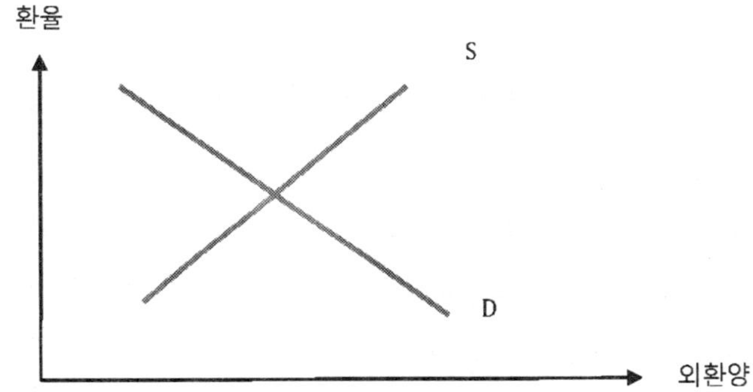

그림 14.1 외환의 수요곡선과 공급곡선

외국의 수입수요가 가격비탄력적이면 환율이 상승할 때 외환의 공급량은 감소하고 이 때 외환의 공급곡선은 후방굴절할 것이다. 그러나 실증적인 연구에 의하면 주요국의 수입수요는 가격탄력적이라고 알려져 있다. 따라서 일반적으로 외환의 수요곡선은 우하향하고 외환의 공급곡선은 우상향하는 모양을 갖는다고 말할 수 있다. 이와 같이 외환의 수요곡선과 공급고선의 모양이 주어지면 환율은 두 곡선이 만나는 점에서 결정된다.

지금까지 <그림 14.1>에서 보는 외환의 수요곡선과 공급곡선을 도출하기 위해 양국의 소득과 물가수준이 일정하게 주어져 있다고 가정하였다. 그러나 자국과 외국의 소득이나 물가수준이 변화하면 외환의 수요곡선과 공급곡선이 이동하고 이에 따라 환율도 변동할 것이다. 이를 정리하면 다음과 같다.

- 자국의 소득(Y)이 오르면 수입이 증가한다. 이 때 외환의 수요곡선은 우측으로 이동하여 환율은 상승한다.
- 외국의 소득(Y^f)이 오르면 수출이 증가한다. 이 때 외환의 공급곡선은 우측으로 이동하여

환율은 하락한다.

- 자국의 물가수준(P)이 오르면 실질환율(eP^f/P)이 하락하여 수입은 증가하고 수출은 감소한다. 이 때 외환의 수요곡선은 우측으로 이동하고 공급곡선은 좌측으로 이동하여 환율은 상승한다.
- 외국의 물가수준(P^f)이 오르면 실질환율(eP^f/P)이 상승하여 수입은 감소하고 수출은 증가한다. 이 때 외환의 수요곡선은 좌측으로 이동하고 공급곡선은 우측으로 이동하여 환율은 하락한다.

이상의 설명으로부터 경상수지 접근방법에 의한 환율의 결정공식은 다음과 같이 정리될 수 있다.

$$\Delta e = a_1(\Delta P - \Delta P^f) + a_2(\Delta Y - \Delta Y^f)$$

장기적인 관점에서 환율에 영향을 주는 요소들은 다음과 같다.

- 국내물가가 상승하면 환율은 상승한다.
- 무역장벽이 높아지면 환율은 하락한다.
- 수입수요가 증가하면 환율은 상승한다.
- 수출수요가 증가하면 환율은 하락한다.
- 생산성이 증가하면 환율은 하락한다.

2.2 _ 먼델-플레밍(Mundell-Fleming) 이론

자본이동의 규모가 확대되면서 경상거래뿐만 아니라 자본거래의 중요성 증대되었다. 자본거래도 자율적 거래로 보면 된다. 종합수지(=경상수지+자본수지)가 균형이 되는 수준에서 환율이 결정된다.

$$BP = CA + KA = (X - M) + k(r - r^f)$$

여기서 KA는 자본수지, k는 자본이동의 민감도(아주 크다고 가정)를 나타낸다. 원래의 먼델-플레밍 이론에서는 k가 무한대라고 가정하고 있다. 종합수지가 흑자로 되면 외환공급이 증가해 환율이 하락하고, 반대로 적자가 되면 외환수요가 증가해 환율이 상승한다. 외환의 수요, 공급에 영향을 미치는 요인을 살펴보자. 경상수지(수출-수입)에 영향을 미치는 요인 및 자본이동에 영향을 미치는 요인을 고려하면 된다.

먼델-플레밍은 국내외 이자율격차가 자본이동에 영향을 미친다고 보았다. 형태상으로 케인즈 이론과 유사하다. 그러나 어떤 요인들의 영향은 케인즈 이론에서와는 다른 방향으로 나타날 수도 있다. 몇 가지 예를 들어보자. 어떤 변화가 종합수지를 흑자 혹은 적자로 변화시키는가만 설명하면 된다. 경상수지 및 자본수지에 서로 다른 방향으로 변할 때는 자본수지 변화가 더 크다고 가정하자.

국내소득이 증가(팽창재정에 기인하는 경우)하면 수입증대로 경상수지 적자/국내이자율 상승에 따른 자본유입으로 자본수지 흑자가 되고 종합수지 흑자(자본수지 흑자>경상수지 적자)가 된다. 따라서 외환공급이 증가하여 환율이 하락한다.

반대로 국내소득이 증가(팽창통화에 기인하는 경우)하면 수입증대로 경상수지 적자/국내이자율 하락에 따른 자본유출로 자본수지 적자가 되며 종합수지 적자가 되어 외환수요가 증가하므로 환율이 상승한다.

2.3 _ 일물일가의 법칙

환율결정이론 중에서 가장 오래된 구매력 평가설(Purchasing Power Parity, PPP)의 기원은 중세까지 거슬러 올라간다. 구매력 평가설에 따르면 환율은 두 통화의 구매력에 의해 결정되는데 통화의 구매력은 물가수준과 역의 관계에 있다. 따라서 구매력 평가설은 환율이 두 국가의 물가수준에 의해 결정된다고 보는 이론으로 자국의 물가수준(P)이 오르면 환율은 상승하고 외국의 물가수준(P^f)이 오르면 환율은 하락한다. 즉,

$$\Delta e = a_1(\Delta P - \Delta P^*)$$

구매력 평가설의 기초를 이루는 것은 일물일가의 법칙이다. 일물일가의 법칙(law of one price)이란 같은 통화로 나타낼 때 동질적인 상품의 가격은 두 국가에서 같아야 한다는 것이다. 지금 어떤 상품, 예를 들어 i재의 한국에서의 가격을 P_i, 미국에서의 가격을 P_i^f, 환율을 e라고 하면 일물일가의 법칙은 다음과 같이 나타낼 수 있다.

$$P_i = eP_i^f$$

일물일가의 법칙으로부터 환율 e와 P_i, P_i^f 사이에는 다음과 같은 관계가 성립한다.

$$e = \frac{P_i}{P_i^f}$$

예를 들어, 이제 i재를 맥도날드 햄버거의 빅맥(Big Mac)이라고 하자. 실제로 2006년 5월 빅맥은 미국에서 3.10달러, 한국에서는 2,500원이었다. 이때 만약 일물일가의 법칙이 성립한다면 환율은 1달러=806원이 되어야 한다.

즉, 806원/1달러=2,500원/3.10달러

왜냐하면 이 때 두 나라에서 빅맥의 가격은 동일해지기 때문이다. 즉 빅맥의 한국 가격을 미국 달러로 환산하면 3.10(=2,500/806)달러가 되고 미국 가격을 한국 원으로 환산하면 2,500(=3.10×806)원이 된다. 이와 같이 두 나라 빅맥 가격으로부터 구한 환율을 흔히 빅맥 PPP환율 또는 빅맥지수(Big Mac index)라 한다.

한편 2005년 5월 22일의 한국 원의 시장환율은 1달러=952원이었다. 따라서 빅맥의 한국 가격을 미국 달러로 환산하면 2.63(=2,500/952)달러가 되고 미국 가격을 한국 원으로 환산하면 2,951(=3.10x952)원이 된다. 이와 같이 어느 통화로 환산하더라도 빅맥의 가격은 미국보다 한국이 싸다. 이 때 빅맥 PPP환율 (e_t^{ppp})과 비교할 때 한국 원의 가치는 다음과 같이 약 15% 저평가된(undervalued) 것을 알 수 있다.

$$\frac{e_t^{ppp} - e_t}{e_t} = \frac{806 - 952}{952} \approx -15\%$$

일물일가의 법칙은 상품재정(commodity arbitrage)에 기초하고 있다. 만약 두 나라에서 동질적인 상품의 가격이 다르다면 누군가가 가격이 낮은 국가에서 상품을 사서 가격이 높은 국가에 파는 상품재정으로 무위험 이익을 얻을 수 있다. 이 때 가격이 낮은 국가의 가격은 오르고 가격이 높은 국가의 가격은 내려, 결국 두 국가의 동질적인 상품의 가격은 같아질 것이다.

일물일가의 법칙이 성립하기 위해서는 상품이 국경을 넘어 거래할 수 있는 교역재(traded goods)이고 상품이 동질적이며(homogeneous), 운송비 등의 거래비용이나 관세 등의 무역장벽(trade barriers)이 존재하지 않아야 하고 또 상품의 가격이 신축적(flexible)이어야 한다. 그러나 실제로 이와 같은 조건이 성립하지 않으므로 동질적인 상품이라 하더라도 국가마다 가격이 다른 것이 일반적이다.

실증적인 연구에 따르면 일차산품(primary products)의 경우에는 운송비 등의 거래비용을 고려하면 일물일가의 법칙이 성립하고 있는 경우가 많다. 그러나 공산품(manufactured products)의 경우에는 일물일가의 법칙이 거의 성립하지 않고 있다. 이는 공산품은 제품차별이 존재하고 주로 독과점기업에 의해 생산되기 때문에 가격이 매우 경직적(sticky)이고 국가마다 독특한 유통구조를 가지고 있기 때문이라고 할 수 있다.

2.4 _ 구매력평가설(PPP)

구매력평가설에는 절대적 구매력평가설(absolute PPP)과 상대적 구매력평가설(relative PPP)이 있다.

절대적 PPP는 일물일가의 법칙을 개별상품의 가격이 아니라 모든 상품을 포괄하는 물가수준(price level)으로 확대한 것을 말한다. 절대적 PPP에 따르면 두 국가의 동일한 마켓바스켓(market basket)의 가격은 동일 통화로 나타낼 때 같아야 한다. 이제 자국과 외국의 일반 물가수준을 P와 P^f, 두 국가에서 각 상품의 가격을 P_i, P_i^f 라고 하면 절대적 PPP는 다음과 같이 쓸 수 있다.

$$e = \frac{P}{P^f} = \frac{\sum a_i p_i}{\sum b_i p_i^f}$$

이와 같이 절대적 PPP에서 말하는 물가수준이란 동질적인 상품으로 구성된 마켓바스켓의 가격을 말한다. 위에서 a_i와 b_i는 마켓바스켓에서 각 상품의 가중치(weight)를 나타낸다. 예를 들어 옷 2벌과 사과 5개라는 마켓바스켓의 가격이 일본에서 10,000엔이고 미국에서 100달러라면 두 통화의 환율 USD/JPY는 100엔일 될 것이다. 그리고 이 마켓바스켓의 가격이 일본에서 12,000엔으로 상승하고 미국에서 100달러로 불변이면 USD/JPY는 120엔으로 상승할 것이다.

절대적 PPP가 성립하기 위해 일물일가의 법칙이 성립하고 양국의 소비 패턴이 같아 각 상품의 가중치가 동일하며 모든 상품이 교역재이어야 한다. 그러나 운송비, 무역장벽, 제품차별, 가격의 경직성 때문에 일물일가의 법칙이 성립하지 않는다. 또 국가마다 소비 패턴이 달라 마켓바스켓에 포함되는 상품의 가중치가 다르다. 더욱이 최근 세계 생산 가운데 교역재가 차지하는 비율은 20% 내외에 불과하다. 따라서 오늘날 절대적 PPP는 일반적으로 성립하고 있지 않다.

일물일가의 법칙과 절대적 PPP는 개별상품 또는 마켓바스켓의 가격으로 물가를 측정하지만 오늘날 모든 국가는 물가지수(index price)로 물가수준을 측정하고 있다. 이에 따라 상대적

PPP는 일반적인 물가지수를 이용하여 환율의 변동을 설명하고 있다.

지금 자국과 외국의 물가지수를 P와 P^f, 기준년도의 환율을 S0라고 하자. 이 때 상대적 PPP에 따르면 비교년도의 환율 e_t는 다음과 같이 결정될 것이다.

$$e_t = e_0 \frac{P_t / P_0}{P_t^f / P_0^*}$$

예를 들어 기준년도의 환율과 두 국가의 물가지수를 $e_0 = 1{,}000$, $P_0 = 100$, $P_0^f = 100$이라고 하자. 이 때 만약 비교년도의 자국과 외국의 물가지수가 $P_t = 120$, $P_t^f = 110$이라면 상대적 PPP에 따른 비교년도의 환율은 다음과 같이 $e_t = 1{,}091$이 된다.

$$1{,}091 = 1{,}000 \frac{120/100}{110/100}$$

상대적 PPP에 따르면 환율의 변동율은 근사적으로 양국의 물가상승율의 차와 같아진다. 앞의 예에서 기준년도와 비교년도 간의 자국과 외국의 물가상승율은 각각 20%, 10%로 두 국가 물가상승율의 차는 10%였다. 한편 기준년도와 비교년도 간의 환율 변동율은 약 9%이었다. 따라서 환율과 물가수준의 변동율로 나타내는 상대적 PPP는 근사적으로만 성립한다는 것을 알 수 있다.

$$\Delta\%e \approx \Delta\%P - \Delta\%P^*$$

환율결정이론으로서 상대적 PPP는 다음과 같은 한계를 지니고 있다. (1) 상대적 PPP는 기준년도의 환율이 어떻게 결정되는지를 설명하지 못하므로 환율결정이론으로서 불완전하다. (2) 소비자물가지수, 생산자물가지수, GDP 디플레이터 등 물가지수 선택에 따라 PPP 환율은 달라진다. (3) 기준년도의 선택에 따라 PPP 환율은 달라진다.

3. 환율제도

환율제도는 크게 고정환율제도와 변동환율제도로 구분할 수 있다. 그러나 오늘날 실제로 세계 각국이 채택하고 있는 환율제도는 매우 다양한데 IMF는 환율제도를 ①통화동맹과 달러리제이션과 같이 자국통화가 없는 환율제도, ②커런시 보드, ③고정페그, ④밴드페그, ⑤크롤링페그, ⑥크롤링밴드, ⑦관리변동환율제도, ⑧독립변동환율제도의 8가지 형태로 구분하고 있다. 이 가운데 ①과 ②에 포함되는 통화동맹, 달러리제이션, 커런시보드를 합해 하드페드(hard peg), ③~⑥까지에 포함되는 고정페그, 밴드페그, 크롤링페그, 크롤링밴드를 합해 소프트페그(soft peg) 또는 중간제도(intermediate system), ⑦과 ⑧의 관리변동환율제도와 독립변동환율제도를 합해 변동환율제도(float)라 부른다. 하드페그와 소프트페그를 합쳐 넓은 의미의 고정환율제도라고 부를 수 있다.

3.1 _ 하드페그(Hard Peg)

하드페그란 환율을 법(by law)에 의해 정함으로써 정부의 정책 재량(policy discretion)으로 환율을 변동할 수 없도록 하는 매우 강한 성격의 고정환율제도를 말한다. 역사적으로 보면, 금본위제도(1880~1914년)는 가장 전형적인 하드페그였다. 금본위제도는 주요국들이 ①자국통화의 금평가(gold parity)를 설정하고 ②금의 자유로운 이동을 보장하며 ③금의 유출입에 따라 국내 통화량을 자동적으로 변동시키는 금본위제도의 소위 게임의 룰(rules of the game)을 준수함으로써 자연발생적으로 형성된 국제통화제도를 말한다. 1880년부터 1차 세계대전이 시작된 1914년까지는 금본위제도의 황금기였는데 이 시기에 영국을 비롯한 주요국들이 무역거래와 자본거래에 거의 완전한 자유를 허용하여 국제무역과 국제투자가 매우 활발했던 시기였다. 금본위제도 하에서 두 통화간의 환율은 두 통화의 금평가(gold parity)에 의해 결정된다. 예를 들어, 금 1온스에 대한 영국과 미국의 금평가가 각각 10파운드와 20달러라면 영국 파운드와 미국 달러의 환율은 1파운드=2달러로 자동적으로 결정되는 것이다. 오늘날 하드페그에 속하는 환율제도는 ①1999년 출범한 유로통화동맹(EMU)과 같은 통화동맹, ②파나마 등이 채택하고 있는 달러리제이션, ③홍콩 등이 채택하고 있는 커런시보드가 있다.

통화동맹(monetary union)이란 유럽연합(EU) 1999년 출범당시, 15개국 가운데 12개국이 참여하고 있는 유럽통화동맹(EMU)처럼 가맹국들이 자국통화를 철폐하고 유로(Euro)와 같은 역내 단일통화를 사용하는 환율제도를 말한다. 1999년 1월 유럽연합(European Union) 15개국(프랑스, 독일, 이탈리아, 네덜란드, 벨기에, 룩셈부르크, 영국, 아일랜드, 덴마크, 포르투갈, 스페인, 그리스, 오스트리아, 핀란드, 스웨덴) 가운데 영국, 스웨덴, 덴마크, 그리스를 제외한 11개국은 유럽통화동맹(European Economic and Monetary Union)을 출범시키고 단일통화인 유로(Euro)를 도입하였다. 그리스는 2001년 1월 유럽통화동맹에 가입하였는데 유럽통화동맹을 구성하는 12개국을 흔히 유로존(Euro zone)이라 부른다. 한편 달러리제이션(dollarization)이란 별도의 자국통화를 도입하지 않고 미국 달러와 같은 특정국의 통화를 자국통화로 채택하는 환율제도를 말한다. 2013년 유럽통화동맹 17개국을 포함한 40여개국이 통화동맹과 달러리제이션 등 자국통화가 없는 환율제도(no separate legal tender)를 채택하고 있다.

한편 커런시보드(currency board)란 ①자국통화의 환율을 법에 의해 특정국 통화, 예를 들어 미국 달러에 고정시키고, ②자국통화와 미국 달러간에 완전한 교환성(full convertibility)을 보장하고, ③화폐(은행권과 주화)는 준비자산(외환보유고)의 범위내에서만 발행하는 환율제도를 말한다. 실제로 커런시보드란 중앙은행을 대신하여 화폐를 발행하는 통화당국(monetary authority)을 가리킨다.

3.2 _ 소프트페그(soft peg)

소프트페그 또는 중간제도(intermediate system)란 정부가 정책에 의해(by policy) 환율을 조정할 수 있는 환율제도로 고정페그, 벤드페그, 크롤링페그, 크롤링밴드가 여기에 속한다. 고정페그(fixed peg)와 밴드페그(band peg)는 모두 자국통화의 환율을 주요국 통화나 SDR 등 통화바스켓에 페그시키는 환율제도이다. 이 때 환율이 중심환율의 상하 1% 이내에서만 변동할 수 있도록 허용하는 경우를 고정페그라고 하고 변동의 범위가 중심환율 상하 1%를 넘는 경우를 밴드페그라고 부른다. 2차대전 이후 1947년~1973년간 존속한 국제통화제도인 브레튼우즈체제(Bretton Woods system)는 가장 전형적인 페그제도였다. 브레트우즈체제는 ①국제통화기금(IMF) 가맹국들이 미국 달러에 대해 환평가를 설정한 다음, ②외환시장에 개입하여 환평가의 상하 각 1%의 범위내에서 환율을 안정시키는 고정페그 환율제도를 채택하였다. 예를 들어, 원의 환평가를 1달러=800원으로 설정하면 한국 정부는 환율이 792원을 하회하면 미국 달러를 무제한 매입(수요)하고 808원을 상회하면 미국 달러를 무제한 매각(공급)하는 외환시장의 개입을 통해 환율을 792원과 808원 사이에서 안정시켜야만 한다.

2013년 단일 통화에 페그하는 나라는 40여개국, 통화바스켓에 페그하는 나라는 5개국으로 모두 50여개국이 고정페그를 채택하고 있으며 덴마크 등 EU 6개국이 밴드페그를 선택하고 있다. 한편 크롤링페그(crawling peg)와 크롤링밴드(crawling band)는 고정페그와 밴프페그에서 중심환율을 물가지수 등 주요 경제지표의 변동에 따라 일정기간(1주일, 2주일, 또는 1개월 등)마다 정기적으로 변동시키는 환율제도를 말하는데 2006년 크롤링페그와 크롤링밴드를 채택하고 있는 국가는 모두 7개국이다.

3.3 _ 변동환율제도(floating)

변동환율제도는 환율이 외환시장에서 수요와 공급에 따라 변동하도록 허용하는 환율제도이다. 관리변동환율제도(managed floating)는 환율을 특정 수준으로 유지하는 것은 아니나 경제상황에 따라 정부가 외환시장에 적극 개입하여 환율을 조정하는 경우를 말하고 독립변동환율제도(independent floating)는 환율의 급격한 변동을 완화시킬 목적으로만 정부가 외환시장에 개입하는 경우를 말한다. 이와 같이 오늘날 변동환율제도는 완전히 자유로운 변동환율제도(clean floating)가 아니라 선진국들도 때때로 외환시장에 개입하는 변형된 변동환율제도(dirty floating)이다.

2013년 50여개 개도국이 관리변동환율제도를 채택하고 있고 미국, 영국, 일본, 스위스, 캐나다, 호주, 뉴질랜드 등 EMU참가 12개국을 제외한 선진국 모두와 한국, 멕시코, 브라질 등이 독립변동환율제도를 채택하고 있다. 그러나 실제로 환율이 대체로 외환시장에서의 수요와 공급에 따라 자유롭게 결정되도록 허용하는 나라는 선진국들뿐이고 개도국 대부분은 형식상 변동환율제도를 채택하였다 하더라도 실제로는 외환시장에 빈번히 개입하여 환율을 관리하고 있다.

4. 개방경제의 생산물시장 및 화폐시장의 균형

4.1 _ 생산물시장의 균형: IS곡선의 유도

거시경제학에서 IS곡선은 재화에 대한 총수요와 총공급이 일치하도록 만드는 이자율과 소득의 조합의 조합이다. 총수요는 소비(C), 투자(I), 정부지출(G), 순수출(X−M)으로 구성된다.

$$Y = C(Y) + I(r) + G + X\left(\frac{eP^f}{P}\right) - M\left(\frac{eP^f}{P}, Y\right)$$

단, 투자는 이자율의 감소함수, 소비는 소득의 증가함수(0<한계소비성향<1), 정부지출은 외생변수, 수출은 환율의 증가함수, 수입은 환율(소득)의 감소(증가)함수이다.

<그림 14.1>에서 처음의 균형상태(A점)에서 소득(Y)이 증가한 경우 위의 식의 좌변 및 우변 모두 증가한다. 그러나 한계소비성향이 1보다 작으므로 소비는 소득보다 적게 증가하여 좌변(총공급) > 우변(총수요)이 된다. 여기서 G, X는 고정되어 있다. 이자율이 하락하여, 투자가 증가하면 총수요가 늘어나 균형이 회복된다. 따라서 점A에 비해 소득이 높고 이자율이 낮은 점B도 재화시장의 총수요와 총공급을 같게 하는 새로운 균형점이 된다. 즉, IS곡선은 점A와 점B점을 연결하는 우하향 곡선으로 나타난다. 개방경제의 IS곡선은 재정정책뿐만 아니라 환율(e)이 변해도 이동 가능하다. 즉, 환율이 상승하면 우측으로 IS곡선은 이동한다.

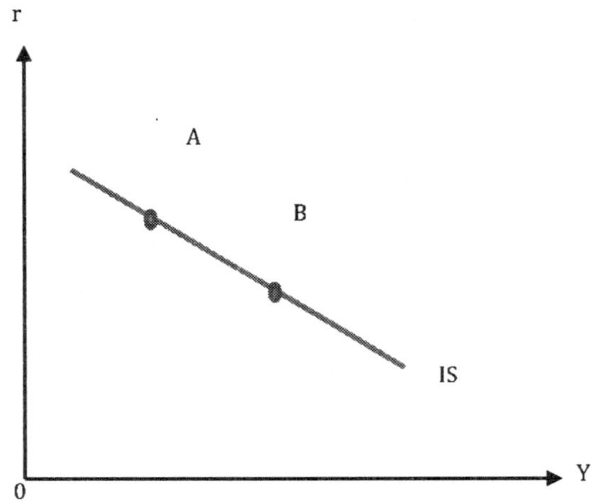

그림 14.1　개방경제하에서의 IS곡선의 도출

4.2 _ 화폐시장의 균형: LM곡선의 유도

LM곡선은 통화에 대한 총수요와 총공급이 일치하도록 만드는 이자율과 소득의 조합을 나타낸다.

$$\frac{\overline{M}}{P} = L(Y, r)$$

가정은 다음과 같다. L(Y, r)은 실질통화수요함수로서 거래적 동기와 예비적 동기에 의한 Y, 투기적 동기에 의한 r에 영향을 받는다. 통화수요는 소득의 증가함수, 통화수요는 이자율의 감소함수, 통화공급은 정책적으로 정해지는 외생변수이다.

LM곡선의 유도는 다음과 같다. 처음의 균형상태(점A)에서 소득(Y)이 증가한 경우, 위

식의 우변이 증가하면 통화공급 < 통화수요가 된다. 이자율이 상승해 통화수요가 감소하면 균형이 회복될 수 있다. 따라서 점A에 비해 소득이 높고 이자율이 높은 점B도 통화시장에서 수요와 공급을 같게 하는 새로운 균형점이 된다. 즉, LM곡선은 점A와 점B를 연결하는 우상향 곡선으로 나타난다. 개방경제의 LM곡선은 여전히 통화정책이 변할 때 이동이 가능하다.

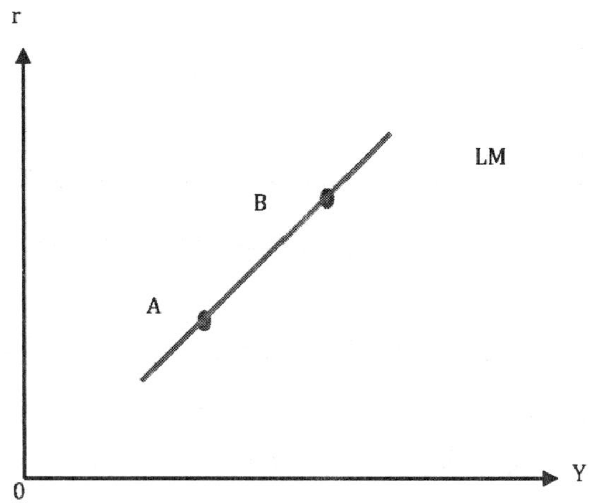

그림 14.2 개방경제하에서의 LM곡선의 도출

4.3 _ 대외시장의 균형: BP곡선의 유도

BP(Balance of Payment)곡선은 국제수지를 균형되도록 만드는 이자율과 소득의 조합이다. 자본이동을 고려해야 하므로 종합수지 관점에서 고찰해야 한다. BP곡선식은 다음과 같이 경상수지와 자본수지의 합이다.

$$CA\left(\frac{eP^f}{P}, Y\right) + KA(r - r^f)$$

거시경제의 일반적 가정을 그대로 따르고 경상수지는 소득의 감소함수, 경상수지는 환율의 증가함수, 경상수지는 물가의 감소함수, 자본수지는 이자율의 증가함수로 가정한다.

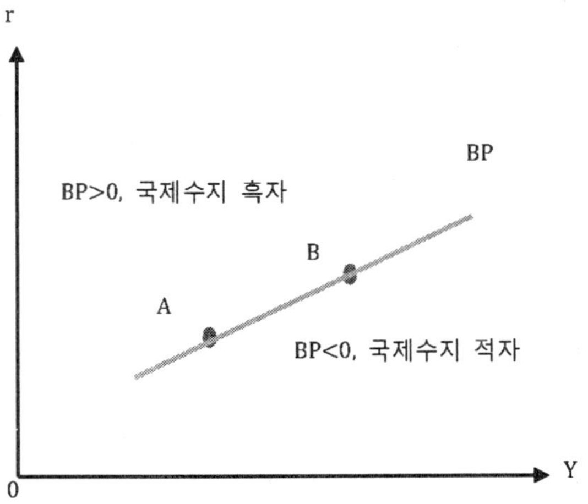

그림 14.3 개방경제하에서의 BP곡선의 도출

BP곡선을 유도해보자. 처음의 균형상태(점 A)에서 소득(Y)이 증가한 경우 수입이 증가해 경상수지가 적자로 되어 종합수지가 적자가 된다. 이자율이 상승하여 자본수지가 증가하면 균형이 회복될 수 있다. 따라서 점 A에 비해 소득이 높고 이자율이 높은 점 B도 국제수지를 균형되도록 만드는 점이 된다. 즉, BP곡선은 점 A와 점 B를 연결하는 우상향 곡선으로 나타난다. BP곡선의 우측은 국제수지 적자, 좌측은 흑자를 나타내며 개방경제의 BP곡선은 환율이 변할 때 이동 가능하다.

BP곡선의 기울기의 결정은 다음과 같다. BP곡선의 기울기는 자본이동이 이자율에 얼마나 민감한가에 따라 다르게 나타난다. 자본이동이 자유로우면 자유로울수록 기울기가 완만하다. 그러나 자본이동이 통제된 경우는 수직, 완전히 자유로운 경우는 수평이 된다. 오늘날의 현실에서는 자본이동이 상당히 자유로워 BP곡선의 기울기가 LM곡선의 기울기보다 훨씬 완만하다고 보는 것이 타당하다.

4.4 _ 대외시장의 균형과 국민소득 결정

개방경제의 균형은 대내균형과 대외균형이 동시에 이루어져야 한다. 대내균형은 IS곡선과 LM곡선이 교차하는 점이고 대외균형은 국제수지 균형, 즉 BP곡선상의 점들이 된다. 따라서 개방경제 균형은 IS곡선, LM곡선, BP곡선이 동시에 교차하는 점이 된다.

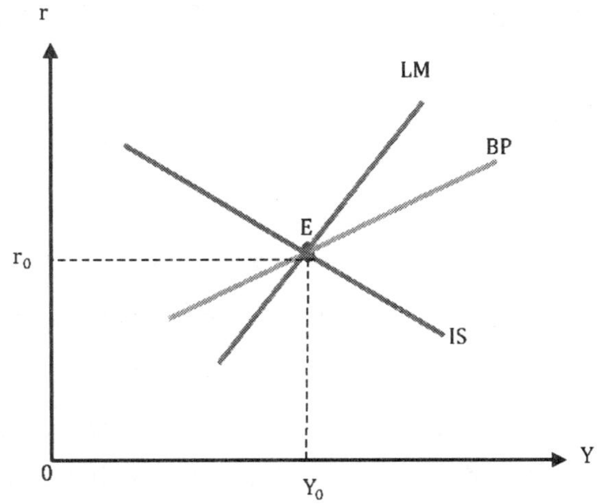

그림 14.4　국제수지 균형과 국민소득 결정

5. 환율과 총수요-총공급곡선

앞에서 실질환율을 $\varepsilon = \dfrac{eP^f}{P}$로 정의한 바 있다. 예를 들어, 여기서 e는 달러대비 원화의 명목환율이고 P^f는 미국상품의 가격이다. 따라서 eP^f는 미국상품의 원화표시 가격이므로, $eP^f/P(=\varepsilon)$는 미국상품과 국내상품간의 상대가격이다. 따라서 실질환율(ε)이 상승한다는 것은 국내상품에 비해 외국상품의 가격이 상승한다는 것을 의미한다. 이는 순수출이 실질환율(ε)의 증가함수임을 시사한다. 물론, 수입품의 상대가격이 상승한다고 해서 가격에 수량을 곱한 수입액이 항상 감소하지는 않는다. 수입품의 상대가격이 상승했을 때, 수입상품의 가격탄력성이 낮아 수량의 감소 폭이 매우 작다면 수입액은 오히려 늘어나기 때문이다. 이러한 점을 감안하면, 수출품의 상대가격 하락이 수출액의 증가로 이어지기 위해서는 수출품이 가격탄력적이어서 수출물량의 증가가 커야 한다. 마셜(Marshall)과 러너(Lerner)는 실질환율(ε)이 상승할 경우, 순수출(NX)이 증가하기 위해서는 수입과 수출의 가격탄력성의 합이 1보다 커야 한다는 사실을 밝혀냈는데 이를 마셜-러너의 조건이라고 한다.

마셜-러너 조건이 충족되어 NX가 ε과 비례한다는 가정 하에, 환율의 변화가 총수요(AD)곡선에 미치는 효과를 살펴보자. <그림 14.5>에서 명목환율이 e_0일 때 국민경제의 초기균형은 점 E로 나타나 있다. 명목환율이 e_0에서 e_1으로 상승할 경우(즉, 원화가 평가절하 될 경우),

국내의 물가수준에 변화가 없다면 실질환율(ε)이 상승하여 순수출(NX)은 증가한다. 즉, 총수요곡선은 AD(e_0)에서 AD(e_1)으로 오른쪽으로 이동한다. 반면, 명목환율의 하락은 총수요곡선을 왼쪽으로 이동시킨다.

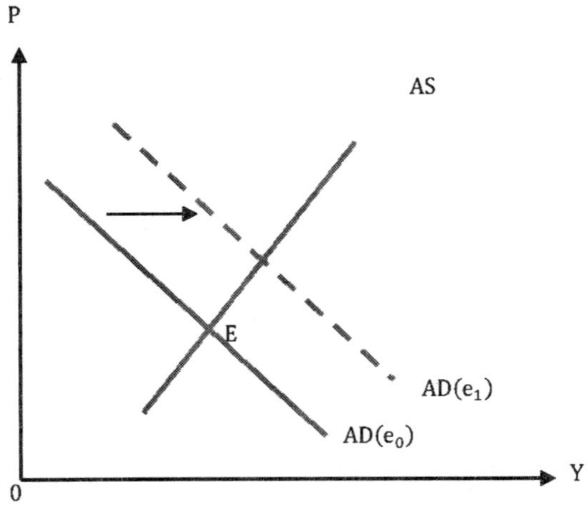

그림 14.5 명목환율 상승에 따른 AD곡선의 이동

마셜-러너의 조건이 충족되는 경우 환율의 상승은 위에서처럼 즉각적인 경상수지의 개선으로 이어지는가? 경험적으로 보면, 환율상승은 오히려 처음에는 순수출을 감소시킨다. 환율상승으로 가격이 먼저 반응하고 물량조정은 그 뒤를 따르는 것이 보통이기 때문이다. 즉, 환율상승으로 수출(수입)가격이 하락(상승)하는 초기에는 수출입물량에 눈에 띠는 변화가 발생하지 않아 일시적으로 수출액은 줄고 수입액은 증가하는 것이다. 이와 같이 환율상승은 경상수지를 악화시키다가 시간이 어느 정도 흐른 후에야 순수출을 증가시키는데, 이를 J-곡선효과(J-curve effect)라고 부른다(환율상승이 처음에는 경상수지를 악화시키다가 나중에 개선시키는 현상이 J를 쓸 때 처음에는 아래로 쓰다가 나중에 올려 쓰는 것과 비슷하다). J-곡선효과의 존재는 환율상승으로 인한 AD곡선의 오른쪽 이동이 더디게 나타난다는 것을 의미한다.

한편, 환율의 변동은 총공급(AS)곡선도 이동시킨다. 환율의 상승은 수입 원자재가격의 상승을 가져오므로 AS곡선을 왼쪽으로 이동시키며, 이와는 반대로 환율이 하락하면 AS곡선의 오른쪽으로 이동한다. <그림 14.6>은 환율이 e_0에서 e_1으로 상승하는 경우, 국민 소득과 물가수준에 발생하는 효과를 나타내고 있다.

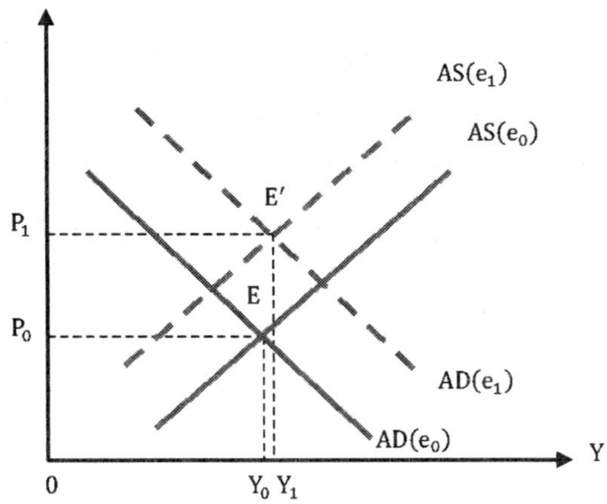

명목환율(e)의 상승으로 물가수준은 상승한다. 또한 일반적인 경우 환율상승은 국민소득의 증가로 이어진다.

그림 14.6 환율상승의 효과

환율상승으로 총수요곡선은 $AD(e_0)$에서 $AD(e_1)$으로 오른쪽으로 이동하는 한편, 총공급곡선은 $AS(e_0)$에서 $AS(e_1)$으로 왼쪽으로 이동한다. 그 결과 균형은 점 $E(Y_0,P_0)$에서 점 $E'(Y_1,P_1)$으로 바뀐다. 환율상승으로 물가수준이 상승하는 것은 분명한데 반해, 환율상승이 국민소득에 미치는 효과는 AD곡선과 AS곡선의 이동 폭 중 어느 것이 더 크냐에 달려있다. 그런데, 여러 나라의 경험에 의하면 환율 상승은 단기에 국민소득을 증가시키는 것으로 알려져 있다. 이는 현실경제에서 환율상승으로 인한 총수요의 확대가 총공급의 감소보다 크다는 사실을 시사하는 것인데, <그림 14.6>은 이 점을 반영하고 있다.

6. 환율제도와 총수요관리정책

6.1 _ 변동환율제도에서 총수요관리정책의 효과

이제부터는 개방경제 하에서 금융정책 및 재정정책과 같은 총수요관리정책의 단기효과를 분석해보기로 한다. 자본의 국제간 이동을 고려하면 단기에 환율의 결정에 가장 큰 영향을 미치는 것은 이자율이라고 할 수 있다. 예를 들어, 국내이자율이 상승하면 환율은 하락한다. 국내이자율이 상대적으로 높아지면 해외자본의 국내 유입량이 증가하는데, 이는 외환공급량의 확대를 의미하므로 환율은 하락하는 것이다. 따라서, 개방경제에서는 총수요관리정책이 이자율에 미치는 영향과 이자율의 변화가 환율에 미치는 영향 그리고 환율의 변화가 총수요-총공급에 미치는 영향 모두를 고려하여야 한다. <그림 14.7>에는 변동환율제도에서 확장적인 금융정책의 효과가 나타나 있다. 초기 균형은 점 $E(Y_0,P_0)$이며, 금융당국이 화폐공급량을 M_0에서 M_1으로 증가시켰다고 해보자. 이는 처음의 총수요곡선 $AD(M_0, e_0)$을 $AD(M_1, e_0)$로 이동시키는데, 만일 우리의 분석대상이 앞에서와 같은 폐쇄경제(closed economy)라면 새로운 균형은 점 $E'(Y_1, P_1)$으로 나타날 것이다.

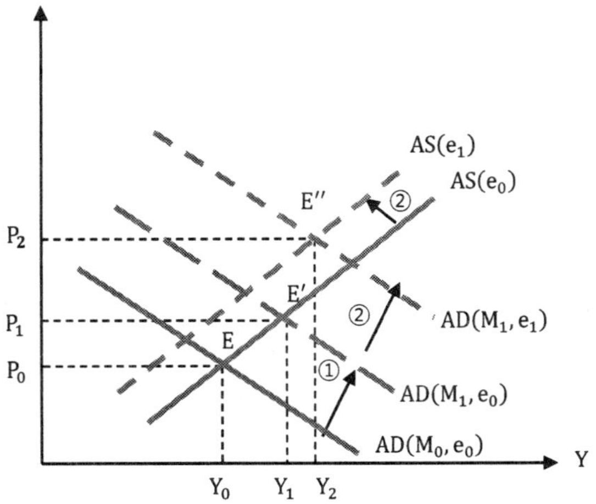

변동환율제도에서 확장적인 금융정책의 단기 경기팽창효과는 폐쇄경제의 경우보다 더 크게 나타난다.

그림 14.7 변동환율제도에서 확장적인 금융정책의 효과

개방경제에서는 여기서 한 걸음 더 나아가 금융정책으로 변경된 이자율이 환율에 미치는 영향까지 고려하여야 한다. 화폐공급량의 증가로 이자율은 하락하므로, 자본유입이 줄고 이에 따라 환율은 e_0에서 e_1으로 상승한다. 이와 같은 환율상승으로 총수요곡선은 $AD(M_1, e_1)$으로 까지 추가적으로 오른쪽으로 이동하며, 총공급곡선은 $AS(e_0)$에서 $AS(e_1)$으로 왼쪽으로 이동하게 된다.

<그림 14.7>에서 최종균형은 $AD(M_1, e_1)$과 $AS(e_1)$ 이 교차하는 점 $E''(Y_2, P_2)$이다. 앞에서 설명한대로 환율상승으로 인한 AD곡선의 이동 폭은 AS곡선의 그것을 초과하고 있다. 폐쇄경제의 균형인 점 $E'(Y_1,P_1)$과 개방경제에서의 균형인 점 $E''(Y_2, P_2)$를 비교해보면, 변동환율제도에서 금융정책의 단기 경기팽창효과가 폐쇄경제에서보다 더 크게 나타남을 알 수 있다.

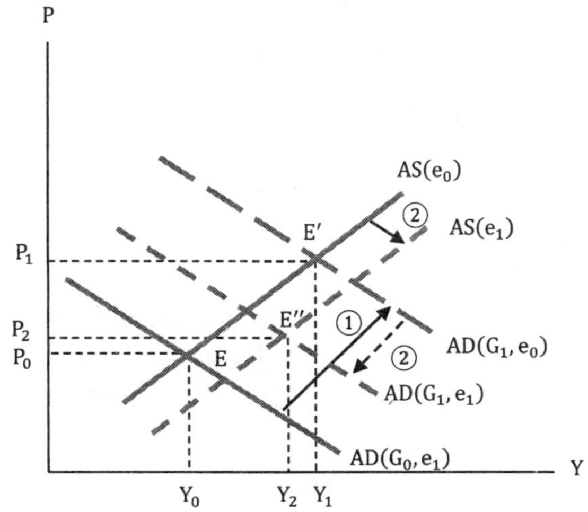

변동환율제도에서 확장적인 재정정책의 단기경기팽창효과는 폐쇄경제의 경우보다 더 작게 나타난다.

그림 14.8 변동환율제도에서 확장적인 재정정책의 효과

한편, <그림 14.8>는 변동환율제도하에서의 재정지출이 G_0에서 G_1으로 증가하는 경우의 효과를 보여주고 있다. 최초균형은 점 E(Y_0, P_0)이며, 폐쇄경제에서 확장적인 재정정책의 효과는 점 E'(Y_1, P_1)으로 나타나 있다. 재정지출의 증가는 이자율을 상승시키므로, 환율은 e_0에서 e_1으로 하락한다. 이러한 환율하락으로 총수요곡선은 AD(G_1, e_0)에서 AD(G_1, e_1)으로 이동하며, 총공급곡선은 AS(e_0)에서 AS(e_1)으로 오른쪽으로 이동한다. 즉, 개방경제에서의 최종균형은 점 E''(Y_2, P_2)에서 발생한다.

이와 같이 변동환율제도에서 확장적인 재정정책의 단기 경기팽창효과는 금융정책의 효과와는 달리 환율하락으로 인한 순수출의 감소로 어느 정도 상쇄된다. 경기팽창을 위해 정부지출을 늘리면 재정적자와 경상수지적자가 동시에 발생하므로, 변동환율제도하에서는 금융정책이 경기조절수단으로는 재정정책에 비해 유효성이 높다고 할 수 있다.

6.2 _ 고정환율제도에서 총수요관리정책의 효과

고정환율제도하에서는 외환시장의 불균형이 발생할 때, 일정한 수준에서 고정된 환율을 유지하기 위해 중앙은행은 외환을 매매하여 외환의 초과수요나 초과공급을 해소하여야 한다. 이는 중앙은행이 화폐공급량을 더 이상 외생적인 정책수단으로 통제할 수 없음을 의미하는 것이다. 예를 들어, 달러의 초과공급을 해소하기 위해 한국은행이 달러를 사는 경우 원화의 공급량은 증가하게 된다. 이와 같이 고정환율제도하에서 화폐공급량은 외환시장의 상황에 의해 내생적으

로 결정된다. <그림 14.9>는 고정환율제도하에서 중앙은행이 화폐공급량을 M_0에서 M_1으로 증가시키는 경우의 효과를 도시하고 있다. 최초균형은 점 E(Y_0, P_0)이며, 폐쇄경제에서 확장적인 금융정책의 효과는 점 E'(Y_1, P_1)으로 나타나 있다.

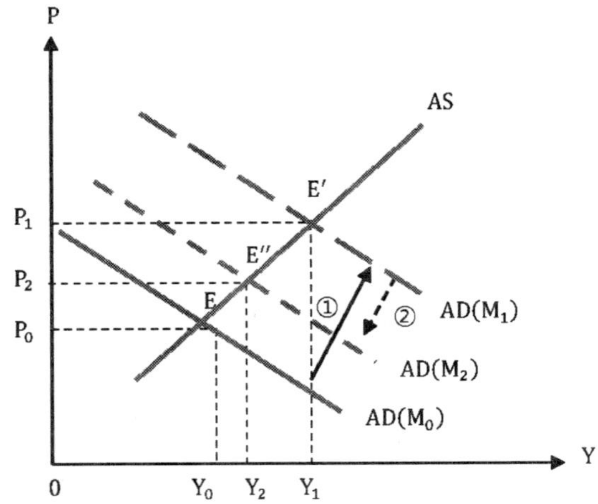

고정환율제도에서 확장적인 금융정책의 단기 경기팽창효과는 폐쇄경제의 경우보다 더 작게 나타난다.

그림 14.9 고정환율제도에서 확장적인 금융정책의 효과

화폐공급량의 증가로 이자율이 하락하면 외환에 대한 초과수요가 발생한다. 자본유입은 줄고 국내자본의 해외유출은 증가하기 때문이다. 이 상황에서 중앙은행은 환율을 일정하게 유지하기 위해 외환을 공급하여야 한다. 그러나, 외환을 공급하는 과정에서 확장적인 금융정책으로 인해 M_1으로 늘어난 국내통화량은 다시 M_2수준으로 줄어들게 된다. 이에 따라 AD(M_1)으로 증가했던 총수요는 AD(M_2)로 어느 정도 줄어들어 확장적인 금융정책으로 증대된 총수요는 부분적으로 상쇄된다. 고정환율제도에서는 환율이 일정한 수준으로 고정되어 있으므로 총공급(AS)곡선에는 아무런 변화도 없다. 즉, 개방경제에서의 최종균형은 점 E''(Y_2, P_2)에서 발생한다. 이를 폐쇄경제의 균형인 점 E'(Y_1, P_1)과 비교해보면, 고정환율제도에서 확장적인 금융정책의 단기 경기팽창효과는 폐쇄경제의 경우보다 작다는 것을 알 수 있다. 고정환율제도하에서는 중앙은행이 화폐공급량을 자유로이 선택할 수 없기 때문에 금융정책의 유효성이 떨어지는 것은 당연하다.

한편, 고정환율제도에서 재정지출이 G_0에서 G_1으로 증가하는 경우의 효과는 <그림 14.10>에 나타나 있다. 최초균형은 점 E(Y_0, P_0)이며, 폐쇄경제에서 확장적인 재정정책의 효과는 점 E'(Y_1, P_1)으로 나타나 있다.

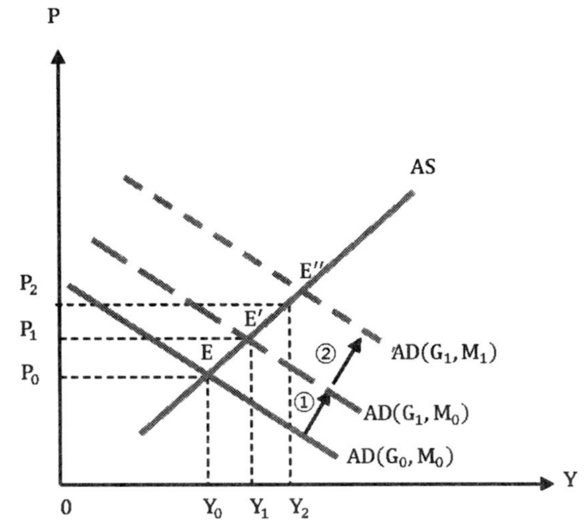

고정환율제도에서 확장적인 재정정책의 단기 경기팽창효과는 폐쇄경제의 경우보다 더 크게 나타난다.

그림 14.10 고정환율제도에서 확장적인 재정정책의 효과

정부지출의 증가로 이자율이 상승하면, 외환의 초과공급이 발생한다. 이 상황에서 중앙은행은 환율을 일정하게 유지하기 위해 외환을 사들여야 한다. 그러나, 이 과정에서 국내통화량이 M_0에서 M_1으로 증가하므로 AD(G_0, M_0)에서 AD(G_1, M_0)로 증가했던 총수요는 AD(G_1, M_1)로 더욱 커지게 된다. 즉, 개방경제에서의 최종균형은 점 E''(Y_2, P_2)에서 발생한다. 이를 폐쇄경제의 균형인 점 E'(Y_1, P_1)과 비교해보면, 고정환율제도에서 확장적인 재정정책의 단기 경기팽창효과는 폐쇄경제의 경우보다 크다는 것을 알 수 있다. 환율을 방어하는 과정에서 화폐공급량을 증가시킬 수밖에 없었고 이것이 정부지출 증가의 경기팽창효과를 더욱 크게 만든 것이다. 변동환율제도하에서는 금융정책이 경기조절수단으로 재정정책보다 유효한 반면, 고정환율제도하에서는 재정정책이 보다 유효하다고 할 수 있다.

PART 6

기타 거시경제 관련 이론

CHAPTER 15

거시경제모형

케인즈(J. M. Keynes)는 1936년에 『일반이론』을 출판하면서 그 때까지의 고전학파적 경제이론으로는 경기변동현상을 설명할 수 없다고 믿었다. 또한, 일반이론 이후 힉스-한센(Hicks-Hansen) 등에 의한 IS-LM 분석기법이 거시경제학의 주류를 이루었고, 틴버겐등에 의해 계량경제모형으로 발전하였다. 이 장에서는 우선 케인즈학파이 경제정책을 평가하는 데 이용한 거시경제모형(전망모형)에 대해 살펴보자.

루카스의 계량경제정책 비판에 의하면, 케인즈학파의 계량경제모형은 모형의 식별을 위해 자의적으로 모수(parameter)에 0의 제약(zero restriction)을 가하며, 변수들을 내생변수와 외생변수로 사전적으로 제약하는 문제점을 가지고 있다. 더욱이 이러한 사전적인 제약으로 인해 발생하는 문제점은 무시하고라도, 계량경제정책을 비교평가하기 위해서는 추정된 모형의 계수(모수)들이 안정적이어야 하는데, 이러한 모수들이 정부정책에 따라 변하게 되므로 경제정책의 계량적인 평가는 불가능하다.

루카스는 케인즈학파의 모형에 이 같은 근본적인 문제점들이 내포되어 있으므로 모형의 개선을 통해서는 그러한 문제점들을 해결할 수 없다고 지적하였으며, 그 대안으로서 거시경제학의 미시경제학적 기초를 확립하는 새고전학파이론(new classical theory)이나 균형경기변동이론(equilibrium business cycle theory)을 제시하였다. 이는 종래의 고전학파적 주요 공리인 시장균형과 효용극대화 및 이윤극대화의 가정들을 기반으로 하면서, 제한된 정보하에서의 합리적 기대를 도입하여 물가와 총산출량(또는, 임금과 고용량) 간의 시계열적인 양(+)의 상관관계를 보여 주고 있다.

즉, 경기변동현상 자체가 시장기능의 실패(market failure)에서 비롯된 것이 아니라 경제주체들이 최적화 행동을 하는 데 있어서 정보가 완전하지 않으므로 예측오차들이 발생하게 되고, 따라서 이 예측오차들에 의한 확산 과정(propagation mechanism)에 의해 경제변동이 초래된다는 것이다. 따라서 여기서 케인즈학파가 계량경제모형의 식별을 위해 부과한 여러 가지 형태의 제약들에 대해 알아보고, 그에 대한 루카스의 비판을 중점적으로 살펴보기로 한다.

1. 루카스의 계량경제정책 비판

1.1 _ 케인즈학파 거시계량모형

1936년에 케인즈가 『일반이론』을 저술함으로써 비롯된 케인즈혁명(Keynesian revolution)은 이른바 거시경제학이라는 분야를 확립시켰다. 케인즈는 고전적인 경제학의 이론체계로는 경기변동현상을 설명할 수 없다고 믿었기 때문에 『일반이론』에서 경제현상을 새로운 시각으로 조명해 보았다.

고전학파 경제학의 주요한 두 가지 가정(postulates)은 (1) 시장은 균형을 달성하며, (2) 경제주체들은 자신의 이익극대화(효용극대화, 또는 이윤극대화)를 위해 행동한다는 것이다. 그런데, 케인즈에 의하면 이러한 두 가지의 공준으로는 경기침체(1930년대의 세계 대공황)의 지속이나 심각성, 특히 대규모의 실업현상을 설명할 수 없었다. 또한, 총수요와 물가수준, 실질산출량과 고용이 정(+)의 상관관계를 갖는다는 사실에 기반을 두고, 고전학파이론의 중요한 결론인 실물변수가 명목변수에 의해 영향을 받지 않는다는 고전적 중립성주장(classical neutrality proposition)에 상반되는 이른바 필립스곡선을 유도하게 되었다.

케인즈의 『일반이론』 이후 힉스-한센(Hicks-Hansen)에 의한 이른바 IS-LM분석기법이 거시경제학의 주류를 이루었으며, 틴버겐(Tinbergen)등에 의해 계량경제모형으로 발전되어 그 정확도와 명료함은 상당히 증대되었다.

계량경제모형이란 모형 내에서 그 값이 결정되는 내생변수들과, 모형에 영향을 주지만 모형으로부터는 영향을 받지 않는 외생변수들을 포함하는 일종의 방정식체계이다. 또한, 계량경제정책평가(econometric policy evaluation)은 계량경제모형을 설정하고, 실증적 자료를 이용하여 추정한 후, 그 추정된 모형을 사용하여 정책의 변화에 따른 결과를 유추하려는 방법이다.

다음과 같은 선형함수형태의 구조방정식(structural equation form)을 살펴보기로 하자.

$$(1)\quad A_0Y_t+A_1Y_{t-1}+\cdots+A_mY_{t-m}=B_0X_t+B_1X_{t-1}+\cdots+B_nX_{t-m}+e_t$$

$$(2)\quad R_0e_t+R_1e_{t-1}+\cdots+R_re_{t-r}=u_t$$

여기서 Y_t는 q개의 내생변수들로 이루어진 백터(vector), 즉 $q\times1$행렬이고 X_t는 k개의 외생변수들로 이루어진 백터, 즉 $k\times1$행령이며 e_t와 u_t는 각각 q개의 오차항들로 이루어진

벡터, 즉 q×1행령을 나타낸다. 또한, A_j와 R_j는 q×q행렬이고, B_J는 q×k행렬로서 구조방정식의 모수들(parameters)이다.

식(2)에서의 각 오차 (u_t)들은 시계열적으로 상관되어 있지 않으며(serially uncorrelated), $E(u_t,X_s)$는 모든 t와 s에 대해 0행렬(zero matrix)이다. 식(1)에서 오차항 e_t들은 일반적으로 내생변수벡터 Y_{t-1}, Y_{t-2}, …들의 원소들과 독립이 아닐 수도 있으므로, 위의 구조방정식은 회귀방정식(regression equation)이 아닌 경우가 일반적이다.

이를 Y_t에 관한 방정식 형태로 나타내면 회귀방정식이 도출된다. 즉, 식(2)에서 e_t에 대해 정리하여 식(1)에 대입하고 Y_t에 대해 다시 정리하면 다음과 같은 축약형 방정식(reduced equation from) 형태로 나타낼 수 있다.

$$(3)\quad Y_t = -P_1 Y_{t-1} - L - P_{r+m} Y_{t-r-m} + Q_0 X_t + L + Q_{r+n} X_{t-n} + A_0^{-1} u_t$$

식(3)에서 오차항 벡터 $A_0^{-1}u_t$는 Y_{t-1}, L, Y_{t-r-m}, X_t, L, X_{t-n-r}과 독립이므로 위의 축약형(reduced form)은 회귀방정식이다(이는 변수 X가 외생적이며, 오차항 u가 시계열적으로 상관되어 있지 않다는 가정에 의해 성립된다). 따라서, 위의 축약형 방정식(3)은 통계자료만 충분히 있으면 최소자승법(method of least squares)에 의해 추정될 수 있다. 그러나 축약형 방정식의 추정치인 P_j, Q_j로부터 구조방정식의 모수인 A_j, B_j, R_j에 대한 유일한 추정치(unique estimates)를 유도할 수는 없으며, 이것이 계량경제학에 있어서 식별의 문제(identification problem)이다. 즉, 사전적인 정보(prior information)가 있는 경우에만 구조방정식의 계수들을 정확히 유도할 수 있다.

1.2 _ 모형식별을 위한 사전적 제약의 문제

위에서 살펴본 바와 같은 식별의 문제를 해결하기 위해서 케인즈학파의 계량경제모형에서는 A_j, B_j와 R_j에 다음과 같은 여러 가지 방법의 사전적 제약(a priori restrictions)을 가하고 있다.

(1) 사전적으로 행렬 A_j, 또는 행령 B_j의 많은 원소값들을 0으로 제약시킨다(zero restrictions)

(2) 사전적으로 행렬 R_j의 많은 원소값들을 0으로 제약한다

(3) 사전적으로 변수들을 내생변수와 외생변수로 제약한다(이 경우, 외생변수들의 수가 충분하면 식별에 도움이 된다).

그러나, 이상과 같은 사전적 제약은 비판의 대상이 될 수 있다. 이에 대해 자세히 살펴보기로 하자. 우선, 케인즈의 『일반이론』에 의해 구축되어진 단순한 거시경제모형들은 위의 형태 (1)의 제약을 많이 사용하고 있다. 이른바 기본적 심리법칙(fundamental psychological law)에 의한 소비함수, 투자함수, 그리고 화폐수요함수에 의한 소득결정이론은 단지 몇 개의 변수들로만 이루어져 있다. 예를 들어, 소비함수는 가처분소득(disposable income)의 함수이고, 투자함수는 이자율과 소득의 함수이며, 화폐수요함수는 이자율과 소득의 함수로서 다음과 같이 단순한 거시경제모형으로 나타난다.

항등식 : $Y=C+I+G$

소비함수 : $C=a+bY \qquad (a>0,\ b>0)$

투자함수 : $I=cR+dY \qquad (c<0,\ d>0)$

화폐수요함수 : $M=eR+fY \qquad (e<0,\ f>0)$

여기서 a, b, c, d, e, f는 상수값을 의미한다. 이러한 케인즈학파 거시경제 모형을 식(1)과 같은 구조방정식의 형태로 나타내면 다음과 같다.

$$\begin{bmatrix} 1 & -1 & -1 & 0 \\ -b & 1 & 0 & 0 \\ -d & 0 & 1 & 0 \\ -f & 0 & 0 & 1 \end{bmatrix} \begin{bmatrix} Y \\ C \\ I \\ M \end{bmatrix} = \begin{bmatrix} 0 & 1 & 0 \\ a & 0 & 0 \\ 0 & 0 & c \\ 0 & 0 & e \end{bmatrix} \begin{bmatrix} 1 \\ G \\ R \end{bmatrix}$$

위 식은 $A \cdot Y_t = B \cdot X_t$의 형태로서 오차항 e_t의 표기를 생략한 것이다. 이는 앞에서 살펴본 구조방정식(1) 모형에서 내생변수와 외생변수의 계수행렬인 A_j와 B_j에 많은 0의 제약들(zero restictions)을 가한 형태이다

두 번째로, R_j에 대한 제약은 모형식별을 위해 통계학 교과서에 나와 있는 일반적인 가정을 택하였다. 즉, 케인즈학파 거시모형에서는 방정식들간의 시차적 상관(cross-equation lagged serial correlation)을 무시하기 위해 식(2)의 R_j가 대각행렬(diagonal matrix)임을 가정하였으며, 단지 낮은 차수의 시계열적 상관(low order serial correlation)을 허용하기 위해 오차항 e_t의 차수(order)를 작게 해 주는 가정을 택하였던 것이다. 일반적으로 그와 같은 R_j에 대한 제약의 가정 없이도 모형식별은 가능하다. 그러나, 케인즈학파 모형에서 이러한 R_j에 대한 가정을 하지 않으려면, A_j와 B_j에 대해서 더 많은 제약이 사용되거나 내생변수와 외생변수의 기준을 더 엄격히 해야 하는 문제점이 있다.

세 번째로, 케인즈학파 경제학자들이 거시계량경제모형을 추정하기 위해 변수들을 내생변수와 외생변수로 구분하는 것은 사전적인 직관(intuition)에 불과하다.

그러나, 어떤 경제변수가 외생적이냐 하는 것은 다른 경제변수들의 과거 및 현재 값들을 고려하여 설명되어야 하며 이는 엄격한 외생성 검증(exogeneity test)에 의해 결정되어야 할 문제이다. 케인즈학파 경제모형에서와 같이 직관에 의해 사전적으로 결정되는 것은 아니다. 변수의 외생성 검증은 그랜저(Granger)에 의해 시작되어, 심즈(Sims)의 VAR모형(Vector AutoRegression model)에 의한 인과성 검증(causality test)으로 발전되었다. 이들의 주장에 의하면 변수의 내생성과 외생성은 엄격히 검증되어야 하며, 자의적으로 내생변수와 외생변수를 구분하는 것은 이론적 근거가 없다는 것이다.

1.3 _ 모수의 불안정성 문제

비조건부 추정(unconditional prediction) 또는 사전적 예측(ex ante forecasting)을 하기 위해서, 주어진 관측치 Y_s와 X_s, $(s<t)$에 대하여 미래의 내생변수값을 Y_{t+1}, Y_{t+2}, …을 식(3)의 축약형 방정식으로 예측 할 수 있다. 이는 하나의 통계학적 기법이며, 구조방정식의 모수 (즉, 모형이 의미하는 경제이론)에 대한 이해는 요구되지 않는다.

그러나, 조건부 예측(conditional forecasting), 즉 정책의 변화에 따른 특정변수값을 조건으로 Y_t의 미래값을 예측하려면 우리는 구조방정식의 계수들을 알아야만 한다. 왜냐하면, 정책의 변화에 의해 구조방정식계수 A_j, B_j의 일부가 변하게 되고, 따라서 축소방정식계수인 P_s와 Q_s도 앞에서 살펴본 바와 같이 복잡한 형태로 변하기 때문이다.

이와 같이 구조방정식계수가 정부정책의 변화에 따라 변하게 된다면 여러 가지 정책대안들을 평가하는 계량경제모형은 결국 쓸모가 없게 된다. 특히, 사람들이 주어진 정보를 이용하여 합리적인 기대를 형성하는 경우의 동태적 적정화모형(dynamic optimization model)에서는 구조방정식 계수의 안정성은 거의 기대할 수 없게 된다. 이것이 루카스(Lucas, 1976)의 계량경제정책 비판(econometric policy evaluation: a critique), 또는 루카스 비판(Lucas critique)의 핵심이다.

이해를 돕기 위해서 계량경제모형의 예를 들어 루카스의 주장을 살펴보기로 하자. 우선, 통화당국의 화폐공급함수가 다음과 같은 형태를 갖는 것으로 가정하자.

(4) $M_t = \beta_0 + \beta_1 Z_{t-1} + e_t$

여기서 Z_{t-1}은 통화공급 M_t에 영향을 미친다고 판명된 외생변수들의 벡터를 의미하고, e_t는 오차항을 나타내며 정보집합 I_{t-1}과는 독립적임을 가정한다. 그리고 $E(e_t=0)$이다. 또한, 총산출량을 나타내는 총공급함수가 다음과 같은 형태를 갖는다고 가정하기로 하자.

(5) $Y_t = \alpha_0 + \alpha_1(M_t - M^e_{t|t-1}) + \alpha_2 Z_{t-1} + u_t$

위의 총공급함수는 앞에서 살펴본 루카스 공급함수식의 변형으로서, 배로(R. Barro)가 실증적 분석을 위해 사용하였다. 합리적 기대가설에 의해 $M^e_{t|t-1} = E(M|I_{t-1})$ 이므로 식(4)에서 (t−1)시점의 정보집합 I_{t-1}에 대해 조건부기대치를 취하면 다음과 같이 나타난다.

(6) $M^e_{t|t-1} = \beta_0 + \beta_1 Z_{t-1}$

여기서 $E(e_t)=0$이고, e_t와 I_{t-1}이 독립적이라는 가정에 의해 $E(e_t|I_{t-1})$ 이 성립함을 알 수 있다. 식(6)을 식(5)에 대입하면 다음과 같은 축약형 방정식의 형태로 나타난다.

(7) $Y_t=(\alpha_0-\alpha_1\beta_0)+\alpha_1 M_t+(\alpha_2-\alpha_1\beta_1)Z_{t-1}+u_t$

여기서 $\delta_0=\alpha_0+\alpha_1\beta_0$, $\delta_1=\alpha_1$, $\delta_2=\alpha_2-\alpha_1\beta_1$이라 표시하면, 식(7)은 다음과 같이 나타난다.

(8) $Y_t=(\delta_0+\delta_1 M_t)+\delta_2 Z_{t-1}+u_t$

즉, 정보당국은 식(8)을 추정하여 계량경제정책을 수행하려고 할 것이다. 그러나 실제로 정보당국에서 통화정책의 변화를 위해 식(4)의 계수인 β_0, β_1을 변화시키면, 식(7)과 식(8)에서 계수값 δ_0와 δ_2가 변화게 되어 원래 추정된 식(7) 또는 식(8)은 계량경제정책평가를 위해서는 유효하지 못하게 된다. 따라서, 원래 추정된 식(4) 와 식(7)을 이용한 경제정책 평가는 오류를 범하게 된다.

1.4 _ 케인즈학파의 거시계량경제모형의 실패

이상과 같이 살펴볼 때 현존의 거시계량경제학 방법에 의해 구조적 모형의 모수(structural model parameter)라고 간주되어 추정된 변수들을 실제로 구조적 모형의 모수가 아닌 것이 분명하게 밝혀졌다.

케인즈학파 경제모형은 앞에서 살펴본 바와 같이 여러 가지의 사전적인 제약하에서만 식별이 가능하며, 그러한 사전적 제약들은 이론적인 근거가 불충분하다. 그리고 그러한 사전적인 제약하에서 거시경제모형의 식별이 가능하다고 해도 케인즈학파 거시계량경제모형에 의한 여러 가지의 정책평가(policy evaluation)는 불가능하다.

왜냐하면 케인즈학파 거시계량경제모형은 추정된 모형의 계수들이 안정적이라는 가정하에서만 여러 가지의 정책평가가 가능해지는데, 만약 민간경제주체들의 기대가 합리적이라면 민간경제주체들은 정부정책의 변화를 고려하여 최적화 결정을 하게 된다. 따라서, 민간경제주체들의 최적화 결정은 정부당국의 경제정책의 함수로 나타나며, 민간경제주체들의 반응을 고려하지 않은 채로 추정된 케인즈학파 거시계량경제모형의 계수들은 불안정적이다. 결국, 추정된 계수들의 안정성을 믿고 시행된 정책당국의 새로운 정책은 의도한 바대로 결과가 나타나는 것이 아니라, 합리적인 민간경제주체들의 적정화를 통해 전혀 다른 결과를 초래할 수 있다. 예를 들어, 정부에서 국민들의 소비를 늘리기 위해 어떤 정책을 수행하려고 하는 경우를 살펴보자.

케인즈 경제이론을 따르자면 국민소비를 증가시키기 위해서는 가처분소득을 늘려야 할 것이다. 이를 위해서는 세금을 감소시키거나, 통화량을 늘리거나, 재정지출을 늘려 국민소득을 증가시켜야 할 것이다. 정부에서 통화량을 증가시키는 경우를 고려해 보자. 전형적인 케인즈 모형에 의하면 통화량을 증대시키는 경우 IS-LM모형에 의해 이자율이 하락하고 투자가 증가하여, 결국 국민소득이 증가하며, 따라서 케인즈학파 소비함수형태에 의해 증대된 국민소득은 소비를 증가시킨다. 그러나, 합리적인 경제주체들이 정부가 통화량을 늘린다는 계획을 알고 이에 따라 물가수준이 상승할 것임을 예측하게 된다면 상대적인 수요교란(relative demand shock)이 아닌 총수요교란(aggregate demand shock)을 의미하므로 실질효과가 없게 된다. 즉, 이 경우에는 민간경제주체들의 소비지출에 변화가 없게된다. 이는 정부가 애초에 기대했던 정책효과와는 전혀 다른 결과이다.

또 다른 예로, 정부에서 국민들의 소비증가를 위해 세금을 줄여 주는 경우를 살펴보자. 균형재정을 유지하기 위해, 정부는 채권을 발행하여 국민들에게 매각함으로써 세금감소로 인한 재원을 조달한다고 하자. 이 경우 케인즈학파 경제학자들은 세금의 감소가 국민의 가처분소득을 증대시키고, 따라서 소비도 예측한 대로 증대되리라 기대할 것이다. 그러나, 이는 국민들이 합리적 기대를 전혀 고려하지 않은 예측이다. 앞에서 살펴본 바에 따르면 국민들이 현재 세금의 감소가 언젠가는 미래 세금의 증대로 나타난다는 사실을 합리적으로 예측할 경우 현재 세금의 감소로 인해 증가된 가처분소득을 소비하지 않고 저축하여 미래의 세금부담(future tax liability)에 대비하려 할 것이므로 정부에서 기대한 정책효과는 사라지게 된다.

이것이 리카르도 불변정리(Ricardian equivalence theorem)의 한 예이며 사람들은 증가한 정부채권의 보유를 자산의 증대로 생각하지 않고 미래의 세금고지서로 간주하게 된다는 것이다.

또한, 케인즈학파 거시계량경제학의 주요 결과는 이른바 필립스곡선으로 나타나는 성장과 안정의 상충관계(trade-off)로 요약될 수 있는데 이것으로는 실업과 인플레이션이 동시에 증가하는 이른바 스태그플레이션 현상을 설명할 수 없게 된다. 이상과 같이 케인즈학파 거시경제학은 본질적이고 구조적인 문제점을 갖고 있기 때문에, 현재 추구되고 있는 여러 가지의 모형변경으로는 도저히 그 어려움을 치유할 수 없다고 본 루카스는 거시경제학의 미시경제학적 기초를 확립하는 새고전학파이론(new classical theory), 또는 균형경기 변동이론(equilibrium business cycle theory)을 제시하였다.

종래 고전학파모형의 가장 큰 실패는 물가와 총산출량, 또는 임금과 고용량 간에 존재하는 시계열적인 정(+)의 상관관계를 설명할 수 없다는 것이다. 즉, 고전적 중립성(classical neutrality)과는 달리 실질변수가 명목변수의 변화에 따라 변화하며 시계열적인 상관(serial correlation)을 갖게 되므로 케인즈학파는 고전학파 모형이 실제 현실을 제대로 설명할 수 없다고 보았던 것이다.

루카스는 시장이 균형을 이루고 각 경제주체들은 적정화를 한다는 고전학파적 가정(classical postulates)을 유지하면서 어떻게 경기변동현상을 설명 할 수 있을까를 고려해 고전학파에서 상정하는 완전정보를 포기하고 사람들이 제한된 정보(imperfect information)를 가지며, 이러한 제한된 정보를 최선의 방법으로 이용하여 적절한 주관적인 확률분포(subjective probability distribution)를 형성한다는 합리적 기대가설을 거시경제모형에 도입하였다. 즉, 합리적 기대가설에 따르면 사람들의 기대는 주어진 과거의 변수들로 이루어지는 정보집합을 잘 활용하여 합리적으로 형성되며, 경제주체들의 현재의 결정은 각 경제주체들의 미래변수에 대한 예측의 함수형태로 나타난다는 것이다. 경제주체들이 제한된 정보를 이용하여 상대가격을 예측하고, 그들이 실제로 시장에서 직면하게 되는 실제 상대가격과 그 예측치와의 차이에 의해 시간에 걸친 대체효과(intertemporal substitution effect)가 발생하여 실질산출량의 변화가 초래된다는 것이다.

다시 말하면, 소비자는 효용극대화를 의도하고 생산자는 이윤극대화를 의도한다는 일반적인 이론모형에 합리적 기대가설을 포함시킴으로써 적정화를 위한 1차 조건을 유도하였는데, 이는 결국 앞으로 살펴볼 구조방정식의 계수 A_j, B_j와 R_j에 제약을 가하게 되고, 따라서 방정식들 사이에 대한 제약(cross-equation restrictions)을 가하는 결과를 낳게 되는 것이다. 이와 같이 합리적 기대이론모형에서의 제약은 케이지언 모형에 의한 0의 제약(zero restrictions)과는 달리, 이론적으로 도출된 제약이다. 개별 경제주체들의 최적화 행동에 의해 유도된 1차 조건은 오일러 방정식(Euler equation)의 형태로 나타나는데, 이에 관한 해를 구하면 경기변동현상을 설명할 수 있게 되므로 이를 균형경기변동이론(equilibrium business cycle thoery)이라고 한다.

즉, 경기변동현상 자체가 시장기능의 실패에서 비롯된 거시 아니라 경제주체들이 최적화 행동을 하는 가운데서 정보가 완전하지 않으므로 예측오차(forecast error)가 발생하게 되며, 그러한 예측오차가 각 경제변수들을 변화시켜 경제주체들이 적정선택을 하는 데 있어 처음에는 주어졌던 변수들이 어떤 이유에 의해서 나중에 변하게 되면 예측하지 못했던 변수의 변화(unanticipated change)가 경제변동을 초래하게 된다는 것이다. 이러한 균형경기변동이론에 의하면 예측되어진 정부정책의 변화는 아무런 효과가 없으며 단지 예측되지 못한 정부정책의 변화만이 효과가 있음을 나타낸다. 이것이 합리적 기대론자들의 이른바 정책무력성 주장(policy ineffectiveness proposition)의 핵심이다.

2. 거시경제모형의 발전과정

2.1 _ 1세대 모형(IS–LM 연립방정식 모형)

1980년대까지 주요국 중앙은행에서는 케인즈학파 이론에 기반을 둔 콜스 커미션(Cowles Commission) 방식의 대규모 IS-LM 연립방정식모형을 이용하였다. 동 모형은 경제주체의 적응적 기대(adaptive expectation)를 가정했으며 시차변수를 이용하여 동태적 요소(dynamics)를 구현하였다. 그러나 루카스 비판이 제기된 이후 그 활용도가 현저히 낮아졌다. 여기서 루카스 비판이란 회귀분석과 VAR모형의 경우 경제주체의 행태가 각종 경제정책 변경이나 경제구조 변화에 관계없이 일정하다는 가정 하에 분석을 실시하는 것을 말한다. 따라서 1세대 모형은 루카스 비판에 직면하는 한계를 노출되어 왔다.

2.2 _ 2세대 모형(오차수정모형)

2세대 모형은 1세대 모형을 모태로 경제주체의 정태적 최적화(static optimization)를 이용하여 변수간의 관계를 유도하거나 오차수정방법(Error Correction)을 사용하여 변수간 장단기관계를 설정하였다. 동 모형도 루카스 비판으로부터 자유롭지 못했으며 자의적으로 설정된 변수들의 관계에 대한 논란을 야기하였다. 또한 합리적 기대(rational expectation)의 개념을 모형 내에 구현하고자 하였으나 모의실험 과정에서 균형해가 도출되지 않아 많은 시행착오 끝에 결국 성공하지 못하고 포기한 바 있다. 2세대 모형으로는 미국 FRB의 MPS모형, 캐나다 중앙은행(Bank of Canada)의 RDX2, 한국은행의 BOK04 등이 해당한다.

2.3 _ 3세대 모형(초기 DSGE 모형)

1990년대부터 합리적 기대와 동태적 최적화(dynamic optimization)를 성공적으로 구현한 RBC이론에 근거하여 개발되었다. 이는 1~2세대 모형과는 완전히 다른 구조 및 이론을 배경으로 구축되었으며 주로 1국가 개방경제 모형의 형태를 띠었다. 1~2세대 모형은 정태적, 적응적 기대 및 자의적 인과관계를 바탕으로 하고 있지만 3세대 모형은 동태적, 합리적 기대 및 경제주체의 의사결정을 통한 변수 관계를 바탕으로 하고 있다.

다만 구조적 추정법(MLE, GMM 등)이 DSGE모형 내에서 활용될 수 있는 방법이 개발되지 않은 상태였기 때문에 모수설정에 캘리브레이션만을 이용하였으며 모형의 현실 설명력을 높이기 위해 과거 변수의 영향력(backward effects)을 키우는 방식이 활용되었다. 또한 국외금리 수준이 일정한 가운데 해외차입에 제한을 두지 않아 국내소비를 해외차입을 통해 지속할 경우 모형내의 균형이 존재하지 않게 되는 등 문제에 봉착하기도 했다. GDP 규모가 큰 미국과 같은 경우 이와 같은 문제를 피하기 위해 폐쇄경제 하에서 유한생애 경제주체(agents with finite lifetime)를 상정하기도 하였으며, 뉴질랜드와 같은 소규모 국가에서는 해외자산에 대한 조정비용을 가미하는 방식으로 극복하였다. 3세대 모형의 예로는 FRB의 FRB/US, 캐나다 중앙은행의 QPM, 뉴질랜드 준비은행의 FPS, IMF의 Mark III, 일본은행의 JEM, 핀란드 중앙은행의 AINO 등이 있다.

2.4 _ 4세대 모형(글로벌 DSGE 모형)

2000년대에 들면서 각종 가격 경직성(또는 조정비용)뿐 아니라 이질적인 경제주체 및 재화종류를 감안하는 4세대 모형이 개발되기 시작하였다. IMF와 일부 선진국 중앙은행에서 2국가 DSGE모형을 개발하였으며 최근에는 다국가모형(5국가)으로 확장하고 있다. 4세대 모형으로는 IMF의 GEM과 GIMF, FRB의 SIGMA, ECB의 NAWN, 영란은행의 BEQM, 캐나다 중앙은행의 TOTEM, 칠레 중앙은행의 MAS, 노르웨이 중앙은행의 NEMO등이 있다.

3. 거시경제모형의 구조

3.1 _ 오차수정모형

변수의 구성은 내생변수와 외생변수를 이용한다. 또한, 이를 이용한 행태방정식과 거시경제학에 근거한 정의식으로 구성된 연립방정식 모형을 이용한다.

오차수정모형(Error-Correction Model, ECM)은 시계열의 특성인 단위근(unit root)과 공적분(cointegration)의 특성을 고려하여 변수들 간의 장기적이고 안정적인 관계를 추정한 후 동적으로 각 변수들이 조정되는 과정을 추정하게 된다.

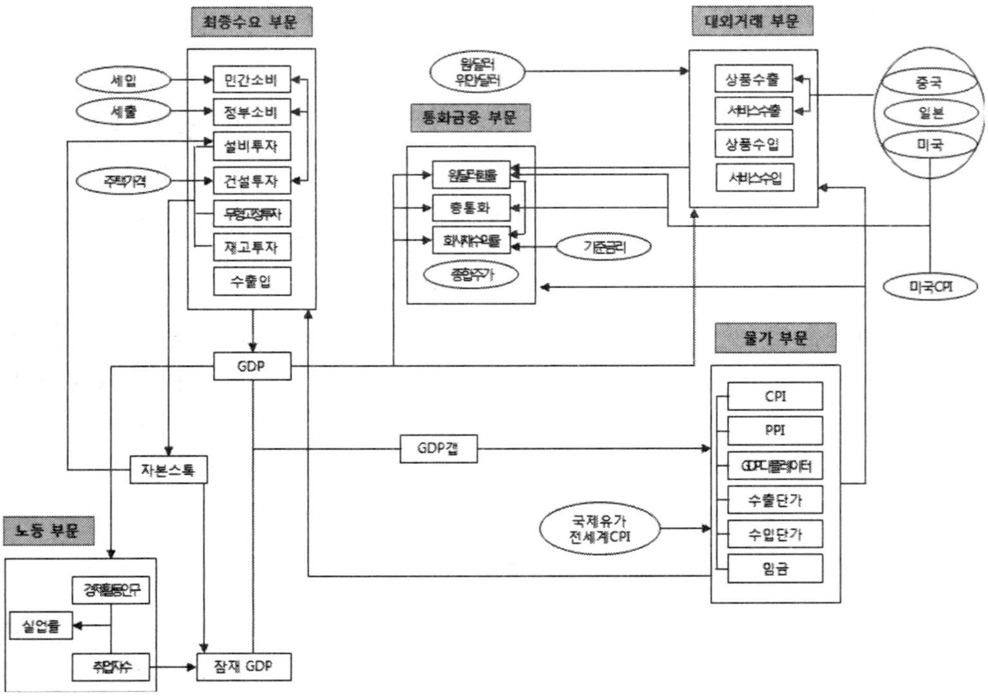

그림 15.1 오차수정모형 거시경제모형 구조도

모형 구성에서 각 부문간 연계성은 다음과 같다. 공급부문에서 잠재 GDP를 추정하고 최종수요 부문에서 추정된 GDP와 비교하여 인플레이션과 디플레이션 갭을 물가변동에 반영한다. 공급 부문에서 자본스톡에 영향을 미치는 총고정자본 형성과 취업자 수에 영향을 미치는 물가, 임금 및 실업률이 포함된다. 외생변수로 처리했던 대미 달러환율, 수출단가지수 등을 내생변수에 포함된다.

변수의 원계열을 그대로 사용하되 계절더미를 포함하는 모형을 구축하여 계절조정 또는 원계열로의 전환과정에서 불필요한 오차가 발생할 가능성을 배제한다. 또한, 각 시계열을 계절조정하여 모형을 추정한 후 다시 계절조정 과정에서 얻은 계절변동치를 통해 원계열로 변환하므로 계절조정 또는 원계열로의 전환 과정에서 모형에 관계없는 오차가 발생할 가능성이 존재한다.

모형에 포함된 모든 변수를 현행 기준연도를 사용하는 시계열로 대체한다. 한국은행은 2009년 3월부터 실질 국내총생산(GDP) 추계방법을 국제기준(1993 SNA)에 맞춰 현재의 고정가중법에서 연쇄가중법으로 변경하였으며 소비자물가 등 각종 물가변수들의 기준연도를 2005년으로 변경하였다.

3.2 _ DSGE 모형

1960~70년대 거시경제 전망 및 분석에 폭넓게 사용되어왔던 대규모 거시계량모형(large-scale macroeconometric model)은 70년대 후반에 들어서면서 심각한 실증적, 이론적 비판에 직면하게 되었다. 1960~70년대를 대표하는 대규모 거시계량경제모형은 단기 케인지안 모형(IS-LM모형)과 장기 경제성장 모형이 결합된 이른바 신고전학파 종합(neoclassical synthesis)에 기반하였고, 변수들간의 내생적 관계를 규정하는 다수의 행태방정식(behavioral equations)으로 구성된 대규모 연립방정식 체계(system of equations)의 형태로 구성하였다.

1970년대 후반에 나타난 스태그플레이션은 대규모 거시계량모형의 실증적 적합성을 크게 훼손하였으며, 루카스 비판은 그에 입각한 추론에 내재한 근본적 한계를 극명하게 드러낸 계기로 작용하였다. 1970년대 후반에 나타난 스태그플레이션은 실업률과 인플레이션간 상충관계(trade off)로 요약될 수 있는 필립스 커브의 안정성에 근본적인 의문을 제시하였다. Lucas(1976)는 거시계량모형이 개별 경제주체들의 최적화 문제로부터 도출되지 않은 행태방정식에 의존하고 있어 경제정책의 변화로 경제주체의 의사결정이 달라질 경우 변수간의 관계가 변화할 가능성을 고려하지 못한다고 비판하였다.

루카스 비판 이후로 거시경제모형은 이전과는 달리 미시적 기초를 강조하는 방향으로 크게 변모하여 현재의 DSGE(Dynamic Stochastic General Equilibrium) 모형의 형태를 갖추게 되었다. Lucas(1976)와 Lucas and Sargent(1979) 등이 제시한 방법론에 따라, 개별 경제주체들의 최적화 행위(optimization behavior)를 명시적으로 고려하여, 이로부터 도출된 최적화 조건 및 시장 청산 조건(market clearing conditions)을 이용하여 모형을 구성하고 있다. 따라서 합리적 기대(rational expectation)에 입각한 균형 개념을 활용함으로써 루카스 비판으로부터 자유롭다.

엄밀한 미시적 기초를 갖춘 DSGE 모형은 경제학 이론에 충실할 뿐만 아니라 정책 변화의 효과 등을 분석하는데 있어서 훨씬 유효한 것으로 평가되고 있다. 정책 변화에 따른 경제 주체의 대응을 내생화하고 있으므로, 보다 강건한(robust) 분석 결과를 제시할 수 있는 것으로 평가되고 있다.

3.3 _ 한국개발연구원(KDI) 모형

거시계량모형은 산출-물가-이자율의 3변수간의 관계를 중심으로 한 핵심부문(core model)과 총수요 등 기타부문으로 구성된다. 3변수를 핵심부문으로 구분하 이유는 각각의 부문을 module화하여 분석의 목적 및 필요에 따라 유연하게 재구성하여 활용함으로써 모형의 개발유지 부담을 간소화한다. 전체 모형은 GDP, 소비, 투자 등 15개 내외의 내생변수와 약 20여개의 외생변수로 구성되어 있으며, 통화정책 및 재정정책의 효과를 측정하는 것에 주안점을 두었다.

분석모형의 기본구성(core block)은 3개의 핵심부분으로 이루어져 있다. 소비, 투자, 정부지출 그리고 순수출로 구성된 총수요부문, 물가를 결정하는 총공급부문, 그리고 이자율을 결정하는 통화정책 부문이 상호작용을 하면서 총산출수준(GDP)을 결정한다.

우선 이자율 결정식은 Taylor 형태의 통화정책 반응식으로 설정한다. 중앙은행은 인플레이션과 산출갭에 반응하는 것으로 간주하며 모형내에서 충격에 대한 주된 조정과정을 담당한다. 통상적으로는 인플레이션에 대한 반응계수는 1보다 커야 인플레이션이 상승하였을 경우 기준금리의 상승폭이 인플레이션을 초과함으로써 실질이자율이 상승하고 경제를 균형상태로 조정하게 된다.

(9) $i_t = \bar{i} + \Psi_y(Y - Y_t^*) + \Psi_\pi(\pi_t - \pi_t^*) + \varepsilon_{i,t}$

물가(인플레이션) 결정식은 일반적인 필립스(Phillips) 곡선으로 설정한다. 즉, 인플레이션은 산출갭, 비용측 충격, 인플레이션 기대에 의해 결정되게 되며, 다만 인플레이션 기대에 따라 모형의 특징 및 추정에 크게 달라지게 되는데 가장 단순한 형태의 자기회귀과정으로 설정한다.

$$(10)\quad \pi_t = \pi_t^e + \alpha(Y_t - Y_t^*) + zX_t + \varepsilon_t$$

여기서 $\pi_t^e = \sum_{i=1}^{p} \rho_i \pi_{t-1}$ 이다.

총수요 결정식은 민간소비, 정부소비, 건설투자, 설비투자, 그리고 순수출의 합이며 정부소비와 수출을 제외한 각각의 항목은 실질이자율의 함수로 설정된다.

$$(11)\quad C_t = C(Y_t,\ i_t - \pi_t,\ \cdots),\ I_t = I(Y_t,\ i_t - \pi_t,\ \cdots),\ G_t = \overline{G},\ NX = X - M$$

이러한 3개의 기본부문은 매우 단순한 구조이지만, 이론적으로 산출갭-인플레이션-이자율의 3개의 핵심적 거시변수들의 상호관계를 잘 설명해주는 모형설정으로 인식되고 있다. 위에서 설정한 3부문 시스템의 관계가 안정적으로 추정되면, 분석의 목적에 따라 모형의 확장이 비교적 용이하게 이루어질 수 있으며, 실제 통화정책의 효과분석에서 사용한 모형의 구조는 다음과 같다.

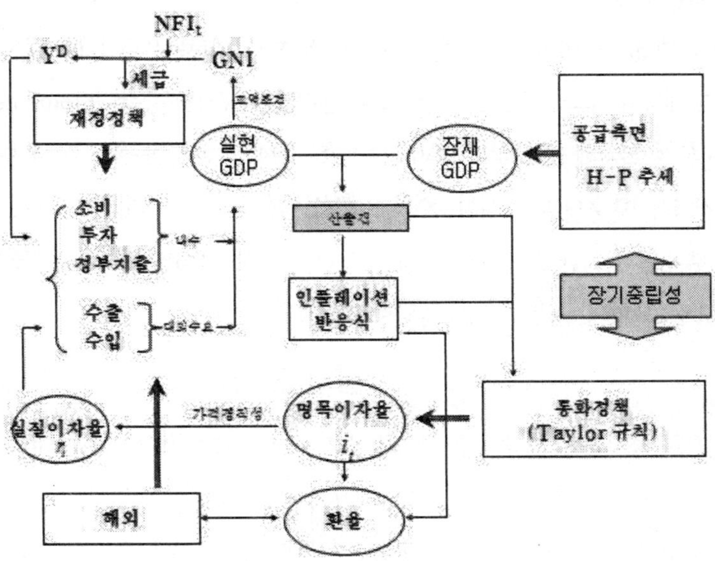

그림 15.2 KDI 거시경제모형 기본구조

3.4 _ 한국은행 거시경제모형

한국은행의 거시경제모형(BOK Dynamic Projection Model, BOKDPM)은 IMF의 GPM(Global Projection Model, GDP, 물가, 고용 및 정책금리 등으로 구성된 경제전망모형)을 기초로 이론적 정합성을 갖춘 일반적인 DSGE모형 구조에 대외충격의 주요한 국내경제 파급경로로서 미국 경제를 추가한 형태로 구성되어 있다. 즉, 순수한 소규모 새캐인지학파 구조에 동태적 오쿤의 법칙(dynamic Okun's law), 이자율평형조건 등을 추가함으로써 GDP, CPI, 실업률, 경상수지 및 정책금리 등 주요 거시 및 정책변수들의 동태적 관계가 미시적 기초(micro-foundation) 하에 서로 일관성을 유지하도록 설계되었다는 점에서 일종의 혼합형(hybrid) DSGE모형이라고 할 수 있다.

또한 최근 글로벌 금융위기의 확산에서 볼 수 있듯이 해외경제 변동요인이 국내경제에 미치는 영향을 정교하게 분석하기 위해서는 대외부문이 보다 체계적으로 설계될 필요가 있다. 특히 대외부문이 완전 외생화된 통상적인 1국가 소규모 개방경제모형으로는 실물·금융경로의 복잡한 상호작용을 통해 파급되는 대외충격의 효과를 제대로 추정하기 어려운 것으로 판단된다. 이에 따라 모형 에서는 미국과 우리 경제간 금융 및 실물변수 관계가 명시화된 2국가 개방경제 형태로 설정함으로써 미국발 국제금융위기가 국내 금융시장에 미치는 영향'등 보다 현실적이고 다양한 시뮬레이션 분석이 가능하도록 하였다.

한편 원계열 통계를 사전필터링 등의 추세 제거를 통해 순환변동치로 변환함으로써 정책효과 분석을 주목적으로 하는 대부분의 기존 DSGE모형과 달리 한국은행 모형은 추세의 내생적 변화와 순환변동을 동시에 고려하기 때문에 별도의 추세 복원 등의 과정 없이 모형 추정치가 그대로 경제전망에 활용되는 특징을 가지고 있다.

대외거래 부문을 제외한 모든 부문에서 동일한 구조로 설계된 한국과 미국 중에서 우리 경제를 중심으로 모형의 세부구조를 설명하였다.

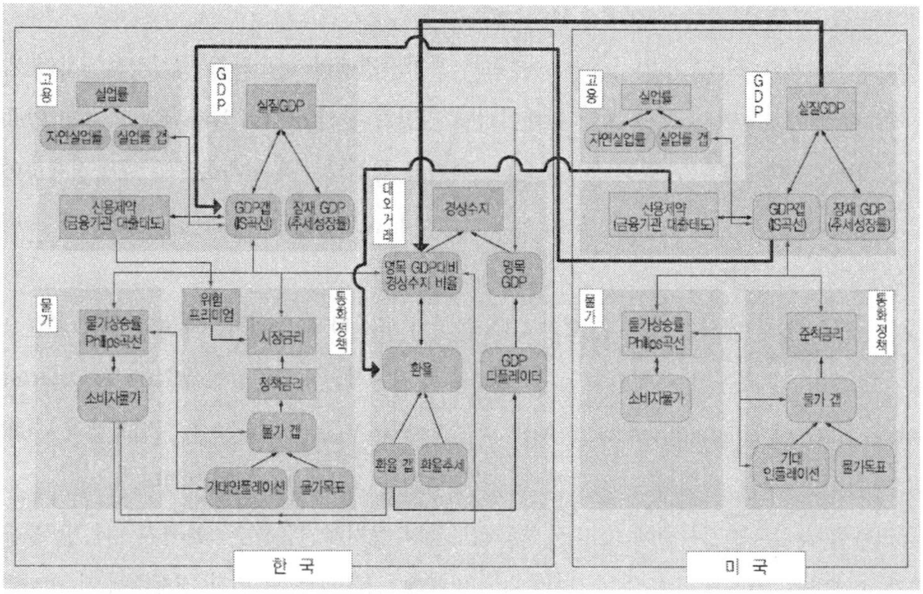

주: 얇은 검은색 화살표는 블록내 관계, 얇은 초록색 화살표는 블록간 관계, 굵은 화살표는 국가간 관계를 나타내며 초록색이 있는 사각형은 변수별 블록을 의미

자료: 한국은행

그림 15.3 한국은행의 거시경제모형 기본구조

모형 내 우리 경제는 GDP(신용제약 포함), 물가, 고용, 금리 및 대외거래(환율 포함) 등 5개 거시변수 블록, 32개 방정식, 44개 모수, 18개 외생충격으로 구성된다. 미국 경제도 대외거래 부문이 존재하지 않는 점을 제외하면 우리 경제와 같은 구조로 설계되었는데, 총 4개 블록, 19개 방정식, 20개 모수, 11개 외생충격으로 이루어져 있다.

GDP블록에서는 추세선을 중심으로 순환변동(불규칙변동 포함)하는 불안정(non-stationary) 시계열 변수이다. 그동안 대부분의 기존 DSGE모형에서는 HP필터링 등 주로 통계적 기법의 적용을 통해 GDP로부터 장기추세를 제거한 후, 이러한 안정적인 시계열에 대한 모수 추정 및 정책분석 등이 이루어져 왔다. 그러나 경제전망의 공표 및 논의는 비관측 변수인 GDP갭률이 아니라 그 실체가 구체적으로 규정되는 GDP성장률을 중심으로 이루어지고 있다. 이 경우 향후 잠재GDP 경로에 대한 별도 모형 추정 등이 필요하기 때문에 사전 필터링 및 추세 복원 등의 방법은 모형간 일관성 부족이라는 측면에서 많은 지적을 받아왔다. 따라서 추세 내생화 기법을 적용함으로써 일관성 향상 및 예측력 극대화 측면에서는 경기상황을 정확히 포착할 수 있는 GDP갭률을 이용하면서도 GDP성장률 예측치가 동시에 산출될 수 있도록 GDP, 잠재GDP(Potential GDP, PGDP), GDP갭률, GDP성장률(전기대비와 전년

동기대비)을 모두 포괄하는 블록으로 설계하였다.

물가블록에서는 소비자물가상승률 구조식은 불완전경쟁과 명목가격 경직성하에서의 기업 이윤극대화 문제로부터 도출한 혼합 뉴케인지언 필립스 곡선(hybrid New-Keynesian Philips Curve, 이하 NKPC))을 기초로 설정하였다. 여기에 통화당국의 물가목표와 개방경제하에서 원/달러 환율의 물가전가 등을 감안하여 설계하였으며, 소비자물가지수와 전년동기대비 소비자 물가상승률은 계산한다.

고용블록(실업률)에서는 우리 경제의 GDP블록과 유사하게 추세변동과 순환변동 부문으로 구성되었으며, 이 가운데 추세변동 부문(실업률 장기추세)은 자연실업률(Non-Accelerating Inflation Rate of Unemployment, NAIRU), 순환변동 부문(실업률갭)은 실업률갭과 GDP갭 간의 경험적 관계를 설명하는 동태적 오쿤의 법칙을 원용하여 설계하였다.

금리블록에서는 만기시점에 따라 정책금리로부터 장기채권유통수익률까지 다양한 종류의 금리가 존재하며, 각 금리수준은 시장참가자(중앙은행, 금융기관 및 민간 경제주체)간 의사결정을 반영한다. 먼저 정책금리는 수정 테일러준칙을 따르는 중앙은행에 의해 결정되도록 하였다. 테일러준칙은 전반적인 경제안정을 달성하기 위해 매 시점 정책금리의 장기균형수준을 고려하면서 물가갭률과 GDP갭률에 대응하여 금리 수준을 결정하는 중앙은행의 체계적인 정책결정과정을 단순화하여 잘 묘사한 규칙으로 평가받고 있다. 경기위축과 이에 따른 담보자산 부실화 등 경제내 각종 불확실성이 확대되면 예상치 못한 금리변동으로 자본손실이 발생할 위험이 커져 금융기관이 신규 대출 및 기존 대출의 만기연장 등을 꺼리게 되고 이에 따라 보상 요구수준(위험프리미엄)이 상향 조정되면서 시장금리가 상승압력을 받게 된다. 모형에서는 시장금리중 하나인 CD유통수익률과 정책금리간 격차를 위험프리미엄으로 정의하고, 동 위험프리미엄이 국내외 금융 기관의 대출태도 변화에 영향을 받는 구조로 설정함으로써 위와 같은 메커니즘을 반영하였다.

대외거래 블록에서 우리 경제는 소규모 개방경제로서 경상수지 및 환율 등 대외거래 블록내 변수들이 여타 내생변수와 서로 영향을 주고받는 관계를 갖고 있다. 환율부문은 IMF의 GPM을 참고하여 전반적으로 GDP 블록과 유사한 형태로 설계되었다. 다만 순환변동식은 현·선물환율과 내외금리차를 고려한 유위험(uncovered) 재정거래를 묘사하는 이자율평가 이론을 중심으로 하되, 경상수지와의 관계, 글로벌 자본시장내 신용 가용량 규모(미국 금융기관 대출태도지수로 대용) 등도 직접적인 영향을 미치고 있음을 감안하였으며, 환율 변동에 대한 현실 설명력을 높이기 위해 1계 시차변수도 포함하고 있다.

모형의 균형(균제성장경로)은 일반적인 DSGE모형과 마찬가지로 (1) GDP갭, 물가갭,

실업률갭, 환율갭 등 모든 갭 값, 위험 프리미엄, 대출태도지수, 명목GDP 대비 경상수지 비율 등이 영(0)이고, (2) GDP성장률, CPI상승률, GDP디플레이터 상승률, 실업률, 금리, 환율 변동률 및 각종 추세증감률 등이 일정한 수준(장기평균)을 유지하는 가운데, (3) 여타 모든 추세변수가 추세증감률 수준으로 변동하는 상태로 정의된다. 다만 현실 경제에는 다양한 경제충격(통화정책충격, 총수요충격, 물가충격 등)이 발생하며, 이로 인해 일정 기간중에는 모형의 균제성장경로에서 이탈했다가 시차를 두고 복귀하는 단기적인 경기순환(business cycle)이 관찰되며, 나아가 중장기적으로는 각 변수의 추세증감률도 지속적으로 변동하므로 균제성장경로도 직선이 아닌 곡선의 형태로 시현되는 것이 일반적이다. (4) 이 모수를 추정하기 위해, 기초자료를 통해 사전 분포를 가정하고, (5) 칼만필터링을 통해 우도함수를 찾아, 베이지언 추정법을 이용해 사후분포를 도출한다.

CHAPTER 16

행동경제학 관점의 거시경제학

1. 케인즈학파 이론과 승수

케인즈는 거시경제학 분야에서 아담 스미스로부터 이어오는 고전학파 경제학과 대립되는 이론을 제시하였다. 고전학파 경제학은 거래가 자유롭게 이루어 질 경우, 사람들은 이익기회가 있는 거래를 모두 소진하게 되고 경제는 보이지 않는 손(invisible hands)에 의해 균형에 이르게 된다. 즉, 시장에서 수요와 공급이 주어지면 가격의 변화에 의해 균형에 이르게 된다.

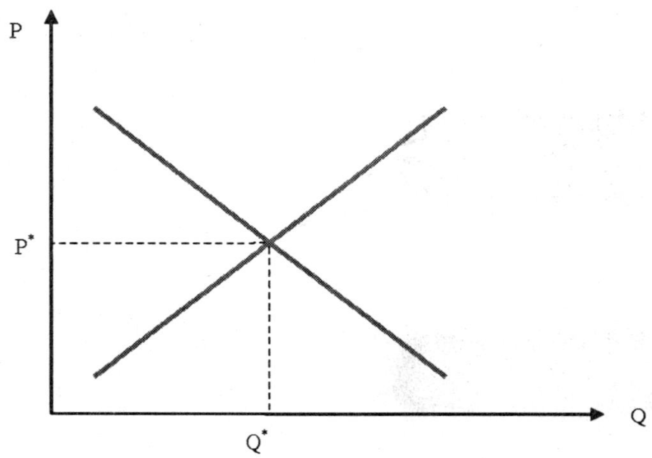

그림 16.1 균형의 의미

노동시장에서도 비자발적 실업이 없게 되므로, 정부는 경제에 관여할 필요가 없다. 정부는 시장이 제대로 작동하도록 잘 감시하는 역할로 충분하다. 그러나 이러한 논리는 대공황이나 최근의 동아시아 경제위기 또한 미국 발 서브 프라임 금융위기에서 관측되는 바와 같은 심각한 경기불황과 대규모 실업을 설명하지 못한다. 케인즈는 경제의 변화에는 사람들의 동물적 충동이 중요한 요인임을 지적하고 이러한 동물적 충동은 소비자 신뢰(consumer confidence) 등에 의해 측정될 수 있는 것으로 판단하였다.

케인즈는 현대경제학이 기반으로 하고 있는 합리적 의사결정이 경제현상을 설명하는데 중요하지만, 소비자신뢰와 같은 충동적이고 집단적 현상이 경제의 불안전성을 설명하는 중요한 요소임을 인식하고 있었다. 예를 들어, 최근의 서브프라임 문제와 같은 부동산 거품으로 인한 경제위기나 동아시아의 외환위기 등을 설명하는 것에 사람들의 동물적 충동과 같은 비이성적인 요소가 중요함을 인식하였다. 즉, 사람들이 부동산 불패를 믿고 부동산 투자에 뛰어 들거나 증권시장이 호황일 때 대출을 통해 주식에 투자하는 행태는 일종의 집단적 사회현상이고, 이러한 현상의 뒤에는 합리적 판단보다는 떼로 몰려다니는 비합리적 군중심리나 집단적 충동같은 것이 중요한 요인임을 지적하였다.

케인즈가 주장하는 대로 야성적 충동(animal spirit)이 경제의 불안전성을 설명하는 중요한 요인이라면, 적정한 수준에서 사람들의 야성적 충동을 억제하는 정부의 역할이 중요할 수 있다. 이는 정부의 역할은 시장이 잘 작동하도록 감시하는 역할에 한정되어야 한다는 고전학파의 주장과는 차이가 있다. 그러나 케인즈가 경제현상을 설명하는데 중요한 것으로 강조했던 야성적 충동 개념은 그 이후에 발전된 거시경제 이론에서는 찾아볼 수 없다. 소위 케인즈파 경제학 이론에서도 야성적 충동 개념은 중요하게 취급되지 못했다. 그 중요한 이유는 경제학자들이 집단적 히스테리나 충동과 같은 비합리적 행동을 경제현상을 설명하는 중요한 요인으로 받아들이기 어려웠기 때문이다. 오히려 합리적 판단에 근거를 둔 사람들의 선택이 중요한 경제현상들을 설명할 수 있다는 점이 다른 사회 학문에 비해 경제학이 가지는 매력으로 인식되었고, 이러한 논리적 치밀성이 경제학을 다른 사회과학에 비해 과학적인 학문으로 인정을 받을 수 있도록 한 중요한 요소였다. 그러나 경제학이 과학적 학문이라 하더라도 현재 일어나고 있는 경제현상을 제대로 설명하지 못하고 그에 대한 대책을 제시하지 못한다면 의미가 없다. 케인즈가 중요시 했던 사람들의 야성적 충동이 지금까지 제대로 설명하지 못했던 경제의 불안전성을 어떻게 설명할 수 있는 지, 또 정부는 어떤 역할을 할 수 있는 지 분석할 필요가 있다.

케인즈학파의 가장 중요한 요소 중 하나가 앞에서 살펴본 승수(multiplier) 개념이다. 먼저 지출의 승수효과(expenditure multiplier)를 살펴보자. 케인즈학파 모형에서 소득(Y)은 총수요(AD) 또는 총지출(E)에 의해 결정된다. 한계소비성향을 b, 세금 T_0, 소비 C, 투자 I, 정부지출 G, 순수출 NX라면 다음이 성립한다.

$$\text{소득 } Y = \text{총수요} = \text{총지출 } E = C + I + G + NX$$

여기서 소비는 가처분소득 $(Y - T_0)$에 의존하는 1차함수라 하자.

$$Y = (a + b \times (Y - T_0)) + I_0 + G_0 + NX_0$$

$$(1 - b)Y = a - b \times T_0 + I_0 + G_0 + NX_0$$

$$Y = \frac{1}{1 - b}(a - b \times T_0 + I_0 + G_0 + NX_0)$$

$$\Delta Y = \frac{1}{1-b}(\Delta a - b \times \Delta T_0 + \Delta I_0 + \Delta G_0 + \Delta NX_0)$$

즉, 독립지출(a), 투자지출(I_0), 정부지출(G_0), 순수출(NX_0)의 1단위 증가(감소)는 $\frac{1}{1-b}$ 만큼의 소득의 증가(감소)를 가져온다. 만약, 한계소비성향 b=0.6이라면 $\frac{1}{1-b}$=2.5가 된다. 즉 a, I_0, G_0, NX_0의 1단위의 변화는 소득 Y의 2.5단위가 변화한다. 따라서 승수효과는 한계소비성향이 클수록 증가한다. 그렇다면 지출의 승수효과가 생기는 이유는 무엇인가? Δa만큼의 독립지출이 증가하면 다음과 같다.

Y=C+I+G+NX에서 $\Delta Y_1=\Delta a$만큼 증가한다.

소비함수 C=a+b×(Y−T)이므로 소득의 변화에 따른 소비의 변화는 한계소비성향에 의존한다. 따라서 다음이 성립한다.

$$\Delta C_1 = b \times \Delta Y_1$$

따라서 위의 과정을 반복하면 다음의 과정들이 성립한다.

$$\Delta Y_2 = \Delta C_1 = b \times \Delta Y_1 = b \times \Delta a$$

$\Delta C_2 = b \times \Delta Y_2$이므로 $\Delta Y_3 = \Delta C_3 = b \times \Delta Y_2 = b^2 \times \Delta a$

$\Delta C_3 = b \times \Delta Y_3$이므로 $\Delta Y_4 = \Delta C_3 = b \times \Delta Y_{23} = b^3 \times \Delta a$

소득의 총변화($\Sigma \Delta Y_i$)를 살펴보자.

$$\sum \Delta Y_i = \Delta a + b \times \Delta a + b^2 \times \Delta a + b^3 \times \Delta a + \text{L} = \Delta a(1 + b + b^2 + b^3 + \text{L}) = \frac{1}{1-b}\Delta a$$

이 과정은 소비가 증가하면 소득이 증가하고, 다시 소득이 증가하면 소비가 증가하는 과정이 반복되어 나타나는 현상이다.

케인즈의 승수 개념은 소비나 투자의 작은 감소가 승수효과를 통해 대규모의 경기침체로 이행될 수 있는 가능성을 보여준다. 소비의 감소는 기업들의 투자 감소로 이어지고, 이는 또 다시 승수효과를 통해 더 많은 국민소득의 감소를 가져온다. 한편 이러한 승수 개념은 재정확대를 통해 정부의 적극적인 경기부양 정책 또한 가능하다는 것을 보여준다. 여기에 정부가 확고한 경제 부양 의지를 보인다면 이는 소비자들의 자신감을 고취할 수 있고 기업들의 투자마인드를 회복하여 빠른 경기회복을 기대할 수 있을 것이다.

2. 자신감

그렇다면 독립지출이 아닌 자신감도 승수를 만들 수 있을까? 먼저 자신감에 대해 알아보자. 한국의 경제성장 과정에서 우리도 할 수 있다는 자신감은 중요한 성공요소였다. 국내 모그룹의 모회장은 평소에 해보지도 않고 '어렵다' 또는 '안 될 것이다'라고 말하는 수동적이고 비관적인 직원을 제일 싫어했다고 한다. 아무리 어려운 일이라도 자신감을 가지고 적극적으로 추진할 경우에는 성공가능성이 높아진다. 외국 기업들이 중국에서 무모할 정도로 적극적인 투자를 하는 것은 중국경제가 지속적으로 고도성장을 할 것이라는 확신이 있기 때문이다. 현재 한국경제의 문제점은 기업이나 소비자 모두가 한국경제의 장래에 대해 신뢰를 갖기 어렵다는 것이다. 특히 기업들이 국내경제에 대해 비관적으로 판단한다면 국내에 투자하기보다 외국에 투자하려 할 것이다. 따라서 기업들이 국내에서 적극적으로 투자하기를 기대한다면 노사관계, 규제완화 등의 측면에서 미래에 대한 확신을 심어줄 수 있는 정책이 필요하다.

사람들의 자신감은 경기변동에 따라서도 변한다. 경기가 좋을 때는 사람들의 자신감이 증가하고 경기침체 시에는 자심감이 위축된다. 따라서 경기회복을 위해서도 사람들의 자신감을 제고시킬 수 있는 정책이 중요하다. 주식시장이나 부동산시장에서도 투자자들의 자신감은 시장의 흐름을 결정하는 중요한 요인이 된다. 투자자들의 앞으로 장세에 대해 긍정적일 경우, 적극적으로 매입하게 되고 주가나 부동산 가격의 상승이 이어진다. 반대로 투자자들이 장래 시장전망에 대해 부정적일 경우는 가격이 하락한다.

그러나 문제는 이러한 자신감이나, 이로 인한 투자 등의 경제적 의사결정이 합리적 판단이나 확률적 계산에 의한 것이라기보다 직감이나 다른 사람들의 행태를 따라서 하는 충동적인 경우가 많다. GE의 잭 웰치도 거액의 투자결정을 직감에 의존하여 결정한다. 이러한 직감이나 야성적 충동(animal spirits)에 따른 결정은 항상 좋은 결정일 수는 없다. 이러한 자신감은 경우에 따라서는 과도한 것일 수도 있고, 경우에 따라서는 과소한 것일 수 있다.

부동산 붐이 일어나 대출을 통해 부동산에 투자하고 부동산 가격이 급격히 상승할 때, 사회 내에 부동산 불패라는 자신감 또는 확신이 충만하다. 이러한 과도한 자신감은 결국 심각한 부동산 버블을 가져오고, 부동산의 내재가치를 훨씬 능가하는 부동산 가격 버블은 결국 꺼지게 된다. 부동산 시장에 대한 자신감이 급격히 불안으로 바뀌면서 사람들은 부동산 매도로 돌아서고, 부동산 가격이 급격히 하락하면서 부동산을 담보로 대출한 금융기관들도 결국 부실화된다. 대출 부실화로 대출 회수가 어려워진 금융기관들은 지불능력을 확보하기 위해 기업대출을 급격히 회수하게 되고 대출연장이 어려운 기업들이 줄지어 도산하게 된다. 부동산 시장에 대한 불안은 이제 경제 전체에 대한 불안으로 확대 되고 경제가 깊은 침체로 빠지게 된다.

승수 개념을 이용하여 소비자의 자신감이나 확신이 1단위 증가할 때 소비, 소득, 기업의 투자 또는 개인의 주식이나 부동산 투자가 얼마나 증가하는 지를 측정하는 자신감 승수(confidence multiplier) 개념을 도입할 수 있다. 자신감 승수는 경기가 하락한다든지, 빠르게 상승하거나 또는 부동산 가격이나 증권 가격이 빠르게 상승하거나 하락할 때 더 커질 것으로 예측할 수 있다.

소비자의 경기에 대한 자신감을 측정할 수 있는 변수로는 소비자 신뢰지수가 있다. 소비자신뢰지수는 경제 상태를 나타내는 경기선행지수의 하나로, 소비자에게 고용상태와 6개월 후의 지역경제, 고용 및 가계수입에 대한 전망에 대한 다양한 설문조사를 실시하여 경기에 대한 소비자들의 인식을 지수화한 것으로 100을 기준으로 지수가 100을 넘으면 소비자들이 경기를 낙관한다는 뜻이다.

3. 스토리

인간의 마음은 스토리를 기반으로 느끼고 생각한다. 사람은 슬픈 이야기에 우울해 하고, 즐거운 스토리에 행복해 한다. 미래의 희망에 찬 얘기를 들으면서 가슴이 부풀어 오르고 무언가 이루겠다는 다짐을 하게 된다.

발전하는 사회는 구성원들이 바람직한 비전과 이를 달성하는 방법에 대한 광범위한 공감대를 가지고 있다. 이러한 비전과 수단에 대한 공감대는 이야기와 대화를 통해 수렴되고 광범위하게 전달된다.

뛰어난 리더는 미래에 대한 비전을 제시하고, 그 비전을 달성하기 위해 필요한 요소들이 무엇인 지에 대해 대화를 통해 구성원들을 설득한다. 즉, 현실에 바탕을 둔 생생한 미래의 스토리를 잘 전달하는 사람이 바로 뛰어난 리더가 된다. 아프리카 원주민들이나 미국의 인디언 부족들은 구전으로 내려오는 이야기를 통해 부족의 기원과 성장과정을 알려 부족 구성원들에게 자부심을 갖게 하고 위대한 선조들의 이야기를 통해 젊은 부족원들이 본받을 수 있는 롤 모형을 제시한다.

그러나 많은 경우, 이야기는 사람들에게 전파되는 과정에서 사실과 다르게 과장되거나 증폭되는 경향을 가진다. 이러한 잘못된 이야기가 사람들에게 과도한 낙관이나 맹신을 초래하거나 집단적인 히스테리나 공포를 가져와 사회적 혼란을 야기할 수도 있다. 경우에 따라 개인적 또는 정치적 목적을 달성하기 위해 거짓 사실을 전파하고 사람들의 집단적 히스테리나 맹신을 유도하기도 한다.

잘못된 스토리 사례인 멕시코의 로페즈 포르티요 대통령의 과도한 낙관과 실패를 살펴보자. 멕시코는 호세 로페즈 포르티요 대통령의 통치기간(1976-1982)에 높은 성장과 함께 경제적 자신감이 최고에 달했다. 그러나 이는 과장된 사실을 바탕으로 한 과도한 낙관으로 인한 것으로 그 이후 멕시코 경제는 심각한 파탄에 빠지게 된다. 로페즈 포르티요는 1965년에 고대 아즈텍의 이야기를 바탕으로 한 켓살코아틀이란 소설을 발표하였다. 켓살코아틀(Quetzalcohuātl)은 아스텍 신화에 나오는 날개달린 뱀의 형상을 한 신으로, 뱀은 땅의 권력을 뜻하고 날개는 하늘의 권위를 나타낸다. 아스텍 사람들은 켓살코아틀이 풍요와 평화의 신으로 사람들에게 살아가는데 필요한 기술 등을 가츠렸다고 믿었다. 예를 들어, 옥수수 키우는 법이나 베 짜는 법, 시간을 알아내는 법 등을 가르쳤다고 믿었다. 케찰코아틀은 전쟁의 신의 음모로 인해 쫓겨났으나, 아즈텍인들은 켓살코아틀이 미래에 돌아온다는 것을 믿었다.

Tellerano-Remensis 코덱스에 묘사된 켓살코아틀

그림 16.2 켓살코아틀

이 소설은 1975년 포르티요가 대통령 선거전에 나서면서, 재발간되어 위대한 멕시코의 미래를 전하는 이야기처럼 받아들여졌고 포르티요는 대통령에 당선되었다. 대통령에 당선된 후, 새로운 대규모 유전이 발견되고 2차 석유파동으로 유가가 급등하면서 국민들의 기대감이 한없이 치솟았고, 사람들은 케살코아틀이 현실화 되어 부유한 멕시코가 되는 것처럼 환상에 젖었다. 코르티요는 채굴되지도 않은 원유를 담보로 많은 외채를 빌렸고, 카리브해 주변국에 싼 값으로 원유를 제공하고 외국 원조에 나섰다. 코르티요가 통치한 6년 동안 멕시코의 실질 GDP는 55%가 증가하였다.

그러나 1980년 유가가 하락하자 멕시코는 경제위기에 빠졌다. 1982년 대통령에서 물러날 때 100%의 인플레이션과 높은 실업에 시달렸고, 부패와 절도는 유례없는 수준으로 치솟았다. 코르티요의 미래는 환상에 지나지 않았고 특히 석유매장량은 심하게 과장되었다는 사실이 드러났다. 결국 코르티요는 사람들이 듣고 싶어 하는 이야기를 과장되게 만들어 내었고, 이러한 이야기가 사람들에게 환상과 함께 심각한 경제적 폐해를 가져왔다.

멕시코의 경험에서 얻을 수 있는 두 가지 사실은 다음과 같다. 첫째, 이야기를 통해 전달되는 자신감이나 두려움은 그것이 사람들의 행동 및 의사결정에 집단적으로 영향을 줄 때, 소비와 투자 그리고 경제 전반에 심각한 영향을 줄 수 있다. 이러한 스토리가 근거없이 부풀려질 경우, 과도한 집단적 낙관과 패닉을 가져오고 경기과열, 증시폭등, 급격한 경기 침체 등 단순히 경제이론으로 설명이 되기 어려운 경제현상의 중요한 요인이 될 수 있다. 둘째, 이야기가 사람들 사이에 퍼지는 양상은 전염병에 비유될 수 있다. 전염병은 질병의 감염율과 질병이 낫는 제거율에 의해 설명이 되는데, 핵심적인 초기 조건은 병에 걸린 사람의 수와 병에 취약한 허약한 사람의 수이다. 그러나 이러한 요인 외에도 바이러스의 변이와 같은 돌발적인 요인에 의해 전염속도가 달라질 수 있다. 질병이 전염을 통해 퍼지듯이 스토리와 이로 인한 자신감이나 두려움도 사회에 빠르게 확산될 수 있다.

4. 허드이론

herd는 떼를 말한다. 여기서는 일종의 유행이라고 생각할 수 있다. 1960~1970년대에는 긴 머리가 유행하였고, 몇 년 전부터는 짧은 머리가 유행하였다. 또 다른 예로 주변 동료들로부터 받는 심적 압력(peer pressure)이 있다. 어린 학생들이 친구들 유행을 따라하지 않으면, 따돌림 받는 것처럼 느낀다든지 하는 심리적 부담을 말한다. 예를 들어, 시장 운동화를 신으면 놀림을 당할 것이 두려워 다른 아이들과 같은 명품 운동화를 신고 싶어 한다든지, 친구들과 집단으로 한 친구를 왕따 시킨다든지 하는 행위가 심적 압력 또는 암묵적인 집단압력에 연유하는 경우가 많다.

사회적 집단압력의 극단적 사례를 살펴보자. 짐 존스라는 사이비 교주는 인민사원(People's Temple)의 창시자였다. 1978년에 탈세 혐의를 받자, 1000명에 달하는 추종자들을 샌프란시스코에서 남미의 가이아나 밀림 속의 작은 정착지로 이주시키고 이곳을 존스타운이라고 불렀다. 강제노역, 아동학대와 고문행위에 대해 연방정부의 수사가 시작되자 존스는 추종자들과 함께 집단 자살을 하게 되는데, 추종자들이 먼저 자신의 아이들을 독살하도록 한 다음 스스로 자살하였다. 물론, 일부 강한 저항이 있었지만 모두 서로 팔짱을 끼고 누워 있는 상태로 발견되었다. 따라서 사람들은 주변 다른 사람들의 말이나 행동에 쉽게 영향을 받는 것을 알 수 있다. 극단적인 경우에는 사회적인 압력 때문에 잘못된 믿음을 가지는 경우에 집단 히스테리와 같은 행태를 보인다. 따라서 사회적 압력은 존스타운과 같은 부정적 사태를 야기 시킬 수도 있으나, 긍정적인 측면에서는 예의를 지킨다든지 공중도덕을 지킨다든지 하는 현상을 설명하는 데도 중요한 요소가 될 수 있다.

주변 동료들로부터 받는 심적 압력(peer pressure)은 다음과 같은 사례에서 보는 것처럼 부정적이거나 긍정적 효과를 가져 올 수 있다. 첫째, 다른 10대들이 임신하는 것을 목격한 10대 소녀들은 임신할 확률이 비교적 높다. 둘째, 방송사들이 서로를 모방하여 프로그램의 일시적 유행을 양산한다. 비슷한 여성보컬그룹, 1박2일 및 유사프로그램, 및 비슷비슷한 미드의 수사물 등이 있다. 셋째, 청소년들은 공부, 놀기, 취미 등에 있어 친구들의 영향을 많이 받는다. 따라서 좋은 친구를 사귀는 것이 미래에 중요한 영향을 줄 수 있다. 넷째, 판사들도 동료 판사의 선택에 영향을 받는 경향이 있다. 보수적 판사도 진보적 판사들과 함께 할 때는 진보적 경향을 보인다. 반대로 진보적 판사도 보수적 판사들과 판결을 같이 할 때는 보수적 경향을 보인다. 따라서 사람들은 쉽게 타인들에 의해 영향을 받는다.

집단동조의 예인 개를 보고도 고양이라고 말하는 이유를 살펴보자. 여섯 명으로 구성된 시각 인지실험이다. 커다란 흰색 카드에 선 1개가 그려져 있고, 스크린에 투영된 3개의 선 중에서 카드에 있는 선과 같은 크기의 선을 찾는 간단한 실험으로, 돌아가면서 큰 소리로 같은 크기의 선을 말하도록 요구한다. 세 번의 실험에서는 모두가 정답을 말하는데, 네 번째 실험에서 앞의 다섯 사람이 모두 명백히 틀린 선을 같은 선으로 지적할 경우 여섯 번째 사람의 반응은 어떨까? 아주 간단한 문제임에도 적어도 1/3 이상의 사람들이 앞서 다른 사람들이 말한 틀린 답을 정답으로 답변하였다. 같은 실험을 17개국 이상의 나라에서 130여 차례 진행하였다. 적어도 20-40%의 사람들이 다른 사람들의 틀린 답에 동조하였다. 실험 자체가 아주 간단하다는 점에서 상당히 높은 수치이다. 같은 실험에서 익명으로 하거나 혼자 결정을 내릴 때는 잘못된 답에 동조하는 경향이 훨씬 낮아진다. 따라서 타인이 나를 본다는 사실을 인식할 때, 동조가능성이 높아진다는 것은 주변 동료들로부터 받는 심적 압력(peer pressure)과 같은 사회적 압력이 작용한다는 것을 의미한다.

비슷한 실험으로 사람들을 어두운 방에서 들어가게 한 뒤, 어느 정도 떨어진 위치에 작은 불빛을 설치한다. 이 불빛은 고정되어 있으나 자동운동 효과라는 착각으로 인해 움직이는 것처럼 느낀다. 사람들에게 이 불빛이 움직이는 거리를 측정하라고 요구한다. 개별적으로 물었을 때, 사람들의 답변은 모두 다르고 같은 사람도 실험 때마다 답변이 달랐다. 이는 불빛이 움직이지 않으니 당연한 결과이다. 그런데 여러 개의 소규모 집단으로 실험을 하고 자신의 판단을 공개하도록 할 경우 각 집단 별로 쉽게 합의가 구축되고, 각 집단은 합의된 값을 고수하는 경향이 있었다. 각 집단별로 실험을 반복할 때 각 집단은 앞의 실험에서 동조했던 값과 비슷한 값을 유지하는 경향이 있었다.

이러한 현상은 집단이나 사회가 어떻게 이질적인 의식과 믿음을 갖게 할 수 있는 지를 보여준다. 처음에 시작된 아주 사소한 차이가 장기적으로는 이질적인 믿음으로 확립되어 지속적인 갈등을 야기할 수 있다.

같은 실험에서 다른 참가자들이 모르게 동조자를 투입하고, 이들이 자신있게 자신의 의견을 제시하도록 한다. 그 결과, 이들의 단호한 주장이 전체의 결정에 크게 영향을 주었다. 이렇게 영향을 받은 사람들은 1년쯤 지난 뒤 새로운 그룹의 사람들과 같은 실험을 했을 때, 1년 전에 받은 영향을 그대로 주장한다. 즉, 한번 받은 영향이 지속적으로 유지됨을 알 수 있다. 인터넷 상의 떠도는 그릇된 주장들은 점차 동조하는 그룹이 확대됨에 따라, 정확한 사실과 증거들이 나타남에도 그러한 사실들을 받아들이지 않으려는 경향이 있다.

일반적인 여론형성 과정에서 사회적인 쟁점에 대해 소수의 의견을 다수의 의견으로, 또는 다수의 의견을 소수의 의견으로 잘못 인지하는 현상인 다원적 무지(pluralistic ignorance)도 있을 수 있다. 강성의 목소리를 내는 사람 몇 명이 의견을 제시하면 대다수는 침묵하고, 그 침묵은 무시된 채로 방향이 정해지는 경우가 많다. 또한, 익명성이 보장되는 사이버 공간에서의 여론형성은 더욱 문제가 크다. 사이버 공간에서의 여론 역시 일부 폭력적인 소수에 의해 좌우되기 쉽다. 이는 대수의 법칙보다 소수의 법칙의 문제점에 속하는 것이며 표본추출의 문제와도 연결된다. 하나의 이슈에 대해 강성 목소리를 내는 몇몇 네티즌들이 전체 분위기를 한곳으로 몰아가고 소수의 의견들은 전체 네티즌의 이름으로 철저히 유린당할 수 있다.

5. 경기침체의 원인

5.1 _ 일반적 이론

고전학파 이론에 의하면 사람들이 합리적으로 판단하는 한 장기적인 불황은 존재할 수 없다. 대부분의 경제학자들에게 사람들이 합리적이라는 가정은 부정하기가 쉽지 않으며, 이러한 가정이 경제학을 매력적인 학문으로 만드는 중요한 요소이다. 먼저, 고전학파의 균형이론을 살펴보자. 총수요곡선과 총공급곡선을 통해 물가와 총생산에 대해 알 수 있다. 총수요곡선(Aggregate Demand, AD)은 물가수준과 총수요량 간의 관계를 보여주는 우하향하는 곡선으로, IS곡선과 LM곡선에서 유도될 수 있다. 총수요곡선 이동요인은 다음과 같다. 먼저, 물가 P 이외에 IS곡선과 LM곡선을 이동시키는 요인들은 모두 AD곡선을 이동시킨다.
소비 a, 투자 I_0, 장부지출 G_0, 순수출 NX_0, 통화공급 M^s의 증가는 AD곡선을 우측으로 이동시킨다(AD→AD'). 반면 세금 T, 통화수요 M^d의 증가는 AD곡선을 좌측으로 이동시킨다.

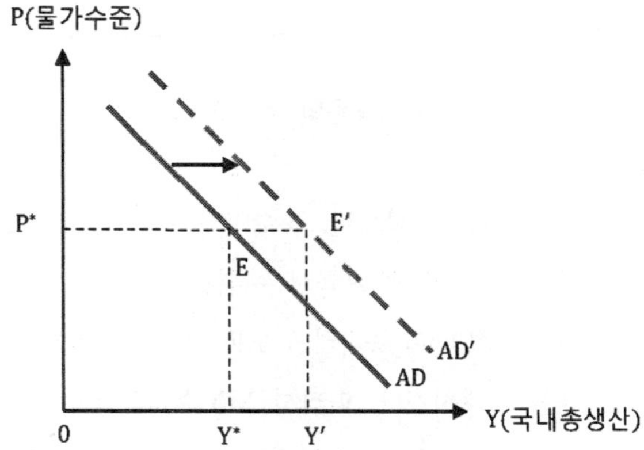

그림 16.3 총수요곡선

총공급곡선은 물가수준 P와 총공급량과의 관계를 보여주는 곡선으로 노동시장 균형조건과 생산함수에서 도출된다. 먼저, 노동시장의 균형을 살펴보자. 노동수요에 있어 노동수요곡선은 기업의 이윤극대화 가정으로부터 도출될 수 있다. 기업은 근로자를 고용하여 상품을 생산하고 판매하여 이윤을 얻는다.

$$\text{노동수요함수}: W=P\times MPL=P\times F'(L)$$

여기서 W는 명목임금, P는 물가, F'(L)은 노동의 한계생산이다. 노동의 수요함수는 노동 1단위를 추가적으로 고용하는데, 소요되는 한계비용 W가 추가적으로 생산되는 제품을 시장에 팔았을 때 얻게 되는 한계수입 $P\times MPL=P\times F'(L)$과 같아지는 점에서 노동수요가 결정되는 것을 보여준다. 임금이 상승하면 기업들의 노동수요가 감소하고 임금이 하락하면 노동수요는 증가한다. 따라서 노동수요는 임금에 대해 우하향하는 함수로 나타난다.

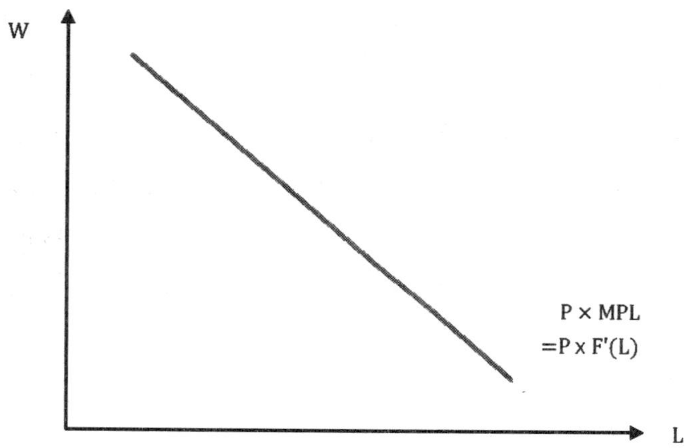

그림 16.4 노동의 수요함수

물가가 상승하면 명목임금이 변하지 않는 한, 총수익이 증가하므로 생산을 증가시키고 따라서 고용을 증가시킨다. 이 경우 노동수요곡선은 위로 이동한다. 노동의 한계생산성 (Marginal Productivity of Labor, MPL)이 증가하면 노동 1단위 증가할 때 생산량이 증가하고 총수익이 증가하므로 고용을 증가시킨다. 따라서 노동수요곡선이 위로 이동한다.

노동공급에 있어 노동공급함수는 소비자의 효용극대화 과정에서 도출된다. 소비자의 효용은 소비(C)와 여가(24−L)로부터 얻어진다. 소비자는 일을 하고 받는 소득으로 소비를 하고 일하고 남는 시간에 여가를 즐긴다.

$$\text{노동공급함수}: W=P^e\times MRS(L)=P^e\times h(L)$$

여기서 W는 명목임금, P^e는 물가예상, h(L)은 노동과 소비의 한계대체율이라고 하자. 노동공급함수는 노동을 추가적으로 1단위 공급할 때, 얻어지는 소비의 한계가치가 지급받는 임금과 같아지는 곳에서 노동의 공급이 이루어진다는 것을 나타낸다. 노동과 소비의 한계대체율 MRS(L)=h(L)은 양(+)의 값을 가지는데, 이는 노동공급시간이 증가함에 따라 사람들이 어려움을 더 느끼게 되므로, 노동 1단위를 증가시키기 위해 보상해야 하는 소비의 양이 증가한다는 것을 의미한다. 근로자들은 물가상승예측 P^e가 증가하면 실질소득 예상되는 실질소득 W/P^e가 감소함으로 일을 하려는 의지가 감소하고 노동공급함수는 위로 이동한다.

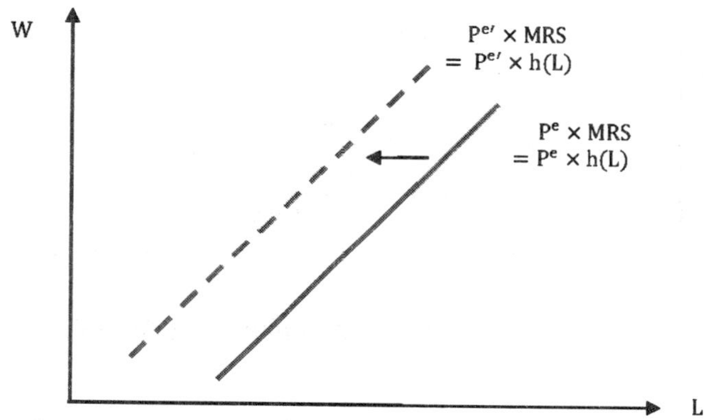

그림 16.5 노동공급함수

노동시장 균형은 노동수요과 노동공급이 일치될 때 일어난다.

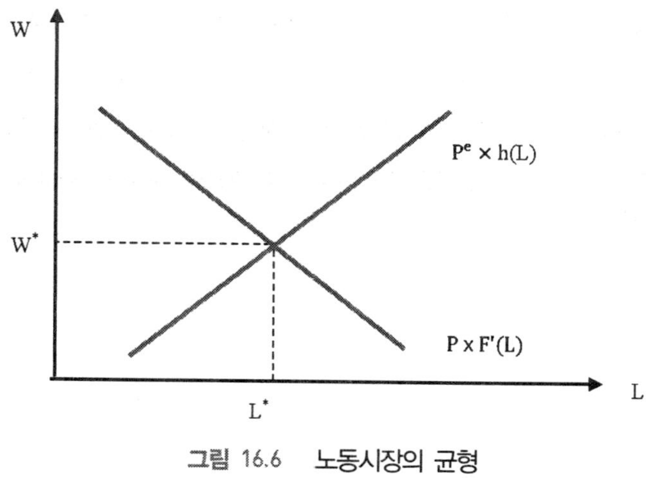

그림 16.6 노동시장의 균형

그렇다면 물가상승이 노동시장에 미치는 효과는 어떨까? 첫째, 만약 화폐환상이 없거나, 정보가 완전하여 사람들이 물가변화를 실시간으로 즉시 안다면 항상 $P^e=P$가 되고 따라서 노동의 수요곡선과 공급곡선이 같이 움직인다. 아래 그림에서 물가 P가 P'로 증가하였다고 가정하자.

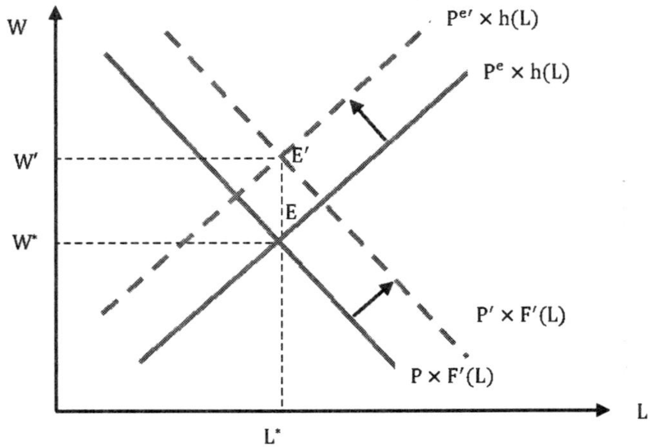

그림 16.7 화폐환상이 없는 경우의 물가인상 효과

항상 $P^e=P$이므로 노동의 수요와 공급이 같이 위로 이동한다. 이 경우에는 고용에 변화가 없고 명목임금 W가 물가 상승과 비례하여 상승하고 실질임금 W/P는 변하지 않는다.

만일, 화폐환상이 존재하면 사람들은 실질임금보다는 명목임금에 더 관심있게 되고 이 경우 물가 P나 예상물가 P^e의 변화는 노동공급에 영향을 주지 못한다. 또는 정보가 불완전하여 물가 P가 변할 때 물가 예상 P^e는 변화하지 않게 된다. 이 경우 물가의 상승은 노동공급곡선을 이동시키지 않고, 수요곡선만 위로 이동한다. 이에 따라 고용이 증가하고(L→L') 명목임금도 W'로 증가한다. 그러나 P는 많이 증가하는 반면 W는 물가가 오른 것보다 적게 증가하기 때문에 실질임금이 하락하고 실질임금이 하락하게 때문에 고용이 증가하게 되는 것이다.

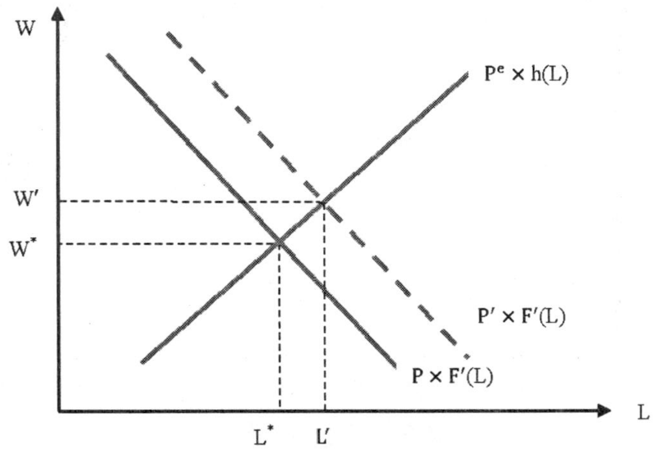

그림 16.8 화폐환상이 존재하는 경우

따라서 화폐환상이 존재하거나 정보가 불완전하여 사람들의 물가상승을 인식하지 못하고, 실질임금의 하락을 인식하지 못한다면 물가의 상승은 실질 임금을 낮춰 고용을 증가시킬 수 있다.

이제 총공급곡선을 살펴보자. 화폐환상이 없거나 정보가 완전할 경우의 공급곡선은 다음과 같다. 물가가 P에서 P'로 상승했다고 가정하자. 노동의 수요와 공급곡선이 모두 이동한다. 따라서 실질임금과 고용에 변화가 없고 명목임금만 물가가 상승한 만큼 증가한다.

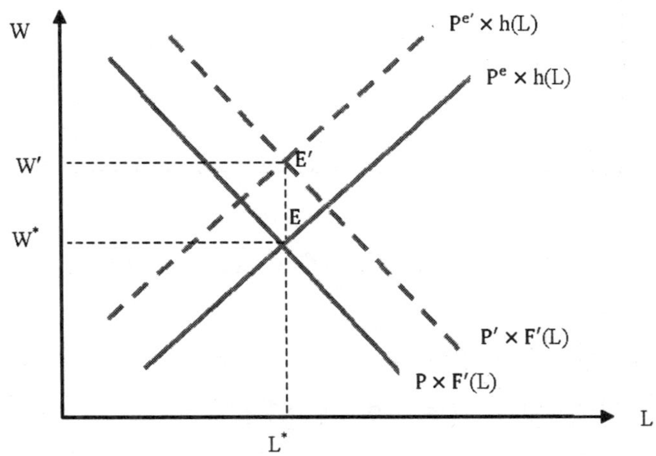

그림 16.9 총공급곡선

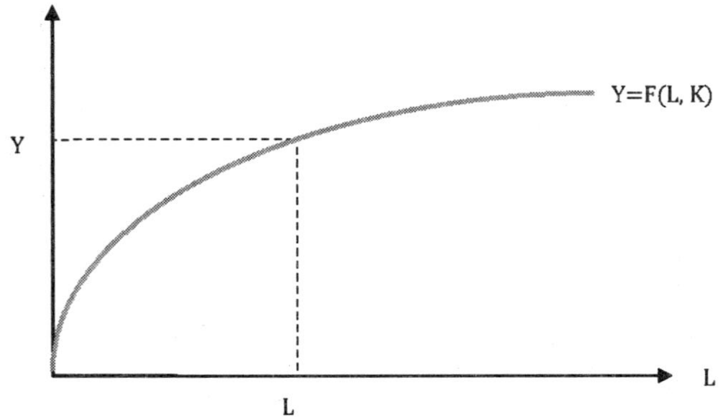

그림 16.10 생산함수

화폐환상이 없거나 정보가 완전하면 총공급곡선은 Y_n에서 수직선으로 나타난다. 이는 장기 총공급곡선(LRAS)이다.

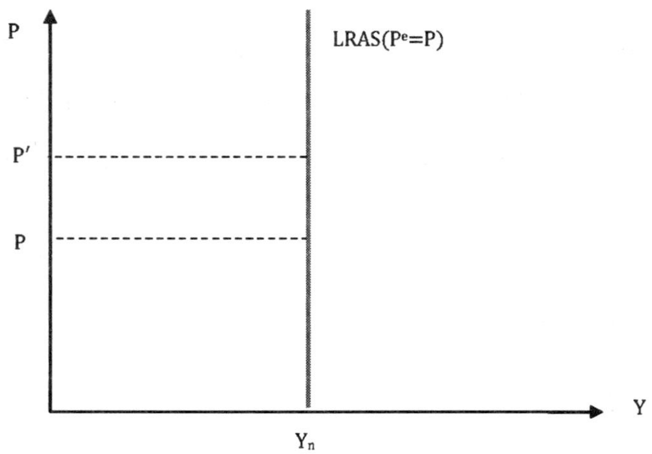

그림 16.11 화폐환상이 없을 경우 총공급곡선

화폐환상이 존재하거나 정보가 불완전할 때의 총공급곡선은 우상향한다. 화폐환상이 존재하면 사람들은 명목가격의 변화가 실질소득 변화에 영향을 주는 것을 정확히 인식하지 못한다. 물가가 P에서 P'로 상승하였다고 가정하자. 노동수요함수는 물가가 상승함에 따라 우측으로 이동하지만 노동공급함수는 화폐환상으로 인해 실질임금의 감소를 인식하지 못하므로 노동공급함수는 그대로 있게 된다. 따라서 실질임금이 감소함에 따라 고용의 증가와 함께 생산이 증가한다.

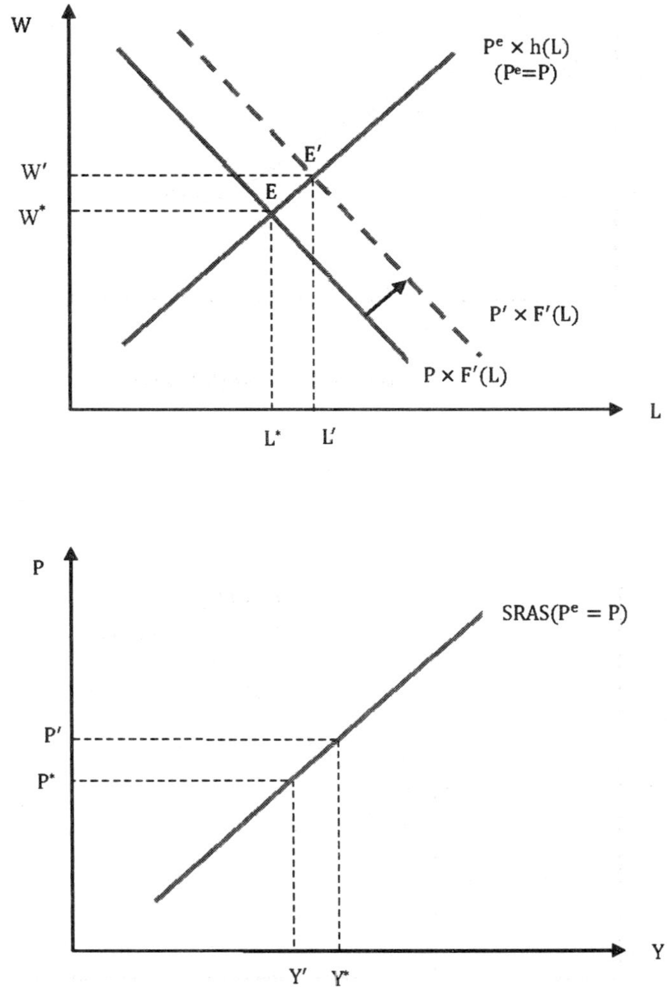

그림 16.12 화폐환상이 존재하는 경우의 노동시장과 단기 총공급곡선

따라서 우상향하는 단기 총공급곡선(SRAS)이 도출된다. 우상향하는 단기 총공급곡선은 물가예측이 변화하면 곡선이 이동한다. 사람들의 물가예측이 P^e에서 $P^{e'}$로 증가하면 예측되는 실질임금이 감소함으로 노동공급곡선이 위로 이동한다. 이에 따라 생산이 감소하고 총공급곡선은 위로 이동한다.

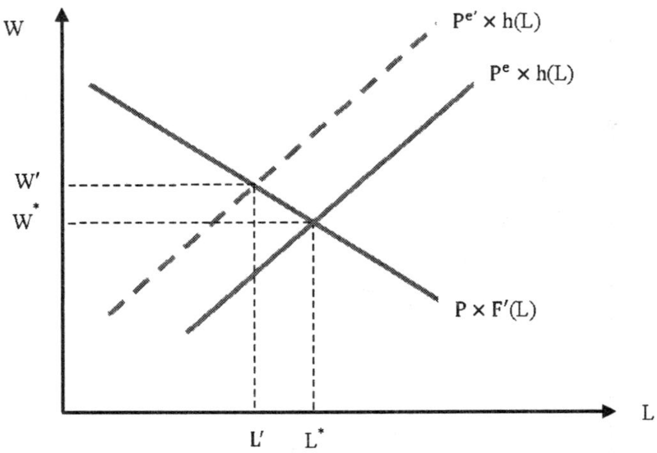

그림 16.13 총공급곡선의 이동(노동시장)

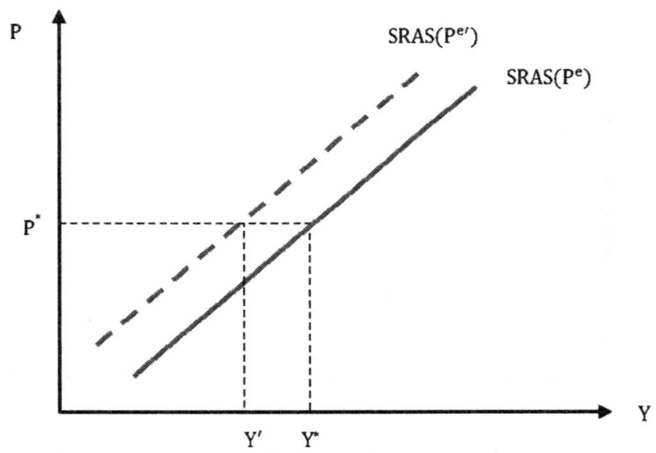

그림 16.14 총생산함수와 단기 총공급함수

상품시장 균형은 장기 총공급곡선(LRAS), 단기 총공급곡선(SRAS) 그리고 총수요곡선이 만나는 점에서 균형이 이루어진다.

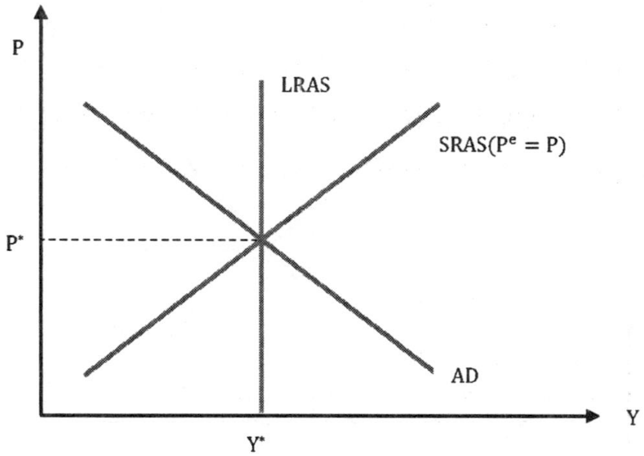

그림 16.15 상품시장의 균형

고전학파의 균형이론 하에서의 경제 충격효과를 살펴보자. 이제 서브프라임 사태와 같은 대규모 경제충격으로 사람들의 소비가 감소함에 따라 총수요곡선이 밑으로 이동하고 물가가 하락한다. 고전학파가 가정하는 대로 화폐환상이 없고 정보가 완전하다면, 사람들은 물가가 하락함에 따라 물가예측을 하향조정하게 된다. 물가하락에 따라 기업들의 노동수요가 감소하고 노동수요곡선이 아래로 이동한다. 근로자들은 물가가 하락함에 따라 예측되는 실질임금이 상승하므로, 노동공급을 증가시키고 이는 노동공급곡선을 아래로 이동시킨다. 따라서 노동시장 균형은 E에서 E'로 변하고 고용은 불변이다.

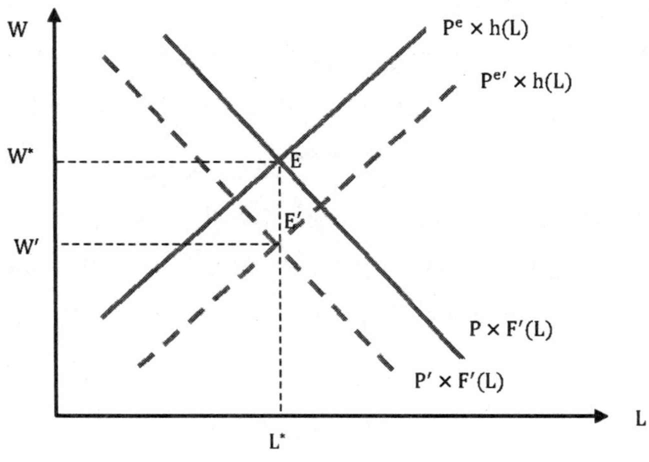

그림 16.16 화폐환상이 없는 경우의 노동시장

노동공급이 증가함에 따라 단기 총공급곡선은 우측으로 이동한다. 즉, SRAS(P^e=P)에서 SRAS(P^e=P')로 변화한다. 물가가 하락하고 명목임금은 하락했으나 실질임금, 고용, 그리고 생산은 변화가 없다. 고전학파가 주장하는 대로 정보가 완전하여 화폐환상이 없다면 경기변동이 생겨날 수 없다. 이러한 가정 하에서 경제는 항상 완전고용 수준에서 균형에 있어야 한다.

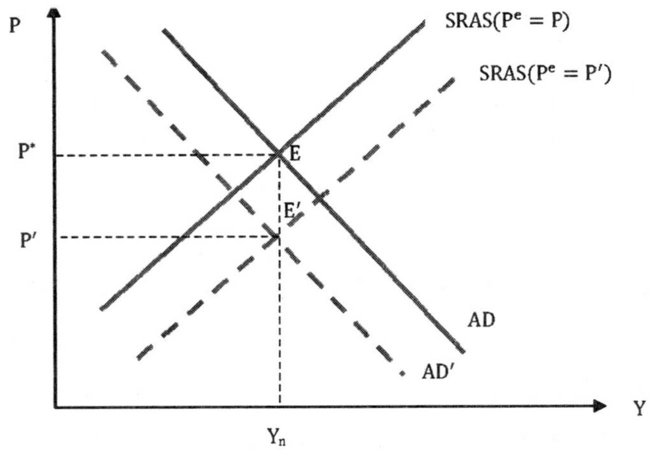

그림 16.17　화폐환상이 없는 경우의 총공급곡선과 총수요곡선

그러나 실제로 현실경제에서는 경기상승기와 경기침체기를 오가는 경기변동(business cycle)이 존재하고, 경우에 따라서는 대공황, 아시아 금융위기 또는 최근의 서브프라임 사태에서 보는 바와 같이 장기간에 걸친 경기침체를 겪을 수 있다. 이러한 극심한 경기침체는 화폐환상, 자신감, 공정성, 부패, 스토리 등의 동물적 충동이 중요한 요인으로 작용한다.
그렇다면 화폐환상이 있을 경우, 거시경제 조정은 어떨까? 화폐환상이 있을 경우, 근로자들은 명목임금의 변화가 없는 한 노동공급을 변화시키지 않는다. 따라서 경기침체로 수요가 줄고 가격이 하락할 때 노동수요곡선은 아래로 이동하나(P×F(L) → P'×F(L)), 공급함수에는 변동이 없다. 이 경우 노동시장의 새로운 균형은 E'에서 이루어지고 고용은 L'로 감소한다.

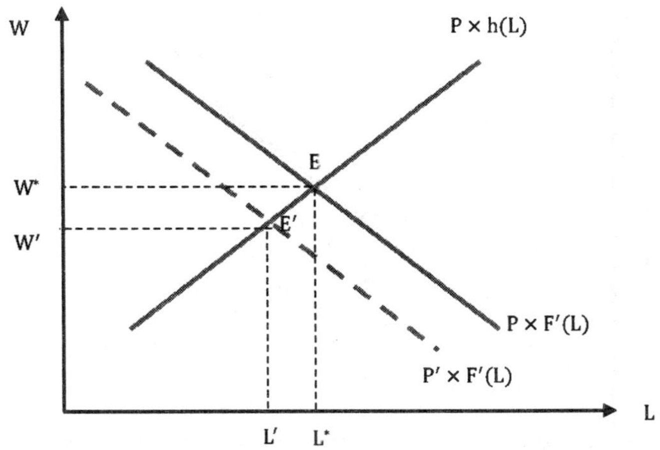

그림 16.18 화폐환상이 있을 경우의 노동시장

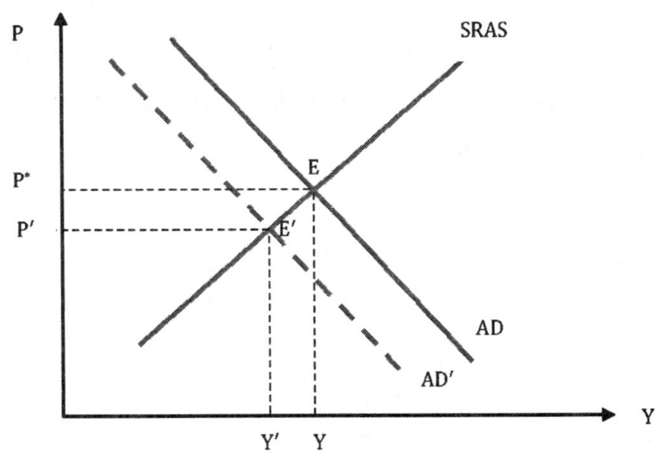

그림 16.19 화폐환상이 존재하는 경우의 총공급곡선과 총수요곡선

이에 따라 상품시장 균형도 E에서 E'로 이동하고 소득은 Y에서 Y'로 하락한다. 이제 임금결정에 공정성 개념이 개입될 경우를 살펴보자.

5.2 _ 불공정성이 존재하는 경우

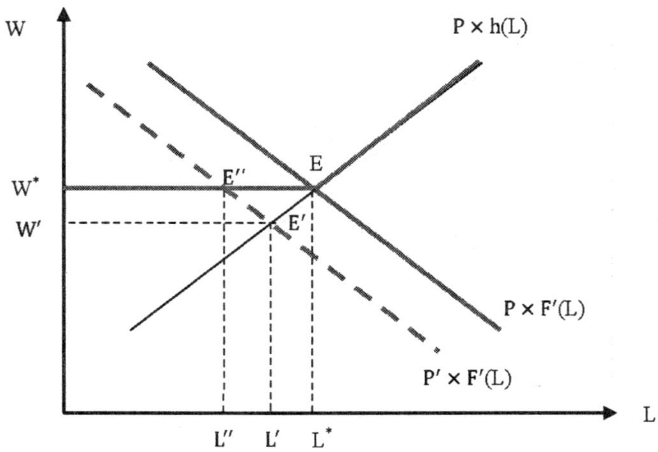

그림 16.20 불공정함이 도입된 노동시장

근로자들이 명목임금의 삭감이 불공정하다고 인식하게 되면 총수요가 감소하여 물가가 하락해도 근로자들은 명목임금의 하락을 받아들이지 않는다. 이 경우 노동공급곡선은 W−e−P×h(L)을 잇는 꺾어진 함수로 주어진다. 따라서 명목 임금은 W에서 유지되나 고용은 큰 폭으로 감소하여 L"에서 이루어진다.

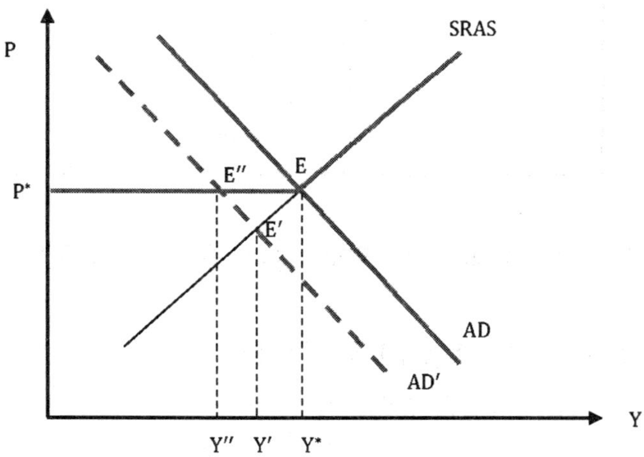

그림 16.21 불공정성이 도입된 경우의 총공급곡선과 총수요곡선

이 경우 총공급함수도 P-E-SRAS로 이어지는 꺾어진 형태를 갖게 되고 생산은 Y"으로 큰 폭으로 감소한다.

근로자들이 임금하락을 불공정하다고 인식하게 되면, 불황의 폭이 깊어진다는 것을 알 수 있다. 더구나 불공정하다는 인식은 임금협상에서 과격한 파업으로 쉽게 이전이 되고 파업이 격화되면 불황이 더욱 심각해 질 수 있다.

미국의 1890년대 불황을 예로 들어보자. 1890년대의 장기적 불황을 설명하는 데는 불황기에 증가한 부패, 전염병처럼 퍼지는 스토리들이 초래한 자신감의 붕괴, 임금하락이 극히 불공정하다는 인식, 그리고 화폐환상 등의 동물적 충동이 중요한 요소이다.

불황은 주식시장의 활황에 뒤이어 시작되었다. 1890년부터 92년 5월까지 17개월 사이에 물가상승을 조정한 실질 종합주가지수는 36%나 상승했다가, 1893년 7월까지 14개월 동안 27% 하락하였다.

불황을 초래한 명백한 계기는 1893년의 금융혼란이었다. 경제에 대한 자신감이 갑작스럽게 붕괴되면서 대규모 예금인출 사태가 야기되었다. 과거의 경험에서 경기가 침체되고 금융경색이 나타나면 은행이 파산하고 예금통장이 휴지조각이 된다는 사실이 기억과 함께 스토리를 통해 사람들에게 확산되었다. 이에 불안을 느낀 사람들은 패닉에 빠지게 되고, 은행 앞에 길게 줄을 서게 되었다. 이러한 금융패닉은 전염병처럼 경제 전체에 확산되었다. 충분한 준비금을 가지고 있지 못했던 은행들은 현금을 확보하기 위해 기업대출을 회수하기 시작하였고, 그 결과 단기금리가 폭등하고 기업부도가 증가하였다. 당시 미국에는 최종대부자(lender of last resort)의 역할을 할 수 있는 중앙은행이 없었다. 불황이 깊어지면서 1893년 2월부터 94년 12월까지 22개월 동안 도매물가가 18% 하락하였다.

물가가 하락하고 실업이 증가하면서 고용의 유지를 위해서는 물가가 하락하는 만큼 명목임금의 삭감이 필요하나, 근로자들은 화폐환상과 임금삭감은 공정한 정책이 아니라는 인식으로 임금삭감에 단호하게 반발하였다. 이들은 모든 근로자의 임금삭감보다는 몇 사람의 해고가 더 낫다고 생각하였다. 물론 이러한 선택 뒤에는 나는 해고되지 않을 것이라는 기대가 작용하였다. 이 기간 동안 미국의 실업률은 1894년에 18.4%까지 증가하였다.

임금삭감과 관련하여 파업이 잦아지고, 이는 근로자와 경영자 사이에 심각한 불신을 초래하였다. 1882년 카네기 철강회사에서 임금협상을 둘러싼 분쟁이 벌어지고 노조원과 회사가 고용한 300명의 용역직원들이 12시간 동안 충돌하였다. 그 결과 9명의 노조원과 7명의 용역직원이 사망하였다. 1884년에는 풀먼팰리스 객차회사에서 파업이 발생하여 노조원과 군인 간 충돌로 12명이 사망하고 2,000량의 객차가 파괴되었다. 1894년에 50만 명의 노조원이 참여하여 1,400회의 파업이 있었는데 이는 19세기 최고의 기록이었다.

불황이 시작되면서 신문에는 부패가 크게 증가되었다고 보도하였다. 이는 경기침체로 기업도산이 증가하고 증시가 붕괴하면서 투자 손실을 만회한다든지 또는 기업도산 위기에서 자금확보를 위해 안간힘을 쓰는 과정에서 자연스럽게 부정행위가 증가하고 횡령액 또한 크게 증가하게 되었다.

그렇다면 1920년대의 과열경기가 1930년대의 불황을 가져온 중요 요인은 무엇일까? 금융패닉으로 인해 경기침체가 심각해지는 여러 번의 경험을 겪으면서 금융패닉을 완화할 수 있는 시스템의 도입에 대한 논의가 활발하게 이루어졌다. 그 결과로 1913년에 연방준비은행제도가 도입되었다. 1920년대 들어서면서 경기가 과열화되는 경향을 보이고, 주가가 급격히 상승하였다. 그러나 연방준비은행은 사태의 심각성을 깨닫지 못하고, 경기과열을 방치하였다. 경기상승을 수반한 1920년대의 주가상승에는 낙관적인 자신감과 흥분과 이를 끌어가는 루머 등으로 비이성적인 측면이 강했다. 은행들은 투자자들에게 전화하여 돈을 빌려 주식에 투자하라는 권유가 일반적이었고, 주식시장에 대해 회의적인 의견은 거의 들리지 않았다. 1929년 10월 28~29일에 주식시장이 급격히 붕괴하면서, 분위기는 완전히 패닉상태로 바뀌었다. 미국과 영국의 실업율은 1929~30년에 10%를 넘었고 1933년에 25% 수준에 달했으며 독일은 최대 33%까지 증가하였다.

과거의 경험에서와 마찬가지로 물가는 하락하였지만 근로자들은 공정성, 화폐환상으로 명목임금의 하락을 받아들이지 않았다. 오히려 실질임금을 올려 소비를 증가시켜야 경기를 살릴 수 있다는 논리가 지지를 얻었다. 그러나 실질임금이 증가하면 고용이 감소하고 결국은 더 심각한 경기침체를 가져올 수 있다는 사실은 무시되었다. 이 당시 소비자 물가가 10% 이상 하락했는데도 명목임금 하락은 2~3%에 지나지 않았다. 이로 인해 1939년경 실질임금은 20% 이상 상승하였다. 이 당시 노사분규는 전 세계적으로 확산되었는데, 그 이유는 기업가를 노동계급에 대한 착취계급으로 인식하면서 정치투쟁화하였기 때문이다.

기업들은 경기불황이 끝나더라도 노조의 정치투쟁으로 좌경화된 사회적 분위기로 인해 기업 활동에 대한 많은 규제가 도입되고 자유기업체제가 위축될 것으로 예상하였다. 이러한 우려는 기업들의 자신감과 함께 기업투자를 위축시키고, 이로 인해 대공황이 오래 지속되게 된 또 다른 요인이었다.

5.3 _ 부패와 불신이 존재하는 경우

부패와 불신은 사회적 문제일 뿐 아니라 심각한 경제적 문제를 야기할 수 있다. 많은 경제학자들이 후진국에서 성공적인 경제성장을 이끌어 내기 어려운 중요한 이유가 조직화된 부패라는 점을 지적하고 있다. 이러한 국가들에서는 외국 원조물자가 필요한 사람들에게 도달하기 전에 중간에서 없어진다든지, 외국 차관으로 건설하는 도로가 정글 한가운데서 끝난다든지 하는 경우가 일상화되어 있다.

또한, 신뢰가 없는 사회는 거래비용의 증가로 인해 경제성장이 어렵다. 예를 들어, 거래 상대방을 믿지 못할 경우에는 작은 규모의 거래에도 변호사를 써서 거래가 계약대로 이행되지 못할 경우에 법적조치를 할 수 있도록 계약서를 작성해야 한다. 만약, 법 체제가 미흡하고 부패로 인해 법의 이행과정을 신뢰할 수 없다면 결국 거래를 포기하든 지 아니면 극단적인 경우 마피아와 같은 범죄조직에 비용을 지급하고 거래의 이행을 보장받게 된다. 이러한 경우에는 거래비용이 급격히 증가하게 된다. 거래 상대방을 믿을 수 있다면 전화 한통화로 몇 억 규모의 거래도 쉽게 이루어질 수 있다. 따라서 신뢰가 있는 사회에서는 거래가 활성화 되고 경제성장이 가속화될 수 있다.

부패나 불신은 경제가 안정된 선진국에서도 심각한 문제를 야기할 수 있다. 특히 금융 산업 분야에서는 80년대 이후 정보통신 산업의 발전과 급격한 글로벌화가 진전되면서, 새로운 금융기법과 새로운 금융상품이 규제나 감시가 불가능할 정도로 빠르게 발전하고 있다. 더구나 금융 산업의 글로벌화는 어느 한 국가에서의 경기 침체나 충격이 전 세계로 짧은 시간에 확산되는 결과를 가져왔다. 예를 들어, 엔론과 같은 대기업의 회계부정으로 인한 충격은 금융시스템에 파급되고 이는 다시 전 세계로 경제적 충격이 확산되는 효과를 가진다.

엔론은 2001년의 경기침체와 관련이 깊다. 2001년에 발생한 경기불황은 1990년대의 주식투자 열풍과 거품이 붕괴된 결과이다. 그러나 당시 엔론 사태로 대변되는 기업의 부패 스캔들 역시 중요한 요인 중 하나였다. 엔론은 미국 7대 기업으로 세계 최대 에너지 기업인데, 그 파산규모도 500억 달러로 미국 최대 기록이다. 엔론의 파산은 경영실패뿐 아니라 정경유착, 도덕적 해이, 감독기능 마비 등 미국 경영시스템의 전반적인 문제점이 복합적으로 작용한 결과이다.

천연가스 및 전기를 공급하는 소규모 회사였던 엔론은 1990년대 초반에 에너지 산업 규제완화와 함께 급격히 성장하였다. 에너지산업 규제완화 이후 전력 중개 사업을 시작하였다. 전력이 남아도는 지역과 부족한 지역 간의 전기 현물거래를 주도하고 전력수요 피크를 대비한 선물시장도 창출하였다. 엔론의 주요 사업은 가스송유관, 발전, 에너지 중계, 전력회사 등 에너지 관련 종합회사를 지향하였는데 핵심 역량을 기반으로 다양한 분야에 사업영역을 확장하여 1990년대 월스트리트에서 가장 각광받는 기업으로 평가되었고 창업 15년 만에 포춘 7대 기업으로 선정되었다.

또한 엔론의 회계부정 수법은 수익을 부풀리고, 비용을 축소하는 전형적인 방법이었다. 당시 엔론의 요청으로 이루어진 증권거래위원회의 새로운 규정에 의하면 천연가스의 판매 및 구매에 대한 장기계약이 체결되면, 그 계약기간에 걸친 미래의 기대수익을 현재의 수익으로 계상할 수 있었다. 예를 들어, 인도의 다볼에서 추진한 천연가스 발전 프로젝트는 발전소 건설에 수년이 걸리고 또한 많은 불확실성으로 발전소 건설이 취소될 지도 모르는 상황에서 이미 엔론의 수익으로 계상되었다.

그러나 리스크의 확대 및 회계부정이 존재하였다. 엔론은 기존의 에너지 온라인 거래 확대와 새로운 사업 영역으로의 진출을 위해 파트너십(partnership)이라는 특수 법인을 활용하였다. 파트너십은 특정 프로젝트 수행을 위한 투자자금 조달을 목적으로 설립된 비공개 비상장 합자회사이다. 파트너십은 엔론과 개인투자자들의 출자로 설립되었다. 파트너십은 금융기관으로부터 자금을 차입하여 엔론이 보유하고 있는 자산을 매입하고, 이들 자산으로부터 발생한 수익을 투자자 및 금융기관에 반환하였다. 파트너십은 독자적인 기업으로 인정되므로, 엔론의 자금조달, 부채은익, 이익과대 계상의 수단으로 사용하였다. 파트너십이 엔론으로부터 비싸게 자산을 매입하여 엔론의 수익을 부풀리고, 파트너십을 통해 차입하여 엔론의 부채를 은닉하였다.

2000년 엔론과 산하 파트너십 간의 거래에서 막대한 부실이 발생되었음이 밝혀짐에 따라 엔론의 불투명한 장외 거래에 대한 의혹이 현실화되었다. 엔론이 파트너십을 운영하면서 시가총액 770억 달러에 달하는 기업가치가 소멸되었다는 사실과 엔론의 외형과 실적이 과대포장되었음이 밝혀지면서 회복불능 상태로 추락하였다. 엔론은 2001년 12월 4일 공식적으로 파산을 선언하게 되었다.

서브프라임 모기지 사태와 2007년에 시작된 경기침체를 살펴보자. 모기지대출(mortgage loan)이란 주택을 담보로 금융회사로부터 대출을 받은 이후 일정기간 동안 정기적으로 원금과 이자를 나누어 상환하는 주택담보대출상품의 일종이다. 이러한 모기지대출을 취급하는 모기지 시장은 미국의 경우 크게 1차 대출시장과 2차 유동화시장으로 구분된다.

미국의 1차 대출시장은 차입자의 신용도에 따라 크게 우량고객을 대상으로 하는 프라임(prime)시장과 저신용-저소득 고객층을 대상으로 하는 서브프라임(sub-prime)시장, 그리고 그 중간단계의 Alt-A시장으로 분류된다. 서브프라임 모기지는 일반은행보다는 주로

Countrywide Financial, New Century, Option One 등과 같은 전문 모기지 회사들이 취급한다. 서브프라임 모기지는 신용도가 낮은 고객을 대상으로 하기 때문에 높은 리스크도로 인해 우량모기지(prime mortgage)에 비해 금리가 2~3%p 정도 높다.

한편 문제가 된 서브프라임 모기지대출의 약 80%는 하이브리드 형태의 금리조정조건부(Adjustable Rate Mortgage, ARM) 형태로 취급된다. 즉, 처음 2년 정도는 미끼금리 형식으로 낮은 고정금리를 적용하다 나머지 기간 동안에는 높은 변동금리로 전환하는 옵션형태의 금리조정 조건부 대출의 형태를 취한다.

서브프라임 모기지대출은 2001년 이후 저금리와 부동산가격 급등에 힘입어 급증하기 시작하여 전체 모기지 시장에서 서브프라임 대출이 차지하는 비중은 잔액기준으로 2002년 말 약 3.4%에서 2006년 말 13.7%로 큰 폭으로 상승하였다. 특히 모기지 금융회사 간 대출경쟁이 격화되면서 빠르게 증가하여 2004~2006년 중에는 매년 $5~6천억 이상씩 급증하였다.

한편 2차 유동화시장은 모기지대출 취급기관으로부터 인수한 대출채권을 기초로 유동화증권을 발행하여 투자은행 및 헤지펀드 등 투자자에게 매각하는 시장을 의미한다. 모기지 업체들은 신규대출을 위한 자금조달을 위해 부동산대출 관련 채권을 모아서 Morgan Stanley나 Goldman Sachs 등과 같은 대형 투자은행에 판매한다. 대형 투자은행들은 사들인 모기지 채권을 기초로 다양한 파생상품을 만들어 다시 고수익을 노리는 헤지펀드나 보험사와 같은 투자자들에게 판매한다. 실제로 미국 서브프라임 모기지대출의 약 54% 정도가 수익률이 높은 유동화 증권으로 만들어져 투자자들에게 판매하였다.

서브프라임 모기지는 어떻게 부실화되었을까? 2006년 이후 금리상승과 주택가격 하락으로 연체율과 주택압류가 급증하는 등 서브프라임 모기지론의 부실화가 빠르게 진전되었다. 특히 2004년 하반기 이후 17차례에 걸쳐 5.25%까지 기준금리가 인상되면서 서브프라임 모기지 대출을 부실화시키는 중요 요인으로 작용하였다. 한편 금리상승과 함께 발생한 주택가격의 하락은 담보가치 하락을 통해 급격한 서브프라임 모기지 부실을 초래하였다.

이러한 서브프라임 모기지대출의 부실화는 대출서비스를 제공하는 모기지 업체의 부실로 연결되었다. 모기지 업체가 부실화 된 데는 방만한 대출취급이 근본적 원인이다. 대출의 종류를 보면 Piggyback대출(다운 페이먼트가 없는 대출), No-doc대출(증빙자료 없이 대출자가 자신의 소득을 밝히는 대로 인정하여 제공되는 대출), Interest-only대출(이자만 상환하다가 나중에 원금을 일시 상환하는 방식의 대출) 등이 있다.

서브프라임 모기지 부실은 세계 금융시장을 전염시켰다. 모기지대출 및 모기지 업체의 부실이 모기지대출을 기초로 유동화증권을 발행한 업체와 여기에 투자한 헤지펀드, 투자은행 및 보험회사의 부실로 연결되었다. 2007년도 초부터 부각되기 시작한 서브프라임 부실문제는 6월 이후에는 미국을 비롯한 국제 금융시장의 불확실성을 증폭되었다. 특히 신용경색을 동반하면서 일부 헤지펀드가 파산하는 등 파급이 전 세계 금융시장으로 광범위하게 확산되었다. 지역적으로도 미국 이외의 EU, 영국, 캐나다, 호주, 나아가 아시아 금융시장으로 충격이 빠르게 확산되었다.

이러한 결과로 세계 금융시장에의 영향 및 전 세계적 불황을 만들었다. 중국을 제외한 주요국 경제에서 주가가 동반 하락하면서 심각한 경기 침체와 그리스 아일랜드 등 국가부도로 확대되었다.

지금까지 살펴본 사례에서 다음과 같은 공통점을 가지고 있다. 급격한 규제완화의 문제점이 존재한다. 급격한 금융규제의 완화 및 감시기능의 미흡은 저축대부조합, 서브프라임 사태, 그리고 동아시아 금융위기에서 보는 바와 같이 금융시스템의 불안정성을 증가시키는 부작용이 심각할 수 있다. 또한 규제완화로 인해 경쟁이 심화될 경우 경쟁에서 이기기 위해 부정에 대한 유혹이 강화되는 경향이 있다. 특히 경쟁에 밀려 생존의 위협을 받게 될 경우 선택의 여지없이 부정행위를 저지르게 된다. 따라서 규제완화가 바람직한 것이라 하더라도 감시기능의 강화 등 부작용 가능성에 대한 철저한 대책이 전제 되어야 한다.

6. 공정성과 형평성

앞에서 공정성이 도입되는 경우를 살펴보았다. 경제학에서는 사람들이 합리적 추론을 바탕으로 경제적 의사 결정을 내린다고 가정한다. 합리적 의사결정은 시장동기적인 유인을 바탕으로 모든 가능한 정보를 이용하여 내리는 의사결정을 의미한다. 그러나 사람들의 경제적 의사결정에서 공정성에 대한 고려가 합리적인 경제적 동기보다 훨씬 중요한 경우가 많다. 경제학 교과서에서는 소득분배에 관한 분석 외에는 공정성에 관한 문제를 거의 다루지 않고 있다.

그러나 신뢰게임에서 사람들은 공정한 제안을 하지 않는 상대방에 대해 자신의 비용을 들여서라도 응징을 하려는 행태를 보인다고 하였다. 예를 들어, 폭설이 내린 후 철물점에서 눈삽의 가격을 $15에서 $20로 올렸다. 이는 공정한 가격결정인가? 경제적으로는 수요가 증가하면 가격이 오르는 것은 당연하다. 따라서 이윤을 극대화 하는 동네 철물점에서 눈삽의 가격을 올리는 것은 합리적 결정이다. 그러나 이 질문에 대한 응답자의 82%가 불공정하다고 답변하였다. 홈디포(Home Depot)와 같은 유통업체들은 이러한 소비자들의 반발을 고려하여 허리케인 피해와 같은 어려움이 있을 경우 비용 상승을 자체적으로 흡수하고 소비자 가격을 그대로 유지하는 경우가 많다.

앞에서 나온 예를 다시 들어보자. 더운 해변에서 시원한 맥주를 마시고 싶은 생각이 날 때, 근처 호텔과 허름한 가게에서 맥주를 구입할 수 있다고 가정하자. 호텔에서 파는 맥주에 더 높은 가격을 지불할 용의가 있는 지 여부를 살펴 보았다. 질문에 답한 사람들이 적어도 호텔에서 파는 맥주에 75% 이상 더 가격을 지불할 용의가 있다고 답변하였다. 합리적 의사 결정자라면 해변에서 같은 맥주를 마시는데 더 높은 가격을 지불할 이유가 없다. 그러나 사람들은 같은 맥주라도 허름한 맥주가게에서 높은 가격을 받는 것은 공정하지 않다고 느낀다.

또 다른 예로, 실험 사람들에게 일정액의 돈을 나누어주고, 각자 남이 모르게 돈의 일부 또는 전부를 항아리에 넣은 후 항아리 속에 있는 돈의 1.5배를 모두 동등하게 나눠 가지는 게임을 반복하였다. 협력적인 게임에서 가장 적절한 전략은 모두 전액을 넣고 각각 1.5배씩 나눠 가지는 것이다. 비협력적인 상황에서는 가능하면 적게 돈을 넣으려고 할 것이다. 이 경우 개인적으로 최적전략은 항아리에 한 푼도 넣지 않는 것이다. 처음에는 어느 정도 협력하면서 게임이 진행되지만, 반복횟수가 증가하면서 점차 무임승차하는 사람들이 증가하게 되고 게임이 종료된다.

이 때 사람들은 무임승차하는 사람들에 대해 불공정하다고 느끼게 되는데, 무임승차하는 사람들에 대해 비용을 들여 처벌하도록 규정을 바꾸면 결과는 어떻게 될까? 사람들은 불공정하게 행동하는 사람들에 대해 비용을 들여서라도 처벌하기를 원하고, 실제로 처벌할 수 있는 제도가 도입되면서 무임승차가 감소하고 게임이 지속되었다. 따라서 처벌할 기회를 위해 돈을 지불한다는 것은 그만큼 사람들이 공정성을 중요하게 생각하고 불공정 행위를 하는 사람들에 대해 분노한다는 것을 의미한다.

형평성이론(equity theory)에 대해 알아보자. 경제학에서 거래는 시장에서 필요로 하는 재화나 서비스를 제공받고, 그 가치에 해당하는 가격을 지불하는 행위를 말한다. 시장거래에서 가장 중요한 것은 수요자와 공급자가 해당 재화에 대해 얼마나 가치를 부여하느냐 하는 것이다. 그러나 사회학에서 거래는 시장에서 재화나 서비스의 거래에 제한되지 않고, 가족이나 친구 또는 동료와의 관계에서 일어날 수 있는 모든 형태의 거래를 의미한다. 이러한 거래에서 가장 중요한 요소는 가치가 아니라 공정성이다.

예를 들어, 사람들은 직장에서 자신이 모르는 것에 대해 도움을 받으려고 할 때 직장 상사보다는 동료에게 의존한다. 상사에게 묻는 것은 폐가 될 뿐 아니라 공정성의 관점에서

맞지 않기 때문이다.

또 다른 예로, 공무원들이 서로 다른 수준의 전문성을 가지고 있을 때 전문성이 낮은 사람이 전문성이 높은 사람에게 조언을 구하는 경우는 거의 없다. 오히려 전문성이 낮은 사람과 의논하는 경우가 대부분이다. 이는 전문성이 낮은 사람이 높은 사람에게 조언을 구하는 것은 형평성에 맞지 않다고 느끼기 때문이다. 따라서 이러한 일련의 행태는 사람들의 의사결정에서 공정성이 얼마나 중요한 요소인지 알 수 있다.

7. 화폐환상

앞에서 화폐환상이 존재하는 경우를 모형을 통해 살펴보았다. 화폐의 구매력은 실질가치(M/P)에 의해 결정된다. 따라서 합리적인 사람들이라면 경제적인 의사결정을 할 때 화폐의 명목가치(M)보다는 실질가치(M/P)의 변화를 기준으로 해야 한다. 화폐환상은 사람들이 경제적 의사결정을 화폐의 실질가치보다 명목가치 변화를 기준으로 하는 비합리적 행태를 의미한다.

미터나 야드, 무게를 나타내는 톤, 전기량을 나타내는 와트, 인터넷의 통행량을 나타내는 바이트 등 단위를 나타내는 모든 척도는 그 절대적 크기나 가치가 불변이다. 그런데 화폐단위를 나타내는 원이나 달러 등은 그 상대적 가치가 변한다. 전 세계적으로 화폐를 사용한 거래량을 고려한다면, 화폐가치를 측정하는 단위의 가치가 절대적으로 주어지지 않고 변화한다는 것은 경제적으로 심각한 문제점을 야기할 수 있다. 예를 들어, 동아시아 금융위기, 남미의 경제위기 등은 결국 화폐가치의 급격한 변화로 인해 야기된 것으로 위기 극복에 엄청난 비용이 투입되었다.

이렇게 측정단위의 기본인 화폐가치가 변함에 따라 화폐가치를 명목가치로 평가하는 지 또는 실질가치로 평가하는 지가 중요한 문제일 수 있다. 화폐의 가치는 구매력, 즉, 화폐 1단위로 구입할 수 있는 재화나 서비스의 양이 중요함으로 명목가치보다는 실질가치가 중요하다. 그런데 사람들은 화폐가치를 평가할 때 실질가치보다 명목가치를 기준으로 하는 경향을 가지게 되는데 이를 화폐환상이라 한다.

합리적 의사결정을 기본 가정으로 하는 경제학, 특히 고전학파 경제학이나 또는 화폐론자들은 화폐환상이 없다고 가정한다. 이 경우 통화정책은 실물경제에 영향을 줄 수 없다. 이를 화폐의 중립성(Neutrality of Money)이라고 한다. 그러나 실제로 화폐환상이 존재한다면 통화정책이 실물경제에 영향을 줄 수 있게 된다. 화폐환상은 명목임금이나 또는 물가가 경직성을 가지는 사실을 설명할 수 있고, 이 경우 통화량의 변화는 실물경제에 영향을 줄 수 있다.

다양한 실험들을 통해 실제로 사람들의 의사결정 과정에서 실질가치보다는 명목가치를 기준으로 하는 화폐환상이 존재함을 보여줄 수 있다. 기준의 다양한 표현 방식 또는 프레이밍에 대해 알아보자. 사람들은 기준을 표현하는 방식에 따라 의사결정에 차이를 보인다. 즉, 프레이밍(framing)에 따라 의사결정이 달라진다.

예를 들어, 선택 가능성을 총액으로 표현하는 경우와 손실 또는 수익액으로 표현하는 경우

- 현금 $25만 vs. $24만 또는 $26만 5천을 받을 확률이 각각 반반일 경우
- 현금 $25만 vs. $1만를 잃거나 또는 $1만 5천을 딸 확률이 각각 반반일 경우

사실 위의 제안은 실제적으로 동일하다. 그런데도 총액으로 표현될 경우에는 기대값이 $25만 2천 5백인 리스크가 있는 쪽을 선택한다. 그러나 잃거나 딸 수 있는 액수로 표현될 때는 안전한 25만 달러를 선택하는 경향이 있다.

또 다른 예로, 수술 후 '100명 중 95명이 생존'하는 경우 vs. '100명 중 5명이 사망'하는 경우가 있다고 하면. 위 사례에서 사람들은 결과적으로 같은 선택임에도 불구하고 기준의 표현방식이 현저하거나(salient) 또는 단순하거나 하여 인식이 쉬운 쪽에 영향을 강하게 받는 경향이 있다.

잃거나 따는 액수로 표현된 경우 리스크에 대해 더 생생하게 느끼게 되고 수술 실험에서는 생존율보다 사망률 쪽에 더 반응한다. 이러한 관점에서 본다면 사람들이 화폐환상을 가지는 이유는 실질가치보다는 명목가치가 더 쉽고 생생한 기준이 될 수 있기 때문이다.

실험을 통해 화폐환상은 소득, 거래, 계약, 투자 등 다양한 형태의 경제활동에서 나타난다는 것을 알 수 있다.

첫째, 소득과 관련한 실험을 살펴보자. 사람들의 소득에 대한 만족은 실질가치만이 아니고 다른 사람과 비교하여 상대적 크기에도 많은 영향을 받는다.

조박사 초임 평균이 $4만인 회사에서 초봉 $3만 6천로 일을 시작한다. 반면 최박사는 초임 평균 $3만인 회사에서 초봉 $3만 4천를 받는다. 180명의 사람들에게 누가 더 만족을 할까 하는 질문에 80%가 최박사라고 답변하였다. 다른 기업에서 스카우트 제안을 받을 때, 누가 이 제의를 받아들일 가능성이 큰 가 하는 질문에 66%가 조박사일 것으로 답변하였다.

사람들은 보수의 절대액이 크지만 동료보다 적게 받는 조박사의 불만이 크고 이직가능성이 큰 것으로 평가하는 것을 알 수 있다. 인플레이션이 있는 경우 사람들은 소득을 평가하는데 실질소득보다 명목소득에 집착하는 경향을 보이게 된다. 이는 소득평가에 화폐환상이 작용한다

는 것을 보여준다.

또 다른 예를 들어보자. 철수는 대학 졸업 후 초봉 $3만으로 직장생활을 시작하였고, 인플레이션이 없는 상태에서 1년 후에 봉급이 2% 인상되었다. 영희는 초봉 $3만로 시작하여, 1년 후 4%의 인플레이션 하에서 봉급이 5% 인상되었다. 사람들에게 다음과 같은 질문을 하였다.

- 경제적 여건: 1년 후 어느 쪽이 경제적으로 더 좋아졌는가? 철수 71% 영희 29%
- 만족도: 1년 후 어느 쪽이 더 만족하겠는가? 철수 36% 영희 63%
- 누가 먼저 이직할 가능성이 높은가? 철수 65% 영희 35%

사람들은 인플레이션 하에서 철수가 경제적으로 더 여건이 좋다는 것을 인정하면서도, 한편 만족도나 또는 이직가능성에 대해 임금의 명목상승률이 높은 영희가 우월한 것으로 평가하고 있다. 이는 인플레이션 하에서 소득을 평가하는데 명백히 화폐환상이 존재함을 보여준다.

둘째, 거래측면을 살펴보자. 소득을 평가할 때와 마찬가지로 인플레이션이 있을 경우 거래를 평가함에 있어서도 화폐환상이 작용한다.

김씨, 이씨, 박씨가 $20만짜리 집을 구입하고, 다음과 같은 조건으로 1년 뒤에 매각하였다. 누가 가장 거래를 잘 했는지 순위를 매기는 실험을 실시하였다.

- 김씨: 김씨가 주택 구입 후 1년간 25%의 디플레이션이 있었고, 김씨는 23% 가격이 하락한 $15만 4천에 매각
- 이씨: 주택 구입 후 물가가 안정되었고 주택을 1% 가격이 하락한 $19만 8천에 매각
- 박씨: 25%의 인플레이션이 있었고, 1년 후 23% 상승한 $24만 6천에 매각

표 16.1 화폐환상의 존재

명목거래:	−23%	−1%	+23
실거래:	+2%	−1%	−2%
순위:			
1위	37%	17%	48%
2위	10%	73%	16%
3위	53%	10%	36%

실질 가치에서, 김씨가 가장 좋은 성과를 얻었음에도 명목가격만을 보면 가장 성과가 나쁜 것으로 보인다. 사람들의 평가는 명목가격에 집착하는 경향을 보인다는 점에서 명백히 화폐환

상이 작용한다는 것을 알 수 있다.

인플레이션 하에서 사람들의 구매행위와 매각행위를 평가하는데 차이가 있는 지 여부를 하는 실험 결과는 다음과 같다.

현재 25%의 인플레이션을 경험하고 있다. 모든 물가와 함께 임금도 25% 상승하였다.

- 6개월 전에 살려고 할 때 $400인 가죽의자가 현재 $500가 되었다. 지금 같은 의자를 살 가능성은? More 7%, Same 55%, Less 38%
- 6개월 전에 팔려고 했던 고가구가 $400에서 현재 $500이 되었다. 지금 팔 생각이 있는가? More 43%, Same 42%, Less 15%

모든 물가와 임금이 25% 상승했으므로, 의자 가격이 25% 올랐다고 해도 실질가격에는 영향이 없다. 따라서 구매하든지 또는 매각하든지 전혀 차이가 없어야 한다. 그런데 실제 선호의 분포를 보면 명목가격이 오름에 따라 사기보다는 팔려는 경향이 강해졌음을 알 수 있다. 따라서 화폐환상이 작용하고 있음을 알 수 있다.

셋째, 계약에서도 화폐환상은 존재한다. 계약은 서비스나 재화를 제공하거나 받는 대가로 미래에 정해진 금액을 지급받거나 또는 지급할 것을 약정하는 거래이다. 인플레이션이 있을 경우 미래에 지급하거나 받는 거래는 리스크를 수반한다.

리스크회피자는 미래의 리스크를 피하기 위해 물가에 연동하는 거래를 선호할 것이다. 한편 물가에 연동하는 거래는 명목가격의 변동을 수반하게 된다. 만약, 계약자가 화폐환상으로 명목 화폐가치를 우선한다면 오히려 명목가격의 변동을 회피할 가능성이 있다.

다음의 실험결과, 명목가격기준으로 설명하는 지 또는 실질가격기준으로 설명하는 지의 프레임(framing)에 따라 선택이 달라짐을 알 수 있다.

컴퓨터 제조회사에서 2년 후에 신기종 컴퓨터를 인도하고, 대금을 받기로 계약한다. 현재 컴퓨터는 대당 $1,000이나 향후 20% 정도의 인플레이션을 예측된다. 다음과 같은 계약 중 어느 쪽을 선택할 것인가?

- 계약내용을 실질 가치를 기준으로 설명할 경우
- 계약 a: 컴퓨터를 $1,200에 팔기로 계약한다. 따라서 인플레이션이 20% 미만일 때는 이익을 보나, 20% 이상일 때는 손해가 된다. 따라서 이익은 실제 인플레이션율에 따라 달라진다(19%).
- 계약 b: 컴퓨터 가격을 물가에 연동된다. 따라서 물가변동에 상관없이 실질 수입은 변동이

없다(81%).

실질가치를 기준으로 설명을 하면 계약b가 안전한 계약으로 인식된다. 따라서 사람들이 계약 b를 선호하게 된다.

- 계약 내용을 명목가격을 기준으로 설명할 경우
- 계약 c: 2년 뒤 물가에 관계없이 대당 $1,200에 판매한다(41%).
- 계약 d: 대당 가격을 물가에 연동된다. 따라서 물가가 20% 이상 오르면 컴퓨터 가격은 $1,200보다 높아지고 인플레이션이 20%보다 낮으면 가격은 $1,200보다 낮아진다 (59%).

계약 a와 계약 c 그리고 계약 b와 계약 d는 서로 같은 내용이다. 그럼에도 명목가격을 기준으로 한 설명에서 계약 d가 오히려 가격 변동이 심하고 따라서 물가변동에 리스크가 더 노출되어 있는 것같은 느낌을 준다. 이러한 차이가 사람들이 계약 a, b의 경우에 비해 계약 c, d에서 c를 상대적으로 더 많이 선호하게 하는 이유이다.

- 계약 내용을 중립적으로 설명
- 계약 e: 2년 뒤 실제 가격에 상관없이 컴퓨터 1대당 $1,200에 판매 한다(46%)
- 계약 f: 물가에 연동하여 대당 2년 후 가격으로 판매한다(54%)

결과는 계약 c, d와 비슷하게 나타나고 있다. 이는 과반수 이상(54%)의 사람들이 실질가치가 안정되는 것을 선호하지만, 그래도 상당히 많은 사람들(46%)이 명목가격이 안정되는 것을 선호한다는 것을 보여주고 있다. 이는 일반 경제학에서 가정하는 합리적 의사결정에 문제가 있다는 것을 의미한다.

넷째, 투자부분을 살펴보자. 포트폴리오 투자의 경우, 인플레이션이 있다면 물가상승으로 인해 투자대상 금융상품의 명목가치가 지속적으로 상승하게 된다. 만약, 투자들이 명목가격으로 추정한 수익률에 관심을 가진다면 (즉, 화폐환상이 있다면) 인플레이션 하에서 조금 더 수익성이 높고 리스크가 높은 투자전략을 추구할 가능성이 있다.

투자 전문가들을 대상으로 리스크가 낮고, 수익성이 낮은 A 상품(평균 실질수익 0.25%/월, 표준편자 0.18%)과 리스크가 높고 수익률 또한 높은 B(평균 실질수익 1%/월, 표준편차 3.5%)를 제시하였다.

- 두 개의 팀으로 나누어 각각 400회씩 투자 모의실험을 시행
- 인플레이션이 없다고 가정했을 경우: A 57.7%, B 42.3%
- 10%의 인플레이션이 있다고 가정: A 28.5%, B 71.5%

인플레이션 하에서 리스크를 감수하는 경향이 증가한다. 이는 10% 인플레이션 하에서 5%의 명목수익을 얻을 경우 사람들은 -5%의 손해를 봄에도 불구하고 인플레이션으로 인한 명목수익의 증가를 실질 소득의 증가로 환상하는 경향을 보이기 때문이므로 화폐환상이 존재한다.

다섯째, 심리적 회계(mental accounting)를 살펴보자. 넛지를 이용한 심리적 회계는 사전에 예정된 예산을 다른 용도로 쉽게 전용하지 않는 심리적 회계를 이용해 지출을 억제하고 저축을 증가시키는 수단으로 사용된다. 심리적 회계는 화폐환상을 야기하는 또 다른 중요한 요인이 된다. 디플레이션 하에서 모든 물가가 하락하는데도 불구하고 명목임금의 하락을 받아들이지 않는다든지 또는 부동산 침체로 가격이 하락하는데도 주택을 매입한 값 이하로는 팔지 않으려 한다든지 하는 것이 심리적 회계의 좋은 사례이다.

두 개의 경쟁하는 서점 A와 B가 있다고 하자. A는 넛지를 1년 전에 $20에 구입하여 $44에 판매하여 $24 차익(1년전 $20에 구입했으나 인플레이션을 고려하면 원가는 현재 $22달러이다. 따라서 실제 차익은 $22)을 남겼다. 1년 동안 10%의 인플레이션으로 인해 B는 최근 같은 책을 $22에 매입하여 $45에 판매하고 $23 차익을 남겼다. 어느 쪽이 성과가 더 좋았는가 하는 질문에 대부분의 사람들은 서점A가 더 성과가 좋았다고 답변하였다. 따라서 사람들은 명목 이익이 더 큰 것만을 고려한다.

여섯째, 공정성과 도덕성(fairness and morale)에 대해 살펴보자. 경기가 나빠짐에 따라 임금삭감이 불가피한 상황이다. 두 그룹의 사람들에게 각각의 기업에 대해 불공정한 지 여부를 평가하도록 요구하였다.

- 인플레이션이 없는 상태에서 A기업은 임금을 7% 삭감 (불공정 62% 공정 38%)
- 12%의 인플레이션 하에서 B기업은 5% 인상 (불공정 22% 공정 78%)

두 기업은 실질임금 면에서는 모두 7%가 삭감되었으나, 명목임금이 인상된 기업의 경우 불공정 평가가 상대적으로 적었다. 따라서 화폐환상이 존재한다.

8. 실업

8.1 _ 고전학파 이론과 효율적 임금이론

고전학파 이론에 의하면, 근로자들은 합리적으로 판단하고 시장에서 가격기구가 유연하게 작동하므로, 노동시장에서 실업이 존재할 수 없다. 경제충격에 의해 일시적으로 시장불균형이 생기더라도 곧 시장의 가격기구에 의해 불균형이 해소된다. 그런데 실제로 노동시장을 보면, 충격이 없는 상태에서도 비자발적 실업이 존재한다. 자발적 실업은 현재의 임금수준에서 일하기를 원하지 않는 근로자를 말한다. 비자발적 실업은 현재 시장에서의 임금수준에서 일하기를 원함에도 직장을 찾을 수 없는 경우를 의미한다.

비자발적 실업이 존재한다는 것은 현재의 임금수준이 시장균형 임금수준보다 높게 책정되어 있다는 것을 의미한다. 그렇다면 왜 임금이 시장균형수준으로 하락하지 않는가?

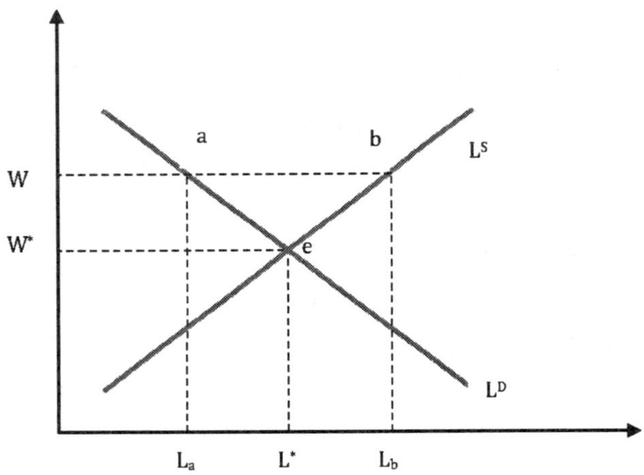

그림 16.22 노동시장

효율적 임금이론(Efficiency Wage Theory)에 의하면 기업들은 시장의 균형임금보다 높은 임금을 지급하여, 근로자들의 일하려는 의욕을 고취시키고 생산성을 증가시키는 효과를 얻을 수 있다. 대부분의 기업들이 시장임금보다 높은 임금을 지급한다면 당연히 비자발적 실업이 존재하게 된다.

효율적 임금이론은 실제 임금이 균형임금보다 높아 비자발적 실업이 존재할 수 있다는 사실 외에도, 같은 업종 내에서 같은 내용의 업무를 하는 근로자 사이에도 임금수준이 다른 사실을 설명할 수 있다. 예를 들어, 1951년 보스턴에서 세탁물을 운반하는 운전사는 시간당 $1.2를 받는데 비해 잡지를 운반하는 운전사는 그 두 배인 $2.25를 받았다. 이러한 현상은 사람들이 임금을 비교할 때 비슷한 업종과 비교한다는 것을 나타낸다. 따라서 같은 운전을 하는 직업의 경우에도 업종이 다를 경우, 임금 차이를 받아들인다는 것을 의미한다. 1988년 25~65세 사이의 남성이 받는 주급의 상위 10%와 하위 10% 사이에는 4배가 넘는 임금격차가 있었는데, 이 격차의 50%는 개인적인 기술의 차이보다는 근무처에 따라 결정되었다. 또한, 임금이 높은 근무처나 산업에 근무하는 사람들의 이직률은 상대적으로 훨씬 낮게 나타났다. 이는 효율적 임금이론이 실제로 근로자들의 근무 회사에 대한 자긍심을 높이고 생산성을 높여 실제 비용을 낮출 수 있다는 실증이 될 수 있다. 효율적 임금의 효과를 실증적으로 보여주는 사례는 1914년 헨리포드 1세가 포드 자동차 근로자들에게 하루 임금 $5를 지급한 사례이다. 당시 하루 $5 임금은 통상 임금의 두 배 이상으로 소비자물가지수를 이용해 계산하면 2008년 현재 하루 $111에 해당하는 수준이다. 높은 임금의 효과는 즉각적으로 나타나, 당시 디트로이트의 가장 우수한 기술자들이 포드자동차에 몰려들었고 이직률이 낮아져 신입직원 훈련비용이 감소하였다. 이로 인해 생산성이 획기적으로 증가하였다.

효율적 임금이 생산성을 증가시킬 수 있는 요인은 ①태만의 억제, ②이직의 감소, ③도덕적 해이 완화, 그리고 ④공정성 개념 등이 있을 수 있다.

첫째, 태만(shirking)의 억제를 살펴보자. 기업은 근로자가 열심히 일하기를 기대하고, 그렇지 않을 경우 해고한다는 위협을 무기로 한다. 그러나 임금이 균형수준에서 책정되고, 시장이 완전고용상태에 있다면 해고된 근로자는 언제 어디서나 항상 새로운 직장을 찾을 수 있다. 이러한 상황에서는 열심히 일하지 않을 경우, 해고하겠다는 위협은 별 효용이 없다. 더구나 근로자가 얼마나 열심히 일하는 지는 측정하기가 쉽지 않다. 단순조립과 같은 작업에서는 성과측정을 통해 얼마나 열심히 일하는 지를 쉽게 측정할 수 있으나, 단순조립 업무를 제외한 일반적인 기업 활동에서는 성과측정이 쉽지 않은 경우가 대부분이다. 이러한 여건 하에서 시장균형임금보다 높은 임금을 지급하는 것은 한 가지 좋은 대안이 될 수 있다. 높은 임금수준 하에서는 항상 실업이 존재함으로, 태만으로 인해 해고될 경우 새로운 직장을 찾기가 어렵다. 따라서 열심히 일하려는 유인을 갖게 된다. 높은 임금으로 근로자들의 태만이 감소한다면 근로자들을 감시하는데 소요되는 비용(monitoring costs)을 절약할 수 있다.

둘째, 이직의 억제이다. 기업들이 신입직원을 뽑아 일정기간 훈련 기간을 거쳐 독자적으로 일을 할 수 있도록 하는 데는 많은 비용이 소요된다. 또한 능력있는 인재는 기업의 중요한 자산으로 성장하는 기업들은 훌륭한 인재를 확보하기 위해 노력한다. 그런데, 경기가 나빠지고 기업의 재정사정이 어려워질 때 임금을 삭감한다면, 다른 기업에서 쉽게 직장을 찾을 수 있는 우수한 인재가 먼저 이직하고 기업에 남는 사람들은 능력이 상대적으로 낮은 사람들만이 남게 될 것이다. 따라서 기업들은 경기가 나빠져도 쉽게 임금을 낮추지 않는다. 결과적으로 임금은 균형임금보다 높을 뿐 아니라 하방경직성을 갖게 된다. 이러한 정책은 근로자들의 이직을 감소시켜 신입직원을 뽑고 교육하는 비용이 감소될 뿐 아니라, 근로자들의 기업에 대한 충성심을 갖게 하여 생산성을 높일 수 있다.

셋째, 역선택 문제가 존재한다. 노동시장에는 직원을 채용하는 기업과 직장을 찾는 근로자 사이에 근로자의 능력과 행태에 대한 정보비대칭이 존재한다. 기업들은 성실하고 우수한 인재를 채용하기를 원하지만 구직자들 중에 누가 자신들이 원하는 인재인 지를 구분하기 어렵다. 반면 구직자들은 자신의 능력이나 성격 그리고 행태 등에 대해 어느 정도 파악하고 있다. 이러한 상황에서 기업이 시장에서 수요와 공급에 의해 결정되는 균형 임금을 지급할 경우 근로자나 사용자 모두 상대방에 대해 평가하고 선택할 수 있는 기회가 주어지지 못한다.

또한, 기업이 협상을 통해 임금을 낮게 제시하는 근로자를 뽑는다면 기업들은 상대적으로 능력이 낮은 근로자를 선택하게 될 가능성이 높아진다. 따라서 역선택 문제가 존재한다. 이러한 문제들을 완화하기 위해 기업은 균형임금보다 높은 임금을 제시하고, 해당 기업에 응시하는 많은 근로자들 중에서 원하는 근로자를 다양한 스크린 수단을 사용하여 추려낼 수 있을 것이다. 스크린 (screening) 기준은 학력, 성적, 자격증, 인턴경력, 해외연수경력, 면접 등이 될 수 있다. 따라서 응시자들은 다양한 방법을 통해 자신이 우수한 근로자라는 것을 보이려고 노력한다. 신호행위(signaling)란 학력, 성적, 해외 연수, 인턴경험 등 기업의 스크린 기준에 맞추어 신호를 보낸다. 또한 우수한 기업일수록 상대적으로 높은 임금을 제시할 수 있을 것이고 근로자들은 자신이 우수한 인력이라고 판단하게 되면 임금이 높은 좋은 기업에 응모하게 된다. 따라서 자기선택(self-selection)이 존재한다.

마지막으로 사회학적 모형인 공정성(fairness)이 존재한다. 사람들은 다른 사람들 또는 다른 그룹과 비교하여 자신들의 임금에 대해 평가한다. 또한 대부분의 근로자들은 회사에 충성심을 가지고 회사의 가치를 공유하고 회사에 자부심을 가지고 있기 때문에, 만약 주변의 비교대상 기업이나 사람들에 비해 자신들의 보상이 상대적으로 낮다고 판단하면 불공정하다고 인식한다. 대부분(적어도 80% 이상)의 사람들이 자신이 남보다 우수하다고 생각하기 때문에 비교대상보다 낮은 임금을 받아들이기 어렵다. 또한 기업이 경기가 나쁘다거나 하여 임금을 삭감한다면 이는 기업주가 자신의 이익을 챙기기 위해 근로자들의 임금을 삭감한다고 판단하고 불공정하다고 인식하는 경향이 있다.

사람들은 자신을 공정하게 평가하고 대우하는 경우에는 상대방에 대해 보상하려는 심리가 존재한다. 반면에 불공정하게 대하거나 이용한다고 생각하면 비용을 들여서라도 상대방을 응징하려는 의지를 가진다. 이러한 행태는 자주 임금삭감이나 해고에 대해 강력하게 반발하고 심각한 노사분규가 발생하는 요인이 된다. 근로자들의 공정성에 대한 이러한 태도는 실제 임금이 균형임금보다 높고 하방 경직성을 가지며 따라서 실업이 존재하게 되는 사실을 설명할 수 있다.

8.2 _ 인센티브 이론

인센티브는 양날의 칼을 가지고 있다. 전기충격의 강도와 생쥐들의 학습능력의 관계를 실험할 수 있다. 상자 안에 여러 가지 색으로 구성된 미로를 만들고, 실험용 쥐가 특정 색이 칠해진 미로로 들어갔을 경우 전기충격을 주는 실험이다. 학습이 반복되면서 쥐는 전기충격이 없는 미로를 따라 안전한 장소를 찾아가게 된다. 이 실험에서 전기 충격이 약할 때는 쥐들의 행동이 느리고 학습효과가 약하다. 그러나 전기 충격의 강도가 증가하게 되면 행동이 빨라지고 학습능력이 증가하는 것을 알 수 있다. 그러나 전기 충격의 강도가 아주 강해지면 오히려 쥐들이 무력해지고 학습강도가 떨어진다. 이는 쥐들이 공포에 사로잡히면서 기억력이 더 떨어지는 것으로 판단되었다.

인센티브나 징계가 양날의 칼로 작용할 수 있다. 어느 정도의 인센티브나 또는 징계는 학습능력을 높이지만 너무 강도가 강하게 되면 오히려 역효과가 나타난다. 그렇다면 이러한 실험결과가 사람들에게 그대로 적용 가능한가? 즉, 노동시장의 임금과 동기부여의 관계에도 그대로 적용가능하다.

인센티브는 일정수준까지는 학습동기를 부여하고 높은 성과를 내도록 하는 효과를 가진다. 그러나 일정 수준을 넘어서면 오히려 성과에 대한 압박이 커지면서 긴장이 심해지고 집중력을 떨어뜨려 성과를 저해할 수 있다.

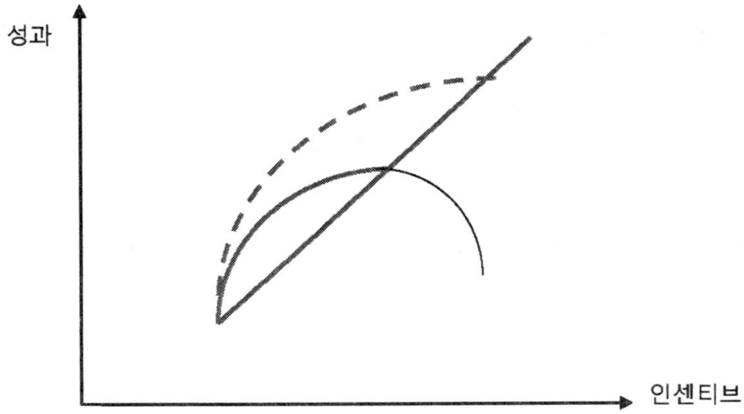

그림 16.23 인센티브와 성과

<그림 16.23>은 인센티브(보수, 충격)와 성과 사이의 상관관계를 나타낸다. 직선은 단순 상관관계로서 더 많은 인센티브가 항상 더 높은 성과로 이어진다. 그러나 점선은 일정 수준이상에서는 더 많은 인센티브를 지급하더라도 성과가 더디게 증가하는 것을 나타낸다. 구부러진 실선은 동기부여의 수준이 낮을 때에는 더 많은 인센티브가 더 높은 성과로 이어지지만 동기부여의 수준이 높을 때에는 더 많은 인센티브를 지급하는 것이 오히려 역효과를 부른다. 이를 역U자형 관계라고 한다.

인도에서 실험자들에게 몇 가지 종류의 게임을 시키고, 성과에 따라 보상을 지급하는 실험을 진행하였다. 게임은 아래와 같이 창의력, 집중력, 기억력, 문제해결능력을 요하는 것으로, 각 게임을 10회씩 6번 반복하여 모두 마치는데 1시간 정도 소요된다. 실험을 인도에서 한 이유는 미국에서는 높은 성과급을 주어야 하는 실험의 경우 많은 비용이 소요되기 때문이다(인도에서는 일반 근로자 하루 임금이 20루피로 한국 돈 500원 정도임). 실험 절차는 먼저 참여자들에게 주사위를 던지도록 하여 보너스 등급을 정하게 하고 게임을 시작한다.

- 예를 들어, 주사위 숫자 4가 나오면 중간 정도의 보너스를 받게 되는데, 각 게임을 모두 '매우 좋음' 등급을 받게 되면 게임당 40루피를 받게 되어 최대 240루피(인도 근로자 2주에 해당하는 수입)의 보너스를 받게 된다.
- 그러나 각 게임에서 '좋음'등급보다 낮게 받으면 보상이 지급되지 않는다.
- 주사위에서 1이 나오면 낮은 등급의 보너스를 받게 되는데, 이 경우 모든 게임에서 가장 높은 등급을 받을 경우 각 게임당 수입이 4루피로 보너스 총계는 24루피이다. 이는 인도 근로자 하루에 해당하는 수입이 된다.

- 주사위 던지기에서 6이 나오면 제일 높은 수준의 보너스를 받게 되고 이 경우 각 게임의 최고 등급 수입은 400루피이다. 만약, 모든 게임에서 제일 높은 등급을 받으면 보너스 총계가 2,400루피로 이는 일반 근로자 5개월 치 임금에 해당되는 액수이다.

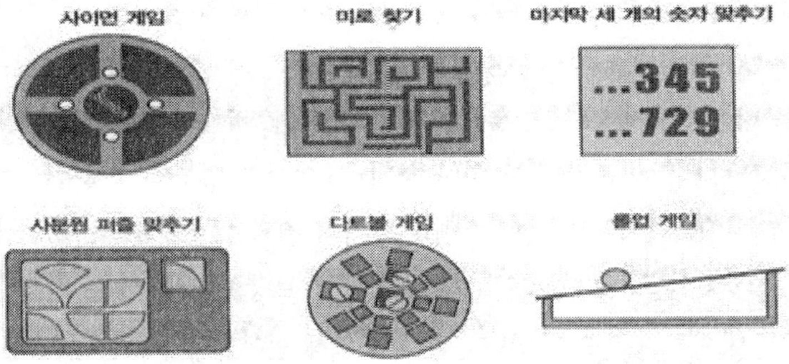

그림 16.24 인도에서의 실험에 사용된 여섯 가지 게임

실험 결과를 정리한 <그림 16.25>는 높은 수준의 보너스가 게임에 참여한 사람들의 성과를 오히려 저해한다는 것을 보여주고 있다. 즉, 가장 높은 보너스를 제시받은 사람들의 성과가 제일 낮았는데, 이는 높은 수준의 보너스에서 비롯되는 높은 스트레스가 성과에 부정적으로 작용한 결과이다.

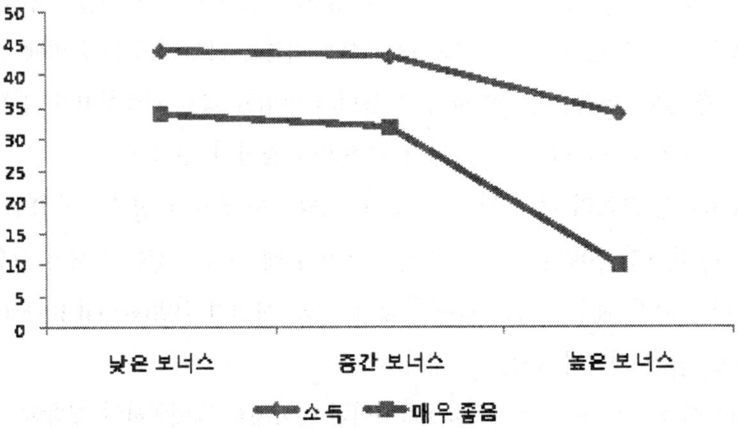

그림 16.25 인도 실험의 결과

높은 보너스의 부정적 효과는 긴장이나 스트레스에서 오는 것이라면, 더 높은 인지능력을 요구하는 임무일수록 이러한 부정적 효과가 커질 수 있다. MIT 학생들을 대상으로 인지능력을 필요로 하는 임무와 단순작업을 하는 경우, 보상이 미치는 영향을 실험하였다. 컴퓨터 자판을 누르는 단순 작업에서는 높은 수준의 보상이 높은 성과로 이어졌으나, 간단한 수학문제를 푸는 것과 같은 인지능력을 필요로 하는 경우에는 높은 수준의 보상이 오히려 낮은 성과로 이어졌다.

단순 작업을 하는 근로자들에게는 높은 보상이 생산성을 증가시킬 수 있으나, 대기업 CEO들과 같이 인수합병이나 마케팅 또는 투자전략을 수립하는 임무를 수행하는 사람들에게는 높은 수준의 보너스를 제시하는 것이 오히려 부정적 결과를 초래할 수 있다. 그러나 높은 보수를 받는 금융회사 또는 대기업들의 CEO들은 높은 보상으로부터 오는 긴장이나 스트레스가 오히려 업무 성과를 저해할 수 있다는 이론에 대해 받아들이지 않는다. 자신들은 경험과 능력을 갖춘 사람들로 업무 스트레스를 충분히 이겨낼 수 있다고 믿음에서 올 수도 있다.

업무 스트레스와 성과는 어떨까? 대표적인 CEO들을 실험에 참여시킬 수 없음으로 농구선수들 중 소위 clutch player들의 녹화 경기를 분석하였다. clutch player들은 종료시간을 두고 큰 활약을 하는 선수들로, 다른 선수들보다 높은 연봉을 받는다. 이들은 경기 중 압박을 가장 많이 받는 종료시간 직전에 결정적인 활약을 할 것으로 기대된다. 특히 종료 직전에 양 팀의 점수 차이가 3점을 넘지 않는 중요한 경기에서 clutch player들의 역할이 클 것으로 기대할 수 있다. 이들의 녹화 경기를 분석한 결과, clutch player들은 중요한 경기의 마지막 5분 동안 확연하게 높은 득점력을 나타냈는데, 높은 득점력은 슛의 성공률이 높아진 것은 아니고 더 많은 슛을 던진 결과인 것으로 나타났다. 이들은 다른 선수들에 비해 높은 연봉을 받고 스트레스를 받는 어려운 상황에서 높은 능력을 발휘할 것을 기대하지만, 실제로 능력이 높아지는 것은 아니고 더 많은 슛을 던져 득점력이 높아진 것이다.

지나친 부담감은 오히려 독이 될 수도 있다. 사람들은 중요한 임무를 수행할 때 오히려 긴장하거나 허둥대다가 실패할 경우가 많다. 모의고사 때 성적이 좋은 학생이 긴장으로 인해 실제 시험에서는 나쁜 점수를 받는 경우가 많다. 특히 사회적 압박(social pressure)이 있을 경우 긴장으로 인해 성과가 나쁠 수 있다.

시카고대학 학생들을 대상으로 anagram(주어진 알파벳을 재배열하여 정확한 단어를 찾아내는 게임)을 시행하였다. 예를 들어, 다음과 같다.

- suhoe → house

- taudi → audit
- ganmaar → anagram
- old west action → clint eastwood

13개의 문제 중 8개는 개인용 칸막이 안에서 풀고 나머지 5문제는 강의실 앞에 있는 커다란 칠판에 다른 학생들이 지켜보는 상황에서 풀도록 했다. 예상할 수 있는 바와 같이 실험 참여자들은 개인용 칸막이 안에서 문제를 훨씬 잘 푸는 것으로 나타났다.

사회적 압력으로 인해 성과가 저하되는 것은 사람만이 아니고 다양한 다른 동물에서도 똑같이 나타나는데 바퀴벌레를 이용하여 실험을 할 수 있다. 한 가지 상황에서는 바퀴벌레 한 마리가 동료없이 혼자 임무를 수행하도록 하고, 다른 상황에서는 다른 바퀴벌레 한 마리가 유리로 나눠진 공간에서 지켜보도록 하였다. 직선 통로를 따라 달리는 단순 임무에서는 지켜보는 동료가 있을 때 훨씬 빠르게 달렸지만, 복잡한 미로에서 목적지를 찾아가는 어려운 임무의 경우에는 지켜보는 동료가 있을 때 성과가 더 나빴다.

이는 사회적 압력이 사람에게 부정적으로 작용하는 것과 같은 결과이다. 사회적 압박이 성과에 부정적 영향을 미치는 것은 거의 대부분의 동물실험에서 나타나는 현상이다.

최적의 인센티브를 만들어 내는 것은 어려운 작업이다. 인센티브의 조건은 동기를 촉진하는 요소를 유지하면서 과도한 압박감으로 생산성을 저해하는 요소를 배제해야 한다. 그러나 실제로 구체적 조건은 업무의 성격, 여건, 개인의 특성에 따라 달라질 것이다.

9. 필립스 곡선

영국의 경제학자 필립스는 1950년대 말 인플레이션과 실업률 사이에 음(−)의 관계가 성립하는 것을 발견하였다. 이는 정책적으로 중요한 의미를 가진다. 즉, 어느 정도의 물가 상승을 받아들이면 실업률을 낮추는 것이 가능하며, 반대로 인플레이션을 억제하기 위해서는 어느 정도의 실업을 감수해야 한다는 것을 의미한다.

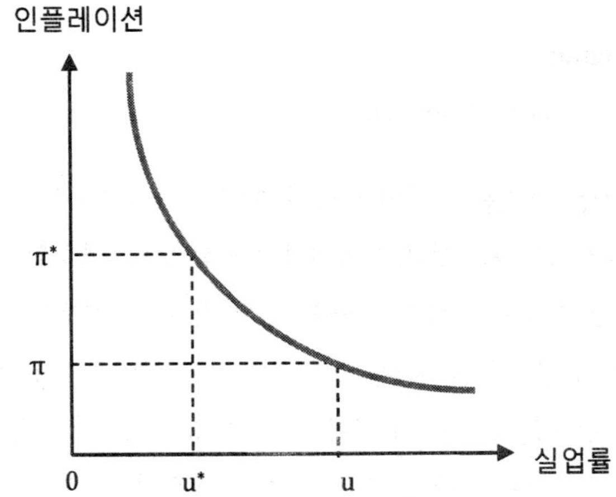

그림 16.26 필립스 곡선

필립스 곡선의 이론적 배경을 살펴보자. 필립스 곡선은 우리가 살펴본 총수요곡선과 총공급곡선에서 바로 유도될 수 있다. 현재 총수요 총공급곡선이 아래와 같이 주어지고 e에서 균형이 이루어지고 있다.

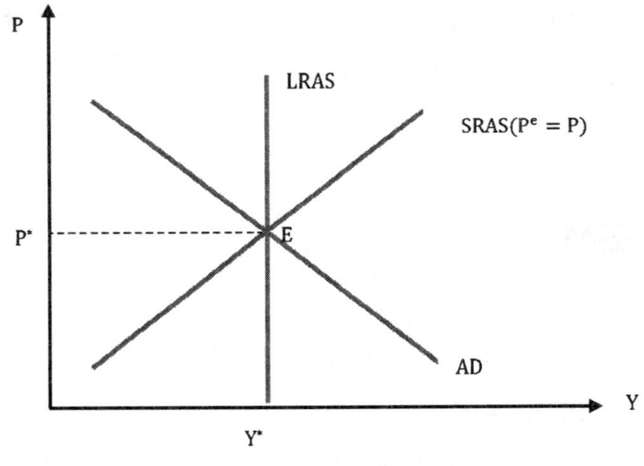

그림 16.27 총수요곡선과 총공급곡선

현재 e점에서의 실업률이 너무 높다고 판단한 정부가 통화량을 2% 증가시켜 실업률을 현재보다 낮추기로 결정하였다고 하자.

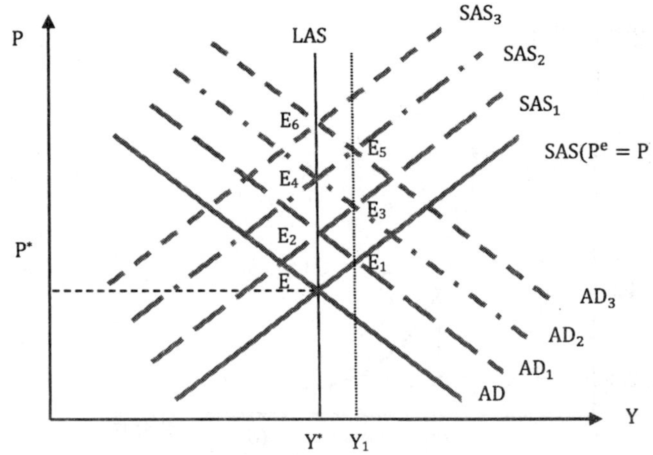

그림 16.28 총수요곡선과 총공급곡선

총수요곡선이 AD→AD_1으로 이동하고 균형은 E→E_1으로 이동한다. 소득수준은 Y^*→Y_1으로 증가하고 이에 따라 실업률도 감소한다. 그러나 조만간 사람들은 물가가 상승한 것을 알게 되고, 더 높은 임금을 요구하게 된다. 공급곡선이 SRAS→$SRAS_1$으로 이동하면서 균형점은 원래 소득수준인 E_2로 이동하고 실업률도 다시 높아진다. 정부는 다시 통화를 2% 증가시켜 총수요곡선을 AD_2로 이동시키면 새로운 균형 E_3에서 소득이 증가하고 실업률이 낮아진다. 그러나 사람들이 새로운 물가수준에 적응하면 총공급곡선이 다시 위로 이동하게 된다. 이러한 과정이 반복된다면, 통화가 지속적으로 증가하고 물가가 지속적으로 상승하게 되어 소득수준은 Y_1과 같이 Y^*보다 높은 수준에서 유지될 수 있고 이에 따라 실업률도 낮아질 수 있다. 즉, 경제가 균형점 E에 있을 때 소득이 Y^*이고 이때 실업률을 6%라고 한다면, 통화를 지속적으로 매년 2% 증가시키고 이에 따라 인플레이션이 2%로 지속될 때 소득은 Y_1수준 그리고 실업률은 그에 해당하는 4% 수준으로 낮출 수 있을 것이다. 만약, 정부가 4% 수준의 실업률에도 만족하지 못하여 이를 3% 수준으로 더 낮추고 싶어 한다면 통화증가율은 2%보다 높은 4% 수준으로 증가되고 이에 따라 인플레이션도 4% 수준으로 증가하게 될 것이다. 소득은 Y_1보다 더 높은 수준에서 유지될 수 있을 것이다.

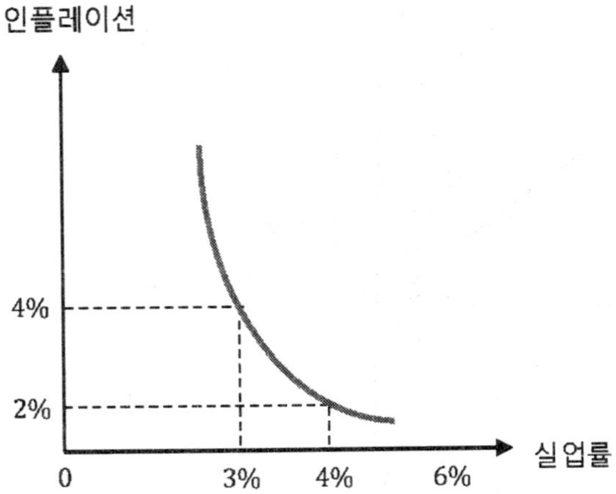

그림 16.29 필립스 곡선

한 가지 중요한 점은 필립스 곡선과 같은 인플레이션과 실업률이 음의 관계를 갖기 위해서는 정보가 불완전하다든지, 화폐환상, 또는 공정성에 대한 인식과 같은 동물적 충동 요소가 있어야 한다. 만약, 화폐환상이 없이 사람들이 합리적으로 판단한다면, 인플레이션이 생기는 즉시 이를 임금에 반영하게 되고 총공급곡선이 즉시 상향이동을 하게 되어 소득증가효과가 없게 된다. 사람들은 이제 통화량이 증가하면 물가도 상승하게 되는 통화와 물가와의 관계도 알게 되므로, 정부에서 통화량을 증가시킨다는 것을 아는 즉시 임금과 함께 총공급곡선을 상향조정하게 된다. 따라서 경제는 장기공급곡선을 벗어나지 않고 통화량 증가에 따른 인플레이션 증가만을 경험하게 된다.

한편 통화주의학파들의 이러한 주장이 맞는다면 인플레이션은 실업의 증가 없이 안정될 수 있다. 인플레이션이 심한 경제에서 정부가 통화량 감소를 통해 인플레이션을 억제하려고 한다면, 총수요곡선이 하향 이동한다(AD→AD'). 근로자들은 이제 물가가 하락할 것이라는 것을 알고 즉시 임금을 삭감하고 총공급곡선을 하향조정할 것이다(SRAS(P^e=P)→SRAS(P^e=P')).

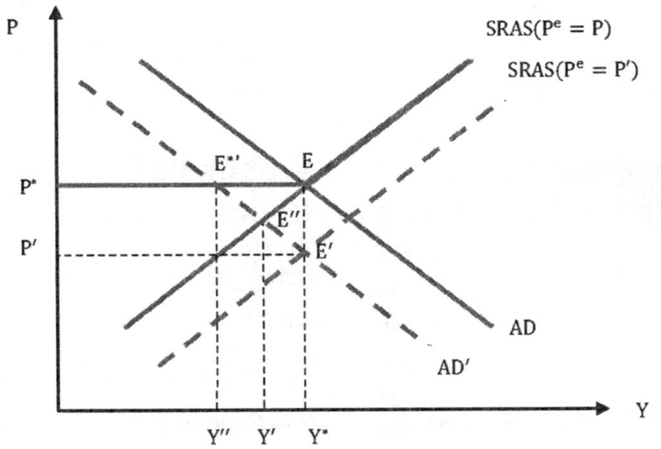

그림 16.30 통화주의학파의 경우

근로자들의 이러한 합리적 결정은 균형을 E에서 E'로 이동시켜 물가는 P'로 낮추되, 소득은 변화가 없다. 따라서 실업의 증가없이 물가를 안정시킬 수 있다. 그러나 근로자들이 화폐환상이 있거나 또는 공정성 문제를 제기하여 임금삭감을 받아들이기를 거부한다면 통화긴축을 통해 인플레이션을 안정시키려는 정부의 정책은 높은 실업률을 감수해야 할 것이다. 화폐환상만을 고려하면 공급곡선이 이동을 하지 않으므로, 균형이 E"로 이동하여 물가는 조금 하락하고 소득은 Y'로 감소한다. 만약, 근로자들이 명목임금 하락을 불공정의 문제로 받아들여 거부한다면 총공급곡선은 $P^e-SRAS(P^e=P)$로 주어지고 이 경우 소득은 Y"으로 감소하고 실업이 높은 수준으로 증가할 것이다.

캐나다의 인플레이션 정책을 살펴보자. 1987년 캐나다에서는 존 크로우가 중앙은행 총재로 선임되었는데, 크로우는 프리드만의 신봉자로 인플레이션을 큰 비용 없이 안정시킬 수 있을 것으로 확신하였다. 당시 캐나다의 인플레이션은 4.8%였는데 그는 물가를 안정시키는 것이 자신의 소임으로 생각했다. 크로우는 강력하게 긴축정책을 추진하여 1993년 인플레이션을 1.3% 수준으로 낮출 수 있었다. 그러나 실업률이 11.3%에 달했고 캐나다는 대공황 이후 가장 심각한 장기 경제 불황을 겪어야 했다. 캐나다의 사례는 화폐환상이 없고 사람들이 합리적으로 의사 결정한다고 가정하는 일반 경제학이 실제 경제 현상을 설명하는데 한계가 있음을 보여주는 사례이다. 실제로 노동시장에서 화폐환상이 존재하고 근로자들이 임금의 삭감에 대해 불공정하다고 인식하는 한 인플레이션을 억제하기 위한 긴축정책은 그 비용이 화폐주의자들이 주장하는 것보다 심각하게 클 수 있다.

찾아보기

ㄱ

ㅅ

ㅇ

ㅈ

ㅊ

ㅋ

ㅌ

ㅍ

ㅎ

A

B

C

F

G

I

J

K

L

M

R

V